남과 북의 서로주체적 통합

남과 북의 서로주체적 통합

2018년 5월 31일 초판 1쇄 발행
2019년 11월 29일 초판 2쇄 발행

지은이 김학노

편집 김천희
디자인 김진운
마케팅 최민규

펴낸이 윤철호 · 김천희
펴낸곳 ㈜사회평론아카데미
등록번호 2013-000247(2013년 8월 23일)
전화 02-2191-1133 팩스 02-326-1626
주소 03978 서울특별시 마포구 월드컵북로12길 17

이메일 academy@sapyoung.com
홈페이지 www.sapyoung.com
ISBN 979-11-88108-62-6 93340

이 저서는 2015년 정부(교육부)의 재원으로 한국연구재단의 지원을 받아 수행된 연구임(NRF-2015S1
A6A4A01009803).

남과 북의 서로주체적 통합

김학노 지음

사회평론아카데미

책을 내며

이 책의 구상은 나의 정치 개념에서부터 나왔다. 나는 우리 정치학의 미국 의존성 문제에 대한 비판적 검토를 계기로, 우리 나름의 정치학 이론을 수립할 필요성을 깨닫고 이를 위해 애써왔다. 그러한 노력의 일환으로 '아(我)와 비아(非我)의 헤게모니 투쟁'이라는 정치 개념을 정립하게 되었다. 이 정치 개념에서 여러 연구 주제가 파생되었는데, 크게 두 부류로 나눌 수 있다. 하나는 정치 개념과 관련된 연구다. 여기에는 정치와 '정치적인 것', 우리 형성의 헤게모니 정치, 아와 비아의 구분 및 형성, 당파적 보편성, 서로주체적 헤게모니 등 다양한 주제들이 해당한다. 이 주제와 관련한 논쟁이 나의 연구뿐만 아니라 학계 전반에도 공헌하길 소망한다. 다른 하나는 '분리와 통합'에 대한 연구다. 분리와 통합은 우리 형성의 문제, 또는 우리와 그들의 구분 문제에 해당한다. 우리 형성의 헤게모니 정치가 곧 분리와 통합의 정치이기도 하다.

분리와 통합에 대한 연구는 다시 두 갈래로 진행되고 있다. 하나는 분리-통합에 대한 일반적인 비교연구다. 분리와 통합 사례들의 비교분석을 통해서 남북한 관계 개선을 위한 일반론적인 함의를 찾고 있다. 다양한 사례의 비교를 위해 뜻을 같이 하는 학자들과 「분리통합연구회」를 결성하여 함께 공부하고 있다. 다른 하나는 이 책의 주제인 남북한의 서로주체적 통합 문제다. 남북한의 서로주체적 관계를 정립하기 위한 기초를 다지는 연구를 하면서, 서로주체적 통합의 개념과 그 필요성 그리고 밑그림에 관해 입론을 시도했다. 서로주체적 통합의 개념으로 보면서 기존의 통일담론을 새롭게 해석할 수도 있었다. 이 책은 이와 같은 나의 연구 주제의 한 갈래에서 그동안의 공부를 정리하는 것이다.

이 책을 준비하면서 나의 부족함을 절감하고 있다. 정치 개념에서 출발한 만큼 이 책은 경험적 연구보다는 이론적 사색에 치우친다. 원래 한국정치나 남북한 관계가 나의 전공분야가 아니라는 것을 구실 삼아서 책을 준비하면서 새로운 사실을 밝힌다는 욕심도 갖지 않았다. 공부를 할수록 이미 많은 분들이 많은 연구를 하였고 깊이 고민을 했다는 것을 알 수 있었다. 우리말로 된 연구가 너무 많아서 모두 일독하기가 어려웠다. 중요한 연구업적을 미처 읽지 못하고 빠뜨린 경우가 많을 것으로 생각한다. 기존 연구자들에게 감탄하고 감사하는 마음이 가득하면서 한편으로 부끄러운 마음이 드는 것도 어쩔 수 없다. 내가 기존 연구를 왜곡하거나 경시한 경우도 있을 것이다. 너그러이 이해해주시길 바란다.

책을 준비하면서 감사할 분이 너무나 많아서 이곳에서 모두 밝힐 수가 없다. 나는 많은 사람들로부터 사랑을 받으며 살아왔다. 가족의 절대적인 사랑을 받았고, 선생님과 친구, 동료, 선후배, 학생 들 모두로부터 극진한 사랑을 받았다. 물론 어떤 이는 내 "눈"과 "입"에서 "죄인"이나 "천치"를 읽고 갔을 것이고 나는 "후회"도 많이 한다. 그래도 너무나 많은 사람들이 나에게서 사랑을 읽고 사랑을 주고 갔다. 모두에게 고마운 마음과 미안한 마음을 갖고 있다. 개별적으로 드리고 싶은 말씀을 가슴에 담는다. 다만 세상을 달리한 몇 분은 이 자리를 빌려 마음을 표하고 싶다. 은사이신 구영록, 길승흠, 김영국 선생님, 늘 아껴주었던 「섬」 누나, 함택영, 서동만, 이성형, 전인권, 김장권, 길정일 선배, 그리운 벗 곽동국, 조호걸, 채영주, 김승렬, 신광현, 김시관, 김원유, 나를 믿고 사랑을 아끼지 않았던 장인어른, 그리고 … 어머니. 모두 깊이 고맙고 그립다. 그 눈길과 그 목소리를 다시 보고 듣고 싶다. 가끔 내가 얘기하고 있음을, 그들이 알았으면 좋겠다.

이 책은 여러 친구들과의 공동작업의 결실이다. 이 책의 내용은 대부분 분리통합연구회에서 그리고 영남대학교의 「남북한의 분리와 통합」이라는 수업에서 같이 논의하고 토론한 결과다. 연구회나 수업에서 나의 희미한 생각에 관심을 가지고 진지하게 토론에 임해준 모든 친구들께 고마움을 전한다. 책의 마지막 원고를 읽고 날카롭고 꼼꼼한 비평을 해준 친구 박정원과 김인춘 선생께, 또 이 책의 구상에서부터 마무리까지 소중한 조언을 해준 사회평론아카데미의 윤철호, 김천희 대표께 특별히 감사한다. 이번 생에서 나와 함께 살기로 결심하고 실천하고 있는 아내 혜선과 스무 살이 넘어서도 아빠랑 같이 재미있게 놀아주는 아들 지훈과 지형에게도 고마움을 전한다.

'자아준거적 정치학'의 수립을 주창하고 실천한 문승익 선생께 이 책을 바친다.

2018년 5월 1일

김학노

차례

제1장

문제 제기

I. 목적

이 책의 목적은 남북한 관계를 개선하고 평화통합을 추진하는 과정에서 남북한이 함께 준수할 원칙과 방향을 수립하고 이론적 개념에 기반한 비전을 모색하는 데 있다. 아쉽지만 우리는 아직 남과 북의 통일에 대한 분명한 미래상을 갖고 있지 않다. 통일된 한국이 어떤 모습을 갖게 될 것이며 그 속에서 주민들의 삶이 어떠할지 가늠하기가 어렵다. 통일에 대한 뚜렷한 비전이 없는 것은 남북한의 통일 과정에 대한 분명한 원칙이 없기 때문이다. 통일 문제와 남북한 관계에 관한 기존의 논의들은 주로 국내외 환경의 변화에 따른 중단기적 정책에 집중되었다. 장기적 관점에서의 논의도 흡수통일이나 합의(협상)통일과 같은 통일의 방식이나, 연방제와 국가연합 또는 단일국가(unitary state)와 같은 체제의 유형에 집중되었다. 전반적으로 남북한 관계 개선과 통일 문제에 대한 기존의 연구는 근본적인 철학적 원칙과 사회과학 이론을 바탕으로 체계적인 비전을 수립하는 데에는 많은 노력을 기울이지 않았다.

원칙과 미래상의 부재, 규범과 비전의 결여로 인하여 남북한 관계는 적대와 교류협력 사이를 오가고, 우리 사회 내 남남갈등도 나아지지 않고 있다. 남북한의 관계가 가까워졌다가 멀어지는 양상이 되풀이되어온 저간의 역사는 남북한 정권의 정책 변화 때문이기도 하지만, 그보다 먼저 상대방에 대한 자세에서 일관된 철학적 원칙이 없기 때문이다. 특히 정권의 변화가 사실상 존재하지 않는 북한에 비해 남한은 어떤 정당이 정권을 잡는지에 따라서 대북정책이 큰 폭으로 움직여왔다. 남북한의 관계도 적대적 긴장과 평화적 교류 사이에서 진동하고, 이것이 남남갈등을 해소하지 못하고 심화하는 데 중요한 요인으로 작용하고 있다.

이러한 배경에서 남북한 관계에 대한 철학적 기본 원칙을 수립하고 그에 입각한 통일한국의 미래상을 이론적으로 구축하는 것이야말로 남북한의 관계 개선과 남남갈등의 해소를 위해서 필요한 작업이라고 생각한다. 기본 원칙에 대한 폭넓은 합의가 구축되지 않은 상태에서 일방적으로 통일을 추진하거나 분단을 유지하는 과정이 지속되는 한 상이한 견해와 이념의 충돌이 계속될 것이며, 통일이 이루어져도 통일 이후 사회 내 불만과 갈등이 깊어져서 사회불안과 체제의 불안정으로 이어질 것이다.

이 책에서 나는 '서로주체적 통합'을 남북관계의 개선과 통일 추진 과정의 기본 원칙이자 방향으로 정립하고자 한다. '서로주체'는 '홀로주체'와 대립되는 개념으로 너와 나의 만남의 방식이나 자세를 지칭한다. 홀로주체적 만남에서 나는 너의 주체성을 인정하지 않는다. 타자인 너는 주체적 존재가 되지 못하고 홀로주체인 나의 목적을 추구하기 위한 대상이나 객체가 될 뿐이다. 서로주체적 만남은 너와 내가 서로의 주체성을 인정한 바탕 위에서 동등한 주체로 만난다. 서로주체적 통합에서 너와 나는 서로 동등한 주체로 만나고, 동시에 각자의 개별주체성이 우리의 공동주체성에 의해서 억압되거나 매몰되지 않는다.

서로주체적 통합은 남북한 사이에 서로주체적 관계를 수립하는 동시에 점진적 통합을 병행 추진할 것을 요구한다. 먼저, 남북한 사이에 서로주체적 관계를 수립해야 한다. 이 책의 5장에서 나는 분단 이후 남북관계가 대체로 홀로주체적 관계에서 서로주체적 관계로 변천해 왔다고 주장할 것이다. 그럼에도 남북한은 여전히 서로 상대를 굴복시키려는 홀로주체적 자세를 부분적으로 가지고 있다. 남북한이 '정상-비정상'과 '선진-후진' 또는 '우월-열등'의 관점을 극복하지 않는 한 남북관계가 개선되어서 교류협력이 확대되어도 한계에 봉착할 수밖에 없다. 우월-열등의 자세에 입각한 홀로주체적 통합은 성사되기도 어렵거니와 성사된다고 해도 많은 문제점을 초래할 것이다. 이미 동서독의 통일 사례에서 우리는 일방이 타방을 흡수하는 방식의 통일이 얼마나 많은 비용과 고통을 가져오는지 잘 알고 있다(김누리 2006).

따라서 상대방이 아무리 괴상하게 보일지라도 이를 끌어안는 '기괴한 타자의 포용'이 필요하다(이서행 2002, 400-426). 상대방이 아무리 마음에 들지 않더라도 남과 북이 서로주체적으로 만나는 '원칙'을 수립하고 이에 합의해야 한다.

다음으로, 서로주체적 통합은 남북한이 평화공존에 머물지 않고 점진적인 통합을 추진할 것을 요구한다. 서로주체적 통합은 남북한의 평화공존을 전제하는 점에서 평화담론과 유사하나, 단순히 공존에 머물지 않고 통합을 병행하는 점에서 평화담론과 차이가 있다. 이때 통합은 동질화와 구별해야 한다. 우리 사회에서 사회통합을 동질성의 확대로 보는 경향이 있는데, 이는 사회의 지배세력을 중심으로 한 홀로주체적 통합에 가깝다. 서로의 차이를 인정하고 그 차이의 존속을 바탕으로 해서 공동의 주체를 형성해나가는 것이 서로주체적 방식의 통합이다.

서로주체적 통합의 원칙을 정립하는 것은 결코 간단한 문제가 아니다. '기괴한 타자의 포용'이 필요하다는 데 동의하더라도, 나와 다른, 너무나 다른 상대방을 어디까지 인정해야 하며, 그것이 어디까지 가능한가? 상대방과의 '다름'을 인정하는 것이 그 다름(차이)의 구체적 내용에 가치를 부여하는 것이 아님을 분명히 할 필요가 있다(문성훈 2014, 403). 연관된 문제로, 상대방이 나를 주체로 인정하지 않는데 왜 내가 상대방을 주체로 인정해야 하는가? 상대방이 나의 존속을 위협할 경우 어떻게 서로주체적 관계를 수립할 수 있는가? 이러한 인식을 상대방도 동일하게 갖는다면, 이 악순환의 고리를 어디에서부터 어떻게 끊을 수 있을까? 또, 상대방의 주체성에 대한 인정이 주민 개개인의 주체성을 억압하고 훼손하는 결과를 가져온다면? 주권을 가진 상대방의 내부 문제에 대해서 묵인해야 하는가, 아니면 주민들의 존엄을 위해서 개입해야 하는가?

테일러에 따르면, 서양에서는 '상호인정의 정치(a politics of equal recognition)'가 '보편주의 정치'와 '차이의 정치'의 두 가지 상이한 방향으로 전개되었다고 한다. 보편주의 정치가 모든 시민들에게 평등한 권리와 의무를 보편적으로 제공하는 반면, 차이의 정치는 특정한 사람이나 집단의 독특한 차이에 따라 차등적 대우가 필요하다고 주장한다(Taylor 1994, 37-39). 이 논의를 남북한의 서로주체적 통합 원칙에 적용하면 문제가 복잡해진다. 상호인정과 차이의 정치가 일치하지 않을 수 있기 때문이다. 상호존중과 인정의 정치를 개개인의 차원에서 구현하기 위해서 남북 통합 과정에서 보편적인 권리를 수립해야 하는가, 아니면 여기서 그치지 않고 남북한의 집단적 차이를 인정하고 차등적 대우를 제도화해야 하는가? 남북한의 주민들에게 보편적으로 수립할 권리와 의무는 무엇이고, 남북한이라는 집단적 차이에 따른 차등적 대우를 한다면 어디까지 할 것이며, 그 근거는 무엇인가? 아직 우리 사회에는 이런 문제에 대한 체계적 논의가 없다.

이와 같은 질문들에 대해서 내가 모두 답할 수 있는 위치에 있지 않다. 다만 근본적인 질문을 제기하고 서로주체적 통합이라는 기본 원칙을 남과 북의 나아갈 방향으로 제시하고자 한다. 나는 이 책에서 내 나름의 개념과 유형들을 개발해서 남북한 관계의 개선을 위한 방향을 정립하고 그 방향으로 나아가기 위한 비전을 제시하고자 한다. 이 책은 분단국의 특수사례에 기반한 특수론적 관점을 취하지 않는다. 분리와 통합의 일반론적인 관점에서 보편적인 원칙을 수립하는 동시에 남북한이라는 특수사례의 구체적 조건들과 적절하게 연결할 것이다. 보편적인 기본 원칙의 수립과 특수사례의 구체적 상황의 고려, 이 두 가지를 종합적으로 수행하고자 한다.

서로주체적 통합은 비현실적인 원칙이 아니다. 이 책을 통해서 나는 서로주체적 통합이야말로 기존의 다른 통일방안보다 더 현실적이라고 주장할 것이다. 이탈리아와 독일 통일의 경험을 분석하면서 전재성은 "문제는 현실주의 국제정치의 논리를 토대로 하면서도 군사력이 아닌 방법으로 최대한 합의에 의한 통일을 어떻게 이룰 것인가 하는 점"이라고 주장한다(전재성 2013, 104). 이 책에서 내가 견지하는 국제정치 시각이 현실주의와 일치하지 않을 수 있지만, 서로주체적 통합 방안은 남과 북이 두 개의 사실상의 국민국가로 나뉘어 있는 현실에 바탕을 두고 있다. 남과 북은 각각 '한국(대한민국)'과 '조선(조선민주주의인민공화국)'으로 분립되어 있으며, 이러한 관념적 분화의 기원은 일제강점기 시절까지 거슬러 올라가서 찾을 수 있다(김명섭 2017). 한반도가 두 개의 국민국가로 나뉘어 있는 현실을 인정하고 받아들이는 것이야말로 현실주의적 시각의 출발점이어야 한다. 우리는 현실을 받아들이지 않는 현실주의 논의를 자주 접한다. 하지만 현실을 받아들이지 않는 현실주의만큼 비현실적인 시각이 또 어디 있겠는가? 서로주체적 통합은 남과 북의 분리라는 현실에 바탕을 둔 지극히 현실적인 방향인 동시에 일반론적 규범에도 부합하는 원칙이다. 현실적 비전과 규범적 원칙이 만나는 것이다.

II. 의도

이 책은 학문 및 현실 세계와 관련하여 몇 가지 의도(기대)를 가지고 있다. 먼저, 학술적 의도다. 첫째, 새로운 문제의 제기다. 남북한의 관계 개선과 통일 추진을 위한 철학적 원칙이나 사회과학적 이론 및 개념에 충실한 연구를 기존의 논의에서 찾아보기 쉽지 않다. 기존의 연구는 다양한 정책적 방안들에 집중되어 있는데, 이를 철학적 원칙이나 이론적 논의에 긴밀히 연결시키지 못하고 있다. 통일을 왜 해야 하는가에 대한 기존의 논의는 크게 민족주의 담론과 실용주의 담론의 두 가지로 나눌 수 있다(이병수 2010).[1] 민

....

1   여기에 서보혁 등의 '보편주의 통일담론'을 추가할 수 있다. 보편주의 통일담론은 "한반도 전역에 인류 보편가치를 달성하는 과정"으로 통일을 정의한다. 보편가치로는 "오늘날 국제사회에서 통용되는 민주주의, 평화, 인권, 정의와 화해, 인도주의, 지속가능한 발전 등"을 예로 든다(서보혁 2015, 59). 그런데 이러한 보편주의 통일담론은 통일의 '내용'에 대한 것이지 그 '필요성'에 대한 것이라고 보기 어렵다. 즉 어떤 통일을 해야 하는가에 대한 답은 될 수 있지만, 왜 통일을 해야 하는가에 대한 논의로는 다소 적합성이 부족하다. 단적으로, 보편주의 통일담론은 보편적 가치를 추구하기 위해서 왜 일본이나 중국이 아니라 북한과의 통일을 추구해야 하는지에 대한 담론을 제공하지 못한다(이석희·강정인 2017, 14). 이 점에서 보편주의 통일담론을 이곳의

족주의 담론은 남북한이 같은 민족이기 때문에 통일을 추구해야 한다는 당위론이다. 실용주의 담론은 통일이 가져오는 편익이 비용보다 크기 때문에 통일을 해야 한다고 주장한다. 하지만 같은 논리로, 즉 손익의 계산에 입각해서, 남북한이 통일하면 둘 다 망한다는 주장도 있다(서울대학교 행정대학원 통일정책연구팀 2005). 민족주의 담론과 실용주의 담론은 '정치적 공간 인식'에 있어서 차이가 있다. 민족주의 담론은 민족 단위의 (최소한 남북한을 합친) 정치적 공간을 상상하는 반면, 실용주의 담론은 남한이라는 국가의 정치적 공간을 단위로 실리를 중시한다. 민족주의 담론과 실용주의 담론을 각각 '민족중심 – 당위적 입장'과 '국가중심 – 실리적 입장'으로 볼 수 있다(서정민 2017).[2] 다소 구시대적인 민족주의 담론도 그렇지만 실용주의 담론도 기본적인 철학적 원칙이 없다. 이익이 많기 때문에 통일을 추구해야 한다는 주장이나 비용이 많이 들기 때문에 통일을 하지 말아야 한다는 주장이나 철학적 원칙이 없기는 마찬가지다. 이 책은 기존의 담론들과 달리 우리가 통일을 왜 추구해야 하는지, 한다면 어떤 유형과 방식의 통일을 추구해야 하는지에 대해 기본적인 원칙을 수립하고 그것을 우리가 지향할 방향으로 제시한다. 이로써 통일 문제에 대한 학문적·사회적 논의가 활발해질 것을 기대한다.

둘째, 새로운 개념과 시각의 적용이다. 이 책은 '분단-통일'의 특수론적 시각 대신 '분리-통합'의 일반론적 시각에서 남북한 관계와 통일 문제에 접근한다. 2장에서 나는 분리-통합의 개념을 제시하고 그 방식을 '홀로주체-서로주체'의 기준으로 나누어서 홀로주체적 분리와 통합 및 서로주체적 분리와 통합의 네 유형을 이념형으로 제시할 것이다. 이들 개념과 유형은 이 책 전체를 관통하는 분석의 도구로 사용된다. 우리는 통일 문제를 분단국에

....

논의에서 제외하였다. 보편주의 통일담론을 포함하여 통일의 당위성(또는 필요성)에 대한 세 가지 논의에 대한 최근의 비판적 검토로 이석희·강정인(2017)을 보라.

2   또는 민족주의 통일담론과 대비하여 실용주의 통일담론을 국가주의 통일론으로 볼 수 있다(서보혁 2015, 51-59).

국한된 문제로 간주하는 경향이 강하다. 남북 통일을 위한 비교 연구도 독일과 베트남, 예멘과 같은 분단국에 집중한다. 우리가 사용해온 분단-통일 개념 자체가 분단국이라는 특수 사례에 집중하도록 만든다. 이 책에서 사용하는 분리-통합 개념은 기존의 분단-통일 개념의 특수론적인 시각에서 벗어나서 보다 일반론적인 관점에서 한반도 문제를 보게 해준다. 일반론적 관점에서 타당한 원칙과 비전을 남북한의 특수한 현실 위에 정립하고자 한다.

셋째, 우리의 학문 전통을 계승하여 일반론으로 발전시킨다. 남북한의 관계 개선을 위한 원칙과 비전을 수립함에 있어서 이 책은 우리 학계의 이론적 작업을 계승하고 발전시킨다. 외국의 개념이나 이론을 배격하는 것은 아니다. 통합 개념과 관련하여 서양의 다양한 사회통합론과 국제통합론의 학문적 업적을 무시할 수 없다. 인정과 차이의 정치와 관련하여서도 테일러(C. Taylor)와 호네트(A. Honneth) 같은 중요한 외국의 이론가들이 있다. 이들의 업적을 받아들이면서 동시에 우리 학계에서 태동하고 성장한 개념과 이론들을 더욱 발전시키고자 한다. 개인적으로 문승익(1970)과 김상봉(2007)에 특히 주목한다. 문승익은 1970년대 초 '주체성'에 관하여 주목할 만한 이론을 수립했지만 우리 학계에서 널리 알려지지 못했다. 문승익이 제시한 '속체상황'과 '주체상황'의 개념이 특히 중요하다. 주체상황은 김상봉이 제시한 서로주체적 관계와 상당히 유사하다. 우리의 고유한 개념과 이론을 발전시키는 것은 폐쇄적 주체성을 수립하려는 것이 아니다. 해외 학계와의 서로주체적 교류를 위해서도 우리의 학문적 주체성을 확립하려 한다.

다음으로, 이 책이 현실세계에서 추구하는 의도도 있다. 첫째, 남북한 관계의 개선에 기여하고자 한다. 남북한이 홀로주체적 자세로 만나는 한 적대적 대립과 일방적 흡수통일의 위협에서 벗어나기 어렵다. 통일이 안 되어도 문제고 통일이 되어도 문제다. 남북한이 서로주체적으로 만날 때 비로소 평화와 우애를 나눌 수 있다. 이 연구는 서로주체적 관계 중에서도 분리가 아닌 통합을 구현할 비전을 제시한다. 이로써 평화공존의 기본 토대를 굳건히 하는 동시에 남북한의 새로운 공동주체를 수립하는 데 이바지하려 한다.

아울러 북한의 체제붕괴와 같은 급변사태가 발생할 경우에도 일관된 원칙에 입각한 자세를 유지하고 대처하기를 바란다.

둘째, 홀로주체적 통합이나 분리에 대한 대안을 제시한다. 우리 사회에서 상대방에 대한 홀로주체적 자세가 우세하다. 홀로주체적 자세는 북한을 동등한 주체나 협상의 파트너로 보지 않고 통일의 대상으로만 본다. 비폭력적 방식의 평화적 흡수통일 주장이 대세지만, 평화적 방식의 흡수통일도 북한을 동등한 주체나 파트너로 보지 않고 흡수, 교화할 대상으로 보는 점에서 홀로주체적 성격이 강하다. 6장에서 보겠지만, 햇볕정책 이후 홀로주체적 통일담론에 대한 비판으로 서로주체적 담론들이 나오고 있다. 하지만 이들도 북한만의 변화를 강조하거나 남한의 체제를 전제하는 통일을 추구하는 점에서 홀로주체적 자세를 완전히 벗지 못하고 있다. 이 책은 기존의 논의들에 전제되어 있는 홀로주체적 자세를 극복하고 그에 대한 대안으로서 서로주체적 통합을 제시한다.

셋째, 남남갈등의 완화에 도움이 되길 기대한다. 기존의 연구는 남남갈등의 주요 원인을 좌파와 우파의 대립, 진보와 보수의 대립, 햇볕정책(대북포용정책) 대 반(反)햇볕정책(대북강경정책)의 대립 등에서 찾는다. 이 책은 이와 달리 홀로주체적 자세와 서로주체적 자세의 대립이야말로 남북한의 갈등뿐만 아니라 남남갈등의 주요 요인이라고 본다. 우리가 서로주체적 통합의 원칙을 견지할 경우 홀로주체적인 북한으로 하여금 어떻게 서로주체적 관계에 합의하도록 할 것인가에 관해 고민해야 하듯이, 홀로주체적 대북자세를 갖고 있는 우리 사회 내의 주류세력으로 하여금 어떻게 서로주체적 자세를 갖도록 할 것인가에 대해서도 동일하게 고민해야 한다. 이 연구는 이런 문제들에 천착함으로써 남남갈등의 완화에 기여하고자 한다.

마지막으로, 남북통합과 다문화사회를 동시에 관통하는 기본 질서의 토대를 마련한다. 현재 우리 사회는 다문화사회로 빠르게 변환하고 있고, 이에 따라 사회의 기본 원칙과 질서를 재편할 필요가 커지고 있다. 여전히 단일민족의 순수성을 강조하는 북한과 대조적으로, 남한사회에서는 다문화사회의 진행에 대한 자각이 넓어지고 사회통합의 새로운 문제로 등장하였다. 여기에는 크게 동화주의와 다문화주의의 두 가지 접근이 대립한다. 아주 단순화하여 말하자면 동화주의는 홀로주체적 자세에 가깝고 다문화주의는 서로주체적 자세에 가깝다. 인정과 차이의 정치가 상당히 복잡한 문제들을 안고 있음을 앞서 보았듯이, 다문화사회 안에서의 서로주체적 통합에도 많은 난관들이 있다. 이 책은 남북한의 관계 개선과 평화통합뿐만 아니라 점증하는 다문화사회에서도 관통하는 일관된 기본 원칙을 정립함으로써 통일 이전이나 이후를 막론하고 우리 사회의 바람직한 질서 구축과 통합에 도움이 되길 바란다.

III. 구성

이 책은 다음 2장의 이론적 분석 도구와 마지막 10장의 종합적 논의를 제외하면 크게 세 부분으로 이루어진다. 먼저 2장에서는 이론적 개념과 네 가지 유형을 소개한다. 이 개념과 유형들은 이 책을 관통하는 분석의 도구로 사용될 것이다. 3-4장에서는 서로주체적 통합의 원칙과 관련한 현실적, 규범적 문제들을 검토하고, 네 가지 유형 중 우리가 왜 서로주체적 통합의 방향으로 가야 하는지 입론한다. 5-6장은 남북한이 그동안 지나온 길을 되돌아본다. 우리가 서로주체적 통합을 추구해야 함을 3-4장에서 입론한 뒤, 그동안 남북한의 관계가 실제로 어떤 궤적을 그려왔는지 정책과 담론의 차원에서 검토한다. 7-9장은 우리가 가야 할 길을 조망한다. 남북한의 서로주체적 통합을 위해 남북관계, 국제정치, 국내정치 차원에서 어떤 그림을 구축해갈지 구상한다. 5-6장이 과거와 현재에 대한 반추라면 7-9장은 우리의 미래상을 수립하는 작업이다. 마지막 10장에서는 이상의 논의를 요약하고 종합한다.

먼저 2장에서는 '분리-통합'과 '홀로주체-서로주체'의 개념을 소개하고 홀로주체적 분리와 통합, 서로주체적 분리와 통합의 네 가지 유형을 제시한다. 너와 내가 만나서 형성하는 우리의 외연이 확대되는 것이 통합, 축소되는 것이 분리다. 우리의 외연이 일정한 경우, 너와 나의 만남으로 형성되는 우리가 깊을수록 통합, 얕을수록 분리다. 분리-통합은 이분법적인 개념이 아니라 연속적인 과정이다. 분단-통일 대신에 분리-통합의 개념을 사용하는 가장 큰 이유는, 분단-통일이 분단국이라는 특수사례에 국한된 개념인 데 반해 분리-통합은 분단국의 특수사례를 포함하여 매우 일반론적인 개념이기 때문이다. 홀로주체적 자세는 상대방의 주체성을 인정하지 않는 반면에, 서로주체적 자세는 서로 상대의 주체성을 인정한 바탕 위에서 동등한 주체로 만난다. 분리-통합과 마찬가지로 홀로주체-서로주체도 이분법적인 개념이 아니라 연속적인 개념이다. 분리-통합의 연속선을 한 축으로, 홀로주체적-서로주체적 자세의 연속선을 또 한 축으로 하여 홀로주체적 분리와 통합, 서로주체적 분리와 통합의 네 가지 이념형을 유형화할 수 있다. 이 책에서 분석의 도구로 사용하는 개념적 모델이다.

3-4장에서는 '서로주체적 통합'을 남북한 관계를 개선하고 평화통합을 추진하기 위한 원칙과 방향으로 수립한다. 여기에는 규범적 당위의 논의와 현실적 필요성의 논의가 있다. 먼저, 현실적 필요성을 입론한다. 2장에서 나눈 네 가지 유형들의 장단점 비교를 통해 남북한 간에 왜 서로주체적 통합을 지향점으로 삼아야 하는지 논의한다. 장단점을 비교하는 데 있어서 통일과 분단의 물질적 비용이나 편익을 구체적으로 산정하는 작업은 하지 않는다. 그러한 작업은 이미 상당히 축적되어 있다(신창민 2012; 남성욱 2015). 물질적 이해관계를 무시하는 것은 아니지만, 보다 일반론적이고 추상성이 높은 차원에서 각 유형들이 우리 사회 전체에 대해 갖는 장점과 단점을 검토한다.

다음으로, 규범적 당위성을 입론한다. 북한을 상대로 서로주체적 통합을 추구해야 할 당위론이다. 여기서 문제의 핵심은 통합보다 서로주체적 관계 정립에 있다. 우리에게 적대적이고 국제사회의 말썽꾸러기인 북한을 상대로 우리가 왜 서로주체적 자세를 견지해야 하는가? 이 문제에 대해 먼저 홀로주체적 자세의 당위성을 비판하고 서로주체적 자세의 당위론을 전개한다. 국제사회에서 북한에 대한 대표적인 홀로주체적 담론으로 선제타격론과 인도주의적 개입론을 소개하고, 이들 홀로주체적 담론의 당위론적 근거를 찾을 수 있는 정전론(正戰論)을 비판적으로 검토한다. 북한에 대한 서로주체적 자세의 당위성을 수립하는 문제는 간단한 일이 아니다. 정의, 도덕, 화해, 용서, 기억과 망각 등 여러 복잡한 문제들이 얽혀 있다. 이 문제들에 대하여 최종적인 해결책을 찾기는 어렵다. 나는 볼프(M. Volf)에서 서로주체적 자세의 당위론에 대한 중요한 영감을 얻었다. 볼프는 적대관계 속에서 왜 적대가 아니라 포용이 필요하며 그것이 어떻게 가능한지 역설한다. 볼프의 논의에 기대어 대북 서로주체적 자세의 당위론의 핵심으로 '정의보다 화해가 우선'하며 '도덕보다 관계가 우선'한다는 주장을 제기할 것이다.

5-6장에서는 우리의 지나온 길을 검토하고 분석한다. 서로주체적 통합을 추구하는 것이 규범적으로나 현실적으로 필요한 것이라면, 과연 남북한은 어디쯤 와 있는지 정책과 담론의 두 측면에서 돌이켜본다. 먼저 현재까지 남북한 관계가 어떤 변천을 거쳤는지 남북 정부의 정책을 중심으로 검토한다. 단순하게 말하자면, 남북한 관계는 (1) 홀로주체적 관계의 형성과 강화 시기(분단~1960년대), (2) 서로주체적 관계의 태동 시기(1970년대~1980년대 중반), (3) 서로주체적 관계의 발전 시기(1980년대 후반~2000년대 중반), (4) 서로주체적 관계의 후퇴 시기(2000년대 후반~2016년)의 네 시기로 구분할 수 있다. 이 같은 시기 구분을 통해 이명박 정부 이후 퇴행이 일어났지만, 분단 이후 남북한의 관계는 전반적으로 홀로주체적 관계에서 서로주체적 관계로 변화해 왔다고 주장할 것이다.

다음으로 민간 부문의 통일담론을 중심으로 우리 사회에서 북한에 대한 자세가 어떻게 변화해왔는지 살핀다. 나는 남한사회의 통일담론이 햇볕정책을 전후하여 크게 분리-통합의 대립 축에서 홀로주체-서로주체의 대립 축으로 바뀌었다고 주장할 것이다. 이런 인식에서 통일담론을 두 시기로 구분한다. 첫째는 분단 이후 1990년대까지 분리-통합이 주요 대립 전선으로 작동한 시기다. 이 시기 남한 정부는 남북한의 통합보다 사실상 분리를 지향하였고 민간 부문의 통일담론을 억압하였다. 이 기간에 간헐적으로 분출한 다양한 통일담론과 운동은 기본적으로 정부의 분리주의에 대한 대항헤게모니 투쟁의 의미가 크다. 둘째는 1990년대 후반 햇볕정책 이후 남남갈등이 심화된 시기다. 특히 2000년 남북정상회담 이후 남남갈등이 심화되었는데, 그 바탕에 남북한 관계 및 통일에 대한 상이한 담론들 사이의 충돌이 있다고 생각한다. 기존의 연구와 달리 나는 햇볕정책 이후 통일담론의 기본 대립 전선은 대북관(친북-반북)이나 대북정책(포용-적대) 또는 좌우이념(진보-보수)이 아니라 대북자세(홀로주체-서로주체)에 있다고 주장할 것이다.

7-9장에서는 남북한이 앞으로 가야 할 길을 남북관계, 국제정치, 국내정치의 세 차원에서 구상한다. 첫째, 남북관계 차원이다. 남북관계 차원에서 서로주체적 통합의 핵심은 평화공존과 통합의 병행 추진이다. 우선 남북한 사이의 수평적 차원에서 서로주체적 관계를 수립해야 한다. 이를 위해서 남북한이 서로 주권을 가진 주체인 동체(同體)이며, 서로 동체로서 평등과 자유를 추구하는 동등(同等)과 동존(同存)의 원칙을 구현해야 한다(문승익 1970, 112-142). 이는 각각 (1) 남북의 관계 정상화, (2) 정부 간 합의기구의 제도화, (3) 평화체제의 구축을 요구한다. 아울러, 남북한이라는 개별주체와 통합한국이라는 공동주체 사이의 수직적 차원에서 서로주체적 관계를 수립해야 한다. 이러한 중층적 모습의 비전으로 나는 개방형 '복합통합체제'라는 개념을 제시할 것이다. 복합통합체제는 기존의 '복합국가론'을 원용한 개념으로, 복합국가와 복합경제 및 복합사회를 종합한다. 복합체제는 다원성과 다층성을 갖는다. 이질적인 체제의 다원성을 바탕으로 하고 그 위에 새로운 공통성을 찾거나 공동성을 만드는 다층구조 형태다.

둘째, 국제정치 차원이다. 서로주체적 통합을 이루기 위해서는 한반도 주변 강대국들의 이해와 협조를 구해야 한다. 이를 위해 남북이 공히 '평화통합외교'를 추진하고 국제적 공동이익을 창출하여 남북통합의 헤게모니를 구축할 것을 제안한다. 평화통합외교는 기존의 통일외교나 평화외교와 차이가 있다. 통일외교는 남한 주도 아래 남북한의 통일을 이루기 위해 한반도 관련 강대국들의 지지를 도모하는 데 목적이 있다. 현재 우리 학계에서 주류를 이루고 있는 개념이다. 평화외교는 우리가 먼저 '평화국가'를 표방하면서 주변 강대국들과 함께 한반도에 적극적인 평화체제를 구축하는 데 목적이 있다(구갑우 2007, 94-100). 기존의 '안보국가' 개념에서 '평화국가'로 발상의 전환이 대담하다. 내가 구상하는 평화통합외교는 단순히 평화체제를 구축하는 데 그치지 않고 남북한의 통합을 함께 병행하는 점에서 평화외교의 구상을 계승하고 발전시킨다.

셋째, 국내정치 차원이다. 남북한의 서로주체적 통합의 원칙을 구현하는 데 있어서 가장 어려운 부분이 국내정치 차원이다. 남북관계 차원에서 나왔던 많은 질문들이 국내정치 차원에서 다시 제기될 수 있다. 남북한의 관계 개선과 통일을 위한 원칙으로 서로주체적 통합을 추구할 때 국내에서 이에 대한 합의 기반이 취약하면 그 원칙을 지탱하기가 대단히 어렵다. 따라서 남한과 북한 사회 내부에서 남북의 서로주체적 통합 원칙에 대한 지지 기반을 넓히고 굳건하게 할 필요가 있다. 홀로주체적인 상대에 대하여 어떻게 서로주체적 관계를 구축할 것인가 하는 질문은 북한에 대해서만 제기되는 것이 아니다. 남한의 많은 사람들이 북한이 홀로주체적이기 때문에 우리도 홀로주체적인 자세를 견지해야 한다고 생각한다. 따라서 서로주체적 통합의 원칙은 홀로주체적인 상대방(북한)도 설득해야 하지만 남한 사회 내의 홀로주체적 자세를 가지고 있는 사람들도 설득해야 하는 이중의 난제를 가지고 있다. 진지한 고민이 필요한 문제다.

마지막 10장에서는 이상의 논의를 요약하고 종합한다.

제2장

분석틀

I. 개념 및 유형

이 책은 남북한 관계를 분석하고 조망하기 위한 틀로서 〈그림 2.1〉의 네 가지 유형을 활용한다. 〈그림 2.1〉은 '아(我)와 비아(非我)의 헤게모니 투쟁'이라는 나의 정치 개념을 좌표로 나타낸 것이다(김학노 2010). 수평축은 '분리-통합'의 연속선으로 만남의 깊이를 나타낸다. 분리-통합은 얼마나 많은 '작은 우리'들이 '큰 우리'를 형성하고 그 안에서 얼마나 깊이 만나는지의 문제다. 남과 북의 통합 문제에서는 만남의 외연이 (남과 북 둘로) 고정되어 있으므로 분리-통합의 정도는 남과 북의 만남의 깊이에 달려 있다. 수직축은 '홀로주체적-서로주체적' 자세의 연속선으로 만남의 방식을 나타낸다.

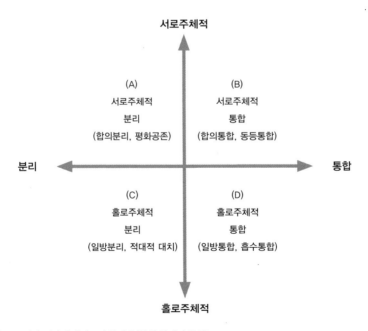

그림 2.1 아와 비아의 헤게모니 관계 (남북한 관계의 유형)

홀로주체적 방식이 우세할 경우 서로 상대방의 주체성을 인정하지 않는다. 홀로주체적 만남에서 상대방은 주체적 존재가 아니라 대상이나 객체가 될 뿐이다. 서로주체적 방식이 우세할 경우 서로 상대방의 주체성을 인정한 바탕 위에서 만난다. 서로주체적 만남은 상대방을 단순한 객체나 대상으로 보지 않고 나와 상호 공존할 동등한 주체로 대한다(문승익 1970, 112-142; 김상봉 2007, 36-37; 부버 1995; 레비나스 1996; 강영안 2005; 김학노 2011 참조).

분리-통합 개념은 기존의 분단-통일 개념의 특수론적인 시각에서 벗어나서 보다 일반론적인 관점에서 한반도 문제를 보기 위해 사용한다. 그동안 남북한 관계와 통일 문제에 대해서 우리는 분단-통일이라는 익숙한 개념 쌍을 가지고 연구하고 생각해 왔다. '통일' 개념에 담겨 있는 획일주의와 냉전적 사고방식에 대한 경계의 목소리가 높아지면서 통일 대신 '탈분단'이나 '통합'이라는 용어를 사용하기도 한다. 하지만 이 경우에도 여전히 '분단'이라는 개념에서 벗어나지 못하고 있어서, 가령 '분단-통합'의 개념 쌍을 사용하였다(예, 임채완 2006). 이 책은 남북한 관계와 통일 문제에 대하여 분단-통일 대신에 분리-통합이라는 개념 쌍을 사용한다. 분단-통일 대신 분리-통합 개념을 사용할 때 장단점이 있지만, 한반도 문제를 분단국이라는 특수 사례에 국한하지 않고 일반론적인 관점에서 보는 장점이 가장 크다(자세한 내용은 김학노 2014a; 2014b).

분리와 통합은 서로 밀접하게 연결되어 있는 개념이다.[1] 〈표 2.1〉에 정

표 2.1 분리-통합의 개념

통합	소아에서 대아로의 확대 = '큰 우리' 구축 = 작은 우리들을 통합
분리	대아에서 소아로의 축소 = '작은 우리' 구축 = 더 작은 우리들을 통합
분리 대 통합	큰 우리와 작은 우리 사이의 헤게모니 투쟁 과정

....

1   이하에서 소개하는 분리-통합 및 홀로주체-서로주체의 개념과 척도에 대해 보다 자세한 설명은 김학노(2018) 참조.

리했듯이, 나는 통합을 '소아(小我)에서 대아(大我)로의 확대', 분리를 '대아에서 소아로의 축소'로 정의한다. 통합은 둘 이상의 행위자가 더 큰 우리, 즉 대아를 형성하는 과정을 의미하거나 또는 그 최종적인 결과로서 더 큰 우리를 형성한 상태를 지칭한다. 여기서 소아와 대아는 상대적인 개념이다. 소아, 즉 작은 우리는 더 작은 우리에 대해서는 대아에 해당한다. 대아, 즉 큰 우리도 더 큰 우리에 대해서는 소아에 해당한다. 나와 너라는 개인이 모여서 가족을 이루고 가족이 지역공동체를, 지역공동체들이 국가공동체를 이룬다고 하면, 이때 '개인 → 가족 → 지역 → 국가'의 순으로 소아에서 대아로 확대되는 것으로 볼 수 있다. 국가와 국가가 모여서 국가연합이나 연방국가를 구성한다면 이 또한 소아(원래의 국가)에서 대아(새로운 연합이나 연방)로 통합하는 것이다.

거꾸로 분리는 '대아에서 소아로의 축소'를 의미한다. 분리는 하나의 행위자가 둘 이상의 더 작은 우리로 나뉘는 과정을 의미하거나 그 최종적인 결과로서 작은 우리로 나뉜 상태를 지칭한다. 연방국가가 개별 국가로, 국가에서 지역으로, 지역에서 가족으로, 가족에서 개인으로 우리의 외연이 축소되는 과정이 분리다. 대아에서 소아로 우리의 외연이 축소되는 분리 과정은, 한편으로는 더 작은 소아들을 소아로 통합하는 과정이기도 하다. 연방국가가 개별 국가들로 나뉘는 분리는 연방국가라는 대아에서 개별국가라는 소아가 분리하는 과정이기도 하지만, 동시에 개별국가 내의 다양한 소아들을 연방국가와 구별하여 개별국가의 이름 아래 통합하는 과정이기도 하다. 한민족이라는 대아에서 남한과 북한이라는 소아들로 분리한 과정은, 곧 남한과 북한 각각의 내부에서 더 작은 우리들을 한민족이라는 대아의 이름이 아니라 남한과 북한이라는 소아의 이름으로 통합한 것이기도 하다.

소아에서 대아로 우리의 외연을 확대하는 통합 과정은 곧 헤게모니 행사이자 구축 과정이다. 통합의 주도세력은 하위세력들에게 강압이나 리더십 또는 양보와 담론 등의 다양한 헤게모니를 행사함으로써 자신을 중심으로 한 우리의 틀 안에 하위세력을 포함한다. 그 역도 마찬가지다. 소아에서 대아로 우리의 외연이 확대되는 통합이 헤게모니 행사와 구축 과정인 것처럼, 대아에서 소아로 분리되는 과정도 마찬가지로 헤게모니 행사와 구축 과정이다. 대아에서 소아로 분리를 도모하는 세력은 대아의 입장에서 보면 분명히 소아적이고 분열적인 세력이다. 그러나 분리를 도모하는 세력은 그보다 더 작은 소아들을 따로 모아서 하나의 우리(소아)를 형성한다. 이 소아는 더 작은 소아들을 자신의 헤게모니 아래 통합함으로써 만들어진 것이다. 이 과정을 대아의 입장에서 보면 분리의 과정이지만, 아주 작은 소아의 입장에서 보면 또 다른 대아(원래의 대아보다는 작지만)로의 통합 과정이다(그림 2.2 참조).[2]

소아와 대아가 상대적인 개념인 것처럼 분리와 통합도 상대적인 개념이며, 분리-통합은 하나의 연속적인 과정으로 보아야 한다. 〈표 2.1〉에서 '분리 대 통합'은 분리와 통합이 일방향적인 과정이 아님을 보여주기 위해 기입하였다. 대부분의 경우 분리와 통합은 서로 얽혀 있다. 분리주의 움직임이 생기면 이에 대항해서 통합주의 움직임이 일어나고, 통합주의 세력에 대항해서 분리주의 세력이 헤게모니 투쟁을 벌이기도 한다. 현재의 남북 분단 상태에서도 남북한 통합을 희구하고 추동하는 세력과 분리를 유지하고 고

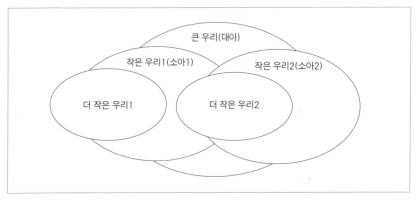

그림 2.2 분리-통합의 상호 관계

....

2   분리-통합의 개념 및 상호 관계 그림에 대한 논의는 김학노(2014a)에서 일부 전개하였음.

착화하려는 세력 사이에 헤게모니 투쟁이 벌어지고 있다. 즉 분리와 통합은 소아와 대아가 스스로를 '우리'로서 동시에 구축하려는 과정으로 이해해야 한다. 분리-통합은 큰 우리와 작은 우리 사이의 헤게모니 투쟁을 내포하고 있다. 또는 큰 우리 형성을 주도하는 세력인 소아1과 그 하위세력인 다른 소아들(소아2, 소아3, …) 사이의 헤게모니 투쟁이다. 큰 우리는 상대적으로 외연이 넓은 대아로의 큰 통합을 추구하며 구심력을 구축하려 한다. 작은 우리는 상대적으로 외연이 좁은 소아로의 작은 통합을 추구하며, 이는 대아의 입장에서 보면 분리를 추구하는 원심력의 원천이 된다. 분리-통합의 시각에서 볼 때 세계 곳곳의 분리나 통합을 둘러싼 갈등은 이러한 '큰 우리 대 작은 우리' 또는 '구심력 대 원심력' 또는 '구심력 대 원심력1 대 원심력2, …' 사이의 헤게모니 투쟁이다.

이와 같은 통합과 분리의 개념은 가치중립적인 개념이다. 즉 '통합=좋은 것, 분리=나쁜 것'이라는 가치판단을 전제하지 않는다. 분리와 통합은 단순히 우리 외연의 축소와 확대를 뜻할 뿐이다. 소아에서 대아로의 통합이 반드시 '정치적 선(善)'인 것은 아니다(김학노 2010, 54). 소아에서 대아로의 통합이 소아를 억압하는 방향으로 이루어질 수 있기 때문이다. 정치적 선은 소아에서 대아로의 통합이라는 아와 비아의 만남의 외연보다는 헤게모니 방식, 즉 아와 비아의 만남의 방식에 더 많이 좌우되는 것으로 보아야 한다. 대단히 추상성이 높은 차원에서 일반적으로 말하자면, 서로주체적 헤게모니 방식을 지향하는 것이 정치적 선이며, 소아에서 대아로의 확대, 즉 통합이 반드시 정치적 선인 것은 아니다.

만남의 '깊이'로서 분리-통합은 하나의 연속적인 개념이며, 이분법적으로 단절되어 있지 않다. 〈그림 2.3〉은 정치체의 분리-통합을 하나의 연속적인 과정으로 이해한 것이다. 괄호에 넣은 유형을 무시하면, '개별국가-국가연합-연방국가-단일국가'의 단계로 단순화할 수 있다. 〈그림 2.3〉에서 분리가 가장 높은 수준은 개별국가들로 독립 또는 탈퇴(secession)한 것이고, 가장 높은 수준의 통합은 단일국가로 합친 것이다. 이 양극 사이에 다양

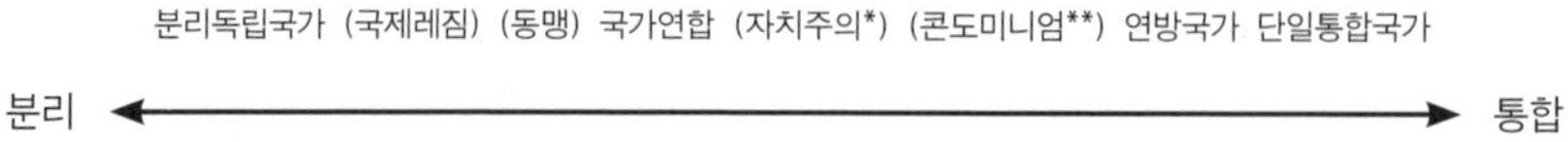

분리독립국가 (국제레짐) (동맹) 국가연합 (자치주의*) (콘도미니엄**) 연방국가 단일통합국가

분리 ◄───► 통합

그림 2.3 '분리-통합'(만남의 깊이)의 연속선
* Lluch(2011) 참조; ** Schmitter(1991) 참조.

한 수준의 분리-통합이 가능하다. 다만 이 다양한 수준이 단순히 양적 차이에만 그치지는 않고 질적 차이들도 포함하고 있다. 하나의 곧은 일직선으로 이해하기보다는 중간에 문턱(threshold)들이 있어서 일정한 정도의 차이가 단계의 차이를 동반하는 것으로 이해하는 게 바람직하다.

〈그림 2.3〉은 만남의 깊이를 여러 층위로 생각해본 것일 뿐, 실제 분리와 통합이 이러한 단계를 모두 거쳐야 하는 것은 아니다. 남한과 북한이 가칭 '통합한국'으로 통합한다고 할 때 국가연합을 거치고 연방국가를 거친 다음에 단일통합국가로 가야 하는 것은 아니다. 남북이 처음부터 만남의 깊이를 단일통합국가 수준으로 깊게 정할 수 있다. 거꾸로 단일통합국가에서 특정 지역이 분리 독립할 경우 반드시 위의 단계들을 거쳐야 하는 것도 아니다. 체코와 슬로바키아의 분리에서 보듯이 하나의 국가에서 두 개의 독립국가로 분리가 가능하다. 때로는 〈그림 2.3〉의 범위를 넘어서 분리-통합이 일어날 수도 있다. 가령 유럽연합의 분리 시나리오 중 하나는 회원국이 아니라 국내 지역들이 분리의 기본 단위가 되는 것이다(Vollaard 2014, 1143-1145; Zielonka 2012 참조). 만남의 깊이로서의 분리-통합은 연속적인 개념이지만, 실제의 분리-통합이 반드시 연속적인 과정일 필요는 없다.

수직축은 만남(과 헤어짐)의 '방식'을 나타낸다. 만남의 방식을 '홀로주체-서로주체'라는 다소 낯선 개념 대신에 '적대-우호' 또는 '일방-동등(합의)'과 같은 익숙한 용어를 사용하여 표현할 수도 있다. 나는 두 가지 이유에서 홀로주체-서로주체 개념을 사용한다. 하나는 그것이 더 포괄적인 개념이기 때문이다. 적대-우호와 일방-동등은 상통한다. 적대-우호는 상대방을 궤멸시켜야 할 적으로 대하는지 아니면 나와 같은 주체로 인정하고 공존 및 협력할 주체로 만나는지의 구분이다. 일방-동등은 상대방과 함께 동등하게 참여하여 합의하에 분리-통합하느냐, 아니면 일방적으로 분리-통합하느냐의 구분이다. 적대와 일방은 상대방을 나와 같은 주체로 인정하지 않는 점에서 홀로주체적인 태도이고, 우호와 동등은 상대방의 주체성을 서로 인정하는 서로주체적 태도다. 다양한 맥락에 따라서 다른 개념들을 사용할 수 있지만, 보다 포괄적인 개념을 사용하면 동일한 개념으로 다양한 맥락들 속의 다양한 관계들의 공통점을 포착할 수 있는 이점이 있다.

적대-우호나 일방-동등 대신 홀로주체-서로주체 개념을 사용하는 또다른 이유는 소아와 대아 사이의 관계에도 적용할 수 있기 때문이다. 적대-우호나 일방-동등은 소아와 소아 사이의 수평적(혹은, 특정 소아가 지배적 위치에 있을 경우, 수직적) 관계에 적용된다. 이들 평면적인 개념은 소아와 소아가 만나서 형성하는 대아 속에서 소아가 어떤 상태에 있는지를 포착하지 못한다. 대아로의 통합에서 소아가 완전히 소멸되는 경우와 소아가 완전히 보존되는 경우를 나눈다면, 전자는 홀로주체적 통합이고 후자는 서로주체적 통합에 해당한다. 이처럼 홀로주체-서로주체는 소아와 소아의 평면적 관계뿐 아니라 소아와 대아의 입체적 관계까지 아우르는 개념이다.

| 홀로/홀로 | 서로/홀로 | 홀로/서로 | 서로/서로 |

그림 2.4 홀로주체-서로주체(만남의 방식)의 연속선 (과정/결과)

분리-통합처럼 '홀로주체-서로주체'도 단절된 대립이 아니라 연속적인 정도의 문제로 보아야 한다. 완전히 홀로주체적이거나 완전히 서로주체적인 방식은 그야말로 이념형에서만 존재할 것이다(김학노 2016b 참조). 실제 분리-통합의 과정에서는 다양한 정도의 홀로주체적 방식과 서로주체적 방식의 조합이 가능하다. 분리-통합의 결과에서도 홀로주체적 형태와 서로주체적 형태의 다양한 조합이 가능하다. 과정과 결과가 다를 수도 있다. 독일 통일의 경우처럼 서로주체적 과정이 서로주체적 결과를 보장하지도 않는다. 〈그림 2.4〉처럼 과정과 결과를 함께 고려할 때 과정과 결과 모두에서 홀로주체적 또는 서로주체적 방식이 우세한 경우가 있고, 과정이나 결과 중 어느 하나는 홀로주체적 방식이 다른 하나는 서로주체적 방식이 우세한 경우가 있을 수 있다. 만남의 방식에서 과정과 결과가 혼재한 경우 나는 잠정적으로 결과를 더 중시한다. 탈냉전 시기 독일 통일의 경우 평화적 합의의 과정을 거쳤지만 동독이 서독에 사실상 흡수된 점에서 결과적으로 홀로주체적 통합의 유형에 가깝다. 〈그림 2.4〉의 '서로/홀로'의 범주에 해당한다. '홀로/서로'의 유형에는 미국이 영국과의 전쟁 끝에 독립한 경우를 예로 들수 있다. '서로/서로'의 유형은 예멘이 1차 합의통일을 이루었을 때, 미국의 건국 초기 국가연합을 구성했을 때 그리고 얼마 지나지 않아서 연방으로 전환했을 때, 그리고 체코슬로바키아가 체코와 슬로바키아로 평화롭게 분리한 경우가 해당한다. '홀로/홀로' 유형으로는 구 유고슬라비아의 폭력적인 분리와 베트남의 무력통일이 대표적 사례다.

다시 〈그림 2.1〉로 돌아가서 만남의 깊이와 방식을 기준으로 남과 북의 관계를 홀로주체적 분리와 통합, 서로주체적 분리와 통합의 네 가지 유형으로 구분할 수 있다. 이들 유형은 개념상의 이념형에 해당한다. 현실세계는 대부분이 이 이념형들 사이에 걸쳐 있는 혼재상황에 해당할 것이다. 분리-통합 축에 '부분적 통합'을, 홀로주체적-서로주체적 헤게모니 축에 '부분적 서로주체적'의 항목을 각각 가운데에 넣어서 네 가지 대표적인 혼재상태들 (A/B, A/C, C/D, B/D)을 생각해볼 수 있다(김학노 2010, 52-53). 또 현실세계에서는 분야별로 혹은 차원별로 분리-통합의 유형이 다를 수 있다. 가령 남북한이 군사적으로는 적대적 대치를 유지하면서 경제적으로 서로 상생하는 경제통합을 시도할 수 있다. 이 경우 군사적으로는 홀로주체적 분리(C) 유지, 경제적으로는 서로주체적 통합(B) 시도로 볼 수 있다. 분야에 따라 시기에 따라 가까운 유형이 다를 수 있기 때문에 전체적인 관계를 파악하기 위해서는 종합적인 판단이 필요하다.

II. 기존 연구와의 비교

남북한 관계 및 통일 문제와 관련한 기존 논의는 무수히 많다. 30년 간의 통일 문제 연구를 정리한 것이 단행본으로 출간될 정도다(김해순 외 2017). 이 책은 기존 연구에서 볼 수 없는 새로운 분석틀을 사용한다. 기존 연구가 너무나 많고 관련 주제가 광범위하므로, 여기서는 기존에 통일 문제 및 남북관계를 바라보는 시각이나 담론을 구별하고 설명하는 방식에 국한 해서 이 글의 분석틀이 이들과 어떻게 다른지 살펴본다. 이 책에서 다루는 개별 주제에 대한 기존 연구 검토는 필요할 경우 해당 장에서 실시한다.

이 책의 분석틀을 압축하고 있는 〈그림 2.1〉에는 '분리-통합'과 '홀로주 체-서로주체'라는 두 개의 축이 있다. 이 두 축은 각각 한반도 문제와 관련 하여 우리 사회에서 중요한 갈등 전선을 나타낸다. 만남의 깊이와 관련해서 는 분리주의와 통합주의의 갈등이 있다. 남북한의 분리를 선호하는 입장과 통합을 지지하는 입장 사이에 근본적인 대립 전선이 잠재해 있다는 시각이 다. 만남의 방식과 관련해서는 홀로주체적 자세와 서로주체적 자세의 갈등 이 있다. 남과 북이 홀로주체적으로 만나거나 헤어지기를 선호하는 세력과 서로주체적으로 만나거나 헤어지기를 바라는 세력 사이에 근본적인 대립 전선이 잠재해 있다는 시각이다. '분리 대 통합' 그리고 '홀로주체 대 서로주 체'의 두 가지 갈등 축 중 어느 쪽이 우세한지는 국면에 따라서 구체적으로 살펴봐야 한다.

기존 연구와 비교할 때 이 책은 통일 문제 및 남북관계 관련 논의들을 분류하는 방식이 새롭다. 기존의 분류는 뚜렷한 기준이 없는 경우가 적지 않다. 가령 박명림은 통일논의를 (1) 급진반북주의 (2) 북한 특수주의 (3) 대등통일 (4) 통일거부주의로 구분하면서 자신의 '평화적 보편통일론'을 제 시한다. 급진반북주의는 반공 이념이나 시장만능주의에 입각한 급격한 흡 수통일 논리다. 북한 특수주의 또는 북한 상황주의는 북한의 인권문제와 민 주주의 결핍과 같은 특수한 상황을 인정하는 논리로, 사실상 영구 분리주의에 해당한다. 남북한 대등통일론은 나의 분석틀에서는 서로주체적 통합론에 해당하는데, 박명림은 이를 사실상 통일을 유보하는 분리주의 논리, 또는 보편적 가치의 측면에서 열등한 쪽을 배려하는 분단 현실론의 변형이라고 본다. 통일거부주의는 일종의 대기주의로서 통일비용 등을 이유로 한 통일회의주의를 뜻한다(박명림·김삼봉 2011, 351-353). 담론들의 주요 주장에 따라 특징적인 것들을 뽑아서 인상적으로 분류할 뿐 뚜렷한 기준이 없다. 남북한의 '차이'에 대한 입장을 다섯 가지로 구분하는 권혁범의 분류도 체계적인 기준이 없기는 마찬가지다(권혁범 2000, 162-171).

다른 기준을 사용하여 통일담론이나 통일노선을 구분하는 기존 연구는 분리주의 세력과 노선을 배제하는 경향이 있다. 임수환은 실제 사례를 바탕으로 평화통일론(독일 모델), 자주통일론(베트남 모델), 일국양제론(중국 모델)을 구분한다. 임수환에 따르면, 1970년대 이후 남북한은 평화통일론 대 자주통일론으로 대립해왔다고 한다. 또 북한의 연방제 통일론은 일국양제와 유사하며, 한나라당은 평화통일론, 열린우리당은 일국양제론, 민주노동당은 자주통일론에 가깝다고 한다(임수환 2007). 임수환의 분류는 실제 사례에서 추출된 모델들을 활용하는 점에서 장점이 있다. 그러나 임수환의 논의는 분단국 사례들에만 국한하여 남북한 문제를 분단국이라는 특수론적 관점에서 접근하는 한계가 있다. 또 이 글에서 사용하는 분리-통합의 시각에서 볼 때, '분리' 상태를 모델에서 배제함으로써 분리를 지향하는 담론들을 제외하는 문제가 있다.

통합주의와 분리주의 담론을 모두 고찰하는 연구들은 내가 '분리-통합'의 축에 더해서 중요한 축으로 사용하는 '홀로주체-서로주체'의 구별이 없다. 가령 김성보는 '분단 고착의 건국 담론'과 '통일 지향의 분단 담론'을 구별한다. 분단 고착의 건국 담론은 남북이 통일의 당위성을 인정하면서도 남북이 각자 자신만이 정통성을 가진 국가로 주장하고 상대방의 존재 자체를 부정한다. 통일 지향의 분단 담론은 남북한이 모두 진정한 의미의 민족국가 수립에 도달하지 못한 미완의 국가라고 보고, 통일국가를 수립할 때 비로소 근대적 민족국가 프로젝트가 완성된다는 담론이다(김성보 2008, 37-38). 김학성은 '통일대비론'과 '분단관리론'을 구별한다. 통일대비론은 북한의 급변사태 가능성이 높다고 보고 힘의 우위에 입각해서 흡수통일을 추구한다. 분단관리론은 북한의 급변사태 가능성이 낮다고 보고 북한을 평화적 분단관리의 동반자로 본다(김학성 2015, 45-52). 이들의 구분은 대체로 분리-통합의 축만 고려하고 있으며, 홀로주체-서로주체의 축이 분리-통합 축과 교차하는 지점을 보지 못한다(이우영 2003 참조).

최완규는 '국가중심 담론'과 '민족중심 담론'을 구별한다. 전자는 국가우선주의에 입각해서 흡수통일을 주장하고 후자는 민족우선주의에 입각해서 북한을 통일의 한쪽 당사자로 인정한다(최완규 2015). 나의 분석틀로 보면 국가중심 담론과 민족중심 담론은 각각 홀로주체와 서로주체직 자세에 해당한다. 그런데 최완규에 있어서 각각의 경우에 분리-통합이 구별되는 지점이 불명확하다. 홀로주체-서로주체의 대립 축이 분리-통합의 대립 축과 만나는 지점이 없는 것이다.

내가 접한 가장 체계적인 연구는 전태국의 분류다. 전태국은 북한 체제와 남한 체제에 대한 입장을 기준으로 〈표 2.2〉처럼 수렴, 다원, 공존, 융합의 네 가지 유형을 구분한다. '수렴주의'는 남북한이 서로 수렴하는 방식을 뜻하는 것이 아니라, 남과 북 중 어느 한쪽이 상대방 체제로 수렴하는 것을 지칭한다. 현실적으로 남한의 경제력이 월등히 앞선 점을 고려하면 전태국의 수렴주의는 곧 남한 위주의 홀로주체적 통합을 뜻한다. '다원주의'는 북한을 남한 체제에 통합하면서 동시에 북한의 문화적 유산과 주민자치 등을 유지하고 격려하는 방식으로, 이 책의 서로주체적 통합 유형이 가깝다. '공존주의'는 통일을 유보하고 남북의 분단상태를 유지하되 자유왕래와 소통을 허용하는 것으로, 서로주체적 분리 유형에 근접한다. '융합주의'는 기존의 남북한 사회체제를 넘어서서 제3의 체제로 융합하는 형태로, 서로주체적 통합에 해당한다(전태국 2013).

이러한 유형들을 활용하여 전태국은 1995년에서 2005년 사이에 한국인의 통일의식이 수렴주의에서 공존주의로 변화하여 왔다고 진단한다(전태국 2013, 35-42). 전태국이 발견한 수렴주의에서 공존주의로의 변화는 북한에 관해 서로주체적 자세를 가진 국민이 남한사회에서 증가하고 있다는 현상을 간파한 점에서 중요한 의미가 있다. 하지만 〈표 2.2〉에서 두 개의 유형(다원주의와 공존주의)이 하나의 칸에 (즉 같은 부류에) 속하는 점, 그리고 하나의 칸(남한 반대＋북한 인정)에 해당하는 유형이 없다는 점이 어색하다. 또한 전태국의 공존주의가 서로주체적 분리 유형과 유사하지만, 홀로주체적 분리(예, 남북한의 적대적 대치)에 해당하는 유형이 없다는 한계가 눈에 띈다.

표 2.2 전태국의 남북체제 입장의 유형 분류

구 분		남한 체제	
		고수	반대
북한 체제	인정	다원주의/공존주의	-
	거부	수렴주의	융합주의

출처: 전태국 2013, 38.

이 책의 분석틀과 가장 유사한 모델은 아마도 강광식에서 찾을 수 있을 것 같다. 강광식은 한반도의 체제상황 모형을 〈표 2.3〉과 같이 유형화한다. 그는 현실성 있는 탈분단 접근으로 〈표 2.3〉에서 'D → C → A'와 'D → B → A'의 두 가지 경로로 국한한다. 전자가 '선통일·후통합' 방식이라면 후자는 '선통합·후통일' 방식이라고 할 수 있다(강광식 2008, 68-72; 강광식 2010, 261-265). 협조와 갈등을 각각 서로주체와 홀로주체의 관계로, 통일체제와 분단체제를 각각 통합과 분리의 상태로 보면, 〈표 2.3〉은 이 책의 〈그림 2.1〉과 사실상 같은 내용의 분류에 해당한다고 할 수 있다. 다만 이 책에서는 분단-통일 대신 분리-통합의 개념을 사용하고, 협조와 갈등 대신 보다 포괄적인 서로주체와 홀로주체의 개념을 사용하는 점에서 차이가 있다. 이 책을 통해 알게 되겠지만 이러한 차이는 단지 용어상의 피상적인 차이가 아

니다. 개념에 담겨 있는 세계관이 상당히 중요한 차이를 만들어낸다.[3]

표 2.3 한반도의 체제상황

체제양태 남북한 관계 상황	통일체제	분단체제
협조	안정된 통일체제(A)	안정된 분단체제(B)
갈등	불안정한 통일체제(C)	불안정한 분단체제(D)

출처: 강광식 2008, 68; 2010, 262 참조.

종합하면, 이 책의 분석틀은 통일의 유형이나 남북관계 관련 논의를 분류하는 방식에서 새롭다. 통일담론과 유형의 구별에 국한해서 볼 때 이 책의 분석틀은 기존의 연구들에 비해 (1) 체계적이며, (2) 통일뿐만 아니라 분리도 함께 고려하고, (3) 홀로주체-서로주체의 새로운 기준을 도입한다. 새로운 분석틀은 새로움 자체가 아니라 유용성을 기준으로 평가받아야 한다. 이 책의 분석틀이 얼마나 유용한지는 구체적 주제들에 대한 분석과 해석이 갖는 설득력에 달려 있을 것이다. 나는 이 책에서 도입하는 새로운 분석틀이 기존에 보지 못했던 부분들을 보게 해준다고 생각한다. 예를 들면 통일담론을 둘러싼 남남갈등의 대립 축을 새롭게 해석한다. 햇볕정책 이후 심해진 남남갈등의 대립축을 진보-보수의 대립으로 보던 통상적인 시각과 달리, 이 책의 분석틀로 보면 홀로주체-서로주체의 대립이 남남갈등의 중심 균열축으로 드러난다.

한 가지 덧붙이자면, 이 책에서 사용하는 분석틀은 정치를 이해하는 일반론적 시각에 입각해 있다. 분리-통합과 홀로주체-서로주체의 두 축을 기준으로 남북관계의 유형을 네 가지 이념형으로 나눈 〈그림 2.1〉의 분석틀은

....

3   이 외에 백학순의 유형화도 중요하다. 백학순은 한 축에 민족주의적 지향성과 국제주의적 지향성을, 다른 축에 북한과 '대결·배제'하는 통일지향성과 북한과 '화해·공존'하는 통일지향성을 놓고 2×2의 네 가지 유형을 구분한다(백학순 2012, 8). 이를 바탕으로 역대 정부의 통일 정체성이 어느 유형에 해당하는지 분석한다(백학순 2012, 100; 2013, 95).

남북관계나 통일 문제를 염두에 두고 고안한 것이 아니다. 〈그림 2.1〉의 분석틀은 정치 일반에서 볼 수 있는 '아와 비아의 헤게모니 관계'의 이념형이다. 아와 비아의 관계를 만남(과 헤어짐)의 방식(홀로주체-서로주체)과 만남(과 헤어짐)의 깊이(분리-통합)를 기준으로 구분한 것이다. 아와 비아, 우리와 그들의 관계 유형은 남북관계에는 물론 국제정치, 정당정치, 세대갈등, 남녀관계, 노사관계, 지역갈등, 좌우갈등, 다문화사회 문제 등 사회 현실 일반에 적용할 수 있다. 이 책의 분석틀은 남북관계를 특수론적 시각이 아닌 일반론적 시각과 개념으로 접근하는 시도다.

제3장

원칙과 방향(1): 서로주체적 통합의 필요성

I. 여는 말[*]

통일은 여전히 우리의 소원인가? 우리는 마땅히 통일을 추구해야 하는가? 오늘날 통일에 대한 관심이 적어지는 것을 우려하는 목소리가 자주 들린다. 이명박 정부 시절 류우익 통일부장관이 지식인층의 통일 무관심을 '유식병(有識病)'으로 질타하고[1] 젊은 층의 통일 무관심에 대해서 "죄송하고 분하고 섭섭한 마음"을 드러낸 적이 있다.[2] 이 일화는 그 적절함의 여부를 떠나서 우리 사회의 통일 무관심 현상에 대한 우려를 보여준다. 하지만 막상 국민의식 조사에서는 상당한 비율의 국민이 통일에 대해 관심을 갖고 있는 것으로 드러난다. 여러 조사에 대한 이상신의 종합적인 평가에 따르면 1998년 이후 지난 20년 동안 통일의 필요성에 대한 긍정적 인식이 꾸준히 하락해왔으며 2017년 말 현재 50% 정도에 머물러 있다고 한다(이상신 외 2017, 30-32). 그 비율이 줄고 있음에도 여전히 국민의 절반 정도가 통일의 필요성에 대해 공감하고 있다고 읽을 수 있는 대목이다. 다른 조사에 따르면 2005년에서 2017년의 10여 년 동안 지속적으로 남한 국민의 70% 정도가 통일에 대해 관심을 가지고 있다. 통일이 되어야 한다는 의견도 2010년 이후 조사에서 꾸준히 70% 내외를 유지하고 있다(KBS 보도본부 북한부 2017, 113-118). 통일 무관심을 이유로 위정자가 자신을 돌아보기 전에 국민을 질타하는 것이 과연 적절한지 의문이 든다.

....

* 이 장은 김학노(2013a)를 수정 보완하였다.

1 http://news.naver.com/main/read.nhn?mode=LSD&mid=sec&sid1=100&oid=001&aid=0005815223, 2012년 11월 9일 검색.

2 http://www.yonhapnews.co.kr/northkorea/2012/11/08/1801000000AKR20121108173400043.HTML, 2012년 11월 9일 검색.

하지만 남한 시민의 통일에 대한 관심이 과거에 비해 감소하는 경향을 보이는 것 또한 사실이다. 남한 주민과 북한인(탈북자)을 대상으로 한 서울대 통일평화연구원의 조사를 보면 남한 주민들의 통일에 대한 무관심이 북한 주민에 비해 상대적으로 심하다는 사실을 알 수 있다. 2007-2011년에 행해진 조사에 따르면, 북한 주민의 95% 이상이 통일이 필요하다고 생각하는 반면 남한 주민들은 50-60%만이 통일이 필요하다고 여긴다. 통일에 대한 기대감에 있어서도 남과 북의 주민들은 현격한 차이를 보인다. 이 기간 동안 남북한 모두에서 서로에 대한 '적대'와 '경계' 의식이 급증한 현상은 특히 주목을 끈다(김병로·최경희 2012; 이내영 2016, 212-220 참조). 2016-17년 기간에도 북한에 대해 적대와 경계 의식이 증가한 것으로 나타났다. 이는 북한의 핵실험과 한반도의 긴장 고조 때문으로 보인다(이상신 외 2017, 56-57). 특별히 우려되는 대목은 젊은 층의 북한에 대한 적대 및 경계 의식이 강화되고 있다는 점이다. 서울대 통일평화연구원이 2016년에 실시한 조사에 따르면, 20대(17.7%)와 30대(16.7%)의 젊은 층이 북한을 적대 대상으로 인식하는 비율이 높고, 40대(47.9%)와 50대(46.7%)의 중년층이 북한을 협력 대상으로 인식하는 비율이 높으며, 60대 이상의 노년층이 그 사이에 위치하는 것으로 드러났다(정근식 외 2017, 84-85). 젊은 층의 대북 적대의식 비율이 상대적으로 높은 것은 남과 북의 서로주체적 통합을 추진하는 데 있어서 중요한 변수가 될 수 있다(김병로·최경희 2012, 115-116 참조).

한편 남과 북이 서로 공존하면서 통합을 추진해가는 서로주체적 통합에 대한 국민들의 지지가 감소하고 있는 것으로 보인다. 2005년과 2010년 및 2015년에 수행된 '한국인의 정체성 조사'에 따르면, '남북한이 각각의 체제를 유지하면서 공존하는 방식으로 통일'하는 방식에 대한 지지가 2005년 52.9%에서 2010년에는 46.6%, 2015년에는 33%로 떨어졌다. 반면에 '남한식 체제로 통일'하는 방식에 대한 지지는 2005년 35.5%에서 2010년에는 41%로, 2015년에는 52.9%로 증가했다. '남한식도 북한식도 아닌 제3의 체제로 통일'하는 방식에 대한 지지는 2005년 8.3%에서 2010년 10%, 2015년에는 12.4%로 약간 증가했다(이내영 2016, 223-224). 남북한 각각의 체제를 유지하는 방안과 제3의 체제로의 통일이 서로주체적 통합 유형에 가깝다고 보면, 2005년에는 남한 사람의 1/3 정도가 남한 주도의 홀로주체적 통합을 선호하고 60% 정도가 서로주체적 통합 방식을 선호했던 데 비해, 2015년이 되면 53% 정도가 홀로주체적 통합을 선호하고 45% 정도가 서로주체적 통합을 선호하는 것으로 나타났다. 전반적으로, 10여 년 전에 비해 서로주체적 통합을 선호하는 비율이 감소했음은 분명해 보인다.[3]

　과연 통일은 여전히 우리의 소원인가? 분단된 지 70년이 지난 오늘날에도 남과 북은 통일을 추구해야 하는가? 통일을 추구해야 한다면, 왜, 어떤 통일을, 어떻게 추구해야 하는가? 이 장은 이러한 근본적인 물음 중에서도 '왜' '어떤' 통일을 추구해야 하는가에 대한 담론을 제시한다. 오늘날 통일의 방법론에 대해서는 많은 논의들이 있지만, 통일의 필요성에 대해 우리가 공감할 수 있는 논의는 부족하다(정욱식 2015, 242; 이석희·강정인 2017). 나는 '어떤' 통일이냐의 문제와 '왜' 통일을 해야 하는가의 문제가 얽혀 있다고 생각한다. 통일의 유형에 따라서 즉 어떤 통일이냐에 따라서, 통일이 필요할 수도 있고 필요 없을 수도 있다. 따라서 이 두 질문을 같이 다뤄야 한다. 이 장은 남과 북의 어느 한쪽이 우위에 서는 홀로주체적 통합이 아니라 남과 북이 대등하게 만나는 서로주체적 통합을 지향해야 한다고 주장한다. 또 남쪽이 앞장서서 서로주체적 통합의 길을 개척해야 한다고 주장한다. 서로주체적 통합의 필요성에 대한 담론은 그것을 현실적으로 추진하는 전략적 논의와 밀접히 연결되어 있다. '어떻게' 달성할 것인지의 전략적 구상은 이 책의 뒷부분에서 이루어질 것이다. 여기서는 왜 그런 유형의 통합을 추

....

3　참고로 2016년 서울대학교 통일평화연구원의 통일의식조사에 따르면, 통일한국의 체제로 '남한의 현체제 유지'가 47.3%로 절반에 가까운 지지를 받았다. 반면 '남북한 체제의 절충'은 34.5%, '남북한 두 체제의 유지'는 14.4%의 지지를 받는 데 그쳤다(정근식 외 2017, 52-54). '남북한 체제의 절충'과 '유지'를 서로주체적 통합 방안이라고 본다면, 남한 위주의 홀로주체적 통합과 서로주체적 통합 방안에 대한 지지가 거의 비슷한 수준이다.

구해야 하는지 그 현실적 필요성에 논의의 초점을 맞춘다. 다음 장의 논의와 함께 이 장의 논의는 남북이 함께 지향할 통일의 원칙과 방향을 정립하는 작업이다.

남과 북 사이에 서로주체적 통합이 필요하다는 이 장의 주장은 어떤 통일을 왜 추구해야 하는지에 대한 기존의 담론과 차이가 있다. 어떤 통일을 추구할 것인가의 문제와 관련하여, 기존의 통일담론과 달리 이 장은 남과 북 사이에 서로주체적 통합을 추구할 것을 주장한다. 김대중 정부의 햇볕정책과 2000년 남북정상회담 이후 흡수통일이나 무력통일과 같은 일방적인 통일 대신에 남과 북 사이에 대화에 입각한 합의통일을 주장하는 담론이 늘어났다(6장 참조). 이들 논의는 남과 북 사이의 서로주체적 통합 담론에 가깝다. 하지만 이들 논의는 대부분 통합과정에서 북한의 변화를 요구하거나 자유민주주의와 시장경제를 통일한국의 기본원칙으로 전제하는 점에서 여전히 남한이 중심이 되거나 남한을 위주로 하는 통합을 구상한다. 이 장은 남과 북이 서로를 통합의 대상이 아닌 주체로 인정하고 받아들이고, 남북통합 과정에서 함께 변화하고 배우는 쌍방향의 서로주체적 통합에 충실할 것을 요구한다.

왜 서로주체적 통합을 추구해야 하는지 그 필요성을 입론하는 것이 이 장의 목적이다. 필요성은 각 유형의 장단점을 비교하는 방식으로 입론한다. 장단점의 고려는 단순히 비용과 편익의 비교가 아니다. 통일 문제와 관련하여 통일의 비용과 편익을 강조하는 논의들은 많이 있다. 이들은 주로 정치적 및 경제적 손익을 논한다. 각각의 유형이 갖는 장단점을 고려하는 것은 단순히 물질적 비용과 편익을 비교하는 작업을 넘어선다. 가령 각 유형의 안정성이라든가 분단과 통일의 고통이라는 측면은 비용과 편익의 관점에서 잘 보기 어렵다. 장단점을 고려할 때 한 가지 중요한 사항은 누구의 입장에서 장단점을 보느냐의 문제다. 즉 '우리'가 누구냐의 문제가 중요하다. 우리의 단위가 남한(사람)인지 아니면 남북한(사람)인지, 우리 민족 전체(남북한+조선족 등 해외동포 포함)인지, 혹은 남한이나 북한의 일부 세력인지에 따라서 장단점이 달라질 수 있다. 1장에서 언급했듯이, 통일에 대한 '민족중심 – 당위적 입장'과 '국가중심 – 실리적 입장'은 각각 '민족'과 '국가'(여기서는 남한)를 단위로 정치적 공간을 인지한다(서정민 2017). 민족주의 담론에서 한민족이 우리인 반면 실용주의 담론에서는 남한(사람들)으로 우리가 국한된다. 이 장에서는 우리의 여러 단위 중 어느 하나를 기준으로 논의하지 않는다. 때로는 남한(인)으로서 장단점을 생각할 필요가 있고 때로는 우리민족 전체나 남북한(인)의 입장에서 장단점을 생각할 필요도 있다. 남한(인)의 입장에서 장점이 북한(인)의 입장에서는 단점이 될 수도 있다. 가급적 남북한(인)의 입장에서 각 유형의 장단점을 분석하되, 필요할 경우 남한(인)과 북한(인)을 구별하여 논한다. 남한이나 북한 안에서 정권과 시민을 구별하여 논할 수도 있다. 많은 경우 여럿의 우리 단위가 중첩하여 공존하고 있기 때문에 우리의 여러 층위와 단위들을 분명하게 구별하기 어렵기도 하다.

아래에서는 서로주체적 통합의 필요성을 남과 북 사이에 서로주체적일 필요성과 통합을 추구할 필요성의 두 가지로 나누어서 논의를 전개한다. 첫째, 왜 서로주체성이 필요한가의 문제다. 이에 대해서는 이미 진보 진영 일부의 평화담론이 문제제기를 했다(구갑우 2007). 평화담론은 홀로주체적 분리나 통합보다 서로주체적 분리가 더 좋다는 논리에 해당한다. 이 장에서도 서로주체성의 필요성을 구명하기 위해서 홀로주체적 분리와 통합의 문제점들을 지적한다. 홀로주체적 분리나 통합은 많은 문제점들이 있다. 특히 홀로주체적 분리는 심각한 '분단고통'을 낳고 있고 홀로주체적 통합은 더 심각한 '통일고통'을 야기할 수 있다. 남과 북 사이에 홀로주체적 관계를 지양하고 서로주체적 관계를 수립해야 하는 이유다.

둘째, 왜 통합을 지향해야 하는가의 문제다. 평화담론이 주장하는 서로주체적 '분리'에 머물지 말고 서로주체적 '통합'을 지향해야 할 이유로 이장은 두 가지를 강조한다. 우선, 남과 북 사이에 평화적 관계를 충실히 구축하기 위해서다. 서로주체적 통합은 남과 북 사이에 중층적인 평화를 구축함으로써 남북 사이의 평화공존에 그치는 서로주체적 분리보다 한반도에 더 안정적인 평화를 가져올 수 있다. 다음으로, 우리의 온전한 주체성을 회복하기 위해서다. 남북으로 분열된 반쪽짜리 주체를 정상화함으로써 우리가 겪고 있는 분단의 고통을 비로소 극복할 수 있으며 우리가 진실로 행복하게 살 수 있다. 서로주체적 관계 속에서 분리를 유지하기보다는 통합을 지향해야 할 이유다. 이는 통일의 필요성을 민족주의적 당위에서 찾는 민족담론이나 경제적 이익의 전망에서 찾는 기존의 실용주의 담론과 차이가 있다(이홍구 1996; 정세현 2010; 강만길 2013; 이종석 2012; 조민 외 2011; 이병수 2010 참조).

II. 왜 서로주체적이어야 하는가?

이 장에서는 서로주체적 통합의 필요성을 당위적 이유보다 현실적 이유에서 주로 찾는다. 서로주체적 관계가 홀로주체적 관계보다 정치적 선(善)에 해당한다는 규범적 당위성만으로 남북 관계를 구상할 수는 없다. 나는 소아에서 대아로의 확대가 늘 정치적 선인 것은 아니며, 정치적 선은 서로주체적 헤게모니를 지향하는 것이라고 주장한 바 있다(김학노 2010). 정치적 선은 만남의 외연이나 깊이보다는 만남의 방식에 더 많이 좌우되는 것으로 봐야 한다. 일반적으로 홀로주체적 헤게모니 방식보다 서로주체적 헤게모니 방식이 정치적 선이라고 할 수 있다. 이 주장은 분리보다 통합을, 뺄셈의 정치보다 덧셈의 정치를, 작은 정치보다 큰 정치를, 사적인 이익의 추구보다 공적 이익의 추구를 좋은 것으로 보는 학계와 사회의 일반적인 시각에 대해 문제를 제기한 것이다. '뭉치면 살고 흩어지면 죽는다'라는 생각이 항상 옳은 것이 아니라는 문제제기다. 하지만 남북한의 관계는 남과 북의 수평적 관계 이외에도 남북한 각각과 통합한국의 입체적 차원, 남북 각각의 대내적 차원, 그리고 남북한 각각과 통합한국의 대외적 차원 등 다차원에 걸친 문제다. 일반적으로 서로주체적 만남이 홀로주체적 만남보다 정치적 선에 해당하지만, 남과 북의 수평적 차원에서의 서로주체성이 다른 차원에서도 반드시 정치적 선이 된다는 보장은 없다(김학노 2014).

이 장은 남북한 사이에 홀로주체적 관계보다 서로주체적 관계가 규범적으로 더 정치적 선에 해당한다는 주장을 하지 않는다. 다만 현실적으로 서로주체적 관계가 더 바람직하며 실현가능성도 크다고 주장한다. 더 바람직함(소망성)과 실현가능성이 이 장에서 논하는 필요성의 근거다. 남과 북 사이에 서로주체적 관계가 필요한 근본적인 이유는 양자 간의 홀로주체적 분리나 통합이 문제가 많기 때문이다. 먼저 홀로주체적 분리의 문제점을 살펴보자.

1. 홀로주체적 분리의 문제점

홀로주체적 분리를 선호하는 입장은 북한을 적으로 생각하고 혐오하면서 동시에 흡수통일(홀로주체적 통합)을 할 의사도 없다. 소위 통일비용론이 대부분 흡수통일을 전제하는 바, 홀로주체적 분리를 선호하는 입장은 막대한 통일비용을 이유로 흡수통일보다 적대적 분단 상태의 유지를 선호한다(남주홍 2006; 서울대학교 행정대학원 통일정책연구팀 2005). 홀로주체적 통합이 가져올 수 있는 미래의 불확실성과 불안감에 비해 홀로주체적 분리가 차라리 더 낫다는 견해다. 이들은 분단의 평화로운 관리나 남북의 평화교류에 대해서도 반대한다. 적에 대한 경계가 흐려져서 우리가 흡수될 수 있다는 두려움이 한편에 있고, 우리가 우위에 있더라도 북과의 평화적 관계개선이나 통합을 원하지 않을 정도로 강한 적개심이 한편에 있다.

홀로주체적 분리는 남북한 각각의 내부에서 적대적 분단으로 이득을 보아온 세력들이 선호하는 방식이다. 분단체제론에서 강조하듯이, 남북한의 집권세력은 분단체제 속에서 적대적 공존을 유지하고 있다(백낙청 1994; 1998). 홀로주체적 분리는 적대적 분단의 현상유지(status quo)를 추구하며, 이는 기득권을 누려온 입장에서 포기하기 어려운 매력이 될 수 있다. 한 체제의 지배/지도세력이 자신의 당파적 이득을 그 체제의 보편적 이익으로 만드는 것이 헤게모니의 정수라고 할 때, 기득권 세력의 이익은 남북한 각각에서 전체적인 '국익'으로 인식되고 정당화되어 왔다고 볼 수 있다. 즉 남한과 북한의 지배세력의 기득권 유지가 남북 각각의 국민들의 일반적 이익과 동일시되어 왔다. 이 점에서 시야를 남한 내 지배세력에서 남한 전체 또는 남한 국민 전체로 넓힐 경우에도 홀로주체적 분리는 현상유지에서 오는 장점을 가진다고 인식될 수 있다.

보다 추상성이 높은 차원에서 볼 때, 현상유지 외에 홀로주체적 분리의 최대 장점은 확실성에 있다. 아와 비아의 관계가 확실하고, 확실한 적의 존재로 말미암아 우리의 경계—또는 아와 비아의 경계—가 분명하고 내부 단결이 강해진다. 상대에 대한 불신을 없앨 수 없는 상황에서 내가 먼저 상대에 대한 적개심을 늦추지 않음으로써 상대방에 대해 가지고 있는 두려움에 대한 대비도 된다. 철저한 안보논리가 작동하는 것이다.

홀로주체적 분리는 접촉으로 인한 새로운 갈등의 위험성이 없다는 장점도 있다. 이는 만나면 만날수록 사이가 좋아질 수 있다는 자유주의의 희망 섞인 가정과 달리 아예 만나지 않음으로써 갈등의 소지 자체를 만들지 않는 현실주의의 태도와 맞는다. 상호의존(interdependence)보다 독립(independence)이 좋다는 전형적인 현실주의 발상이다. 현상유지의 확실성이 갖는 이점의 하나다.

상대방의 속임수에 걸려드는 '착한 바보'의 함정에 빠질 염려도 없다. 상대방이 동시에 총을 내려놓는다는 보장이 없는 상태에서 나 혼자 총을 내려놓는 것은 위험한 바보라는 생각이다. 죄수의 딜레마(Prisoner's Dilemma) 게임에서 보듯이 적대적 대치를 협력관계로 만들기는 쉽지 않다. 상대방을 신뢰할 수 없기 때문이다. 가령 서로 군축에 합의한다고 해도 상대가 속임수를 쓰고 배반하면 군축합의를 실행하는 쪽만 착한 바보가 된다. 홀로주체적 분리는 상대와 협력하기 위해 착한 바보의 위험을 무릅쓰지 않아도 된다. 협력 자체를 배제하기 때문이다.

아울러 한반도를 둘러싸고 있는 강대국 정치가 적대적일 때 확실한 진영을 확보할 수 있고 강대국의 보호를 받을 수 있는 장점도 있다. 남북한의 관계는 남한과 북한만의 관계로 정해지지 않는다. 한반도를 둘러싼 관련 강대국들의 국제관계가 남북한 관계를 규정하는 힘이 크다. 강대국들이 협력하고 사이가 좋을 때는 문제가 크지 않지만, 강대국들 사이에 적대적 관계가 심해질수록 남북한 관계도 큰 영향을 받는다. 이때 남한의 입장에서 확실한 강대국 진영을 확보하는 것은 국가 생존과 안보를 위해서 중요하다. 강대국의 보호를 받을 수 있기 때문이다.

이러한 장점들이 있음에도 불구하고 홀로주체적 분리는 여러 중요한 문제점들이 있다. 우선, 분단체제론에서 제기하는 많은 문제점들이 홀로주체적 분리의 경우에 해당한다. 적대적 분단체제에서 이득을 보는 남과 북의 수구세력에게는 이점으로 될 수 있는 것들이 대부분의 민중들에게는 핍박으로 다가온다. 정치적, 경제적, 사회적 민주주의의 왜곡과 억압이 분단체제, 즉 홀로주체적 분리의 문제점들이다. 분단체제의 문제점들은 이미 많이 거론되어 왔으므로, 여기서는 이 외에 보다 추상성이 높은 차원에서 다음과 같은 문제점을 강조한다.

첫째, 불안정하다. 홀로주체적 분리는 근원적으로 불안정한 상태다. 상대방을 적으로 보는 적대관계나 전쟁 상태는 일방의 타방에 대한 승리, 지배, 흡수통일로 가려는 내적 동력을 갖게 마련이다. 흡수통일의 비용이 부담스러워서 홀로주체적 분리를 선호하는 경우에도 통일비용이 부담스럽지 않게 인식되면 흡수통일로의 내적 동력이 다시 작동하기 쉽다. 상대방에 대한 적대와 혐오감이 심해서 분리 상태를 원하다가도 상대의 존재 자체를 없애거나 무시할 수 있으면, 혹은 상대에 대한 우월성을 계속 유지할 수 있으면 홀로주체적 통합으로 가기 쉽다. 홀로주체적 분리를 오랫동안 유지시켜주는 것은 기본적으로 서로 간의 물리적 힘의 균형 상태다. 힘의 균형으로 인해서 흡수통일을 할 수 없기 때문에 홀로주체적 분리가 유지되는 것이다. 서로의 힘이 반드시 균등할 필요는 없다. 상대를 굴복시킬 수 없을 정도로 상대가 무력을 보유하고 있으면 된다. 또는 남북 사이에 힘의 균형이 크게 흔들려도 주변 강대국들 사이에서 힘의 균형이 이루어져 있으면 된다. 하지만 이러한 힘의 구조에 변화가 생기면 상대방에 대해 우위를 점하는 쪽에서 다른 쪽을 흡수하거나 정복하려는 유인이 강할 수 있다. 홀로주체적 분리는 홀로주체적 통합으로 향하는 강한 내적 동력을 가지고 있는 것이다.

둘째, 불안하다. 홀로주체적 분리 상태에서는 확실성에도 불구하고 마음이 편안하지 않다. 적이 확실하고 적에 대한 방비를 단단히 하지만 적에 대한 두려움은 줄지 않는다. 국제정치학에서 말하는 '안보 딜레마' 상황에서 벗어나지 못하기 때문이다. 상대에 대한 오판과 헛된 희망을 품지 않고 대비를 하기 때문에 확실성이 높은 반면 그만큼 긴장이 높을 수밖에 없다. 바로 이 때문에 홀로주체적 분리 상태는 아와 비아 모두에게 높은 수준의 긴장을 부과한다.[4] 홀로주체적 분리 상태에서 전쟁을 치르는 경우는 물론이고 꼭 전쟁을 치르지 않더라도 적대적 대치 자체만으로도 치러야 할 부담이 많다. '분단비용'이 이에 해당한다. 적대적 대치를 하는 군대와 군사력을 유지하는 데 비용이 들고 일상생활에서도 군복무와 같은 비용을 치러야 한다. 홀로주체적 분리를 선호하는 사람들은 흡수통일에 수반되는 통일비용이 부담스러워서 분단상태 유지를 주장하지만, 분단상태의 유지에 드는 비용이 통일비용보다 적다는 근거는 없다. 오히려 통일비용과 분단비용을 비교하면 분단비용이 훨씬 더 크다는 계산이 가능하다(신창민 2007; 이종석 2012, 89-95; 정세현 2010, 37-38; 조민 외 2011, 65-124; 김석우·홍성국 2011, 135-141 참조).

셋째, 고통이 심하다. 홀로주체적 분리는 '분단고통'을 낳는다. 분단의 고통은 이루 열거하기 힘들 정도로 심각하다. 고통이 너무나 커서 우리가

....

4   홀로주체적 분리가 반드시 긴장관계에 들어가는 것은 아니다. 홀로주체적 분리 관계에 있으되 서로 상관이 없으면, 즉 아무 관계가 없거나 둘 사이의 거리도 멀면, 그때는 긴장이 높지 않을 수 있다. 하지만 남북한은 이런 경우에 해당하지 않는다. 역사적, 지리적 대치 상태에 있기 때문이다.

지속적으로 기억하거나 자각하기가 힘들 정도다(윤노빈 2003, 111). 분단의 고통은 이산가족의 아픔에 그치지 않고, 정치, 경제, 사회, 문화 등 우리 생활세계의 구석구석에 스며들어 있다. 물리적·구조적·문화적 3차원에 걸친 '분단폭력'(김병로 2016, 40-42), 분단을 이유로 한 군사문화의 일상화 및 구타와 폭력의 '훈육문화'(김정수 2016, 189-209), 구조적 폭력으로서의 냉전문화(김귀옥 2010, 298-303), 상대방을 나와 '다른' 존재가 아닌 '틀린' 존재로 바라보는 '분단의 시선' 그리고 이에 겹쳐지는 우열의 시선(정영철 2012, 51-53, 63-68; 정영철 2012a, 479-481), 상대방에 대한 '적' 이미지와 그에 따른 도덕적 우월의식 그리고 상대에 대한 극단적 혐오주의(송영훈 2016, 146-148), 자유와 인권의 제약, 민족 자존과 주체성의 손상 등 분단고통은 그 폐해가 심각하다(이병수 2011, 192-193). 가장 중요한 분단고통 문제는 분단으로 인한 우리의 정체성과 주체성의 손상이다. 남의 '레드 콤플렉스'와 북의 '반동 콤플렉스'는 남과 북 각각에서 주민들 사이에 갈등을 조장하고 구조적 폭력을 휘두른다(조민 외 2011, 65-74). 뿐만 아니라 인민들을 적대적 분단에 길들이는 '분단 아비투스'를 통해 상대방에 대해 적극적인 적대감을 형성함으로써 홀로주체적 분리를 재생산한다. 분단 아비투스에 내재화되어 있는 홀로주체적 논의와 정향들에 의하여 남과 북 모두에서 민주주의와 시민사회가 왜곡되고 주민들의 정체성이 훼손되고 주체성이 분절된다(박영균 2011, 127-132, 145). 홀로주체적 분리는 분단 아비투스를 통해 주민들의 자발적이고 적극적인 동의를 형성하고 자기자신을 재생산한다. 광주민주화운동 당시 "저 여자, 간첩이야"라는 한마디에 시위를 독려하던 여인을 시민들이 붙잡아 국가기관에게 넘긴 일화는 남북한의 국민들에 체화된 자발적인 적대감을 잘 보여준다(김성민·박영균 2011, 161-163). 우리 몸속에 내재화된 '반공주의 회로'가 작동하는 것이다(권혁범 1999). 홀로주체적 분리는 우리의 이러한 분단고통과 상처를 치유하지 않는다. 치유는커녕 분단의 고통과 트라우마가 더욱 악화된다.

끝으로, 강대국 사이의 적대적 정치에 연루될 위험이 있다. 강대국의 보호는 대가를 요구한다. 보호를 받기 위해 확실한 진영에 속하는 것은 곧 반대 진영에게 확실한 적대관계를 의미한다. 강대국의 정치가 적대적 관계로 악화할 경우 우리가 한쪽을 확실하게 선택할 것을 강요 받게 되고, 우리의 분명한 입장은 다른 강대국에게 위협적 요인으로 비춰진다. 탈냉전 이후 미국과 중국의 관계가 우호적인 경우는 괜찮지만, 미중관계가 적대적으로 변화하는 경우 남한은 곤란한 입장에 처하게 된다. 실제로 중국의 굴기에 따라 미국과 중국 사이에 갈등이 심해지면서 남한이 외교적으로 난처한 입장에 처하는 경우가 생기곤 했다. 남한은 미국에 안보를 의존하고 있지만 경제적으로는 중국이 더 큰 교역상대국이다. 미국과 중국의 관계가 악화될 때 남한이 그 사이에 끼게 되면 진퇴양난의 처지에 빠질 수 있다. 2013년 12월 바이든(Byden) 미국 부통령이 "미국의 반대편에 서는 것은 좋은 선택이 아니며, 미국은 계속 남한 편에 설 것이다"라며 우리 정부에게 미중 사이에서 분명한 입장을 보이라고 위압적인 발언을 하기도 했다.[5] 남중국해를 둘러싼 미중 갈등이 높아지면서, 2015년 10월 한미정상회담에서 오바마(Obama) 미국 대통령이 "만약 중국이 국제 규범과 법을 준수하는 면에서 실패를 한다면 한국이 목소리를 내야 한다고 박 대통령에게 요청했다"고 전해졌다.[6] 2016년 1월 박근혜 대통령이 사드(THAAD: Terminal High Altitude Area Defense, 고고도 미사일 방어체계) 배치 가능성을 언급하고 미국이 한반도에 사드 배치를 밀어붙이면서 한중관계의 악화가 우려되었다. 2016년 7월 한미 양국이 사드 배치 결정을 발표하자 중국이 곧 남한에 경제보복으로 응답했다. 미중 간 사드 갈등에 우리가 연루되어 피해를 본 형국이다. 트럼프 대통령의 등장 이후 남한은 미국의 노골적인 압박에 중국과 미국 사이에서 매우 난처한 입장에 빠지곤 했다. 아직까지 미중관계는 적대적이라고 할 수는

....

5   https://www.whitehouse.gov/the-press-office/2013/12/06/remarks-vice-president-joe-biden-and-republic-korea-president-park-geun-, 2016년 2월 1일 검색.

6   http://news.chosun.com/site/data/html_dir/2015/10/19/2015101900207.html, 2016년 2월 1일 검색.

없다. 하지만 중국의 굴기에 따라 미중관계가 언제 어떻게 변할지 모를 일이다. 남중국해처럼 우리의 영토가 아닌 강대국들의 선선에서 긴장관계가 높아질 경우 강대국들 사이의 적대정치를 우리가 대리해야 할 수도 있다. 강대국이 약소국의 적대정치에 연루될 수 있듯이 약소국도 강대국의 적대정치에 연루될 수 있는 것이다.

2. 홀로주체적 통합의 문제점

홀로주체적 통합에는 무력통일(멸공통일, 적화통일)뿐만 아니라 평화적인 방법에 의한 흡수통일도 포함된다. 독일식 흡수통일을 염두에 두고 있는 평화통일론은 물론이고,[7] 상호 교류와 협의에 의해 부분적이고 점진적인 통합을 추진하였던 햇볕정책에도 홀로주체성이 숨어 있다. 물론 상대방의 주체적 실체를 인정하고 대화와 합의를 존중하는 점에서 후자는 서로주체적 통합의 성격이 강하다. 다만 자유민주주의와 시장경제와 같은 한쪽의 가치를 통일한국의 기본 규범으로 제시한 점에서 부분적으로 홀로주체성을 가지고 있다. 재야의 일부 통일운동세력이 주장하는 자주통일론도 한쪽의 가치를 통일한국의 기본 규범으로 전제하는 점에서 홀로주체적 통합의 요소를 가지고 있다(임수환 2007, 175-176 참조). 소위 평화통일론(평화적 흡수통일론)과 자주통일론은 우리의 주체성을 수립하고 남북한 서로의 주체성을 확립하는 것처럼 보이지만, 내면적으로 보면 둘 다 서로주체적이지 못한 측면이 있다. 평화통일론은 자유민주주의를 전제로 하는 점에서 그리고 자주통일론은 대미 의존성 탈피를 전제로 하는 점에서 각각 남한과 북한의 주도

....

7 박명림은 독일통일이 흡수통일 이전에 자원(自願)통일이었던 점을 강조한다. 독일통일은 무력이 아니라 평화적 방식에 의한 통일이었으며, 독재가 아니라 민주주의를 구축한 민주통일이며, 통일 이전에 동독시민이 아래로부터 주도한 내부 변혁이 먼저 일어났다는 점이 중요하다고 한다(박명림 2011, 21). 나는 독일통일이 과정은 서로주체적이었으나 결과는 홀로주체적 통합에 해당한다고 생각한다.

와 우위를 상정하고 있고, 그런 점에서 홀로주체적 통합의 성격이 있다. 서로주체적 통합의 길에서 어느 정도 벗어나 있어 보인다.

승자의 입장에서 볼 때 홀로주체적 통합의 장점은 일관성에 있다. 여기에는 연속성과 동질성의 두 측면이 있다. 먼저 연속성이다. 승자의 입장에서 홀로주체적 통합은 곧 자신의 가치와 생활방식 및 사회체제가 확대되는 것이기 때문에 큰 변화가 필요하지 않다. 상대방을 흡수하기 위한 통일비용이 클 수 있지만 자기가 적응하고 변화하기 위한 비용은 아니다. 통합 이전의 상태를 지속하기 때문이다. 다음으로 동질성이다. 홀로주체적 통합의 달성은 단순히 분단고통을 해소하는 데 그치지 않고 자신이 선호하는 가치를 지키고 이를 한반도 전체로 확대시키는 의미를 갖는다. 무력 경쟁이든 평화로운 체제 경쟁이든 승리한 쪽은 자신의 힘과 가치에 대해 자부심과 우월감을 가질 수 있다. 자신의 우월한 가치에 상대를 동화시킴으로써 연속성과 동질성을 확보한다. 한마디로 홀로주체적 통합은 자신의 생활방식의 연속성을 담보하면서 자신을 기준으로 동질성을 확대하는 장점이 있다.

하지만 홀로주체적 통합은 다음과 같은 중요한 문제점들이 있다. 첫째, 힘의 논리에 의존한다. 홀로주체적 통합에서는 강자만 주체이고 약자인 상대는 통합의 주체가 아닌 객체이며 동질화의 대상이다. 따라서 누가 강자인지가 중요하다. 이때 힘은 군사적 무력뿐 아니라 경제력, 문화력, 정보력 등 다양한 측면에서의 힘을 지칭한다. 무력통일이 힘의 논리에 의존하는 것은 자명하다. 비폭력적 흡수통일에서도 힘의 논리가 관철된다. 독일의 경우처럼 일방이 타방에 대해 자발적 흡수를 자원하는 형식으로 편입한 경우에도 강자의 논리가 관통하고 있다.

힘의 논리에 입각해 있기 때문에 홀로주체적 통합은 근원적으로 불안정하다. 동질성이 강화되지만 그것이 안정적이지 못하다. 힘의 논리에 입각해 있는 만큼 국내적, 국제적 힘의 변화에 민감하기 때문이다. 홀로주체적 분리가 힘의 변화에 따라서 홀로주체적 통합으로 변화할 내적 동인을 가지고 있듯이, 홀로주체적 통합 역시 힘의 변화에 따라서 홀로주체적 분리로 다시 분열될 가능성이 있다. 통일신라가 힘이 약해지면서 후삼국으로 다시 분리된 것이 좋은 사례다(법륜·오연호 2012, 115-122).

둘째, 차별과 일방적 변화의 강제로 인한 '통일고통'이 심각할 수 있다. 홀로주체적 통합은 자신과 상대방 사이에 옳고 그름, 정상과 비정상, 우월과 열등의 관계를 상정하고 상대방에게 자신의 기준에 맞추어 변화할 것을 사실상 강제한다. 따라서 차별과 일방적 변화의 강제로 인한 통일고통이 심할 수 있다. 북한 인권문제를 제기하면서 북을 대등한 존재가 아니라 열등한 존재로 보는 시각이 한 예다. 우열의 구분은 곧 옳고 그름, 정상과 비정상의 구분으로 이어진다. 인권이라는 보편적 대의를 위해서 상대방의 주체성을 무시하는 '십자군적 발상'을 갖는 이유다(서보혁 2011, 69, 113-117).[8] 서독과 동독을 정상과 비정상으로 구분하고 통일 독일의 사회문제들을 동독의 비정상성에서 찾는 '기형테제'도 마찬가지다(김누리 2006, 41-45; 한운석 2010, 257-258 참조). 홀로주체적 통합에서 강자의 위치에 있는 쪽에서는 자신의 오류가능성을 인정하지 않는다.

따라서 앞서 논의한 일관성의 장점이 곧 상대방(약자)에게는 단점이 된다. 남한(인)이 흡수통일의 주체가 될 것이라는 전망에서 생각할 때, 남한(인)에게는 장점인 것이 북한(인)에게는 단점이 된다. 나아가 남북한(인) 전체의 단위에서 볼 때도 단점이 된다. 상대적으로 약한 위치에 있는 입장에서는 일관성 대신 단절성이 홀로주체적 통합의 가장 큰 특징이자 문제점이다. 약자는 이중의 의미에서 단절의 고통을 겪는다. 먼저 자신의 생활방식 및 사회체제의 연속성이 보장되지 않고 변화가 강요된다. 또 강자의 가치와 체제로의 동질화를 위해 자신의 가치 및 체제와 단절해야 한다.

이는 '통일고통'이라는 심각한 문제를 야기할 것이다. 우리가 분단고통

....

8   북한의 인권문제 자체를 부인하는 것이 아니다. 다만 북한의 인권문제를 거론하고 일방적인 변화를 요구하기보다는, 인권을 한반도 차원의 공동 협력 과제로 인식하고 남북한 인권문제에 동시에 접근함으로써 공통의 개선점을 모색하는 서로주체적 방식이 바람직하다는 뜻이다(서보혁 2011, 148, 171-175 참조).

과 분단 트라우마의 폐해를 극복하지 못하고 있는 것처럼, 홀로주체적 통합은 심각한 통일고통과 통일 트라우마를 야기할 수 있다. 약자의 입장에서는 통합 이전에 자신이 가졌던 정체성과 가치의 우월성 또는 정당성을 부정해야 한다. 아울러 자신이 적대시했던 상대의 정체성과 가치에 자기 자신을 동화해야 한다. 이와 같은 자기와의 단절은 곧 커다란 트라우마를 남기고, 강요된 동화과정은 지속적인 고통을 수반할 것이다. 통일 트라우마와 통일고통은 분단의 고통과 트라우마보다 더 심각하고 치유하기 어려울 수 있다.

우리는 통일고통이 얼마나 심각할 수 있는지 독일통일의 사례에서 이미 배웠다. 통일의 과정에서 동독인들은 자신이 심한 차별을 받고 2등국민으로 전락했다고 느꼈다. 여기에는 구 동독 국가보위부(STASI)를 청산하는 과정에서 나타난 소위 '비공식 협력자'들의 문제와 동독인들에 대한 정치적, 사회적 낙인찍기의 고통만 있는 것이 아니다. 경제체제와 화폐 통합으로 인한 동독인들의 임금상승과 그에 따른 경쟁력 약화 및 산업 전반의 생산력 급감, 신탁관리공사(Treuhand)가 주도한 국유기업들의 사유화 과정에서 발생한 동독 기업의 폐쇄와 일자리 급감 등 물질적 고통도 있다(니더하프너 2013, 128-144).

셋째, 내부 갈등이 심하다. 홀로주체적 분리가 서로 접촉하지 않는 만큼 갈등의 소지가 적은 반면, 홀로주체적 통합은 상대방의 변화를 일방적으로 강제하기 때문에 갈등이 증폭될 소지가 많다. 동독인들은 통일과정에서 자신들이 "'집어삼켜졌으며' 통일을 통해 '사기 당했다는' 느낌을 가지고 … 서독의 식민지로 전환되었다"는 생각이 강하다(전성우 1994, 273-274; 한운석 2010, 248-249 참조). 이런 입장에서 소위 '보편적' 가치에 대한 거부감도 크다. 통일 이후 강조된 관용, 자유, 다양성과 같은 서독에서 온 보편적 가치들에 대해서 구 동독 주민들은 이를 보편적이라고 받아들이지 않는다. 오히려 서독의 '승자문화'로 간주하고 강한 거부감을 갖는다(뮐러 2006, 281). 북한에 자유, 인권, 민주와 같은 가치를 전파하려는 시도들에 대해서도 유사한 갈등을 예상할 수 있다.

갈등이 심한 만큼 통합의 비용도 많이 든다. 통합 과정에서 동질화 비용은 갈등과 저항이 클수록 커진다. 갈등을 관리하기 위한 비용은 흡수된 지역뿐 아니라 흡수한 지역에도 큰 부담이 된다. 이로 인해 새로운 갈등이 생긴다. 이러한 갈등과 비용의 문제는 과연 홀로주체적 통합이 실현 가능한지에 대한 의문을 낳는다. 우리보다 경제적 여력이 훨씬 양호한 독일의 경우에도 홀로주체적 통합의 비용은 엄청나다. 통일 이후 10년이 넘게 지나도록 구 동독 지역은 유럽에서 가장 낮은 경제성장을 기록하고 있으며, 통일비용에 대한 부담감으로 구 서독 지역에서 분리주의의 움직임마저 강해지고 동서독 간 적대감이 다시 고조되었다(뮐러 2006, 238-248, 272-277).

통일 이후 구 동독 지역에서 과거 공산당의 후신인 민주사회당(PDS: Partei des Demokratischen Sozialismus)의 지지가 높게 나타나는 현상은 동독 지역 주민들의 좌절감을 잘 보여준다. 1989년 베를린 장벽을 무너뜨렸을 때 동독인들은 공산당의 압제로부터 벗어나기를 원하였다. 그런데 통일 이후 동독 주민들은 공산당의 후신인 PDS에 점점 더 많은 지지를 보내고 있는 것이다. 이는 통일이 사실상 '서독체제'로의 흡수로 귀결되면서 PDS가 동독 지역에서 유일한 대변자로 받아들여지고 있음을 의미한다. 니더하프너는 PDS가 동독 지역의 선거에서만 승리를 하는 것이 더 큰 문제라고 한다. 동독 주민들이 통일독일에 통합되지 못하고 있음을 의미하기 때문이다(니더하프너 2013, 134-135). 통일 이후 동서독 간 갈등은 아직 끝나지 않았다. 독일통일이 홀로주체적 통합으로 귀결되었기 때문이다.[9]

넷째, 한반도를 둘러싼 국제정치의 관점에서 실현가능성이 낮다. 한반도에서의 홀로주체적 통합은 그것이 남한 우위든 북한 우위든 주변 강대국이 받아들이기 어렵다. 북한 중심의 홀로주체적 통합을 미국과 일본이 받아

....

9　송태수는 동독의 체제전환이 상당히 폭력적인 과정이었음에도 불구하고 동서독의 사회통합이
　　평화적으로 전개될 수 있었던 이유를 서독의 '사회국가성'에서 찾는다(송태수 2016). '노동사회'
　　의 성격을 강하게 갖고 있는 독일의 사회국가성이 홀로주체적 통합의 통일고통을 완화해준 측
　　면이 있다는 해석이다. 남북한의 경우에는 이와 같은 사회국가성을 기대하기가 힘들다.

들이기 어렵고 남한 위주의 홀로주체적 통합은 중국이 받아들이기 어렵다. 남과 북의 현재의 힘의 관계를 고려할 때 북한 위주의 홀로주체적 통합은 실현가능성이 거의 없다. 따라서 여기서는 남한 위주의 홀로주체적 통합만 고려한다.

남한 위주의 흡수통일을 희망하는 사람들은 북한의 조기 붕괴를 기대하는 경향이 강하다. 이들은 북한이 붕괴하면 남한이 북한 지역과 주민을 흡수통일할 것으로 기대한다. 그러나 현실은 그렇게 간단하지 않다. 북한의 조기붕괴론 자체가 실현가능성이 높지 않지만, 설령 북한이 붕괴한다고 해도 우리의 흡수통일이 실현될 가능성은 크지 않다. 남한이 북한 지역의 상황을 완전히 장악할 능력도 없고 남, 북, 미, 중 사이에 합의된 절차와 비전도 없는 상태에서 북한의 붕괴는 "분단의 끝이 아닌 혼돈의 서막을 의미하는 것일 수 있다"(홍면기 2017, 95-96). 북한 붕괴 시 우리가 홀로주체적 통합을 시도할 경우 북한 주민과, 미국, 중국이 어떤 입장을 취할지 생각해보자.

우선 북한 주민이 남한 위주의 홀로주체적 통합에 찬동하기를 기대하기가 어렵다. 북한은 엄연한 유엔 회원국이자 주권국가다. 북한이 붕괴한다고 해도 국제법적으로 남한이 흡수통일할 우선권이 있는 것은 아니다. 남한 위주의 흡수통일을 위해서는 주변 강대국들의 동의와 함께 북한 주민들의 동의가 있어야 한다(조영남 2012, 360-361). 북한 정권 붕괴 시 북한 주민들이 과연 남한 위주의 홀로주체적 통합에 동의할 것인가? 남쪽에서 홀로주체적 자세를 견지하는 이상 북한 주민들은 남쪽과의 통합에 동의하기 어렵다. 오히려 지원을 기대하고 중국에 의지할 가능성이 더 크다(이종석 2012, 58-61). 북한의 붕괴 가능성도 낮지만 설령 북한이 붕괴한다고 할지라도 북한 주민들의 동의를 얻기 위해서는 우리가 먼저 서로주체적 자세를 견지할 필요가 있다.[10]

....

10 김근식은 남한 위주의 홀로주체적 통합을 희망하면서도, 북한이 급작스럽게 붕괴할 경우에 남과 북의 국가연합을 형성할 필요가 있다고 주장한다. 남과 북이 합의하는 외형을 갖추어야 한반도

다음으로 미국이 우리의 흡수통일을 제어할 가능성도 무시할 수 없다. 미국은 남한보다 중국의 입장을 더 신중하게 고려할 필요가 있다. 한미동맹은 남한에게 국가'정체성'의 핵심적인 문제지만 미국에게는 국가정체성과는 관계 없는 '정책' 차원의 문제에 불과하다(신기욱 2010, 30-31). 미국은 철저하게 자국의 이해관계에 따라서 한반도 통일 문제에 대처할 것이다. 북한 붕괴 시 미국이 당연히 남한의 흡수통일을 지지할 것이라고 기대해서는 곤란하다. 한국전쟁 당시 38선 북쪽의 소위 '수복지구'에 대해서 미국이 남한의 통치권을 바로 인정하지 않았다고 한다. 속초나 양양 같은 38선 이북의 수복지구에 대한 관할권이 남한으로 넘어온 것은 전쟁이 끝나고서도 1년이 지난 1954년 후반이 되어서다. 이러한 사실은 북한 정권의 붕괴 시 미국이 견지할 만한 태도에 대해 매우 중요한 시사점을 준다. 북한이 붕괴하면 남한이 북한의 영토를 흡수하고 북쪽 주민들을 흡수통일할 것이라는 생각은 미국의 제어라는 암초에 걸릴 수 있다. 북한이 붕괴하면 미국과 중국이 주도적으로 한반도 문제를 처리하고 남한은 사회갈등을 관리하고 수반하는 비용만 떠안을 수도 있다(홍석률 2012, 37; 김일영 2005, 211).

끝으로 중국도 남한 주도의 홀로주체적 통합을 호의적으로 받아들이기 어렵다(이수혁 2011, 177). 북한 정권이 붕괴하고 남한이 북쪽 지역을 흡수통일 하면 중국으로서는 미국(해양세력)에 대한 완충지대를 잃어버리는 꼴이 된다. 주한미군이 계속 주둔한다면 완충지대의 소멸에서 중국이 받는 위협의식은 더욱 클 것이다(조성렬 2012, 79). 미국의 한반도 사드 배치 전망이 가까워질수록 중국은 완충지대로서 북한이 차지하는 지정학적 가치를 더 중시하였다. 중국은 임진왜란, 청일전쟁, 만주사변, 한국전쟁 등의 역사적 경험에서 한반도가 자신의 안전과 직결된다는 교훈을 이미 체득하였다

....

주변 강대국들이 우리의 통일에 동의할 것이라는 생각에서다(김근식 2009). 서로주체적 통합 과정은 주변 강대국들의 동의를 얻기 위해서뿐만 아니라 북한 주민들의 동의를 구축하기 위해서도 필요하다.

(문대근 2009, 194-198). 따라서 중국이 남한 위주의 흡수통일을 순순히 받아들이기를 기대하기는 어렵다.

홀로주체적 통합을 선호하는 사람들은 북한에서 급변사태가 발생할 경우 북한군을 무장해제시키고 남한 정부가 점진적 통일보다는 즉각적인 흡수통일을 추진해야 한다고 주장한다(김영환·오경섭·유재길 2015). 하지만 북한에서 급변사태가 발생하면 북한 주민의 대규모 중국 유입이 예상되고, 이로 인해 중국 내 사회적 불안이 급증할 수 있다. 만주지역의 조선족의 움직임도 예의주시해야 한다. 또 난민 구호와 핵무기 통제 및 폐기를 명분으로 미국을 비롯한 외국이 개입할 가능성을 우려할 수 밖에 없다. 이런 점들을 고려할 때 북한의 급변사태 발생 시 "중국은 한국에 의한 흡수통일 방식을 적극 반대할 것이며 이를 그냥 두고만 보지 않을 개연성이 크다"(정재호 2013, 213).

따라서 북한이 붕괴할 경우 중국은 남한 위주의 홀로주체적 통합을 받아들이기보다는 스스로 개입할 가능성이 많다. 중국은 이미 '동북공정'을 통해서 유사시 북한 지역에 적극적으로 개입할 의사를 보여왔다(조민 2007, 13-14). 이를 위한 역사적 명분도 어느 정도 마련했다. '중국고구려사론'이 바로 그것이다. 중국고구려사론은 고구려를 중국의 지방정권의 하나로 보고 고구려 멸망 이후 그 주민과 영토가 중국에 합류한 것으로 본다. 이에 따르면 한국의 역사는 백제와 신라에서 이어지는 현재의 남한의 지역과 비슷한 범위로 제한될 수 있다(노태돈 2009, 37-42; 문대근 2009, 198-199). 북한 붕괴 시 당연히 남한 위주의 홀로주체적 통합이 이루어질 것으로 기대하기 어려운 중요한 이유다.[11]

....

11 러시아도 비슷한 입장이다. 러시아는 기본적으로 한반도가 남한과 북한으로 분단되어 있는 현상태의 유지를 선호한다. 러시아는 북한이 미국 및 남한과 대치하면서 너무 중국에 기울 것을 경계하지만, 남한 위주의 흡수통일의 결과 한반도 전체가 미국의 세력권에 들어가는 것은 더욱 원하지 않는다(란코프 2011, 62).

III. 왜 통합을 지향해야 하는가?

앞서 홀로주체적 분리와 통합의 문제점을 보았다. 적대적 분단이나 흡수통일의 문제점은 단순히 비용의 문제가 아니라 근본적인 관계의 문제다. 우리가 오늘날 겪고 있는 분단의 고통은 남과 북의 분리 자체보다는 홀로주체적 성격에서 비롯한다. 체코와 슬로바키아의 '벨벳이혼(velvet divorce)'처럼 평화적인 서로주체적 분리도 가능하다. 분단의 고통을 해소하기 위해서 홀로주체적 통합을 지향하는 것은 또 다른 고통을 불러일으킬 소지가 크다. 남과 북 사이의 문제는 분리나 통합 그 자체보다 분리나 통합의 홀로주체성에 있다. 서로주체성이 필요한 이유다.

나는 남과 북의 서로주체적 관계를 수립함에 있어서 분리보다 통합을 지향할 필요가 있다고 생각한다. 남과 북이 홀로주체적 관계를 극복하고 서로주체적 관계를 수립해야 하는데, 서로주체적 관계 중에서 분리보다 통합을 지향하는 게 낫다는 판단이다. 홀로주체적 관계보다 서로주체적 관계를 수립해야 할 필요성은 위에서 입론하였고, 지금부터는 서로주체적 관계 중 분리보다 통합을 지향해야 할 필요성을 입론한다. 먼저 서로주체적 분리가 가지는 한계를 짚고, 우리가 서로주체적 분리보다 통합을 지향해야 할 이유로 (1) 중층적 평화의 구축과 (2) 우리의 온전한 주체성 회복을 제시한다. 전자는 보다 안정적인 평화를 구축하기 위해서고 후자는 분열된 주체에서 비롯되는 분단고통을 극복하기 위해서다.

1. 서로주체적 분리의 한계

서로주체적 분리를 지향하는 대표적 논리는 진보진영에서 제기된 평화담론이다.[12] 참여연대의 부설연구기관인 참여사회연구소가 기획한 '평화복

....
12   평화담론에 대한 기존 검토는 이병수(2010) 참조. 남북한의 서로주체적 관계를 지향하는 것이

지국가' 담론을 예로 들 수 있다. 평화복지국가론은 '안보-성장 제일주의 국가' 또는 '반공(반북)개발국가'에 대한 대항담론이자 '통일 우선 민족주의'에 대한 대항담론으로서 의미가 크다(이병천·윤홍식 2016, 17; 윤홍식 2016, 127-135). 논자에 따라 평화담론의 구체적 내용에 차이가 있지만, 대체로 평화담론은 통일지향 담론에 대한 반대 입장에서 통일보다 우선 평화체제 구축에 힘쓰자고 주장한다. 평화체제 이후의 남북관계는 통일을 지향할 수도 있고 남과 북 두 국가의 평화공존을 지향할 수도 있는 '열린 상태'로 구상된다. 남과 북이 통일을 추구할수록 "누가 통일의 주체가 되어야 하는가"의 문제가 발생하므로, 통일을 잠시 내려놓고 평화를 우선하자는 '선평화'론이다(구갑우 2016, 192-195).

이 책의 용어로 표현하면, 평화담론은 기존의 대북정책이나 통일담론이 가지고 있는 홀로주체성에 대한 반발로 등장하였다. 평화담론은 기존의 통일 개념과 통일논의가 가지고 있는 획일주의의 문제점을 지적하는 동시에 적대적 분단체제에 대한 대안으로 남북한이 서로의 차이를 인정하고 공존하는 평화를 실현하자고 한다. 통일을 자꾸 얘기하는 것이 남북관계의 근본적인 문제 해결에 도움이 되지 않고 오히려 누가 통일의 주체인지를 놓고 갈등을 부추길 수 있기 때문에 통일보다 평화공존을 고민하자고 제안한다. 홀로주체적 통합을 추구하는 것보다 남북이 분리상태로 있으면서 적대적 관계를 종식하고 서로주체적 상호인정과 평화공존을 수립하고 관리하는 데 주력하자는 것이다(구갑우 2007, 314; 최장집 2006, 216-219; 최장집 2017, 21-75; 김상준 2017). 이 책의 분석틀에서는 서로주체적 분리에 해당한다.

남과 북의 홀로주체적 분리나 통합 대신에 서로주체적 관계를 수립하는 일은 무엇보다도 중요하다. 이에 대해 홀로주체적 분리나 통합을 지향하는 사람들은 나 홀로 서로주체적 관계를 추구하는 '착한 바보'가 될 위험성

....

진보의 독점물은 아니다. 보수의 입장에서 서로주체적 분리를 주장하는 논의로는 권태욱(2012), 복거일(2011)을 보라.

을 지적한다. 상대방이 홀로주체적인데 나 혼자서 서로주체적 태도를 취하는 것이 위험하다는 비판이다. 상대방이 서로주체적 자세를 견지할 것이라는 보장이 없을 때, 즉 서로가 상대방을 신뢰하지 못하는 상태에서, 서로주체적 관계를 수립하기란 위험할 수 있으며 그만큼 어려운 일이다. 남과 북처럼 홀로주체적 대립이 극한 전쟁으로까지 이어졌던 경우에는 더욱 그렇다. 북핵문제 등으로 남북한 사이에, 그리고 미국을 포함한 동북아시아 국제정세에 긴장이 고조될수록 이런 비판은 힘을 얻는다. 이것이 남과 북 각각의 내부에서 서로주체적 담론에 대해 비관적이고 비판적인 세력이 존재하는 중요한 이유다.

서로주체적 관계를 수립하려 할 때 착한 바보의 위험은 분명히 존재한다. 하지만 그 위험을 관리할 수는 있다. 우선, 서로주체적 관계를 점진적으로 강화하는 현실적 방안이 있다. 작은 부분부터 시작해서 서로주체적 관계를 조금씩 수립해가면서 어느 한쪽이 배반을 할 경우 중단하는 방식이다. 서로주체적 분리뿐만 아니라 서로주체적 통합도 점진적으로 추구해야 할 이유다. 물론 점진적으로 서로주체성을 수립하는 과정에서 만일의 경우에 대비한 안보태세를 게을리하면 안 된다. 서로주체적 관계의 수립이 우리의 무장해제를 의미하지는 않는다. 또, 상대방에 대해 확실히 힘의 우위에 있으면 착한 바보의 위험이 상대적으로 덜할 수 있다. 상대방이 배신할 경우에 힘의 우위에 있는 입장에서 응징할 수 있고, 설령 응징을 못하는 경우에도 배신에 따른 피해를 견딜 수 있는 여력이 상대적으로 더 크기 때문이다. 따라서 지금처럼 북한보다 남한의 국력이 월등히 앞서 있을 때 착한 바보의 위험은 북한보다 남한이 더 적다. 이 점에서 서로주체적 분리나 통합은 남한이 먼저 시작할 수 있으며 남한이 주도적으로 추진해야 한다. 진정한 자신감—우월감이 아니다!—을 가질 수 있기 때문이다.

남과 북이 지난 수십 년 동안 서로주체적 관계를 강화하는 경로를 걸어온 사실은 현실에서 착한 바보의 위험이 충분히 극복될 수 있음을 보여준다. 5장에서 검토하겠지만, 분단 이후 남한의 대북정책을 중심으로 볼 때 남북

한은 대체로 홀로주체적 관계에서 점차 서로주체적 관계로 변천해왔다. 남
북한의 서로주체적 관계는 박정희 대통령이 1970년 8·15경축사에서 밝힌
평화통일구상 선언을 출발점으로 태동하기 시작했다. 여기에서 박정희는
북한과 '선의의 체제경쟁'을 천명했다. 체제경쟁은 상대방의 체제를 인정한
바탕 위에서 가능하다는 점에서 "1970년 8월 15일 박 대통령의 선언은 처
음으로 우리가 공식적으로 북한체제의 존재를 인정한 선언으로서 중요성"
을 갖는다(이홍구 1996, 281). 이후 노태우 정부는 적극적인 '북방정책'과 함
께 남북한 동시 유엔 가입 및 남북기본합의서를 이루어냄으로써 남북한이
사실상 서로주체적 분리의 관계로 들어섰다.[13] 김대중과 노무현 정부의 대
북포용정책은 남북한 사이에 서로주체적 분리에서 서로주체적 통합의 방향
으로 한걸음 진전했다. 물론 남북 사이에 서로주체적 관계의 강화는 일직선
적인 발전의 역사가 아니고, 홀로주체적 관계로 후퇴가 종종 있었다. 하지만
전반적으로 볼 때 남과 북은 상대의 국가적 실체를 인정하고 서로의 주체성
을 사실상 인정하는 '준국가관계'를 발달시켜온 것이 사실이다(박명규 2012,
59-65; 한반도포럼 2012).

평화담론 또는 서로주체적 분리의 보다 중요한 문제점은, 서로주체적
분리 상태에서 구축하는 서로주체성이 충분하거나 안정적이지 못하다는 사
실이다. 모든 서로주체적 분리가 불안정한 것은 아니다. 일반적으로 말하
면 서로주체적 분리 상태에서 쌍방의 평화공존이 가능하다. 하지만 베스트
팔렌 조약 이후 수립된 근대국제질서에서 국가들이 서로 주권을 인정하더
라도 전쟁은 얼마든지 가능했다. 더구나 남북한의 적대적 관계의 역사로 인
해 남북관계가 국가 간 관계로 변한다고 서로의 안전에 대한 위협이 사라지
는 것은 아니다(이남주 2018, 23-24). 한반도의 역사적 맥락에서 서로주체
적 분리에 입각한 평화 정착은 불안정한 것이다. 세계적 수준에서는 통일과

....

13 북방정책 개념은 1973년 박정희 정부의 '6·23선언'까지 거슬러 올라가며, 전두환 정부 때부터
   북방정책을 구체적으로 모색했다고 한다(김연철 2018, 149-151).

평화 문제를 분리해서 생각할 수 있지만, 한반도에서는 평화문제가 분단 및 통일 문제와 밀접히 연결되어 있기 때문이다(김귀옥 2010, 287). 남과 북의 분단상태를 잘 관리하여 '분단평화'를 만들어낼 수도 있지만, 대개 분단체제는 분단평화보다 '분단폭력'을 만들어낸다(김병로 2016, 33). 남북한의 분단 자체가 남과 북 내부에서 그리고 남북 사이에 홀로주체성을 조장해왔다. 분단이 한국전쟁의 근본적인 원인을 제공했고 이후 남북한 관계는 하나의 분단체제를 이루어왔다. 분단체제는 남과 북 상호간에 적대적 의존관계를 형성하였고 그 체제 안에서 이득을 보는 기득권 세력을 만들고 그들에 의해서 유지되어 왔다. 홀로주체적 분리의 상태가 각 체제의 안정과 기득권 세력의 현상유지에 유리할 수 있는 상황이다. 따라서 분단체제의 극복을 동반하지 않으면서 서로주체성을 구축하는 기도는 한계가 있을 수밖에 없다(백낙청 2006; 박명규 2012, 290-293). 한마디로 한반도 '비평화' 구조의 핵심 기반은 분단체제다. 분단체제의 극복 없이 한반도 비평화 구조의 변화 가능성을 찾기 힘들다(서보혁 2013 참조).

서로주체적 통합을 지향하지 않으면서 서로주체적 분리에 머무는 기획은 남과 북의 내부 사정에 따라서 홀로주체적 분리로 회귀할 위험이 있다. 민족주의적 열망을 포함해 여러 이유로 인해서 홀로주체적 통합을 열망하는 세력이 득세할 경우 이들을 막기 어렵다. 평화적 분단관리만으로는 남북의 홀로주체적 통합 기도를 제어하기 어려운 것이다(서동만 2006, 223-224). 특히 서로주체적 분리 상태에서 상대방을 흡수통일할 수 있는 역량을 강화하는 홀로주체적 전략도 가능하다. 뉴라이트 일각에서 궁극적으로 홀로주체적 통합을 하기 위한 '환경조성'과 '역량배가'를 위해 평화공존, 즉 서로주체적 분리를 전략적으로 주장하는 담론이 이에 해당한다(조성환 2004, 261-266). 서로주체적 분리의 상태가 서로주체적 통합보다 현실적으로 더 용이한 것처럼 보일지 모르지만, 통합을 지향하거나 동반하지 않는 분리 상태에서의 서로주체성은 충분하지도 안정적이지도 못하다.

평화담론의 또 다른 한계는 '서로주체적 통합'의 개념이 없기 때문에 분리와 통합 문제에 대해 적극적인 생각을 하지 못한다는 사실이다. 평화담론은 남북이 한편으로 서로의 차이와 주체성을 인정하고 수용하는 동시에 다른 한편으로 더 큰 공동의 우리를 건설해나가는 서로주체적 통합의 그림을 그리지 못한다. 서로주체적 통합의 개념이 없기 때문이다. 바로 이 때문에 평화담론은 모든 통일을 홀로주체적 통합으로 본다. 최소한의 통일을 추구하든 최대치의 통일을 추구하든 모든 통일은 획일주의의 위험을 갖고 있다는 것이 평화담론의 전제다(최장집 2006, 216-219). 기존의 통일 개념과 통일담론에 담겨 있는 홀로주체성을 극복하기 위해서 서로주체적 분리를 주장하는 것이다. 평화담론은 통일 개념에 담겨 있는 홀로주체성에 맞서서 남북한에 서로주체적 관계를 수립하고자 한다. 그런데 평화담론을 주창하는 사람들은 홀로주체적 통합뿐만 아니라 서로주체적 통합도 가능하다는 점을 인지하지 못한다. 모든 통합을 홀로주체적인 것으로 여기기 때문에 분리만을 서로주체적인 것으로 생각하고, 서로주체적 분리에 해당하는 평화라는 화두에 집중한다. 서로주체적 통합의 개념이 없기 때문에 사고의 폭이 제한된 것이다(김학노 2011 참조).

평화담론은 통일 문제와 평화 문제를 분리해서 사고하는 경향이 있다(유재건 2006, 287-288). 평화냐 통일이냐의 양자택일적 사고는 서로주체적 통합의 개념을 상상하지 못하기 때문에 비롯된다. 홍석률은 이를 분단체제에 길들여진 '반토막 사고방식' 또는 '반토막 정신'이라고 비판한다. 그에 따르면, 선경제개발 후민주화, 선건설 후통일, 선성장 후분배 등의 모든 양자택일적 사고방식이 반토막 정신에서 비롯한다. 문제는 이들 중 어떤 것이 우선되어야 하느냐가 아니라, 이러한 '분단형 이분법'이 현실에서 가능하지도 바람직하지도 않다는 사실이다(홍석률 2012, 27-28). 서동만이 주장하듯이, 통일과 평화를 서로 배타적인 개념으로 보기보다는 두 개념과 두 과정이 서로 중첩한다는 발상이 필요하다(서동만 2006, 225; 이종석 1998, 248-250; 또 하나의 문화 통일 소모임 1999, 47-48 참조). 이것이 이른바 '과정으로서의 통일'의 의미이며 내가 통합과 서로주체성이 중첩된 것으로 설정한 서로주체적 통합의 개념이다.

그동안 우리가 통일 문제를 주로 홀로주체적 통합의 개념으로 접근해온 것이 사실이다. 그러나 우리가 홀로주체적 통합과 함께 서로주체적 통합의 개념을 상정한다면, 통일 개념과 담론에 담긴 홀로주체성을 피하기 위해서 서로주체적 분리를 고집할 필요는 없다. 홀로주체성을 극복하기 위해서 서로주체적 분리뿐만 아니라 서로주체적 통합도 가능하기 때문이다. 적극적으로 통일의 필요성을 주장하는 기존의 담론은 크게 민족사적 당위론의 입장에서 통일을 주장하는 민족주의 담론과 경제적 관점에서 통일의 실익을 주장하는 실용주의 담론이 있다(이병수 2010 참조). 이들에 대해서는 그동안 적지 않은 비판이 제기되었다(권혁범 2000, 172-178; 이병수 2010, 369-372 참조). 기존 담론들의 홀로주체성에 대한 비판이 평화담론, 즉 서로주체적 분리를 주장하는 근거가 되었다. 하지만 기존의 민족담론과 실용주의 담론이 홀로주체적 태도를 가지고 있다면, 우리의 과제는 이 담론들 안에 담겨 있는 홀로주체성을 극복하고 서로주체적 통합의 길을 모색하는 것이지, 이 담론들이 담고 있는 통합의 필요성을 전부 부인하는 것은 아니다. 물론 서로주체적 통합이 서로주체적 분리보다 낫다는 것을 보여준다면 말이다. 아래에서는 서로주체적 통합의 상대적 장점으로 (1) 중층적 평화의 구축과 (2) 온전한 주체성의 구축을 제시한다.

2. 중층적 평화의 구축

우선, 평화담론이 강조하는 남과 북의 평화적 관계를 안정적으로 구현하기 위해서도 서로주체적 분리보다 서로주체적 통합을 추구할 필요가 있다. 여기서 서로주체성의 평면적 차원과 입체적 차원의 두 가지 의미를 상기할 필요가 있다. 평면적 차원에서의 서로주체성은 소아와 다른 소아 사이의 수평적 또는 수직적 서로주체성이다. 입체적 차원에서의 서로주체성은 소아들과 대아 사이의 서로주체적 관계를 지칭한다. 서로주체적 분리는 남과 북 사이의 수평적 관계에서 서로주체성을 구축한다. 서로주체적 통합은 평면과 입체 두 차원 모두에서 서로주체성을 구축한다. 즉 남과 북의 수평적 차원에서 서로주체적 관계를 수립할 뿐만 아니라, 남북한 각각과 통합한국 사이에도 서로주체적 관계를 구축한다. 서로주체적 통합에서 남과 북의 개별 주체성은 통합한국이라는 대아의 공동 주체성 속에서 소멸되거나 억압받지 않고 동등한 관계를 갖는다. 둘(소아, 개별주체=남과 북)이면서 하나(대아, 공동주체=통합한국)인 상태, 또는 하나됨을 통해 둘인 상태가 서로주체적 통합이다. 둘이 주체적으로 공존하면서 공동의 하나를 점진적으로 구축해가는 과정에서 평면적, 입체적 서로주체성을 강화한다.

평화담론은 통합한국, 즉 대아의 건설 없이 남과 북 사이의 수평적 차원에서 상대방의 주체성을 인정하는 서로주체적 분리를 추구한다. 대표적 예로, 구갑우의 대단히 세련된 '평화국가담론'은 선(先)군축과 같은 남한의 자발적 조치에서 시작해서 북한과 동북아 국가들을 평화국가로 만드는 거대한 구상을 한다. 평화국가담론은 남북 사이에 단순히 물리적 폭력의 충돌이 없는 소극적 평화가 아니라 구조적 폭력이 없는 적극적 평화 상태를 추구하고, 서로의 신뢰를 바탕으로 한 '공동안보' 개념까지 상정한다(구갑우 2007, 161-167). 이 논의에서 남과 북은 서로주체적인 관계이지만 여전히 공동의 우리를 구축하지 않는 분리 상태다.

반면에 서로주체적 통합은 남과 북 사이의 평화 구축에 그치지 않고, 새로운 공동의 우리 속에서 남과 북이 공존하고 새로운 정체성을 구축해가는 과정이다. 이는 보다 적극적이고 안정적인 평화관계를 구축하는 길이다. 남과 북의 서로주체적 관계뿐 아니라 새로운 공동주체와의 서로주체적 관계를 형성하는 의미에서 보다 적극적인 평화를 추구한다. 그만큼 서로주체성의 완성도도 깊어진다. 남과 북의 평화공존에 더하여, 새로운 대아(통합한국)의 공유와 공동성원 의식을 함양함으로써 남북 사이의 평화관계가 더 심화될 수 있다. 이는 1, 2차 세계대전을 겪은 이후 유럽이 초국가적(supranational) 공동체를 건설함으로써 유럽 국가들 사이에 평화를 구축하고자 했던 방식이다.[14] 힘의 균형이나 힘의 우위가 아니라 서로주체적 통합을 통해 평화를 구축하려는 유럽의 실험은 오늘날 성공한 것으로 보인다(김학노 2012). 지속적이고 안정된 평화체제를 구축하기 위해서도 서로주체적 분리보다 통합이 필요한 것이다. 혹자는 "항구적 평화는 결국 통일에서 오는 것"이라고까지 말한다(법륜·오연호 2012, 66). 그 통일이 서로주체적 통합의 성격을 가질 때 평화가 보다 지속적일 수 있다.

서로주체적 통합은 남과 북의 수평적 관계 위에 초국가적 차원을 더하는 중층적인 평화를 구축한다. 이에 더하여 보다 다층적인 동북아 다자안보협력기구나 국제평화체제를 구상할 수 있다. 이를 '복합'평화체제 구상이라고 한다면, 서로주체적 분리는 복합평화체제의 다층 구조 속에서 남북한이한 개의 층위만 점유하는 반면, 서로주체적 통합은 남북한의 층위와 통합한국의 층위라는 두 개의 층위를 점유하고 주도하는 방안이다. 동북아 다자안보협력이나 다자평화체제를 수립하는 데에도 서로주체적 통합이 유리한 것이다. 한반도에서 먼저 남북한이 중층적인 평화관계를 수립하고 이를 바탕으로 국제적 지역평화체제를 중층적으로 구축할 수 있기 때문이다.

주변 강대국들의 국제정치를 고려해도 서로주체적 통합은 한반도에서 평화를 구축하기 위해 유망한 길이다. 홀로주체적 분리는 강대국 사이의 적대관계에 연루될 가능성이 높고 홀로주체적 통합은 강대국들의 동의를 얻기가 어려워서 실현가능성이 낮다. 반면에 남북이 서로주체적 분리를 유지하면 강대국의 적대정치에 말려들 가능성이 줄고 강대국들이 화해협력 정치를 펼칠 때 그것을 남과 북 모두에게 유리하게 활용하기 쉽다. 분리 상태를 유지하면서도 민족 공조를 통해 강대국 정치에서 어느 정도 자율성을 증진시킬 수도 있다. 하지만 남과 북 각자의 국내에서 홀로주체적 세력이 득세할 때 서로주체적 분리를 유지하기가 어려운 것처럼, 강대국 사이의 국제

....

14 이 글에서 '초국가적(supranational)'이란 국민국가(national) 수준 위의 층위를 가리킨다. 단순히 국가 간 경계를 넘어선다는 의미의 '초국적(transnational)'이란 용어와 구별한다.

정치가 적대 관계로 악화되면 남북한이 서로주체적 분리 상태를 유지하기가 어려워진다. 남과 북이 강대국들의 원심력에 끌려서 수평적 서로주체성을 유지하기가 힘들 수 있다. 남북 사이의 평화도 위협을 받는다.

서로주체적 분리보다 서로주체적 통합을 추구할 때 한반도의 평화는 더욱 공고하게 구현된다. 남북한의 서로주체적 통합은 남과 북의 개별 주체성을 유지하면서 공동의 우리(공동주체)를 구축하는, 둘이면서 하나인 상태를 추구한다. 중국과 미국이 서로 적대관계가 심해질 때 남한은 미국과, 북한은 중국과의 돈독한 관계를 활용하여 남북이 공동으로 대처할 수 있다. 같은 상황에서 서로주체적 분리는 강대국들의 원심력에 끌려갈 위험이 큰 반면에, 서로주체적 통합은 통합한국이라는 공동주체가 강대국의 원심력에 대응하는 구심점 역할을 할 수 있다. 하나이면서 둘인 중층적인 관계를 주변 강대국과의 사이에서 활용하여 강대국의 국제정치가 적대적 관계로 악화될 경우에도 강대국들과의 긴밀한 관계를 유지하면서 동시에 적대관계에 연루되는 것을 피할 수 있다. 그만큼 남과 북의 평화관계를 공고하게 유지할 수 있다. 서로주체적 분리와의 중요한 차이다.

엄상윤 등은 한반도를 둘러싼 지역적 양극체제가 남북한의 통합지향 세력과 분리지향 세력에게 미치는 영향을 분석하면서, 지역적 양극체제가 경화되면 남북한의 분리지향 세력이 강해지고, 지역적 양극체제가 이완되면 통합지향 세력이 힘을 발휘하기가 용이하다고 주장한다. 이 시각에 따르면, "한반도 통일은 주변강대국들, 특히 패권적 외세들의 협력 내지 묵인이 전제되어야 하며, 양극체제하에서 이러한 전제조건이 충족되기 위해서는 체제가 충분히 이완되어 외세들의 영향력이 중화되어 있어야 한다"(이호재 외 2005, 43-47, 346). 한반도를 둘러싼 국제정치가 남북한의 통합과 분리에 미치는 역학관계에 대한 뛰어난 분석이다.

한반도 관련 강대국들 특히 미국과 중국의 관계가 우호적일수록 남북한의 평화적 관계와 통합에 유리할 수 있다. 반면 미중관계가 악화되면 그만큼 남북한 통합세력의 활동범위가 제한 받을 수 있다. 하지만 남북한의 주도적 역할로 국제정치의 구조적 구속력을 어느 정도 극복할 수 있다. 남북이 서로주체적 분리 상태에 있을 경우 강대국들의 적대적 대치가 심해지면 남북 사이의 평화관계도 위협 받지만, 남북한이 서로주체적 통합을 추구하면 지역적 양극체제가 경직될 때에도 그 구속력을 완화할 수 있다. 친미 남한, 친중 북한, 그리고 중립적이거나 애매한 태도를 유지하는 통합한국이 중첩적으로 공존하는 모습이 가능하다. 지역 강대국들의 관계에 의해서 큰 영향을 받는 서로주체적 분리와 달리, 서로주체적 통합은 강대국들의 관계가 악화될 경우에도 남과 북의 정부 그리고 통합한국의 정부가 중층적인 협조를 통해 보다 안정적인 평화관계를 유지할 수 있다.

남과 북이 서로주체적 통합을 추진할 경우 중국과 미국의 동의를 구하기가 더 용이해서 실현가능성도 높다. 그만큼 한반도에 평화를 증진시킬 수 있다. 빅터 차(2011, 177; 2011a, 110)에 따르면, 북한과의 협상을 통해 북한의 비핵화를 추구해온 미국은 점점 남북통일이야말로 북핵 해결에 효과적인 방안이라는 생각을 하고 있다고 한다. 남과 북이 하나로 통합할 때 상호 신뢰도가 높은 남과 미국의 긴밀한 관계를 살리고 강화함으로써 미국의 지원을 받을 수 있다. 미국이 한반도 통일을 원하지 않을 경우에도 남과 북의 대등한 합의에 의한 점진적인 서로주체적 통합을 거부하기는 힘들 수 있다.

중국의 입장에서도 남북의 서로주체적 통합이야말로 한반도에 평화를 유지하고 강화할 수 있는 현실적인 방안이다. 중국은 남과 북 사이에 홀로주체적 통합의 가능성에 대해 깊은 우려를 갖고 있다. 무엇보다도 중국은 "남북한 양측 주민이 서로 바라는 바가 동등하게 존중됨으로써 동북아시아의 평화가 증진되어 중국의 지속적인 발전에 중요한 요소인 지역 내 안정성이 보장되기를 원한다"(주펑 2011, 92-94). 남과 북이 한반도에 평화체제를 구축하는 서로주체적 통합을 추진할 경우 중국이 동의하기 쉬운 이유다.

중국이 남북의 통일보다 분단상태의 유지를 선호하는 데에는 통일한국이 중국에 위협이 될 수 있다는 우려가 깊이 자리한다. 북한과 관련해서 현재 중국 내의 담론은 북한이 중국에 완충지대 역할을 한다는 '완충지대론'

과 부담이 된다는 '북한부담론'으로 나뉘어 있다. 이들은 각각 남북통일이 중국에 위협이 된다는 '통일위협론'과 오히려 중국에 이익이 된다는 '통일이익론'으로 연결된다. 즉, '완충지대론 → 통일위협론'과 '북한부담론 → 통일이익론'의 두 담론이 대립하는 구조다(문대근 2009, 320-326). 서로주체적 통합은 남과 북의 통합을 추구하면서도 각각의 개별 주체성을 유지한다. 이는 중국의 입장에서 볼 때, 완충지대를 유지하면서 한반도 통합의 이익을 누릴 수 있는 구조를 창출한다. 완충지대론이 통일위협론이 아니라 통일이익론에 결합되는 '완충지대론+통일이익론'의 구조다. 남북이 둘이면서 하나를 구성하고 있기 때문에 북은 중국에, 남은 미국에 완충지대의 역할을 하면서 동시에 통합의 이익을 가져옴으로써 한반도 평화를 공고하게 한다.

3. 온전한 주체성의 회복

우리가 서로주체적 분리로 만족하지 못하고 통합을 지향하는 보다 근원적인 이유는 우리 자신의 주체성을 온전히 확립하기 위해서다. 이는 우리의 잃어버린 주체를 다시 회복하고 반쪽짜리 주체를 온전한 주체로 정상화하여 분단으로 인한 고통을 극복하기 위함이다.

"주체는 언제나 역사에 매개되어 있"으며 "진정한 주체성은 역사성"이다(김상봉 2007, 30). 개별주체는 공동주체의 역사 속에서 자신의 주체성을 수립한다. '나'는 하나의 개별주체로서 존재하지만 동시에 늘 '우리'라고 하는 공동주체 속에 있다. 우리 속에서 나의 개별주체가 성립되기 때문이다. 이것이 서로주체성의 본래 의미이기도 하다. 개별주체는 공동주체의 역사를 서로 공유한다.

이때 우리가 누구인가의 문제가 중요하다. 우리는 남과 북을 합친 것인가 아니면 북을 제외한 범위인가? 이는 곧 우리의 '단위' 문제다(문승익 1970, 18-27). '우리의 소원은 통일'을 외칠 때 우리가 누구냐에 따라서, 혹은 북에 대해 서로주체적 자세를 갖느냐 홀로주체적 자세를 갖느냐에 따라서, 북이 우리에 포함될 수도 있고 제외될 수도 있다. 북을 적으로 인식하고 홀로주체적 통합을 추구하면 '우리'(의 소원)에서 북은 제외된다. 남과 북의 서로주체적 통합을 추구하면 그때 '우리'(의 소원)에는 남과 북이 모두 포함된다. 전자, 즉 홀로주체적 자세의 우리는 분단국가를 단위로 한 우리이고, 후자, 즉 서로주체적 자세의 우리는 분단국가를 지양하는 우리다. 전자가 '반쪽짜리 우리'라면 후자는 '온전한 우리'다. 분단상태에서 통합세력과 분리세력의 헤게모니 투쟁은 반쪽짜리 우리와 온전한 우리 사이에 누가 진짜 우리인가를 다투는 싸움이다.

한반도에서 우리의 단위가 다툼의 대상이 되는 이유는 우리가 '주체 상실'과 '주체 분립'의 역사를 가지고 있기 때문이다. 일제의 식민지로 전락했을 때 우리는 주체성을 상실한 '속체'가 되었다.[15] 식민지 시대는 우리의 주체를 잃어버린 주체 상실의 시대다. 해방 이후 주체성을 회복하려는 노력이 분열되었고 분단체제 속에서 주체가 분립되는 상태가 지속되었다. 우리의 역사 속에서 남과 북의 통합은 상실된 주체, 분열된 주체의 회복이라는 의미를 갖는다. 남북통합의 문제는 곧 "주체의 상실(식민지화) → 주체를 회복하려는 힘의 분열 → 남북분단(주체의 분립) → 주체의 회복 및 새로운 주체를 형성해야 한다는 당위성"의 역사적 흐름 속에서 이해해야 한다(김석근 1994, 572).

남과 북은 각각 별개의 국민을 갖고 있는 근대국가이지만 아직 단일 근대국가를 수립한 적은 없다(박명림 2011, 27-36). 주체의 역사성의 관점에서 볼 때 남과 북은 반쪽짜리 불완전한 주체성을 갖고 있는 '결손국가'다(임현진·정영철 2005, 1-27). 이는 비단 한반도에 국한된 문제가 아니다. 일제 침략으로 한중일 동북아 삼국은 온전한 근대적 국제관계를 정립하는 데 실패한 데 이어, "냉전기에는 중국과 한국의 분절된 단위와 '비정상' 국가로서의 일본 사이 … 왜곡된 관계가 형성되었으며, 이러한 갈등적인 삼각관계

....

15 속체 개념에 대해서는 문승익(1970, 28-38)을 보라.

의 구조에서 한국은 사실상 중추 이전에 온전한 주체로서의 역할을 행사하기 힘든 상황에 놓여 있었다"(신욱희 2017, 83). 반쪽짜리 불완전한 우리를 제대로 된 온전한 우리로 통합함으로써 진정한 자유로운 주체가 되는 것이 곧 서로주체적 통합의 의의다(박명림·김상봉 2011, 371-372, 김상봉의 말). 남북의 분단 상태가 70년 동안 지속되었지만, 막상 우리의 전체 역사를 놓고 볼 때 주체 분립의 역사는 그리 긴 시간이 아니다. 남북분단은 우리 역사 속에서 매우 한시적인 상태에 불과하다(김낙중 2008, 140; 김성민 2011, 28-29).

한마디로 서로주체적 통합은 잃어버린 주체를 회복하고 분열된 주체를 정상화하고 나아가 새로운 공동주체를 형성해가는 과정이다. 같은 의미에서 김용옥은 통일을 동학에서 제기한 새로운 인간상 수립의 과제로 이해한다. 그에 따르면, 통일은 서로 다른 정치체제의 통합을 넘어서 새로운 인간상을 수립하는 과업이다. 이는 동학에서 말하는 '향벽(向壁)에서 향아(向我)로'의 전환을 의미한다. 향벽으로 소외된 모든 자아의 분열을 극복하고 참다운 인간 관계를 회복하는 것, 즉 개체와 전체 사이에 새로운 서로주체적 인간상을 수립하는 것이 곧 통일의 근본 과제다(김용옥 1994, 54-55, 62-67, 102).

이러한 서로주체적 통합의 논의는 기존의 민족주의 통일담론과 구별된다. 서로주체적 통합은 남과 북의 개별주체를 인정한다. 남과 북의 개별주체성을 인정하고 그 개별주체의 역사성도 인정한다. 우리의 전체 역사에서 볼 때 남북분단이 한시적인 기간에 지나지 않지만, 70년 동안 반쪽짜리 주체로서 살아온 것 또한 역사적 사실이다. 현실태로서의 반쪽짜리 주체들 사이에 서로주체적 관계를 수립하고 새로운 공동주체를 형성함으로써 분열된 주체의 통합을 도모하는 것이 서로주체적 통합이다. 남과 북의 서로주체적 통합은 남과 북을 기본 단위로 하며 남과 북의 모든 주민을 새로운 우리 속에 포함한다. 그것은 민족을 단위로 하지 않으며 특히 남과 북의 '인종주의적 민족주의'를 기반으로 하지 않는다(마이어스 2011, 13 참조). 과거의 단일민족으로 회귀하지 않는다. 남과 북의 사회에 있는 모든 개인과 집단들을 한민족을 기준으로 동화하려 하지 않는다. 서로주체적 통합은 남과 북 사이뿐만 아니라 역내의 모든 개인들과 소수집단들 사이에 서로주체적 관계를 지향한다.[16]

그렇다면 이미 수십 년을 따로 살아왔는데 지금 와서 굳이 반쪽짜리 주체성을 온전하게 회복할 이유가 있을까? 그냥 분단된 상태로 평화롭게 각자 잘 살면 되지 않는가? 온전한 주체성을 회복해야 할 이유로 다음 두 가지를 강조한다.

첫째, 남과 북이 '하나됨'을 잊고 그냥 남남으로 사는 것 자체가 불가능하다. 서로주체적 분리를 선호하는 사람들은 굳이 우리의 하나됨을 다시 회복하지 말고 적대적 관계만 극복해서 평화롭게 살자고 한다. 남과 북의 통합을 도모하는 것이 남북 서로에게 도움이 되지 않는다는 이유로 서로주체적 분리를 주장하는 것은 한반도 분단을 숙명으로 받아들이고 분단 극복의 희망을 꿈꾸지 못하는 반쪽짜리 주체의 자세다(서동만 2006, 223-225). 이미 논설했듯이, 남과 북 사이에 적대적 관계를 극복하고 평화롭게 살기 위해서도 서로주체적 분리가 아니라 서로주체적 통합을 지향할 필요가 있다.

무엇보다도 서로주체적 분리를 지향하기에는 우리가 하나됨을 잊어버릴 수가 없으며 남과 북이 함께 속했던 공동주체의 역사를 지울 수가 없다. 남과 북 사이의 애증이 그 증거다. 남과 북의 적대적 관계는 이질성보다는 우리가 하나라는 동질성의 의식에서 비롯되는 측면이 강하다. 남과 북이 단일민족의 신화와 동일 민족의 정체성을 가지고 있으면서도 동족상잔을 경험하고 적개심을 품었던 중요한 요인이 바로 우리가 원래 하나였다는 기억과 의식이다. 우리가 하나라는 의식은 상대방이 우리의 단일성과 동질성을 파괴한 주범이라는 생각으로 이어지고, 상대를 없애거나 흡수함으로써 우리의 온전한 주체가 회복될 수 있다는 의식으로 이어질 수 있다(김성민

....

16   이 점에서 서로주체적 통합은 다문화주의와 긴밀히 연계된다. 김학노(2011) 참조.

2009, 16-17; 박명림 2011, 39). 동질성 속의 이질성을 용납하지 못하는 만큼 동족의식 속에 적대감이 커질 수 있는 것이다.

아무리 수십 년을 남남으로 살아왔어도 우리가 하나됨을 잊어버림으로써 남과 북의 적대적 관계를 극복할 수 있는 것이 아니다. 오히려 우리가 하나였다는 의식에서 적대적 관계가 지속될 수 있다. 그렇다면 우리의 하나됨을 새롭게 구축함으로써 홀로주체적 관계를 벗어나서 서로주체적 관계를 수립하는 것이 남과 북의 적대적 관계를 극복하는 길이 아닐까? 서로주체적 분리가 아닌 통합을 지향해야 할 이유다.

둘째, 분단 고통을 극복하고 행복하게 살기 위해서다. 분단의 극복 없이 평화롭게 각자 행복하게 살 수가 없다. 분단의 고통이 지속되기 때문이다. 분단의 극복 없이 남과 북 각각의 내부 문제들을 온전히 해결할 수 없다. 북한의 인권 문제를 해결하기 위해서도, 남한의 노동자와 빈민의 권익을 향상하기 위해서도, 분단의 극복이 필요하다. 분단 자체가 남과 북의 고질적인 문제들을 용인하는 구조로 작용하기 때문이다(박명림·김상봉 2011, 362, 김상봉의 말). 우리가 반쪽짜리 주체로 머물지 말고 통합을 추구해야 하는 근본적인 이유는 그것이 우리의 삶에 고통을 주고 있으며 이 분단고통이 우리의 행복을 가로막고 있기 때문이다. 백낙청이 강조하듯이, '분단체제 아래서라도 잘살 수만 있다면'이라는 가정이 현실세계에서 성립이 되지 않는다(백낙청 2006, 77-78). 잘 살고 있다고 믿는 경우에도 우리는 커다란 분단의 고통 속에서 살고 있다. 다만 이를 잊어버리고 있을 뿐이다. 우리는 작은 고통에는 민감하지만 큰 고통은 오히려 보지 못하고 느끼지도 못한다. 고통이 오래 지속되면 거기에 익숙해진다. 따라서 큰 고통 속에 살면서 이를 망각하고 의식하지 못하게 된다(윤노빈 2003, 111). 분단의 고통이 이러한 큰 고통에 해당한다. 우리가 스스로 여기에 길들여지고 있는 형국이다.

따라서 먼저 분단고통에 대한 자각이 필요하다. 분단극복보다 '탈냉전'을 선호하는 평화담론은 그 "자체가 분단체제에 길들여진 결과로서, 우리 삶의 온갖 반민주적이고 비자주적인 요소가 분단과 어떻게 연관되는지를 제대로 인식하지 못한 채" 분단체제의 존속에 이바지할 수 있다(백낙청 2006, 183). 우리에게 분단은 부자연스러우며 "부자유스러운 상태"(김경원 1993, 1; 임현진 · 정영철 2005, 81에서 재인용)라는 인식을 할 필요가 있다. 남북통합에 대한 무관심이나 거부감은 이러한 부자연스러운 상태에 익숙해지고 길들여진 탓에 우리에게 자연스럽게 느껴질 수 있다. 현재의 질서가 자연스러운 것이라는 생각이야말로 사람들이 현재의 고통을 감내케 함으로써 기득권을 지키려는 수구세력의 헤게모니 행사다.

분단고통은 남북의 분단이 홀로주체적 분리로 작동하기 때문에 생기는 문제다. 따라서 분단고통을 치유하고 극복하기 위해서 우선 서로주체적 분리, 즉 평화공존을 추구하자는 발상이 가능하다. 분단고통의 문제를 '탈냉전'으로 치유하고 극복할 수 있다는 생각이다. 하지만 분리상태를 유지하면서 탈냉전을 추구하는 것은 분단고통을 치유하려는 자세가 상당히 소극적이거니와, 설령 그것이 성공한다고 해도 불안정할 수밖에 없다. 분단체제 자체가 홀로주체성을 조장하기 쉽기 때문이다.

분단고통의 치유를 동반하지 않는 분단 극복은 가능하지도 바람직하지도 않다(김학준 2012, 157). 분단의 고통을 치유하기 위해서는 그 고통의 원인인 분단상태를 극복하는 적극적인 자세가 필요하다. 서로주체적 분리는 남과 북의 공동주체의 기억과 의식, 즉 하나됨을 잊어버리자고 하듯이, 분단의 고통에 대해서 그것을 적극적으로 치유하기보다는 새로운 고통을 만들지 말고 각자 따로 잘 살자고 한다. 이는 홀로주체적 통합 시도가 가져올 수 있는 새로운 통일고통에 대한 우려 때문이다. 그러나 새로운 통일고통을 야기하지 않으면서 기존의 분단고통을 치유하고 극복하는 적극적인 자세가 필요하다. 분단고통을 치유하고 극복하기 위해서는 '탈냉전'이라는 소극적 자세에서 벗어나서 서로주체적 통합을 지향해야 할 필요가 여기에 있다(백낙청 2006, 82-83). 적극적으로 분단을 극복하는 통합의 노력 없이 어떻게 분단고통의 근본적인 치유가 가능하겠는가?(윤노빈 2003, 146-147).

통일의 필요성을 웅변하는 실용주의적 통일편익론도 단순히 경제주의적 관점에서만 이해하지 말아야 한다. 경제주의적으로만 이해할 때, 실용주의적 이득이 적으면 통일을 하지 말자는 논리로 이어질 수 있다. 통일편익은 우리가 온전한 주체로서 우뚝 설 때 얻을 수 있는 편익을 강조한다. 이는 곧 그러한 통일편익을 실현하지 못하고 있는 오늘날의 현실이 곧 분단비용이자 고통임을 보여준다. 중요한 것은 통합을 추구함으로써 우리가 얼마나 많은 이득을 얻느냐가 아니다. 설령 통합의 가시적 이익이 적더라도 현재 우리가 겪고 있는 분단의 고통을 치유하고 줄이기 위해서라도 서로주체적 통합을 지향해야 한다. 그것이 우리가 온전한 주체로서 행복하게 살 수 있는 첫걸음이기 때문이다. 분단 아비투스에 젖은 반쪽짜리 주체로서 현상유지를 기준으로 계산하는 자세를 지양해야 한다.

IV. 맺는 말

남과 북이 각각 다른 국가로 살아온 지 70년이 되었다. 그동안 남과 북의 국가들은 각각 별도의 국민들을 건설했고 국민국가의 모습을 갖추었다. 두 개의 국민국가로 분리된 지 수십 년이 지난 오늘날 남과 북은 통일을 추구해야 하는가? 통일을 추구한다면, 어떤 통일을 왜 추구해야 하는가? 이 장은 이러한 질문에 답하고 서로주체적 통합의 필요성을 입론하였다. 서로주체적 통합이야말로 남북이 함께 지향해야 할 원칙이자 방향이다.

이 장은 서로주체적 통합의 필요성을 서로주체적일 필요성과 통합을 추구해야 할 필요성의 두 질문으로 나누어서 논의했다. 먼저 홀로주체적 관계의 문제점을 지적함으로써 남과 북이 서로주체적 관계를 수립할 필요가 있음을 보여주었다. 홀로주체적 분리나 통합은 불안정성, 고비용, 국제적 갈등 연루 가능성과 낮은 실현가능성 등 많은 문제가 있다. 특히 홀로주체적 분리는 심각한 분단고통을 낳고 있으며 홀로주체적 통합은 더 심각한 통일고통을 야기할 수 있다. 문제의 핵심은 단순히 비용이 아니라 근본적인 관계에 있다. 우리가 오늘날 겪고 있는 분단의 고통은 남과 북의 분리 자체보다는 남북 분리의 홀로주체적 성격에서 비롯한다.

서로주체성의 필요성을 논한 다음, 이 장은 서로주체적 분리의 한계를 지적하고 통합을 지향해야 한다고 주장했다. 서로주체적 분리를 지향하는 대표적 담론인 평화담론은 기존 통일 논의의 홀로주체성을 비판하는 점에서 중요한 공헌을 한다. 그러나 서로주체적 분리 상태에서 구축하는 남북 사이의 평화는 충분하지 않고 안정적이지 못하다. 이런 한계는 서로주체적 통합의 개념이 없기 때문에 생긴다. 서로주체적 통합의 개념이 없기 때문에 입체적인 서로주체성의 구축, 중층적인 차원에서 중첩된 평화의 구축을 시도하지 못한다.

이 장은 우리가 단순히 서로주체적 분리에 머물지 말고 서로주체적 통합을 지향해야 하는 이유로 중층적 평화의 구축과 온전한 주체성 회복의 두 가지를 들었다. 먼저 남과 북 사이에 보다 안정적인 평화를 구축하기 위해서 분리보다 통합을 지향할 필요가 있다. 서로주체적 통합에 의해 구축되는 공동주체 속에서 남과 북의 개별주체들 사이에 서로주체적 관계가 유지되고 강화되기 때문에 보다 안정적인 중층적 평화관계를 구축할 수 있다. 그만큼 한반도 평화가 보다 안정적이고, 국제정치의 현실에서 실현 가능성도 높다.

보다 근본적으로는 우리의 온전한 주체성을 회복하기 위해서 서로주체적 통합을 지향할 필요가 있다. 우리는 주체 상실과 주체 분립의 역사를 가지고 있다. 우리의 역사 속에서 남과 북의 통합은 잃어버린 주체를 회복하고 분열된 주체를 정상화하고 나아가 새로운 공동주체를 형성하는 과업이다. 반쪽짜리 주체를 정상화하는 근본적인 이유는 남과 북의 하나됨을 지울 수가 없으며, 우리가 겪고 있는 분단고통이 우리의 행복을 가로막고 있기 때문이다. 분단을 극복하는 과정을 동반하지 않으면서 분단의 고통을 치유하거나 해소할 수 없다. 서로주체적 관계 속에서 통합을 지향해야 할 이유다.

서로주체적 통합이 새로운 비용이나 고통을 가져올 수도 있다. 승자의 입장에서는 상대방만 변하면 되는 홀로주체적 통합이 쌍방이 모두 변해야 하는 서로주체적 통합보다 매력적으로 보일 수도 있다. 서로주체적 통합에서는 남북이 서로 상대방으로부터 배우고 자신이 먼저 변화하려고 노력하므로 승자도 변해야 하고 그만큼 고통과 비용을 지불해야 하기 때문이다. 하지만 공동의 우리를 구축하는 과정에서 생기는 이익과 즐거움을 모두가 나누듯이 고통과 비용도 모두가 나누는 것이 홀로 감당하는 것보다 훨씬 낫다. 고통의 공동 분담 속에 진정한 서로주체적 통합이 가능하기도 하다.

두 번째 질문이 왜 통합을 추구해야 하는지의 문제라면, 첫 번째 질문은 어떤 통합을 추구할 것인가, 보다 정확하게는 남과 북 사이에 어떤 관계를 구축할 것인가의 문제다. 첫 번째 문제가 두 번째 문제보다 더 중요하다. 즉, 통합 지향보다 더 중요한 것이 남북 간에 서로주체적 관계를 수립하는 일이다. 통합이 서로주체성에 역행할 때 우리는 통합보다 서로주체적 분리를 지향할 수 있으며 그것이 바람직할 수도 있다. 홀로주체적 통합이 가져올 통일고통이 너무 클 것이기 때문이다. 다만, 같은 조건이라면, 우리의 역사 속에서 분열된 주체성을 정상화하고 남과 북 사이에 서로주체적 관계를 제대로 수립하기 위해서라도 서로주체적 분리보다 서로주체적 통합을 지향할 필요가 있다.

이 장에서 논의한 서로주체적 통합의 필요성은 현실세계에서 이를 구체적으로 '어떻게' 실현할 것인지의 문제와 긴밀히 연결되어 있다. 서로주체적 통합이 어떻게 가능하며 어떻게 작동할 것인지, 이를 실현하기 위해서 어떤 전략이 필요한지 구체적 밑그림을 그리기 위해 지혜를 모아야 한다. 무엇보다도 홀로주체적인 상대방을 대상으로 어떻게 서로주체적 통합을 추진할 수 있을지 전략적 고민이 필요하다. 물론 상대적으로 힘의 우위에 있는 남측이 진정한 자신감과 여유를 가질 수 있기 때문에 서로주체적 통합은 남한이 먼저 시작하고 주도적으로 추진해야 한다. 이 장은 그러한 밑그림을 그리기 전에 우리가 나아가야 할 원칙, 즉 지향점을 먼저 모색하였다. 방향을 정한 후에 길을 찾을 수 있으며 길을 잃지 않을 수 있기 때문이다.

제4장

원칙과 방향(2): 서로주체적 통합의 당위성

I. 여는 말

2014년 한국 방문의 마지막 일정으로 프란치스코 교황은 명동성당에서 '평화와 화해를 위한 미사'를 집전하면서 다음과 같이 남북한의 화해와 용서를 위해 기도하였다.

오늘의 미사는 첫째로, 또 무엇보다도 중요하게, 한 가정을 이루는 이 한 민족의 화해를 위하여 드리는 기도입니다. … 화해, 일치, 평화라는 하느님의 은혜들은 이러한 회심의 은총과 분리될 수 없이 연결되어 있습니다. 회심이란, 한 개인으로서 그리고 하나의 민족으로서, 우리의 삶과 우리 역사의 흐름을 바꿀 수 있는 마음의 새로운 변화를 의미합니다. … 오늘 복음 말씀에서, 베드로가 주님께 묻습니다. "제 형제가 저에게 죄를 지으면 몇 번이나 용서해 주어야 합니까? 일곱 번까지 해야 합니까?" 예수님께서는 이렇게 대답하십니다. "내가 너에게 말한다. 일곱 번이 아니라 일흔일곱 번까지라도 용서해야 한다"(마태 18, 21-22). … 예수님께서는 용서야말로 화해로 이르게 하는 문임을 믿으라고 우리에게 요청하십니다. … 그리스도의 십자가는, 모든 분열의 간격을 메우고, 모든 상처를 치유하며, 형제적 사랑을 이루는 본래적 유대를 재건하는, 하느님의 능력을 드러냅니다. 그렇습니다. 바로 이것이 제가 한국 방문을 마치며 여러분에게 남기는 메시지입니다. 그리스도 십자가의 힘을 믿으십시오![1]

....

1   http://www.yonhapnews.co.kr/bulletin/2014/08/18/0200000000AKR20140818052700005.
    HTML, 2016년 11월 8일 검색.

교황의 말씀은, 남북한의 평화와 화해를 위해 한 개인으로서 그리고 한 민족으로서 우리의 새로운 마음, 즉 '회심'이 필요하며, 그 회심의 핵심은 '용서'에 있다는 것이다. 북한이라는 형제가 남한에 지은 죄를 모두 용서하는 것이야말로 남북이 화해로 이르는 문이며 십자가의 정신이라고 한다. 우리에게 죄 지은 상대를 처벌하지 말고 용서하는 자세, 즉 홀로주체적 상대에게 서로주체적인 자세를 교황은 당부하고 있다.

화해와 용서. 남북한의 관계 개선을 위해 서로 용서하고 화해하자는 말을 하기는 쉽지만 그것을 실행하기는 쉽지 않다. 그 실행 이전에 용서와 화해의 당위성에 합의하기도 쉽지 않다. 상대방이 우리에게 온갖 악행을 저지른 악마이고, 악행에 대한 반성이나 사죄를 구하지 않았으며, 지금도 우리에게 악행을 저지르려고 호시탐탐 노리고 있는데, 어떻게 그를 용서하고 화해할 수 있을까? 『아주 특별한 용기』[2]에 대한 평에서 정희진은 다음과 같이 가해자에 대한 용서란 바람직하지도 않고 가능하지도 않다고 일갈한다.

> 용서처럼, 행위 자체는 드물면서 그토록 많이 쓰이는 말도 흔치 않을 것이다. 나는 용서가 중요하거나 필요한 일이 아니며, 무엇보다 불가능하다고 생각한다. 가해자가 처벌받으면 천운이고, 피해자와 가해자는 각자 자기 길을 가면 된다. 용서는 판타지다. 용서만큼, 가해자 입장의 고급 이데올로기도 없다.
> 나는 용서에 관한 환상을 깨는 것이 정의라고 생각한다. …
> 용서의 근본적인 부정의(不正義)는 용서할 대상이 없는 경우가 많고 그것이 약자의 일이라는 사실이다. 광주민주화운동이 대표적 예였다. 가해자를 숨기면서 피해자에게 용서와 화해를 강요하는, 이 악의 정체는 무엇인가. 누구를 용서하란 말인가. "가해자를 용서하라는 말은 생존자의 감정의 정당성을 약화시키고 심지어 부정하는 행위다", "가해자로부터 무엇인가를 되돌려 받으려는 시도는 포기하는 것이 좋다", "용서는 고차원의 선(善)도 아니고 용

....

2 엘렌 베스·로라 데이비스 지음. 이경미 옮김. 동녘, 2012.

기 있는 행동도 아니다".

이 책에서 유일하게 강조하는, 반드시 필요한 용서는 생존자 자신에 대한 용서다. 성폭력 피해와 다른 피해의 대표적 차이는 피해자의 죄의식이다. 자신을 용서하는 일은 내 안의 가해자를 밖으로 내보내는 과정이다. … 고통 받은 자신에 대한 사랑, 기적이지만 가능하다.[3]

우리는 교황의 말씀을 따라 북한을 용서해야 하는가? 아니면 용서가 가해자를 위한 이데올로기에 불과하다는 정희진을 따라 용서의 환상을 깨야 하는가? 용서는 바람직하며 가능한가? 아니면 그것은 바람직하지도 않고 가능하지도 않은가? 북한과 용서하고 화해할 수 있는가? 왜 그래야 하는가? 여전히 남한에는 북한을 우리의 영토를 강점하고 동족상잔의 전쟁을 일으킨 장본인이자 수많은 인명을 살상한 원흉으로 보는 사람들이 많다. 그들에게 북한은 현재에도 핵무기와 미사일로 동북아시아 평화를 위협하는 주범이며 북한 주민의 인권을 광범위하게 유린하는 국제사회의 문제다. 그러한 북한을 상대로 우리가 용서와 화해의 자세를 가져야 할 당위적 근거가 있는가?

이 책의 용어를 사용하자면, 홀로주체적 만행을 저질렀고 여전히 우리에게 홀로주체적인 자세를 견지하고 있는 상대방에게 우리가 서로주체적 자세를 취해야 하는 도덕적, 당위적 근거가 있는가? 아쉽게도 이 문제에 대한 논의는 거의 찾아보기 어렵다. 기존의 통일 문제에 대한 당위론적 논의는 '왜 통일을 해야 하는가'라는 문제를 중심으로 이루어졌다. 통일의 당위성에 대한 논의는 남과 북이 하나의 민족임을 앞세우는 민족주의 담론과 통일의 제반 편익을 강조하는 실용주의 담론의 두 가지로 나뉜다(이병수 2010; 이석희·강정인 2017 참조). 대북 홀로주체적 자세와 서로주체적 자세의 당위성에 대한 논의는 아직 본격적으로 제기되지 않았다. 하지만 6장의 통일담론

....

3　『한겨레』, 2016년 11월 5일.

분석에서 보듯이, 2000년대 이후 통일담론의 근본 전선은 더 이상 통일 대 반통일 또는 통합 대 분리가 아니라 홀로주체적 자세와 서로주체적 자세의 대결이다. 따라서 통일의 당위성에 대한 기존의 민족주의 담론과 실용주의 담론의 틀을 넘어서서 서로주체적 자세의 당위성을 입론할 필요가 있다.

나는 소아에서 대아로의 확대가 늘 정치적 선(善)인 것은 아니며, 서로주체적 헤게모니를 지향하는 것이 정치적 선이라고 주장한 바 있다. 정치적 선은 만남의 외연이나 깊이보다는 만남의 방식에 더 많이 좌우되는 것으로 보아야 한다. 이는 우리 사회에 널리 퍼져 있는 '뭉치면 살고 흩어지면 죽는다'라는 생각이 항상 옳은 것은 아니라는 문제 제기다. 일반적으로, 홀로주체적 만남보다 서로주체적 만남이 정치적 선이라고 할 수 있다(김학노 2010). 그런데 이를 남북한에 적용하면 문제가 결코 간단치 않다. 우선 수평적 차원에서 남과 북의 서로주체적 만남이 정치적 선에 해당하는지의 문제가 있다. 북한처럼 비민주적 체제를 가지고 있고 대내외적으로 홀로주체적인 자세를 가지고 있는 상대방과 서로주체적으로 만나는 것이 바람직한가? 상대를 존중하더라도 그 가치를 인정할 수 없다면, 어디까지 받아들여야 하는가? 나아가 상대방이 나를 주체로 인정하지 않음에도 나는 상대방을 주체로 인정하고 받아들여야 하는가? 이 문제는 남과 북의 국내관계를 포함하는 입체적 차원을 고려하면 더 복잡해진다. 상대방의 주체성을 인정하는 것이 북한 주민 개개인의 주체성에 대한 억압과 훼손을 간과하는 결과로 연결될 수 있기 때문이다(김학노 2014, 20-22).

여기서는 이런 입체적인 차원의 문제는 괄호에 넣고 남과 북의 수평적인 차원을 집중적으로 고려한다. 즉 홀로주체적 만남보다 서로주체적 만남이 정치적 선이라고 할 때, 우리에게 홀로주체적인 북한에 대해서도 서로주체적인 자세를 견지해야 하는가의 문제를 다룬다. 아래에서는 먼저 북한에 대한 홀로주체적 자세의 당위성을 강조하는 입장을 검토한다. 북한에 대한 인도적 개입 주장과 선제공격론이 국제사회에서 대표적인 홀로주체적 대북 담론이다. 여기서는 그 철학적 근거로서 왈쩌(M. Walzer)와 롤스(J. Rawls)

를 중심으로 '정당한 전쟁(just war)'[4] 이론을 비판적으로 검토한다. 이것은 인도주의적 개입론과 선제공격론의 구체적 내용에 대한 비판보다 그것의 당위론적 근간을 비판함으로써, 북한에 대한 홀로주체적 자세의 당위론적 근거가 취약함을 보여주는 작업이다. 다음으로 북한에 대해 서로주체적 자세를 가져야 할 당위성을 볼프(M. Volf)의 논의를 중심으로 입론한다. 이는 왜 악을 사랑해야 하는가의 문제이기도 하다. 3장에서의 논의가 북한에 대해 서로주체적 통합을 추진해야 할 현실적 필요성에 관한 것이었다면, 이 장의 논의는 홀로주체적 자세를 가지고 있는 북한에 대해 우리가 서로주체적 자세를 취해야 하는 당위론에 해당한다.

본격적인 논의에 들어가기에 앞서 오해의 소지를 없애기 위해서 한 가지 첨언을 한다. 앞서 북한을 악마로 규정하고 그러한 상대에 대해 서로주체적 자세를 가져야 하는지 질문했는데, 이는 이 장의 문제를 제기하기 위한 설정일 뿐이지 북한에 대한 나의 개인적인 생각을 밝힌 것은 아니다. 나는 북한을 좋아하지 않지만 그렇다고 악의 축이나 미친 정권이라고 보지도 않는다. 다만 북한을 악마로 보는 극단적인 시각을 받아들이더라도 우리가 북한에 대해 여전히 서로주체적 자세를 견지해야 한다는 당위론적 주장을 세우기 위한 설정일 뿐이다.

II. 악에 대한 정당한 전쟁?

북한에 대한 홀로주체적 자세를 주장하는 논의들은 많이 있다. 박근혜 정부의 북한 레짐 붕괴론, 참수공격, 미국의 대북한 선제공격론 등은 주로

----

4   우리 사회에서 just war는 일반적으로 '정당한 전쟁' 내지 '정전(正戰)'으로 번역되고 있으나, 간혹 '정의의 전쟁'으로 번역되기도 한다. 이 책에서는 '정당한 전쟁'이나 '정전', 또는 '정전론(theory of just war)'으로 번역한다. 이 용어의 사용은 한국교원대학교 박정원 교수의 도움을 받았다.

북한의 핵무기와 미사일 개발을 겨냥한 것이다. 유럽과 일본 및 미국 그리고 유엔을 중심으로 한 북한에 대한 인도주의적 개입론은 북한의 인권 유린 상황의 개선을 목표로 한다. (북핵에 대한) 선제공격과 (북한 인권 유린에 대한) 인도주의적 개입 논의는 일반론의 차원에서 '정당한 전쟁' 이론에 의해서 당위론적으로 뒷받침될 수 있다. 여기서는 먼저 북한에 대한 인도주의적 개입론과 선제공격론을 간략하게 살피고, 이를 당위론적으로 뒷받침하는 일반론으로서 정당한 전쟁론(正戰論)을 왈쩌와 롤스를 중심으로 비판적으로 검토한다.

1. 대북 선제공격론 및 인도주의적 개입론

북한에 대한 국제사회의 비판은 주로 북한의 인권 유린 상황을 표적으로 삼았다. 그런데 2016년 북한이 두 차례에 걸쳐 핵실험을 단행하고 미사일 발사시험을 감행하면서 북핵에 대한 선제공격론이 자주 등장하였다. 트럼프 정부 출범 이후 북미 간에 '말 전쟁'이 격화되면서 선제공격론의 언론 노출 빈도도 증가하였다. 북한 핵무기에 대한 선제공격론은 부시 정부에서 처음 등장하였다. 2001년 9·11테러 다음날 북한은 재빨리 테러에 대한 유감을 표명하였지만, 9·11테러는 미국의 대외정책 전반에서 보수 강경파의 힘을 강화시켰고, 세계 정치에서 게임의 규칙 자체를 재정의하는 전기가 되었다. 한반도도 여기에서 벗어날 수 없었다(박건영·정욱식 2009, 153-154). 부시 대통령은 2002년 1월 연두교서에서 이란, 이라크와 함께 북한을 '악의 축'으로 지목하였다. 이전의 클린턴 정부가 쓰던 '불량국가'보다 훨씬 강한 표현이다. 급기야 2002년 미 국방부의 「핵태세 보고서」(NPR: Nuclear Posture Review)에서 북한은 7개 잠정적 선제 핵공격 대상국가에 포함되었다(이원섭 2003, 240-257).

오바마 정부의 2010년 NPR은 핵비확산조약(NPT: Nuclear Non-Proliferation Treaty)의 회원으로서 핵비확산 의무를 준수하고 있는 비핵국들에 대해 핵무기를 사용하거나 핵무기 사용을 위협하지 않겠다고 천명함으로써 핵불사용 보장을 재확인했다(Department of Defense 2010, 15-17). 북한은 이와 같은 미국의 핵무기 비사용 대상국에서 제외된다. 오바마 정부는 2014년 말 이후 북한이 내놓은 일련의 비핵화 제안들도 무시했다. 2014년 11월 한미합동군사훈련의 잠정 중단과 핵실험 중지의 교환 제의, 2015년 8월 평화협정 체결 요구, 2016년 7·6제안 등에 대해 미국과 한국은 북한의 선비핵화를 요구하며 묵살했다. 특히 2016년 7·6제안에서 북한은 한반도 비핵화의 5대 조건으로 (1) 남한에 반입한 미 핵무기 공개, (2) 남한에서 모든 핵무기와 그 기지 철폐 및 검증, (3) 한반도와 그 주변에 핵 타격수단 재반입금지 담보, (4) 북한에 대한 핵 사용 금지 확약, (5) 남한에서 핵 사용권을 쥐고 있는 주한미군의 철수 선포 등을 제시했다. 이 5가지의 '원칙적 요구'는 1992년의 한반도 비핵화 공동선언을 상기시키며, 대부분 미국이 이미 충족시켰거나 원칙적으로 동의했던 것으로 평가된다.[5] 비핵화 제안의 무시에 대해 북한은 두 달 뒤 7차 노동당대회 보고에서 '비평화적 방식의 통일'을 언급하면서 강력한 핵선제공격을 포함한 '조국통일대전'을 선언하고 5차 핵실험을 단행했다(이승환 2016, 481-483).

북한의 5차 핵실험 이후 2016년 9월 마이클 멀린 전 미 합참의장이 선제공격론을 제기한 것으로 전해지면서 국내에서도 이를 다루는 기사가 부쩍 증가했다. 또 미국의 전략정보분석 전문업체인 스트랫포(STRATFOR)가 2016년 5월의 「북한 핵위협 제거」(Removing The Nuclear Threat) 보고서를 2017년 연초에 다시 재공개하면서 트럼프 대통령의 취임 이후 대북 선제공격론의 재점화 가능성이 점쳐졌다.[6] 뿐만 아니라 선제공격을 연상시키는 실전 연습도 실시되었다. 2012년 이후 키리졸브(Key Resolve)와 을지프리

....

5   http://www.yonhapnews.co.kr/dev/9601000000.html, 2016년 12월 20일 검색.
6   http://www.yonhapnews.co.kr/bulletin/2017/01/05/0200000000AKR20170105017700071.
     HTML?input=1195m, 2017년 1월 23일 검색.

덤가디언(UFG) 같은 한미합동군사훈련에서 단순한 방어가 아니라 선제적 자위권 행사를 위해서 미국의 핵전략자산을 동원하는 선제공격훈련을 실시해왔다고 한다. 2015년 한미 간에 「작계 5015」에 합의했는데, 「작계 5015」는 유사시 북한 핵과 미사일을 사전에 제거하는 선제타격 개념을 적용했다고 한다. 「작계 5015」는 북한이 대량살상무기(WMD) 공격을 감행할 징후가 보일 경우 사전에 이를 파악해서 파괴하는 작전으로서, 공격 징후만으로도 선제공격을 할 수 있는 매우 공세적인 작전계획이다. 2015년까지 한반도에서의 전면전을 상정한 「작계 5017」을 연습한 반면, 2016년부터는 한미연합 '키리졸브·독수리 연습'에 「작계 5015」를 적용하고, 사실상 '참수작전'에 해당하는 미 특수부대의 내륙침투훈련인 티크 나이프(Teak Knife) 훈련을 이례적으로 공개했다고 한다. 또 남한에 사드 배치를 기정사실화했는데, 이는 선제공격의 가능성을 더욱 높이는 의미가 있다. 사드의 배치로 북한의 미사일 공격을 방어할 수 있게 되면, 북한에 대한 선제공격 옵션과 위협의 신빙성이 그만큼 높아지기 때문이다. 즉 북한의 2차 타격을 방어할 수 있게 됨으로써 북한에 대한 1차 타격의 선택 가능성이 높아지게 되었다(이승환 2016, 485-486; 조성렬 2016, 478-481; 임기홍 2016, 567-569).

한편, 북한의 인권유린 상황을 규탄하고 북한에 대해 인도주의적 개입을 해야 한다는 논의도 국제사회에서 활발하게 전개되어왔다. 미국은 2004년 10월 북한인권법을 제정한 이래 이를 연장해오고 있으며, 일본도 2006년 6월 북한인권법(北朝鮮人權法)을 제정하였다. 유럽의회도 2006년 이후 북한의 인권개선을 요구하는 결의안을 채택하고 있다. 한국에서는 2005년 국회에서 발의된 이후 오랫동안 여야 간 합의에 실패해오다가 발의한 지 11년 만인 2016년 2월 북한인권법이 제정되었다. 국제사회에서 북한의 인권문제를 다루는 주무대는 유엔이다. 2003년 유엔인권위원회(Commission on Human Rights)에서 북한인권결의안을 채택한 이후, 인권이사회(HRC: Human Rights Council)와 총회에서 지속적으로 북한인권결의안을 채택하고 있다.

특히 2014년의 유엔북한인권 조사위원회(COI: Commission of Inquiry) 보고서는 북한의 인권 유린 실태에 대한 광범위한 조사를 바탕으로 북한 당국이 '반(反)인류 범죄(crime against humanity)'를 저질러왔음을 밝히고 책임자의 국제형사재판소(ICC: International Criminal Court) 회부를 촉구했다. COI 보고서에 따르면, 북한 당국의 최고위 수준에서 수립한 정책에 따라서 반인류 범죄가 조직적으로 자행되어 왔다고 한다. 반인류 범죄는 주로 정치범관리소에 수용된 정치범들, 탈북 시도 주민들, 체제전복 세력(특히 기독교 신자들), 그리고 남한과 일본 등 외국에서 온 사람들을 대상으로 일어났다. COI 보고서는 북한의 정치체제를 유지하기 위해서 대량 기아 사태를 악화시키는 정책을 지속한 고의성을 강조하면서, 대량 기아 사태도 반인류 범죄에 해당한다고 지적했다. 아울러 북한의 정치범수용소에서 사상과 성분에 따른 대규모 살상이 현재의 국제법상 대량학살(genocide)의 범주로 명시되어 있지 않지만 사실상 대량학살에 해당한다고 주장하고 비판한다(Human Rights Council 2014, 45-352). 이 보고서에 근거하여 2014년 이후 유엔 총회에서는 북한의 반인류 죄를 규탄하는 인권결의안을 채택하고 있다.

인권 침해를 이유로 유엔이 회원국의 내정에 개입하는 것은 1648년 베스트팔렌 조약 이후 지속되어온 주권 원칙과 상충한다. 유엔은 여전히 주권 원칙을 고수하고 있다. 유엔헌장 2조 4항은 주권국가에 대한 무력사용을 금지하고, 2조 7항은 주권국가의 국내문제에 대한 불개입 원칙을 천명하고 있다. 하지만 2차 대전이 끝나고 뉘른베르크 전범재판에서 나치의 유대인 학살에 대해 반인류 범죄로 처벌이 이루어진 이래 인권을 이유로 하는 인도적 개입의 관행이 늘어나고 있다(나종석 2005, 64-66; 도널리 2002, 25-45). 특히 냉전이 해체되면서 1990년대 이후 인도적 개입의 사례가 증가했다. 1990년대 이후 인도적 개입은 개별 국가보다는 유엔이 주도하고 유엔헌장과 국제사회의 합의에서 정당성을 획득하는 점에서 전통적 개입과 다른 새로운 관행을 낳고 있다(정경수 2004, 138-139).

더 나아가서 인권이 단순히 권리가 아니라 국가와 국제사회가 지켜야 할 책임이라는 이른바 '보호책임(R2P)' 개념이 널리 힘을 얻고 있다.[7] R2P는 주권이 권리이자 책임이라는 인식 아래 "자국민을 보호하지 않는 실패한 나라는 주권국가로서의 권리를 존중받을 수 없다"는 새로운 국제 규범이다. R2P는 보호책임의 주체를 주권국가와 국제공동체로 나눈다. 개별 국가가 국민 보호의 1차적 책임을 지고 국제공동체가 2차적 책임을 진다. 2005년 유엔 정상회의는 R2P 개념을 만장일치로 채택하면서, 그 적용범위를 대량학살(genocide), 인종청소(ethnic cleaning), 전쟁범죄(war crimes), 반인류 범죄(crimes against humanity)의 4가지로 명확하게 국한시켰다. 2011년 3월 유엔 연합군의 '리비아 국민 보호'를 위한 군사개입이 R2P 개념을 실제 상황에 적용한 첫 번째 사례다(이신화 2012, 258-259, 271-274; 김부찬 2015, 27).

우리 사회의 일각에서도 북한 인권 문제에 대해 보호책임, 즉 R2P 원칙을 적용해야 한다는 주장이 등장했다. 이에 따르면, 2014년 COI 보고서가 밝혔듯이 북한은 조직적이고 광범위한 반인류 범죄를 저지르고 있으며, 북한에 대한 인도적 개입은 단순히 주민들의 유린된 인권을 보호하는 차원이 아니라 국제 공동체의 책임을 이행하기 위한 '의무'라고 한다(송인호 외 2016, 228-230). 아울러 인권 보호는 단순히 권리와 책임을 넘어서 기독교적 정의의 실현이라고 한다. 십자가 정신은 단순히 '사랑'이 아니라 철저한 '정의'를 실현하는 것이며, R2P가 이에 해당한다는 것이다.

십자가 사건은 하나님의 인간에 대한 지극한 '사랑'의 표현이지만, 그 지

....

7   R2P 개념은 2001년 '주권과 개입에 관한 국제위원회'(ICISS: International Commission on Intervention and State Sovereignty)가 발간한 보고서(*The Responsibility to Protect*)에서 등장했다. 1999년 코피 아난(Kofi Annan) 유엔 사무총장의 요청에 따라 캐나다 정부 주도로 ICISS가 설립됐다. ICISS의 2001년 보고서 『보호책임』은 '인간안보'의 관점에서 주권을 '권리/권위(rights/authority)'보다 '책임(responsibility)'으로 인식하고 R2P 개념을 제안했다(김부찬 2015, 24-25).

극한 '사랑'인 십자가에는 하나님의 철저한 '공의'가 전제되어 있다. 즉, 지극하고 다함 없는 하나님의 '사랑'인 십자가는 하나님의 철저한 '공의'를 완성하고, 하나님의 '공의'는 지극한 '사랑'인 십자가를 통해 드러난다. 이러한 관점에서 북한 상황을 바라보면, 종교적인 유일사상, 카스트적 신분제 사회, 정치범수용소에서 벌어지고 있는 수십 만 명의 인권유린 등을 정당화하고 있는 체제 이념에 대해서는 단호히 잘못되었다고 비판할 수 있어야 한다. "원수를 사랑하라(마 5:44)"라는 말씀을 악한 것을 그저 포용하고 용납해주라는 뜻으로 해석해서는 안될 것이다(송인호 외 2016, 230).

이 견해는 북한 급변사태 시 유엔 안보리 결의와 상관 없이 보호책임 원칙을 적용해야 한다는 주장까지 제기한다. 남한과 북한은 "나라와 나라 사이의 관계가 아닌 통일을 지향하는 과정에서 잠정적으로 형성되는 특수관계"라는 특수성을 가지고 있으며, 따라서 "북한 급변사태 발생 시, 남한은 유엔 안보리 결의와 상관없이 북한 상황에 개입하여 북한 사회를 안정화시키고 북한주민들의 자유와 인권, 생명을 보호할 1차적인 권한과 책임(보호책임)이 있다"는 것이다(송인호 외 2016, 232-239).[8]

2. 정당한 전쟁 이론

북한에 대한 선제공격론과 인도주의적 개입론은 보다 일반적인 당위론 차원에서 '정당한 전쟁 이론(正戰論)'에 의해 뒷받침될 수 있다. 선제공격론

....
8 이 견해에 따르면, 중국과 러시아의 반대로 유엔 안보리의 승인을 얻지 못해도 문제가 없다. 이미 안보리 승인 없는 개입 사례들이 축적되어 있기 때문이라고 한다. 이 견해가 드는 사례들은 ECOWAS(Economic Community Of West African States, 서아프리카경제공동체)의 라이베리아 개입(1990), 시에라리온 개입(1997), 1991년의 이라크 북부 지역에 대한 비행금지구역(No-Fly Zones) 설정, 그리고 1999년에 코소보와 구 유고슬라비아연방에서 이루어졌던 NATO의 활동 등이다.

과 인도주의적 개입론의 주창자들이 실제로 정전론에 기반해 있다는 얘기가 아니다. 다만 그들 주장의 당위론적 근거를 찾자면 정전론이 가장 유력하다는 말이다. 만일 정전론에서 당위론적 근거를 찾지 못한다면 선제공격론과 인도주의적 개입론의 규범성은 심한 타격을 입을 것이다.

여기서는 정당한 전쟁에 대한 마이클 왈쩌와 존 롤스의 논의를 간략하게 살펴본다. 왈쩌(월저 2007)는 20세기에 정전론을 부활시켰다고 평가받고 있으며(박정순 2005, 79), 롤스(2009)는 자신의 자유주의적 정의론(롤즈 2003)을 국제사회로 확대함으로써 인도주의적 개입을 정당화하는 이론을 수립하였다. 정당한 전쟁에 관한 논의는 대체로 (1) 전쟁 개시의 정의(*jus ad bello*), (2) 전쟁 수행의 정의(*jus in bello*), (3) 전쟁 종결의 정의(*jus post bellum*)의 세 부분으로 나눌 수 있다. 이 중 왈쩌는 첫 번째 문제에, 롤스는 두 번째 문제에 중점을 둔다. 이들의 이론은 서로 상이한 부분도 있지만 큰 틀에서 볼 때 비슷하고 서로 보완하는 성격이 강하다. 왈쩌와 롤스의 정전론은 전쟁을 부도덕하다(immoral)고 보는 평화주의와, 전쟁을 도덕성과 상관없다(nonmoral)고 보는 현실주의의 사이에 위치한다. 평화주의와 달리, 정전론은 정의롭지 못한 평화보다 정당한 전쟁을 추구해야 한다고 본다. 현실주의와 달리, 정전론은 국가가 합리적 자기이익을 추구하기 위해서 전쟁을 수행할 권리가 있다고 보지 않는다(박정순 2005, 86-89 참고).

주목할 만한 차이점도 있다. 왈쩌가 국가(states)를 국제사회의 기본 단위로 보는 반면 롤스는 국제사회 정의의 주체를 국가가 아니라 국민 또는 만민(peoples)으로 본다. 전통적인 주권, 즉 대외적 전쟁권과 대내적 자율성을 갖지 않는 점에서 만민은 국가와 다르다. 만민의 권리와 의무는 만민들 사이의 협의와 동의를 통해 수립된다. 롤스는 국제사회를 구성하는 개별 사회 또는 만민을 〈표 4.1〉과 같이 (1) 합당한 자유적 만민(reasonable liberal peoples), (2) 비자유주의적이지만 적정수준의 만민[9](non-liberal but

....

9   '적정수준의 사회'란 자유적 사회는 아니지만 적정한 협의의 위계질서를 가지고 있는 사회다. 적

표 4.1 롤스의 (국제사회를 구성하는) 다섯 가지 형태의 국내사회

자유적 만민의 사회	적정수준의 만민의 사회	무법국가	불리한 여건으로 고통 겪는 사회	자애적 절대주의 사회
질서정연한 만민		질서정연하지 않은 만민		
입헌민주정부, 공통의 동정심, 도덕적 본성	적정수준의 협의 위계 체제, 인권을 보장	타 국가에 대한 공격성을 지님	정치적, 문화적 전통, 인적 자본, 기술적 자원이 부족	인권 존중, 적정 수준의 협의 체계 부재
만민법 적용의 영역		만민법 미적용 영역		
인권 보장		인권 미보장		인권 보장
관용의 영역		비관용의 영역		
개입X		개입O		
		군사적 개입	원조	

위 표에서 "특징" 행은 왼쪽 "특징" 레이블, "관용 및 개입 형태" 행은 왼쪽 "관용 및 개입 형태" 레이블에 해당한다.

출처: 김희강 · 최유진 2015, 80. (일부 수정).

decent peoples), (3) 무법국가들(outlaw states), (4) 불리한 여건으로 고통을 겪는 사회(societies burdened by unfavorable conditions), (5) 자애적 절대주의(benevolent absolutism)의 다섯 가지로 분류한다. 이 중 (1)과 (2)를 질서정연한 만민(well-ordered peoples)으로, (3) (4) (5)는 질서정연하지 않은 만민으로 간주한다(롤스 2009, 15, 109). 롤스의 만민법은 질서정연한 만민들, 즉 (1)과 (2)에만 적용된다. 이는 기존의 '법리주의(자) 모형(the legalist paradigm)'에 수정을 가한 왈쩌의 정전론이 모든 국가에 적용되는 것과 큰 차이가 있다.

정전론을 북한에 적용할 때 가장 중요한 것은 전쟁 개시 단계의 정의(*jus ad bello*) 문제다. 전쟁 수행이나 종결 단계에서의 정의 문제는 전쟁의 개시가 정당화된 이후의 문제이기 때문이다. 즉 북한의 인권 유린이나 핵무

....

정수준의 만민은 대외적으로 공격적이지 않고, 대내적으로 모든 성원의 인권을 보장하고 선의의 도덕적 의무와 책무를 부과한다(롤스 2009, 111-114).

기 개발이 정당한 전쟁의 개시를 위한 이유가 되는지가 가장 중요한 문제다. 전통적으로 정당한 전쟁론은 침략에 대한 방어전쟁만을 전쟁 개시의 정당한 사유로 인정한다. 왈쩌의 정전론의 준거인 법리주의 모형이나 롤스가 제시한 자유로운 만민들에게 친숙한 전통적인 정의의 원칙들이 모두 국가나 만민의 '불간섭' 원칙과 '자기 방어' 권리를 인정한다. 기본적으로 국가나 만민의 불간섭 원칙을 침해하는 침략에 대한 방어만이 정당한 전쟁의 명분인 것이다(왈쩌 2007, 165-168; 박정순 2005, 95; 롤스 2009, 67-68; 장동진 2001, 318; 김희강·정유진 2015, 76-77).

그런데 왈쩌와 롤스는 선제공격과 인도주의적 개입을 정당한 전쟁 개시의 정당한 명분으로 포함한다.[10] 우선, 예방전쟁(preventive war)과 달리 선제공격(preemptive strikes)을 정당하다고 본다(왈쩌 2007, 187-207). 적의 사악한 행위에 대한 대응이 아닌 순수한 예방 차원의 공격은 정당한 전쟁이 될 수 없다. 반면에 상대방의 공격이 임박하고 충분한 수준의 위협이 있는 상태에서의 선제공격은 정당하다. 실제 침략을 받기 이전이라도 "군사력을 사용하지 않으면 자국의 영토보전 내지는 정치적 독립이 심각한 위기에 직면하게 되는 모든 경우에서 국가는 전쟁의 위협이 있을 당시 군사력을 사용할 수 있다"는 것이다(왈쩌 2007, 206).[11]

다음으로, 인도주의적 개입도 정당한 전쟁의 명분으로 인정한다. 왈쩌는 분리독립운동과 민족해방운동을 지원하기 위한 개입, 다른 국가의 개입에 맞서는 역개입, 그리고 인도주의적 개입의 세 가지 경우를 정당한 전쟁의 명분으로 간주한다(왈쩌 2007, 209-249). 롤스도 인도주의적 개입을 정

....

10 왈쩌는 (1) 정당한 명분(just cause), (2) 정당한 의도(right intention), (3) 합법적 권위에 의한 공개적 포고, (4) 최후의 수단, (5) 승리의 가능성, (6) 비례성의 여섯 가지를 전쟁 개시의 정의 기준으로 제시한다. 즉, 전쟁을 시작하는 명분이 정당해야 하며, 의도도 좋아야 하고, 절차도 합당해야 하며, 마지막 수단으로 전쟁에 호소해야 하고, 승리를 하여서 의도한 결과를 가져올 수 있어야 하며, 결과에 비해 수단과 과정이 적절해야 한다. 이 중 가장 중요한 것은 정당한 명분이다.

11 왈쩌는 이스라엘과 아랍의 6일 전쟁에서 이스라엘이 취한 것이 정당한 선제공격의 사례라고 한다.

당화한다. 롤스에게 있어서 인권은 관용의 한계, 자기방어의 보루, 정당한 원조의 세 가지 방식으로 인도적 개입을 정당화한다(김희강·최유진 2015, 81-94; 장동진 2001, 328-332). 첫째, 인권은 관용의 한계를 정하는 기준이다. 자유적 만민과 적정수준의 만민은 무법국가와 인권침해를 자행하는 사회에 대해서 '관용하지 않을 권리'가 있다(롤스 2009, 135). 둘째, 인권은 자기방어의 보루다. 기본적인 인권조차 보장하지 못하는 무법국가는 자기방어의 권리를 갖지 못하며, 따라서 무법국가에 대한 인도적 개입은 정당하다. 셋째, 인권은 원조를 정당화한다. 고통을 겪는 사회에 국제사회는 원조라는 인도적 개입을 할 수 있으며 또 해야 한다. 그 사회에서 빈곤 및 기아 등으로 보장받지 못하는 기본적인 인권을 수호하기 위해서다.

단 여기서 인도주의적 개입의 명분이 되는 인권은 그 범위를 최소한도로 제한한다. 롤스가 만민법의 기초로 삼는 인권은 '특별한 종류의 긴급한 권리'로서, 생명권과 자유권 및 재산권 등의 극히 긴급한 권리에 한정한다(롤스 2009, 132).[12] 왈쩌도 마찬가지로 인도적 개입을 정당화하는 명분으로서 인권 침해를 대규모 노예화나 대량학살과 같은 경우로 제한한다. 인권을 어느 정도 심하게 탄압하는 비합법적이고 독재적인 정부에 대해서는 인도적 개입이 정당화될 수 없다고 한다. 국제관계에서 고려되는 인권은 생명과 자유에 대한 가장 '기초적인 [얇은] 보편적인 인권(thin universal right)'이라는 최소주의 도덕관에 근거해 있는 것이다(왈쩌 2007, 236-249).

전쟁 수행 단계의 정의(*jus in bello*) 문제에서 가장 중요한 것은 민간인의 인권 보호다. 정전론에서 볼 때 전쟁은 강도와 같은 범죄 행위와 달리 상호 규칙을 준수하는 활동이다. 전쟁 수행 규칙은 침략자와 방어자 모두에게

....

12 즉, 생명권(생존과 안전의 수단), 자유권(노예 또는 농노 신분에서 벗어날 자유, 강제적 점령으로부터의 자유, 종교와 사상의 자유를 보장하는 양심의 자유에 대한 충분한 조치), 재산권(개인적 소유권), 집단학살과 인종청소에서 인종 집단의 보호, 자연적 정의의 법칙들에 명시되는 형식적 평등(즉, 유사한 경우는 유사하게 처우되어야 한다는 원칙) 등의 긴급한 권리에 한정한다(롤스 2009, 112, 132).

유효하다. 즉 전쟁 개시의 정의 여부와 무관하게 교전 당사국들의 군인은 모두 '도덕적 동등자(moral equals)'가 된다(월저 2007, 281-283). 전쟁 수행에서 '근본적 원칙'은 (1) 군인에 대한 무력 사용의 허용과 (2) 비전투원에 대한 무력 사용의 금지다(월저 2007, 301-340). 비전투원, 즉 민간인에 대한 무력 사용의 철저한 금지가 핵심이다.[13]

그런데 이들은 불가피한 경우 전쟁 수행의 과정에서 민간인에게 피해를 입히더라도 정당할 수 있다고 주장한다. 이를 '이중효과의 원리(the doctrine of double effect)'라고 한다. 이중효과의 원리는 어떤 행위로 인해서 선한 결과와 악한 결과 두 가지가 동시에 나타날 때 악한 결과를 허용할 수 있음을 지칭한다. 전투행위가 소위 '부수적 피해(collateral damage)', 즉 민간인에 대한 피해를 야기하더라도 정당화될 수도 있다는 것이다. 다만, 원래 행위의 의도가 바람직하여야 하고, 행위 도중 있을 수 있는 부정적인 효과를 인지해서 줄이려는 노력을 해야 하며, 그 과정에서 요구되는 대가를 자신이 지불하고자 해야 한다는 조건이 붙는다(월저 2007, 327-336).

이중효과의 원리가 전쟁 수행 중 민간인에 대한 공격을 정당화하고자 하는 것은 아니다. 반대로 민간인 피해 초래를 정당화할 수 있는 조건을 까다롭게 함으로써 민간인에 대한 공격을 최소화하려는 의도다. 그런데 이들은 '최고 수준의 비상사태' 또는 '극도의 비상상황(supreme emergency)'에서는 민간인에 대한 공격도 허용될 수 있다고 함으로써 논란의 소지를 낳고 있다(월저 2007, 495-526; 왈저 2009, 61-82; 롤스 2009, 162-173). 이들에 따르면, 침략에 맞서 정당한 방어전쟁을 시작한 국가나 만민이 최고 수준의 비상사태, 즉 존망의 위기에 처했을 때 중립국의 권리를 훼손하거나 민간인에 대한 테러 폭격을 감행하는 것이 허용된다. 다만 최고 수준의 비상사태로 간주되기 위해서는 위험의 임박성과 위험의 본질(심각성)이라는 두 가지

....

13 롤스는 무법국가의 지도자들과 고위 관료들을 제외하고 민간인은 물론 일반 군인들의 인권까지 보호해야 한다고 본다(롤스 2009, 156-160).

기준을 충족해야 한다(월저 2007, 496-502). 즉 위험이 절박하고 동시에 위험의 정도가 극심해야 한다. 일례로 독일의 승리가 가깝게 여겨졌던 1941-1942년의 최고 수준의 비상사태에서 영국이 독일 도시를 무차별 폭격한 것은 민간 시민들의 희생을 동반했음에도 정당화될 수 있다고 한다. 반면에 히로시마 원폭투하는 일본의 승리가 임박하지 않았던 점에서 결코 최고 수준의 비상사태라고 할 수 없으며, 따라서 범죄에 해당한다고 한다(월저 2007, 513-526).

끝으로, 전쟁 종결의 정의(*jus post bellum*) 문제와 관련하여 이들은 '제한전' 입장에서 '레짐 체인지'까지 용인하는 입장으로 변화하고 있다. 왈쩌는 원래 처벌에 관한 법리주의 모형을 수정하여 정당한 방어전쟁은 제한전이어야 한다고 주장한다. 침략국을 격퇴시키고 적절한 복구와 예방조치를 취한 다음에는 '전쟁 이전의 상태(status quo ante bellum)'로 돌아가야 한다고 주장한다(월저 2007, 251-278). 그에 따르면, 국내에서는 불법 범죄나 폭력을 근절하려는 노력이 정당하지만, 국제사회에서는 그것이 가능하지도 않고 바람직하지도 않다. 국제사회에서 "'정당한 전쟁'이 추구해야 할 목표는 불법 폭력의 근절이 아니고 특정 폭력행위에 대처하는 것이다. 따라서 정당성의 논거에 따른 국제사회의 권리와 제한사항이 있게 되는데, 저항, 복원(復元), 합당한 수준의 예방이란 부분이 바로 그것이다"(월저 2007, 272). 정당한 전쟁은 제한전이어야 한다는 것이다.

이러한 제한전 논의는 정전론에 입각하여 레짐 체인지를 추구하는 제국주의적 정책에 대한 비판을 포함하고 있다. 하지만 왈쩌는『마르스의 두 얼굴』(*Just and Unjust War*) 이후 낸 책인『전쟁과 정의』(*Arguing about War*)에서 전쟁 이후의 정의 문제에 대해 중요한 입장 변화를 보이고 있다. 2차대전 이후 독일과 일본에서 점령정책과 정치적 재건의 과정 및 결과를 보면서 그러한 적극적 개입의 정당성을 높이 사게 됐다는 것이다. 이 새로운 입장은 무엇보다도 국가 건설을 전후 정치의 필수적인 부분으로 간주한다(왈저 2009, 16-17). 특히 2차 대전 이후 증가하고 있는 인도주의적 개입은 전쟁 이후의 정의 문제를 재고하게 만든다고 한다. 인도주의적 개입 전쟁은 단순히 전쟁 이전 상태로의 복귀로 종결될 수는 없다. 전쟁 이전 상태가 바로 인도주의적 개입을 초래한 원인이기 때문이다(월저 2009, 44-45). 이러한 새로운 입장은 레짐 체인지에 대한 강한 지지 논거가 될 수 있다.[14]

3. 비판

왈쩌와 롤스의 정전론은 북한에 대한 선제공격론과 인도주의적 개입론의 당위적 근거를 제공할 수 있어야 한다. 하지만 이들의 정전론 자체에 중요한 문제점이 있을 뿐만 아니라, 이들의 논의에 입각할 때도 대북 선제공격론과 인도주의적 개입론은 정당화되기 어렵다.

먼저 북한 문제와 관련해서 살펴보기 전에, 일반론적인 차원에서 이들의 정전론 자체에 있는 문제점을 보자. 첫째, 선제공격론과 인도주의적 개입론을 포함하여 정전론은 모두 강대국의 논리다. 약소국이 강대국을 상대로 선제공격을 하는 것이 사실상 가능하지 않다는 점에서 선제공격론이 강대국 입장의 논리임은 분명하다. 인도주의적 개입론도 마찬가지다. 인도적 개입은 기본적으로 인권을 앞세워서 주권을 제약하는 행위인데, 아무리 인권의 위상이 국제적으로 강화되었다고 해도 인권의 이름으로 강대국의 주권을 제약하는 것은 불가능하다. 관타나모 수용소에서 행해졌다는 미국의 인권 침해에 대해서 국제사회에서 비난이 일어도 이를 이유로 미국에 인도주의적 개입을 하는 것은 상상할 수 없다. 미국의 지도자를 ICC에 회부할 수도 없다. 실제로 정당한 전쟁 이론은 강대국의 입맛에 맞게 약소국에 대해서만 사용되어 온 것이 사실이다. 단적인 예로, 이라크에 대한 침공이 끝난 이후 대량살상무기가 존재하지 않았음이 밝혀졌지만, 이에 대해서 미국을 상대로 정의의 이름으로 처벌할 수 없는 노릇이다. 북한에 대한 선제공격론

....

14   미국과 한국의 북한 레짐 체인지론에 대한 근본적인 비판에 대해서는 이현휘(2016)를 보라.

과 인도주의적 개입론도 기본적으로 이와 같은 현실 국제정치의 맥락에서 이해해야 할 것이다.

둘째, 왈쩌와 롤스의 정전론은 자유주의적 편향성이 대단히 강하다. 이는 롤스의 만민법이 질서정연한 만민들, 즉 자유적 만민과 적정수준의 만민 사이에서만 적용된다는 점에서 잘 드러난다. 롤스에 따르면, 질서정연한 만민들은 북한과 같은 무법국가들에 대해서 '관용하지 않을 권리'가 있다(롤스 2009, 135). 비자유적 무법국가에 대한 홀로주체적 자세의 권리를 전제하는 것이다.[15]

정전론의 자유주의적 편향성은 민간인에 대한 공격도 정당화한다고 하는 '최고 수준의 비상사태' 개념에서도 잘 나타난다. 단순한 전쟁에서의 패배 위험은 최고 수준의 비상사태가 아니다. 우리의 "육체적 사멸뿐만 아니라 도덕적 절멸의 위험, 즉 우리와 같은 사람들의 실종뿐만 아니라 우리가 살아온 삶의 방식 자체의 종말을 맞게" 될 정도의 위험이 있어야 최고 수준의 비상사태라 할 수 있다(왈쩌 2009, 73). 왈쩌와 롤스가 1941-42년 독일의 승리 가능성을 이런 최고 수준의 비상사태로 인정하는 데에는 단순히 독일의 승리와 서방의 패배가 임박했었다는 위기의식뿐만 아니라, 당시 독일이 인류의 도덕적 질서를 위협하는 '절대 악'이라는 인식이 전제되어 있다. 나치 독일은 "이 세상에서 악이 객체화된(evil objectified in the world)" 명백한 사례이며, 인간의 가치를 근본적으로 위협하는 인류에 대한 절대적 위협이었다는 것이다(Walzer 1971, 4). 최고 수준의 비상사태에서는 더 큰 악을 퇴치하기 위해 작은 악을 행하는 것이 정당화된다. "악을 행하지 않기 위해서 악으로 위협한다"는 '작은 악의 원리(the lesser evil principle)'가 적용된다는 것이다(왈쩌 2009, 81; 월저 2007, 517-554). 하지만 똑같은 논리를 상

....

15 정태욱은 비자유주의 체제의 인정 여부를 기준으로 '근본주의적 자유주의'와 '자유주의적 자유
    주의'를 구분하고, 후자의 예로 롤스를 든다(정태욱 2009, 14). 롤스를 근본주의적 자유주의로
    볼 수 없겠지만, 그의 자유주의적 자유주의 입장도 여전히 서구의 자유주의적 편향성을 가지고
    있다는 게 나의 생각이다.

대방의 입장에서도 적용할 수 있다. 즉 전쟁의 양 당사자들이 모두 이와 같은 최고 수준의 비상사태라는 논리로 비도덕적 전쟁 행위를 정당화할 수 있다. 이러한 양면성을 보지 않고 상대방을 절대 악으로 간주하는 것에서 이들 정전론의 자유주의적 편향성이 극명하게 드러난다.

이러한 일반론적 문제점을 논외로 치고, 막상 왈쩌와 롤스의 정전론에 입각하더라도 대북 선제공격론이나 인도적 개입론을 정당화하기가 어렵다. 먼저, 북핵을 겨냥하는 타격은 선제공격에 해당하지 않는다. 선제공격은 예방전쟁과 다르다. 단순히 세력균형의 변화를 막기 위한 예방전쟁은 정당한 전쟁이 아니다. 선제공격이 성립하기 위해서는, 상대방이 현재 침략 야욕을 보여야 하고 세력 증대가 아니라 실제 전쟁을 준비해야 하며 매우 심각한 수준으로 위험이 격화되어야 한다(월저 2007, 198-201). 이 기준으로 볼 때 북한의 핵실험과 미사일 개발은 미국이 선제공격을 수행할 정당한 명분이 되지 못한다. 북한이 노골적인 침략 야욕을 드러내거나 동북아시아의 긴장이 극도로 고조화되지 않은 상태에서 북핵을 빌미로 먼저 공격하는 것은 현재의 세력관계를 유지하려는 예방전쟁에 해당할 뿐이며, 정당한 선제공격으로 볼 수 없다.

대북 선제공격론이 정당화되기 어려운 또 하나의 문제점은 그것이 초래할 엄청난 규모의 민간인 살상 및 피해다. 사실 이것은 일반론적인 문제이기도 하다. 우리는 이미 전쟁의 피해가 너무 커서 정당한 전쟁이건 부당한 전쟁이건 간에 전쟁을 옹호할 수 없는 세상에 살고 있다(슈라이버 2세 2001, 146). 슈라이버의 아래 절규는 정당한 전쟁론 자체에 경종을 울린다.

> 20세기에 치뤄진 전쟁들 안에 너무나 엄청난 불의가 축적되었고, 또 미래에 불의를 가할 수 있는 무기들이 만반으로 준비되어 있기 때문에, 제 정신을 가진 윤리학자들이라면 21세기의 정치적 사고에 '정당한 전쟁' 이론을 권고할 생각을 제 정신으로는 할 수가 없는 것이다(슈라이버 2세 2001, 146; 강조는 원문).

하지만 정전론 전체를 부인하기는 어렵다. 상대방의 침략에 대응하여 불가피하게 전쟁을 치를 수도 있다. 다시 논의를 대북 선제공격론에 맞추자. 대북 선제공격으로 인해 야기될 민간인 피해는 '이중효과의 원리'로 정당화될 수 있어 보인다. 하지만 왈쩌와 롤스가 강조하듯이, 이중효과를 정당화하기 위해서는 원래 목표로 했던 긍정적인 효과를 달성하고, 부정적인 효과를 예견해서 최대한 줄이는 노력을 기울여야 한다(월저 2007, 327-336). 북핵에 대한 선제적 타격이 과연 의도했던 효과를 거둘지 분명하지도 않을뿐더러, 그런 경우에도 실로 대규모의 부정적 효과가 예상된다. 우선 북한 지역 민간인들의 살상이 엄청날 것이다. 뿐만 아니라 선제 타격을 받은 북한의 보복으로 남한 지역의 민간인 피해도 상당할 것이다. 북핵 타격이 고도로 정밀하게 이루어져서 그들이 보복할 수 있는 2차 타격 능력을 궤멸시켰다고 가정하거나, 남한에 배치한 사드 무기체계가 북한의 2차 타격을 완벽하게 방어한다고 가정하자.[16] 그럴 경우 북한은 선제공격을 한 미국 대신 남한을 침공할 것이며 이로 인한 남한 지역 민간인들의 피해는 매우 큰 규모로 발생할 수 있다. 요컨대 북핵에 대한 선제공격은 민간인 피해 규모의 측면에서 이중효과의 원리로 정당화하기 어렵다.

선제공격론이 정당화될 수 있는 한 가지 방법은 북핵문제가 최고 수준의 비상사태를 불러왔다고 보는 것이다. 앞서 보았듯이, 왈쩌와 롤스는 최고 수준의 비상사태에서는 민간인에 대한 공격도 허용할 수 있다고 주장한다. 그런데 최고 수준의 비상사태로 간주되기 위해서는 위험의 임박성과 심각성이라는 두 가지 기준을 충족해야 한다. 즉 단순히 전쟁에서의 패배를 넘어서 우리 공동체의 존속과 물질적·도덕적 문명과 가치의 존속이 근본적으로 위협 받을 정도가 돼야 한다. 과연 북핵 위험의 본질이 최고 수준의 비상사태에 해당하는지 매우 의심스럽다. 그것이 최고 수준의 비상사태가 되는

....

16 박건영은 사드 배치가 전제하고 있는 한반도에서의 전면전 발발 가능성이 대단히 낮으며, 무기
     로서의 사드의 효율성도 상당히 낮음을 보여준다(박건영 2016).

길은 북한이 절대 악이라는 시각을 전제하는 것이다. 상대방을 절대적 악으로 보고 나의 대응은 작은 악으로 보는 자유주의적 편향성이 동원돼야 하는 대목이다. 이러한 관점이 과연 얼마나 도덕적 정당성을 획득할 수 있을지 의문이다.

북한에 대한 인도주의적 개입론도 왈쩌나 롤스의 정전론의 기반 위에서 정당화되기 어렵다. 앞서 보았듯이 이들 모두 인도적 개입의 정당성 근거인 인권을 생명권과 자유권과 같은 대단히 제한된 긴급한 권리에 국한한다. 단지 인권을 심하게 탄압하는 독재국가에 대한 인도적 개입은 이들의 정전론에서도 정당화될 수 없다. 이렇게 인도적 개입의 근거인 인권의 범위를 엄격하게 제한하는 것은 여전히 주권의 원칙이 국제사회의 핵심 지주로 작동하기 때문이다. 인권과 주권의 원칙이 충돌하는 경우 국제사회의 중심은 주권 원칙에 있어야 한다. 2005년 유엔 정상회의에서 보호책임(R2P)의 원칙을 만장일치로 채택하면서 그 적용범위를 대량학살, 인종청소, 전쟁범죄, 반인류적 범죄의 네 가지로 국한시킨 것도 같은 맥락에서 이해된다.

그렇다면 이렇게 엄격하게 제한된 범위로 국한된 인권의 개념을 적용할 때 북한에 대한 인도주의적 개입이 정당화될 수 있는가? 과연 북한의 인권 침해가 너무나 심각해서 인도적 개입을 정당화할 정도인가? 나는 북한의 인권 유린이 심각한 것은 사실이지만 그것이 국제사회의 인도적 개입을 정당화할 정도로 심각하고 긴급한 수준은 아니라는 정경수의 판단에 동의한다. 북한 인권 문제의 핵심은 냉전 종식 이후 극심한 식량난으로 인한 사회경제체제의 붕괴이며, 이를 반인류 범죄로 보기는 어렵다. 북한 주민의 생명권을 보장하는 식량 지원과 무너진 북한의 사회경제체제를 재구축하고 개선하는 지원이 인도적 개입보다 우선되어야 한다. 물론 기아사태 이외에도 고문과 정치범 처벌 및 공개처형 등 북한의 전반적인 인권 침해가 심각하다는 견해를 수용할 수 있다. 하지만 이것이 국제사회의 무력행사에 의한 인도적 개입을 정당화하는 수준은 아니다. 중국에서도 공개처형을 실시하지만 중국에 대해서는 인도적 개입을 거론하지 않고 북한에 대해서만 그러는 것은 대북 인도적 개입론의 숨은 의도를 의심하게 만든다(정경수 2004, 140).

북한에 R2P 원칙을 적용하기도 어렵다. 이신화는 북한의 현재 상태는 아무리 나쁘게 보아도 '실패국가'로 보기보다는 '실패 중인 국가'로 보아야 한다고 주장한다. 북한이 식량난에서 보듯이 '안전보장자'로서 실패했고 주민을 상대로 '안보가해자'로서 마땅히 비난을 받아야 하지만, 아직 안보를 확실하게 장악하고 있는 점에서 '실패국가'로 보기 어렵기 때문이다(이신화 2012, 264-267). 2005년 유엔에서 제한한 R2P 적용대상인 대량학살, 인종청소, 전쟁범죄, 반인륜적 범죄는 북한에 해당하지 않는다고 보아야 한다. 북한의 인권 침해 상황이 더욱 악화되어서 실패국가의 단계로 접어든다면 국제사회의 인도적 개입을 고려할 수도 있겠지만(김부찬 2015, 37), 실패국가로 전락하더라도 그 자체가 R2P 대상이 되지는 않는다는 견해도 있다(이신화 2012, 274-276).

III. 왜 악을 사랑해야 하는가?

앞서 북한에 대한 선제공격 및 인도주의적 개입론과 그를 뒷받침하는 일반적인 당위론으로서 왈쩌와 롤스의 정당한 전쟁 이론을 비판적으로 검토하였다. 여기서는 그렇다면 북한에 대해서 왜 서로주체적 자세를 가져야 하는지 볼프의 논의를 중심으로 일반적인 당위론을 모색한다. 우리에게 홀로주체적인 북한을 맞이하여 우리는 왜 서로주체적 자세를 견지해야 하는가? 다시 한번 강조하지만, 북한이 문제가 많은 국가라고 생각하지만 그렇다고 북한을 악마로 보는 시각에 내가 동의하는 것은 아니다. 다만 "적이 지속적으로 대응하지 않으려고 저항함에도 불구하고, 스스로를 그 적의 이웃이요 동료 시민으로 기꺼이 포함시키려는 의지", 즉 슈라이버 2세가 말한 '적을 위한 윤리'를 고민할 뿐이다(슈라이버 2세 2001, 367).

1. 서로주체적 자세의 딜레마 vs. 홀로주체적 관계의 악순환

남과 북 사이에 서로주체적 관계를 발전시키는 문제는 〈표 4.2〉처럼 매파와 비둘기파 게임으로 볼 수 있다. 경기자들이 모두 갖고 싶어하는 재화의 가치를 2라고 하고, 진 쪽이 입게 되는 피해를 3이라고 하자. 매파 전략은 승리할 때까지 싸우고, 비둘기파 전략은 싸우지 않고 양보한다. 두 경기자의 승률이 각각 0.5라고 가정하자. 경기자 갑과 을이 모두 매파 전략을 취할 경우 이들의 기대 보상치는 $0.5 \times 2 + 0.5 \times (-3) = -0.5$다. 갑과 을이 모두 비둘기파 전략을 택할 경우 기대치는 각자 1, 비둘기파 경기자와 매파 경기자가 만날 경우 비둘기파는 0, 매파는 2의 재화를 얻게 된다. 이를 정리한 것이 〈표 4.2〉다(최정규 2009, 342-344, 368-371 참조).

표 4.2 매파와 비둘기파 게임

경기자 (갑) \ 경기자 (을)	비둘기파 전략	매파 전략
비둘기파 전략	(A) 1, 1 (3, 3)	(B) 0, 2 (2, 4)
매파 전략	(C) 2, 0 (4, 2)	(D) -0.5, -0.5 (1, 1)

출처: 최정규 2009, 343 (일부 수정). 괄호 안은 서수(1=최악, 4=최선).

남과 북 사이에 서로주체적 관계를 발전시키는 문제는 마치 매파 전략과 비둘기파 전략을 가진 경기자들이 어떻게 하면 서로 비둘기파 전략을 갖게 하는가의 문제이기도 하다. 〈표 4.2〉에서 매파는 홀로주체적 자세로서 적대(복수/응징) 관계를 추구하고, 비둘기파는 서로주체적 자세로서 화해(사랑/용서) 관계를 추구한다고 가정하자. 매파 – 비둘기파 게임은 우리가 익숙한 겁쟁이(chicken) 게임과 기본적으로 같은 구조다. 다만 겁쟁이 게임에서 서로 배신하는 경우(D) 양측이 파국적 결말을 맞는 것과 비교할 때 매파 – 비둘기파의 게임에서 서로 매파 전략을 고수하는 경우 맞게 될 비용이 그보다 작다. 물론 〈표 4.2〉의 매파와 비둘기파의 게임과 달리, 실제에 있어서 남과 북의 승률이 각각 다를 수 있고 승패에 따라 획득하는 재화나 손실의 크기가 일정하지 않다. 또한 내가 상대방에 대해서 어느 정도 적대감을 가지고 있느냐에 따라서, 게임의 보상구조가 달라질 수 있다. 상대방에 대한 적대감이 아주 강할 때와 그렇게 강하지 않을 때 내가 얻게 되는 보상이 달라진다. 이는 상대방의 입장에서도 마찬가지다. 여러 요인들로 〈표 4.2〉의 보상구조가 바뀌면 남북한 관계는 죄수의 딜레마 게임으로 변할 수도 있고, 햇볕정책의 경우처럼 사슴사냥(stag hunt)의 게임으로 바뀔 수도 있다(정태인·이수연 2013, 94-95 참조). 이러한 구체적 차이들을 모두 괄호에 넣고 추상화한다면, 남북한의 홀로주체-서로주체의 문제는 기본적으로 〈표 4.2〉와 같은 매파-비둘기파 게임과 유사한 구조로 볼 수 있다.

〈표 4.2〉에서 남북한이 모두 서로주체적 자세를 견지하면 (A)에 해당하는 결과를 갖게 되어서 모두 홀로주체적으로 맞서는 경우(D)보다 각자에게 더 좋은 보상이 주어진다. 하지만 북한이 홀로주체적일 때 남한이 서로주체적 자세를 먼저 견지한다면 〈표 4.2〉의 (B)에 해당하는 결과를 맞게 될 것이다. 더욱이 매파-비둘기파 게임이나 겁쟁이 게임에서 (B)는 내쉬균형 상태를 이루어서 남이나 북이 모두 현상을 유지하게 된다. 그렇다면 북한이 남한에 대해 서로주체적 자세를 견지하지 않는 상태에서, 혹은 북한이 남한에 대해 서로주체적 자세를 견지하지 않을 것으로 예상되는 상태에서, 남한이 북한에 대해 혼자서 서로주체적 자세를 견지하는 것은 위험한 선택이라고 할 수 있다.

이를 '서로주체적 자세의 딜레마'라고 부르자. 서로주체적 자세의 딜레마란, 상대가 홀로주체적 자세를 견지하고 있고 또 그것이 변화할 가망이 적은 상태에서 내가 일방적으로 서로주체적 자세를 견지하는 것이 모두의 파국을 피할 수는 있지만 상대에게 훨씬 유리한 보상구조를 갖게 되는 경우를 지칭한다. 이것이 딜레마인 이유는 상대보다 불리하지 않기 위해서 상대와 마찬가지로 나도 홀로주체적 자세를 견지해야겠지만 그럴 경우 나와 상대가 모두 파국을 맞게 되기 때문이다.[17] 상대가 홀로주체적이고 내가 서로주체적인 (B)의 상태는 균형을 이룬다. 즉 상대는 도발하고 나는 대화하는 '대화와 도발의 악순환'이 지속되는 구도다.

서로주체적 자세의 딜레마는 볼프가 '십자가의 스캔들'이라고 표현한 상황과 유사하다. 볼프는 십자가의 궁극적인 의미를 '하나님의 자기 내어줌(divine self-giving)'에서 찾는다. 십자가로 상징되는 기독교의 참된 핵심은 **"특별히 원수를 위해 하나님이 자신을 내어 주시며 그들을 하나님과의 영원한 교제 안으로 받아들이신다"**는 데 있다(볼프 2012, 34; 강조는 원문). 볼프에 따르면, 피해자, 즉 우리 편과 연대하는 것보다 가해자, 즉 적에게 자기를 내어주고 받아들이는 하나님의 사랑이야말로 기독교 정신의 핵심이다. 그런데 자기 내어줌에 대해 상대방이 착취와 기만으로 대응하는 데 십자가의 스캔들이 있다(볼프 2012, 32-47).

그러나 폭력의 세상 속에서 자기 내어줌과 연관된 **위험**이 십자가라는 스캔들 핵심은 아니다. 예수님이 극심히 괴로워하신 것은 단순히 고난을 견뎌야 한다는 사실 때문이 아니었다. 산고의 경험이 말해 주듯, 고통이 원하던 열매를 맺는다면 고통을 참을 수 있으며 심지어 그것을 끌어안을 수도 있다. 고통의 아픔이 괴로움으로 바뀌는 까닭은 **버려진다**는 사실 때문이다. … 십자가의 궁극적인 스캔들은, 자기 내어줌이 긍정적인 열매를 맺지 못하는 경우가 너무나도 많다는 사실에 있다. 당신은 타자를 위해 자신을 내어주지만, 폭력은 멈추지 않고 당신을 파괴한다(볼프 2012, 39; 강조는 원문).

이것은 곧 서로주체적 자세의 딜레마와 일치한다. 내가 상대방에게 서로주체적 자세로 대할 때, 상대방은 같은 서로주체적 자세가 아니라 홀로주

....

17 매파-비둘기파 게임에서는 죄수의 딜레마 게임과 달리 각각의 경기자에게 우세전략이 없다는 점을 기억하자. 상대가 매파 전략을 사용할 경우 나는 비둘기파 전략을 사용하는 것이 낫고, 상대가 비둘기파 전략을 사용할 경우 나는 매파 전략을 사용하는 것이 낫다.

체적 착취와 기만으로 대응한다. 서로주체적 자세의 딜레마, 십자가의 스캔들의 핵심 문제는 바로 나의 자기 내어줌에 대한 상대방의 배신이다. 즉 서로주체적 자세에 대한 상호주의(reciprocity)의 결여에 문제의 핵심이 있다.

그렇다면 "십자가의 스캔들은 십자가를 포기하기에 충분한 이유가 되는가?" 이에 대해 볼프는 그렇지 않다고 단언한다. 그리스도의 제자들은 계속 십자가 정신을 이야기하고 그 길을 뒤따른다. "왜냐하면 **그들은 바로 [십자가의] 스캔들 속에서 약속을 발견했기** 때문이다"(볼프 2012, 40; 강조는 원문). 십자가의 스캔들 속에서 도대체 어떤 '약속'을 발견하였는가? 종교적 신앙심이 약하거나 종교와 무관한 사람들은 이를 이해하기가 쉽지 않다. 십자가의 스캔들 혹은 서로주체적 자세의 딜레마에서 어떤 약속을 찾을 수 있다는 말인가?

이 질문에 대해 내가 궁극적으로 도달한 결론은, 십자가를 포기하는 것이 십자가의 스캔들에서 벗어나는 해답이 될 수 없다는 점이다. 즉 십자가의 포기에서 어떠한 약속이나 희망을 찾을 수 없기 때문에 십자가의 스캔들 속에서 약속을 찾아야 한다는 결론이다. 상대방의 홀로주체적 자세에 대해서 서로주체적 자세를 갖는 것이 내포하는 딜레마에도 불구하고, 홀로주체적 자세가 그러한 딜레마에 대한 해답이 될 수 없기 때문에 서로주체적 자세 안에서 희망을 발견해야 하는 길밖에 남지 않은 것이다.

홀로주체적 자세가 서로주체적 자세의 딜레마에 대한 해답이 될 수 없는 가장 중요한 이유는 그것이 '폭력의 악순환,' 혹은 '대결과 제재의 악순환'에서 벗어날 수 없기 때문이다. 홀로주체적 자세의 바탕에는 선과 악의 이분법에 입각한 상대방의 악마화가 자리 잡고 있다. 북한에 대한 인도주의적 개입을 정당화하는 유엔 인권이사회 보고서도 북한을 '악마화'하고 '예외화'하거나(박순성 2014, 288) '범죄적 집단'으로 평가하고 있다(김부찬 2015, 14). 앞서 언급했듯이, 상대방의 악마화는 왈쩌와 롤스가 공유하는 최고 수준의 비상사태 개념에서도 잘 나타난다. 상대방의 악마화는 동시에 자기 자신의 순수성에 대한 강한 믿음과 맞물려서 일어난다. 때 묻지 않은 순수성을 회복하려는 '순수성의 정치(politics of purity)'야말로 동질성과 통일성의 추구로 이어지고, 이것이 다시 환원, 배제, 격리의 홀로주체적 정치로 이어진다(볼프 2012, 112-115). 선과 악의 이분법적 사고방식, 순수 대 타락이라는 이분법적 개념은 상대방을 악마화하면서 자신을 천사화한다. 저쪽 상대편은 가해자이자 죄인이고 타락한 거짓말쟁이이며 불의와 악의 세력이고, 이쪽 우리 편은 피해자이자 죄 없고 순수하며 참된 정의와 선의 세력이라는 사고방식이 자란다(볼프 2012, 130). 우리가 북한을 악마화하듯이 북한도 우리를 악마화하고 자신의 순수성을 신봉한다. 김일성이 '불순한 요소'의 척결과 당의 '순결성'을 강조한 사실을 기억하자. 순결성에 대한 믿음은 반대파를 용납하지 못하는 태도로 나타난다. 이는 곧 종교적 근본주의와 통한다. 순수주의는 불결한 적에 대해 폭력을 수반한다(김동춘 2000, 164).

상대방을 악마화하고 자신을 천사화하는 이분법적 사고방식은 그에 상응하는 감정을 동반한다. 여기에는 상대에 대한 증오와 혐오감 같은 적대적 감정과 함께 상대에 대한 경멸과 우월의식 및 내가 옳다는 정의감이 함께 한다. 때로 상대에 대한 차가운 무관심이 동반되기도 하는데 이 무관심의 근원에도 실은 상대에 대한 적의가 도사리고 있다. 이러한 적대적 감정은 한편으로 자신의 정의감을 강화하며 다른 한편으로 상대방의 또 다른 적대감을 낳는다. 우선, 적의 잘못을 보면서 그것이 곧 우리가 옳다는 반증이라고 확신한다(볼프 2012, 345-346). 적대감이 자신의 정의감으로 이어지는 것이다. 또한, 내가 상대에게 적대감을 가지고 접근하면 상대방도 마찬가지로 적대감을 가지고 접근한다. 상대가 나를 적대적으로 대하는 것이 내가 상대방에게 적대감을 갖는 근본적인 이유가 된다. 적대감이 적대감을 낳는 것이다. 적대감은 우리 자신을 적대적 증오 감정의 포로로 묶어둔다. 서로 증오하는 감정을 가지고 있는 상태에서 상대에 대한 홀로주체적 자세는 남과 북의 적대적 감정을 악화하고 적대관계에서 빠져 나오는 것을 어렵게 만든다. 서로가 서로에 대해서 악에 대한 선의 대결을 수행하는 '홀로주체적 관계의 악순환'이 지속되는 것이다.

홀로주체적 관계의 악순환의 대표적 예로 9·11 이후 심각해진 '악의 남용'을 들 수 있다. 번스타인은 9·11 이후 선과 악에 관한 담론이 대중적으로 확대된 데에서 악의 남용을 포착한다.

그것이 남용인 이유는 악에 대한 언급이 우리를 질문과 **사유**로 이끄는 대신에 **사유**를 방해하는 데 이용되고 있기 때문이다. 선과 악의 새로운 담론은 뉘앙스와 미묘함과 신중한 분별을 결여하고 있다. 소위 '테러와의 전쟁'에서 뉘앙스와 미묘함은 주저함과 나약함과 우유부단함의 징표로 잘못 이해되고 있다. 그러나 우리가 정치에는 판단과 세련된 외교 그리고 신중한 분별이 요구된다고 생각한다면, 절대 악에 대한 이러한 언급은 대단히 **반反-정치적**이다(번스타인 2016, 25; 강조는 원문).

홀로주체적 관계의 악순환에서 벗어나는 길은 상대방을 완전히 없애거나 악순환의 고리를 끊는 방법이 있다. 첫 번째 길은 완전한 승리를 추구한다. 상대방과의 홀로주체적 대결에서 완전한 승리를 이루어서 타자를 소멸하는 것이다. 이는 바람직하지도 않고 가능하지도 않다. 상대방을 완전히 동화시킴으로써 소멸시키는 것은 엄청난 통일고통을 초래한다. 물리적으로 상대방을 완전히 절멸하는 것은 스스로 극악한 악마가 되는 길이다. 악의 제거가 선의 도래를 불러오지도 않는다. 후세인의 제거가 이라크에 해방과 자유를 회복시키기보다 오히려 혼란을 가중시키는 결과를 낳았다(번스타인 2016, 114-115). 악순환의 끝장을 보려는 이 첫 번째 길은 악순환이 끝없이 이어지는 악순환의 심화를 낳을 뿐이다. 완전한 동화든 절멸이든 그것은 바람직하지도 않고 현실에 있어서 가능하지도 않은 일이다.

두 번째 길은 상대방과의 악순환 고리를 끊는 방법이다. 선과 악의 대결에서 벗어나서 서로 상대방의 악을 용서하고 서로 화해함으로써 악순환을 끊는 길이다. 번스타인은 악의 남용에 대한 대안으로 미국에서 남북전쟁의 폭력적인 극단주의를 비판하면서 등장한 실용주의적 자세를 제시한다. 남북전쟁 시기 미국은 자기편이 옳고 상대가 그르다는 신념을 절대적으로 확신하는 두 진영으로 나뉘어 대립하였다. 실용주의는 이와 같은 홀로주체적 자세에 대해 비판하면서, 보다 개방적이고 융통성 있는 사고방식을 발전시켰다. 실용주의의 기저에는 모든 인간이 오류를 범할 수 있다는 '실용주의적 오류가능성 자세(pragmatic fallibilism)'가 있다(번스타인 2016, 35-62). 상대를 완전히 절멸시키는 길이 선택할 수 없는 길이라면 우리도 이러한 두 번째 길을 택해야 한다. 홀로주체적 관계의 악순환을 끊고 거기에서 벗어나는 길은 서로주체적 자세로 만나는 것뿐이다.

요컨대 십자가의 스캔들에도 불구하고 십자가를 포기할 수 없듯이 서로주체적 자세의 딜레마에도 불구하고 서로주체적 자세를 포기할 수 없다. 십자가를 포기하는 것이 십자가의 스캔들에 대한 해결책이 될 수 없다. 그렇기 때문에 십자가에서 계속 약속과 희망을 찾는다. 서로주체적 자세를 포기하는 것이 서로주체적 자세의 딜레마에 대한 해결책이 될 수 없다. 오히려 홀로주체적 관계의 악순환을 벗어나기 위해서도 서로주체적 자세에서 희망과 약속을 발견해야 한다.

2. 정의보다 화해가 우선한다

십자가의 스캔들에서 발견한 '약속'이란 결국 홀로주체적 관계의 악순환을 끊고 서로주체적 관계를 수립할 수 있는 '희망'이다. 이 희망은 도덕적 정의의 실현보다 용서와 화해를 우선할 것을 요구한다. 도덕적 정의의 구현은 그것이 아무리 옳다고 할지라도 홀로주체적 관계를 강요하고 악화할 수 있기 때문이다.

자신의 도덕적 잣대에서 정의를 구현하는 것으로는 홀로주체적 관계의 악순환에서 벗어날 수 없다. 남과 북이 공동으로 정의의 기준을 세우기 전에 각자의 도덕적 잣대로 정의를 실현하고자 한다면 정의의 이름으로 상대의 악행에 대한 보복을 일삼는 악순환에 빠지게 될 것이다. 정의의 실현이

폭력을 동반할 경우 폭력의 악순환으로 이어진다. 상대의 악행에 대한 정의로운 복수는 '편파성의 곤경'에 빠지기 쉽다(볼프 2012, 191). 정의를 실행하기 위한 복수가 그저 편파적인 보복에 지나지 않게 되는 것이다. 편파성의 곤경에 빠지는 기본적인 이유는 사회적 행위자들의 관점이 서로 불일치하기 때문이다. 사람들은 모두 특정 집단에 속해 있고 그 집단의 문화와 정체성으로부터 자유롭지 않다. 동일한 세계에 대해서 사회적 위치에 따라 바라보는 시각이 다르다(Mannheim 1936). 종교적 믿음이 다르고, 역사에 대한 해석도 다르며, 집단마다 원하는 정의도 다르다(볼프 2012, 328-334). 따라서 사회에 따라 선악이 달라지는 것을 쉽게 볼 수 있다. 모턴이 강조하듯이, 우리는 "사회적으로 승인된 악을 당연시"한다(모턴 2015, 111-115). 자기가 속해 있는 사회 전체의 편파성에서 벗어나기 힘들다.

한국전쟁에 대해 남과 북은 각각 상대방에 대해 정당한 전쟁을 수행했다고 생각한다. 남한은 북한의 침공에 대한 정당방위였다고 생각하며, 북한은 남한을 미제(美帝)로부터 해방시키고 남한의 인민을 구원하는 정당한 전쟁이었다고 생각한다. 남한이 정당한 방위전쟁으로 생각하는 것은 당연하다. 그런데 막상 전쟁을 일으킨 장본인인 김일성도 자기의 입장에서 한국전쟁을 '정의의 전쟁'이라고 호명하였다. 1950년 6월 25일 소집된 내각비상회의에서 김일성은 "이승만 매국역도의 침략 행위를 반대하여 우리가 진행하는 전쟁은 조국의 자유와 독립과 민주주의를 수호하기 위한 정의의 전쟁입니다"라고 강조하였다(심지연 2001, 146-151에 전재). 다음날 방송연설에서도 김일성은 자기가 일으킨 한국전쟁을 "조국의 통일 독립과 자유와 민주주의를 위한 정의의 전쟁"이라고 정당화하였다(심지연 2001, 152-157에 전재). 북한의 시각에서 한국전쟁은 "남반부를 이승만 역도(逆徒)의 반동통치에서 해방시키기 위한 전쟁"이며, "조국의 자유와 독립을 위한 정의의 전쟁"이었다(김동춘 2000, 137-138). 앞서 왈쩌와 롤스의 정전론을 비판적으로 검토했지만, 북한은 그들 나름대로 우리와 상이한 정당한 전쟁론을 가지고 있는 것이다. 북한은 제국주의 침략에 맞선 인민들의 해방전쟁을 정당한 전쟁으

로 보며, 제국주의 침략을 극복한 상태를 평화로 보는 '평화=탈(脫) 미 제
국주의' 인식을 가지고 있다(정영태 2013, 405-406).

가해자와 피해자의 구분도 명확하지 않다. 피해자와 가해자, 참과 거
짓, 정의와 불의가 명확하게 구분되지 않는다. "멀리서 볼 때 세상은 유죄
한 가해자와 무죄한 피해자로 깔끔하게 나뉜다. 그러나 가까이 갈수록 유죄
한 사람들과 무죄한 사람들 사이의 경계는 더 희미해지며, 양쪽 모두 타자
에게 부과하는 크고 작은 증오, 부정직, 조작, 잔인성이 복잡하게 얽혀 있음
을 발견하게 된다"(볼프 2012, 124-125). 남과 북의 관계에서도 가해자와 피
해자의 구분이 명확하지 않을 수 있다. 한국전쟁의 경우 북한의 도발이 명
백히 밝혀짐으로써 북한에게 전쟁 개시의 책임이 있음이 분명하지만(박명
림 1996, 133-175; 박태균 2005, 155-173; 김학준 2010, 53-93), 남과 북이
서로에게 가한 인명 피해와 각자 내부의 적을 향한 무자비한 폭력은 아주
복잡하게 얽혀 있다. 가령 김태우는 한국전쟁 당시 미 공군에 의한 초토화
작전이 얼마나 심한 파괴와 희생을 가져왔는지 면밀하게 기록한다(김태우
2013). 한국전쟁의 개시 단계에서 정의와 부정의를 엄격하게 구분할 수 있
다고 해도, 전쟁의 수행과 종결 단계에서 이를 엄격하게 구분하기는 쉽지가
않은 것이다.

이런 상황에서 정의의 구현은 당파성을 벗어나기 어렵다. 한쪽에서 정
의를 구현하는 행동이 다른 쪽에서는 불의로 이해되고 새로운 복수(정의)
의지와 행위를 불러일으킨다. 정의의 개념이 서로 충돌하는 상황에서 상이
한 해석과 관점을 판단할 절대적이고 보편적인 기준이 존재하는 것도 아니
다. 따라서 우리와 그들, 남과 북이 알고 원하는 정의가 서로 충돌하기 마련
이다. 볼프는 진정한 정의는 서로 간의 포용 속에서 존재하는 것으로 규정
한다. 즉, "정의에 대한 합의는 타자를 포용하고자 하는 의지에 달려 있으며,
정의 자체는 그것이 상호 포용이 되지 않는 한 불의로 남는다"(볼프 2012,
311). 정의는 화해보다 우선하지 않으며, 정의의 실현은 화해의 품 안에서
구현되어야 한다는 것이다.

홀로주체적 관계의 악순환에서 벗어나는 길은 자신의 도덕적 잣대에 입각한 정의의 실현보다 자신과 상대방의 화해를 우선하는 것이다. 정의보다 화해가 우선한다. 화해야말로 정의의 구현에서 비롯되는 홀로주체적 관계의 악순환, 폭력과 보복의 악순환에서 우리를 구할 수 있다. 이것이 바로 십자가의 의미다. **"십자가는 폭력의 악순환을 끊는다"**(볼프 2012, 463; 강조는 원문).

그것은[십자가는] 모든 적대감의 결과들을 거부하는, 적대감을 향한 **적대감**을 드러낸다. … 그리스도께서 참된 심판자가 되시는 것은 바로 희생자로서다. 가해자를 끌어안겠다고 제안하심으로써 그분은 애초에 가해자가 저지른 잘못과, 그에 대한 반작용으로 많은 희생자가 저지르는 잘못 모두를 심판하신다. 적대감을 향한 적대감은, 적대감 자체나 적대감을 느끼지 못하는 무능함이 이루지 못한 것을 성취한다. 그것은 희생자와 가해자 사이의 관계를 **변화시킨다**. 반면 적대감은 그 관계를 그저 역전시킬 뿐이며, 적대감을 느끼지 못하는 무능함은 그 관계를 건드리지 않은 채 그대로 내버려둘 뿐이다(볼프 2012, 200; 강조는 원문).

십자가가 적대에 대한 적대감을 드러냄으로써 우리와 그들의 적대적 관계를 변화시키듯이, 서로주체적 자세는 홀로주체적 관계를 서로주체적 관계로 변화시키는 가능성을 내포한다. 홀로주체적 자세가 우리를 홀로주체적 관계에서 벗어나지 못하게 함으로써 우리를 적대적 감정의 노예로 묶어두는 반면, 서로주체적 자세는 그러한 보복과 적대의 악순환에서 벗어날 수 있는 희망을 제시한다.

'편파성의 곤경'에 더하여 정의로운 복수는 '환원 불가능성의 곤경'에 빠진다. 환원 불가능성은 "자신이 무엇을 행했는가를 알지 못하고, 알 수 있다 할지라도 행한 것을 되돌릴 수 없는 무능력"을 뜻한다(아렌트 1996, 301). 정의의 구현을 우선하는 사람은 과거의 잘못을 단죄함으로써 악을 심판한다고 생각하겠지만, 과거의 잘못을 완전히 되돌리고 세계를 원래의 상태로 환원할 수는 없는 노릇이다. 모든 행위는 환원 불가능성이라는 한계를 안고 있다. 이러한 환원 불가능성은 우리 인간의 행위가 가지고 있는 기본적인 조건이다. 정의로운 복수 자체가 또 하나의 정치적 행위이며, 모든 행위가 그러하듯이 정의로운 복수 행위 자체도 그 행위 이전의 상태로 환원 불가능하다. 정의의 구현이 편파적이었음이 드러나더라도 그것을 되돌릴 수 없다. 따라서 이미 행해진 행위에 대해 "엄격한 복원을 추구하는 정의의 틀에서는 화해가 불가능하다. 그러한 정의를 추구할 때 오히려 갈등은 심화되고 '악행을 향한 충동'이 회복되게 만들 뿐이다. 그렇기 때문에 용서가 필요하다"(볼프 2012, 194).

하지만 정의가 있다면, 왜 용서가 필요한가? 원래의 상태를 회복시켜 주는 정의가 불가능하기 때문이다. 편파성의 곤경이 그런 정의의 관 뚜껑을 닫는다면, 불가역성[환원 불가능성]의 곤경은 그 뚜껑을 나사못으로 조인다. … 그 어떤 것으로도 원래 가해진 피해를 바로잡을 수 없다(볼프 2012, 193).

아렌트는 환원 불가능성의 곤경에서 빠져 나오는 유일한 방법으로 용서를 제시한다. 아렌트에 따르면 인간 세계에서 용서를 발견한 것은 예수다. 예수는 신만이 용서하는 힘을 가진다는 것은 사실이 아니라고 주장했다. 나아가 인간이 아닌 신이 인간을 통해 용서한다고 할지라도 이 힘은 신으로부터 오는 것이 아니며, 인간이 신에게 용서받을 수 있다고 희망할 수 있기 전에 인간 자신이 이 힘을 서로에게 사용해야 한다고 주장했다. 예수에 있어서 용서는 심판이 아니다. 따라서 아렌트에게 홀로코스트와 같은 극단적인 범죄나 악에는 용서가 적용되지 않는다. 극단적인 범죄나 자의적인 악은 하나님이 마지막 날에 심판할 것이며, 용서가 아니라 응보의 대상이다. 하지만 이러한 극단적인 악을 제외한 인간의 잘못에 대해서는 용서하는 자세가 필요하다(아렌트 1996, 303-305).

인간이 알지 못하고 행한 것으로부터 부단히 인간을 해방시켜야만 인간의 삶은 계속 가능할 수 있다. 인간이 행한 것으로부터 서로를 해방시켜줌으로써만 인간은 자유로운 주체로 남을 수 있다. 그리고 자기의 마음을 변화시켜 다시 시작하겠다는 부단한 의지를 통해서만 인간은 새로운 것을 시작할 수 있는 위대한 힘을 부여 받을 수 있다(아렌트 1996, 305).

용서는 보복과 정반대에 위치한다. 보복은 죄에 대한 반동의 형식으로 이루어진다. 보복은 처음 잘못된 행위의 결과에서 끝이 나지 않는다. 보복은 "연쇄적인 반동"이라는 "무한한 과정" 속에 모든 사람을 묶어 놓는다. 반면에 용서는 예기치 않은 형식으로 일어나는 유일한 반동으로서 인간을 이전의 행위로부터 자유롭게 해준다. 따라서 인간 행동의 환원 불가능성의 곤경에서 빠져나올 수 있는 유일한 방법이 용서다.

용서는 단순한 반동이 아니라, 반동을 유발시키는 행위에 의해 제한 받지 않고 새롭게 그리고 갑자기 일어난다. 따라서 용서하는 자와 용서받는 자 모두를 그 행위의 결과로부터 자유롭게 해준다. 예수의 용서의 가르침에 포함된 자유는 보복으로부터의 자유다. 보복은 가해자와 피해자 모두를 결코 끝이 나지 않는 행위과정의 잔인한 자동운동 안에 가둔다(아렌트 1996, 305-306).

볼프와 아렌트가 말하는 편파성의 곤경과 환원 불가능성의 곤경은 모두 인간의 '오류가능성'을 전제한다. 인간은 기본적으로 잘못을 저지를 수 있는 존재다. 우리는 우리의 오류가능성을 염두에 두고 서로 만나야 한다. 내가 보기에 상대가 잘못을 저질렀음이 명확해 보일 때조차도 상대방의 입장에서는 내가 잘못을 저질렀다고 생각할 수 있다. 이와 같은 편파성의 한계로 인해서 정의를 구현하는 나의 행위가 상대방에게 부정의가 될 수 있으며, 이는 그 행위 이전으로 돌이킬 수 없다. 따라서 나의 입장에서뿐 아니라 상대방의 입장에서도 함께 보고 생각하는 자세가 필요하다. 이것이 바로 서로주체적 자세다.

편파성과 환원 불가능성의 곤경에서 벗어나기 위해서는 상대방과의 관계에 대한 고려가 나의 도덕적 정의보다 우선해야 한다. 나와 너의 관계가 나의 도덕적 정의보다 우선한다. 우리는 선한 사람들만 골라서 서로주체적으로 만날 수 없다. 어느 누구도 완벽하게 선하지 않다. 더구나 갈등의 역사가 복잡하게 얽혀 있는 집단과 집단 사이에서 선한 집단을 골라서 서로주체적으로 만나는 것은 불가능하다. 특정 사안에 대해서 가해자와 피해자를 구별하고 선행과 악행을 구분할 수 있겠지만, 역사적으로 대부분의 집단 사이에는 가해와 피해의 상호관계가 복잡하게 얽혀 있다. 선과 악의 도덕적 잣대로 순수와 타락, 참과 거짓, 우수와 열등, 선과 악의 집단을 명쾌하게 구분하고 판명하는 것은 가능하지도 바람직하지도 않다. 우리의 도덕적 잣대보다 훨씬 우선해야 하는 것이 바로 우리와 그들 사이의 관계다.

홀로주체적 자세는 우리와 그들의 관계 이전에 우리의 도덕적 잣대를 우선시 한다. 홀로주체적 자세에서는 상대의 잘못에 대한 우리의 도덕적 심판이 정의의 구현이다. 반면에 서로주체적 자세는 우리와 그들의 도덕적 잘잘못을 따지기 전에 우리와 그들의 관계를 우선시한다. 우리는 그들과 마찬가지로 모두 잘못을 저지를 수 있는 존재다. 누군가 죄악을 저질렀으면 마땅히 응분의 도덕적·법적 단죄를 해야겠지만, 그보다 우선하는 것이 바로 우리와 그들의 관계를 회복하고 유지하는 것이다. 우리의 도덕적 정의의 실현이 우리와 그들의 관계를 파괴한다면 이는 결코 바람직하지 않다. 가해자의 처벌에 초점을 두는 '응보적 정의(retributive justice)'보다 사건의 근원적인 원인 구명과 함께 공동체 관계 회복에 집중하는 '회복적 정의(restorative justice)'의 관점이 필요하다(강남순 2017, 142-144). 정의는 우리와 그들의 관계 속에서 구현되어야 하는 것이다.

도덕보다 관계를 중시하는 것은 신념윤리보다 책임윤리를 우선하는 것이기도 하다. 베버가 강조하듯이, 신념윤리는 자신의 신념에 따라서 올바른 행동을 할 뿐 결과는 고려하지 않는다. 반면에 책임윤리는 자기 행동의 옳고 그름뿐만 아니라 그 결과를 고려하고 그에 대해서 책임을 진다. 신념윤리를 신봉하는 사람은 순수한 신념에서 나오는 행위가 나쁜 결과를 가져오더라도 그 책임을 자신의 탓으로 생각하지 않는다. 책임윤리를 따르는 사람은 "인간이 가진 평균적 결함을 고려"하고, 자기 행위의 결과를 다른 사람에게 떠넘길 수 없다고 생각한다(베버 2013, 210-212). 베버가 역설하듯이 정치는 '악마적 힘'과도 거래를 해야 한다. 한마디로 도덕적 선이 반드시 정치적 선인 것은 아니다.

> 정치에 관여하려는 사람, 즉 권력과 폭력/강권력이라는 수단에 관여하려는 사람은 누구나 악마적 힘과 거래를 하게 된다 ⋯ 인간의 행위와 관련해 보면 선한 것이 선한 것을 낳고, 악한 것이 악한 것을 낳는다는 것은 사실이 아니다. 차라리 그 반대인 경우가 더 많다. 이를 인식하지 못하는 자는 실로 정치적 유아에 불과하다(베버 2013, 217).

볼프는 누가복음 15장에 나오는 '탕자의 귀환' 얘기를 '두 팔을 벌리신 하나님 아버지'라는 주제로 설명하면서, 관계가 도덕보다 우선해야 함을 주장한다. 이 이야기에서 잃어버린 아들은 하나가 아니라 둘이다. 둘째 아들은 아버지를 떠남으로써 아버지가 떠받치고 있던 기존 질서를 파괴하고, 그 질서 안에서 유지되던 아버지와 아들의 관계를 위협했다. 그런데 사실은 첫째 아들 역시 아버지를 떠나고 있다. 첫째 아들은 기존 질서의 도덕적 틀을 고수함으로써, 동생이 돌아온 뒤 아버지가 새롭게 구축하려는 가정의 질서를 거부하고 부자 관계를 위협함으로써 아버지를 떠나고 있는 것이다. 그럼에도 아버지는 두 아들 모두에게 '낭비적' 사랑을 베푼다. 아버지는 어떤 규칙보다도 두 아들과의 관계를 우선하는 사랑을 베풂으로써 깨어졌던 가정을 온전히 회복시킬 약속을 만들어내고 있다(볼프 2012, 247-262; 심혜영 2014, 200-202). 첫째 아들이 **도덕적 범주**에 입각하여 '선 vs. 악'의 잣대로 동생을 판단하는 것과 달리, 아버지는 **관계적 범주**에 입각해서 '잃어버린 vs. 찾은' 그리고 '(그에게) 살아 있는 vs. (그에게) 죽은'이라는 잣대로 아들의 떠남과 귀환을 해석한다. 아버지의 태도는 한마디로 "관계가 모든 규칙보다 우선한다는 믿음"이다(볼프 2012, 260).

　　관계가 도덕적 규칙보다 우선한다. 도덕적 공적은 관계에 영향을 미친다. 그러나 관계는 도덕적 공적에 기초하지 않는다. 따라서 '회개'와 '고백', '행동의 결과'가 모두 그 나름의 자리를 차지하기는 하지만, 포용하고자 하는 **의지**는 행동이 얼마나 훌륭한가에 영향을 받지 않는다. 아버지가 두 아들 모두에게 베푼 '낭비'는 어떤 격한 감정에 의한 무모함이 아니라 관계의 우선성에 관한 심오한 지혜로 인한 것이다(볼프 2012, 260; 강조는 원문).

　이 이야기에서 기존의 도덕질서를 지킨 첫째 아들은 도덕적 악행이 아니라 의로움으로 인해서 아버지의 잔치에 참여하지 못하고 있다. 둘째 아들이 기존 질서를 깨치고 물리적으로 떠남으로써 기존의 도덕적 규칙을 위반하였고, 첫째 아들이 아버지 옆에 남아서 기존의 질서를 준수한 것은 분명하다. 하지만 첫째 아들은 형제간 그리고 부자간 관계에 앞서 자신의 도덕주의적 잣대를 앞세움으로써 홀로주체적 자세를 견지하고 있다.

　　그 부정적인 영향력의 측면에서 보면, 둘째 아들의 잘못보다는 첫째 아들의 잘못이 훨씬 클 수 있다. 첫째 아들 식의 독선은 증오와 억압을 모두 진리의 이름으로 정당화하고, 용서할 줄 모르고 남을 판단하는 마음을 낳기 쉽기 때문이다. 이런 첫째 아들에게 절실하게 필요한 것은 자신도 "동생만큼이나 자기중심적이고 아버지에게 근심거리"라는 점을 깨닫고, 자신이 만든 분노의 감옥에서 벗어나 "아버지가 동생을 용서한 것과 똑같이 동생을 용서할 자유를 누리는" 것이다(심혜영 2014, 204).

남과 북도 마찬가지다. 도덕적 잣대로 상대방의 죄목을 밝히고 비난하기에 앞서 "먼저 우리 모두가 탕자일 수 있다는 것"을 깊이 깨닫고 인정하는 것이 필요하다. "둘째 아들인 동시에 첫째 아들인 우리 모두는 우리가 회복해야 할 정체성이 아버지의 참 아들의 자리임을 명심해야 한다"(심혜영 2014, 206).

남과 북은 한민족이라는 하나의 대아에서 분리한 소아들이다. 대아의 형성에 실패하고 소아들이 형성되면서 서로를 악의 세력으로 악마화해 왔다. 상대를 악마화하는 것이 '문제이기도 하려니와, 남과 북은 실제로 상대에게 악한 행동을 하기도 했다. 하지만 우리가 자신을 선한 세력으로 인식하듯이 상대도 그렇게 인식할 수 있으며, 남과 북 모두 장점과 단점, 선한 측면과 악한 측면을 복잡하게 갖고 있는 것이 현실이다. 따라서 상대방을 악마화하고 자신을 순수하고 무죄한 세력으로 보기에 앞서, 서로 악마화하는 관계를 청산하고 서로의 좋은 점을 보고 서로 배우는 관계를 수립하는 것이 우선해야 한다. 나의 도덕적 잣대보다 나와 너의 관계가 더 중요한 것이다.

정의보다 관계가 우선한다고 할 때, 우리와 그들이 반드시 친밀한 관계속으로 다시 들어가야 한다는 뜻은 아니다. 다만 상대방을 악마화함으로써 인간과 인간의 만남 관계에서 벗어나는 것을 피해야 한다는 것이다. 아무리 못된 일을 저지른 사람도 '도덕적 주체자'로서의 인간 자격을 빼앗아서는 안 된다(강남순 2017, 80-83). 관건은 인간과 인간으로서 만나는 관계다. 남과 북이 서로에게 어떤 잘못을 저질렀든지 각각 정치적 집합체로서 보유하는 주체성을 완전히 박탈해서는 곤란하다. 서로주체적 만남의 관계를 유지하는 것이 우선 중요하다. 친밀함은 그 다음의 문제다.

3. 최종적이지 않은 화해와 정의

지금까지 나는 볼프에 기대어 도덕보다 관계가 우선하고 정의보다 화해가 우선한다고 주장했다. 그렇다면 남과 북의 서로주체적 관계의 수립과 화해를 위해서 과거의 모든 악행을 용서하고 정의의 실현을 포기해야 하는가? 그렇지 않다. 정의보다 화해가, 도덕보다 관계가 우선해야 하지만, 그렇다고 정의 없는 비도덕적 화해를 추구하자는 것은 아니다. 정의보다 관계가 우선한다고 해서 반드시 정의를 포기하는 것은 아니다. 다만 정의를 구현하되 그것이 서로주체적 관계를 훼손하지 않도록 해야 한다.

정의가 화해와 동반돼야 한다. "갈등 상황에서 정의에 관해 합의하고자 한다면 정의 이상의 무언가가 필요하다. 즉, 포용을 원해야 한다. **포용하려는 의지가 없다면 정의도 있을 수 없다.** 하지만 **정의가 없다면 진정한, 그리고 지속하는 포용도 있을 수 없다**는 말 역시 진리다"(볼프 2012, 343-344; 강조는 원문). 개인이나 집단이 기본적으로 편파성이라는 한계를 벗어나기 어렵다고 해서, 그들이 모두 동일한 종류와 동일한 정도의 죄악을 저지르는 것은 결코 아니다. 미시적인 세계에서 가해자와 피해자가 서로 얽혀 있어서 구분하기 힘들다고 해도 모두가 동일한 정도의 가해자이자 피해자라고 볼 수도 없다. 모두가 죄인이라는 인식이 곧 모든 죄가 동등하다는 말도 아니다. 모든 죄가 동등하다는 식의 생각은 바로 악의의 가해자가 원하는 것이다(볼프 2012, 126). 서로의 정의관이 충돌한다고 해서 정의의 추구를 포기하는 것도 불의의 세력이 원하는 바다. 정의보다 화해를 우선해야 하지만 그것이 정의의 포기로 귀결되어서는 안 된다. 화해를 우선하면서, 화해의 가능성을 깨지 않는 범위 내에서 정의의 추구가 동반되어야 한다. 화해를 위해 용서를 해야 할 필요가 있다. "하지만 용서를 '마치 그들의 죄가 존재하지 않는 것처럼' 행동하는 것으로 이해한다면, 이는 용서를 심각하게 오해한 것이다. 용서의 행위 속에서 진리와 정의를 보류하는 것은 새로운 세상을 창조하는 것을 돕기 위한 의도이지만, 이런 보류는 사실 새로운 세계, 즉 **기만과 불의가 없는 세상을 전제한다**"(볼프 2012, 467; 강조는 원문).

용서는 가해자에 대한 '복수'를 포기하는 것이지 '처벌'을 포기하는 것이 아니다. 용서를 위해 필요한 것은 보복의 유혹에 대한 저항이지 부당한 행위에 대한 사회적 처벌의 포기가 아니다(슈라이버 2세 2001, 25-29, 151;

강남순 2017, 148-151). 김현경은 처벌이 '절대적 환대'와 양립한다고 주장한다. 김현경의 생각은 절대적 환대에 대한 데리다의 생각을 뛰어넘는다. 데리다는 '용서의 무조건성'을 강조하고 절대적 환대를 실현 불가능한 이상으로 본다. 데리다에 따르면, 용서는 국가적 화해와 같은 목적을 위한 수단이어서는 안 된다. 용서는 순수하고 무조건적이어야 하며, "오직 용서할 수 없는 것만을 용서"할 때 진정한 의미를 갖는다(데리다 2016, 223, 236, 241). 그는 또 절대적 환대도 무조건적이어야 하며 이 점에서 통상적인 조건부 환대와의 단절을 전제한다고 주장한다(데리다 2004, 70-71). 용서와 환대 모두 절대적 의미에서 오직 '불가능성'을 통해 존재한다는 것이다. 이에 반해 김현경은 절대적 환대가 "자아와 타자 사이의 경계를 완전히 허무는 것을 의미하지 않"으며 이미 현대사회의 기초가 되어 있다고 주장한다(김현경 2015, 197). 절대적 환대는 "신원을 묻지 않고, 보답을 요구하지 않으며, 상대방의 적대에도 불구하고 지속되는 환대"다(김현경 2015, 208). 적대적인 상대방에게 절대적 환대를 지속하기 위해서는 그것이 '복수하지 않는 환대'가 되어야 한다. 복수하지 않는 환대는 이미 현대사회의 형법 안에 작동하고 있다. 현대사회는 범법자 개인에게 복수하지 않는다. 처벌할 뿐이다. "어떤 사람을 절대적으로 환대한다는 것은 그가 어떤 행동을 하든 처벌하지 않는다는 게 아니라, 어떤 경우에도 그의 사람자격을 부정하지 않는다는 것이다"(김현경 2015, 229-230). 요컨대 화해가 정의에 우선한다고 해도 어디까지나 화해는 정의의 실현을 동반해야 한다. 정의와 화해가 함께 할 수 있는 것이다.

그렇다면, 어떻게 정의보다 화해를 우선하는 동시에 정의의 구현을 동반할 수 있을까? 이를 위해서는 서로주체적 관계를 유지하는 큰 틀 속에서 도덕적 정의를 실현해 나가야 한다. 달리 표현하면, 화해의 정신 속에서, 화해의 틀 속에서, 정의를 구현하도록 해야 한다. 이는 서로 갈등하는 집단 사이에 정의에 대한 합의를 요구한다. 우리의 정의, 우리의 도덕적 잣대로 우리와 그들을 판단하고 단죄할 것이 아니라, 우리와 그들이 화해의 정신 속에서 공동의 정의 기준에 합의하고 이를 바탕으로 공동의 관계를 유지하면서 정의를 구현해나가야 한다. 이러한 정의는 우리나 그들 각자의 입장에서 볼 때는 '완전하지 않은 정의'일 수 있다. 우리의 입장에서 완전한 정의를 구현하는 최종적인 합의는 상대방의 입장에서 받아들이기 힘들다. 상대방의 입장에서 완전한 정의를 구현하는 최종적인 합의도 우리의 입장에서 받아들이기 힘들다. 따라서 우리나 그들 모두 각자 입장에서의 완전한 정의와 완전한 화해라는 개념에서 벗어나서, 각자가 보기에 불만족스러운 '최종적이지 않은 정의'에 입각한 '최종적이지 않은 화해(nonfinal reconciliation)'의 실현을 현실적인 목표로 잡아야 한다(볼프 2012, 173).

남과 북 사이의 최종적이지 않은 화해는 돌이킬 수 없어야 한다. 그것은 깨어져서는 안 되며 환원 불가능해야 한다. 남과 북 사이에 주어진 과제는 어떻게 각자의 입장에서 완벽한 최종적인 화해를 이루어낼 것인가가 아니다. 남과 북이 합의할 수 있는 정의와 화해는 어느 한쪽의 입장에서 볼 때 결코 완전할 수도 없으며 최종적일 수도 없다. 내가 상대방의 입장을 이해하고 받아들이고 상대방에게 나의 입장을 투사하는 타협이 불가피하다. 자신의 도덕적 잣대와 정의관을 일정 부분 양보해야 한다. 남과 북이 함께 해결을 도모해야 할 과제는 어떻게 최종적이지 않은 화해 속에서 공동의 정의에 합의할 것인가이다. 즉 화해를 우선하는 가운데 어떻게 공동의 정의를 실현할 것인지가 남북의 과제다.

최종적이지 않은 화해와 정의를 추구하기 위해서 남과 북은 공동의 진실 규명에 노력해야 한다. 정의의 구현은 진실 규명을 전제한다. 여기서도 진실의 규명이 우리와 그들의 서로주체적 화해를 해쳐서는 곤란하다. 진실의 추구는 어디까지나 (정의의 추구가 그러하듯) 화해의 범위 내에서 이뤄져야 한다. 정의보다 화해가 우선하지만 그것이 부정의한 화해를 용인하지 않듯이, 진실의 추구에서도 화해가 우선하지만 그것이 거짓에 입각한 화해여서는 안 된다. 진실 규명과 화해가 함께 가야 한다. "포용하려는 의지가 없으면 진리가 있을 수 없고, 진리에 대한 의지가 없으면 포용이 있을 수 없다"(볼프 2012, 412). 진실 규명과 화해를 함께 추진하되 그것이 화해의 관계를 해치지 않기 위해서는 어떻게 해야 할까? 화해의 범위 내에서 진실 규명이 이루어지기 위해서는 나 자신보다 진리를 중시하되, 나의 진리보다 타인을 중시하는 태도가 필요하다. 이를 볼프는 다음의 두 문장으로 표현한다. 첫째, **"나 자신의 자아보다 진리가 중요하다."** 둘째, **"타자의 자아는 나의 진리보다 중요하다"**(볼프 2012, 433-434; 강조는 원문).

> 비록 나는 진리를 위해 기꺼이 나 자신을 부인해야 하지만, 나의 진리의 제단에 타자를 희생 제물로 바쳐서는 안 된다. 자신이 진리라고 주장하신 예수님은 자신의 진리를 깨닫지 못하는 이들을 '설득'하기 위해 폭력을 사용하기를 거부하셨다. … **비폭력에 대한 헌신이 진리에 대한 헌신에 동반되어야 한다. 그렇지 않으면 진리에 대한 헌신이 폭력을 초래할 것이다**(볼프 2012, 434).

나의 자아보다 진리를 중시하되 타자의 자아를 진리보다 중시하는 태도, 진리 추구에 비폭력을 앞세우는 자세, 이는 결코 쉬운 일이 아니며 받아들이기 어려울 수도 있다. 여기서도 서로주체적 자세의 딜레마가 여전히 존재한다. 이 문제가 쉽지 않은 또 한 가지 중요한 이유는 진리와 화해의 문제가 단순히 이성에 바탕을 둔 진실 규명의 차원에 국한되지 않고 감정의 차원에 깊이 뿌리내리고 있기 때문이다. 감정은 공동체에 대한 연대감과 개인 및 집단의 정체성을 구성하는 적극적 요소다(Hutchison and Bleiker 2009, 390). 공동의 경험을 통해서 집단적 슬픔, 민족적 트라우마 같은 집단 감정이 역사적으로 형성된다. 따라서 남과 북처럼 극심한 갈등을 겪은 국가들 사이에 화해를 위해서는 법·제도의 개선에 앞서 서로의 증오와 적대감, 트라우마와 같은 감정을 치유하고 극복하는 작업이 필요하다.[18]

....
18　국가 간 증오와 화해 문제에 대한 국제정치이론을 검토한 김학성에 따르면, 현실주의와 자유주

나의 독서 한도 내에서 이 문제와 관련하여 가장 깊이 고민을 한 학자는 박명림(2000; 2005)이다. 한국전쟁 시기 남과 북에 의해서 자행된 엄청난 학살과 잔혹행위, 국가폭력을 검토하는 그의 글 구절구절에 가슴 절절히 애통한 마음을 읽을 수 있다. 우리는 남북한 할 것 없이 서로에게 엄청난 폭력을 휘두르고 피해를 입히고 또 희생을 치렀다. 상대방에 대한 폭력은 내부를 향하기도 했다. 남과 북 각각의 내부에서 상대편이라고 간주된 사람들에게도 폭력을 휘둘렀다. 남과 북을 아와 비아라고 한다면, 남과 북은 각각 비아에 대해 저지른 폭력과 아 속의 비아에게 저지른 폭력의 당사자이며 동시에 피해자이기도 하다. 이런 역사를 갖고 있는 남과 북 사이에 그리고 그 각각의 내부에서 진정으로 화해가 가능할까? 그런 화해가 진실의 규명과 같이 갈 수 있을까?

　　박명림은 진실과 화해 사이에 존재하는 깊은 심연에 대해 고민한다. 화해를 위해 진실 규명이 필요한데 진실 규명이 화해의 걸림돌이 될 수 있다는 모순 때문이다. 진정한 화해를 위해서는 진실 규명이 필요하다. 화해를 위한다고 과거의 진실을 덮어두면 그 화해가 오래 지속될 수도 없다. 언제든지 갈등과 반목이 다시 드러난다. 진실을 규명하지 않은 상태에서의 화해는 당사자 간의 진정성을 확보하기도 어렵고 도덕적으로 바람직하지도 않다. 진실 규명과 화해가 함께 가야 하는 것이다. 하지만 남과 북 사이에는 서로에 의한 대량학살로 인한 피해가 엄존하면서도 어떠한 대량학살도 진상 규명이나 처벌이 제대로 이루어지지 않았다(박명림 2000, 163). 과연 대량학살을 비롯한 적대적 폭력에 대한 철저한 진실 규명 없이 화해로 나아갈 수 있을까? 진실을 규명하지 않는 화해는, 앞서 소개한 정희진의 일갈처럼, 가해자에게 면죄부를 주는 결과를 가져오고, 가해자가 다시 죄악을 저지를 소

....

의는 증오와 화해의 문제에 직접적으로 도움이 되지 않는 반면에 구성주의가 많은 도움이 된다고 한다. 현실주의와 자유주의가 감정의 문제를 중요하게 다루지 않는 것과 달리 (급진적) 구성주의가 감정의 차원을 특별히 중시하기 때문이다(김학성 2011, 9-17).

지를 잉태하고 있다. 가해자는 진실 규명을 피할 뿐만 아니라 진실을 은폐하고 왜곡하려 한다. '기억의 조작과 국유화' 또는 '망각음모'에 맞서서 진실 규명을 철저히 할 필요가 있다. 따라서 박명림은 철저한 진실 규명이야말로 진정한 화해를 위한 출발점이며 화해와 평화공존을 위한 절대조건이라고 말한다(박명림 2000, 97-99).

그러나 진실 규명이 화해의 출발점이지만 동시에 과거의 갈등을 다시 불러올 위험도 존재한다. 진실 규명 자체가 간단한 문제가 아니다. 가해자와 피해자가 서로 얽혀 있는 상황에서 서로의 입장에 따라 서로 다른 진실이 경쟁한다. 서로 다른 진실의 경쟁이 남과 북의 화해를 훼손하지 않도록 해야 하는 일은 지극히 어렵다. 진실이 규명되고 그에 대해 남과 북이 합의를 한다고 해도 그 이후의 문제가 간단치 않다. 진실 규명 이후 그에 따른 응분의 조치가 이루어져야 한다. 불의에 대한 응징이 없는, 정의가 구현되지 않은 상태에서 부정의를 끌어안는 화해가 바람직하지 않기 때문이다. 이는 진실 규명과 정의 구현에 대한 합의가 이루어져야 함을 뜻한다. 물론 화해의 관계를 해치지 않는 선에서. 결코 쉽지 않은 일이다.

진실 규명(그리고 그에 따른 응징)과 화해(그리고 이를 위한 사죄와 용서) 사이의 심연에 박명림의 고뇌가 있다. 과거의 진실 규명과 그에 따른 악의 응징이 없이는 그러한 죄악이 미래에 다시 재연될 가능성을 방치하게 된다. 반면에 과거의 죄악에 대한 마땅한 응징은 과거의 역사에 대한 정의를 수립하는 일이며 미래의 죄악을 방지하는 일이기도 하지만, 현재와 미래의 화해를 어렵게 하고 새로운 갈등을 낳음으로써 죄악을 재생산하는 결과를 가져올 수도 있다. 진실과 화해의 모순 사이에서 박명림은 "모든 과거와의 원칙 없는 화해가 아니라 과거 갈등이 재연되지 않는 범위에서의 책임추궁과 화해를 동시에 지향해야 할 것이다"라고 결론 내린다. 그는 이것이 "진실과 화해를 위한 '최종적 고뇌'가 되어야 한다"고 못박는다(박명림 2000, 166).

과거 갈등이 재연되지 않는 범위에서 책임 추궁과 화해를 동시에 진행하자는 박명림의 최종적 제안은 과연 현실적으로 가능할까? 과거에 대한 입장이 다르고 그에 따라 진실이 서로 다른 상태에서 갈등의 재발 없는 책임 추궁과 화해가 동시에 가능할까? 그것이 가능한 길은 바로 '최종적이지 않은 화해'를 추구하는 데 있다. 남과 북이 각자 자기의 진실과 정의의 잣대를 고집하지 않고 서로 화해를 우선하는 가운데 공동의 진실과 공동의 정의에 합의해 나가는 길이다. 이것이 과거 갈등이 재연되지 않는 범위에서 책임추궁과 화해를 동시에 지향하는 길이다. 지극히 어렵겠지만 가능한 길이다.

정리하면, 도덕보다 관계를 우선하고 정의보다 화해를 우선하는 것은 도덕과 정의의 포기를 의미하지는 않는다. 화해는 도덕과 정의와 함께 가야 한다. 다만 남과 북 각자의 도덕과 정의에서 완전한 화해를 지향해서는 안 된다. 그러한 최종적인 화해는 새로운 갈등을 낳는 원인이 된다. 남과 북 각자의 관점에서 볼 때는 불완전하지만 서로가 합의할 수 있는 최종적이지 않은 화해를 추구하면서, 그러한 화해의 기본 틀 속에서 진실 규명과 정의의 기준에 점진적으로 합의할 수 있으며 그렇게 해야 한다. 진실과 화해를 위한 박명림의 '최종적 고뇌'는 '최종적이지 않은 화해'를 통해서 접근 가능하다.

우리 사회 일부에서는 과거의 갈등이 재연될 것을 우려하여 진실을 철저하게 규명하는 대신 과거를 덮고 잊어버리자는 주장을 제기한다. 2공화국 시절 혁신계 세력의 일부에서 통일방안의 하나로 '망각법'을 제안하기도 했다. 가령 민족건양회는 통일 이후 그동안 있었던 민족 내부의 범죄 일체에 대해 '민족내부범행망각선언'을 공포할 것을 주장했다(김보영 2000, 150). 1961년 2월 25일 민자통(민족자주통일중앙협의회)도 결성식 결의문에서 평화통일 이후 '망각법'을 제정하여 이전의 범죄 행위 일체에 대해 불문에 붙이기로 하였다(김지형 2000, 113).

볼프도 진실 규명 이후 '기억의 치유'가 필요하다고 주장하면서 '포용'의 마지막 단계로 '망각하기'를 제시한다(볼프 2012, 207-221). "기억하고, 용서하고 화해하고, 기억을 놓아 보내는" 순차적인 과정이 필요하다는 것이다(볼프 2016, 280). 그에 따르면, 과거의 기억이 현재의 정체성을 규정하기 때문에 과거에 대한 구속(救贖), 즉 일정 정도의 망각이 없이는 최종적 구속이 불가능하다. 따라서 진실 규명 이후 애도의 시간을 가져야 하지만, 궁극적으로는 과거의 잘못을 기억하지 않는 단계로 나아가야 한다. 다만, "그 잊어버림은 **특정한 종류의 잊어버림**이[다] … 그것은 '진리'와 '정의'의 문제를 하나님이 이미 처리하셨으며, 가해자가 누구인지 밝혀졌고 심판을 받았고 (바라건대) 변화되었고, 희생자들이 안전하고 그들의 상처가 치유되었다고 가정하는 망각이다. 그러므로 이것은 궁극적으로는 '만물을 새롭게 하시는' 창조의 완성과 **함께** 일어날 수 있는 망각이다"(볼프 2012, 207-209; 강조는 원문).

볼프가 말하는 망각, 즉 '기억의 놓아 보냄'은 악행의 피해자에게 그냥 잊어버리라는 요구가 아니다. 그것은 가해자와 피해자 사이의 화해 속에서 자라난 망각이어야 한다(볼프 2016, 203). 전남 영암군 구림마을 주민들의 화해를 위한 공동 노력을 잠시 살펴보자. 구림마을은 해방 이후 주민들 사이의 갈등이 심했고, 1947년 7월경부터 월출산을 근거지로 빨치산이 군경과 무장 투쟁을 벌이기도 했다. 한국전쟁이 발발하자 좌익과 우익, 빨치산과 군경 사이에 살상과 보복이 극심하였다. 이후 수십 년 동안 극심한 반목에 잡혀 있던 마을 사람들이 2006년 『호남명촌 구림』이라는 향토 역사책을 함께 만들면서 서로 화해하고 용서하는 의례를 거행했다. 이 책은 마을에서 서로 간에 희생당한 주민들의 실명과 학살 상황을 그대로 기록함으로써 '공동의 신원(伸寃)'을 모색하였다. 특히 군경 등 국가권력에 의해 희생당한 주민들을 공개적으로 거론함으로써 그동안 금기시되었던 '진실'을 드러내었다. 또 희생자 유가족들이 유족회를 만들어서 "6·25 전후를 통해서 희생된 영혼과 그 후손들이 가슴에 맺힌 응어리를 풀고 하늘나라에서나마 서로를 용서하고 화해하며 손을 맞잡고 오갈 수 있는 다리를 놓아주고자 '사랑과 화해의 위령탑'을 세우고자" 하였다. 좌우를 떠나 '자발적'으로 '함께' 합동위령제를 열어서 서로 위로하고 화해와 용서를 구했다(구림지편찬위원회 2006, 347-386; 커밍스 2017, 317-318).[19]

구림마을 사람들의 화해는 종국에 서로의 잘못에 대한 망각으로 이어질

수 있다. 볼프의 주장처럼 궁극적으로 망각이 필요할 수 있고, 일정한 애도
를 거친 후 서로 망각하기에 합의할 수도 있다. 진실 규명과 정의 실현 자체
가 완벽할 수 없으며 우리와 그들의 화해도 최종적일 수 없다. 하지만 그렇
다고 해서 이렇게 제한된 범위에서나마 규명된 진실을 결국 망각한다면 우
리와 그들의 화해가 지속될 수 있을까? 볼프는 최종적인 정의의 실현을 신
의 영역으로 돌린다. 폭력적 정의의 실현은 신만이 할 수 있는 일이다. '폭
력의 신학화'를 통해 '정치의 비폭력화'를 강구하고 있는 것이다(볼프 2012,
481). 그러나 진실 규명 이후 망각하기를 일반적 당위로 받아들일 경우 우
리는 난감한 문제에 봉착한다. 단적으로, 광주학살과 같은 무참한 악행을 저
지르면서 정권을 찬탈한 전두환 일당이나 일제 강점기 일본과 친일파의 만
행을 진상 규명 이후 용서하고 나아가 망각하는 일이 과연 가능하고 바람직
할까? 다시 구림마을의 상징적 사례로 돌아가 보자. 구림마을 주민이 좌우
함께 합동위령제를 열고 '사랑과 화해의 위령탑'을 건립하려는 것은 한편으
로 서로의 악행을 용서하고 잊어주기 위한 것이지만 다른 한편으로 한국전
쟁 기간 겪었던 보복의 악순환을 다시는 되풀이하지 않기 위해서 '기억'하
고 '교육'하기 위한 것이기도 하다.[20]

　　나는 최종적이지 않은 화해를 추구하면서도 가능한 최대의 진상 규명과
책임 추궁 및 보상이 이루어져야 한다고 생각한다. 그래야만 궁극적으로 기
억을 놓아 보낼 수도 있다. 이는 남아프리카공화국에서 진실과 화해의 과정
에서 '처벌'이 빠진 것과 상이하다. 원래 화해 개념 자체가 본질적으로 처벌
과 양립 불가능한 것은 아니다. 오늘날 전 세계적으로 화해의 정치는 1990
년대 남아프리카의 경험, 특히 진실화해위원회(TRC: truth and reconcili-

....

19　http://m.pressian.com/news/article.html?no=316, 2018년 2월 1일 검색.
　　http://www.hani.co.kr/arti/opinion/column/702130.html, 2018년 2월 1일 검색.

20　이런 의미에서 망각 이전에 '스토리텔링(storytelling)'에 의한 고통의 나눔과 치유도 필요하다.
　　우리 사회에서도 이미 '한민족 다문화 삶의 역사 이야기: 만남과 나눔'이나 '남과 북 여성들의 삶
　　이야기 나누기'와 같은 스토리텔링 프로그램이 진행되고 있다(김지은 2007, 165-166).

ation commissions)의 경험에 의해서 많은 영향을 받았다. 하지만 남아프리카공화국에서도 처음부터 처벌을 제외한 것이 아니라 화해를 둘러싼 담론정치의 과정에서 처벌이 제외되었을 뿐이다. 원래 남아공에서 화해는 대단히 경합적인 개념이었다. 가령 1985년 소위 카이로스 문건(Kairos Document)[21]은 아파르트헤이트(apartheid)의 가해자들이 자기 죄를 뉘우치고 그 죄의 대가로 처벌을 받아야만 진정한 의미에서의 화해가 가능하다고 주장했다. 그런데 민주화 과정에서 아프리카 민족회의(ANC: African National Congress)와 국민당(NP: National Party)의 지도자들이 협상에 의한 비폭력 전환이라는 목표에 합의하였고, 과도헌법(Interim Constitution)에서 화해의 필요성을 명시하고 이를 위한 사면(amnesty) 조항을 설치하면서 처벌 과정이 생략되었다. 원래 화해의 이름으로 용서, 처벌, 진실 규명과 과거 인징의 세 가지 주장이 제기되었었는데 이 중 처벌이 점차 화해담론에서 사라지면서, '화해/치유 vs. 복수/처벌'의 이분법이 자리를 잡게 된 것이다(Renner 2014, 271-280).

남과 북이 서로주체적 화해의 틀 안에서 공동의 진실 규명과 책임 추궁 및 보상을 이루는 것은 결코 쉬운 과제가 아니다. 하지만 남과 북이 화해의 틀 안에서 공동의 진상 규명을 통해 진실을 밝힌다면, 그에 따른 책임 추궁과 보상 및 사죄와 용서를 생략할 수는 없다. 박명림이 제안하듯이 현실적으로 남한에서 먼저 "민간 차원의 진상규명조직"을 건설하고, 이어서 "진실과 화해를 위한 민관 합동의 조사 및 보상 기구"를 설치하고, 끝으로는 "남과 북 공동으로 진실 규명, 화해, 보상을 위한 합동기구"를 설치하는 것이 바람직해 보인다(박명림 2000, 166). 이러한 노력과 과정이 최종적이지 않은 화해의 틀을 유지하는 한도 속에서 이루어져야 한다는 점을 다시 한번 강조한다. 하지만 오랫동안 서로 적대적 관계를 유지해온 남과 북이 새롭게 화해의 만남을 시작하는 데 있어서 서로에게 대단히 불편할 수 있는 진실을 규명하

....

21 다양한 종교 계파의 신학자들이 남아공의 정치적 위기에 대해 종교적 관점에서 기술한 문건.

고 그에 따른 책임 추궁과 보상을 실현하는 것이 과연 가능할 것인가? 화해의 틀이 굳건해질 때까지 좀더 많은 시간을 기다려야 하는 것은 아닐까?

　이런 질문을 생각하면서 나는 현실적으로 남북한 각각의 내부와 남북한 관계를 구분해서 접근할 것을 제안한다. 남북한의 가장 커다란 역사적 상처인 한국전쟁과 관련하여 이를 살펴보자. 우선, 남한과 북한 각각의 내부에서 전쟁 기간 동안 대량학살을 포함한 인권유린에 대한 진실 규명과 그에 걸맞은 정의 구현 작업은 중단 없이 수행되어야 한다. 남북한 각각은 각자 내부의 진실 규명과 정의 실현을 내부의 합의된 질서와 관행에 따라서 수행한다. 여기에는 한국전쟁 당시 남한과 북한의 국가에 의한 민간인 학살 같은 민감한 문제들도 포함되어야 한다. 남한과 북한은 각각 사실상 하나의 국가로 존속해왔다. 각자의 국내에서 불의를 밝히고 정의를 구현하는 작업은 중단될 수 없다. 국가폭력의 문제는 남한과 북한 각각의 내부 문제다. 어떤 방식으로 어떤 길을 따라 국내에서 화해의 정치를 전개할지는 남북한 각각의 시민들이 알아서 할 일이다. 다음으로, 남북한의 서로주체적 관계를 정립하기 위해서는 화해가 우선하는 정치가 필요하다. 남과 북의 잘잘못을 따지고 그에 따라 응징하는 것은 화해의 출발을 막을 수 있다. 남북한 사이에는 한반도 전체를 통틀어서 실효적인 법질서와 도덕질서가 존재하지 않는다. 사실상 하나의 국가가 아니기 때문에 하나의 공동의 법질서가 존재하지 않으며, 사실상 하나의 공동체가 아니기 때문에 하나의 공동의 도덕적 규범이 존재하지 않는다. 따라서 남과 북 사이에는 진실 규명과 정의의 실현이 화해의 정치를 가능하게 하고 촉진하는 범위와 정도 안에서 진행되어야 한다. 그리고 남과 북의 화해를 위해 남북의 합의하에 진실 규명 이후에 일정한 보상과 애도 및 책임 추궁의 절차를 거친 후 궁극적으로 망각의 단계로 들어갈 수 있다.

IV. 맺는 말

이 장은 북한에 대한 서로주체적 통합의 당위성을 입론하였다. 남북한의 서로주체적 통합의 당위론을 수립함에 있어서 문제의 초점은 통합보다 서로주체에 있다. 즉 '북한과 통합을 추구해야 하는가'가 아니라 '북한에 대해 서로주체적 자세를 견지해야 하는가'가 핵심적인 질문이다. 통일의 당위성보다 남북한의 서로주체적 관계의 당위성이야말로 햇볕정책 이후 남남갈등이 심화된 현 상황에서 입론이 필요한 과제다. 6장에서 보겠지만, 햇볕정책 이후 통일담론을 둘러싼 남남갈등은 '분리 대 통합'이 아니라 '홀로주체 대 서로주체'의 전선에서 일어나고 있기 때문이다. 남북한 사이에 서로주체적 관계를 수립하는 것은 "1648년 유럽에서 종교전쟁의 광기를 봉인했던 웨스트팔리아적 국가이성을 필요로 한다"(김명섭 2015, 103; 이현휘 2017a 참조). 결코 쉽지 않은 일이다. 애증의 역사가 감정으로 켜켜이 쌓여 있기 때문이다.

일반적으로 홀로주체적 만남보다 서로주체적 만남이 정치적 선이라고 할 때, 우리에게 홀로주체적인 북한에 대해서도 서로주체적인 자세를 견지해야 하는가? 이 문제에 대해 여기서는 북한에 대한 홀로주체적 담론의 당위론적 근거를 비판하고 서로주체적 자세의 당위성을 수립하는 논의를 전개했다. 먼저 국제사회에서 북한에 대한 홀로주체적 자세의 대표적 담론으로 인도주의적 개입론과 선제공격론을 검토했다. 북한에 대한 인도주의적 개입론과 선제공격론은 그 바탕에 있어서 왈쩌와 롤스의 정전론에서 당위적 근거를 찾을 수 있다. 그런데 이들의 정전론 자체가 강대국의 입장을 반영하고 있으며 자유주의적 편향성이 대단히 강하다는 일반론적인 차원에서의 문제가 있다. 더구나 이들의 정전론을 북한에 적용할 경우에도, 북한에 대한 선제공격론과 인도주의적 개입론 모두 정전론에 의해서 뒷받침되지 못한다. 즉 현재 대표적인 대북 홀로주체적 담론들인 인도주의적 개입론과 선제공격론의 궁극적인 당위론을 제공해야 할 정전론의 구체적인 내용을 살펴보면, 막상 이들의 당위론적 근거가 대단히 취약함을 알 수 있다.

다음으로 대북 서로주체적 자세에 대한 당위론을 볼프의 논의를 중심으로 모색하였다. 볼프는 기독교 신학의 입장에서 '왜 적을 사랑해야 하는가'의 문제를 지속적으로 고민해왔다. 그의 고민이 최종적인 해결책을 제시해주지는 못한다. 하지만 나는 '십자가의 스캔들'이 십자가를 포기할 이유가 되지 못한다는 볼프의 생각에서 이 문제를 풀어나갈 실마리를 찾았다. 십자가의 스캔들은 우리가 십자가를 포기할 이유가 아니라 그 속에서 희망과 약속을 발견할 이유다. '서로주체적 자세의 딜레마'도 사실상 같은 문제다. 서로주체적 자세의 딜레마에도 불구하고 홀로주체적 자세가 그러한 딜레마에 대한 해답이 될 수 없기 때문에 서로주체적 자세 안에서 희망을 발견해야 한다. 요컨대 십자가의 딜레마에도 불구하고 십자가를 포기할 수 없듯이, 서로주체적 자세의 딜레마에도 불구하고 서로주체적 자세를 포기할 수 없다.

이를 바탕으로 입론한 대북 서로주체적 자세의 당위론의 핵심은 '정의보다 화해가 우선'하며 '도덕보다 관계가 우선'한다는 생각이다. 자신의 도덕적 잣대에서 정의를 구현하는 것은 홀로주체적 관계의 악순환에서 벗어날 수 없다. 도덕적 잣대의 '편파성'과 행위의 '환원 불가능성' 때문이다. 화해와 용서가 이러한 편파성과 환원 불가능성의 곤경에서 벗어날 수 있는 길이다. 정의보다 화해를, 도덕보다 관계를 우선하는 것은, 베버의 용어를 빌리자면, 신념윤리보다 책임윤리를 우선하는 것이다. 남과 북 각자가 옳다고 생각하는 신념보다 정치적 행위의 결과가 더 중요하다. 도덕적 올바름보다 정치적 선이 더 소중한 것이다. 지극히 현실주의적인 이 입장이 대북 서로주체적 자세의 당위론의 궁극적인 근거다.

정의보다 화해가, 도덕보다 관계가 우선해야 한다고 해서 정의와 도덕을 완전히 무시한 비도덕적인 불의의 화해와 용서를 해야 한다는 것은 아니다. 다만 서로주체적 관계를 유지하는 큰 틀 속에서 도덕적 정의를 실현해가야 한다. 이를 위해 나는 남과 북 어느 한쪽의 입장에서 볼 때는 완전하지 않은, 즉 '최종적이지 않은 화해'의 실현을 현실적인 목표로 추구해야 한다고 주장했다. 남북한의 진실과 화해를 위한 박명림의 '최종적인 고뇌', 즉 "모든 과거와의 원칙 없는 화해가 아니라 과거 갈등이 재연되지 않는 범위에서의 책임추궁과 화해"는 '최종적이지 않은 화해'를 통해서 가능하다.

제5장

지나온 길(1): 남북관계의 변천 – 정책

I. 여는 말

5장에서는 우리의 지나온 길을 검토하고 분석한다. 앞서 서로주체적 통합이 당위적 원칙이어야 하며 현실적으로도 필요한 방향임을 입론하였다. 여기서는 그러한 원칙과 필요성을 기준으로 놓고 볼 때 남북한 관계가 그동안 어떻게 변화해왔는지를 살펴본다. 즉 〈그림 2.1〉의 유형에 따라 분단 이후 문재인 정부 이전까지 남북한 관계가 어떤 변천을 거쳤는지 남한 정부의 통일정책 및 대북정책을 중심으로 검토한다. 북한 정부의 통일정책과 대남정책은 필요한 경우에만 간단히 언급한다. 단순하게 말하자면, 남북한 관계는 ① 홀로주체적 분리(〈그림 2.1〉의 C) → ② 홀로주체적 통합(D) 시도 → ③ 홀로주체적 분리(C) → ④ 서로주체적 분리(A) → ⑤ 서로주체적 부분통합(A/B) 시도 → ⑥ 홀로주체적 분리로 부분퇴보(A/C)의 변천과정을 거쳤다. ①②③은 각각 분단과 전쟁 및 휴전 이후 대치 상태, ④는 박정희 대통령의 1970년 8·15선언과 1973년 6·23선언 그리고 노태우 정부의 북방정책과 남북기본합의서 채택 및 남북한 유엔 동시 가입, ⑤는 김대중 정부와 노무현 정부의 대북포용정책, ⑥은 이명박 정부 이후 박근혜 정부까지로 볼 수 있다. 문재인 정부 들어 남북관계가 다시 서로주체적 부분통합(A/B)으로 돌아갈 것이 기대된다. ④와 ⑤ 사이에 있는 김영삼 정부 시절은 홀로주체적 자세와 서로주체적 자세를 오락가락한 기간으로 전체적인 흐름에서 볼 때 크게 중요하지 않다.

여기서는 남한 정부의 대북정책을 중심으로 크게 네 시기로 나눈다. 첫째, 홀로주체적 관계가 형성되고 강화된 기간이다(앞의 ①②③에 해당.) 분단 이후 한국전쟁을 거치면서 1960년대 말 북한이 무력도발을 감행할 때까지가 여기에 포함된다. 이 기간 중 4·19혁명 시기에 잠시 남북한의 서로주체적 관계가 모색되기도 했으나 의미 있는 변화를 가져오지 못했다. 장면 정부가 기존의 홀로주체적 분리 정책을 계속 유지했기 때문이다. 둘째, 1970년부터 1980년대 중반까지 남북한 사이에 서로주체적 관계가 태동한 시기다(④에 해당). 박정희 대통령의 1970년 8·15 경축사가 북한에 대한 서로주체적 자세를 갖기 시작한 출발점이다. 홀로주체적 통합 대신 남과 북이 각각 평화 정착에 중점을 둠으로써 서로주체적 관계가 태동하기 시작했다. 1980년대 신냉전의 기류 속에서도, 또 아웅산 테러와 같은 커다란 악재에도 불구하고, 남북한의 서로주체적 관계의 모색은 1980년대 중반까지 지속되었다. 셋째, 1980년대 후반 이후 노무현 정부까지 서로주체적 관계가 발전한 시기다. 1980년대 후반 탈냉전의 조류에 발맞춰 노태우 정부가 북방정책을 추진했고, 1990년대 초 남과 북은 남북기본합의서에 합의하고 유엔에 동시 가입했다. 서로주체적 관계가 본격적으로 형성되기 시작한 것이다(④에 해당). 이는 2000년 남북정상회담과 6·15선언, 그리고 2007년 두 번째의 정상회담과 10·4선언으로 이어졌다. 2000년대 남북관계는 남과 북이 단순히 서로주체적으로 인정하는 것을 넘어서 상호 교류협력을 통해 부분적이고 점진적인 통합을 추진해가는 '서로주체적 부분통합'으로 들어선 것으로 보인다(⑤에 해당). 노태우 정부와 김대중·노무현 정부의 대북정책이 각각 서로주체적 분리와 부분통합(④와 ⑤)으로 차이가 있지만, 남북한의 서로주체적 관계가 심화되는 점에서 연속적인 과정으로 본다. 마지막으로, 이명박 정부 이후 서로주체적 관계가 부분적으로 퇴보한 시기다(⑥에 해당). 이명박 정부 이후 박근혜 정부까지 남북한 사이에 서로주체적 관계가 퇴보하고 있지만, 그렇다고 완전히 홀로주체적 관계로 돌아간 것으로 보긴 어렵다. 남북한 사이에 대화와 교류의 채널이 남아 있고 서로주체적 관계의 관성도 어느 정도 작동하고 있어 보인다.

이렇게 크게 네 시기로 구분해서 보면, 이명박 정부 이후 퇴행이 일어났지만 분단 이후 남북한의 관계는 대체로 홀로주체적 관계에서 서로주체적 관계로 변화해왔다고 할 수 있다. 해방 이후 분단과 전쟁을 겪으면서 서로를 섬멸해야 할 적으로 규정하고 홀로주체적 통합을 표방하고 홀로주체적 분리를 추진해오다가, 서서히 서로를 대화와 협상의 상대로 인정하는 서로주체적 관계가 싹트고 발전해왔다. 박정희 정부 시절의 7·4공동성명이 서로주체적 관계의 출발점이라면, 노태우 정부 시절의 남북기본합의서는 서로주체적 관계가 본격화되면서 '서로주체적 분리'가 공식화된 중요한 전환점이다. 이 점에서 박정희와 노태우의 보수적 정부가 남북한의 서로주체적 관계를 싹트게 하고 발전시키는 데 중요한 기여를 했다. 2000년대 김대중과 노무현 정부에서 이뤄진 두 차례에 걸친 남북정상회담은 이전의 보수 정부가 이루어놓은 서로주체적 관계를 바탕으로 한 것이었다.

남북한의 관계가 홀로주체적 관계에서 서로주체적 관계로 발전해온 것이 단선적인 과정은 아니다. 남북한 사이의 상호 불신, 남과 북 각각의 내부에서 전개되는 홀로주체적 세력의 반격, 일관성 없는 정책과 이에 대한 상호 반응, 국제정세의 변화 등으로 인해 서로주체적 관계의 발전 과정이 순탄한 것만은 아니었다. 김영삼 정부처럼 서로주체적 자세와 홀로주체적 자세를 오간 경우도 있었고, 이명박 정부 이후 우리가 목도했듯이 홀로주체적 관계로 부분적인 역행이 일어나기도 했다. 북한과의 서로주체적 관계를 추구한 정부에서도 대북 강경정책이 우세한 경우가 간헐적으로 등장하였고, '훈령조작사건'처럼 정부 내 홀로주체적 세력이 반격을 시도하는 경우도 있었다. 거꾸로 전두환 정부처럼 아웅산 테러와 KAL기 격추 사건 등의 악재에도 불구하고 북한과 대화의 끈을 놓지 않고 맹아적 서로주체적 관계를 유지하고자 애쓴 경우도 있다. 홀로주체적 관계로 역행하는 경우에도 서로주체적 관계의 관성이 남아 있다. 이명박 정부 이후 홀로주체적 관계로의 퇴행이 일어나고 있지만, '민족공동체 통일방안'을 남한 정부의 공식적 통일방안으로 지속시키고 있고 '북괴'라는 호칭을 사용하지 않는 것이 중요한 예다.

II. 기존 연구 검토

서로주체적 관계의 발전 정도를 기준으로 남북한 관계의 변천을 분석하는 점에서 이 장의 서술은 기존의 연구와 차별성을 갖는다. 홀로주체-서로주체의 기준 자체가 새로운 개념이기 때문이다. 그러나 기존의 연구들도 남과 북이 홀로주체적 관계에서 서로주체적 관계로 변화해왔다는 큰 흐름에 대체로 의견이 수렴하고 있다. 이 장에서 홀로주체-서로주체의 새로운 개념을 적용한 남북한 관계의 변천에 대한 해석이 기존의 인식과 크게 다르지 않다고 하겠다. 남북한 관계의 변천이나 남한 정부의 대북정책 및 통일정책의 전개에 대한 연구는 일일이 열거할 수 없을 정도로 많지만, 여기서는 나의 논지와 관련성이 큰 연구들을 선별해서 간단히 검토한다.[1] 앞서 밝힌 남북한 관계의 큰 흐름에 대한 나의 시기 구분과 어떤 유사점과 차이점이 있는지에 검토의 초점을 둔다.

먼저, 가장 창의적인 발상을 하고 있는 기존 연구의 하나로 양성철(1989)을 들 수 있다. 양성철은 라포포르트(A. Rapoport)의 '투쟁(fights), 경쟁(games), 논쟁(debates)'의 구분을 활용하여 남북한 관계의 변천을 분석한다. 투쟁, 경쟁, 논쟁은 상대를 적, 경쟁자, 동반자(친구)로 보는 것과 상응한다. 또 남북한 관계를 '정치현실'과 '정치비현실'의 개념을 활용하여 구분한다. 남북 분단 및 남과 북 두 정권의 존립은 정치현실에 해당하고, 통일 및 단일(통일) 정부의 수립은 정치비현실에 해당한다. 투쟁-경쟁-논쟁을 한편으로 하고 정치현실과 비현실을 다른 한편으로 하여 양성철은 남북한 관계를 '단순현실비현실화(1945-1948) → 복합현실비현실화(1948-1950) → 복합비현실현실화(1950-1953) → 전쟁복구(1954-1960) → 현실현실화(1960년대) → 남북체제 재정비(1970년대) → 남북관계 논쟁(1980년대)'의 시기들로 구분한다(양성철 1989, 139-143). 남북한 관계가 정치현실과 비현실이

....

1   남북관계에 대한 기존 연구에 대한 개괄로는 김해순 외(2017)와 안문석(2012)을 참조.

복잡하게 얽혀서 전개되어 왔다는 발상이 특이하다. 양성철의 기본 주장은 분단 및 두 정권 존속이라는 복합정치현실 인정이, 통일 및 단일정부 수립이라는 복합정치비현실 추구를 앞서서 출발할 때 비로소 제대로 된 통일논의가 가능하다는 것이다(양성철 1989, 161). 상당히 오래된 연구지만, 양성철은 남북한 관계가 대체로 투쟁(적)에서 경쟁(경쟁자)을 거쳐 논쟁(동반자)으로 진화해왔다고 보고 있다. 이 장에서 그리는 홀로주체적 관계에서 서로주체적 관계로의 큰 흐름과 유사하다.

남북한 관계의 변천에 대해 가장 체계적이고 종합적인 분석의 하나로 김형기(2010)의 연구가 있다. 김형기는 남북한 관계 자체에 초점을 두고 여섯 시기로 나눈다. (1) 분단 이후 1969년까지의 '남북관계 폐색기'. 이 시기 남과 북은 냉전체제 속에서 상대방을 불인정하고 전복 대상으로 인식했다. 남북 사이에 소통이 전혀 없었으며 적대적 관계가 심화되었다. (2) 1970~1979년의 '남북관계 태동기'. 남북 사이에 대화는 있었으나 화해협력의 노력이 없었다. (3) 1980~1987년의 '남북관계 정립기'. 냉전이 약화되는 국제정세 속에서 남과 북이 서로의 존재를 공존의 테두리에서 인식하기 시작했다. (4) 1988~1997년의 '화해 협력 모색기'. 냉전구조가 해체됨에 따라서 남과 북이 화해와 협력의 물길에 초석을 놓은 시기다. (5) 1998~2007년의 '화해 협력 진입기'. 김대중 정부의 햇볕정책에 따라 남과 북이 서로 신뢰를 바탕으로 대화를 정례화하고 각종 협력사업을 수행한 시기다. (6) 2008년 이후 '남북관계 조정기'. 남북한 관계가 화해협력에서 경색으로 후퇴한 시기다. 김형기의 시기 구분은 무난하지만 특정한 기준이 없고 다소 평면적이다. 나의 시기 구분에서는 (2)와 (3)이 '서로주체적 관계의 태동' 시기로, 그리고 (4)와 (5)가 '서로주체적 관계의 발전' 시기로 합쳐진 점에서 차이가 있다.

국제정치와 국내정치의 맥락 속에서 남북관계의 변천을 조명한 김연철(2018)도 김형기의 연구 못지않게 체계적이고 종합적인 분석을 제공한다. 김연철은 남북관계를 (1) 한국전쟁 이후 '적대관계'가 지속된 '상호부정의 시대'(1950년대), (2) '제한전쟁'이 지속된 '대결의 시대'(1960년대), (3) '대화가 있는 대결의 시대'(1970년대), (4) '합의의 시대'(전두환, 노태우 징부), (5) '공백의 5년'(김영삼 정부), (6) '접촉의 시대'(김대중, 노무현 정부), (7) '제재의 시대'(이명박, 박근혜 정부)로 구분한다. 김영삼 정부 시절의 공백 기간을 포함하여 내가 구분하는 큰 흐름과 대체로 유사하다. 김연철이 이명박·박근혜 정부 시절을 '제재의 시대'로 명명한 데서 나타나듯이, 이 시기 홀로주체적 자세로의 후퇴가 있었지만 그것이 1950년대의 적대적 상호부정이나 1960년대의 제한전쟁과 대결로까지 되돌아간 것은 아니라는 점에 유의할 필요가 있다.

국제정치적 구조의 변화를 기준으로 남북한 관계를 고찰한 연구로는 최진욱(2008)을 들 수 있다. 최진욱은 냉전을 중심으로 (1) 분단확정기(1945-1953년), (2) 냉전기(1954-1987년), (3) 탈냉전기(1987년 이후) 등 세 시기를 구분한다. 이 중 냉전기는 다시 ① 1970년까지 대화 없는 경쟁의 시기와 ② 1971년 이후 대화 있는 경쟁의 시기로 나눈다. ①은 대결구도의 고착기, ②는 경쟁적 공존기라고 부른다. 냉전기와 탈냉전기의 구분도 중요하지만, 냉전기 안에서 대결구도로부터 공존구도로 전환한 것도 중요하다. 1970년을 기점으로 서로주체적 관계가 태동했다고 보는 나의 시각과 일치하는 부분이 있다. 또 내가 서로주체적 관계가 본격화하기 시작했다고 보는 노태우 정부 시절과 탈냉전기가 일치하기도 한다. 하지만 한반도에서 냉전해체가 비동시적이고 불균형하게 진행되었고 그것이 서로주체적 관계가 퇴행할 수 있는 구조적 변수임을 고려할 때, 냉전기와 탈냉전기로 시기를 구분하는 방식은 문제의 소지가 있어 보인다.

남북한의 통일방안에 초점을 두는 심지연(2001)은 해방 이후 한반도 문제 특히 통일 문제의 해결방식을 자주화와 국제화의 두 가지 큰 흐름으로 분석한다. 그에 따르면 남북이 각각 제시하는 통일방안은 공통적으로 다섯 단계를 거쳐왔다고 한다. (1) 자주화 단계, (2) 국제화 단계, (3) 탈국제화 시도 단계, (4) 자주화와 국제화의 양립 단계, (5) 자주화로의 공명 단계가 그것이다. 심지연의 시기 구분은 구체적 내용에 있어서 나의 시기 구분과 다소 차이가 있다. 통일방안에 초점을 두는 점에서는 유사하지만, 국제화 – 자주화의 기준과 홀로주체 – 서로주체의 기준이 차이가 있기 때문일 가능성이 크다. 홀로주체적 통일담론과 서로주체적 통일담론은 각각 국제공조와 민족공조를 강조하는 경향이 있다. 하지만 국제공조(특히 한미공조)와 민족공조가 반드시 국제화와 자주화에 일대일로 대응하는 것이 아니라는 점에서 차이가 발생한다.

매우 독창적인 '유사체제비교 접근'을 개발한 류지성(2005)은 남한의 역대 정권을 유사체제로 보고 제도, 행태, 기능의 세 가지 변수에서 통일정책의 이질성과 동질성을 비교한다. (1) 제도의 측면에서는 관련 법규의 제정과 개정, 그리고 주무 부처의 조직구조를 비교한다. (2) 행태의 변수에는 대립적 대북관 및 공존적 대북관이 있다. (3) 기능의 측면에서는 신규 프로그램을 수립하느냐 아니면 기존 프로그램을 개편하느냐가 비교의 관점이다. 이 중 두 번째 역대 정권의 대북정책의 행태적 측면을 강경과 공존으로 구분하고, 노태우 정부 이후에야 비로소 '매우 강경'에서 '강경'으로 변화가 일어났고, 김대중 정부 들어서 비로소 '강경'에서 '공존'으로 변화가 일어난 것으로 보고 있다. 이는 박정희 정부 이후 서로주체적 관계가 태동하고 노태우 정부부터 서로주체적 관계가 본격적으로 발전한 것으로 보는 나의 시각과 다소 차이가 있다.

통일운동에 중점을 둔 노중선(2005)은 이승만부터 김대중 정부까지의 통일정책이 모두 기본적으로 적대정책과 분단정책이라고 본다. "남한의 역대 정권은 분단현실을 적대적 대결관계로만 왜곡하여 냉전적 반공적대 정책으로 일관하면서 오직 적대적인 '대북정책', '안보정책'에만 치중했는데, 이는 곧 분단정책이었을 뿐 진정한 의미의 통일정책은 아니었다"는 것이다(노중선 2005, 79). 하지만, 노중선도 1970년대 초를 기준으로 작지만 중요한 변화를 인정하고 있다. 그에 따르면, 이전 정부의 통일정책이 북측 당국을 철저히 부정하는 '대결적 분단정책'이었던 반면, 7·4남북공동성명이 발표된 이후의 박정희, 전두환, 노태우, 김영삼, 김대중 정권의 통일정책은 '평화적 분단유지 정책'이었다고 한다. 역대 정부의 통일정책을 적대적 분단정책이라고 본 점에서 나의 해석과 차이가 크지만, 노중선이 간파한 대결적 분단정책에서 평화적 분단유지 정책으로의 변화는 내가 강조하는 홀로주체적 대북정책에서 서로주체적 대북정책으로의 변화와 일맥상통한다.

남북한의 민족주의 담론을 분석한 전미영(2003)도 남북한의 민족주의 전개에 있어서 홀로주체적 자세에서 서로주체적 자세로의 변화를 간파한다. 전미영에 따르면, 분단 이후 남한에서 민족주의와 통일 요구는 종종 용공주의자로 낙인이 찍힘으로써 민족주의가 위축되는 결과를 가져왔다. 박정희 정부에서 국가주도 민족주의를 전개했으나, 남북 전체 민족의 통합을 지향하기보다는 오히려 민족분단을 고정시키는 결과를 가져왔다. 그러던 것이 1980년대 민주화를 겪으면서 민족주의 전개에서 큰 변화가 일어났다. '우리민족'에서 상대방을 배제하고 상대방과의 적대적인 경쟁을 통해 체제의 정통성을 확보하고자 했던 이전까지의 반민족주의적 입장에서 벗어나서, '우리는 한 민족'이라는 틀 내에서 서로의 체제를 인정하는 민족주의적 입장으로 대전환을 이루었다는 것이다. 이는 내가 노태우 정부 시절부터 남북한의 서로주체적 관계가 발전했다고 보는 것과 상통한다.

통일정책의 변천을 국가주의와 민족주의 패러다임의 대립으로 분석하는 최완규(2015)는 노태우 정부에서 서로주체적 자세로의 변화가 일어난 것으로 이해하지만 그것이 제한적이었다고 보는 점에서 나의 견해와 차이가 있다. 그는 통일정책에 있어서 국가주의 담론과 민족주의 담론의 두 가지 패러다임이 충돌해왔다고 본다. 국가중심 담론은 남한 국가를 중심으로 한 흡수통일론으로서 냉전 체제에서 남한의 주류 통일담론이었다. 남한 정부는 북한보다 훨씬 분단국가주의 패러다임에 경도되었다고 한다. '53년 체제'(휴전체제)하에서 국가주의 통일담론이 주도권을 장악해서 민족이익(평화통일과 화해협력 등)보다 국가이익(승공통일, 반공, 안보, 한미동맹 등)이 우선시되었다는 것이다. 노태우 정부 들어서 적극적으로 민족주의 담론을 수용하기 시작했지만, 임수경과 문익환의 방북 사건을 처리하는 데서 보듯이 여전히 국가중심 패러다임이 우세했다. 김영삼 정부도 민족담론을 수용했으나 조문파동에서 보듯이 결정적인 순간 국가주의 패러다임이 우세했다. 김대중·노무현 정부 들어서 두 패러다임이 병행했지만, 이명박·박근혜 정부 들어서 국가중심 패러다임이 다시 우세해졌다는 게 최완규의 판단이다. 국가주의와 민족주의 패러다임이 홀로주체와 서로주체적 자세에 일대일로 대응하는 것은 아니지만 대체로 비슷하다고 이해할 수 있다. 비슷한 관점을 가지고 있지만, 최완규는 서로주체적 관계로의 변화를 간파하면서도 그에 대해서 덜 낙관적인 평가를 내리고 있다.

　　나의 시기 구분과 가장 유사한 시각을 가진 것으로 보이는 박정란은 북한체제에 대한 인정 여부의 관점에서 남한 정부의 통일정책을 세 시기로 구분한다(박정란 2008; 박광기·박정란 2008; 강동완·박정란 2012). (1) 분단 이후 1970년 이전까지 북한체제 불인정기, (2) 1970년대 이후의 북한체제 인정기, (3) 김대중 정부 이후의 남북교류협력기 등이다. 역대 정부의 통일담론의 내용을 중심으로 '흡수통일당위론'(1공화국, 이승만) → '통일내실조성론'(2-4공화국) → '단계통일론'(5-6공화국, 김영삼) → '통일기반조성론'(김대중, 노무현) 등으로 구분하기도 한다. 〈표 5.1〉에 정리한 박정란의 시기 구분은 북한에 대한 인정 여부를 기준으로 하고 1970년대 박정희 정부부터 서로주체적 관계가 태동하는 것으로 인식하는 점에서 나의 견해와 유사하지만, 노태우 정부부터 남북한 사이의 서로주체적 관계가 발전하는 것으로 보는 나의 관점과는 차이가 있다. 박정란 등은 김대중·노무현 정부의 대북포용정책을 통일정책이라기보다는 남북관계를 관리하는 대북정책으로 보고 김대중·노무현 정부의 통일정책을 '통일기반조성론'으로 본다(박정란 2008, 86; 박광기·박정란 2008, 162, 167; 강동완·박정란 2012, 218-231). 즉 나의 용어로 '서로주체적 분리'에 해당하는 것으로 본다. 이와 달리 나는 김대중·노무현 정부의 정책을 '서로주체적 부분통합' 정책으로 이해한다.[2]

....

2　　안문석(2012)도 나의 시각과 매우 유사하다. 그는 국제사회이론의 입장에서 남북한 관계를 '상

표 5.1 역대정부의 대북·통일정책 (박광기·박정란의 구분)

시기	정부 구분	내용	접근법	추진	비고
북한체제 부인기 (분단 이후~ 1970년대 이전)	이승만 정부 1948- 1960년	무력북진통일 → 북한지역 자유총선거론	급진	불교류·불협상론	
	장면 정부 1960년대 초	유엔감시하의 남북 자유총선거	급진	불교류·불협상론	
	박정희 정부 1960년대	선건설 후통일론	급진	불교류·불협상론	
북한체제 인정기 (1970년대 이후)	박정희 정부 1970년대	선평화 후통일론	단계적 (기능주의)	남북대화를 통한 평화 정착	1970.8.15. 평화통일 구상 선언 1972.7.4. 7·4남북공동성명 1973.6.23. 평화통일 외교정책선언 (6·23선언)
	전두환 정부 1980년대	민족화합민주통일방안	단계적 (기능주의 → 신기능주의)	인도적 교류 확대	
	노태우 정부 1980년대	1989.9.11. 한민족공동체 통일방안 1988. 민족자존과 통일번영을 위한 특별선언(7·7선언)	단계적 (기능주의와 신기능주의 병행)	대북 경협 추진	1988. 민족자존과 통일번영을 위한 특별선언(7·7선언)
	김영삼 정부 1990년대	1994.8.15. 민족공동체 통일방안 (한민족공동체 통일방안 계승)	3단계 (기능주의 → 신기능주의)	대북 지원	
남북교류협력기 (대북화해 협력정책)	김대중 정부 2000년대	대북포용정책 (민족공동체 통일방안 계승)	3단계 (신기능주의)	대북 경협 확대	2000.6.15. 남북정상회담 (남북공동선언)
	노무현 정부	평화번영정책 (민족공동체 통일방안 계승)	3단계 (신기능주의)	대북 경협 및 사회문화교류 확대	남북공동선언

출처: 박광기·박정란 2008, 177.

....

호배척 → 상호인정 → 전략적 활용'의 역사로 이해한다. 전반적으로 홀로주체적 관계에서 서로 주체적 관계로 이전해왔다는 나의 시각과 상통한다.

III. 홀로주체적 관계의 형성과 강화: 분단~1960년대

남과 북의 단독정부가 수립되면서 각각의 정부는 자신을 중심으로 한 흡수통일, 즉 홀로주체적 통합을 추구한다. 분단을 막고자 했던 통합주의 세력은 이제 상대방을 인정하는 것 자체가 용납되지 않는 상황에 직면한다. '반쪽짜리' 통합주의 세력이 남과 북 전체를 아우르는 한민족 전체의 '온전한' 통합주의 세력을 억압하고 대체하는 것이다. 분단 이후 남과 북 각각에서 홀로주체적 입장이 우세하게 되는 과정은 바로 이처럼 대아(통합한국)가 아닌 소아(분단국가로서 남한과 북한)를 중심으로 통일 문제를 생각하는 시각이 우세해진 과정이기도 하다.

분단 이후 남북한은 서로 상대방의 정통성을 인정하지 않는 홀로주체적 정책을 추구하였다. 남한과 북한은 각각 분단국가로서 서로 자신이 정통성을 갖춘 정부라고 주장했다. 남한의 입장에서는 북한이, 북한의 입장에서는 남한이 불법적인 괴뢰정권이었다. "논리적으로는 대한민국과 조선민주주의 인민공화국은 서로 용납할 수 없는 존재, 화해할 수 없는 존재이다. 서로가 존재하는 것만으로 상대를 부정하는 것"이었기 때문이다(와다 하루키 2002, 90). 남한은 유엔의 감시하에 선거가 실시되고 유엔총회에서 정식으로 인정받았기 때문에 한반도의 유일한 합법정부이고, 따라서 38선 이북에도 남한의 주권이 미친다고 주장했다. 북한은 남북한의 모든 정당 사회단체가 참석한 연석회의와 지도자협의회의 결의에 따라 한반도 전역에서 선거가 실시되어 전체 인민의 의사를 대표하는 합법적 통일정부로 수립되었다고 주장했다. 이처럼 남북이 모두 정통성을 주장하며 상대방의 존재를 인정하려 들지 않았기 때문에 배타적인 통일방안이 제시될 수밖에 없었고, 이는 점차 무력통일론으로 이어졌다(최진욱 2008, 5).

한국전쟁 전부터 1950년대 말까지 이승만 정부는 홀로주체적 통합 정책을 고수했다. 이승만 정부는 한국전쟁 이전부터 유엔 감시하 남북한 자유총선거에 의한 통일을 주장하면서 동시에 무력통일론을 주장했다. 가령

1949년 10월 8일 UP통신과 가진 기자회견에서 이승만은 "3일 내로 평양을 점령할 수 있다고 확신한다"고 언급하면서 세계대전까지 치를 용의가 있음을 보였다(심지연 2001, 116에서 재인용). 남한이 유엔에 의해 한반도에서 자유선거를 통해 수립된 유일 합법 정부라는 전제 위에서, 북한 지역의 조속한 민주선거를 실시하여 대한민국에 남겨놓은 100석의 의석을 채움으로써 통일국회와 정부를 수립해야 한다는 것이다. 만일 북한이 저항할 경우 무력으로라도 통일을 하기 위해서 국방력을 강화해야 한다고 주장했다. 공식적으로 유엔 감시하 자유총선거라는 평화적 통일방안을 표방하면서 동시에 무력북진통일론을 공공연하게 주장한 점에서 이승만 정부의 통일정책은 "야누스의 얼굴처럼 이율배반적"인 성격을 가지고 있었다(양영식 1997, 11-15; 전일욱 2010, 107-108).

북한 지역만의 자유총선거 주장은 휴전 이후 1954년 5월 제네바 정치회담을 계기로 남북한 자유총선거론으로 바뀐다(임수환 2007, 171). 제네바 회담에서 남한의 변영태 외무장관은 통일 문제에 관한 14개조의 제안을 제시했다. 핵심은 유엔 감시하에 북한에서 자유선거를 실시하고 동시에 대한민국 헌법의 절차에 의거하여 남한에서도 자유선거를 실시하자는 제안이다. 다만 전한국 의원 선출은 전한국 인구에 정비례해야 하며, 전한국 입법부는 서울에서 개회해야 한다는 단서를 달았다. 이 전한국 입법부에서 (1) 통일한국의 대통령을 새로 선거하는 여부, (2) 대한민국 현 헌법의 개정문제, (3) 군대의 해산 문제 등을 결정하자고 제안했다.[3] 당초에 제네바 회담을 거부했던 이승만 정부로서는 파격적인 제안이었고, 미국의 입김이 작용하였다고 하지만 '소극적인 평화통일방안'이라고 할 만하다. 조봉암도 이 14개를 평화통일방안이라고 지적했다고 한다(이현주 2008, 448-449). 하지만 북한만의 선거에서 남북한의 선거로 바뀌었음에도, 인구 비례와 서울 중심

....

3   변영태. "유엔 감시하의 자유선거."(1954. 5. 22. 변영태 외무장관의 제네바회의 연설) 심지연 2001, 178-184에 전재.

을 고수한 점에서 여전히 홀로주체적 입장에서 벗어나지 않고 있다.

동시에 무력통일론도 고수했다. 남한 정부는 6·25전쟁 과정에서 휴전에 반대했을 뿐 아니라 북진통일론 주장을 강화했다. 1953년 10월 한미상호방위조약을 체결하여 안보태세를 강화하는 한편 무력통일과 멸공통일을 지속적으로 주장했다. 휴전이나 통일 등 모든 문제에 있어서 북한과의 협상은 불가하다는 것이 이승만 정부의 기본 입장이었다. 협상은 북한 공산정권에 대한 암묵적인 승인을 의미하기 때문이다. 북한과의 통일 논의 자체가 북한을 승인하는 것이므로 결코 그런 모욕적인 협상은 있을 수 없다는 태도다. 북진통일론은 이승만 정부 기간 동안 '상수'였다(조동준 2014, 103).

유엔 감시하 총선거론이든 북진무력통일론이든 이승만 정부의 통일정책은 한마디로 홀로주체적 통합론에 해당한다. 하지만 실상은 홀로주체적 분리 노선이었다. 홀로주체적 통합의 능력도 의사도 실제로는 없었기 때문이다. 유엔 감시하 남북한 자유총선거 통일 방안에는 사실상 한국정부의 독자적 통일방안이 부재하며 통일의지가 미약했다. 냉전체제하에서 미국 주도 아래 유엔 중심의 통일방안을 고수하고 있었기 때문에 공산 진영의 동의 구축이 불가능했다(전일욱 2010, 108). 북진통일도 가능성이 거의 없었다. 현실적 능력도 없었고 경제력에서도 북한과의 격차가 상당했기 때문이다. 오히려 협상의 여지를 없애버림으로써 결과적으로 통일 문제에 대해 소극적이고 수동적인 입장에 빠졌다(심지연 2001, 31). 북진통일론은 진정한 의미에서 통일정책이라기보다는 "대국민 선전 및 동원 논리로 사용"되었으며 "대미협상에서 유리한 위치를 점"하기 위한 구호의 성격이 강했다(김일영 2005, 200-202). 종합하면, 이승만 정부의 통일방안은 남북한의 통합을 위한 담론이라기보다는 반공을 앞세워 분단을 고착화시키고 지배체제를 강화하는 분리주의 담론이었고(서중석 1999, 163), 진정한 의미에서의 통일담론을 철저히 억압하는 데 사용됐다. 조봉암이 평화통일을 주장했다는 이유만으로 사법살인을 저지른 점이 이를 극명하게 보여준다.

분단 이후 홀로주체적 통합을 주장한 것은 북한도 마찬가지였다. 북한에 실질적인 단독정부가 수립된 것은 1946-47년부터라고 할 수 있다. 1946 년 2월 김일성을 위원장으로 하는 북조선임시인민위원회가 발족하였다. 이 임시인민위원회가 최초로 실시한 정책이 토지개혁이었다. 사실상 정부 의 권한을 행사했다고 할 수 있다. 1946년 11월에 선거에서 뽑힌 대표들이 1947년 2월 인민위원회 대회를 열었고, 여기에서 입법기관인 북조선인민회 의 의원을 선출하고 김두봉을 의장으로 뽑았다. 인민회의논 행정부격인 북 조선인민위원회를 승인했다. 이는 1947년 2월이면 북한 지역에 "정식 정부 가 성립했음을 의미한다"(와다 하루키 2002, 70-87; 서중석 2010, 183-184). 1948년 8월 남한에서 단독 정부가 수립된 이후 북한이 국가 수립을 선포하 지만, 실제로는 그보다 훨씬 이전에 북한의 단독 정부는 이미 수립되었다고 보아야 한다.

한국전쟁은 북한의 무력에 의한 홀로주체적 통합 시도였다. 김동춘은 한국전쟁이 국가 간 전쟁보다 국가 건설을 위한 전쟁의 성격이 많았다고 주 장한다. 스스로 국가임을 선포하는 세력들 사이의 내전의 성격이 강했다는 시각이다. 한국전쟁을 국가 간 전쟁으로 보는 시각은 사후적으로 체제 정당 성을 이끌어내기 위해 고안된 사고라고 그는 주장한다(김동춘 2000, 53). 한 국전쟁 당시 남과 북은 아직 국민국가로서의 체제를 충분히 정비하지 못한 것으로 볼 수 있다. 전쟁의 결과 어느 한쪽이 다른 쪽을 흡수통일했다면 한 국전쟁은 그야말로 내전의 성격을 가지게 되었을 것이다. 그러나 전쟁의 결 과 남북한의 분단이 고착화되었고 남과 북은 개별 국가성을 더욱 강화하게 되었다. 결과적으로 한국전쟁은 북한이라는 신생 국가가 남한이라는 신생 국가를 무력의 방법으로 홀로주체적으로 통합하려는 시도였다.

전쟁 전인 1949년 12월 김일성이 제시한 '민주기지론'도 홀로주체적 통합을 표방했다.[4] 북한이 유일한 합법 정부이며, 남한은 "미제국주의자들 의 식민지 예속화 정책"과 "그들의 괴뢰인 이승만 매국정권"에 의해 통치되

....

4   김일성. "민주기지론." (1949. 12. 15.) 심지연 2001, 120-129에 전재.

는 괴뢰정부라고 폄하했다. 미제가 도발하려는 전쟁에 맞서 평화를 수호하기 위해서 "조국통일 민주주의전선을 더욱 강화"해야 한다는 것이 민주기지론의 골자다. 평화를 언급하고 있지만 그 내용에 있어서 홀로주체적인 점은 남한의 무력통일론과 다를 바가 없다.[5] 제네바 회담에서 남한의 '유엔감시 인구비례 총선거론'에 대항하여 북한이 들고 나온 '중립국 감시 지역비례 총선거론'도 통일의 전제조건으로 주한미군 철수를 거론한 점에서 홀로주체적 성격이 강하다(임수호 2009, 53-58).[6]

한국전쟁 이후 무력통일론을 고수한 남한과 달리 북한은 1956년 4월 조선노동당 제3차 대회에서 평화통일론을 채택하고 남북 조선 인민간의 "호상 접촉과 협상"을 주장했다(심지연 2001, 47).[7] 이외에도 북한은 1950년대 후반 조선적십자회, 올림픽위원회, 작가대회, 기자대회, 청년학생회 등 다양한 채널을 통해 남북교류협력을 제의했다. 북한의 평화통일방안은 기능주의적 요소를 담고 있을 뿐만 아니라 남한과의 서로주체적 관계를 희망하는 것으로도 읽힌다. 하지만, 평화체제 수립을 위해서 한미상호방위조약을 비롯한 예속적 불평등조약 폐기, 미제에 대한 공동투쟁, 남한 사회 민주화와 개혁 등을 주장한 점에서 여전히 홀로주체적 성격이 강하다(김형기 2010, 47-48).

4·19 이후 2공화국 정부는 이승만 정부의 무력북진통일 노선을 폐기하고 평화통일 노선으로 전환했다. 장면 정부는 유엔 감시하에 인구비례에 의한 남북 총선거론을 주장했다.[8] '유엔 감시하'라는 동일한 조건에서 남북한

....

5   민주기지론의 해석을 둘러싼 논쟁으로 이종석 1998, 92-95; 방인혁 2014, 286-288 참조.
6   남일. "외군 철수 후 전조선 정치위원회 구성." (1954. 6. 15. 북한 남일 외상의 제네바회의 발언) 심지연 2001, 184-188에 전재. 제네바 회담에서 남과 북의 통일방안 비교는 김연철 2018, 48-50 참조.
7   조선노동당 제3차 대회. "조국의 평화적 통일을 위하여." (1956. 4. 23.) 심지연 2001, 221-230에 전재. 1959년 10월 남일 부수상이 제시한 7개항 통일방안도 유사한 내용을 담고 있다.
8   장면. "남북 자유 총선거로 통일." (1960. 8. 27. 민의원 시정연설). 장면. "유엔 감시하의 남북 총선거." (1960. 9. 30. 민의원 시정연설) 심지연 2001, 230-233에 전재.

으로 총선거를 확장한 것이다. 이는 이승만 정부와 달리 북한을 사실상 정부로 보는 시각의 전환을 함축하는 듯이 보인다(강동완·박정란 2012, 221). 그러나 장면 정부는 철저하게 '반공통일'을 견지하고 유엔위원단 가운데 공산 측이나 중립국이 다수를 차지할 때는 받아들일 수 없다는 입장이어서 여전히 홀로주체적인 요소를 강하게 가지고 있다. 북한을 정복의 대상으로 보던 이전의 시각과 다르지만, '선건설 후통일'을 통해 남한이 북한을 흡수하는 홀로주체적 통합 발상에서 벗어나지 않고 있다. 민주당 정부의 선건설 후통일론은 북한을 통일의 대등한 파트너로 인정하지 않는 점에서 여전히 홀로주체적이고, 당시 남북한의 경제적 격차에서 우위에 있던 북한을 의식하여 경제적 건설을 우선하고 통일 문제는 사실상 부차적인 위치로 내려놓았다(양영식 1997, 35-38). 장면 정부의 '선건설 후통일'론은 실질적으로 통일유보론에 해당하며(홍석률 2005, 105), 재야세력과 학생들의 통일운동과 담론을 억압하는 데 사용됐다(노중선 2005, 73). 이런 점에서 민주당 정부의 통일방안은 실제로는 홀로주체적 분리 정책이었다.

4·19혁명 이후 북한은 '상층 통일전선' 구축을 시도하는 한편 대남 평화공세를 강화했다. 상층 통일전선은 4·19로 변화한 남한의 정세에 맞춰서 기존의 통일전선 전략을 수정한 것이다. 즉 노동자, 농민 등 기층민중과의 하층 통일전선 구축을 중시하던 정책에서 벗어나서 남한의 정치사회에 진출한 혁신세력 및 통일운동 세력, 심지어 민주당과 연합하여 북한 중심의 통일에 유리한 환경을 조성하려고 하였다(조동준 2015, 178-180). '자주 통일'을 강조하면서 대남 평화공세도 강화했다(김학준 1988, 536-542). 1960년 8월 김일성은 통일의 과도적 단계로서 '남북연방제'를 제의했다.[9] 이 방안은 남한을 '대한민국'이라는 국호로 호명했고, 남북의 상이한 정치제도를 당분간 그대로 두자고 했으며, 남북 정부의 대표들로 구성되는 '최고민족위원회'를 구성하자고 제안한 점에서 주목할 만하다. 남한의 국가성과 상이한

....
9   김일성. "통일의 과도적 단계로서의 연방제." (1960. 8. 14.) 심지연 2001, 239-251에 전재.

체제 및 정부를 인정하는 서로주체적 자세를 보이고 있는 것이다.[10] 미군 철수와 군축을 강조함으로써 여전히 홀로주체적인 성격을 벗어나지 못하고 있지만, 적어도 통일방안의 언술적 측면에서는 남한 정부를 인정하고 사실상의 합의체를 제안하고 경제교류를 제안한 점에서 서로주체적 자세가 담긴 제안이라고 할 수 있다(한모니까 2000, 220-225). 당시 북한이 경제적 우위를 점하고 있었고, 남한에서 혁신계의 남북협상통일론이 우세해지는 상황에서, 그리고 1956년 '8월 종파사건' 이후 중국군 철수가 결정되고 실제 1958년 중국군이 일거에 철수한 상태에서, 북한이 서로주체적 자세를 가질 수 있었던 것으로 보인다(조동준 2014, 105).

홀로주체적 통합을 표방하면서 실제로는 홀로주체적 분리를 지향한 2공화국의 통일방안은 3공화국에서도 계승되었다. 5·16쿠데타의 군사혁명위원회는 '반공체제의 재정비 강화'와 '국토통일을 위한 실력배양'을 통일의 기본방향으로 제시했다. 군부는 반공을 '국시의 제1의'로 규정하고 "민족적 숙원인 국토통일을 위하여 공산주의와 대결할 수 있는 실력배양에 전력을 기울인다"라고 선언했다(심지연 1999, 169). 1961년 쿠데타에서부터 1969년 국토통일원 설치까지 1960년대 박정희 정부의 통일정책은 한마디로 '선건설 후통일' 정책이었다. 이는 2공화국의 선건설 후통일론을 계승한 것이었다. 다만 장면 정부의 선건설 후통일론이 통일논의를 회피하기 위한 소극적 성격을 가졌던 데 반해, 3공화국의 선건설 후통일론은 좀더 적극적으로 힘에 의한 승공통일 정책에 기초하고 있었다(박광기·박정란 2008, 169; 임수환 2007, 171-173. 5·16). "국력의 뒷받침 없는 통일의 염원은 부질없는 환상에 지나지 않는다"는 말에서 보듯이, '통일의 전제'로서 '실력배양'을 추구했다(김지형 2008, 60). 이는 통일 논의 자체보다 통일을 위한 역량을 배가하는 데 힘쓰는 통일역량 배가정책이라고 할 수 있다(이용필 1992,

....

10 아울러 연방제를 거부할 경우 '순전한 경제위원회'라도 구성하고 여러 분야에서 상호 교류를 실시하자고 제안했다. 1990년대 말 남한의 햇볕정책과 비슷한 신기능주의적 요소가 있어 보인다.

54; 전일욱 2010, 109에서 재인용).

　　1960년대 박정희 정부의 선건설 후통일론은 기본적으로 북한에 대해 홀로주체적 자세를 견지하였다. 북한과의 적대적 대치 상태에서 남한이 북한보다 정치, 경제, 사회적으로 우위에 있어야 하며, 북한과의 대결에서 승리하기 위해서 강력한 정치적 결속과 경제개발 분야에 힘을 모아야 한다는 입장이었다(심지연 1999, 170-171). 힘의 우위를 확보한 후에 남한의 제도를 북한에 확대한다는 생각이다. 이를 위해 (1) 남북대화와 남북협상을 묵살하고, (2) 북한 불승인과 불협상이라는 대북 강경 입장을 고수하였으며, (3) 반공법을 공포하여 남북협상과 교류를 주장하는 혁신계 인사들을 통제하고 검거했다(자유평론사 1988, 88; 전일욱 2010, 109에서 재인용). 1960년대 남북한의 힘의 격차가 북한에 유리했던 점을 고려하면, 박정희 정부의 선건설 후통일론은 이전 정부의 통일방안과 마찬가지로 사실상 통일유보론에 가까웠다. 홀로주체적 통합을 표방하지만 사실상 분단국가를 강화하는 홀로주체적 분리 정책이었다.

　　박정희 정부의 반공 우선 정책에 대해 북한은 '남조선혁명론'으로 대응한다. 1962년 12월 전인민의 무장화, 전국의 요새화, 전군의 간부화, 전군의 현대화라는 4대 군사노선을 채택하고 1964년 2월 남조선혁명론을 채택함으로써 남한에 대한 홀로주체적 자세를 강화했다. 4·19혁명이 실패한 이유가 남한 내에 혁명정당이 부재한 데 있다고 진단하고, 남조선혁명을 위해 북조선과 남조선 및 국제 차원에서의 3대 혁명역량강화 노선을 주창했다.[11] 남조선혁명론은 남한 내에 독자적인 전위적 혁명당 건설의 필요성을 주장한 점에서 현실사회주의 국가의 기본원칙이라고 할 수 있는 일국일당론에 근본적인 수정을 가하고 있다. 남한에 독자적인 전위적 혁명당 건설을 주장

....

11　김일성. "남조선혁명에 대하여." (1965. 4. 14. 인도네시아 알리 아르함 사회과학원에서의 강의)
　　참조. 심지연 2001, 251-261에 전재; 김일성. "남조선 정세와 남조선 인민들의 투쟁에 대하여."
　　(1966. 10. 5.) 심지연 2001, 261-277에 전재.

하는 점에서 남조선혁명론은 이전의 민주기지론과 질적으로 차이가 있다(방인혁 2014, 290-291).

남조선혁명론은 4·19혁명 이후 짧은 기간 동안 북한이 보였던 서로주체적 자세가 일시적 방책이었음을 잘 보여준다. 1960년의 과도기로서의 남북연방제안이 남한 정부의 실체를 인정했던 것과 달리, 남조선혁명론은 이를 부인하고 남한에 새로운 정권의 수립을 촉구하고 있다. 4월혁명에 의해 탄생한 정권과 군사쿠데타를 일으켜 반공을 국시로 내건 정권을 동일하게 취급할 수 없다는 게 북한의 명분이지만, 남북연방제안의 순수성을 의심하기에 충분한 변화였다. 북한의 이와 같은 홀로주체적 입장으로의 선회는 1967-1969년 모험주의 군사노선의 형태를 띠며 노골적으로 남한 정부를 전복시키기 위한 폭력투쟁을 선동하고 무력도발을 감행하는 지경으로 나아갔다. 1968년 1월의 무장공비 청와대 습격(1·21사태)과 푸에블로호 나포, 11월의 울진 삼척 지구 무장공비 침투, 그리고 1969년 4월의 미 해군 정찰기 EC-121기 격추 및 12월의 KAL기 납치 등이 이 무렵 북한의 모험주의 군사노선을 잘 보여준다. '제한전쟁'의 시기로 불릴 정도로 남북한의 홀로주체적 관계가 노골화된 것이다(김연철 2018, 60-66; 심지연 2001, 53-59; 최진욱 2008, 7-8).

IV. 서로주체적 관계의 태동: 1970년대~1980년대 중반

1970년대 초 미소 데탕트와 미중 화해의 국제조류 속에서 남북한 관계에도 변화가 발생한다. 서로 적대적 대치를 계속하면서도 상대를 인정하고 공존을 도모하기 시작한 것이다. 1972년 7·4남북공동성명으로 그 태동을 알린 남북한의 서로주체적 관계는 1980년대 초 신냉전의 전개로 미소 관계가 경색될 때에도 남북 대화의 단속(斷續)으로 연결되었다. 남과 북 사이에 서로주체적 관계가 태동하고 맹아적으로나마 지속된 1970년대~1980년대 중반 남북관계에 두 가지 중요한 변화가 일어났다.

첫째, 선평화 후통일의 흐름이 강해졌다. 분단이 장기화되면서 남북한 사이에 평화구축을 우선하는 기류가 형성되었다. 박정희 정부는 집권 초기부터 먼저 실력을 양성하고 나중에 통일을 추구하겠다는 입장이었다. 1960년대 선건설 후통일론은 1970년대에 오면서 '선평화 후통일'론으로 연결되었다. 북한은 대남 강경정책을 취하기도 했지만 1960년 제안한 과도적 연방제 통일방안을 발전시켜서 1980년 '고려민주연방공화국' 통일방안을 제시했다. 남북한의 두 정부의 실체를 완전히 인정한 바탕 위에서 통일을 추구하자는 것이다. 남북한 모두에서 통일은 훗날로 미루어지고 우선 분단 상태에서 평화를 구축하는 데로 초점이 옮겨진 것으로 볼 수 있다. 1973년 6월 23일 남과 북에서 각각 발표한 박정희의 '평화통일 외교선언'과 김일성의 '새로운 평화통일 방침'(일명 조국통일 5대 강령)은 모두 조속한 통일보다는 평화 정착에 방점이 찍혀 있었다(임수호 2009, 60-63).

둘째, 한반도 문제의 '탈유엔화'와 '한반도화'가 시작되었다. 1971년 중국이 유엔에 가입하고 1973년 북한이 옵서버로 참석이 허용된 이후 1970년대 중반부터 한반도 문제는 다시 유엔에서 논의되지 않았다(임수호 2009, 63-71). 대신에 남북한 사이에 접촉과 대화가 시작되었다. 여기에는 국제적인 데탕트의 흐름도 중요한 요인으로 작용하였다. 강대국들이 남북한의 대화를 촉구하기 시작했다. 1970년대 초 미국의 남북대화 종용에 호응하여 남한 정부가 남북대화에 적극 임하게 되었다(김지형 2008, 43-55). 1972년 2월 닉슨의 중국 방문에서 미국과 중국은 공동성명을 통해 "유엔을 통한 한반도 문제 해결"이 아닌 "남북대화에 의한 한반도 문제 해결"을 주장하고 나섰다(최진욱 2008, 9-10). 미중의 화해로 한반도의 무력통일의 길이 멀어지고 남북이 평화공존을 모색할 유인이 강해졌다(이혜정 2016, 38). 북한에게 미중 화해는 "거의 중국의 배신 행위에 가까웠"으며(권헌익·정병호 2013, 72-75), 남한에게 닉슨 독트린은 그전까지 한미 사이에 존재했던 "'냉전전 합의'로부터의 부분 이탈"을 의미했다(김일영 2005a, 391-399). 김대중이 미중 데탕트에서 한반도 평화를 위한 '기회'를 본 것과 대조적으로 박정희에게 미중 데탕트는 '위기'로 인식되었다(마상윤 2011, 106-124). 이같은 국제정세의 변화에 따라 남북한은 각각 중국과 미국에 의존하기보다 스스로 민족문제를 풀어야 한다는 절박한 상호인식에 도달했다. 미중 데탕트를 추진하는 과정에서 닉슨은 미중 간 적대관계를 청산하는 데 몰두하여 "한반도의 정세는 전혀 고려하지 않았던 것으로 보"였으며, 이에 놀란 남북한 정권은 스스로 한반도 문제를 관리하려고 하였다(오버도퍼 2002, 36; 김해원 2011, 67-79 참조).

국제적 흐름과 아울러 남북한 정부 당국들의 서로에 대한 입장에서도 변화가 동반되었다. 남과 북이 분단 상태가 지속되면서 통일을 뒤로 미루고 평화 문제를 숙고하면서 서로주체적 자세가 태동하기 시작한 것이다. 심지연이 주장하듯이, 제네바 회담 실패 이후 남과 북에서 평화통일론과 과도적 연방제통일론이 대두하고 1970년대 초 7·4남북공동성명과 남북대화가 이루어질 때까지의 '탈국제화'가 시도되었다. 남북 모두 서로의 존재를 인정하는 방향으로 나아간 것이다(심지연 2001, 45).

1970년대 남북한 사이에 서로주체적 관계가 태동하게 된 결정적 출발점은 박정희 대통령이 1970년 8·15 경축사에서 밝힌 '평화통일구상' 선언이었다. 평화통일구상 선언은 무력통일을 부인하고 남북한 사이에 평화적인 '체제경쟁'을 제안했다. 남과 북이 무력이나 폭력을 배제하고 상호 공존하면서 어느 쪽이 진정으로 우리 민족에게 보다 나은 삶을 제공하는 체제인지 '선의의 체제경쟁'을 하자는 것이다(윤홍석 2004, 83; 김형기 2008, 66; 김형기 2010, 67). 체제경쟁은 상대방의 체제를 인정한 바탕 위에서 가능하다는 점에서 "1970년 8월 15일 박 대통령의 선언은 처음으로 우리가 공식적으로 북한체제의 존재를 인정한 선언으로서 중요성"을 갖는다(이홍구 1996, 281). 양성철의 말을 빌리면, 1970년 8·15선언은 북한을 '투쟁'의 대상인 적에서 '경쟁' 상대인 경쟁자로 보는 인식의 전환이었다(양성철 1989, 151). 대한민국이 한반도의 유일한 합법정부라는 입장에서 북한정권의 존재를 인정하지 않던 종래의 홀로주체적 자세에서 벗어나서 북한에 현존하는 사실상의 정부를 인정한 서로주체적 자세로의 전환이 일어난 것이다(심지연 1999, 172).[12]

박정희 대통령의 1970년 평화통일구상 선언은 북한의 도발을 억제하기 위한 '전술적' 성격을 갖고 있었고(조동준 2014, 112-114), '대화 없는 대결'에서 '대화 있는 대결'로의 전환을 의미했다(마상윤 2011, 127). 그럼에도 그것은 남한의 대북 자세에 있어서 중요한 분기점이 된다. 이후 1974년 광복절 기념사에서 박정희는 (1) 평화 정착을 위해 남북한 상호불가침협정 체결, (2) 남북 대화 및 다각적 교류와 협력, (3) 공정한 선거관리와 감시하에 토착인구 비례에 의한 남북한 자유총선거 실시를 통한 통일 등의 '평화통일 3대 기본원칙'을 제시함으로써 평화통일 원칙을 공고화했다. 이는 종전의 선건설 후통일에서 선평화 후통일로 정책의 방향 전환을 의미하며, 이후 남한 정부 통일정책의 기본이 되었다(김형기 2010, 83-84; 심지연 1999, 174). 평화통일 원칙은 1972년 유신헌법과 1980년 5공화국 헌법 및 1987년 6공화국 헌법 전문에 명시됐다(임수환 2007, 171-173). 이제 북한에 대한 무력 통일이라는 선택지는 사실상 사라지고 오직 평화적인 방식의 통일만 남게 되었다.

박정희 대통령의 이와 같은 서로주체적 자세로의 전환은 두 가지 점에서 특히 주목할 만하다. 첫째, 그동안 북한의 대남 평화공세에 일체 대응하지 않았던 소극적인 방어적 자세에서 벗어나서 남북한의 서로주체적 관계를 주도적으로 이끌어나가겠다는 의지를 표명한 점이다. 앞서 언급했듯이, 북한은 이미 1960년에 과도적 단계로서의 연방제안을 제안하면서 서로주체적 자세를 보이기 시작했다. 물론 1960년대 중반 이후 북한이 전개한 대남

....

12 8·15선언에 대한 이 같은 의미 해석은 당시에 미국에서도 있었다고 한다. 윤홍석에 따르면, 미 국무부도 박정희 대통령의 8·15선언이, 북한을 침략자로 규정하던 과거의 주장에서 벗어나서 정치적 실체로 암묵적으로 승인하는 새로운 조치라고 평가했다(윤홍석 2004, 84).

무력공세는 북한의 진정성을 믿기 어렵게 만든다. 하지만 북한의 서로주체적 평화공세에 대해 남한이 상응하는 대응을 하지 않았던 것도 사실이다.[13] 박정희의 8·15선언은 기존의 소극적인 입장에서 벗어나서 서로주체적 자세로의 전환을 적극 표명한 것이다. 특히 1960년대 말 남북 긴장이 고조되어 있을 때 남북한 관계에 극적으로 새로운 방향을 제시하는 것이었다(강동완·박정란 2012, 222).

둘째, 박정희의 8·15선언은 통일 문제를 탈유엔화하고 남북 당사자 간의 문제로 변화시키는 전환점이었다. 8·15선언은 유엔에 의존하던 기존의 입장에서 벗어나서 남북대화를 통해 평화적으로 남북문제를 해결하자고 제안함으로써 '한반도 문제의 한반도화'를 도모했다(이서행 2009, 130-131; 이재호 2013, 63-64).[14] 이를 기점으로 남북의 기본 입장이 뒤바뀌는 현상이 발생했다. 남한은 그동안 누려온 '유엔 프리미엄'을 스스로 내려놓았다. 남한은 그동안 유엔의 결의에 입각해서 북한을 인정하지 않고 한반도 내 '두 개의 코리아'가 존재한다는 사실을 부인해왔었는데, 1970년 8·15선언은 이와 같은 기존의 자세에서 벗어나는 획기적인 변화였다. 북한은 이전까지 민족 내부적으로는 '하나의 조선'을 추구해왔지만 국제사회에서는 '유엔 콤플렉스'를 타파하기 위해 두 개의 코리아를 추구해왔는데, 이 시기 이후부터는 오히려 두 개의 코리아를 거부하는 태도를 보였다. 1970년대 이후 '두 개의 코리아'에 대한 남과 북의 입장에 변화가 생긴 것이다(김형기 2010, 67; 김학준 1988, 552-554; 강동완·박정란 2012, 223). 8·15선언을 가능케 한 결정적 동기는 중국과의 데탕트를 추구한 미국의 남북대화 요구였다(김지형 2008, 67). 미국의 요구에 대한 남한 정부의 호응이 '한반도 문제의 한반도화'를 가져온 셈이다.

....

13   이 점에서 1970년 평화통일구상에서 강조한 '체제경쟁' 선언은 북한의 평화공세에 대한 역평화 공세라고 볼 수 있다(조동준 2015, 224).

14   박정희 시기에 대한 상이하지만 중요한 해석으로 박명림 1997, 59-64 참조.

북한은 남한의 서로주체적 자세로의 변화에 긍정적으로 대응하였다. 1971년 4월 허담 외상이 8개항 평화통일방안을 제시하고,[15] 8월에는 김일성이 "남조선의 민주공화당을 포함한 정당, 사회단체 및 개별적 민주인사들과 아무 때나 접촉할 용의"를 밝힘으로써 남한 정부와의 대화에 길을 열어놓았다(김형기 2010, 68).[16] 아울러 김일성은 1972년 일련의 외국 신문들과의 대담에서 선(先)남북평화협정 후(後)미군철수를 주장함으로써, 이 문제와 관련한 이전까지의 입장에 변화를 보였다(임수호 2009, 56-57).[17]

1972년 7·4남북공동성명이라는 남북 최초의 합의문이 나오게 되는 배경에는 이와 같은 서로주체적 관계의 태동이 있었다. 남북의 접촉과 대화의 물꼬는 남북적십자 회담에서 시작되었다. 적십자회담 도중 비밀접촉 제의가 이루어져서 별도의 남북대화가 비밀리에 진행되었다. 이 비밀접촉에서 7·4공동성명이 탄생하게 된다. 노중선에 따르면, 이전까지 남북이 대화를 위해 접촉한 것은 1963년 제18회 동경올림픽 단일팀 참가 문제를 협의하기 위한 단 한 차례뿐이었다. 그때까지 북측은 무려 130여 차례에 걸쳐서 남북대화를 제의했으나, 남측이 적대적 입장에서 전혀 반응하지 않았다고 한다(노중선 2005a, 112-116). 이런 점에서 남북적십자회담과 7·4공동성명은 남한이 북한을 대화와 협상의 파트너로 인정하는 서로주체적 자세로의 변환에 의해 이루어진 것이다. 또 그동안 남조선혁명론에 입각하여 줄곧 실체로서 인정하지 않아왔던 남한 정부를 북한이 통일 문제의 실제 상대로 인정한 것으로 볼 수 있다(이종석 1998, 96).[18]

....

15 허담. "현 국제정세와 조국의 자주적 통일을 촉진시킬 데 대하여." (1971. 4. 12.) 심지연 2001, 284-297에 전재.

16 김일성. "민주공화당을 포함해 누구와도 접촉할 용의." (1971. 8. 6.) (캄보디아 시아누크 국왕 환영대회 연설). 심지연 2001, 297-299에 전재.

17 북한은 이후 1973년 남북 평화협정 체결을 제의했다. 남한이 이를 '위장전술'이라고 거부하고 대신 상호불가침협정을 체결하자고 제안하자, 북한은 1974년 미국에 평화협정을 제의하면서 평화협정의 상대를 미국으로 선회한다. 박상철. "남북 평화협정 체결 제의"(1973. 3. 25.) 참조. 심지연 2001, 327-352에 전재.

주지하듯이, 7·4공동성명은 제1항에서 '자주, 평화, 민족대단결'을 통일의 원칙으로 천명했다.[19] 이 중 민족대단결의 원칙은 서로주체적 관계를 압축적으로 내포하는 것으로 이해해야 한다. 통일의 3대 원칙을 합의한 1972년 5월 이후락과 김일성의 만남에서 김일성은 "민족적 대단결을 도모하려면 북과 남이 자기의 사상과 제도를 초월하여야 하며 서로 상대방을 적대하는 정책을 쓰지 말아야 한다"고 주장했다고 한다(노중선 2005a, 115; 강인덕·송종환 2004, 153-154; 김지형 2008, 184-186 참조). 남북이 서로 자신의 입장이 아닌 상대방의 입장에서 그리고 민족대단결의 입장에서 (즉 대아의 입장에서) 생각해야 한다는 원칙을 천명한 것이다. 7·4공동성명에서 밝힌 통일의 3원칙은 북측이 제안하여 관철시킨 것이었으며, 특히 '민족대단결'의 원칙은 원래 남측에서 원하지 않았지만 양보한 것이라고 한다. 이후 노태우 정부의 '한민족공동체 통일방안'에서 통일의 원칙으로 '자주, 평화, 민주'를 제시했고 이것이 남한 정부의 공식적인 '민족공동체 통일방안'에서도 계속되었다. 남한 정부가 민족대단결의 원칙을 부담스러워 했음을 알 수 있다(백학순 2015, 90-94; 강인덕·송종환 2004, 153-167 참조).

7·4공동성명은 한국전쟁 이후 남과 북이 최초로 합의한 문건으로서 남북한의 서로주체적 관계를 정립하는 데 중요한 출발점이 되었다. 공동성명에서 남북한은 '평화통일'의 원칙에 합의했다. 이는 통일지상주의를 명백히 거부한 것이다. 모든 통일이 아니라 평화적인 통일만이 바람직한 것으로 합의되었다(정영철 2014, 66). 평화통일 원칙에 합의한 것은 남북한이 서로주체적 관계로 한 걸음 더 진전한 것으로 볼 수 있다. 평화통일도 일방적인 흡수통일의 경우 홀로주체적 방식으로 전개될 수 있다. 하지만 무력을 사용하는 통일을 배제한 점에서 7·4공동성명에서 천명한 평화통일 원칙은 서로주

....

18 북한의 1970년대 초 '평화공세'를 홀로주체적 기만술로 보는 해석도 있다. 하영선에 따르면 1970년대 초 북한의 평화공세는 (1) 주한미군 철수와 (2) 남한에서 박정희를 대신하는 민주 정부 수립을 유도하기 위한 것이었다고 한다(하영선 2015).

19 "7·4 남북공동성명." (1972. 7. 4.) 심지연 2001, 302-304에 전재.

체적 관계를 향한 커다란 한 걸음이었다. 아울러 7·4공동성명으로 인해 남북한 관계는 남한과 북한 당사자들 사이의 접촉과 대화로 해결해나갈 문제가 되었다. 또한 남북대화의 선례를 만들어냄으로써 남북 상호 간 협상 전개 과정을 학습할 수 있게 되었다는 의의도 찾을 수 있다(유호열 2015, 99).

7·4공동성명에서 표명된 남북한의 서로주체적 관계는 아직 첫걸음에 불과하였고 한계가 분명했다. 박정희 정부 스스로 당시의 국면을 '대화가 있는 대결의 시대'로 정리했듯이(김연철 2018, 110), 이전까지의 홀로주체적 관계의 관성이 강하게 남아 있었다. 박정희 정부는 미중 데탕트 국면에서 미국의 촉구에 부응하여 남북대화를 추구하는 한편, 미중관계 개선 자체가 위기라는 '데탕트 위기론'을 믿고 국내정치에 활용하였다. 7·4공동성명도 남한 내 '국내정치로서 대북정책'의 성격을 가지고 있었다(김연철 2018, 114-133). 7·4공동성명 이후 곧 남한에서는 10월 유신이 단행되었고 북한에서는 12월에 주석제를 신설한 새로운 '조선민주주의인민공화국 사회주의 헌법'이 제정되었다. 이는 남북대화를 이용하여 남과 북의 정권이 각각의 위기를 우회하고 독재를 강화하는 데 사용한 구실에 불과하다는 비판을 받게 한다(이종석 1998, 77-84).[20] 7·4공동성명 발표 불과 1년 뒤 남과 북은 서로 다른 6·23선언을 발표했고 김대중 납치 사건을 이유로 남북대화가 중단되었다. 남북한 당국은 7·4공동성명 자체에 상대에 대한 서로주체적 자세의 한계를 분명히 표시해 놓았다. 바로 서명자 문제다. 7·4공동성명은 국호나 남과 북의 표시도 없고 직책의 표기도 없이, 자연인 이후락과 김영주가 "서로 상부의 뜻을 받들어" 서명하는 형식을 띠고 있다(김형기 2010, 74). 서로 상대의 국호를 공식적으로 사용하기에는 아직 일렀던 것이다.[21]

....

20   하지만 박정희와 김일성이 각각 상대방의 체제변화에 즉각적인 비판을 삼가한 대목도 주목을 끈다. 한 연구에 따르면 이들은 상대방에 대한 비판이 남북대화 중단으로 이어질 것을 우려했다고 한다(신종대 2014, 125-143; 손호철·방인혁 2014 참조). 즉 남북대화를 국내정치에 이용한 측면도 있지만 남북대화 자체를 중시한 측면도 있는 것이다.

21   '공동성명'이라는 명칭에도 상대방의 국가성을 인정하지 않으려는 의미가 남아 있다. 이는 북측

1970년대 초 서로주체적 관계의 태동에 있어서 남북한 사이에 미묘한 입장 차이가 엿보인다. 남한과 북한이 서로주체적 관계를 지향하는 방향에서는 수렴하지만, 남한은 서로주체적 '분리'에 방점이 찍혀 있고 북한은 서로주체적 '통합'에 방점이 찍혀 있었다. 1973년 6월 23일 남과 북이 각각 발표한 「평화통일외교정책선언」과 「조국통일5대강령」에서 이러한 차이가 드러난다.

박정희의 6·23선언은 (1) 평화통일, (2) 내정불간섭과 불가침, (3) 남북대화, (4) 국제기구에 남북한 동시 참여, (5) UN 동시 가입, (6) 이념을 초월한 국제교류, (7) 우방과의 유대관계 공고화 등의 7개항을 천명했다.[22] 유엔 동시 가입과 교차 승인이 6·23선언의 골자였다(유호열 2015, 102). 평화통일을 우리 민족의 지상 과업으로 선언하면서 내정불간섭과 상호불가침을 촉구하였다. 또 이 선언에서 박정희는 "결코 우리가 북한을 국가로 인정하는 것이 아님을 분명히 하여 둡니다"라고 강조하였지만, 사실상 국제사회에 '두 개의 한국'을 공식적으로 인정함으로써 한반도에서 평화를 유지하려는 취지가 강했다(최진욱 2008, 12). 이는 "사실상 한반도의 분단을 잠정적으로 합법화하고 북한의 정치실체를 인정한다는 것을 국제사회에 공식화한 셈"이라고 할 수 있다(김형기 2010, 78). 통일보다 평화를 도모하기 위해서 서로주체적 분리를 추구하고 있는 것이다.

같은 날 김일성이 발표한 '조국통일 5대 강령'은 (1) 군사적 대치상태 해소와 긴장상태 완화, (2) 다방면적인 합작과 교류, (3) 통일 문제를 협의 해결할 대민족회의 소집, (4) 단일 국호로 하는 남북연방제 실시, (5) 단일 국호에 의한 유엔 가입 등을 제안했다.[23] 특히 "우리나라가 '두 개 조선'으로

....

이 '공동합의서' 대신 '공동성명'으로 조정하자는 제안이 수용된 결과인데, 공동합의서로 할 경우 '한반도 두 개 국가론'을 사실상 인정하는 결과가 된다는 우려 때문으로 보인다(김지형 2008, 198).

22   박정희. "평화통일 외교정책 선언." (1973. 6. 23.) 심지연 2001, 304-307에 전재.
23   김일성. "고려연방공화국으로 유엔 가입." (1973. 6. 23.) 심지연 2001, 307-317에 전재.

영원히 갈라지는 것을 막아야" 한다고 강조함으로써 통일에의 열망을 나타 냈다. 통일되기 전에 남과 북이 유엔에 들어가려면 적어도 고려연방공화국 의 단일 국호로 들어가야 한다고 강조했다(김형기 2010, 78-79). 남한에 비 해 통합을 강조하고 있음을 알 수 있다.

남과 북이 서로주체적 관계로 접어들면서 각각 분리와 통합의 축에 서 로 다른 강조점을 놓고 있었던 것이다. 북한은 남한의 6·23선언을 '두 개 의 조선 책동'으로 비난하고 김대중 납치사건과 함께 남북대화를 중단하는 빌미로 삼았다. 임수환은 남북한의 이 갈등이 7·4공동선언의 3원칙 중 남 한의 평화 우선과 북한의 자주 우선의 차이에서 비롯한다고 보고, 이후 남 북한이 '평화통일전략'과 '자주통일전략'으로 대립했다고 주장한다(임수환 2007, 177). 그러나 '평화 대 자주'보다 더 중요하게 작용하는 대립 지점은 서로주체적 관계 속에서 '분리 대 통합'이라고 판단된다. 남한의 서로주체적 분리와 북한의 서로주체적 통합의 차이는 노태우 정부 시절 남북한이 유엔 에 동시에 가입할 때까지 지속되다가 사실상 서로주체적 '분리'로 귀결된다.

1970년대 남북 사이에 싹트기 시작한 서로주체적 관계는 1980년대에 도 계속되었다. 북한은 1980년 '고려민주연방공화국 창립방안'을 제안했 다.[24] 1960년의 연방제안과 달리 1980년 방안은 최종적인 통일국가 형태로 서 연방국가를 제시했다. 고려민주연방공화국 제안은 그것이 표방하는 정 신에 있어서 서로주체적 통합을 지향하고 있어 보인다. "북과 남이 서로 상 대방에 존재하는 사상과 제도를 그대로 인정하고 용납하는 기초 위에서 북 과 남이 동등하게 참가하는 민족통일정부를 내오고 그 밑에서 북과 남이 같 은 권한과 의무를 지니고 각각 지역 자치체를 실시하는 연방공화국을 창립" 하자는 제안은 서로주체적 통합 유형에 가깝다. 특히 "연방정부는 통일국가 의 발전을 위하여 노력하는 북과 남의 어떠한 단체나 개별적인 인사에 대해 서도 과거를 묻지 않고 단결하여 나가며 어떤 형태의 정치적 보복이나 박해

....

24 김일성. "고려민주연방공화국 창립방안." (1980. 10. 10.) 심지연 2001, 358-374에 전재.

도 허용하지 말아야 합니다"고 강조하는 대목이 눈길을 끈다.

여전히 홀로주체적 성격이 남아 있는 것도 사실이다. 우선 (1) 남한의 반공법 및 국가보안법 철폐, (2) 현 정권 퇴진 및 민주주의 정권으로 교체, (3) 북미 평화협정 체결 및 주한미군 철수 등 남한의 변화를 선행조건으로 제시하고 있다. 또 남과 북의 두 지역정부의 사상과 제도의 차이를 인정한다고 하지만 연방정부가 정치, 외교, 군사권을 통일적으로 행사하는 점에서 서로주체적 관계가 훼손될 소지가 다분히 남아 있다(김형기 2010, 102). 이러한 한계에도 불구하고, 1980년 고려민주연방제 통일방안은 이전에 과도기적 제도로 제시되었던 연방제를 통일한국의 완성된 형태로 제시하였고, 기본적으로 남과 북의 상이한 체제와 이념을 바탕으로 서로 공존하면서 통합을 추진하는 점에서 서로주체적 통합의 방향을 보이고 있다. 이전의 민주기지론이나 남조선혁명론이 북한의 이념과 체제의 우월성과 자신감을 바탕으로 한 홀로주체적 통합을 지향한 것과 달리, 고려민주연방공화국 방안은 북한의 자신감이나 우월감을 찾아보기 힘든 점에서도 서로주체적 유형에 가깝다(방인혁 2014, 296-300 참조).

남한의 전두환 정부도 서로주체적 관계를 지속하는 노력을 기울였다. 전두환 정부는 출범 초부터 '남북한당국 최고책임자 상호방문'을 제의했다. 이 과정에서 김일성을 '조선민주주의인민공화국 주석'이라고 공식적으로 칭함으로써 북한의 정치적 실체를 인정하는 자세를 취했다. 또 1981년 6월 '북한의 연방제 통일방안 논의 수용' 의사를 발표하기도 했다(백학순 2015, 93). 전두환 정부 시절 남북은 '88계획'으로 명명한 '남북 정상회담 준비를 위한 차관급 실무 대표 간의 비밀 접촉', 즉 '박철언-한시해 라인'('88라인')을 통해 남북정상회담을 비밀리에 추진하였다(박철언 2005, 148-216; 박철언 2005a, 23-80; 김형기 2010, 103; 최진욱 2008, 13).[25] 전두환 정부는 1982

....

25 전두환 정부는 주미공사(안기부 차장보) 손장래를 통해 '화랑계획'이라는 남북정상회담 프로젝트를 1981년 3월부터 1984년 말까지 극비리에 추진했다. 손장래는 교포 정치학자인 임창영을

년 '민족화합민주통일방안'이라는 공식적인 정부 차원의 통일정책을 제시
했다.[26] 통일의 원칙으로 '민족자결, 민주적 절차, 평화적 방법'을 제시하고,
남북한 쌍방의 주민 대표로 '민족통일협의회의'를 구성하여 통일헌법을 기
초하고, 남북한 전역에 걸쳐 자유로운 국민투표로 통일헌법을 확정하고, 그
헌법에 따라 총선거를 실시하여 통일의회와 통일정부를 구성함으로써 통일
국가를 완성하자는 제안이었다.

민족화합민주통일방안은 선평화 후통일 원칙에 충실하게 먼저 북한의
실체를 인정하고 평화공존을 공고히 하고 이를 바탕으로 단계적으로 통일
을 지향하였다(전일욱 2010, 111). 일방적인 통일을 지양하고, 서로 상이한
제도와 생각을 상호 인정하고, 상대방의 내부 문제에 전혀 간섭하지 않는
다는 점에서 서로주체적 자세를 견지하고 있다. 민족화합민주통일방안에서
새롭게 제시한 '민족통일협의회의'라는 협의기구도 주목할 만하다. 이는 북
한이 그동안 주장해온 '대민족회의'나 '전민족회의' 또는 '민족통일촉진대
회'와 같은 군중집회식 연석회의체 형식을 받아들인 과감한 제안이었다(김
형기 2010, 104-108). 상대방의 아이디어와 접근방식을 받아들이는 점에서
서로주체적 자세가 돋보인다.

1980년대 초 신냉전의 국제조류 속에서도 남과 북은 서로주체적 관계
의 맹아를 놓치 않았다. 1983년 9월 소련 전투기에 의한 KAL기 격추사건,
10월 버마 아웅산 테러 사건, 그리고 12월 다대포 해안 간첩침투 사건 등 남
북한의 서로주체적 관계를 위협하는 사건들이 자주 발생했다. 남북한 사이
의 긴장 고조에도 불구하고 전두환 정부는 비교적 일관되게 대북한 서로주
체적 자세를 유지했다.[27] 1984년 9월 북한의 수재물자 제공 제의를 수용함

....

북측에 밀사로 특파하였고, 임창영-한시해(북한 유엔대표부대사) 라인이 작동했다. 견제세력
에 의해서 화랑계획이 좌절되자 이를 대체한 것이 박철언-한시해의 '88라인'이다(정태헌 2013,
134-136).

26 전두환. "민족화합민주통일방안." (1982. 1. 22.) 심지연 2001, 374-377에 전재.

27 백학순에 따르면, 아웅산 테러 사건을 겪은 후 전두환은 오히려 어떻게 해서든지 전쟁을 막아야

으로써 남북교류에 물꼬를 튼 것도 높이 평가할 만하다. 남북한 정부는 박철언-한시해의 88라인을 계속 유지했다. 88라인은 남북한의 정상회담을 성사시키기 위한 물밑접촉을 지속하였고, 이를 기반으로 북측의 허담-한시해와 남측의 장세동-박철언의 특사 상호 방문이 이루어졌다. 특사 상호 방문에서 남과 북 정상(김일성과 전두환)의 친서를 서로 전달하기도 했다. 아울러 남북이산가족 고향방문 및 예술공연단 교환방문도 이루어졌다(박철언 2005, 148-216). 1980년대 중반의 남북교류는 88서울올림픽의 원만한 개최를 위해 남북관계를 안정적으로 관리할 필요에서도 비롯했지만(신종대 2014a, 183), 1970년대 싹튼 남북 정부의 서로주체적 관계를 계속 유지하려는 노력에 힘입은 바 크다.

V. 서로주체적 관계의 발전: 1980년대 후반~2000년대 중반

남북한의 서로주체적 관계는 1980년대 후반 탈냉전의 국제정세를 적극적이고 선도적으로 활용한 노태우 정부의 이니셔티브에 의해서 본격화되었다.[28] 노태우 정부는 '북방정책'으로 헝가리, 소련, 중국과 수교함으로써 동북아시아의 냉전구조를 해체하는 데 주력했다(김병로 2014, 2). 하지만 한미일 남방삼각동맹과 북한의 적대성은 해소되지 않았다(김용현 2006, 193-194). 탈냉전 시대 본격화된 남북한의 서로주체적 관계는 이와 같은 냉전의 해체와 부분적 존속이라는 '냉전해체의 비동시성'에 의해 영향을 받아왔다(이종석 1998, 39; 박건영 외 2002, 32). 즉 탈냉전의 큰 흐름 속에서 남북한

....

한다고 다짐했다고 한다(백학순 2015, 105). 버마 참사 이후에도 지속된 전두환 정부의 북한에 대한 서로주체적 자세는 이와 같은 배경에서 이해할 수 있다.

28 1970년대 북한이 우세했던 국제 무대에서의 남북 간 외교 경쟁은 1980년대 남한의 우세로 역전되었다(김명섭 2015, 77-97). 노태우 정부의 북방정책은 남한이 우세한 지형에서 탈냉전의 조류를 주도적으로 활용한 것이었다.

의 서로주체적 관계가 진전되는 한편 동북아시아 국제질서 속에 존속하는 냉전구도에 의해 제약을 받기도 했다. 남북한의 국내정치도 냉전해체의 비동시성에 의해 제약을 받고 있다. 남과 북의 내부에서 상대에 대해 서로주체적 자세를 견지하는 세력이 우세해지는 한편으로 아직 홀로주체적 입장을 고수하는 냉전세력이 남북한의 서로주체적 관계를 역전시키려고 한다. 1980년대 후반에서 2000년대 중반까지 이와 같은 냉전해체의 비동시성이라는 역사적 구조 속에서 남북한은 제한된 범위에서나마 상당한 수준의 서로주체적 관계를 진척시켰다.

남북한이 서로주체적 관계를 본격화하게 된 데에는 노태우 정부의 적극적인 역할이 크게 작용했다. 1988년 7·7선언에서 노태우 대통령은 남북이 "하나의 공동체라는 인식을 바탕으로 대결의 관계를 지양해야" 한다고 천명했다.[29] 또 "국제사회에서 남북은 상호간에 서로의 위치를 인정하고 민족 전체의 이익을 위해 협력"할 것을 당부했다. 1989년 9월에 노태우 정부가 발표한 '한민족공동체 통일방안'은 자주, 평화, 민주를 통일의 3원칙으로 제시하고, 통일된 국가가 "민족 성원 모두가 주인이 되는 하나의 민족공동체로서 각자의 자유와 인권이 보장되는 민주국가여야" 한다고 규정했다. 아울러 신뢰구축, 남북연합, 통일민주공화국의 3단계 통일방안을 제시했다.[30]

7·7선언과 한민족공동체 통일방안은 북한의 현실적인 실체를 인정하는 데서 더 나아가서 북한을 우리와 같은 하나의 '민족 공동체'로서 '선의의 동반자'로 인식하고 접근하는 전향적인 모습을 보였다(김병로 2014, 10; 김형기 2010, 143-144). 7·7선언을 계기로 남한의 대북정책은 봉쇄정책에서

....

29 노태우. "7·7선언." (1988. 7. 7.) 심지연 2001, 396-399에 전재. 7·7선언은 남북한 교역의 문호 개방 등 6개항의 구체적 조치를 포함하고 있다. 특히 주목을 끄는 것은, 남북 간의 소모적인 경쟁·대결 외교 종결 및 국제사회에서의 남북한 자유접촉과 협력을 천명한 5항과, 북한이 미국, 일본 등 우리 우방과의 관계를 개선하는 데 협조하고, 남한은 소련, 중국 등 사회주의 국가들과 관계 개선을 촉구한 6항이다.

30 노태우. "한민족공동체 통일방안." (1989. 9. 11.) 심지연 2001, 399-407에 전재.

포용정책으로, 체제경쟁과 대결정책에서 화해·협력정책으로 전환했다고 평가된다(강동완·박정란 2012, 224-225; 박광기·박정란 2008, 170). 통일방안도 서로주체적 성격을 분명히 했다. 남북한이 서로 다른 체제로 분단되어 온 현실을 바탕으로 "서로가 서로를 인정하고 공존 공영하면서" 통합을 추진할 것을 강조했다. 북한의 연방제안을 거부하고 제안한 남북연합 구상도 남북의 정부를 인정한 바탕 위에서 서로 합의하는 헌장에 따라 남북이 연합하는 기구를 설치하도록 했다. 여기에는 남북정상회의, 남북각료회의(남북 정부 대표로 구성), 남북평의회(남북 동수의 국회의원으로 구성), 공동사무처와 상주연락대표(서울과 평양) 등이 포함된다. 남과 북의 정치세력이 대등하게 만나는 구상이다. 3단계인 통일국가 수립에 있어서도 상원과 하원이 각각 지역과 국민을 대표하는 양원제 국회의 가능성을 열어놓았다. 인구 규모에서 소수인 상대방을 배려한 것이다.

이처럼 전향적인 자세에서 남한 정부는 남북한의 서로주체적 관계의 정립을 주도해나갔다. 노태우 대통령은 1988년 광복절 경축사와 10월 유엔총회 연설에서 김일성 주석과의 남북정상회담을 제의했고, 이전 정부의 88라인을 재가동하여 남북대화를 이어나갔다. 서로주체적 관계를 정립하기 위해 사실상 북한을 압박하기도 했다. 북방정책은 한편으로 남과 북의 서로주체적 관계의 정립을 목표로 하면서 동시에 '힘에 기초한 대화'만이 북한을 우리가 원하는 방향으로 변화시킬 수 있다는 믿음에 입각해 있었다. 북방정책은 북한으로 하여금 고립 위협을 느끼게 만들어서 남북대화에 나서고 유엔 동시가입을 수용하는 방향으로 전환하도록 하는 압력수단이기도 했다. 북한이 사실상 7·7선언 이후 노태우 정부의 지속적인 '힘에 기초한 대화' 전략에 굴복한 셈이다(노태우 2011, 146, 387-388; 김용현 2000, 135). 하지만 북방정책에서 행한 북한 고립화와 압박은 북한의 붕괴나 고사를 목표로 한 정책이 아니라 북한의 체제전환을 유도한 대북정책이었다(이근 2012, 190). 1992년 9월 8차 고위급 회담에서 발생한 '훈령조작사건'[31]처럼 서로주체적 관계에 대한 반동 움직임도 일어났다(임동원 2008, 284-296; 김연철

2010, 124; 김연철 2018, 170-172). 이는 역으로 남북한의 서로주체적 관계가 그만큼 많이 진척되었음을 의미하기도 한다.

노태우 대통령이 유엔총회에서 남북정상회담 의제를 제시한 후 북한은 1988년 11월 '포괄적 평화방안'을 제시했고,[32] 1991년 1월 신년사에서 김일성은 '느슨한 형태의 연방제'라는 새로운 개념을 들고 나왔다.[33] 남북한 정부에 더욱 많은 권한을 부여하고 연방정부의 기능을 점차적으로 확대하자는 제안이다. 기존의 연방제 방안에서 후퇴해서 연방 초기에 잠정적으로 외교권과 국방권을 지역정부가 보유하는 국가연합적 발상을 수용한 셈이다(이종석 1998, 107). 앞서 남과 북이 서로주체적 관계 수립으로 수렴되는 가운데 각각 분리와 통합을 강조하는 미묘한 대립이 있음을 보았는데, 북한이 남한의 서로주체적 분리 입장으로 상당히 근접해온 것이다. 북한의 입장 변화는 남한의 흡수통일에 대한 경계심을 드러내는 것이기도 하다(정영철 2014a, 306). 김일성의 신년사에서 밝혔듯이, "서로 다른 두 제도가 존재하고 있는" 실정을 인정하고 "누가 누구를 먹거나 누구에게 먹히지 않는" 통일을 실현하자는 주장에서 북한의 경계심을 읽을 수 있다. 특히 "'동질성' 회복이라는 구실 밑에 … 하나의 국가, 하나의 제도에 의한 '제도통일론'을 주장하는 것"을 강력히 비판하고 있다. 그 실현 방도가 어떠한 것이든지 "상대방을 먹는 것을 전제"로 한다는 점에서 홀로주체적이므로 피하자는 것이다.[34]

....

31 당시 노부모 이산가족 방문단 교환이 가능한 상황에서, 일부 강경파들이 훈령을 조작해서 결국 합의에 실패한 사건이다.

32 '포괄적 평화방안'의 주요 내용으로는 (1) 1991년까지 주한미군의 3단계에 걸친 철수와 남북한 병력의 3단계 감축, (2) 상호 비방 중지, 상대방 체제 부정하는 법규 철폐, 다방면적인 합작과 교류 실현 등의 남북 간 정치군사적 대결상태 완화 등이 있다(김형기 2010, 155-156).

33 김일성. "1민족, 1국가, 2제도, 2정부에 기초한 연방제." (1991. 1. 1.) 심지연 2001, 407-416에 전재.

34 북한의 이와 같은 입장은 1993년 4월 제시한 '조국통일 10대 강령'에서도 지속되었다. 김일성. "조국통일10대 강령." (1993. 4. 6.) 심지연 2001, 420-422에 전재.

북한이 남한에 '먹힐 것'에 대한 두려움을 갖기 시작한 데에는 남한의 경제성장에 따른 국력 격차에도 원인이 있겠지만 1987년의 민주화에도 그 이유가 있어 보인다. 최경희에 따르면, 남한의 6·23선언을 '두 개의 조선' 책동이라고 비판했던 북한이 1987년 수령권력 체제를 확립하면서 사실상 남북한 두 체제를 인정하고 분단을 영구화하는 정책으로 바뀌었다고 한다. '2체제＋특수관계＝영구분단전략'이 오늘날 북한의 통일전략이라는 해석이다(최경희 2016, 122). 이와 같은 북한의 변화는 동유럽의 사회주의 국가들이 붕괴하기 전인 1986년부터 시작했다고 한다. 이 점에서 1989년 말 동유럽 사회주의 체제의 붕괴와 1990년 서독에 의한 동독의 흡수통일 그리고 1990년 9월 남한과 소련의 수교와 같은 외부의 요인도 북한의 입장 변화를 추동하는 요인이 되었겠지만(강인덕·송종환 2004a, 309 참조), 북한 내부의 요인이 보다 중요하게 작용했다고 볼 수 있다. 특히 1987년 남한의 민주화를 목격하면서, 북한 정권은 자신의 독재권력을 유지하기 위해서 남북한의 통합보다는 영구분단을 도모하게 되었다고 한다(최경희 2016, 12-132). 민주화된 남한과의 통일이 북한의 독재체제에 가져올 위험을 미리 차단하려 했다는 해석이다.

1991년 9월 남북한의 유엔 동시 가입과 12월 '남북 사이의 화해와 불가침 및 교류·협력에 관한 합의서(남북기본합의서)' 합의는 남북한이 공식적인 서로주체적 관계로 진전한 획기적 사건이었다. 남북한의 유엔 동시 가입은 박정희 대통령이 1973년 6·23선언에서 제안한 이후 이 문제를 둘러싼 남과 북의 헤게모니 투쟁에서 결과적으로 남한의 입장이 관철된 것이다(김형기 2010, 169-173). 유엔 동시 가입으로 국제사회에서 "남북의 국가성이 크게 강화"되었다(김병로 2014, 4). 남북한의 통합에서 분리 쪽으로 북한 내부의 방향전환이 이미 일어나고 있었지만, 1991년 남북한의 유엔 동시가입을 북한이 수용한 것은 대외적으로 큰 변화였다. 이미 4월에 남한이 유엔 단독 가입 신청을 해놓고 소련과 중국이 남한의 유엔 가입에 우호적 입장을 갖고 있는 상태에서 북한으로서 어쩔 수 없는 대응이었다고 볼 수 있지만,

이전까지 두 개의 조선 획책이라고 비난해온 유엔 동시 가입을 갑작스럽게 수용한 것은 북한의 "유격대 외교의 특징이 잘 드러난" 놀랄 만한 사건이었다(와다 하루키 2002, 186).

남북기본합의서는 남북한이 당사자로서 제3자의 중재 없이 독자적으로 공식적이고 공개적인 협의를 거쳐 채택한 최초의 포괄적인 합의문서인 점에서 의의가 크다(유호열 2015, 106-107; 전재호 2014, 213). 기본합의서는 남북한의 서로주체적 관계를 분명히 한다. 합의서는 남북화해에 관한 1장, 남북 불가침에 관한 2장, 남북 교류·협력에 관한 3장으로 구성되어 있다. 1장에서 "남과 북은 서로 상대방의 체제를 인정하고 존중한다"(1조)고 명시했으며, 상대방 내부 문제에 불간섭하고(2조), 비방·중상을 하지 않으며(3조), 파괴·전복 행위도 하지 않는다(4조)고 공식화했다. 2장에서는 무력 사용과 침략을 하지 않으며(9조), 분쟁을 평화적으로 해결하고(10조), "지금까지 쌍방이 관할하여 온 구역"을 불가침 경계선으로 명시하였다(11조). 3장에서는 교류·협력에 관한 조항들을 정리하고 있다.[35] 노태우가 남북기본합의서를 평하듯이, 가히 "남북관계의 마그나 카르타(Magna Carta), 즉 대장전(大章典)이라고 할 수 있다"(노태우 2011, 288).[36]

기본합의서의 내용에서도 남한의 입장이 대부분 관철되었다(자세한 협상 과정은 김해원 2011, 142-159 참조). 이는 1991년 12월 기본합의서 내용을 최종 마무리하는 협상에 임하는 북측 대표단에 보낸 김정일 당비서의 훈령에서 이미 나타났다. 급변하는 국제정세로 인해 안보위기 의식으로 절박했던 김정일은 이 훈령에서 남측에 "양보를 하고라도 이번 회담에서 타결하라"고 했다고 한다(강인덕·송종환 2004a, 310-311). 특히 해상경계선과

....

35 "남북 사이의 화해와 불가침 및 교류·협력에 관한 합의서." (1991. 12. 13.) 심지연 2001, 416-419에 전재.

36 과연 기본합의서가 남북의 화해와 협력에 기초한 장전이었는지에 대해서는 회의적 시각이 충분히 가능하다. 무엇보다도 남북관계가 미국의 대한반도 정책의 종속변수였기 때문이다(구갑우 2016, 160).

관련하여 "지금까지 쌍방이 관할하여 온 구역"을 해상 불가침 경계선으로 하기로 합의함으로써, 그동안 남한이 관할구역으로 주장해온 북방한계선(NLL)을 북한이 인정한 점에서 북측의 양보가 컸다(김연철 2018, 166-168). 전체적으로 볼 때 기본합의서는 남과 북의 서로주체적 관계를 분명히 하는 데 주력하면서 서로주체적 통합보다는 서로주체적 분리의 정립에 방점을 두고 있다. 특히 서명자 직함 문제에 있어서 남한은 쌍방의 국호를 쓰자고 주장한 반면, 북한은 민족 내부 관계에서는 나라와 나라 사이가 아니라는 이유로 거부했었다. 결국 북한이 양보하여 국호를 사용하게 되었고, 이후로는 남북 간 합의서에 쌍방의 국호를 사용하는 관례가 성립되었다(김형기 2010, 174-177).

유엔가입 문제나 기본합의서 작성에서 남한의 입장이 우세하게 관철된 것은 남북한 관계가 서로주체적 통합보다 서로주체적 분리로 진전했음을 의미한다.[37] 국제기구에 남과 북이 각각 별개의 국민국가로서 가입하고 각자의 국호를 공식적으로 사용하여 기본합의서를 체결한 것은 남과 북이 상대의 국가성과 정치적 실체를 인정하고 공식화한 것으로서 서로주체적 관계를 공식적으로 표명한 것이다. 남북이 적대적 대치를 해온 역사적 구조를 고려하면 서로주체적 통합보다 분리로의 진전은 일면 불가피한 측면이 있어 보인다.

기본합의서가 남북한의 서로주체적 관계를 획기적으로 정립하는 문건임은 분명하지만, 아직까지 중요한 한계가 있다. 우선, 합의서 전문에서 남북은 "쌍방 사이의 관계가 나라와 나라의 관계가 아닌 통일을 지향하는 과정에서 잠정적으로 형성되는 특수 관계"라고 함으로써, 별개의 국가성을 인

....

37 기본합의서 직후 남북한은 핵무기 시험과 생산 및 사용 등을 금지하고 핵에너지를 오로지 평화적 목적에만 사용한다는 '한반도비핵화 공동선언'에도 합의했다(심지연 2001, 419에 전재). 한반도비핵화 공동선언에서도 남한의 입장이 우세하게 관철되었다. 북한이 강력히 주장하던 '비핵지대화' 명칭을 포기하고 남한이 선호한 '비핵화' 용어를 수용하는 한편, 미국의 핵우산을 보장할 수 있는 내용이 관철되었기 때문이다(유호열 2015, 107).

정하는 데 제한을 두었다. 이는 나라와 나라 사이라고 할 경우 분단을 영구화할 수 있다는 우려 때문에 통일의 불씨를 살려놓는 의미로도 볼 수 있지만, 남과 북이 완전한 서로주체적 관계로까지 발전하지 못한 한계가 있다. 실제로 남한 정부당국에게 이 대목은 통일의 불씨를 살려두는 것보다 북한의 국가성을 완전히 인정하지 않는 데 더 강한 의미가 있어 보인다. 노태우는 이 전문의 '이중성'으로, 한편으로 남북한의 거래를 민족 내부의 거래로 간주해서 국제무역과 관련하여 실리를 찾을 수 있고, 다른 한편으로 북한을 '권력 실체'로는 인정하지만 '국가'로는 인정하지 않음으로써 북한을 '반(反)국가단체'로 규정하는 우리 헌법과도 일치하는 의미를 둔다(노태우 2011, 324). 합의문 서명에 각각의 국호를 사용함에도 불구하고 나라와 나라 사이의 관계가 아니라고 규정한 것은 남북한이 실제 별개의 국가임을 인정하지 않는 점에서 서로주체적 관계를 정립하는 데 한계로 지적할 만하다.

다음으로, 비준과 실행 과정에 문제가 있다. 북한은 1992년 2월 26일 최고인민회의에서 남북한 기본합의서를 통과시키고 김일성의 비준을 받았다. 반면에 남한은 2000년 여야 합의로 기본합의서에 대한 지지 결의를 밝힌 것 이외에는 법적 효력이 부여되지 못했고, 대법원과 헌법재판소에서 기본합의서를 신사협정으로 판결한 바 있다. 이는 독일의 경우와 대조적이다. 1972년 동서독기본조약 체결 시 기본조약에 동서독 양국의 의회 비준 요건을 명기했고 비준서 교환으로 효력이 발생하도록 해서 국민적 합의를 전제로 했다. 이후 정권이 교체되어도 동서독의 서로주체적 관계가 지속될 수 있었던 중요한 이유의 하나다(강동완·박정란 2012, 226, 237). 남북기본합의서에 이 부분이 결여된 것은 남북한의 서로주체적 관계를 수립함에 있어서 대내적 서로주체성이 충분히 동반되지 않았음을 의미한다. 그만큼 남북한의 서로주체적 관계의 국내 지지 기반이 취약할 수밖에 없었다.

또 하나 중요한 문제점은 남북 기본합의서 체결이 한반도의 냉전체제 해체에 완전히 성공하지 못했다는 점이다. 노태우 정부는 '북방정책'을 실시하여 당시 세계적인 탈냉전의 흐름에 적극 편승하였고 한반도와 동북아의 냉전구도 해체를 부분적으로 선도하기도 하였다. 북방정책을 전 세계에 공식적으로 천명한 7·7선언은 사전에 미국과 협의하지 않고 독자적으로 구상하였다고 한다(노태우 2011, 145). 북방정책의 주역들은 모두 남한의 주도적 역할을 강조한다(전재성 2012a, 221-224). 남한이 소련 및 중국과 국교를 수립하는 것과 함께 북한도 미국 및 일본과 관계 정상화를 추진했던 것으로 보인다. 북방정책의 핵심 인물인 박철언은 한반도에 남북한의 평화공존이 필요하며 이를 위해 상호 교차승인이 필요하다고 생각했다. 이에 따라 북한에게도 미국 및 일본과의 관계정상화를 권했다고 한다. 그는 북방정책의 기본원칙을 다섯 가지로 제시했는데, 그 중 첫 번째가 북한의 고립화를 추구하지 않는다는 것이었다(박철언 2005a, 85; 신욱희 2013, 177). 하지만 김종휘 외교안보수석은 당시 북한의 미국과 일본과의 관계정상화를 적극 무산시키는 데 주력했다고 회고한다(이정철 2012, 243). 결과적으로 북한은 미일과 관계정상화에 성공하지 못하였고, 북한의 입장에서 노태우 정부의 북방정책은 "명백한 북한 고립화 노선"으로 보일 소지가 다분했다(이정철 2012, 258).

남북한의 서로주체적 관계는 곧 북핵문제라는 암초에 걸려서 표류한다. 취임사에서 "어느 동맹국도 민족보다 더 나을 수는 없다"고 천명한 김영삼 대통령은 북핵문제가 불거지자 대북 강경자세로 일관했다. 김영삼 정부의 통일정책은 '진전 없는 통일방안'과 '강경기조의 대북정책'으로 요약할 수 있다(김창수·김용현 1997, 83-89). 1994년 6월 남한 내 미국인의 소개작전을 추진할 정도의 긴박한 상황, 카터 전 미국 대통령의 극적인 중재, 정상회담 직전 김일성의 돌연한 사망, 조문파동과 통일운동 단체 대표의 조문단 방북 불허, 북한붕괴론의 풍미 등으로 남북 관계가 급격히 냉각되고 남북 대화도 단절되었다(노중선 2005, 77; 도진순 2000, 15-153; 유호열 2015, 109). 동시에 1994년 제네바합의가 채택되는 국면에서도 남한은 외교적으로 고립되고 오히려 미국의 대북 접근에 발목을 잡기도 했다(김연철 2010, 112-113). 가히 김영삼 정부 시절은 남북관계에 있어서 '잃어버린 5년' 또는

'공백의 5년'이라고 할 만하다(김연철 2018, 175-202).

김영삼 정부는 1993년 7월 '3단계 3기조' 통일방안을 발표하고 1994년 8월 '민족공동체 통일방안'을 공식화했다. '민족공동체 통일방안'은 화해협력, 남북연합, 통일국가의 3단계 통일론을 공식화하였다.[38] 이는 노태우 정부의 '한민족공동체 통일방안'과 별다른 차이가 없다. 그러나 김영삼의 통일방안은 "통일의 기본원칙으로 '자유민주주의'를 내세웠다는 점"이 주목할 만하다. 이는 사회주의권의 붕괴와 김일성 사망 이후 '조문파동' 등으로 인한 신공안정국 상황을 반영하면서 흡수통일로의 지향을 드러낸 것으로 해석된다(김창수·김용현 1997, 85-86). 그만큼 서로주체적 자세에서 후퇴가 있었다고 하겠다.

노태우 정부에서 본격화된 대북 서로주체적 정책은 같은 보수 정부인 김영삼 정부보다 상대적으로 진보 진영인 김대중과 노무현 정부로 계승, 발전되었다. 홀로주체-서로주체의 대립이 보수-진보의 대립 축과 반드시 일치하지 않는 것을 알 수 있다(전재호 2014, 218). 김대중 정부는 출범과 함께 먼저 북한과의 서로주체적 관계를 회복하려는 의지를 명확히 하였다. 대통령 취임사에서 김대중 대통령은 북한에 대한 세 가지 원칙으로, (1) 어떠한 무력도발도 용납하지 않고, (2) 북한을 해치거나 흡수하지 않으며, (3) 가능한 분야부터 남북 간의 화해와 협력을 적극 추진할 것을 밝혔다(김대중 2004, 25). 남북의 서로주체적 관계를 바탕으로 대북정책을 추구하겠다는 것을 확실히 한 것이다.

김대중 정부가 출범 초부터 대북포용정책으로 표방한 햇볕정책도 북한과의 서로주체적 관계를 강화하는 데 초점을 두었다.[39] 햇볕정책의 목표

....

38 김영삼. "민족공동체 통일방안." (1994. 8. 15.) 심지연 2001, 429-434에 전재.

39 (1) 남북연합, (2) 연방제, (3) 완전통일의 과정으로 구성되는 김대중의 3단계 통일론은 김대중 정부의 통일방안으로 공식적으로 발표된 적이 없다(최완규 2003, 72). 따라서 김대중 정부의 공식적인 통일방안은 김영삼 정부 이래 지속된 '민족공동체 통일방안'이었다. 김대중의 3단계 통일론에 대한 자세한 설명은 아태평화재단 2000, 38-49 참조.

는 당장의 제도적 통일에 있기보다는 분단의 평화적 관리와 남북한의 평화교류협력을 통한 냉전구조를 해체하는 데에 있다. 이러한 사실은 "한반도에서는 통일에 앞서 남북한 간의 평화와 협력이 무엇보다도 중요하다"[40]거나 "가장 현실적이고 합리적인 정책은 당장 통일을 추구하기보다는 한반도에 아직도 상존하고 있는 상호위협을 해소하고 남북한이 화해 협력하면서 공존 공영을 추구하는 것입니다. 통일은 그 다음의 문제입니다"[41]라는 김대중의 언급에 잘 나타나 있다. 이 점에서 햇볕정책은 엄밀한 의미에서 통일정책이라기보다는 통일의 기반을 마련하기 위해 남북관계를 관리하는 '대북정책'으로 볼 수 있다(김근식 2002; 박광기·박정란 2008, 162-167; 강동완·박정란 2008, 227-229).

하지만 햇볕정책을 단순히 분단을 잘 관리하는 것에 그치는 대북정책으로만 보아서는 곤란하다. 햇볕정책은 남북한의 적대관계를 청산하고 평화공존을 추구하는 점에서 평화적 분단관리정책의 성격이 강하지만, 다른 한편으로 남북한의 평화교류협력을 통하여 경제적, 사회문화적 '통합'을 추진하는 통합 지향성도 가지고 있기 때문이다. 햇볕정책에서 추진한 교류협력정책은 남북한 서로간의 '유기적' 통합을 지향한다. 교류협력을 통해 남북경제의 유기적 연관성을 높이고 사회문화적 정체성을 재구축하는, 부분적이고 점진적인 통합정책이다. 요컨대 대북정책으로서의 햇볕정책은 단순한 화해교류협력정책이나 분단관리정책에만 머물지 않는다. 특정한 지향성을 갖고 있는 대북 평화'통합'정책이다(김학노 2005). 이 책의 개념으로 표현하자면, 김대중 정부의 햇볕정책은 단순히 '서로주체적 분리'(그림 2.1의 A)에 머물지 않고 남북한의 '서로주체적 부분통합'(A/B)을 지향하는 점에서 노태우 정부의 정책과 차이가 있다.

김대중 정부의 햇볕정책에 대해 북한은 방어적인 입장에서 남북의 서로

....

40   일본 국회 연설 (1998년 10월 8일) 중에서, 김대중 2004, 42.
41   베를린 선언 (2000년 3월 9일) 중에서, 김대중 2004, 96.

주체적 관계를 강조하는 입장을 보인다.[42] 한편으로 북한은 햇볕정책을 "미국의 '평화적 이행전략'의 변종으로 화해와 협력의 미명 아래 우리를 개혁·개방으로 유도하여 자유민주주의 체제에 흡수통일하려는 모략책동"이라고 비판했다(김형기 2010, 239-240). 다른 한편으로 김대중 정부 초기인 1998년 4월 김정일은 '민족대단결 5대 방침'을 제시하면서, "북과 남은 서로 다른 사상과 제도의 존재를 인정하는 기초 위에서 화합을 이룩하고 공존, 공영, 공리를 도모하면서 조국통일의 길을 함께 열어 나가야 합니다"고 주장했다.[43] 이는 남북관계 개선의 새로운 가능성을 모색하는 것으로 해석된다 (유호열 2015, 111; 정영철 2014a, 311).

김대중 정부의 일관성 있는 대북포용정책은 2000년 6월 남북정상회담과 6·15공동선언으로 이어졌다. 2000년 정상회담은 남북관계에 일대 전기를 마련하였다. 단지 남과 북의 정부 사이에 서로주체적 관계가 진전됐을 뿐 아니라 일반 국민들이 피부로 느끼는 정서에도 큰 영향을 미쳤다. 정상회담의 결과 무엇보다도 한반도에 긴장과 전쟁 가능성이 크게 줄었다. 군사, 경제, 사회문화, 인도적 지원 등 다방면에서 남북교류협력이 추진되었고, 협상대표와 창구 및 장소도 다변화하였다. 남북 간에 체결된 포괄적 합의서가 부분적이더라도 꾸준히 이행된 것은 6·15선언이 처음이다. 7·4공동성명, 남북기본합의서, 비핵화 선언 등의 합의문들은 2년을 넘기지 못하고 사실상 백지화되었다(고병철 2005, 71). 남북 간 합의사항을 실제로 이행하지 않던 이전의 관행에서 탈피하여, 2000년 정상회담 이후 남과 북은 이산가족 문제, 금강산 관광 활성화, 남북 철도·도로 연결, 개성공단 개발, 사회문화 분

....

42 김대중 정부 출범 얼마 전인 1997년 8월 김정일은 「위대한 수령 김일성 동지의 조국통일 유훈을 철저히 관철하자」라는 논문을 통해 7·4남북공동성명의 '조국통일 3대 원칙,' '전민족대단결 10대 강령,' '고려민주연방공화국 창립방안' 등을 통일의 3대 헌장으로 규정하면서 김일성 통일방안의 충실한 승계를 다짐했다(유호열 2015, 110; 정영철 2014a, 310).
43 김정일. "온 민족이 대단결하여 조국의 자주적 평화통일을 이룩하자." (1988. 4. 18.) 심지연 2001, 448-460에 전재.

야 교류협력 등 다양하고 구체적인 부분에서 정상회담의 합의사항을 실제로 이행하고 추진하였다(자세한 설명은 김학노 2010a). 2000년 정상회담은 이전까지의 남북 간 "합의의 시대에서 실천의 시대로 전환"한 분기점이다(김연철 2018, 220).

2000년 남북정상회담은 기존의 서로주체적 분리에서 서로주체적 부분통합(그림 2.1의 A/B)의 방향으로 작지만 의미 있는 한 걸음을 내디뎠다. 10년 전의 기본합의서에서 남북한이 서로주체적 분리의 방향으로 나아갔다면, 정상회담에서 합의한 6·15공동선언에서는 남북한이 서로주체적 통합의 방향으로 향하고 있다. 6·15공동선언 1항에서 "남과 북은 나라의 통일 문제를 그 주인인 우리 민족끼리 서로 힘을 합쳐 자주적으로 해결해 나가기로 하였다"고 함으로써 통일 문제를 남북 당사자 간의 문제로 확인하였다. 보다 중요하게 2항에서는 "남측의 연합제안과 북측의 낮은 단계의 연방제안이 서로 공통성이 있다고 인정하고 앞으로 이 방향에서 통일을 지향시켜 나가기로" 합의했다. 공동선언 2항은 통일 대신 사실상 평화공존을 우선시한 것으로 해석되기도 한다(임혁백 2010, 25; 법륜·오연호 2012, 236). 하지만 나의 분석틀에서 보자면, 2항은 남과 북의 현실적인 국가로서의 실체성, 즉 주체성을 서로 인정하고 이러한 서로주체적 바탕 위에서 통합을 추진해가는 정치체를 모색한 것이다. 2항은 남과 북이 통일을 추구하는 과정에서 지향해야 할 정치체로 단일국가(unitary state)를 제외시켰다. 단일국가는 남과 북의 복수의 개별적 국가성을 용인하기 어렵기 때문이다. 동시에 2항은 남과 북의 통합에 따르는 단일한 공동의 국가성을 명시하였다. 즉 서로주체적 분리가 아니라 서로주체적 통합을 명백하게 지향점으로 삼았다. 한마디로 2항은 서로주체적 분리(그림 2.1의 A)에서 서로주체적 통합(B)으로 가는 방향에 대하여 남과 북의 정상이 합의한 것으로 볼 수 있다.

2000년 정상회담은 남북한이 부분통합을 통하여 서로주체적 관계를 더욱 공고히 하는 데 큰 의의가 있다. 하지만 김정일 위원장이 약속한 답방이 이루어지지 않은 점에서 뚜렷한 한계를 가진다. 이후 2007년 남북정상회담도 노무현 대통령의 방북으로 성사된 점에서 남북정상회담의 서로주체적 관계는 불균형의 구도를 계속 갖고 있다. 보다 중요한 문제는 북핵 위기가 근본적으로 지속된 점이다. 여기에는 부시 미국 대통령의 '악의 축' 발언과 '북한 때리기'가 중요하게 작용했다. 그러나 과정과 연유가 어찌 되었건, 2002년 말 북한의 핵무기 개발 시인은 "김대중 전 대통령의 뒤통수를 치고 대북 화해·협력 정책의 지지 기반을 침식하고, 그간 김대중 정권과 김정일 정권이 쌓아온 남북 간의 신뢰 구축을 하루아침에 무너뜨리는 북한의 대남전략"이라는 비난을 초래했다(이정복 2003, 441-442). 북핵문제는 이후로도 남북한의 서로주체적 관계가 심화하는 데 커다란 걸림돌로 작용한다.

노무현 정부의 '평화번영정책'은 기본적으로 김대중 정부의 대북포용정책을 계승하였다. 김대중 정부의 대북포용정책을 승계하고 6·15남북공동선언의 정신을 계승하여 서로주체적 남북관계를 정착시키고자 했다. 동시에 평화번영정책은 (1) 한반도 평화 증진과 (2) 남북한 공동번영 실현 및 동북아 공동번영 추구를 연계함으로써, 동북아로 시야를 확대하고 대북정책을 국가발전전략의 핵심요소로 끌어올리는 전환을 시도했다. 대북정책은 이제 포괄적 국가발전전략으로서의 성격을 갖게 되었고, 평화와 번영이 병행 추구되었다(박광기·박정란 2008, 173-174). 동북아 중심국가라는 새로운 시각이 추가되었지만, 기본적으로 김대중 정부의 대북 정책 기조를 계승하고 있다. 남북이 서로 체제를 인정하고 평화공존 하면서 화해협력을 통해 점진적, 단계적으로 부분적인 통합을 실현해 나가자는 것이다(전일욱 2010, 113-114; 김형기 2010, 299-302).

노무현 정부는 출범과 동시에 2003년 3월 대북 송금 특검을 수용함으로써 남북한의 서로주체적 관계를 지지하는 세력의 분열을 가져오고 북한으로 하여금 대북포용정책의 승계에 대한 의구심을 초래하기도 했다. 또한 2004년 김일성 사망 10주기에 조문을 불허하고 2004년 7월 468명의 탈북자들이 대거 입국하는 바람에 남북관계가 경색되기도 했다. 2005년 6월 정동영 통일부 장관이 특사로 방북, 김정일 위원장과 면담한 이후에야 남북관계는 회복단계로 접어들었다(김형기 2010, 296-299, 306-333; 김연철 2010, 127). 이런 한계에도 불구하고, 노무현 정부도 김대중 정부처럼 북한의 붕괴와 흡수통일을 반대하고 서로주체적 관계를 계승 발전시키고자 했다(김병로 2014, 11-13).

노무현 대통령의 임기 말인 2007년에 이루어진 두 번째 남북정상회담과 10·4공동선언은 남북한의 서로주체적 관계를 확인하고 나아가 서로주체적 통합을 위한 조치들을 대단히 구체적으로 담고 있다. 먼저 6·15공동선언을 적극 구현하기 위해 '우리민족끼리 정신'에 따라 통일 문제를 자주적으로 해결한다고 재확인하였다. 또한 상호존중과 신뢰관계로 전환하기 위해서 상대방의 내부문제에 불간섭하고, 법률적·제도적 장치들을 통일지향적으로 정비하며, 양측 의회 등 각 분야의 대화와 접촉을 적극 추진하기로 하였다. 특히 군사적 긴장완화와 평화의 제도화에 대해 본격적으로 논의하였다. 군사적 적대관계를 종식하고 긴장완화와 평화 보장을 위해 긴밀히 협력하기로 하였으며, 한반도에서 어떤 전쟁도 반대하고 불가침 의무를 확고히 준수하기로 하였다. 아울러 항구적 평화체제를 구축하기 위해 남북한이 주도하여 3자 또는 4자회담을 통해 종전을 우선 선언하자고 합의했다. 이는 북한 측이 평화문제 논의에서 남한을 배제하고 선 평화협정 체결이라는 기존의 입장에서 벗어난 것으로서, 남북한이 평화문제도 주도적으로 다루기로 한 점에서 서로주체적 관계의 심화를 의미한다(김형기 2010, 337-338).

10·4선언은 6·15선언에 비해 대단히 구체적인 점에서 특징이 있다. 서해평화협력특별지대 설치, 공동어로구역과 평화수역 설정, 해주 경제특구 건설, 한강하구 공동이용, 개성공단 2단계 개발 착수, 문산-봉동간 철도 화물수송 시작, 통행·통신·통관 등 제도적 보장조치 완비, 개성-신의주 철도와 개성-평양 고속도로 개보수, 안변과 남포에 조선협력단지 건설, 백두산-서울 직항로 개설, 2008년 베이징 올림픽에 경의선 열차를 이용한 남북응원단 참가 등 경협과 평화 구축을 위한 구체적인 방안들에 합의했다. 또한 이전의 '남북경제협력추진위원회'를 부총리급 '남북경제협력공동위원회'로

격상하였다. 아울러 이 선언의 이행을 위해 향후 남북총리회담을 중심으로 협의해 나가기로 하였다. 이는 남북한의 서로주체적 관계가 그만큼 심화되었다는 반증으로 볼 수 있다.

VI. 서로주체적 관계의 후퇴: 2000년대 후반~2010년대 중반

남북한의 서로주체적 관계는 이명박 정부 이후 일정 부분 후퇴하였다. 남북관계도 자주 경색되고, 무력충돌까지 일어났다. 북한은 남한을 경제회복의 탈출구로 삼던 전략에서 후퇴해서 나름의 북방정책을 통해 중국에서 활로를 찾고 있다. 이전까지의 서로주체적 관계의 발전에도 불구하고 이명박·박근혜 정부 시절 남북관계가 경색된 것은 남북관계가 "언제든지 후퇴할 수 있는 구조적 한계"가 있음을 보여준다(정영철 2014a, 330). 하지만 2015년 8월 비무장지대(DMZ)에서의 일련의 충돌에도 불구하고 남북 당국 간에 마라톤 협상 끝에 8·25합의를 극적으로 이룬 데서 보듯이, 이명박·박근혜 정부 시절 남북관계의 경색이 서로주체적 관계의 완전한 종식을 의미하지는 않는다. 분단 이후 20여 년 동안 남북관계를 특징 짓던 홀로주체적 관계로 회귀했다고 보기는 어렵다.

이명박 정부는 이전 정부와의 단절을 추구했다. 이를 극명하게 보여주는 것이 정권 인수위 시절의 통일부 폐지 주장이었다. 이는 이전 정부의 통일정책의 문제점을 개선하기보다는 아예 통일부 자체를 폐지함으로써 과거와 급격히 단절하려는 시도였다(전재호 2014, 226). 이명박 정부의 대북정책인 '상생·공영정책'도 김대중·노무현 정부의 대북포용정책과의 단절을 강조한다. 대북포용정책이 일방적인 '대북 퍼주기'였고 분배의 투명성도 확보하지 못했다고 비판하고, 자신은 상호주의 원칙에 입각하여 투명한 정책을 추진하겠다는 입장이다. 또 원칙에 기반을 두면서도 유연한 접근, 이념의 잣대가 아니라 실용의 잣대로 남북협력과 국제협력을 도모한다고 표방했다.[44]

남북 정상 간 합의인 6·15공동선언과 10·4선언도 사실상 부정하는 태도로 일관했다. 뿐만 아니라 그동안의 단계별 합의를 부정하고 시간이 걸리더라도 한방에 해결하겠다는 '그랜드 바겐(grand bargain)'을 표방하여, 9·19공동성명과 2·13합의 같은 6자회담에서의 국제합의도 비판하고 무시함으로써 미국을 비롯한 국제사회의 눈총을 샀다(김연철 2018, 260-262).

원칙과 실용을 강조했지만 이명박 정부는 서로주체적 자세에서 홀로주체적 대북자세로 후퇴한 측면이 강하다. 첫째, 북한이 곧 붕괴할 것으로 보고 북한과의 대화와 협상보다는 붕괴 이후의 대책에 더 치중했다. 김영삼 정부 시절 유행했던 북한붕괴론이 이명박 정부의 정책담당자들 사이에서 다시 팽배했고 이는 대북압박정책으로 나타났다. 대북 지원을 끊으면 "북한이 붕괴되든지 무릎을 꿇고 나올 것"이라는 판단이었다(전현준 2015, 128). 둘째, 북한을 열등하고 사악한 존재로 인식했다. 북한은 인민들을 굶어 죽이는 무능한 정권이고 세계평화와 한반도 평화를 위협하는 '악한 존재'이므로 남한이 엄격한 계산과 힘의 우위에 입각하여 북한을 길들여야 한다는 생각이다(정영철 2012a, 480; 전재호 2014, 227). 셋째, 북한의 일방적인 변화를 요구했다. 남북관계가 정상화되기 위해서는 문제가 있는 북한이 먼저 변화해야 한다는 생각이다. 이를 잘 보여주는 것이 이명박 정부가 제창한 '비핵·개방·3000'이다. 비핵·개방·3000은 남북 간의 현실적인 경제력의 차이를 전제로 북한에게 핵 포기를 요구한 것이었다. 북한이 먼저 변화하면 (비핵·개방) 그것을 보고 나중에 보상(국민소득 3000달러)을 주겠다는 발상이다. 북한의 변화를 관계 개선의 선결 요건으로 전제하고 사실상 북한의 정치적 굴복을 요구하는 점에서 홀로주체적 자세다(박후건 2012, 208-510; 김영재 2014, 40-41). 넷째, 북한에 대한 무력 사용 위협도 배제하지 않았다.

....

44 보수적 지배정당의 '원칙적 포용정책'은 김대중 정부 시절까지 올라갈 수 있다. 당시 야당이던 한나라당의 이회창 총재는 김대중 정부의 햇볕정책을 비판하면서 원칙 있는 대북포용정책을 주장했다. 특히 (1) 북한의 변화 유도가 포용정책의 목적이어야 하며, (2) 상호주의와 국민적 합의 및 검증의 원칙이 포용의 수단이어야 한다고 강조했다(고상두 2001, 65).

이명박 정부 시절 고위 인사들이 북핵을 제거하기 위해 선제공격을 할 수 있다는 발언, 이를 옹호하는 듯한 이명박 대통령의 태도, 2009년 5월 미국의 대량살상무기확산방지구상(PSI)에 공식 참여 선언 등이 이에 해당한다 (김진환 2012, 491-501 참조).

그러나 이명박 정부의 상생공영정책이 대북 서로주체적 입장에서 퇴보한 측면이 있는 것은 사실이지만, 여전히 서로주체적 요소를 포함하고 있다고 보아야 한다. 이전 정부의 '선지원 후(북한)변화'에서 '선변화 후지원'으로 순서가 역전되었지만, 기본적으로 북한을 적대시하기보다는 지원하고 끌어안겠다는 포용정책의 성격이 지속되고 있었다. 이전 정부가 유화적 포용정책이라면 이명박 정부는 '원칙적 포용정책'이라고 볼 수 있는 것이다(전일욱 2010, 115).[45] 또한 여전히 민족공동체 통일방안을 계승하면서 화해와 협력, 평화공존, 점진적 통일을 지향했다고 볼 수 있다. 특히 '3대 공동체 통일구상'으로 민족공동체, 경제공동체와 함께 평화공동체를 설정한 면에서 서로주체적 관계의 지향성이 보인다(김병로 2014, 13-16). 이명박 정부가 통일부를 없애려고 시도하면서 보였던 남북관계를 '국가 대 국가'의 관계로 접근하는 입장도 반드시 홀로주체적 자세로만 이해할 필요는 없다. 국가 대 국가로서 남북이 상호 윈-윈하는 합리적 거래관계로 접근하겠다는 입장으로 이해할 수도 있다(김영재 2014, 41). 하지만 이와 같은 서로주체적 요소들은 이명박 정부의 전반적인 홀로주체적 자세에 덮여서 잘 드러나지 못했다.

북한은 이명박 정부의 대북정책에 부정적으로 반응했다. 북한은 김대중

....

45 특히 이명박 정부의 '엄격한 상호주의 원칙'을 이전 정부와의 단절이 아니라 연속으로 이해할 수 있다. 서정민은 『통일백서』의 담론분석을 통해 김영삼 정부까지 '민족중심 – 당위적 입장'이 우세했던 반면 김대중 정부 이후에는 '국가중심 – 실리적 입장'이 우세해졌다는 사실을 밝힌다. 그에 따르면, 이명박 정부가 엄격한 상호주의 원칙을 내세워서 일부 대북사업을 중단한 것은 김대중 정부에서 강조하기 시작한 상호주의 원칙을 지속하고 강화한 것으로 볼 수 있다. 동시에 김대중 정부가 '정경분리 원칙'에 입각해서 추진한 대북사업을 같은 '정경분리 원칙'에 따라 남한한테 더 이상 이익이 없는 것으로 판단하여 중단한 것으로 해석할 수 있다. 국가중심 – 실리적 입장이 지속되고 있는 것이다(서정민 2017, 156-160).

정부 들어서 남한에 대해 적대의식이 약해지고 대신 동포의식이 강해졌는데, 이명박 정부 출범 이후 북한의 대남 적대의식이 다시 강화되었다(김갑식 2011, 244-255). 북한은 이명박 정부의 통일정책을 북핵포기우선론, 남한 체제로의 흡수통일정책, 6·15공동선언과 10·4선언의 무시로 받아들였다. 2008년 3월부터 개성지구에 있는 남북경협협의사무소의 남측 당국자들의 철수를 요구하고 모든 남북당국 간 대화를 중단하고 접촉을 거부한다고 선언했다. 이명박 정부 출범 10개월 만에 남북 육로통행의 시간대와 인원수를 축소하고 개성공단 체류 남측 인원도 880명으로 제한하는 '12·1'조치를 단행했다. 이명박 대통령의 실명을 거론하며 '역도'로 지칭하고 '파쇼독재'로 비난하기도 했다. 육로통행을 차단하고 '전면대결태세 진입'과 '전쟁접경'을 언급하는 등 적대적 공세 수위를 높여갔다. 급기야 2011년 6월에는 남한 정부가 5월에 베이징에서 '돈봉투'로 정상회담을 구걸했다는 공개 비난까지 감행했다(임기홍 2016, 303, 383-385).

남북한이 상대방에 대해 이와 같이 홀로주체적 자세로 후퇴함에 따라 남북관계도 경색되었다. 2008년 7월 금강산 관광객 한 명이 북한군 총격에 사망하는 사건이 발생하자 금강산 관광이 중단되었고, 이후 남북관계는 계속 경색되었다(김형기 2010, 346-350). 급기야 2009년 11월 대청해전, 2010년 3월 천안함 사건, 2010년 11월 연평도 포격 사건 등으로 한반도에 전쟁의 위기가 고조되는 상황도 연출됐다. 특히 연평도 포격 사건은 한국전쟁 이후 북한이 최초로 남한 영토에 직접 타격을 가한 사건으로 남북관계의 서로주체적 관계의 퇴보를 상징적으로 보여주었다(전재호 2014, 228-236). 천안함 사건 이후 이명박 정부의 '5·24조치'[46] 단행과 북한의 적대적 대응으로 남북관계에 긴장이 고조되고 교류도 대폭 축소되었다(임기홍 2016, 347-361). 이명박 정부 시절 결과적으로 남북대화가 사실상 단절되는 상황이 초

....

46 5·24조치의 주요 내용은 (1) 북한 선박의 우리 해역 운항 전면 불허, (2) 남북교역 중단, (3) 우리 국민의 방북 불허, (4) 북한에 대한 신규 투자 불허, (5) 대북지원 사업의 원칙적 보류 등이다.

래되었다.

　박근혜 정부는 출범 초기 이명박 정부보다 좀더 유화적인 대북정책을 내세웠지만, 남북관계는 결과적으로 이명박 정부 때보다 서로주체적 관계에서 더 후퇴하였다. 박근혜 정부는 '한반도 신뢰프로세스'를 통일정책으로 제시했다. 한반도 신뢰프로세스는 (1) 대결과 불신의 악순환을 벗고 상식과 국제규범이 통하는 새로운 남북관계 발전, (2) 한반도 평화 정착, (3) 통일기반 구축 등을 정책목표로 한다. 추진원칙으로는 (1) 균형 있는 접근, (2) 진화하는 대북정책, (3) 국제사회와의 협력 등을 제시했다. 김대중·노무현 정부에서 강조한 '포용'과 이명박 정부에서 강조한 '원칙'의 균형을 추구하겠다는 점이 눈에 띈다. 또한 사회심리적이며 가치를 담고 있는 '신뢰'라는 용어를 사용하는 점도 주목할 만하다(김영재 2014, 45-46). 이는 기본적으로 이명박 정부의 통일정책을 이어받으면서 남북관계 개선을 위한 교류협력을 균형 있게 추진하고자 했던 것으로 보인다. 이명박 정부와 마찬가지로 핵문제를 포함한 북한의 선제적 변화를 원칙으로 삼고 있지만, 구체적인 정책에서는 이명박 정부보다 대화와 교류협력을 통해 남북관계를 개선함으로써 핵문제 해결과 북한변화를 견인하는 추동력으로 사용한다는 대북포용정책의 담론을 강조하고 있다(김병로 2014, 16). 이명박 정부와 이전 김대중·노무현 정부의 중간쯤에 위치하는 셈인데, 아무래도 이명박 정부의 입장에 조금 더 경도되어 있어 보인다.

　이전 정부들에 비해 박근혜 정부는 통일에 대한 관심을 많이 나타냈다. 정부 출범에 즈음하여 증가한 북한의 위협에 대처하면서도 박근혜 정부는 '신뢰' 구축을 강조하고 통일을 명시적으로 내세웠다. 대통령의 통일 구상이나 발언도 자주 있었다. 2014년 '통일대박론'(신년 기자회견), 통일준비위원회 발족 선언(2월), 드레스덴 선언(3월), 통일준비위원회 설치(7월)로 이어지는 일련의 흐름에서 박근혜 정부의 통일에 대한 관심을 읽을 수 있다. 이전 정부까지 남한 정부의 초점이 서로주체적 분리에 있었다면 박근혜 정부 들어서 통합으로 강조점이 옮겨진 인상이다. 그런데 그 방향이 서로주체적 통합이 아니라 홀로주체적 통합에 기우는 데 문제가 있다. 2014년 초 갑자기 튀어나온 통일대박론은 통일의 비전이나 청사진이 전혀 제시되지 않은 상태에서 '사실상의 흡수통일'을 전제하고 있었다. 통일대박론은 2013년 말 장성택의 처형 소식이 전해진 이후 북한급변사태론과 흡수통일론이 확산되는 가운데 등장하였다. 이 점에서 통일대박론은 흡수통일론의 기저 위에 서 있었다(김형빈·김두남 2016, 147; 안문석 2015, 196-199). 통일대박론은 곧 '북한 붕괴 여론몰이'로 이어졌다(임기홍 2016, 460-462). 북한 정권의 붕괴를 공개적으로 가정해 북한 주민들의 탈북을 권유하는 등 대통령의 발언 수위가 대단히 높아졌다. 또한 통일 비전을 얘기하면서 구체적 전략이나 방법이 없는 점, 정부가 흡수통일 준비팀을 만들었다는 취지로 통일준비위원회 부위원장이 발언한 점(2015년 3월), 한반도 신뢰프로세스를 말하면서 북한에게 진정성과 신뢰를 먼저 보이라는 요구를 앞세우는 점 등 홀로주체적 자세를 엿보게 하는 대목들이 적지 않았다. 그래서 한반도 신뢰프로세스부터 통일대박론까지 그 기저에 흡수통일론이 있으며, 이 점에서 한반도 신뢰프로세스 정책은 '대북정책 없는 통일정책'이라는 비판을 받았다. 사실상 남북 간 이념적 대결을 확대 강화하여 남남갈등을 조장하고 이를 통해 자신의 통치를 정당화하는 정치적 수사에 불과하다는 것이다(정용하·강성훈 2015, 2-5, 25-27; 전현준 2015, 129; 김형빈·김두남 2016, 129; 안문석 2015, 191-192; 김연철 2018, 273-288).[47]

박근혜 정부 시절 남북관계도 긴장과 대화가 교차하는 모습을 보였다. 박근혜 정부는 이명박 정부로부터 경색된 남북관계를 물려받으면서 출범했다. 2011년 말 김정일이 죽고 2012년 초 김정은이 정권을 세습한 이후 북한은 미국과 '2·29합의'를 체결하였으나 곧 4월에 장거리 로켓을 발사하고 12

....

47   박근혜 정부 대북정책의 가장 큰 문제는 신뢰성 부족이다. 한반도 '신뢰' 프로세스를 외치면서도 통합진보당 사건을 비롯한 '종북몰이'로 인해 남북관계를 국내정치에 이용한다는 의심을 받았다(구교형 2014, 79).

월에 장거리 미사일(은하 3호)을 발사했으며, 박근혜 정부 출범을 즈음하여 2013년 2월에는 3차 핵실험을 감행했다. 박근혜 정부 출범 이후에도 북한은 휴전협정 백지화 선언 및 전면전 위협, '핵·경제발전 병진노선' 채택, '핵보유국' 지위 법령화, 개성공단 잠정 폐쇄(북한 노동자 전원 철수 및 남측 체류 인원 전원 철수) 등 강경 입장을 고수했다. 2015년 2월 북한이 개성공단 최저임금 인상을 일방적으로 통보하면서 개성공단 최저임금을 둘러싼 공방이 격해졌고, 8월에는 DMZ 지뢰 폭발 사건에 이어 포격이 일어나면서 남북 간 긴장이 고조되었다. 2016년 들어서 남북한 관계는 급속도로 경색되었다. 북한은 1월 4차 핵실험(자칭 수소폭탄 실험) 실시, 2월 장거리 로켓(광명성호) 발사, 6월 중거리 탄도미사일 발사, 9월 5차 핵실험 강행, 10월 중거리미사일 발사(무수단) 등 국제사회에 대한 도발을 계속하면서 한반도의 긴장을 고조시켰다. 남한은 1월 북한의 4차 핵실험 이후 대북 확성기 방송을 재개하고, 2월 북한의 장거리 미사일 발사 직후 미국과 사드 배치를 공식 협의하기로 결정했다고 발표하고 개성공단을 전면폐쇄하는 강경 조치를 취했다. 남북의 서로에 대한 강경 대응으로 남북한 관계는 급속히 냉각되어 "냉전시대로 회귀"했다는 평가를 받게 되었다.

하지만 박근혜 정부 시절 남북한 관계가 대단히 경색되었어도 남과 북 사이에 대화가 완전히 단절된 것은 아니었다. 2014년 신년사에서 김정은이 남북관계 개선을 촉구하고 이후 북한 국방위원회가 남한에 상호 비방중상과 군사적대행위 중단을 제의하면서, 또한 박근혜 대통령이 통일대박론과 함께 이산가족 상봉을 제안하면서, 2월에 이산가족 상봉이 성사되는 등 남북관계가 유화국면에 들어서기도 했다. DMZ 지뢰폭발 사건으로 남북한의 긴장이 고조된 2015년 여름에도 남과 북이 대화의 끈을 놓지는 않았다. 남한의 김관진 청와대 국가안보실장과 홍용표 통일부 장관, 북한의 황병서 군 총정치국장과 김양건 노동당 대남비서가 판문점에서 무박 4일에 걸친 마라톤협상 끝에 '8·25합의'를 이끌어냈다. 8·25합의 1항에 명시된 당국회담은 난항을 거듭한 끝에 결국 결렬되었지만, 8·25합의의 이행으로 남북교류가 증가했다. 이산가족 상봉, 만월대 출토유물 전시회(서울과 개성), 남북노동자통일축구대회, 겨레말큰사전 남북공동편찬회의, 남북종교인모임 등 남북 공동행사가 10-11월에 잇따라 개최되었다. 박근혜 정부 시기 남북한은 극도의 긴장국면으로 치달을 때에도 서로주체적 관계를 부분적이나마 유지하였다.

그러나 박근혜 정부 시절 남북관계가 긴장과 대화의 양 극단을 오가는 진폭이 대단히 크고 급작스러웠다. 특히 2016년 개성공단 전면폐쇄 이후 남북관계가 사실상 단절되었다. 박근혜 정부는 '한반도 신뢰프로세스'라는 정책을 표방하고 '통일대박론'을 외쳤지만, '어떻게' 신뢰를 구축할 것인지 구체적 전략이나 정책이 없었고 북한붕괴에 따른 흡수통일을 전제할 뿐 통일의 과정을 말하지 않았다(김연철 2018, 277-283). 개성공단 전면폐쇄로 치달은 박근혜 정부 시절 남북한 관계는 그 결과에 있어서 이명박 정부 시절보다 서로주체적 관계에서 더 많이 후퇴하였다.

종합하면, 이명박·박근혜 정부 시절 이전까지 발전해오던 남과 북의 서로주체적 관계는 분명히 퇴보하였다. 이는 북한이나 미국의 정책보다 남한정부의 의도적인 대북정책에 기인하는 바가 크다. 김연철은 이명박·박근혜 정부 시기의 남북관계를 '제재의 시대'로 규정하고 이전 김대중·노무현정부 시절의 '접촉의 시대'로부터 크게 후퇴한 것을 강조한다(김연철 2018, 257-297). 제재의 시대에 북핵문제가 해결되기는커녕 더욱 악화되었다. 하지만 이명박·박근혜 시기 남북관계가 이전의 서로주체적 관계에서 후퇴한 것은 분명하지만, 그것이 1970년 이전의 홀로주체적 관계로까지 악화된 것이 아니라는 점 또한 분명하다. 이명박·박근혜 정부 시절 남북관계를 특징짓는 '제재의 시대'는 1950년대의 적대적 '상호부정의 시대'나 1960년대의 제한전쟁과 '대결의 시대'와는 분명 다르다. 1970년 이후 남북관계에 싹트고 뿌리내리고 있는 서로주체적 관계의 관성이 남아 있는 것이다.

VII. 맺는 말

이 장은 남한 정부의 대북정책을 중심으로 남북관계가 어떻게 변화해 왔는지 큰 흐름을 그려보았다. 분단 이후 남북한은 홀로주체적 관계를 유지하다 1970년을 기점으로 서로주체적 관계로 변천해 왔다. 이와 같은 큰 흐름을 이 장에서는 네 시기로 나눠서 살펴보았다.

첫째, 홀로주체적 관계가 형성되고 강화된 시기다. 이승만 정부부터 2공화국을 거쳐 1960년대 박정희 정부까지의 기간이다. 분단과 한국전쟁, 휴전 후 적대적 대치, 1960년대 말 북한의 무력도발 등이 이 시기에 일어났다. 4·19혁명기에 잠시 남북한의 서로주체적 관계가 모색되었지만, 장면 정부는 기존의 홀로주체적 분리 정책을 계속 유지했다. 이 시기 남한 정부는 북진통일론이나 선건설 후통일론 등의 담론으로 북한에 대한 홀로주체적 통합을 표방했으나, 이를 실현할 수 있는 역량도 의지도 결여하였다. 지배세력의 홀로주체적 통합담론은 실상은 북한과의 적대적 대치를 유지함으로써 남북한의 홀로주체적 분리를 강화하는 정책이었다. 아울러 반공을 지배이데올로기로 정착시킴으로써 분단을 고착화하고 분단국가로서의 남한을 강화하는 정책이었다.

둘째, 남북한 사이에 서로주체적 관계가 태동한 시기다. 대체로 1970년부터 1980년대 중반까지가 이에 해당한다. 1972년 7·4남북공동성명으로 그 태동을 알린 남북한의 서로주체적 관계는 1980년대 초 신냉전의 전개로 미소 관계가 경색될 때에도 남북 대화의 단속(斷續)으로 연결되었다. 이 시기 남북관계에 두 가지 주목할 만한 변화가 일어났다. 하나는 선평화 후통일의 흐름이 강해졌다. 남과 북에서 통일은 뒤로 미루고 남북한 사이에 평화관계를 먼저 수립하고자 하는 경향이 커졌다. 다른 하나는 한반도 문제의 탈유엔화와 한반도화다. 1970년대 중반 이후 남북한 문제는 더 이상 유엔에서 다뤄지지 않았다. 대신에 남북한 사이에 접촉과 대화, 그리고 교류와 협력이 증가했다. 이 과정에서 남과 북은 서로의 존재를 인정하는 서로주체적 관계를 추구하게 된다. 서로주체적 관계가 출발하게 된 계기는 박정희 대통령이 1970년 8·15 경축사에서 밝힌 평화통일구상 선언이다. 아웅산 테러와 같은 여러 악재에도 불구하고, 남북한은 1980년대 중반까지 단속적이지만 꾸준히 서로주체적 관계를 모색하였다.

셋째, 남북한 사이에 서로주체적 관계가 본격적으로 발전한 시기다. 1980년대 후반 노태우 정부부터 김대중·노무현 정부까지 기간이 여기에 해당한다. 노태우 정부는 적극적인 북방정책으로 소련 및 중국과의 관계를 정상화함으로써 동북아 냉전구도를 해체하는 데 선도적 역할을 했다. 비록 북한이 미국 및 일본과 관계정상화에 실패함으로써 냉전해체의 불균형 상태가 지속되고 있지만, 노태우 정부는 1990년대 초 남북기본합의서와 남북한의 유엔 동시 가입을 이끌어냈다. 이는 서로주체적 통합을 추구하던 북한 정부의 입장보다 서로주체적 분리를 추구하던 남한 정부의 입장이 우월하게 결말이 난 것이지만, 남북한이 둘 사이에 그리고 국제사회에서 공식적으로 서로주체적 관계로 들어갔음을 의미한다. 이런 흐름은 북핵문제의 돌출과 김영삼 정부의 강경정책으로 주춤했지만 2000년 남북정상회담과 6·15선언, 그리고 2007년 두 번째의 정삼회담과 10·4선언으로 이어졌다. 햇볕정책을 표방한 김대중 정부 이후 남북관계는 남과 북이 단순히 서로주체적으로 인정하는 것을 넘어서 상호 교류협력을 통해 부분적이고 점진적인 통합을 추진해가는 서로주체적 부분통합의 방향으로 나아갔다. 노태우 정부와 김대중·노무현 정부의 대북정책이 각각 서로주체적 분리와 부분통합으로 차이가 있지만, 모두 남북한의 서로주체적 관계의 심화에 기여했다.

넷째, 서로주체적 관계가 부분적으로 퇴보하는 시기다. 이명박 정부 이후 박근혜 정부까지 남북한 사이에 서로주체적 관계가 퇴보하였다. 이명박 정부는 이전 정부와의 단절을 강조하고 남북한 정상회담의 유산을 부정하는 태도를 보였다. 포용보다 상호주의 원칙을 강조하고 북한붕괴론에 입각하여 대북압박을 강화했다. 비핵·개방·3000으로 북한의 선변화를 우선적으로 요구하고, 북한을 적으로 규정하고 무력사용 위협도 배제하지 않았다.

천안함 사건 이후 남한 정부의 5·24조치로 남북교류가 대폭 축소됐고, 연평도 해전 같은 국지전도 일어났다. 박근혜 정부 들어서도 남북관계는 2015년 8월 DMZ에서의 포격사건처럼 극도의 긴장상태가 연출되었다. 하지만 8·25합의에 의한 극적 타결로 남북교류가 다시 진척되는 등 긴장과 대화의 양면성을 보여주었다. 2016년 들어서 남북관계는 극도로 긴장되었다. 계속되는 북한의 핵실험 및 미사일 발사와 박근혜 대통령의 개성공단 전면폐쇄 등으로 인해 박근혜 정부 시절 남북한 관계는 그 결과에 있어서 이명박 정부 시절보다 서로주체적 관계에서 더 많이 후퇴하였다. 이명박·박근혜 정부 시기 남북한의 서로주체적 관계가 후퇴하였지만, 대화의 채널이 유지되었고 비상시 중요한 역할을 한 점에서 홀로주체적 관계로 완전히 회귀했다고 볼 수는 없다. 이는 남북관계가 "언제든지 후퇴할 수 있는 구조적 한계"가 있음을 보여주는 동시에(정영철 2014a, 330), 그동안 축적된 서로주체적 관계의 관성이 남아 있음도 보여준다.

제6장

지나온 길(2): 대북자세의 변천 – 담론

I. 여는 말

6장에서는 남한사회에서 북한에 대한 자세가 어떻게 변해왔는지 주로 민간 영역의 통일담론을 중심으로 살핀다. 여기서 '통일담론'이란 남북한의 통일 문제와 관련한 제반 논의를 일컫는다. 통일을 반대하고 분단을 선호하는 논의도 포함한다. 즉, 통일을 지향하는 논의뿐만 아니라 반통일을 지향하는 논의도 통일 문제에 대한 담론이라는 판단에서 모두 통일담론의 범주에 포함한다. 정부 당국의 통일 정책과 담론은 필요한 경우 언급하지만, 5장에서 이미 다루었기 때문에 여기서는 가급적 재야와 학생 등 민간부문의 담론에 초점을 맞춘다. 이 책의 분석틀(그림 2.1)에는 크게 두 가지 대립 축이 있다. '분리 대 통합'과 '홀로주체 대 서로주체'의 대립이 그것이다. 이들은 각각 연속적인 개념이지만, 이해를 돕기 위해 이념형으로 사용한다. 이렇게 보았을 경우, 남한사회의 통일담론은 햇볕정책을 전후하여 크게 분리-통합의 대립 축에서 홀로주체-서로주체의 대립 축으로 변천해왔다는 것이 이 장의 주요 주장이다.

이러한 관점에서 이 장은 남한사회의 통일담론을 두 시기로 구분한다. 첫째는 분단 이후 1990년대까지 분리-통합이 주요 대립 축을 이룬 시기다. 이 시기 남한 정부는 남북의 통합보다는 분리를 추구하는 경향을 보였다. 통일담론의 분출을 억압하고 사실상 분단의 안정적 관리를 도모했다. 이 시기 간헐적으로 일어난 다양한 통일담론과 통일운동은 기본적으로 정부의 분리주의에 대한 대항담론과 대항운동으로서 의미가 크다. 자연히 이 시기 통일담론은 남과 북을 각각 하나의 국가로 인정하고 수용한 바탕 위에서 제기되기보다는, 한반도와 한민족의 전체를 하나로 생각하는 점에서 민족주의적 색채가 강하다. 이 점에서 홀로주체-서로주체의 대립 축보다 분리-통합의 대립 축이 근본 전선을 이룬다. 물론 이 시기에도 홀로주체와 서로주체의 대립 축이 작동하고 있고, 후반기에 갈수록 이 대립 축이 강해지는 경향이 있다. 하지만 어디까지나 '분리주의 대 통합주의'의 대립이 중심을 이뤘다.

둘째는 1990년대 후반 햇볕정책 이후 통일담론이 대량 분출한 시기다. 특히 2000년 남북정상회담 이후 엄청난 분량의 통일담론이 출현하였고 남남갈등이 심화되었다. 남북한 관계 및 통일에 대한 상이한 담론들 사이의 충돌이 심해졌다. 이 시기 남한사회의 통일담론이 부딪히는 지점은 분리-통합의 대립 축보다는 홀로주체-서로주체의 대립 축이다. 기존의 연구와 달리 나는 햇볕정책 이후 대북관(친북-반북)이나 대북정책(포용-적대) 또는 좌우이념(진보-보수)이 아니라 대북자세(홀로주체-서로주체)가 통일담론의 근본 대립 지점이라고 본다. 현재 우리 사회에서 일어나고 있는 갈등의 핵심은 북한이 적이냐 동포냐, 친북이냐 반북이냐, 햇볕정책 지지냐 반대냐, 민족공조냐 한미공조냐 등이 아니다. 북한을 분리-통합과정에서 동등한 주체로 만나느냐 아니면 분리-통합의 대상으로만 보느냐가 더 중요하다. 친북과 반북, 대북포용과 대북적대, 진보와 보수 모두가 각각 홀로주체적 자세와 서로주체적 자세로 나뉠 수 있다(김학노·김두현 2013).

흥미로운 점은 분단의 시작과 함께 민간부문에서 통합주의 담론과 운동이 일어났지만, 김대중 정부의 햇볕정책 이후 남과 북 두 국가의 관계가 긴밀해지면서 남북한의 통합을 강조하는 담론보다 서로주체적 관계를 강조하는 담론이 점차 증가하기 시작한 것이다. 남한사회의 첫 대립 축인 분리-통합의 대립 지점은 분단국가를 형성하고 강화하는 데 대한 반대로서 의미가 컸다. 사실상 분리주의 세력이 헤게모니를 장악한 상황에서 통일담론이 억압되고 이런 환경 속에서 통일담론은 분리주의에 반대하는 통합주의에 초점을 두었다. 그런데 한편으로 분단이 지속되고 분단국가가 고착화되면서 이에 반대하는 통합주의 담론과 운동도 강해졌지만, 다른 한편으로 남북한의 적대적 관계가 완화되고 서로주체적 관계로 접어들면서 한쪽에서 홀로주체적 대북자세를 강조하는 담론이 증가하고 이에 대한 반대로서 서로주체적 자세를 강조하는 담론 또한 많아졌다. 남한사회 내 통일담론의 대립축에 미묘한 변화가 생긴 것이다.

II. 기존 연구 검토

기존 연구와 비교할 때 이 장은 통일담론의 근본 대립 지점을 새롭게 파악한다. 나는 통일담론의 근본 대립 전선을 기준으로 햇볕정책 이전과 이후의 시기를 구분한다. 햇볕정책 이전 대략 1990년대 중반까지 남한사회 통일담론의 근본 대립 지점은 분리주의와 통합주의 사이의 전선에 있었다. 이 시기와 관련하여 이 장의 분석은 기존 연구와 크게 다르지 않다. 다만 남한 정부의 정책이 사실상 분리주의에 있었다는 점을 강조하고 이에 대한 대항으로서 통합주의 담론이 분출했다는 점을 밝힌 점에서 새로운 해석을 제공한다. 또 민간부문의 통일담론들 사이에 있는 홀로주체-서로주체 대립선 상의 미세한 차이도 함께 평가한다.

이 장의 분석이 기존 연구와 크게 다른 부분은 햇볕정책 이후 시기다. 햇볕정책 이후 통일담론의 중심 대립 축은 남남갈등의 근본적인 원인을 구명하는 데 있어서 대단히 중요한 문제다. 남남갈등은 햇볕정책 이후 남과 북의 관계가 개선되면서 오히려 더 심화되었다. 민주화 열기와 함께 통일 논의가 분출했던 2공화국 시절과 1980년대 후반 시기를 제외하면 햇볕정책 이전에는 정부가 통일 문제에 관한 민간부문의 담론을 억압하는 분위기가 강했다. 따라서 남북한 관계 및 통일 문제를 둘러싼 남남갈등은 햇볕정책 이후에 본격화되었다고 할 수 있다. 기존 연구는 햇볕정책 이후 심화된 남남갈등의 근본 대립 축을 대북관이나 대북정책에서 찾고 이를 좌우(진보-보수) 세력과 연결시키는 경향이 있다. 이와 달리 이 장에서 나는 대북관이나 대북정책이 아니라 대북자세에 있어서의 차이가 남남갈등의 더 근본적인 대립 축을 형성하고 있다고 본다.

먼저, 기존의 많은 연구가 대북관을 남남갈등의 근본 대립 축으로 본다. 황장엽은 통일 문제에 대한 견해 차이가 (1) 대북관, (2) 한반도 평화 구축, (3) 평화적 통일의 세 가지 문제에 대한 입장 차이에서 비롯한다고 본다. 이 중 대북관, 즉 "북한의 본질을 어떻게 볼 것인가"의 문제가 평화 건설과 통일 구현에 앞서 가장 근본적인 균열 축이다(황장엽 2001, 400-416). 마인섭 등도 '북한에 대한 인식'이야말로 남남갈등의 가장 기본적이고 중요한 변수라고 본다(마인섭·차문석·윤철기 2012, 131). 안득기는 서울 소재 대학생들을 상대로 북한에 대해 적과 동포의 이미지의 강약을 조사하고, 이를 바탕으로 대북이미지가 한국사회의 지역감정에 더해 또 하나의 균열 축으로 등장했다고 분석한다(안득기 2009, 221). 김학준도 남북정상회담이 열린 직후 심해진 대북 관련 논쟁을 "주로 북한을 어떻게 인식할 것이냐를 중심으로 이념논쟁이 재연"된 것으로 본다. 그에 따르면, 북한의 변화 여부, 김정일 국방위원장의 실체, 남북한의 현대사 논쟁, 한반도에서 미국의 역할 등에 관한 논쟁이 기본적으로 대북인식의 차이에서 비롯한다. 대북관이 남남갈등의 중심에 있다는 것이다(김학준 2001, 346-348).

대북관, 즉 북한을 적으로 인식하는지 동포로 인식하는지를 기준으로 반북과 친북이 갈린다고 보는 시각이 우리 사회에 널리 퍼져 있다. 김재한은 대북관을 계층에 연결시켜서 남남갈등이 상이한 대북관을 가진 계층 간 갈등이라고 보고 있다(김재한 2006, 115-120). 김근식도 남남갈등의 근본적인 갈등 축을 '대북관'과 '대북정책'에 대한 의견 차이에서 찾는데, 보수나 진보 모두 북한을 적과 동포라는 이중적 정체성으로 보는 점에서 같다고 한다. 다만 남남갈등이 심해진 것은 극단적인 대북관이 과잉 대표되기 때문이라고 한다. 북한이 우리에게 동포이자 적인 이중성을 갖는 것이 당연한데, 이 중 어느 한쪽을 과도하게 강조하는 논의가 남남갈등을 첨예하게 만든다는 해석이다(김근식 2011, 98-110; 김근식 2010, 180-183).

실제든 표상의 차원이든, 우리 사회에서는 이와 같은 친북-반북의 구분을 진보-보수(또는 좌우)와 연결시키는 경향이 매우 강하다(한관수·장윤수 2012, 72; 이우영 2004, 126-127; 박찬석 2001, 18-20, 215-216). 엄밀히 말하면 친북-반북과 진보-보수의 대립은 별개 문제다(강원택 2004, 66, 90-95 참조). 하지만 많은 연구자들이 친북-반북의 대립을 진보-보수의 대립과 연결시킨다.[1] 〈표 6.1〉은 '친북=반미=좌파'와 '반북=친미=우파'라는 우리 사회의 진보와 보수를 나누는 전형적 방식을 보여준다(이진우 2012, 201; 조성환 2004, 251-254 참조). 친북과 반북으로 진보와 보수를 나누는 경향은 학계를 벗어난 사회영역에서도 일반적으로 사용되고 있다. 예를 들어 이우영은 신문의 사설과 칼럼 등에 나타난 대북관을 중심으로 남남갈등을 조사했다. 보수적 신문들은 북한을 기본적으로 믿지 못할 체제로 보는 데 반해, 진보적 신문들은 북한보다는 미국의 문제를 비판적으로 보는 경향이 있으며 북한의 의도를 긍정적으로 평가하는 경향이 있다(이우영 2004, 126-127). 친북-반북이 진보-보수로 자연스럽게 연결되어 제시되고 있다.

〈표 6.1〉에서 국가민족주의는 분단국가의 유지 및 강화를 지향하는 반면 종족민족주의는 한반도의 통일을 지향하는 것이다. 즉 이진우는 '반북=친미=우파'에서 한 걸음 더 나아가서 반북이기 때문에 국가민족주의, 즉

표 6.1 북한문제에 대한 좌우파 차이 (이진우의 이해)

	우파	좌파
이데올로기	국가민족주의	종족민족주의
중심	국가	민족
주체	국민	민중
목표	자유민주 체제	민족공동체
정치 성향	반북·친미	친북·반미

출처: 이진우 2012, 201.

....

1   마인석 등은 대북관과 진보-보수의 대립을 연결하는 것에 의문을 제기하면서도 여전히 대북관을 남남갈등의 근원으로 본다(마인석·차문석·윤철기 2012, 134-137).

현재의 분단국가 유지를 선호하는 것으로 이해한다. 마찬가지로 '친북＝반미＝좌파'에서 한 걸음 더 나아가서 친북이기 때문에 통일을 추구하는 것으로 이해한다. 그런데 〈그림 6.1〉을 보면 극단적인 우파는 반북 감정이 극심해서 북한을 정복하는 흡수통일을 주장하는 것으로 이진우는 그리고 있다. '통일 대 반통일' 또는 분리-통합의 대립구도에 있어서는 애매하지만,[2] 우리 사회의 좌우(진보-보수) 대립을 친북-반북의 대립과 동일시하고 있음은 분명하다.

민족공동체	중도	자유민주체제

좌파 ——————————————————————————————————— 우파

종북	친북	반북	정북
통일지상주의	포용적 화해협력	비판적 평화공존	흡수통일

그림 6.1 통일 문제에 대한 좌우파 차이 (이진우의 이해)
출처: 이진우 2012, 215.

다음으로, 대북관이 아니라 대북정책에서의 차이를 남남갈등의 근본 대립 축으로 보는 연구도 상당히 많이 있다. 많은 학자들이 대북관의 차이와

....

2 통일 대 반통일, 또는 분리 대 통합의 대립구도를 보수와 진보의 구분에 일대일로 대응하는 시도는 무리가 많다. 〈표 6.1〉에서 이진우는 진보 진영을 통일 지향으로, 보수 진영을 분단(현상유지) 지향으로 보고 있다. 조성환도 진보와 통일 지향을 동일시한다. 조성환에 따르면, 김대중 정부 이후 한국의 진보-보수 경쟁은 기왕의 민주-반민주(독재)의 구도에서 통일(민족)-반통일(반민족)의 문제로 바뀌었다. 그는 진보적 정권을 '통일지상주의의 발호'라고 비판하고, '통일지상주의 → 반미연합 → 자주론'으로 연결된다고 주장한다(조성환 2008, 18-22). 반면에, 이와 정반대로, 마인섭 등은 통일과 분단을 각각 보수와 진보의 입장으로 보고 있다. 그들에 따르면, 큰 틀에서 볼 때 남한사회의 통일담론은 적극적 통일론과 평화적 분단론으로 구별되며, 이 구분은 남남갈등의 구분과 일치하는 경향이 있다고 한다. 보수 진영은 적극적 통일을, 진보 진영은 평화 체제의 구축을 강하게 주장하는 경향이 있다고 한다(마인섭·차문석·윤철기 2012, 144). 이처럼 극명한 차이가 나는 것은 김대중의 대북포용정책이 시행되던 시점과 평화담론이 진보 진영에서 득세한 시점의 차이 때문이기도 하지만, 기본적으로 통일-반통일 또는 분리-통합의 대립 구도가 진보-보수의 진영 대립과 일대일로 조응한다는 생각 자체가 무리한 발상이기 때문이다.

대북정책에서의 차이를 연결시켜서 본다(최용섭 2001, 69-71; 선우현 2006). 하지만 이 둘을 구별하는 학자도 있다. 김근식이 언급하듯이 북한은 우리에게 적이자 동포라는 이중의 의미를 동시에 가지고 있다. 북한에 대해서 적과 동지 중 어느 하나를 선택해서 변함없는 정체성을 유지하기는 거의 불가능에 가깝다. 이런 점에서 북한이 우리에게 적이자 동시에 동포라는 '이중적 정체성'을 가지고 있음을 강조하고, 이 중 양자택일을 강요하는 시각을 경계하는 목소리가 적지 않다. 적과 동포의 대북관이 영속적으로 확연히 대립하기보다는 두 대북관이 중첩되어 있는 게 현실에 가깝다(박재규 2011, 11; 김태우 2012, 120; 홍현익 2012, 259; 김근식 2011, 98-110 참조). 대북관을 중심으로 남남갈등을 이해하는 데 의문을 품게 된 데에는 북한에 대한 인식 자체에 변화가 생긴 것도 하나의 중요한 배경이 된다. 조한범에 따르면, '친미·반공'이 냉전 대립구도 속에서 남한사회의 핵심적 가치였던 것이, 냉전체제의 해체와 남한사회의 민주화 및 시민사회의 성장 등으로 인해 변화가 일어났다고 한다. 즉 '친구로서의 미국'과 '적으로서의 북한'이라는 도식에 변화가 생겼다는 것이다(조한범 2006, 21-28).

대북관의 차이에서 남남갈등의 근본 대립 축을 구하는 데 의문을 제기하는 학자들은 대북관 대신 대북정책의 차이에서 남남갈등의 주요 전선을 찾고 이를 진보와 보수의 구분으로 연결하는 경향이 있다. 대표적으로 구갑우는 '친북 대 반북'보다는 '대북 화해협력 정책 대 대북 적대 정책'이라는 구분이 더 적절하다고 주장한다. 친북-반북이라는 용어 자체가 우파의 용어로서 중립적이지 않기도 하거니와, 대북관에 따라서 좌파 내부에 분화가 일어나고 있기 때문이다. 즉 우리 사회 좌파 중에는 북한을 싫어하면서도 대북 화해협력 정책을 지지하는 세력이 있다. 이들은 북한을 진정한 사회주의로 인정하지 않는 반북의 입장에 있으나, 대북정책의 측면에서는 화해협력 정책을 지지하기 때문에 반북이라고 할 수 없다. 마찬가지로 우파 내에서도 대북 화해협력 정책을 지지하는 세력이 생기고 있다. 이에 따라 좌우 진영 내부에서 분화가 일어나고 '친미＝반북＝우파'와 '반미＝친북＝좌파'라는 등식이 성립하지 않는다는 것이다(구갑우 2010, 135, 144-145).

손호철도 비슷한 시각에서 햇볕정책에 대한 지지와 반대의 대립 구도를 분석한다. 그는 남궁영(2001)을 예로 들면서, 햇볕정책을 둘러싼 남남갈등을 '진보=지지, 보수=반대'로 등식화하는 것이 학계의 일반적 경향이라고 한다. 손호철은 이런 이분법적 시각을 타파한다. 그에 따르면, 일반 국민 층위에서의 남남갈등이 이념보다 지역주의를 중심으로 전개된 반면, 조직화된 시민사회의 층위에서 남남갈등의 기본 균열 축은 이념이다. 그런데 이를 단순히 '진보, 개혁(적 보수)=햇볕정책 지지, 수구(적 보수)=햇볕정책 반대'라고 보아서는 곤란하다고 한다. 무엇보다도 진보 진영이 햇볕정책에 대한 지지와 반대로 나누어져 있기 때문이다. 단순하게 말하자면, NL(National Liberation: 민족해방파) 계통은 햇볕정책을 지지하고 PD(People's Democracy: 민중민주파) 계통은 햇볕정책을 반대한다. 즉 '진보적 시민사회 대 진보적 시민사회'의 갈등이 남남갈등에서 중요한 축으로 존재한다는 것이 손호철의 주장이다. 따라서 햇볕정책을 둘러싼 남남갈등은 궁극적으로 '자유주의적 국가＋자유주의적 시민사회＋진보적 시민사회1(NL)＋호남＋2030' 대 '냉전보수적 정치사회＋냉전보수적 시민사회＋영남＋5060' 대 '진보적 시민사회2(PD)'라는 전면적인 갈등의 양상을 띠고 있다고 한다(손호철 2006, 44-51; 2003, 651-659).

김대중 정부의 햇볕정책을 둘러싼 남남갈등의 분석과 관련하여 손호철이 중요한 공헌을 한 것은 분명하다. 그러나 '자유주의적 국가＋자유주의적 시민사회＋진보적 시민사회1(NL)＋호남＋2030' 대 '냉전보수적 정치사회＋냉전보수적 시민사회＋영남＋5060' 대 '진보적 시민사회2(PD)'라는 그가 제시한 갈등구도에서 보듯이, 진보 진영이 궁극적으로는 (1) 냉전적 보수(수구)와 (2) 개혁적 보수(자유주의)의 대립 사이에서 나뉘는 것으로 파악하고 있다. 이는 햇볕정책에 대한 지지와 반대를 기준으로 분류하는 것인데, PD계통의 진보세력과 수구세력 사이에 존재하는 근본적인 차이를 제대로 포착하지 못하는 한계가 있다. 손호철의 분석에서 진보세력2는 햇볕정책에 대한 '지지/투쟁'의 입장으로 분류되어서 진보세력1('지지')과 수구적 보수('반대') 사이에 위치하는 것으로 이해된다. 그러나 진보세력2(PD)와 수구적 보수가 햇볕정책에 반대하는 점에서는 비슷할지 모르지만 그들이 반대하는 이유와 입장은 매우 다르다. 손호철도 이 점을 분명히 인식한다. 그러나 이념에 따른 분류에서는 이 같은 차이가 잘 나타나지만, 햇볕정책에 대한 찬반이라는 분류에서는 이 같은 차이가 잘 나타나지 않는다. 남남갈등을 햇볕정책에 대한 찬반을 중심으로 이해할 경우 생기는 한계다.

대북정책을 둘러싼 갈등을 좌우의 대립과 연관시키는 경향도 있다. 가령 우리 사회 '좌파와 우파'의 개념에 대해 새로운 관점을 정립하고 있는 조형근·이건범은 전통적인 좌우 구분에 더하여 대북정책을 중심으로 한 좌우 구분을 추가한다. 이들에 따르면, 우리 사회의 좌우파 지형은 (1) 사회경제적 평등/불평등 문제를 중심으로 하는 전통적 좌우 구분과 (2) 남북분단 상황에 대한 좌우 구분이라는 두 가지 축을 갖고 있다. 이들이 두 번째 축으로 제시한 남북문제에 대한 좌우 구분 축은 대북관이 아니라 대북정책이다. 이들에 따르면, 김대중 정부가 '친북-반북'이라는 우파의 잣대 대신 '대북화해협력'과 '대북적대'라는 정책적 기준을 가져옴으로써 우리 사회의 좌우 균열구조에 중요한 변화를 가져왔다고 한다(조형근·이건범 2010, 61-66). 두 가지 좌우 구분 축을 시각화한 것이 〈그림 6.2〉다.[3]

요컨대 대북관의 차이에서 남남갈등의 근본 갈등 축을 구하는 데 의문을 제기하는 학자들은 대북관 대신 대북정책의 차이에서 남남갈등의 주요 전선을 찾고 이를 진보와 보수의 구분으로 연결하는 경향이 있다. 손호철과 구갑우 등은 보수와 진보 내부에서 대북정책에 대한 선호가 분화하는 현상을 지적함으로써 '친북＝반미＝좌파'와 '반북＝친미＝우파'의 등식에 이의

....

3   그런데 〈그림 6.2〉에서 조형근·이건범은 통일지상주의를 '대북화해'로, 전쟁불사를 '대북적대'로 이해하고 있다. 즉 〈그림 6.2〉에서 세로 축의 위로 갈수록 대북화해, 아래로 갈수록 대북적대에 해당한다.

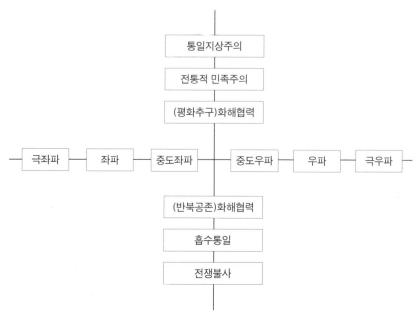

그림 6.2 한국 좌우파 구분 모형도 (조형근·이건범의 이해)
출처: 조형근·이건범 2010, 65.

를 제기했다. 조형근·이건범은 한국 사회의 좌우 구분 기준으로 전통적 좌
우 구분 축 이외에 대북화해협력 대 대북적대의 대립 축을 제시한다. 대북
관 대신, 또는 대북관과 함께, 대북포용정책에 대한 갈등을 진보와 보수의
대립 구도로 보는 관점은 우리 학계에서 대세를 이루고 있다(한관수·장윤수
2012; 주봉호 2012; 권숙도 2012; 변창구 2011; 최용섭 2011; 이범웅 2012; 남
궁영 2001; 김형준·김도종 2000; 남궁곤 2003. 김학성 2008, 218-219 참조).

기존 연구와 달리 나는 햇볕정책 이후 남북한 관계 및 통일 문제와 관
련한 남남갈등의 근본 대립 지점을 새롭게 파악한다. 대북관이나 대북정책
이 아니라 대북자세가 남남갈등의 근본 대립 지점이다. 대북관이나 대북정
책과 연관이 있겠지만, 북한에 대한 자세를 기준으로 통일담론을 분류할 경
우 미묘하지만 중요한 차이가 있다. 햇볕정책 이후 통일담론의 근본 대립
축은 대북관(친북-반북)이나 대북정책(포용-적대) 또는 좌우(진보-보수)가

아니다. 대립의 핵심은 북한이 적이냐 동포냐, 친북이냐 반북이냐, 햇볕정책 지지냐 반대냐, 민족공조냐 한미공조냐가 아니다. 북한을 분단 및 통일 문제에서 실질적인 협상의 파트너로 보고 동등한 파트너로 만나느냐 아니면 통합과 관리의 대상으로만 보느냐가 핵심 균열선이다. 친북과 반북, 대북포용과 대북적대, 진보와 보수 모두가 홀로주체적 자세와 서로주체적 자세로 나뉠 수 있다. 햇볕정책 이후 남남갈등의 근본 균열 전선은 대북관이나 대북정책보다 대북자세의 대립에서 찾아야 한다.

서로주체적 입장이 곧 친북이나 진보와 일치하는 것이 아니며, 홀로주체적 입장이 곧 반북이나 보수와 일치하는 것도 아니다. 북한을 좋아하고 추종하는 세력은 남한의 시각이 아닌 북한의 시각에서 홀로주체적 입장을 견지할 것이다. 친북이라고 해서 서로주체적 입장을 옹호하지는 않는 것이다. 반면에 북한이나 북한 정권을 싫어하면서도 남북의 평화나 대등한 통합을 위해서 현실적으로 북한을 인정하고 대화와 협상의 상대로 인정하고 받아들이는 서로주체적 입장을 취할 수도 있다. 따라서 친북과 반북이 곧 북한에 대한 서로주체적 입장과 홀로주체적 입장에 일대일로 조응하는 것은 아니다.

서로주체적 입장과 홀로주체적 입장이 각각 진보 및 보수와 일치하는 것도 아니다. 보통 보수와 진보를 그 사회의 계급적 분배체제 내지는 기득권 체제의 유지 여부를 기준으로 구분한다면, 남한사회에서 대북한 입장은 이러한 일반적인 보수와 진보의 기준으로 나누기 어렵다. 재벌인 정주영이 보여준 대북포용정책에 대한 적극적 동조는 보수이면서 대북 서로주체적 입장을 견지한 단적인 예다. 진보 진영 내에서도 '보편적' 진보의 기준을 고수하는 세력은 북한의 독재나 인권문제를 도저히 용납할 수 없는 문제로 보며, 북한의 인권문제에 애써 눈을 감으려 하는 종북주의를 비판한다. 이들이 북한에 대해서 반드시 홀로주체적인 입장을 갖는 것은 아니지만, 보편적 기준에서 볼 때 남한보다 북한의 변화가 더 절실히 필요하다는 생각을 함에는 틀림없으며, 그만큼 그들의 대북한 입장은 서로주체적 입장과 거리가 생길 수 있다.

분단체제의 기득권 유지 여부를 기준으로 보수와 진보를 나눈다면 분단체제를 유지하는 세력을 보수, 분단체제를 변혁하려는 세력을 진보라고 할수 있다. 이렇게 분단체제에 특수하게 보수와 진보를 정의할 경우에도 보수는 홀로주체적, 진보는 서로주체적 입장이라고 하기 어렵다. 분단체제를 유지하면서 평화를 구축하려는 서로주체적 분리의 입장을 보수가 독점하지 않기 때문이다. 오히려 진보 진영에서 서로주체적 분리를 희구하는 평화담론 논의가 더 많이 활발하게 제기된다.

홀로주체와 서로주체의 대립으로 내가 표현하는 대북자세의 차이는 단순히 정책에 대한 지지 여부의 차이가 아니라 근본적인 철학의 차이다. 마인섭 등은 남남갈등이 대북정책의 '방법론'적 차이로 불거진 문제로 인식한다(마인석·차문석·윤철기 2012, 119). 이에 따르면, 진보정권과 보수정권 모두 궁극적으로 '남한 체제의 안보'를 목적으로 하는 점에서 동일하며, 단지 안보를 실현하기 위한 방법에 있어서 '선지원 후변화'와 '선변화 후지원'이라는 차이가 있을 뿐이라고 한다. 이 시각에서 보면 남남갈등을 구성하는 통일담론은 '북한의 변화'라는 점에서는 동일하며 이를 실현하기 위한 우선순위와 방법론적인 차이가 있을 뿐이다.

하지만 이 같은 분석은 북한만의 변화를 추구하는 홀로주체적 입장만 상정하고 있다. 우리 학계와 사회에서 북한의 변화를 추구하는 것이 대세이지만, 남북한이 함께 대등하게 만나서 공동의 지향점을 향하여 서로 변화를 추구해야 한다는 서로주체적 자세를 견지하는 입장도 존재하며 증가하고 있다. 이러한 차이는 단순히 북한이 좋고 싫고의 문제가 아니고 대북포용정책이 마음에 들고 안 들고의 문제가 아니다. 홀로주체와 서로주체의 대북자세의 차이는 상대의 좋고 싫음과 상관없이 타자를 어떻게 만날 것인가의 문제에 대한 근본적인 철학적 차이에서 비롯한다. 인식과 정책이 아니라 타자에 대한 철학적 자세의 차이가 햇볕정책 이후 오늘날 남남갈등의 근본 대립축인 것이다.[4]

III. 햇볕정책 이전: 분리 대 통합

분단 이후 햇볕정책 이전까지 남한사회의 통일담론을 둘러싼 갈등의 중심은 '분리주의 대 통합주의'의 대립 축이었다. 단정 수립 이후 남한 정부는 통일담론을 억압하였으며, 4·19혁명 이후 짧은 기간을 제외하면 1960년대 말까지 사실상 '통일론 부재 시대'를 지냈다(이종석 1998, 57-64). 박정희 정부와 전두환, 노태우 정부는 모두 사실상 분단을 공고화하는 분리주의 정책을 실시했으며, 이 과정에서 이승만 정부가 지향했던 홀로주체적 분리의 방향에서 벗어나서 북한을 인정하고 공존하는 서로주체적 분리의 방향으로 전환이 일어났다(앞의 5장 참조). 이승만 정부 이후 햇볕정책 이전까지 정부는 민간부문의 통일담론을 억압했으며, 이에 대한 반작용으로 민간부문에서는 북한에 대한 서로주체적 자세를 강조하기보다는 북한과의 통일을 강조하는 통합주의 담론이 간헐적으로 분출했다.

남북한 관계의 측면에 국한해서 볼 때 햇볕정책 이전까지 통일담론에서 중심 전선은 보수 대 진보의 대립이 아니었다. 이승만과 김구의 대립으로 대표되듯이, 보수 진영 내부에서도 분리주의와 통합주의의 대립이 가장 첨예한 갈등이었다. 홀로주체와 서로주체의 대립도 중심이 아니었다. 이승만 정부의 홀로주체적 분리 정책에 대항해서 통합주의 담론이 서로주체적 성격을 가지고 있었지만, 어디까지나 남북한의 서로주체적 관계보다 통합에 방점이 있었다. 1970년 박정희 대통령이 8·15경축사에서 북한에 대해서 서로주체적 자세를 표방하기 시작한 이후 정부 정책이 홀로주체적 분리에서 서로주체적 분리로 방향을 전환하였지만, 민간부문에서 통일운동과 통일담론은 여전히 통합을 중심으로 생각하는 경향이 강했다. 햇볕정책을 전후하여 통일담론이 대규모로 분출하기 전까지는 분리-통합의 대립 축이 홀로주

....

4   상대방의 실체에 대한 인정 여부를 기준으로 남북한의 통일론을 구분하는 배기찬의 논의는 이 장의 분석과 기본적으로 같은 입장에 있다(배기찬 2017, 616-623).

체-서로주체의 대립 축보다 우위에 있었던 것이다.

1. 분리주의 대 통합주의: 남북연석회의

분단은 남한과 북한 사이의 대결의 결과로만 생기는 것이 아니다. 남과 북 사이의 투쟁 이전에 남북 전역에 걸쳐서 전개되는 분리주의 대 통합주의 사이 헤게모니 투쟁의 결과다. 즉 분단은 남한과 북한에 각각 자리 잡은 분리주의 세력 대 분리주의 세력의 헤게모니 투쟁의 결과이기도 하지만, 그보다 더 중요하게는 남북한 각각의 분리주의 세력과 통합주의 세력 사이의 헤게모니 투쟁의 결과라고 보아야 한다. 해방 이후 남북한이 분단된 과정에는 통합주의 세력의 노력과 헤게모니 구축 시도가 실패한 역사가 담겨 있다. 남북한에 각각 단독정부가 수립되어서 분단이 현실화되기까지의 과정에서 남과 북 사이에 헤게모니 투쟁이 직접적으로 이루어지지는 않았다. 남과 북 사이의 직접적인 헤게모니 투쟁은 한국전쟁의 발발까지 기다려야 한다. 해방 3년사에서 중요한 대목은, 남의 분리주의 세력과 북의 분리주의 세력 사이의 투쟁이 아니라, 남과 북 내부에서 각각의 분리주의 세력과 통합주의 세력 사이의 투쟁이었다. 해방 후 남북 주요 정치세력의 국가 건설 방안을 비교한 서중석의 논의는 이 점에서 중요한 시사점을 준다(서중석 2010, 175-203). 해방 후 국가 건설 방안에 있어서 좌익과 우익 사이에 커다란 차이가 있었다. 하지만, 한민당과 남로당 및 북로당이 당파성을 강하게 보인 반면, "중도좌파와 중도우파 등 민족통일전선 세력은 해방된 그날부터 민족국가 건설을 최우선 과제로 설정했다"(서중석 2010, 198). 좌우의 대립 속에 그 대립을 뛰어넘는 분리주의와 통합주의의 대립이 엇갈려 있었던 것이다.

분리주의에 대한 통합주의의 본격적인 도전은 단정 수립 직전인 1948년 4월의 남북연석회의였다.[5] 남북연석회의에 앞서 2월에 발표한 "3천만 동

....

5　남북연석회의 이전에도 분단을 막으려는 노력들이 있었다. 해방 공간에서 대부분의 정당들이

포에게 읍고(泣告)함"이라는 글에서 김구는 다음과 같이 단독정부 수립을 반대한다(김삼웅 1994, 25-33에 전재).

우리는 첫째로 자주독립의 통일정부를 수립할 것이며, 먼저 남북 정치범을 동시 석방하여 미·소 양군을 철퇴시키며 남북지도자회의를 소집할 것이니 이와 같은 원칙은 우리 목적을 관철할 때까지 변치 못할 것이다. … 독립이 원칙인 이상 독립이 희망 없다고 자치를 주장할 수 없는 것은 왜정하에서 충분히 인식한 바와 같이 우리는 통일정부가 가망없다고 단독정부를 주장할 수 없는 것이다.

통합주의 세력은 당시 정세를 "통일이냐 분열이냐 하는 일대 위기"로 규정하고 "통일 없는 독립은 있을 수 없다"고 호소했다.[6] 이들은 남한만의 단독선거·단독정부 수립을 민족 분열과 동족상잔을 초래할 수 있는 민족반역행위라고 규정하고, "우리 문제를 미소공위도 해결 못하였고 국제연합도 해결 못할 모양이니 이제는 우리 민족으로 자결(自決)하게 하는 길밖에 없

....

'민주독립국가 건설'에 초점을 맞추었으나 8월 24일 창립된 삼민당은 정강 (1)에서 "완전한 국토통일을 기함"이라는 정책을 내세웠다고 한다(강성윤 1978, 65). 이는 해방 직후의 공간에서도 이미 남북분단의 가능성을 볼 수 있었다는 반증이라 하겠다. 김구, 김규식 등의 임시정부 요인들이 1945년 11월 23일 귀국 제일성으로 "총선거로 민주정권을 수립한다. 조선의 분단은 절대로 용납할 수 없다"고 선언한 것도 분단 가능성을 이미 우려하고 있었음을 보여준다. 단독정부 수립 움직임에 반발하여 김구는 정당협의회를 조직하여 단정을 적극 반대했다. 김구는 1948년 1월 26일 유엔한국위원회를 방문하여 (1) 미소 양군의 동시 철퇴, (2) 남북요인협상, (3) 총선거 실시를 요구했다(송건호 1972, 142-144). 또, 1946년 6월 이승만의 정읍발언 이후 남한 단독정부 수립운동이 추진되면서, 그에 대한 반대세력이 민주의원 부의장 김규식과 인민당의 여운형을 중심으로 좌우합작운동을 전개했다. 따라서 '단정과 합작'이라는 두 활동을 중심으로 분리주의와 통합주의 세력의 대결이 남한 내에서 전개되었다고 볼 수 있다(강성윤 1978, 67-68). 한편 정치권 밖에서도 분리주의와 통합주의의 투쟁을 볼 수 있다. 가령 1948년 제주 4·3항쟁은 여러 측면에서 이해할 수 있겠으나, 남한의 단독정부 수립과 단독선거에 대한 거부가 중요 모티브였던 점에서 분리주의에 대한 항쟁으로도 볼 수 있다(커밍스 2017, 185-186 참조).

6   홍명희, "통일이냐 분열이냐," 『새벽』 1948년 3월호; 김광운 2005, 94에서 재인용.

을 것"이라고 주장하고, 남북의 정치지도자들이 만나서 통합의 길을 모색해야 한다고 역설했다.[7] 남북한의 통합을 추구하는 문화인들도 "조국은 지금 독립의 길이냐? 예속의 길이냐? 또는 통일의 길이냐? 하는 분수령상의 절정에 서 있다"고 천명하고, 단선·단정 노선은 "38선의 법정적 시인"이며 "38선의 실질적 고정화"이자 "국토양단의 법리화"이고 "민족분열의 구체화"라고 규탄했다. 이들도 앞으로 다가올 "민족상호의 혈투 … 내쟁(內爭)같은 국제전쟁, 외전(外戰)같은 동족전쟁"을 막는 "길은 오직 남북협상에 있다"고 강조했다(김광운 2005; 안철현 1985, 321-322; 김학준 1980, 37-57 참조).[8]

통합주의 담론에 대항하여 사실상 분리주의 세력인 미군정과 이승만 및 한민당 등 남한의 단독정부 추진 세력은 남북협상을 반대하고 남북협상 세력을 '공산주의자의 덫'에 걸려들었다고 비판하거나 '용공'으로 공격했다(신복룡 2006, 515; 미군정의 남한 단독정부 추진에 관해서는 장순 2016, 256-264 참조). 분리주의 세력이 비판하는 것처럼 남북협상세력을 용공으로 볼 수 있는지는 의문이다. 김구가 공산주의를 싫어하는 것은 널리 알려진 사실이기 때문이다. 하지만 그의 남북협상론을 순수하게만 보기도 어렵다. 1946년 6월 이승만의 정읍발언 이후 김구가 단독정부론을 일관되게 비판해왔지만, 1947년 11-12월에는 남한총선거와 남북총선거 사이에서 흔들렸으며 이승만 세력과의 통합을 추진하기도 했다(정병준 2015, 38-41). 이 점에서 1948년 1월 김구가 김규식과 연대하고 남북지도자회담을 제안한 것은 일종의 '방향전환'으로 이해되기도 한다(서중석 2000, 120-130). 또, 분리주의 세력이 이미 북한을 장악하고 있었다는 사실을 비추어볼 때, 4월 연석회의가 순수한 의미에서 통합주의 행사인지에 대해서 의문이 드는 것도 사실이다. 연석회의 합의문인 "조선 정치정세에 관한 결정서"를 보면, 북한은 통

----

7   「통일독립 달성을 위한 7거두 성명」, 1948년 3월 12일; 김광운 2005, 94-95에서 재인용. 7거두는 김구, 김규식, 조소앙, 홍명희, 김창숙, 조완구, 조성환 등이다. 윤민재 2017, 188-196 참조.

8   문화인 108인 남북협상 지지성명, 「남북협상을 성원함」, 1948년 4월 14일; 김광운 2005, 96-97 및 서중석 2000, 190-193에서 재인용.

합주의 세력으로 등장하고 남한만 분리주의 세력으로 규정되고 있기 때문이다. 가령 "남조선 반동분자들의 협조하에서 미국 대표가 소미공동위원회 사업을 결렬시키고 조선통일을 파탄시킨 이후 … 미국 정부는 '유엔소총회'를 이용하여 남조선에 단독선거를 실시하고 괴뢰적인 소위 '전민족 정부'를 수립할 것을 결정하였다. 이 결정은 우리 조국에서 남조선을 영원히 분리하여 미국 식민지로 변화시키려는 기도의 구현이다"라고 미국과 남한정부만 비판하고 있다.[9] 이 합의문은 남한의 이승만, 김성수 등을 '배족적 매국노'로 낙인 찍고, "소위 '유엔조선위원단'의 기만적 단독선거를 반대하여 궐기한 남북 조선 인민의 반항을 조국의 완전 자주독립을 위한 가장 정당한 애국적 구국투쟁이라고 인정"하고 있다. 김구나 김규식이 실질적 정치권력이 없었던 데 반해 북한의 김일성과 그 추종 세력은 이미 정치권력을 장악한 상태였던 점에서, 1948년의 남북협상은 "동등한 정치력의 바탕 위에서의 협상이 될 수 없었다"(김학준 1980, 57-58). 김구와 김규식 등 통합주의자들이 '순수한' 의도를 가지고 있었다고 할지라도, 북한의 분리주의 세력의 정치적 선전에 이용 당하는 결과를 가져온 측면을 부인하기 어렵다(신복룡 2006, 516; 노재봉 외 2015, 162-163).

그럼에도 불구하고, 4월 남북협상의 길은 남한의 단독정부 수립 직전에 분리주의에 대한 통합주의의 마지막 몸부림으로서 의미를 갖는다. 남북한이 각각 단독정부를 수립할 것이 눈에 보이는 상황에서 남한에 근거를 두고 있는 통합주의 세력이 택할 수 있는 다른 선택지가 사실상 존재하지 않았다. 문화인 108인의 지지성명에서 밝히듯이, "우리의 지표와 우리의 진로는 가능·불가능의 문제가 아니라 가위·불가위의 당위론인 것이니, 올바른 길일진대 사력을 다하며 진군할 뿐일 것이다"(서중석 2000, 192에서 재인용). 무엇보다 4월 남북협상은 남과 북에서 각각 국가를 수립하는 것이 결국 외

....
9   "조선 정치정세에 관한 결정서." (1948. 4. 23.) 심지연 2001, 107-109에 전재. 윤홍석 2004, 45-46 참조.

세를 등에 업은 동족상잔의 비극으로 치달을 것을 예상하고 이를 막으려는 몸부림이었다(서중석 2007, 25-26). 그것이 비록 실패하더라도 통합주의의 이러한 몸부림은 이후 남한사회에서 분리주의에 대항하여 통합주의가 지속적으로 명맥을 유지할 수 있는 상징적 기원이 되었다.

> 남북협상운동의 진정한 의의는 그 실현 가능성이나 김일성에 의한 이용 여부의 차원에서가 아니라 해방 직후 한국민족주의 운동에서 더 이상 선택의 여지가 없었던 마지막 몸부림이라는 차원에서 파악되어야 할 것이다(안철현 1985, 336).

단정 수립 이후 이승만 정부는 북진통일론을 주창함으로써 다른 통일 담론을 억압하고 사실상 홀로주체적 분리 노선을 걸었다. 북진통일론은 나의 분석틀에서 보자면 홀로주체적 통합 담론으로 볼 수 있다. 하지만 북진통일을 할 현실적 능력이 없었다는 점에서 실제로는 분단국가를 강화하려는 의도에서 비롯했으며, 통합을 위한 담론이라기보다는 반공을 앞세운 분리주의 담론이었다. 북진통일론의 핵심은 '통일'이 아니라 '북진'에 있었다. 상대방을 궤멸시킬 적으로 보는 홀로주체적 자세가 핵심이다. 서중석이 일 갈하듯이, "전 세계에서 이승만처럼 철저한 반反공존주의자는 아주 희귀했다"(서중석 2007, 136). 하지만 북진통일은 현실적 실현 가능성이 거의 없는 구호에 불과했고, 이승만 본인이 이를 잘 알고 있었다. 이 점에서 이승만 정부의 통일정책은 사실상 "통일정책의 부재"가 특징이었다(송건호 1972, 150). 북진통일 담론과 운동은 "분단을 고착화시켜 분단체제를 형성하게 하고, 극우반공체제를 강화하는 데 뛰어난 효능을 가지고 있었"고, 평화운동을 철저히 억압하는 데 사용됐다(서중석 1999, 163; 서중석 2007, 132-137).

이승만 정부 시절 북진통일론에 대항한 가장 중요한 통일담론이 조봉암의 '평화통일론'이다.[10] 평화통일론은 조봉암을 사형시키는 데 중요한 구실로 작용했지만, 조봉암과 진보당의 평화통일론에는 막상 대단히 급진적인 방안을 찾아보기 힘들다. 북진통일론자들에게 탄압의 빌미를 주기 쉽고, 구체적 통일방안에 대해서 내부 의견을 조율하기도 어렵기 때문이었을 것이다. 조봉암의 평화통일론에서 찾을 수 있는 구체적 통일방안은 유엔에서 결의한 남북한 총선거에 가깝다(서중석 1999, 166-169; 박태균 2005a, 113-117).

조봉암의 '평화'통일론은 이승만 정부의 무력통일론을 반대하는 데 의의가 있고, 이 점에서 정부의 홀로주체적 자세에 대해 서로주체적 자세를 표방했을 것으로 기대할 수 있다. 그런데 당시 북진통일론의 위세 때문인지, 조봉암은 북한에 대해 서로주체적 자세를 견지하는 데까지 나아가지는 못하고 있다. 오히려 "우리는 소위 철학적 평화주의자가 아니"라고 강조하면서, 필요하다면 "전쟁 방법에 의한 통일도 … 불사할 것"임을 밝힌다. 다만 한미상호방위협정과 조소방위협정으로 인하여 무력통일의 실현성이 희박해진 국제정세 때문에 평화통일을 추구해야 한다는 논리를 펴고 있다(송건호 1972, 153-156 참조). 기왕의 통일방안 중에서 남북협상에 의한 연립정부 수립안과 국가연합 방안을 받아들일 수 없다고 하면서, 그 이유로 "우리 대한민국과 이북 괴뢰를 동일 정부로 인정하는 데서부터 논의된 것이기 때문에 우리 대한민국으로서는 전혀 상대할 수 없는 안"이라는 홀로주체적인 자세를 표명하고 있다. 이승만 정부의 북진무력통일 대신 평화통일을 주창한 점에서 그만큼 서로주체적이라고 하겠으나, 그 서로주체성에 분명한 한계가 있었던 것이다.

조봉암의 평화통일론의 보다 중요한 의미는 분리주의에 대한 통합주의의 대항이라는 점이다. 앞서 남과 북의 분단은 남과 북 또는 우익과 좌익의 대립 이전에 분리주의와 통합주의 세력의 헤게모니 투쟁에서 통합주의 세

....

10   조봉암, "평화통일에의 길." (1957. 10.) 김삼웅 1994, 81-103 및 심지연 2001, 201-221에 전재. 조봉암의 「공소장」 및 대담 "평화통일의 구체적 방안"(1957. 4)도 참조(김삼웅 1994, 69-113에 전재).

력이 패배한 결과라고 언급했다. 정진아는 해방 후 다양한 정치세력들의 건국노선을 (1) 이승만과 한민당의 남한단독정부수립론, (2) 김일성과 조선공산당의 민주기지론, (3) 중간파 세력의 통일정부수립론으로 간명하게 구분한다(정진아 2015, 65-73). (1)과 (2)는 (그들이 표방하는 홀로주체적 통합 노선에도 불구하고) 각각 남과 북의 분리주의 세력이며 (3)이 통합주의 세력이었다. 조봉암의 평화통일론은 "해방 후 중간파의 통일정부수립론을 계승"하고 일정 부분 복원하였다(정진아 2015, 82). 이 점에서 조봉암의 평화통일론은 이승만 정부의 사실상의 홀로주체적 분리주의 노선에 대한 통합주의 세력의 대항담론으로서 의의가 크다.

2. 홀로주체적 분리 대 서로주체적 통합: 2공화국

한국전쟁 이후 북진통일론의 살벌한 분위기 속에서 억압됐던 통일담론은 4월 혁명 이후 2공화국이 수립되면서 분출하기 시작했다. 서중석에 따르면, 진보당 사건 때문인지 이승만 정권 붕괴 이후에도 한동안 통일 문제는 쟁점으로 부각되지 못했다. 4월 혁명 직후 민주화에 대한 요구가 급증하였으나 북진통일론에 대한 저항이나 본격적인 비판은 찾아보기 힘들었다. 7·29총선에서도 마찬가지였다. 통일담론이 분출한 것은 1960년 여름을 지나면서 중립화통일방안이 회자되고 11월부터 남북협상론이 큰 힘을 받으면서부터였다(서중석 1999, 169-170). 미국 상원의원 맨스필드(Mansfield)가 극동 시찰을 마치고 한반도의 중립화 통일방안을 제안한 것이 남한사회 내 통일담론이 분출하는 데 중요한 계기가 되었다고 한다(황인관 1988, 86-87; 윤홍석 2004, 59-60).

1960년 7·29 총선에서 전개된 통일논쟁을 연구한 엄상윤에 따르면, 통일 문제가 이슈화되고 정쟁화된 것은 6월 말부터 한 달여 기간에 불과했다. 4월혁명 이후 허정 과도 정권이 5월 3일 출범하면서 민주당 정부는 북진통일론을 폐기하고 유엔감시하의 자유선거에 의한 통일방안을 제시했다.

7·29총선에 임하여 부활한 혁신정당들은 곧 사회대중당(중도), 한국사회당(혁신계 우파), 혁신동지총연맹(좌파), 사회혁신당(청년 중심) 등으로 분열했다. 이들 정당이 모두 무력통일을 배제하고 평화통일을 주장한 점에서 1공화국 때와는 판이한 지형을 보였다. 하지만 민주당이 반공통일을 주장한 반면, 대부분의 혁신정당들은 (상이한 이념의 정치세력들이 공존할 수 있는) 민주통일을 우선시했고 혁신동지총연맹은 자주통일을 주장하는 등 차이를 보였다. 주목할 점은 모든 정당이 김일성 정권을 협상의 상대가 아니라 배제·타도의 대상으로 상정했다는 점이다. 특히 사회대중당과 사회혁신당은 김일성 정권의 퇴진을 통일의 전제조건으로 명시했다. 단, 민주당과 달리, 혁신정당들은 북한의 존재 자체를 부인하는 것은 아니었다. 즉 북한에 또 하나의 권력체가 존재하고 있다는 사실을 용인하고, 남북한 양 체제 모두의 해체를 추구하는 입장이었다. 또 하나 특기할 점은 모든 정당이 유엔에 의존하고 선거를 통해 통일정부를 구성하는 통일방법을 제시하고 있다는 점이다. 다만 선거주관기구, 선거감시기구, 선거대상지역, 선거규정의 적용 등 구체적 방법과 절차에 있어서는 큰 차이를 보였다(엄상윤 2008, 111-128).

1960년 여름에 중립화통일론이 널리 유포되고 이어서 11월부터 남북협상론이 확산됨에 따라 2공화국의 통일담론 지형은 〈표 6.2〉에서 보는 것처럼 민주당 정부의 유엔감시하 남북한총선거론(선건설 후통일론), 민간운동세력 중 보다 온건한 중립화통일론, 보다 급진적인 남북협상론 등 세 가지 통일론이 대립하는 형상이 된다. 이 중 혁신계 통일담론은 1961년 2월 25일 민족자주통일중앙협회(민자통)가 결성되고 여기서 통일사회당 세력이 빠져 나와서 중립화통일운동총연맹(중통련)을 결성하면서 각각 남북협상론과 중립화통일론의 양대 산맥으로 대립하였다(김보영 2000, 140, 147; 김지형 2000, 108; 홍석률 2005, 103-104).

〈표 6.2〉에서 크게 두 가지 특징을 볼 수 있다. 첫째, 분리주의와 통합주의의 대립이다. 이는 민주당 정부와 혁신정당들 사이의 대립이다. 이들의 통일정책에는 본질적 차이가 있었다(엄상윤 2008, 116-118; 서중석 1999, 172-

표 6.2 2공화국 시기 대표적 통일론

	주장 세력 및 개인	핵심 내용 (통일방안, 대북인식, 대유엔인식)	비고
유엔감시하 남북한 총선거론	민주당, 신민당을 포함한 보수세력	북진통일론 폐기, 반공통일, 선건설 후통일, 북한 불인정, 유엔에 의존	남북협상론·중립화통일론 모두를 배격, 통일 유보론으로 비판됨
중립화 통일론	김삼규·김용중·김문갑 중립화통일연맹준비 (통일사회당, 사회대중당, 혁신당)	미소의 세력균형에 입각한 통일론, 남북한 당국이 참여하는 국제협상에서 한국의 영세중립화 보장, 유엔에서 결정되는 중립국 감시하의 총선거	국제적 해결 강조, 남북협상의 필요성 인정, 북한은 중립화 안을 완전히 무시함
남북협상론	김영춘·이재춘 민자통(사회당, 민족건양회, 민민청, 통민청)	외세의 간섭 없는 남북 당사자 간의 협상으로 결정, 반제국주의적 관점, 단계적 접근방법 – 남북교류론, 반제·반봉건·반매판 민족혁명=통일	반제국주의적 관점에서 유엔감시하 총선거론 반대, 중립화론도 외세의존적이라고 반대

출처: 김보영 2000, 145.

174). 민주당 정부의 '유엔감시하 남북한총선거론' 또는 선건설 후통일론은 기본적으로 남한사회 지배적 세력의 반공통일론 또는 자유민주체제하의 통일론을 대변한다. 이승만 정부와 달리 평화통일을 주장하지만, 남측이 부강해져서 북의 주민들이 스스로 '귀순'해오는 방식의 통일을 지향한다. 일종의 흡수통일론적 발상이자, 당시 남북한의 경제적 격차에서 북한이 우위에 있었던 점을 고려하면 실질적으로 통일유보론에 해당한다(홍석률 2005, 105). 이에 반해 중립화통일론과 남북협상론은 진지하게 통일을 추구하는 통합주의 노선이다.

이를 해방기의 통일정부 수립 논쟁과 연관해서 보면, "민주당은 우파의 단정론을 계승하고 있었고 혁신정당들은 중간파와 좌우합작론 혹은 남북협상론을 계승하고 있었다"(엄상윤 2008, 116-117). 앞 절에서 살핀 단정세력 대 남북연석회의 세력 사이의 분리주의 대 통합주의의 투쟁이 2공화국에서도 계속 이어지고 있는 것이다. "용공통일이라면 차라리 남북한의 분단상태를 이대로 두는 편이 낫다"는 장면 총리의 1961년 4월의 언급은 민주당이 단정세력의 분리주의 노선을 계승하고 있음을 단적으로 보여준다(서중석 1999, 174). 이는 1공화국 시절 민주당의 통일정책이 사실상 북진통일정책이었던 점을 감안하면 이해하기 어렵지 않다(민병천 1985, 66 참조). 민주당 정부의 선건설 후통일론은 북한을 통일의 대등한 파트너로 인정하지 않는 점에서 홀로주체적이고, 사실상 북한보다 열세에 있었던 남한의 경제력을 고려할 때 홀로주체적 분리를 지향하는 것으로 해석된다.[11]

혁신세력은 민주당 통일담론의 분리주의적 (혹은 통일유보적) 성격을 잘 파악하고 있었다. 1961년 2월 25일 결성식장에서 발표한 결의문에서 민자통은 "우리는 '통일유보' 또는 '선건설 후통일론'으로 국민을 현혹케 하여 통일을 방해하는 일체의 세력을 철저히 분쇄한다"고 함으로써 분리주의에 맞설 것임을 천명했다(김지형 2000, 113). 민자통이 당시의 통일논의를 사실상 통일 대 반통일의 대결로 인식하고 있음을 알 수 있다. 이 점에서 2공화국에서 분출한 혁신계의 통일논의와 통일운동은 사실상 분리주의 세력인 민주당 정부당국에 대항하여 통합주의 세력의 헤게모니를 구축하기 위한 투쟁이었다. 특히 민주당 정부는 데모규제법과 반공법을 제정하려고 했는데, 혁신계는 이 두 법을 통일운동을 억압하는 2대 악법으로 규정하고 반대투쟁을 전개했다(서중석 1999, 172-174).

둘째, 국제화와 자주화의 대립이다. 민간부문의 통일운동은 민자통의 결성을 둘러싸고 민자통 내부의 통일논쟁에서 남북협상론과 중립화통일론으로 양분되었다. 중립화통일론과 남북협상론은 무엇보다도 통일을 이루는 과정에서 국제정치를 우위에 두느냐 민족자주를 우위에 두느냐에 차이가 있었다. 즉 심지연(2001)이 강조하는 통일 문제의 '국제화 대 자주화'의 대립 축이 중심에 있었다. 남북협상론은 외세의 간섭 없이 남북이 직접 협상을 통해 모든 것을 결정하자는 주장으로 반외세, 반봉건, 반매판을 구호로 하는 '민족혁명론'과 연결되어 있었다(홍석률 2005, 106-107). 반면에 중립

....

11 민주당 정부가 당시 내세운 통일정책은 송건호(1972, 156-157) 참조.

화통일론은 대체로 분단과 전쟁을 미국과 소련의 세력권 투쟁의 결과로 인식했고, 따라서 한국의 통일은 미소의 세력권 투쟁에서 벗어나는 것이라고 보았다(서중석 1999, 170). 국제정치적 차원을 우선하는 중립화통일론과 민족자주적 방안을 우선시하는 남북협상론 사이에 미묘한 차이가 있었던 것이다.

그런데 국제화와 자주화 노선의 대립 이면에 북한에 대한 서로주체적 자세의 정도 차이가 존재하고 있다. 남북협상론은 북한을 협상의 파트너로 상정하는 점에서 중립화통일론에 비해 서로주체적 자세에 더 가까웠다. 민자통의 남북협상론으로 민족건양회의 '민족통일방안', 이재춘(민자통 선전위원장)의 '민족자주적 평화통일의 기본방향', 김영춘의 '조국통일의 기본방향' 등을 검토한 김보영의 연구가 이를 잘 보여준다. 남북협상론은 '민족자주적 평화통일' 원칙을 명확히 제시하고, 통일건국의 기본 강령으로 "자주적이며 민주적이며 평화적이며 사유재산제적인 민족국가"를 제시했다(민족건양회 방안; 김보영 2000, 150). 특히 평화통일의 방법으로 남북협상을 제시하면서, 북한에 대한 '존재론적 인정'을 부각하고 있다. 남북협상을 통한 통일을 위해서는 북한에 대한 존재론적 인정이 우선되어야 한다는 것이다. "여기서 말하는 평화통일이란 남북협상의 방법으로 통일하자는 것을 말한다. 협상은 상대방의 존재적 가치를 인정함으로써 성립될 수 있다"(이재춘의 방안; 김보영 2000, 152). 상대의 존재론적 인정에서 더 나아가 상대방의 이데올로기도 '상호 인정'할 것을 주장한다. 남북의 이데올로기는 일단 이미 주어진 것으로 보고, 서로의 이데올로기를 인정하고 민족적 입장에서 남북협상을 추진해야 한다는 것이다. 양자의 우월성을 논하는 것이나 보수세력이 주장하는 것처럼 "자유민주주의를 발전시킨 연후에 통일하자"는 주장은 현실성이 없는 통일지연술에 불과하다는 인식이다(김보영 2000, 159-160). 이는 2공화국 혁신세력의 남북협상론이 서로주체적 통합을 지향하고 있음을 명확히 보여준다.

이러한 서로주체적 자세는 북한의 연방제 방안에 대한 입장에서도 나타난다. 남북이 이질적 제도로 분열되었기 때문에 연방제가 불가능하다는 양호민의 주장에 대한 반론에서 김영춘은 오히려 남북이 이질적으로 분열되었기 때문에 연방제가 필요하다고 주장한다. "남북이 단일민족인 조건 하에서 남북의 정치제도가 동질적이라면 연방제를 구성할 것이 아니라 당장 통일을 실현하면 그만"일 것이지만, 체제 이질성 때문에 연방제가 필요하다는 주장이다. 북한이 제의한 과도적 연방제안의 의의를 일정 부분 인정한 것으로 해석된다(김영춘의 안; 김보영 2000, 158-159). 아울러 "통일건국의 정권기관은 성립과 동시에 8·15부터 통일까지의 민족자기끼리의 범죄는 일체 용납해버리는 '민족내부범행망각선언'을 공포 실시해야 한다"는 주장은 서로주체적 입장이 얼마나 깊이 진척되었는지 보여준다(민족건양회 방안; 김보영 2000, 150).

종합하면, 2공화국 시절 통일담론의 균열지점은 분리-통합을 기본 대립 축으로 하고 있으며, 통합주의 세력 중에서 국제화와 자주화가 대립하는 형국이었다. 민주당 정부는 선건설 후통일론으로 사실상 분리주의에 가까웠고 이에 대항해서 혁신계의 통합주의 담론이 분출하였다. 통합주의 담론은 중립화통일방안과 남북협상통일방안으로 나뉘는바 이는 각각 국제화와 자주화 노선으로 볼 수 있다. 이 중 통일운동의 중추는 점차 중립화통일방안에서 남북협상방안으로 옮겨졌으며, 1961년 5월 서울대 민족통일연맹이 남북학생교류를 제창하자 남북협상론을 중심으로 통일운동이 본격화되었다(4·19세대 남북학생회담론에 대한 상세한 내용은 양영식 1997, 58-148 참조). 남북협상론은 다른 통일담론에 비해 상대적으로 북한에 대해 좀더 서로주체적인 자세를 견지하고 있었다. 하지만 통일담론의 기본 대립 축은 여전히 분리주의 대 통합주의가 중심을 차지하고 있었다.

3. 서로주체적 분리 대 홀로주체적 통합: 1980년대

박정희 정부부터 전두환 정부를 거쳐서 노태우 정부에 이르기까지 남한

정부의 통일정책에는 두 가지 중요한 흐름이 보인다. 첫째, 분리주의의 유지 및 강화다. 크게 볼 때 남한 정부당국의 통일담론은 통일을 적극적으로 추진하기보다는 먼저 분단상태의 현실을 인정하고 이를 바탕으로 점진적으로 통합을 추진하겠다는 의도가 강했다. 박정희 정부의 1960년대 선건설 후통일론과 1970년대 선평화 후통일론은 사실상 '통일정책이 아닌 통일정책' 또는 '통일보류 정책'이었다(이종석 1998, 63; 노중선 2005, 73-75).

둘째, 북한과 대치하는 가운데 대북 강경기조를 유지하면서도 대북한 서로주체적 자세가 강화되었다. 앞의 5장에서 보았듯이, 1970년대 이후 남한 정부당국은 북한에 대해 서로주체적 자세를 강화해왔다. 1970년 박정희 대통령의 평화통일구상, 1980년대 초 전두환 대통령의 민족화합민주통일방안, 1989년 노태우 정부의 한민족공동체 통일방안은 모두 북한에 대한 서로주체적 자세를 조금씩 더 강화해왔다. 앞의 분리주의 강화 흐름과 맞물리면서 남한정부의 서로주체적 자세 강화는 곧 남북한 관계를 홀로주체적 분리에서부터 서로주체적 분리로 서서히 변화시키는 결과를 가져왔다.

5·16 이후 1980년대 중반까지 정부의 통일논의 탄압으로 인해 통일운동은 긴 침체기에 빠진다(이승환 1999, 131). 1961년 5·16쿠데타를 주도한 군사혁명위원회는 공약 제5항에서 "민족적 숙원인 국토통일을 위하여 공산주의와 대결할 수 있는 실력배양에 전력을 기울인다"고 함으로써 선건설·후통일론을 제창하면서, 일체의 중립주의 내지 혁신계 운동을 중지시켰다. 이에 따라 2공화국 시절 격렬했던 정당들의 통일논의는 그 자취를 찾아볼 수 없게 되었다. 1960년대 박정희는 "남북통일문제는 70년대 후반기에 가서 본격적으로 논의될 것으로 본다"라고 언급하면서 통일논의 자체를 시기상조라고 억압했다(강성윤 1978, 80).『민족일보』폐간 및 사장 조용수의 사형,『세대』잡지의 황용주 필화사건, 남정현의「분지」필화사건 등은 1960년대 박정희 정부가 반공이라는 이름 아래 통일운동과 담론을 얼마나 억압했는지 잘 보여준다(유재천 1990, 106-107 참조). 1980년대 중반 이후 통일담론이 활발해졌지만 이와 같은 억압은 계속되었다. 전두환 정부 시절인 1986

년 10월 유성환 신민당 의원의 '통일국시사건'이 단적인 예다. 노태우 정부 시절 통일담론과 통일운동이 다시 활발해졌지만, 문익환, 임수경, 서경원 등의 방북사건을 둘러싼 공안정국과 대북창구의 정부 단일화 정책에서 보듯이 민간 통일운동과 담론에 대한 억압정책이 포기된 것은 아니었다.

사실상의 분리주의 노선을 강화해가는 정부의 통일운동 탄압에 맞서서 민간 진영의 통일담론과 운동은 통합주의로 맞섰다. 대표적인 예가 장준하다. 북한을 적대시하는 '분단형 민족주의'에 갇혀 있던 장준하는 7·4남북 공동성명을 계기로 이전의 보수 반공적인 세계관과 결별하고 전향적인 통일담론을 전개했다(조배준 2015a). 그는 『씨알의 소리』 1972년 9월호에 실린 "민족주의자의 길"이라는 글에서 "모든 통일은 좋은가? 그렇다. 통일 이상의 지상명령은 없다"고 단언하고(장준하 1972, 58), 통일을 위한 과제로서 정치제도의 민주화, 민족적 동질성 확보, 군사적 긴장 완화, 민족공동이상의 개발, 민족세력의 형성 등을 제시했다(이승환 1999, 136). 반독재 민주화 투쟁과 통일운동이 '민족주의자의 길'에서 만난 것이다. 장준하의 통합주의 담론은 체제나 이념이 아니라 '사람'의 통합을 중시하는 등의 새로운 인식을 담고 있었지만, '통일지상주의'의 측면이 분명히 있었고 "통일 맹목화의 위험성"도 가지고 있었다(조배준 2015a, 102-112). 당시 7·4공동성명에 대한 비판적 목소리들도 평화통일의 표어에 함의된 분단의 고착화를 경계하고 통합을 지향했다. 장준하의 글과 같은 지면에서 최혜성은 1970년대 초 강대국 국제정치로 인한 정세 변화가 모두 한반도를 "'분단된 상태의 평화', '평화로운 공존'에로 유도하고 있다"고 지적하면서, 평화공존론이 "분단의 영구고정화"로 귀결될 수 있음을 경고한다. 그는 7·4남북공동성명이 평화공존을 추구하는 국제정세를 "평화통일로 전화시키려는 주체적 의지를 천명하고 있다"고 함으로써, 1970년대 선평화 후통일론이 분리주의가 아니라 통합주의로 연결될 것을 주문한다(최혜성 1972, 69-70; 박연희 2014, 402 참조).

광주민중항쟁에서 미국이 신군부를 지원 내지 방조했다는 의혹이 증폭

되면서 1980년대 민간부문의 통일운동과 담론은 반미운동과 연결되어 활발해지기 시작했다(이승환 1999, 140; 이장희 1998, 119; 박찬수 2017, 44-53). 1980년대 중반 이후 통일운동은 88서울올림픽의 남북한 공동개최 문제를 둘러싸고 정부 당국과 대결하면서 광범한 대중운동으로 전개되었다. 통일 담론은 4·19혁명기에 이어 두 번째 분출기를 맞는다. 이 과정에서 두 가지 중요한 통일운동 주도세력이 등장했다. 하나는 교회세력이고 다른 하나는 학생운동과 재야의 통일운동세력이다.

먼저, 1980년대 중반 이후 통일담론과 운동이 분출하게 된 중요한 계기는 교회 내의 통일운동세력 특히 한국기독교협의회(KNCC)에서부터 왔다(이유나 2010; 손달익 2015; 김홍수 2015).[12] 기독교계 내 통일운동의 시동은 해외동포들로부터 비롯하였다. KNCC가 시도할 생각도 하지 못하고 있을 때, 유럽과 미주의 교포 기독교 지도자들이 1980년 조국통일해외기독자회(기통회)를 조직하고 남북 기독자들이 해외에서 만날 수 있도록 다리를 놓는 역할을 했다(이유나 2008, 265-266; 손달익 2015, 39). 1984년 10월 일명 '도잔소 회의'에서 한반도의 평화와 통일 문제를 한국교회와 해외교회들이 최초로 함께 본격적으로 협의했다. 이후 KNCC는 해외의 교회와 협력하여 남북교회의 교류를 추진하는 한편, 1985년 총회에서 '한국교회 평화통일선언'을 공식 채택한 데 이어 1986년과 1987년 9월 총회 때마다 '평화통일에 대한 우리의 입장'을 총회 선언으로 채택했다.

통일운동의 분출에 결정적으로 기여한 것은 KNCC가 1988년 2월 29일 발표한 '민족의 통일과 평화에 대한 한국기독교회 선언'(소위 '88선언')이다. 88선언은 우선 민족통일 5원칙으로 자주, 평화, 민족대단결, 인도주의, 통일

....

12 1980년대 이전 KNCC는 통일 문제에 대해 신중론이 우세했다고 한다. KNCC는 7·4남북공동성명에 대하여 신중하게 반응했다. 통일의 원칙으로 제시된 자주와 민족대단결에 의해서 충격을 받았기 때문이다. '자주' 원칙에서 외세 문제, 그리고 '민족대단결' 원칙에서 사상과 이념, 제도의 차이를 초월한다는 문제에 대해서 교회는 신중한 태도를 보였다. 1970년대 교회의 관심사는 통일이 아니라 민주화였다(김홍수 2015, 79-81).

논의의 민주화 등을 천명했다. 7·4남북공동성명에서 설립한 3대 통일원칙에 인도주의와 민주화를 더한 것이다. 먼저 "통일은 민족이나 국가의 공동선과 이익을 실현하는 것일 뿐 아니라 인간의 자유와 존엄성을 최대한 보장하기 위해서 있는 것"이라는 취지에서 "인도주의적인 배려와 조치의 시행[이] 최우선적으로 고려되어야 한다"는 인도주의 원칙이다. 다음으로 "통일을 위한 방안을 만드는 모든 논의과정에는 민족구성원 전체의 민주적인 참여가 보장돼야 한다"는 민주화 원칙이다. 또 남북한 긴장완화와 평화증진을 위하여 이루어져야 할 과제로서, 휴전협정의 평화협정으로의 전환(불가침조약 포함), 한반도에 평화와 안정이 보장되었을 때 주한미군 철수와 유엔사령부 해체, 남북한의 군사력의 감축과 핵무기 사용 절대 금지 및 철거 등을 제시했다(한국기독교교회협의회 1988; 이유나 2010, 271-273).

88선언은 특히 분단과 증오에 대한 한국교회의 '죄책고백'을 담고 있어서 눈길을 끈다. "분단체제 안에서 상대방에 대하여 깊고 오랜 증오와 적개심을 품어왔던 일이 우리의 죄임을 하나님과 민족 앞서 고백"한 것이다. 여기에서 "'네 이웃을 네 몸과 같이 사랑하라'는 하나님의 계명(마 22: 37-40)을 어기는 죄", "같은 피를 나눈 동족을 미워하고 속이고 살인하였고, 그 죄악을 정치와 이념의 이름으로 오히려 정당화하는 이중의 죄", "민족 예속화 과정에서 민족적 자존심을 포기하고 자주독립정신을 상실하는 반민족적 죄악(롬 9: 3)을 범하여 온 죄책", "민족분단의 역사적 과정 속에서 침묵하였으며 면면히 이어져 온 자주적 민족통일운동의 흐름을 외면하였을 뿐만 아니라 오히려 분단을 정당화하기까지 한 죄", "[남북] 각각의 체제가 강요하는 이념을 절대적인 것으로 우상화하여 … 하나님의 절대적 주권에 대한 반역죄(출 20: 3-5)", "특히 남한의 그리스도인들은 반공 이데올로기를 종교적인 신념처럼 우상화하여 북한 공산정권을 적대시한 나머지 북한 동포들과 우리와 이념을 달리하는 동포들을 저주하기까지 하는 죄(요 13: 14-15, 4: 20-21)", "분단에 의하여 … 고통받고 있는 이웃에 대하여 무관심한 죄이며 그들의 아픔을 그리스도의 사랑으로 치유하지 못한 죄(요 13: 17)" 등의 구체적 죄책 고백이 포함된다(한국기독교교회협의회 1988).

KNCC의 88선언은 사회적으로 큰 파장을 가져왔다. 교회 내에서 지지하는 입장도 있었지만, 교회 내 여러 단체들이 다양한 입장에서 반대의견을 표명하기도 했다. 하지만 88선언은 통일논의의 정부 독점을 무너뜨리고(김흥수 2015, 104), 분단 반세기 동안 남한사회에서 민간부문에 의해 제출된 본격적인 통일선언이라는 점에서 큰 의미를 가지며, 노태우 정부의 7·7선언과 남북기본합의서에도 큰 영향을 미쳤다(임동원 2008, 170-171; 이유나 2010, 277). 정부의 사실상의 분리주의에 대결하여 통합주의의 기치를 높이든 것이다. 아울러 분단의 책임을 상대방이 아닌 우리 자신에게서 찾고 상대를 적대시한 죄책을 고백하고 회개한 점에서 분리주의에 대한 반대운동이자 기존의 반공을 위시로 한 홀로주체적 자세에 대한 반성이며 서로주체적 자세로의 전환으로서 의미가 크다.

다음으로, 학생운동과 재야세력의 자주통일담론과 운동이다. 1980년대 초반 광주항쟁에서 미국이 수행한 역할에 대한 비판에서 시작한 학생들의 반미감정은 80년대 중반 NL이 등장하면서 이념적 반미주의로 심화되었다. 반미는 곧 반제국주의가 되었고 민족자주화와 반외세 자주통일이 핵심 가치로 등장했다(이수인 2008, 102-115). 학생들의 1988년 '6·10남북학생회담' 추진 운동은 통일 문제에 관한 국민대중의 관심을 고조시켰으며 통일논의가 확산하는 데 기여했다. 6·10남북학생회담 추진 운동은 그때까지 터부시되었던 민간 차원의 통일논의에 불을 당긴 기폭제 역할을 했다. 통일 문제 해결의 절박성을 전 국민에게 알리는 계기가 되었으며, 한편으로는 민주화운동권에서 조국통일을 위한 범국민적 연대를 구상하는 계기가 되었다(이종석 1988, 68-69). 재야단체들의 '한반도 평화와 통일을 위한 세계대회 및 범민족대회' 시도로 연결되었고, '북한 바로 알기' 운동이 확산되는 계기가 되었다. 민간의 자율적 교류와 통일논의 개방에 대한 요구가 증대했고, 정부 측은 그동안 불온자료로 묶어놓았던 북한 관련 자료를 개방하였다(김형기 2010, 136-144). 1980년대 중후반 학생들에 의해 불이 붙은 통일운동은 1990년대 들어서 조국통일범민족연합(범민련)과 같은 재야단체 중심의 통일운동으로 이어졌다.

하지만 학생운동권과 재야단체 중심의 민간통일운동은 통일논의를 활성화하는 데 기여했지만, 오히려 국민적 지지를 얻는 데에는 실패했다(이종석 1988, 68-69). 국민들이 학생운동권과 재야단체의 통일논의에 적극적인 지지를 보내지 않은 이유는 그들의 통일담론이 지나치게 통일지상주의에 치우쳤기 때문이었다. 1980년대 학생운동의 민족주의 담론을 분석한 이수인에 따르면, 1980년대 후반 이후 학생들은 '유기체적 민족주의 담론'에 사로잡혀 있었다. 1980년대 중반까지 민중의 권익 향상이나 민주주의 향상을 위한 민족주의 담론이 중심이었다면, 1980년대 후반에는 혈연공동체로서의 유기체적 민족의 당위적 필요로서 통일담론과 민족주의 담론이 등장했다. 이는 학생들이 북한의 주체사상을 수용하고 추종했으며, 혈통을 강조하기 시작한 북한의 민족 관점에 의해서 영향을 받았기 때문이었다. 1980년대 중반까지 역사의 주체로 강조된 '민중' 대신에 유기체로서의 민족 대단결이 가장 우위에 서는 현상이 발생한 것이다(이수인 2008, 115-119). 범민련 남측본부도 외세 간섭 배제, 반미 자주화, 국가보안법 철폐 등을 주장해서 국가보안법상 이적단체로 규정되었다(배한동 1999, 276-277).[13]

학생운동권과 재야단체의 일부 통일지상주의적 담론은 역전된 홀로주체적 자세라고 할 수 있다. 이전까지 남한사회의 지배적인 홀로주체적 대북자세는 남한과 북한의 관계를 선악과 우열의 관점에서 파악해왔다. 지배세력의 사실상의 분리주의 정책에 대한 반작용으로 학생운동과 재야세력에서 통합주의 담론으로 등장한 것이 바로 이러한 홀로주체적 자세의 역

....

13 범민족대회를 북한이 먼저 제안한 것은 아니었다. 범민족대회는 문익환 목사가 북한에 먼저 제안했으나, 친북 논란에 휩싸이면서 대중적 기반을 상실해갔다. 범민련이 이적단체로 규정되자 문익환 등 다수의 재야인사들이 '새로운 통일운동체(새통체)' 건설을 추진했고, 이는 1994년 7월 '자주평화통일민족회의(민족회의)' 결성으로 이어졌다(이 시기 통일운동의 분화에 대한 상세한 소개는 박찬수 2017, 137-166 참조).

전 현상이다. "반미반제민족주의 담론을 통해 미국=절대선, 북한=절대악의 기존의 지배적 인식이 무너지면서 담론이 내포하는 대립구도를 통해 미국=절대악, 북한=절대선의 인식이 성립하는 결과를 가져왔다"(이수인 2008, 122). 이와 같은 반미 구호와 인식은 북한을 추종하는 것으로 인식되어 남한 국민들 사이에 불안감과 의구심을 조성하였다(정용석 1989, 140-147 참조). 1980년대 중반 이후 학생운동의 주도세력으로 급속도로 확산된 NL 사조가 북한의 주체사상과 구분되는 측면도 있었지만, 국민 대중 사이에 'NL=주사파'라는 인식이 널리 공유되어 있었다. 실제 NL 내에서 주사파는 남한의 변혁운동을 위해 북한의 노동당 지도를 따라야 한다는 입장을 견지하기도 했다(박찬수 2017, 77-93). 1980년대 뜨거웠던 사회구성체 논쟁에서 일부는 북한의 남한 사회성격 규정을 그대로 수용하기도 하였고, 주체사상의 품성론이 남한 변혁운동의 조직에도 영향을 미쳤다(방인혁 2009, 433, 447, 468). 이 같은 주사파의 확산은 NL 주도 학생운동의 통일담론을 역전된 홀로주체적 담론으로 보이게 하였다.

이우영은 1980년대 운동권에 의해 통일 문제가 본격 제기된 이후 통일담론에서 '지배적' 담론 대 '반체제적' 담론의 두 가지가 대립하고 있다고 지적한다. 지배적 통일담론은 체제수호적 통일담론이다. 이는 통일에 대한 외면적인 관심과 실질적인 무관심이 특징이다. 지배적 담론은 사실상 분단을 유지하는 분리주의 담론이다. 이우영이 반체제적 통일담론이라고 지칭한 것은 범민련, 통일연대, 자통협, 전국연합 등의 통일담론이다. 이들은 내부에서 민감한 차이들이 있지만 지배적 통일담론에 반대하는 점에서 공통점이 있다. 이우영은 이들의 공통점으로 (1) 통일 문제와 민족 자주 문제를 동일시, (2) 체제 변혁 지향, (3) 통일지상주의 등을 열거한다. 여기에서 통일은 절대적인 가치로 자리매김한다. 특히 자신들의 통일론이 절대선이다. 자기의 통일론에 반대하는 것은 반민족적, 반인간적이라는 것이다(이우영 2003, 209-215).

이우영이 지배적 통일담론과 반체제적 통일담론으로 대별한 1980년대 이후의 통일담론은 이 글의 관점에서 볼 때 사실상 분리주의 대 통합주의의 대결이 주축이었다. 앞서 보았듯이 남한 정부 당국의 통일담론은 분리주의가 유지 강화되는 가운데 북한에 대한 서로주체적 자세가 조금씩 강화되어 왔다. 홀로주체적 분리에서 서로주체적 분리로의 흐름이 있었던 것이다. 이에 대항하는 민간의 통일운동과 담론은 정부의 분리주의와 통일운동 억압에 대한 반작용으로 통합주의를 강화해왔다. 1980년대 중반 이후 분출한 통일담론은 이와 같은 통합주의의 분출이었다. 문제는 정부가 대북한 서로주체적 분리의 입장으로 선회하고 있을 때, 교회의 통일운동이 좀더 서로주체적인 자세를 취한 것과 달리, 학생과 재야의 통일담론은 남한 정부와 체제를 부정하고 북한을 추종하는 역전된 홀로주체적 자세의 방향으로 갔다는 점이다.

이러한 흐름은 국민 일반의 지지를 획득할 수 없었다. 군사독재정권 시절 통일운동과 담론이 억눌린 국민들의 통일열망을 대변하는 점에서 지지를 받았다면, 민주화 이후 통일운동은 그런 지지를 받지 못했다. 이제 국민들 스스로가 표출할 통일열망이 약해졌기 때문이다. 과거와 달리, 이러한 국민들의 점증하는 통일 무관심은 정권의 이데올로기 조작이나 탄압에 의한 것이 아니었다. 사회주의 붕괴에 대한 직간접적인 체험, 연변 동포들의 실상, 북한 잠수함 침투사건과 이에 대한 북한 측의 대응, 남한 자본주의의 성장에 따른 대북 우월의식 등이 시민들의 의식에 작용하고 있었다(김창수·김용현 1997, 90-92).

KNCC의 88선언이 전쟁과 분단의 책임을 나한테서 먼저 찾는 서로주체적 자세를 보였다면, 학생과 재야의 통일운동은 여기서 더 나아가서 북한을 도덕적 우위에 두고 추종함으로써 오히려 북한 중심의 홀로주체적 통합을 주장하였다. 정부의 사실상의 분리주의와 통일논의 억압에 대한 반발로 북한을 추종한 결과 역전된 홀로주체적 통합주의의 입장이 등장한 것이다. 박정희 이후 노태우 정부까지 정부당국의 통일담론이 크게 보아 홀로주체적 분리에서 서로주체적 분리로 방향을 바꾸어왔음에 비추어볼 때, 민간통일운동의 통합주의 담론은 1960년대까지 기본적으로 서로주체적 자세였던 것이 1980년대 후반 이후 북한을 우위에 둔 홀로주체적 자세로 옮겨간 점에서 아이러니라고 하지 않을 수 없다.

IV. 햇볕정책 이후: 홀로주체 대 서로주체

남한사회 통일담론의 대립 전선은 햇볕정책을 전후하여 분리–통합에서 홀로주체–서로주체의 대립 축으로 그 중심이 옮겨진다. 여기에는 서로주체적 통일담론이 본격적으로 증가하기 시작한 변화가 있었다. 몇 가지 배경을 생각해볼 수 있다.

첫째, 지나친 통일지상주의에 대한 반작용이다. 앞서 설명했듯이, 1980년대 후반부터 학생운동권과 재야통일운동세력은 북한과의 대등한 파트너십을 넘어서 역전된 홀로주체적 자세의 경향을 보였다. 이에 대한 반작용이 몇 군데서 나타났다. 우선, 운동권 내부에서 분화가 일어났다. 범민련의 통일운동과 담론이 국민의 일반적 정서와 멀게 전개되자, 문익환 목사의 제안에 따라 1994년 자주평화통일민족회의(민족회의)가 결성되었다. 범민련의 급진적 통일운동에 대한 논쟁으로 자주통일운동 진영 내에서 범민련과 민족회의의 분화가 일어난 것이다(민경우 2005, 114–120). 재야단체보다 온건한 시민운동 차원에서 통일운동을 주도하는 경실련 통일협회도 1994년 출범했다.[14] 1990년대 경실련을 비롯하여 시민운동 차원에서 통일운동이 등장한 것은 재야통일운동과 국민정서의 괴리에서 비롯한 측면이 크다.

....

14 경실련 통일협회는 운동방향 및 사업계획으로 (1) 민족통일에 관한 시민사회의 공론 도출, (2) 관변 통일운동과 반정부 통일운동의 양 극단 극복, (3) 실사구시에 입각한 합리적인 통일운동 전개, (4) 민족 구성원 절대 다수가 동의하는 통일, 자유와 평등, 물질적 풍요와 복지가 현재의 남북한 수준보다 높은 차원의 통일운동, (5) 남북한의 민간 교류 극대화 노력, (6) 평화통일을 준비하는 통일의식 캠페인, 남북 나눔 운동 등을 적시했다(배한동 1999, 281–282).

둘째, 평화운동의 확산이다. 평화운동은 서로주체적 분리의 입장이다. 1990년대 시민운동이 성장하는 가운데 통일 문제와 관련된 가장 주목할 만한 사회운동은 평화운동이었다. 한반도 평화운동은 탈냉전시대의 새로운 발명품이자 새로운 사회운동의 전형이다(조대엽 2010, 161). 남북정상회담으로 남북한이 서로의 국가적 실체를 사실상 인정한 소위 '2000년 체제'에서 통일과 평화가 본격적으로 분기되기 시작했다(정영철 2012b, 120). 평화운동은 학계에서 중요한 지원을 받았다. 특히 구갑우(2007; 2008)와 최장집(2006; 2017)은 통일보다 평화에 우선적 가치를 부여하는 평화담론을 개발했다.[15] 구갑우에 따르면, 통일과 평화 모두 2000년 체제의 진화과정에서 열려 있는 대안이 될 수 있지만, 낡은 민족주의에 입각한 통일담론을 비판하고 있는 점에서 평화가 우선한다고 한다(구갑우 2007a). 여기에는 그동안 홀로주체적 입장에서 사용되어 온 '통일' 개념이 담고 있는 획일주의적 경향에 대한 비판적 시각이 자리하고 있다(권혁범 2000). 동질화와 획일화를 지향하는 홀로주체적 통합 대신에 서로 상대의 존재를 인정하고 존중하는 평화 상태, 즉 서로주체적 분리가 더 낫다는 판단이다.

셋째, 무엇보다도 가장 중요한 것은 김대중 정부의 햇볕정책과 남북관계의 서로주체적 부분 통합으로의 진전이다. 햇볕정책 실시 이후 특히 2000년 정상회담 이후 북한과 통일에 대한 자세를 둘러싸고 남남갈등이 심해졌다. 우선 햇볕정책과 정상회담은 민간부문의 통일담론을 촉발시켰다(김형준·김도종 2000, 318). 민간부문에서 수많은 통일담론이 쏟아져 나왔다. 오늘날 우리는 가히 통일담론의 백가쟁명 시대에 살고 있다. 아울러 통일담론을 둘러싸고 남남갈등이 심해졌다. 특히 '조직화된 시민사회' 층위에서 전개된 남남갈등은 단순히 진보 대 보수의 갈등이 아니라 보다 복잡한 양상을 띠었다. 햇볕정책이 추구하는 한반도 냉전구도 종식에 대해서는 진보 신영

....

15 평화담론에 대한 검토는 이병수(2010)와 이남주(2013) 참조. 평화담론과 안보담론 및 통일담론의 논쟁과 접점에 대해서 구갑우(2008, 113-116) 참조.

이 전체적으로 지지하였지만, 햇볕정책에 담겨 있는 신자유주의적 세계화에 의한 북한 통합이라는 측면에 대해서는 진보진영 내부에서 대립이 일어났다(손호철 2003, 651-659; 손호철 2006, 44-55). 정상회담 이후 심화된 남남갈등의 핵심에는 북한에 대한 정체성 규정이 있다. 1995년부터 국방백서에서 사용한 '주적(主敵)'이라는 표현을 놓고 논쟁이 가열된 것이 단적인 예다. 주적 논쟁은 시기적으로 볼 때 서해교전 이전이나 이후가 아니라, 남북정상회담 직후 1년간 가장 빈번하게 전개되었다(이진빈 2002, 58).

이러한 배경에서 햇볕정책 이후 통일담론은 분리-통합이 중심 대립 축이 아니라 홀로주체-서로주체가 중심 대립 축으로 전개되고 있다. 북한에 대해 홀로주체적 자세를 갖느냐 아니면 서로주체적 자세를 갖느냐가 먼저 갈리고, 홀로주체적 입장과 서로주체적 입장 각각의 내부에서 분리주의와 통합주의가 분화되는 것이다. 나는 다른 곳에서 햇볕정책 이후 홀로주체적 통일담론과 서로주체적 통일담론의 각각의 내용에 대해 소개했다(김학노·김두현 2013). 여기서는 홀로주체적 담론과 서로주체적 담론을 각각 살펴보는 대신 그들이 대립하는 지점을 중심으로 비교 분석한다.

1. 북한론 대 남북관계론

홀로주체적 통일담론과 서로주체적 통일담론의 차이는 북한을 중심으로 보는지 아니면 남북관계를 중심으로 보는지의 차이에서 출발한다. 홀로주체적 통일담론에는 특정한 대북관과 대북자세가 밀접하게 연결되어 있다. 반면에 서로주체적 통일담론에는 대북관과 대북자세가 밀접하게 연결되어 있지 않다.

먼저, 홀로주체적 통일담론에는 북한이 우리의 적이며 비정상이라는 시각이 기저에 있다(제성호 2010; 김성욱 2010; 황장엽 2001; 제성호·유동열 2007; 남주홍 2006; 이상우 2007; 김영호 2008, 2010; 김석우·홍석국 2010; 박관용 2007; 유호열 2007; 백승주 2007; 김영환·오경섭·유재길 2015). 첫째, 북한은 우리의 '적'이며 섬멸의 대상이다. 북한이 적인 이유는 양면적이다. 북한은 대한민국에 대한 반란단체이며, 또 우리에게 위협을 가하는 존재다. 따라서 홀로주체적 담론에서는 통일 문제가 안보 문제와 밀접히 연계되어 있으며, 통일보다 안보가 더 중요하다. 북한의 도발에 대해서도 강력 대응할 것을 주문한다. 북핵에 대응하여 '한국의 자위적 핵개발'을 주장하거나(조갑제 2011), '한반도판 MAD(Mutually Assured Destruction, 상호확증파괴)'를 구축하여 북한과 '공포의 균형'을 이뤄야 한다고 주장한다(매일경제·세종연구소 국민보고대회팀 2017, 148-168). 둘째, 북한은 정상국가가 아니다. 북한은 정상이 아니다. 나쁘고 무능한 국가다. 대외적으로 '범죄국가'이자 '불량국가'이며, 대내적으로 인권을 유린하는 독재국가다. 북한은 남한과 그냥 다른 게 아니라 잘못된 존재다. 북한은 '절대 악'이고 남북대립은 '선과 악의 대결'이다. 게다가 북한의 경제파탄에서 보듯이 무능하고 열등한 국가다. 무능하기 때문에 북한이 조만간 붕괴할 것으로 본다. 따라서 북한은 통일협상 파트너가 아니라 우리가 관리할 대상이다.

일부 홀로주체적 담론은 '가해자인 정권과 피해자인 주민'을 구별하고 북한의 정권에 비판을 집중한다. 예를 들어, 전성훈(2010)과 김성욱(2010)은 북한 정부는 타도와 해체의 대상이지만 북한 주민은 구원과 해방의 대상이라고 본다. 하지만 보다 극단적인 홀로주체적 담론은 북한의 주민 또한 열등하며(즉 정상이 아니며), 이 점에서 남한의 주민들과 조화를 이룰 수 없다고 주장한다. 가령 독일 베를린자유대학의 박성조를 중심으로 한 서울대학교 행정대학원 통일정책연구팀은 북한 주민들의 "변하지 않는 사회주의적 인성" 때문에 이들을 개선할 희망이 없다고 본다. 통일의 가장 큰 걸림돌은 바로 북한 사람들의 특성이며, 이 점에서 남과 북의 주민들은 이미 "같은 민족이 아니다"고까지 주장한다(서울대학교 행정대학원 통일정책연구팀 2005, 20-28, 40-93).

요컨대 홀로주체적 통일담론은 북한이 우리의 적이며 정상국가가 아니라고 본다. 따라서 북한은 우리와 동등한 주체가 아니며 통일 과정에서 협상의 파트너가 될 수 없다. 북한이 적인 이유와 비정상적인 것은 우리가 아니라 그들에게 책임이 있다. 그리고 북한의 속성은 변화하지 않는다. '북한변화불가론'이 홀로주체적 담론의 중요한 전제다(이수훈 2012, 33-36, 50-53). 변화할 수 없는 북한을 변화시키려고 한 것이 바로 햇볕정책의 근본적인 잘못이라고 본다(김영호 2010, 37). 북한은 잘못된 체제며 그 잘못을 고치지 않을 것이므로 곧 붕괴할 것이다.[16] 그러므로 북한 급변사태 발생에 대비한 '북한관리방안'을 다각도로 구상한다. 남북한은 서로 양립할 수 없으며 그래서도 안 된다. 북한은 통일의 동등한 주체나 파트너가 아니라 흡수 대상일 뿐이다. 홀로주체적 담론은 민족공조 또는 남북공조를 멀리하고 국제 공조 특히 한미공조를 중시한다. 북한이 비정상이기 때문에 북한과의 민족공조는 바람직하지도 가능하지도 않기 때문이다.

반면에, 서로주체적 통일담론은 북한을 단순히 통일의 대상이 아니라 동등한 주체이자 협상 파트너로 본다(조성렬 2012, 2012a; 한반도포럼 2012; 김성보 2008; 권태욱 2012; 법륜·오연호 2012; 이재석 2012). 첫째, 북한은 하나의 국가적 실체며 동등한 주체다. 서로주체적 담론은 남과 북의 개별적인 국가성을 인정하는 데서 출발한다. 남과 북은 각자 배타적인 지배력을 가진 주권과 영토, 국민을 보유하고 있는 개별적 주체다. 이 현실을 인정한 바탕 위에서 남과 북이 정상적인 국가-국가 관계에서 상대방의 국가성—주권과 영토와 국민—을 인정하고 수용함으로써 서로주체적 관계를 수립할 수 있으며 또 그래야 한다는 생각이다. 둘째, 북한은 통일과정에서 협상의 파트너다. 홀로주체적 담론과 달리, 서로주체적 담론에서는 대북관과 대북자세가 연결되어 있지 않다. 서로주체적 담론도 대부분 북한을 좋은 체제로 보지 않는다. 하지만 우리가 민주국가뿐 아니라 세계의 여러 왕국이나 독재국가들하고 정상적인 외교관계를 수립하듯이, 북한이 문제가 많지만 평화적 협

....

16 전현준은 박근혜 정부의 '통일대박론'도 '북한 붕괴론'을 기초로 한 것일 수 있다는 의심을 제기한다(전현준 2015, 129).

상 파트너로 삼아야 한다는 입장이다.

홀로주체적 담론과 달리 서로주체적 담론은 한반도 문제의 원인을 북한이 아니라 남북한의 '관계'와 '분단체제'에서 찾는다. 북한이 비정상적인 것이 문제라기보다는 남북관계가 비정상적인 것이 진짜 문제다. 서로주체적 담론이 북한을 문제가 없는 국가로 보는 것은 아니다. 서로주체적 담론에서 북한의 3대세습과 인권 탄압과 같은 문제점을 지적하는 논의는 무수히 많다. 다만 문제의 핵심을 어느 일방의 정상성과 비정상성에서 찾는 자세가 바로 홀로주체적인 자세이며, 이를 극복하려는 서로주체적 자세에서는 문제의 핵심을 남북한 관계의 비정상성에서 찾을 뿐이다. 나아가 남북한의 관계가 비정상적인 이유는 (국내 및 국제정치적) 구조의 이유도 있지만, 무엇보다도 남과 북이 서로 상대를 동등한 주체로 인정하지 않고 홀로주체적 자세를 견지해왔기 때문이라고 본다. 우리가 오늘날 겪고 있는 분단의 고통은 남과 북의 분리 자체보다는 홀로주체적 성격에서 비롯한다. 서로주체적 관계가 필요한 이유다. 문제의 근본 소재지는 남한이나 북한이라는 개별주체가 아니라 이들 사이의 관계다. 남북관계의 정상화가 그 해답이다.

남과 북의 관계정상화가 문제해결의 열쇠라고 보는 점에서 서로주체적 담론은 민족공조를 중심으로 생각한다. 한반도 문제의 핵심은 남한이나 북한 어느 일방의 문제가 아니며 남북한의 관계가 비정상적인 데 있다. 따라서 이 비정상적인 관계를 정상적인 관계로 만드는 것이 문제해결의 급선무다. 남북한이 문제의 당사자이듯이 문제해결에서도 당사자여야 한다. 서로주체적 담론에서 민족공조가 강조되는 이유다. 그렇다고 해서 서로주체적 담론이 국제협력이나 한미공조를 배격하는 것은 아니다. 다만 그릇된 남북관계를 정상화하기 위해서 남과 북이 먼저 주도적으로 만나야 한다는 것이다. 홀로주체적 담론이 민족공조를 '종북'으로까지 비판하는 것처럼, 서로주체적 담론은 "무조건적 한미동맹을 경계"하고 "종북보다 종미(從美)가 더 위험하다"고 주장한다(구교형 2014, 131-138). 하지만 이것이 미국의 중요성을 무시하거나 국제공조를 배격하는 것은 아니다. 지나친 미국의존적 사고와 입장을 경계할 뿐이다. 서로주체적 담론은 민족공조를 우선하면서도 국제공조를 포함한다.

2. 바른 통일론 대 합의통일론

홀로주체적 통일담론과 서로주체적 통일담론은 바람직하다고 생각하는 통일의 방식에 대해서 차이가 크다. 홀로주체적 입장에서 북한은 비정상적 이고 나쁜 반국가단체다. 따라서 모든 통일이 좋은 것은 아니다. '빠른 통일' 보다 '바른 통일'을 실현해야 한다(이상우 2007, 33; 이상우 2015, 47-49). 반면에 서로주체적 담론은 남과 북의 관계 정상화를 위해서 서로 동등한 주체로 만나서 합의를 통해 통일을 추진할 것을 주문한다. 남북의 관계정상화와 평화공존을 바탕으로 '합의통일'을 이루어나가는 방식이다

홀로주체적 통일담론에서 주장하는 바른 통일은 (1) 올바른 가치와 체제 선택, (2) 보편적 가치 구현, (3) 비정상적인 북한의 정상화로 요약할 수 있다(제성호·유동열 2007; 한반도선진화재단 2013; 김영호 2010, 2012; 김석우·홍성국 2010; 박관용, 2006; 박세일 2011; 김영환 2012; 박홍기 2009; 황장엽 2001; 동용승 2010; 서울대학교 행정대학원 통일정책연구팀 2005; 이상우 2015; 남성욱 2015; 이응준 2014; 류근일 2015; 김영환·오경섭·유재길 2015). 첫째, 통일은 가치와 체제의 선택 문제다. 통일은 양자택일의 문제이며 이질적인 체제의 공존과 통합의 문제가 아니다. 한반도 통일의 가장 큰 장애물은 남북 간의 경제력 차이도 문화적 차이도 아니다. 체제의 차이다. 양측의 체제가 융합될 수 없기 때문이다. 자유민주주의 체제와 전체주의 체제 사이에는 공통분모가 없다. 따라서 통일은 '통합'이 아니라 결단을 통한 '선택'을 요구한다. 둘째, 보편적 가치를 구현하는 통일을 해야 한다. 남과 북 중 보편적 가치에 부합하는 것은 자유민주주의와 시장경제를 기반으로 하는 남한의 체제다. 따라서 남북의 상이한 체제를 흡수하고 변형하여 제3의 체제로 통합할 것이 아니라, 남한의 체제로 북한을 흡수 통일해야 한다. 셋째, 통일

문제의 핵심은 북한의 '정상국가화'다. 남한은 정상이고 우월하며 북한은 비정상이고 열등하다. 따라서 북한이 변해야 남북관계가 정상화될 수 있다. 북한만의 변화가 홀로주체적 통일담론의 핵심이다. 이질화된 남한과 북한 사회를 다시 동질화하기 위한 유일하고 합리적인 방안은 북한의 개혁·개방 그리고 남한체제로의 통합이며, 그 외에 고려할 만한 다른 대안은 있을 수 없다. 한마디로 홀로주체적 담론은 북한이 먼저 변화하고 나서야 통일할 수 있다는 '선변화 후통일'론이다. 북한이 민주화되고 시장경제체제로 바뀌어야 통일이 진척될 수 있다. 북한이 먼저 정상화되어야 한다. 북한의 변화가 통일보다 우선이다.

반면에, 서로주체적 통일담론은 합의통일을 주장한다. 서로주체적 담론에서 주장하는 합의통일은 (1) 서로 차이를 인정한 통일, (2) 대등한 만남과 합의에 의한 통일, (3) 상호 변화를 동반하는 통일로 요약할 수 있다(조혜정 1996; 또 하나의 문화 통일소모임 1999; 이병수 2009; 이재석 2012; 박명규 2012; 박명규·이근관·전재성 외 2012; 박영균 2011; 이종석 2012, 2012a; 김성민 2011; 주봉호 2009; 조한범 2006; 전태국 2013; 이서행 2002; 강만길, 2003; 임채완 2006; 선학태 2006; 임현진·정영철 2005; 이일영 2009; 백낙청 2006; 이종석 2012; 조민 외 2011; 임혁백, 2010; 전일욱 2010). 첫째, '차이를 인정한 통일'을 추구한다. 차이의 인정이 곧 상대방의 문화나 체제에 대한 동의를 뜻하지는 않는다. 서로의 문화와 체제에 반대하는 입장을 취하더라도 서로 존중하고 용인할 수 있다. 서로 다름을 인정하고 받아들이는 화이부동(和而不同)과 서로 다른 가운데에서 공통점을 찾는 구동존이(求同存異)의 자세에서 상대방을 있는 그대로 받아들일 것을 요구한다. 북한이라는 상대방이 아무리 괴상할지라도 그 "기괴한 타자의 포용"이 필요하다는 것이 서로주체적 담론의 출발점이다(이서행 2002, 400-426).[17] 둘째, 남북이 대등

....

17   이는 상대방의 모습 중에서 내가 마음에 드는 부분만 포용하는 것과 구별된다. 정용석처럼 대북 포용정책을 주장하면서 '포용 가능 범위'와 '포용 불가능 범위'를 구별하는 논의는 서로주체적

한 만남 속에 합의에 의해 통일을 이뤄야 한다. 홀로주체적 통일담론이 통일을 통합이 아니라 선택의 문제로 보는 것과 달리, 서로주체적 담론에서는 통일을 긴 통합의 과정으로 보고 결과 못지 않게 과정을 중시한다. 합의에 바탕을 둔 통일국가의 유형으로 서로주체적 담론은 단일국가보다 중층 '복합국가' 또는 복합체제를 선호한다. 셋째, 남북 모두의 개혁을 동반하는 통일을 추구한다. 서로주체적 담론은 상대방의 변화를 일방적으로 요구하는 홀로주체적 자세를 지양한다. 서로주체적 담론에 따르면, 우월하고 정상적인 남한이 열등하고 비정상적인 북한을 일방적으로 가르치려는 홀로주체적 자세는 북한의 문제점들을 개선하는 데 도움이 되지 못한다. 북한이 저항하고 거부할 것이기 때문이다. 따라서 북한의 문제점들을 개선하기 위해서도 남한과 북한을 모두 개선하고 변화시키려는 자세가 필요하다.

3. 분리와 통합의 분화

홀로주체-서로주체의 대립 축이 중심이 됨에 따라서 분리-통합의 대립은 홀로주체적 입장과 서로주체적 입장 각각의 내부에서 전개되는 양상을 보이고 있다. 즉 분리주의와 통합주의가 먼저 대립하는 게 아니라 홀로주체적 자세와 서로주체적 자세가 주된 전선으로 대립하고, 각각의 내부에서 부차적으로 분리주의와 통합주의가 대립하는 구도로 변모한 것이다.

먼저, 홀로주체적 담론은 남북의 적대적 대치 상태 유지를 선호하는 입장과 흡수통일을 선호하는 입장으로 나뉜다. 홀로주체적 분리담론과 홀로주체적 통합담론은 둘 다 북한을 동등한 주체나 협상 파트너로 보지 않는다. 북한이 정상이 아니고 스스로 (또는 대북포용정책에 의해서) 변화하지 않을 것이라는 북한불변론도 공유한다. 북한이 정상이 아니고 또 그 상태에 변함이 없을 것이기 때문에 한편에서는 남과 북이 따로 분리하여 살자고 주

....

자세를 부분적으로만 갖고 있다고 하겠다(정용석 1989, 109-121).

장하고 다른 한편에서는 남한이 북한을 흡수하여 변화시켜야 한다고 주장한다. 홀로주체적 담론 내에서 분리를 선호하는 입장과 통합을 선호하는 입장은 '관계'가 아니라 '비용'을 중심으로 나뉘는 경향이 있다. 즉 흡수통일의 비용을 감당할 능력과 용의가 있는지 여부에 따라서 분리와 통합의 입장으로 분화한다.

홀로주체적 분리를 선호하는 입장은 북을 적으로 생각하고 혐오하면서 동시에 흡수통일(홀로주체적 통합)의 의사도 없다. 막대한 통일비용을 이유로 흡수통일보다 적대적 분단 상태의 유지를 선호한다. 홀로주체적 통합이 가져올 수 있는 미래의 불확실성과 불안감에 비해 홀로주체적 분리가 차라리 더 낫다는 견해다. 홀로주체적 분리담론이 자신의 입장을 뒷받침하는 주요 근거는 크게 세 가지다(서울대학교 행정대학원 통일정책연구팀 2005; 남주홍 2006). 첫째, 굳이 민족주의적 통일의 당위성에 얽매여서 통일을 해야 할 필요가 없다. 북한은 우리와 너무나 다르고 적대적이다. 북한은 우리에게 동포이기 이전에 적이다. 굳이 한 민족으로 통일을 추구할 필요가 없다. 둘째, 너무나 비정상적이다. 북한의 정부는 비정상이고 무능한 독재국가며, 그 주민은 사회주의적 인성에 젖은 열등한 사람들이다. 따라서 북한은 우리의 통일대상이 아니다. 셋째, 비용이 너무 많이 든다. 어차피 북한은 붕괴가 임박했다. 붕괴한 후에 흡수하면 된다. 지금 남북한이 뭉치면 함께 죽는다(서울대학교 행정대학원 통일정책연구팀 2005, 37).

이 세 가지 이유, 즉 (1) 통일의 당위성 부정, (2) 북한의 비정상성, (3) 동반 붕괴 가능성 중 처음 두 가지 사항은 홀로주체적 통합담론도 공유한다. 분리와 통합이 갈리는 분기점은 결국 세 번째 이유다. 막대한 통일비용이 흡수통일보다 적대적 분단 상태를 선호하는 이유인 것이다. 홀로주체적 입장 내에서 분리와 통합의 분기는 깊은 계곡을 이루지 않는다.[18] 홀로주체

....

18   서울대학교 행정대학원 통일정책연구팀(2005)을 이끌면서 홀로주체적 분리담론을 펼쳤던 박성조가 흡수통일 준비를 서둘러야 한다며 '독일 콜수상의 흡수통일 전략'을 강조하는 홀로주체적

적 통합담론이 홀로주체적 분리담론과 다른 것은 대북자세에 있지 않다. 통일비용도 엄청날 것으로 생각한다. 다만 통일비용에 비해 통일의 이익이 크다는 것이 홀로주체적 통합론의 생각이다(김성욱 2010; 박관용 2006; 박세일 2011). 대북포용정책에서 통일편익을 강조하여 통일의 당위성을 주장하는 실용주의 담론과 대단히 흡사한 논리를 홀로주체적 통합담론이 가지고 있는 것이다.

마찬가지로, 서로주체적 담론도 남북한의 평화공존을 우선시하는 입장과 평화와 통합을 병행하고자 하는 입장으로 나뉜다. 2000년대 들어서 시민사회 내 평화운동과 평화담론이 주목을 받으면서 '통일과 평화의 분기' 현상이 일어났다고 한다(정영철, 2012a, 123 참조). 또 이 분기에서 통일과 평화를 각각 보수와 진보의 입장으로 보기도 한다(마인섭·차문석·윤철기, 2012: 144 참조). 이는 적절치 못하다. 진보의 진영에서 평화담론이 세력을 넓힌 것은 사실이지만 보수의 입장에 선 평화담론도 존재한다. 또 진보 진영에서 평화담론이 대두되었지만, 진보 진영 내에 남북한의 통합을 추구하는 입장이 여전히 적지 않다. 진보와 보수 사이에서 평화와 통일이 분기한 것이 아니라, 서로주체적 담론 안에서 통합과 분리를 선호하는 입장이 분화한 것으로 보는 것이 더 타당하다.[19]

서로주체적 분리담론과 통합담론은 모두 기존의 통일 개념이 담고 있는 획일화와 동질화를 지양하고 남북의 이질적인 체제의 공존과 차이의 인정을 지향한다. 이들이 갈라지는 지점은 대북자세에 있지 않다. 이들은 (1) 통일이 서로주체적 방식으로 이뤄질 수 있는지에 대한 전망과 (2) 남북한 사이에 서로주체적 관계를 수립하기 위한 방법론에서 차이가 있다. 첫째, 남북통일이 서로주체적 방식으로 이뤄질 수 있는지에 대한 전망에서 차이가 있다.

....

통일담론으로 자신의 입장을 바꿨다(박성조 2010, 5). 이것은 홀로주체적 자세 내에서 분리와 통합이 갈리는 골이 깊지 않음을 보여준다.

19 서로주체적 담론에서 통합과 분리 담론이 분화한 현상이 진보 진영에 국한된 것도 아니다. 보수적 입장의 서로주체적 분리담론으로는 지만원(1996)과 권태욱(2012) 참조.

단순화해서 말하면, 서로주체적 분리를 선호하는 입장은 이 전망에 대해 비관적이고(윤평중 2009, 220-225), 통합을 선호하는 입장은 낙관적이다. 분리와 통합 입장 모두 통일이 가져올 수 있는 동질화와 획일주의의 위험을 경계한다. 다만 분리담론이 획일주의를 피하기 위해서 평화공존, 즉 서로주체적 분리를 주장하는 반면, 통합담론은 동질화의 위험에서 벗어나는 방안으로 서로주체적 통합을 지향한다. 둘째, 남북이 서로주체적 관계를 수립하기 위한 방법론에서 차이가 있다. 분리와 통합 입장 모두 남북관계의 정상화와 평화체제 구축을 추구한다. 다만 '평화 우선' 대 '평화와 통일 병행'의 차이가 있다. 전자는 평화와 통일의 문제를 분리하고, 후자는 한반도에서 두 문제를 분리할 수 없다고 생각한다(구갑우 2010; 김귀옥 2010; 홍석률 2012; 유재건 2006; 이병수 2010; 백낙청 2006; 서동만 2006; 박명규 2012; 이남주 2018).

4. 상호 비판

남북한 관계 및 통일 문제와 관련하여 홀로주체적 담론과 서로주체적 담론은 서로 상대방에 대한 비판을 전개한다. 비판의 핵심은 상대방의 대북자세에 있다. 흥미로운 점은 홀로주체적 담론과 서로주체적 담론 모두 김대중 정부의 햇볕정책(혹은 김대중·노무현 정부의 대북포용정책)을 비판하는 것이다. 홀로주체적 입장에서 볼 때 김대중·노무현의 대북포용정책이 북한에 대해 너무 서로주체적 자세에 기울어 있는 게 문제고, 서로주체적 입장에서 볼 때 대북포용정책이 여전히 북한에 대해 홀로주체적 자세를 갖고 있는 게 문제다. 홀로주체적 통일담론과 서로주체적 통일담론의 서로에 대한 비판을 간략하게 정리한다.

먼저, 홀로주체적 입장에서는 햇볕정책을 서로주체적 자세로 보고 비판한다. 홀로주체적 입장에서 대북포용정책에 대한 비판은 실로 다양하다. 대북 저자세 및 퍼주기, 상호주의에 어긋나는 무분별한 지원, 북한 붕괴와 통일의 지연, 북한 변화 실패, 주적(主敵) 의식 완화와 안보 경시, 한미동맹 위기 등 여러 비판을 제기했다(전성훈 2010, 4-7; 오경섭 2010, 161, 167; 동용승 2010, 121-124; 제성호 2010, 190-191; 김영호 2008, 243-245; 채규철 2009, 179; 한반도선진화재단 2013, 151-152; 남주홍 2006, 244-246). 홀로주체적 입장에서 볼 때 햇볕정책은 바른 통일정책이 아니다. 햇볕정책은 북한의 변화를 끌어내지 못했고, 다 쓰러져가는 북한 정권을 무분별하게 지원함으로써 통일을 앞당기기는커녕 뒤로 미루는 결과를 초래했다(김영윤 2009, 79-80). 따라서 햇볕정책은 바른 통일정책이 아니며 김대중·노무현 정부의 10년간 대북정책은 "사실상 통일을 등진" '반통일정책'이었다고 비판한다(전성훈 2010, 3).

대북포용정책에 대한 비판의 핵심은 북한을 통일의 주체이자 협상 파트너로 인정하는 서로주체적 대북자세에 있다. 홀로주체적 시각에서 볼 때 비정상적인 북한을 정상화시켜야 마땅한데 햇볕정책은 북한의 현재 정권을 인정함으로써 바람직한 방향으로 북한의 변화를 이끌어내지 못했다는 것이다. 홀로주체적 입장에서 볼 때 햇볕정책의 서로주체적 접근은 대북 저자세로 읽힌다. 햇볕정책이 북한을 통일협상의 파트너로 대하는 것은, 북한 정권을 자극하지 않기 위한 '대북 저자세'와 '눈치 보기'라는 것이다(오경섭 2010, 167). 이로 인해 햇볕정책에서 수행한 대북지원은 북한의 정권 유지에만 도움이 되었고, 결과적으로 북한당국에 일방적으로 끌려 다닌 패배적인 '유화정책'이 되고 말았다(김영호 2008, 241). 대북 저자세 문제는 북한에 대한 '퍼주기' 논란으로 연결된다. 상호주의 원칙이 배제된 채 일방적 지원이 관행화되었다는 것이다.

홀로주체적 담론들은 햇볕정책 이외에 다른 서로주체적 방안들에 대해서도 바른 통일이 아니라고 비판한다. 특히 연방제 통일방안이 북한을 통일의 대등한 주체이자 협상의 파트너로 인정하는 점을 공격한다. 홀로주체적 입장에서 볼 때, 연방제 방안의 치명적 함정은 "북한정권을 국가적 실체로 인정"하는 점이다(김성욱 2010, 64-65). 홀로주체적 입장에서는 북한을 정상국가로 보지 않는 까닭에 서로주체적 통일담론에 담겨 있는 북한과의 대등한 만남 자체를 비판한다. 이런 맥락에서 홀로주체적 담론은 서로주체적 입장을 '친북좌파' 또는 '종북'으로 본다. 홀로주체적 담론의 이와 같은 입장은 일반적으로 민족공조를 비판하고 국제공조 특히 한미공조를 강조하는 방향으로 표현된다. 홀로주체적 입장에서 볼 때, '우리 민족끼리'를 강조한 6·15공동선언 1항은 받아들이기가 어렵다. 햇볕정책은 우리 민족끼리라는 북한의 '허구적 민족공조론'에 동조함으로써, 체제 문제를 배제하고 북한에 대한 환상을 불러일으켰을 뿐 아니라 안보의식과 국론을 왜곡, 분열하였다고 한다(김영호 2008, 243-244; 2010, 31). 민족공조론은 남한사회의 분열을 획책하는 북한의 노림수이며(채규철 2009, 179; 한반도선진화재단 2013, 151-152), 이에 말려들어서 한미동맹이 위험해지는 결과도 초래했다고 한다. 특히 노무현 정부 시절 명분론적인 '자주의 덫'에 빠져서 한미동맹이 뿌리째 흔들렸다고 비판한다(김영호 2008, 245; 조성환 2008, 18-22). 홀로주체적 입장에서 볼 때 민족공조는 남북한의 주체적 역량을 강화하기는커녕 남북한이 같이 망하는 지름길이다(남주홍 2006, 203-211; 김영호 2010, 31; 김영호 2008, 254-256).

흥미로운 점은 홀로주체적 담론들이 재야의 통일론에 대단히 비판적으로 대적하는 대목이다. 홀로주체적 담론에 따르면, 재야단체는 북한의 연방제 통일담론을 '자주적 평화통일방안'으로 치장하고 이를 전면 지지한다. 이는 사실상 북한의 통일전략인 대남 적화통일 노선에 부응하는 통일론을 확산시키는 행위이며 남한의 자유민주주의 기본질서를 위협하는 전형적인 '종북' 행위다(제성호·유동열 2007, 123-129; 조갑제 2012, 18 참조). 나아가 재야의 통일담론에 담겨 있는 북한 위주의 홀로주체적 자세가 남한의 역사적 정체성과 정통성에 심각한 위협을 가하고 있다고 비판한다(조성환 2008, 23-28). 홀로주체적 담론에서 서로주체적 통일담론이나 재야의 통일담론을 비판하는 자세는 대단히 홀로주체적이다. 예컨대 제성호·유동열은 바른 통일론을 만들고 확산하기 위해서 "우리 사회에서 친북통일론과 이를 수행하는 친북통일운동가들이 발붙일 수 없는 건전한 사회풍토를 조성하는 것이 문제해결의 기본이다"라고 주장한다. 이를 위해 올바른 통일정책을 수립하고 '사상전'을 전개하는 한편 불법활동을 단호하게 처벌할 것을 요구한다(제성호·유동열 2007, 135-141). 즉 홀로주체적 입장에서 자신의 '바른' 통일론 이외의 다른 통일담론은 모두 '틀린' 것으로 보는 것이다.

이와 대조적으로 서로주체적 담론은 기존 통일담론의 홀로주체적 자세를 비판한다. 햇볕정책에 대해서도 비슷한 비판을 한다. 먼저 서로주체적 담론은 기존 통일담론의 홀로주체적 자세를 비판한다. 가령 전태국은 남북한 관계와 관련하여 (1) 상대방에 대한 전략적 태도, (2) 자기 절대화의 태도, (3) 불변신화 등 남한사회 내의 '냉전적 분단문화'를 비판한다(전태국 2013, 100-104). 전태국이 지적한 냉전적 분단문화는 홀로주체적 자세의 기본을 보여준다. 서로주체적 입장에서 이와 같은 홀로주체적 자세와 홀로주체적 통일담론에 대한 근본적인 문제제기가 적지 않다. 이를 내 나름대로 정리하면 (1) 십자군적 발상, (2) 정상-비정상의 우열의식, (3) 일방적 변화 전제, (4) 갈등 증폭 문제 등의 네 가지로 요약할 수 있다.

첫째, 선과 악의 '십자군적 발상'이다. 서보혁에 따르면 북한 인권 문제에 관한 기존 국내외 논의에서 인권이란 대의를 위해서 타자를 무시해도 좋다는 독선이 가장 중요한 문제점이다. 이것은 우리는 옳고 너희는 그르다는 식의 선악 대결과 점령자의 시각이다(서보혁 2011, 56, 69, 90-117). 우리가 표방하는 것이 아무리 옳고 보편적인 가치라고 해도 상대방에게는 그것이 정복자의 가치로 보이는 데 문제가 있다. 북한의 인권 개선을 요구하는 홀로주체적 담론은 4장에서 살펴본 선제타격론이나 인도주의적 개입론으로 이어진다. 민주주의와 인권이라는 우리의 올바른 가치를 위한 '성전(聖戰)'을 불사하는 홀로주체적 입장은 '근본주의'와 친화성이 있는 것이다(정태욱 2009, 14-15, 40-46).[20]

....

20 정태욱(2009)은 국제 차원에서 자유주의를 '근본주의적 자유주의'와 '자유주의적 자유주의'로 나눈다. 근본주의적 자유주의는 비자유주의 체제를 인정하지 않고 모두 자유주의 체제로 변화할

둘째, 정상과 비정상, 우월과 열등의 차별적 시각이다. 북한을 비정상적이고 열등한 체제로 보는 것은 전형적인 '기형테제'다. 김누리는 기형테제가 정상적인 서독과 비정상적인(기형적인) 동독을 대비시키고 통일 이후 "현재 문제의 원인을 오로지 과거에서 찾음으로써 현재의 문제를 의도적으로 은폐하는 기능을 한다"고 비판한다(김누리 2006, 41-45; 한운석 2010, 257-258 참조). 박성조를 중심으로 한 서울대학교 행정대학원 통일정책연구팀(2005)의 홀로주체적 통일담론에서 북한에 대한 기형테제 적용의 대표적 사례를 볼 수 있다.

셋째, 상대방의 일방적인 변화를 전제하고 요구한다. 홀로주체적 통일 담론은 나는 변하지 않고 상대방만 변하는 일방적 변화가 필요하다고 생각한다. 나는 정상이고 상대방은 비정상이기 때문에 비정상적인 상대방을 정상화해야 하는 것이 당연한 것이라고 생각한다. 또는 우월하고 선진적인 나를 기준으로 열등하고 후진적인 상대가 배우고 따라와야 한다고 생각한다. 이는 사실상 자기를 중심으로 동질화하라는 강압이다(이수정 2012, 93; 박명규 2012, 354-360; 박명규·이근관·전재성 외 2012, 6-14).

넷째, 홀로주체적 자세는 갈등 해결에 도움이 되지 않고 오히려 증폭시킨다. 남북한은 전쟁을 경험했고 적대적 분단의 갈등이 누적돼 있다. 이런 상황에서 홀로주체적 통일은 남과 북의 갈등을 해소하기는커녕 오히려 엄청난 사회적 갈등을 야기할 것이다(홍석률 2012, 32). 홀로주체적 분리는 남북관계를 더 긴장상태로 악화시키며, 홀로주체적 통합은 북한 주민을 '2등 국민'으로 편입함으로써 사회통합에 역행하고 갈등을 증폭한다(김형찬 2012, 68).

서로주체적 담론은 햇볕정책에 대해서도 비판적이다. 앞서 홀로주체적

....

것을 요구한다. 자유주의적 자유주의는 비자유주의적 체제의 존재를 인정하고 관용한다. 근본주의적 자유주의와 자유주의적 자유주의는 각각 홀로주체적 자유주의와 서로주체적 자유주의로 볼 수 있나.

통일담론이 햇볕정책을 비롯한 대북포용정책을 그 서로주체적 성격 때문에 비판한 것을 보았다. 서로주체적 담론은 거꾸로 햇볕정책이 담고 있는 홀로주체적 성격을 비판한다. 햇볕정책이 서로주체적 요소를 가진 것은 분명하지만 그 서로주체성이 부족하다는 판단이다.

북한에 대해 무력 사용과 흡수통일 의사가 없음을 분명히 천명하고 남북화해협력을 도모한 점에서 햇볕정책은 서로주체적 자세를 가지고 있다 (백낙청 2006, 187-192). 이것이 바로 홀로주체적 입장에서 햇볕정책을 비판하는 이유다. 하지만 통합한국의 모습으로 자유민주주의와 시장경제를 미리 전제하고 주로 북한의 변화를 추구한 점에서 햇볕정책에는 애초부터 홀로주체적 성격이 담겨 있다. 남한에서 '자유민주주의'는 냉전의 산물로서 '반공주의'의 성격을 강하게 갖고 있고, 정권에 따라 "더 많은 민주주의'를 제한하는 논리"로 작동함으로써 "사회갈등을 부추기는 이념"이다(이나미 2015, 147-148). 시장경제도 남한에서는 자본주의적 시장경제만을 생각하는 경향이 강하다. 자유민주주의와 시장경제의 보편성을 담보하기 어려운 것이다. 햇볕정책에 대한 서로주체적 입장에서의 비판은 바로 이처럼 남한의 입장에서 북한의 변화를 요구하는 점에 집중한다. 북한의 변화는 바로 햇볕정책이 표방한 정책목표다. 대북포용정책 지지세력은 햇볕정책이 북한의 변화를 끌어내지 못했다는 비판에 대한 반론으로 햇볕정책을 추진한 정부 기간에 북한의 변화가 많았다는 사실을 강조한다(한반도평화포럼 2012, 55-113). 햇볕정책에 대한 비판과 방어에서 모두 북한의 변화 여부를 성공의 기준으로 삼고 있는 것이다.

진보적 진영의 서로주체적 통일담론은 햇볕정책의 신자유주의적 성격에 비판의 초점을 둔다. 햇볕정책이 북한을 남한의 시장경제에 사실상 예속시킴으로써 우선적으로 남한 자본의 이익에 봉사한다는 것이다(김세균 2000, 182-184). 남한은 그대로 있고 남한의 모순을 해결하기 위해 북한을 변화시킨다는 비판이다. 보수적 색채가 강한 논객들의 서로주체적 통일담론도 햇볕정책의 홀로주체성을 비판한다. 예컨대 복거일과 지만원은 햇볕정책이 노골적으로 북한의 개혁·개방을 추구했다고 비판한다. 남북 교류·협력을 통한 북한의 개혁과 개방은 결국 북한 체제의 붕괴와 남한의 자유민주체제로의 흡수통일로 이어질 것이 예상되므로, 북한 정권이 가장 두려워하는 것이다. 이 점에서 "개방과 교류는 체제 전복의 독약이다. 독약을 받아 마시라고 했으니 그들이 좋아했겠는가"라고 일갈한다(지만원 1996, 24-29, 50-51; 복거일 2011, 106-107).

홀로주체적 통일담론과 서로주체적 통일담론에서의 햇볕정책 비판은 흥미롭다. 홀로주체적 담론이 북한의 변화를 끌어내지 못했다고 햇볕정책을 비판하는 반면, 서로주체적 담론은 햇볕정책이 북한의 변화를 도모한 점을 비판한다. 마인섭 등은 김대중 정부 이후 남남갈등을 방법론적 차이의 문제로 인식한다. 북한에 대한 '선지원 후변화'(김대중·노무현 정부)와 '선변화 후지원'(이명박 정부)의 방법론적 차이가 있을 뿐 모두 북한의 변화를 추구했다는 것이다(마인섭 외 2012, 119). 이 분석은 근본적으로 옳다. 햇볕정책도 남북한의 동반 변화가 아니라 북한만의 변화를 추구한 점에서 일부 홀로주체적 성격을 갖는다. 햇볕정책이 중단기적 정책의 차원에서는 서로주체적 성격이 강하지만, 장기적 안목에서 일종의 흡수통일이라는 의구심을 버릴 수 없는 것이다(백낙청 2006, 187-192).

5. 헤게모니 지형

햇볕정책 이후 오늘날 남한사회의 통일담론을 둘러싼 남남갈등의 중심 대립 축은 홀로주체-서로주체다. 하지만 홀로주체-서로주체는 연속적 개념이며 양분하기 어렵다. 많은 통일담론이 실제로는 홀로주체적 자세와 서로주체적 자세를 모두 가지고 있다. 두 자세가 혼재해 있는 대표적 담론이 햇볕정책이다. 양 진영에서 비판을 받는 이유다. 대부분의 통일담론이 홀로주체적 자세와 서로주체적 자세를 포함하고 있지만 어느 것이 우세한가에 따라서 홀로주체적 담론이나 서로주체적 담론의 이념형에 가까운 것으로 구분할 수 있다.

　가령 김태우의 '점진적 상호동화'를 통한 합의통일론, 박명림의 '평화적 보편통일론', 통일연구원의 '남북 합의통일 마스터플랜' 등은 합의통일을 표명하지만 홀로주체적 성격이 강하다. 사실상 흡수통일을 지향하기 때문이다. 김태우의 점진적 상호동화를 통한 합의통일론은 북한의 완만한 변화를 추구하며, 궁극적으로는 '합의를 통한 남한주도의 통일'의 다른 이름이다(김태우 2012, 295-309). 박명림의 평화적 보편통일론은 통일보다 평화를 중시하고 '평화적 보편 가치의 실현으로서 통일'을 강조하는데, 이는 결국 민주주의를 비롯한 인류의 보편적 가치를 수용하도록 하는 '북한 변혁론'으로 귀결된다(박명림 2011, 18-27; 박명림·김상봉 2011, 350-358, 박명림의 말 참조). 통일연구원의 남북 합의통일 마스터플랜도 북한과의 합의를 강조하지만, 북한의 체제변화와 북한 주민들의 의식변화(남한에 대한 우호적 생각 확산)를 합의통일의 전제로 제시하는 점에서 홀로주체적이다(박형중 외 2012, 300-303). 그러나 이들이 부분적으로나마 서로주체적 자세를 포함하는 것은 중요한 의미가 있다. 홀로주체적 입장에서도 일부 서로주체적 태도를 갖출 필요성을 인식하고 있음을 보여주기 때문이다. 이는 우리 사회가 홀로주체적 통일담론이 지배적인 담론 지형에서 점차 벗어나고 있음을 뜻한다. 서로주체적 통일담론이 지적 헤게모니를 넓히고 있는 것이다.

　서로주체적 자세가 우세한 담론들도 일부 홀로주체적인 자세를 가진 경우가 적지 않다. 한반도포럼의 한반도 평화협력 프로세스, 조민의 평화적 합의통일론 및 '한반도 연방제' 프로젝트, 강명규의 연성복합통합론 등은 서로주체적 요소가 강한 통일담론이지만, 북한만의 변화를 강조하거나 통합 한국의 미래상으로 남한의 체제를 전제하는 등 홀로주체적 요소 역시 갖고 있다(한반도포럼 2012, 93; 조민 외 2011, 22-26; 조민 2012, 114-116; 조민 2015, 176-177; 김근식 2010, 188-191; 박명규 외 2013, 5-9; 박명규·이근관·전재성 외 2012, 189-190; 윤영관 2009, 13; 이서행 2012, 255-256; 강원택 2011, 18-19; 하영선·조동호 2010). 예를 들면, 남과 북이 국가 대 국가로 만날 것을 주장하는 한반도포럼의『남북관계3.0』에서도 남북의 경제공동체 수립이나 교류협력 및 인도적 지원 등을 논할 때는 상당히 서로주체적으로 접근하고 있지만, 이런 논의에서 북한의 변화만을 염두에 두고 남한의 변화는 고려하지 않는다(한반도포럼 2012). 남북한 통합의 과정에 대해서는 대체로 서로주체적인 자세를 가지고 있지만 그 결과에 대해서는 홀로주체적 자세가 강한 것이다. 일방적 '흡수'가 아니라 남북한의 '상호 변화와 침투'를 강조한 전태국도 막상 남한 위주의 통합을 전제하는 경향이 있다(전태국 2013, 73-75, 107). 이는 서로주체적 통일담론이 점점 증가하고 있지만, 의식적이든 무의식적이든 여전히 부분적으로 홀로주체적인 자세에서 벗어나지 못하고 있음을 의미한다. 홀로주체적 통일담론이 가지고 있는 지적 헤게모니가 여전히 작동하고 있는 것이다.

햇볕정책 이후 서로주체적 통일담론이 증가한 것은 기존의 홀로주체적 통일담론이 차지하고 있는 지적 헤게모니에 대한 도전이 거세지고 있음을 보여준다. 2000년대 이후 시민사회의 통일론을 검토한 이상근은 선진화통일론(박세일), 남북공동체 통일방안(한반도포럼), 화해상생통일론(평화재단), 분단체제 극복 과정으로서의 통일론(백낙청), 연성복합통일론(서울대 통일평화연구원)을 주요 통일담론으로 분석한다(이상근 2017). 이 중 선진화통일론이 홀로주체적 통일담론에 해당하고 나머지는 대체로 서로주체적 통일담론에 가깝다. 서로주체적 통일담론이 증가한 현상은 남한사회에서 북한에 대한 홀로주체적 자세가 지배적인 헤게모니 지형에서 점차 벗어나고 있음을 뜻한다. 대북한 서로주체적 자세의 대항 헤게모니가 세를 넓히고 있는 것이다. 하지만 서로주체적 통일담론이 증가하고 있지만 여전히 많은 서로주체적 담론들이 홀로주체적 자세를 부분적으로 포함하고 있다는 것도 보았다. 이는 새롭게 증가하는 서로주체적 통일담론이 홀로주체적 통일담론의 지적 헤게모니에서 벗어나지 못하고 있음을 뜻한다. 대북한 홀로주체적 자세의 지배 헤게모니가 여전히 우위에 있는 것이다.

실제로 혼재해 있지만 홀로주체적 자세와 서로주체적 자세가 햇볕정책 이후 오늘날 통일담론을 둘러싼 남남갈등에서 헤게모니 투쟁을 벌이고 있다는 것이 나의 핵심 주장이다. 이는 기존에 남남갈등의 원인을 대북관과 좌우대립, 통일-반통일, 햇볕정책에 대한 찬반에서 찾던 것과 다르다. 첫째, 대북관이 아니라 대북자세가 근본 대립 전선이다. 지적·이념적 차원에서 남남갈등이 통일담론의 대립에서 비롯한다면, 그 근본 대립 축은 대북관이 아니라 대북자세다. 대북자세는 (홀로주체적 담론에서처럼) 대북관과 연결될 수도 있지만 (서로주체적 담론에서처럼) 연결되지 않을 수도 있다. 둘째, 홀로주체적 담론과 서로주체적 담론의 대립은 좌우 또는 진보-보수의 대립과 반드시 일치하지 않는다. 진보적 입장의 홀로주체적 담론과 보수적 입장의 서로주체적 담론이 얼마든지 가능하다. 셋째, 홀로주체적 담론과 서로주체적 담론의 대립은 통일 대 반통일의 대립 구도와도 일치하지 않는다. 홀로주체적 담론과 서로주체적 담론 각각의 내부에서 분리와 통합의 분화가 진행된다. 넷째, 대북포용정책이 통일담론의 지형을 나누는 축이 아니다. 홀로주체적 입장과 서로주체적 입장 양쪽에서 햇볕정책을 비판할 수 있다. 대북포용정책 대 대북강경정책의 대립이 아니라 홀로주체적 대북자세 대 서로주체적 대북자세의 대립이 근본적인 전선이다.

V. 맺는 말

이 장은 남한사회에서 민간부문의 통일담론의 변천을 크게 두 시기로 나누어서 살펴보았다. 첫째, 햇볕정책 이전까지 남한사회에서 민간 통일운동과 담론은 정부의 사실상의 분리주의 정책에 대항하여 통합주의 운동과 담론으로 전개됐다. 이 시기 정부는 민간 영역의 통일담론을 억압했으며, 이에 대한 통합주의 담론은 2공화국과 1980년대 중반 이후 두 차례에 걸쳐서 분출했다. 이 시기에 정부와 민간의 입장에 미묘한 차이가 감지됐다. 즉 2공화국 시절 홀로주체적 분리주의 정부 정책에 대항해서 서로주체적 통합주의 운동과 담론이 전개됐던 반면, 1980년대 후반에는 정부의 입장이 서로 주체적 분리로 전환한 가운데 일부 민간 영역은 북한 위주의 역전된 홀로주체적 통합을 지향하는 모습을 보였다. 정부의 통일담론 억압에 대한 반발이 엉뚱한 방향으로 흘러간 것이다.

둘째, 햇볕정책 이후 특히 2000년 남북정상회담 이후에는 더 이상 분리주의와 통합주의의 대결이 중심이 아니라 북한에 대한 홀로주체적 자세와 서로주체적 자세의 대립이 중심이 되는 변화가 일어났다. 홀로주체적 통일담론은 북한에 문제가 있다고 보는 반면, 서로주체적 담론은 남북한 관계에 문제가 있다고 보는 점에서 대조적이다. 홀로주체적 담론은 북한이 비정상이므로 북한을 정상화시켜야 한다는 '바른 통일론'을 고수하고, 서로주체적 통일담론은 남북한 관계를 정상화하기 위해서 남한과 북한이 서로 동등한 파트너로서 협상을 통한 '합의통일론'을 주창한다. 오늘날 분리-통합의 균열도 존재하지만, 이들 사이의 거리는 홀로주체-서로주체의 거리만큼 멀지 않다. 홀로주체적 담론과 서로주체적 담론 각각의 내부에서 분리와 통합이 분화되고 있는 것이 오늘날 통일담론의 지형이다.

분단의 시작과 함께 민간부문에서 분단의 고착화를 막기 위한 통합주의 담론과 운동이 일어났지만, 김대중 정부 이후 남북 관계가 긴밀해지면서 통합주의 담론과 운동보다 서로주체적 관계를 강조하는 담론과 운동이 증가하였다. 남한사회의 첫 대립 축인 분리-통합의 대립 지점은 분단국가를 형성하고 강화하는 데 대한 반대로서 의미가 컸다. 사실상 분리주의 세력이 헤게모니를 장악한 상황에서 통일담론을 억압했고, 이에 대한 반발로 민간 통일담론은 분리주의에 반대하는 통합주의를 중심으로 전개됐다. 이후 한편으로 분단이 지속되고 분단국가가 고착화되면서 이에 반대하는 통합주의 담론과 운동도 강해졌지만, 다른 한편으로 남북한의 적대적 관계가 완화되고 서로주체적 관계로 접어들면서 한쪽에서 홀로주체적 대북자세를 강조하는 담론이 증가하고 이에 대한 반대로서 서로주체적 자세를 강조하는 담론 또한 많아졌다. 오늘날 남한사회 내 통일담론을 둘러싼 남남갈등에서 헤게모니 투쟁의 중심 축은 분리주의 대 통합주의의 대립이 아니라 홀로주체적 자세 대 서로주체적 자세의 대립이다. 남한사회 내 남북관계 및 통일 문제를 둘러싼 대립 축에 미묘한 변화가 생긴 것이다.

제7장

나아갈 길(1): 남북관계 차원

I. 여는 말

이 장에서는 남과 북의 서로주체적 통합의 필요성과 당위성을 전제로 남북관계의 차원에서 그러한 통합을 이루기 위한 밑그림을 그려본다. 서로주체적 통합은 당사자들이 만나서 서로 합의하고 설계해야 한다. 따라서 당사자들인 남북한이 만나기 전에 서로주체적 통합한국의 모습을 여기서 미리 확정할 수는 없다. 다만 서로주체적 통합의 기본 원칙에 입각한 밑그림을 제시함으로써 그런 만남을 촉진하고 지원하고자 한다.

여기에서 제시하는 서로주체적 통합의 밑그림은 기존의 통일담론과 차별성을 갖는다. 6장에서 보았듯이, 남한이 우위에 서는 홀로주체적 통합이나 홀로주체적 분리가 남한사회 내 통일담론에서 주류를 이루고 있다. 북한에 대해 무력통일을 시도하지 않아도 북한 급변사태 발생 시 남한이 북한을 흡수하고 우리의 체제로 동질화한다는 방안이 대세를 형성하고 있다. 한편 햇볕정책 이후 합의통일을 주장하는 논의도 많아졌다. 서로주체적 통합에 가까운 담론들이다. 하지만 여전히 서로주체성의 이념에 충실하지 못한 경우가 많다. 남북 간에 합의에 입각한 교류협력을 주장하면서도 북한의 변화만을 염두에 두는 경향이 있다. 예를 들면 윤영관은 "대북정책의 모든 목표가 북한의 변화를 지원하는 데 초점이 모아져야 한다"고 강조한다(윤영관 2009, 13). 대북포용정책 자체가 북한을 비정상 국가로 보고 북한의 '정상국가화'를 통해 평화통일을 이루겠다는 남한 중심의 사고방식에 입각해 있다(김근식 2011, 45). 이 점에서 기존의 대북포용정책도 홀로주체적 성격을 부분적으로 가지고 있다. 합의통일이나 남북화해협력을 주장하더라도 북한만의 변화를 추구하거나 전제한다면 이는 여전히 서로주체적 자세에 충실하지 못하다. 북한의 변화가 불필요하다는 것은 절대 아니다. 다만 어느 한쪽만의 변화를 전제하는 것은 서로주체적 통합의 기본적인 자세에서 어긋난다. 여기서 모색하는 남북관계의 밑그림은 서로주체적 통합의 기본정신에 보다 충실한 방안이다. 그것은 일방의 타방에 대한 관여나 개입이 아니라 서로 주체로 만나고 점진적으로 공동의 집을 지어가는 방향이다.

이 장에서 제시하는 남과 북 차원의 서로주체적 통합 방안은 또 다른 의미에서 기존의 통일방안 연구 및 논의와 질적으로 차이가 있다. 기존의 통일방안 분류에는 여러 가지 방식이 있다. 대표적 예로, 임수환(2007)은 평화통일론(독일 모델), 자주통일론(베트남 모델), 일국양제론(중국 모델)을 구분하며, 김태우(2015)는 통일의 내용을 기준으로 '자유민주주의 통일', '적화통일', 양쪽 체제를 혼합한 '중립통일'로 분류한다. 다양한 방식의 분류가 있지만, 기존의 통일방안 논의는 남한 위주의 통일, 북한 위주의 통일, 남북한의 혼합 및 중립화 방안의 통일 식의 사고방식에 입각해 있다. 즉 남과 북의 관계에서 남, 북, 또는 중립(및 혼합)의 세가지 유형을 생각한다. 윤평중의 다음과 같은 언명은 이와 같은 시각을 단적으로 보여준다.

나는 남북의 헌법이 불가공약적이며 서로 수렴할 수 없다고 생각한다. … 이는 한국 헌법의 자유민주적 성격과 조선민주주의인민공화국 헌법의 주체사회주의(유일영도체계)적 성격이 정치철학적으로 양립할 수 없다는 것을 의미한다. 헌법철학의 지평에서 통일을 운위할 때 논리적 가능성은 둘밖에 존재하지 않는다. 즉 통일헌법의 형상이 '자유민주적인 것'이 되든지, 아니면 '주체사회주의적인 것'이 되든지 두 가지 가능성만 존재할 뿐이며, 둘 사이 경계선상의 어떤 것, 또는 제3의 접점은 불가능하다는 것이다(윤평중 2009, 221).

윤평중은 정치철학의 차원에서 남과 북의 서로주체적 분리담론을 매우 강력하게 전개하는데, 그 근거에 위와 같은 생각이 깔려 있다. 그의 비판 대상은 남과 북 사이에 제3의 길로 '수렴'을 꾀하는 통일담론들이다. 앞서 언급한 남한 위주의 통일, 북한 위주의 통일, 혼합 및 중립의 세 유형 중 마지막 선택지가 사실상 존재하지 않는다는 것이 그의 생각이다.

이처럼 남, 북, 혼합(및 중립)의 세 유형을 생각하는 기존의 방식과 달리 이 글에서 제시하는 서로주체적 통합 방안은 남과 북이 공존하면서 그 위에 새로운 공동의 초국가적 기구와 공간을 마련하는 방식이다. 남과 북이 '둘(남과 북)이면서 하나(통합한국)'이며 '개별성(복수성＝남과 북)과 공동성(단일성＝통합한국)'을 동시에 갖고 있는 방식이다. 이는 남, 북, 혼합의 세 유형 중 어디에도 해당하지 않는다. 남과 북은 각자의 개별성을 계속 유지한다. 가능한 영역에서 남과 북이 합의하에 점진적으로 구축해나가는 통합한국은 공동성을 가지며, 그 공동성이 남과 북의 개별성을 해치지 않는다. 이는 이병한이 그 필요성을 주창하는 다음과 같은 정치적 상상력을 구현하는 방안이다.

한반도는 하나도 아니요 둘도 아니다[不一不二]. 혹은 '하나 그리고 둘'이다. 억지로 하나를 고집할 것도 아니요, 기어코 둘을 고수할 일도 아니다. 그 기우뚱한 현재를 있는 그대로 제도화할 수 있는 창의적인 정치적 상상력이 필요하다(이병한 2016, 339).

얼핏 어려워 보이는 이 같은 '둘이면서 하나'인 방법은 실은 우리에게 낯설지 않다. 2018년 2월 평창 겨울올림픽에서 남과 북은 각자 개별국가로 참가했으며, 여자 아이스하키 부문에서 단일팀을 구성하여 공동으로 참가했다. 남과 북의 선수단이 각자 참가한 점에서 '둘'이면서, 동시에 가능한 부문에서 공동의 단일팀으로 참가한 점에서 '하나'이기도 하다. 이 장에서 내가 제안하는 서로주체적 통합 방안은 이미 우리가 실천하고 있는 이와 같은 현실을 개념화할 뿐이다.

서로주체적 통합 방안은 유럽연합의 중층적 통합 방식을 차용한 것이며, 기존의 논의 중에서는 복합국가론에 가깝다(이남주 2018 참조). 다만 복합국가론에는 국가연합이나 연방국가 등 다양한 형태가 있을 수 있는데, 이 중 어떤 것은 이 글에서 말하는 서로주체적 통합의 정신과 어긋난다. 가령 강원택이 제안하는 연방제 방안을 간략히 살펴보자. 강원택은 통일의 '완성' 형태로 연방제를 제시한다. 그가 연방제를 제안하는 것은 완전통일국가라는 우리 정부의 3단계 통일방안이 남과 북의 서로주체성을 보장하지 못한다고 생각하기 때문이다. 즉 상당히 서로주체적 발상을 하고 있어 보인다. 그런데 그는 북에서 주장하는 연방제가 1국가 2체제를 기본으로 하고 있는 점을 비판하면서, "통일의 '과정'이라는 측면에서 본다면 1국가 2체제 역시 잠정적으로는 의미가 있을 수 있으나, 통일의 '완성'으로서 이질적 체제의 공존은 결코 바람직한 형태로 보기 어렵다"고 단언한다(강원택 2011, 118). 연방제라는 복합국가를 구상하면서 궁극적으로 남한 체제로의 동질화를 전제로 하는 홀로주체적 발상으로 다시 돌아가고 있는 것이다.

서로주체적 통합은 중국의 '일국양제'나 북한의 연방제 방안과도 다르다. 일국양제나 북한의 연방제 방안이 모두 하나의 국가를 전제로 하고 있는 반면, 서로주체적 통합은 남과 북이 '두 개의 국가이면서 동시에 하나의 국가'일 수 있다는 발상을 한다. 기존의 통일방안 논의들이 대부분 하나의 국가로의 통합을 상정하고 있는데(예, 윤영관·강원택(2015)에 있는 논의들), 서로주체적 통합 방안은 반드시 하나의 국가로의 통합을 지향하지 않는다. 복층에 걸쳐서 '둘이면서 하나'인 상태가 얼마든지 가능하다. 이는 한반도 '일국론'(홀로주체적 통합담론) 및 '양국론'(서로주체적 분리담론)을 모두 넘어서는 발상이다(이남주 2018, 21-32). 경제체제에서도 남과 북이 '두 개의 경제체제이면서 동시에 하나의 경제체제'를 공유할 수 있다고 제안한다. 이러한 사고방식을 정치와 경제뿐만 아니라 법과 행정, 사회와 문화, 복지와 교육 등에 전반적으로 확대 적용할 수 있다. 남과 북의 시민들의 정체성도 마찬가지로 둘이면서 하나의 상태를 그릴 수 있다. 즉 남과 북의 주민들이 각각의 개별 정체성을 강하게 유지하면서, 여기에 증층의 공동 정체성을 구축해나갈 수 있다. 기존에 남과 북이 서로 다퉜던 '하나의 코리아'와 '두 개의 코리아' 중 어느 것도 아닌, 그렇다고 중립화 통일도 아닌 방식을 사유하는 것이다.

아래에서는 먼저 남과 북의 기본 통합전략/접근을 간단하게 검토하고, 남과 북 차원에서의 서로주체적 통합을 '체제통합(system integration)'과 '사회통합(social integration)'의 두 가지로 나누어서 밑그림을 그려본다. 남과 북의 통합전략은 각각 (신)기능주의와 연방주의 접근으로 경제중심과 정치중심의 거리가 멀어서 접점을 찾기가 힘들다는 견해가 주를 이루고 있다. 이러한 일반화된 인식과 달리 나는 남과 북의 통합전략이 정치와 경제의 병행이라는 점에서 만난다는 사실을 강조할 것이다. 체제통합과 사회통합은 록우드가 구별한 개념이다. 그에 따르면, 체제통합은 '부분들(parts)' 사이의 관계에 초점을 두는 반면 사회통합은 '행위자들(actors)' 사이의 관계에 초점을 둔다. 체제통합이 주요 제도적 질서와 그 물적 토대 사이의 양립가능성을 뜻한다면, 사회통합은 구성원들 사이의 정서적·문화적 화합을 가리킨다(Lockwood 1976, 371, 378).[1] 남북관계에 적용하면 체제통합은 남한과 북한의 제도와 법 질서 등의 통합을, 사회통합은 남북 주민들의 정서와 문화 등에서의 통합을 의미한다. 체제통합과 사회통합 모두 서로주체적 방식의 비전을 세우고자 한다.

이 장에서 서로주체적 통합을 모색하는 데 있어서 남북관계의 차원을 우선시하지만 그렇다고 남북주도론이 국제공조를 배격하거나 국제협력의 필요성을 부인하는 것은 아니다(박건영 외 2002, 160 참조). 남북관계가 국제정치의 독립변수이기보다 종속변수인 경우가 더 많다는 사실도 인정한다(황지환 2012, 87). 국제정치의 맥락에서 떼어내서 남북관계에 집중하는 것

....

[1] 록우드의 중요한 통찰은 체제통합과 사회통합이 반드시 일치하지 않을 수 있다는 것이다. 가령 마르크스가 강조하듯이, 계급적대가 심해져서 사회통합이 무너진다고 해도 그것이 곧 체제 붕괴로 이어지는 것은 아니다. 마르크스의 관점에서 사회 변화에 결정적으로 중요한 것은 생산관계에서 비롯하는 권력갈등, 즉 사회적 갈등이 아니라, 소유제도와 생산력 사이의 모순에서 비롯하는 체계 갈등이다(Lockwood 1976, 375-376).

이 위험할 수 있다. 하지만 남북관계에 대한 관련 강대국들의 외교와 국제정치의 영향에 적절히 대응하기 위해서는 "남북관계의 독자영역"이 필요하다고 생각한나(양무진 2011, 204). 이 장에서 남북관계 차원의 서로주체적 통합의 밑그림을 그리는 것은 이러한 독자영역을 먼저 수립하는 노력이다. 이러한 구상이 국제정치 차원에서 어떻게 실현될 수 있을지에 대해서는 다음 장에서 논한다.

II. 남과 북의 통합 접근[2]

남과 북은 서로 상이한 통일방안을 제시하고 있지만, 그 구체적인 접근에 있어서 만나는 지점이 적지 않다. 우선, 남과 북의 통합 접근에 수렴지점이 보인다. 남북한의 통일방안은 각각 경제를 우선하는 (신)기능주의와 정치를 우선하는 연방주의 접근에 입각해 있어서 서로 만나기 어렵다는 생각이 우리 학계에서 우세하다. 그런데 막상 북한의 정치우선주의와 남한의 경제우선주의 사이의 격차는 그렇게 크지 않다. 남북한이 각각 경제와 정치에서 출발하지만 정치와 경제의 병행으로 수렴하는 것이다.

남한의 통일방안은 경제적 수단을 우선시하면서도 정치적 방법을 함께 포함한다. 남한정부가 '선성장 후통일'이나 '선평화 후통일'과 같은 구호 수준이 아니라 체계적으로 공식화한 통일방안은 전두환 정부의 '민족화합민주통일방안'이 처음이다. 민족화합민주통일방안은 남북한 쌍방의 주민 대표로 민족통일협의회의를 구성하여 통일헌법을 기초하고, 남북한 전역의 자유 국민투표로 통일헌법을 확정하고, 그에 따라 통일국가를 완성하자고 제안했다. 민족통일협의회는 북한이 그동안 주장해온 전민족회의와 같은 연석회의체 형식을 과감하게 받아들인 제안이었다(김형기 2010, 104-108).

....
2   이 부분은 김학노(2016a)의 일부를 줄인 것이다.

정치적 수단을 강조한 연방주의적 접근에 오히려 가깝다는 판단이 들 정도다(정영화 2010 참고).

노태우 정부의 '한민족공동체 통일방안'은 민족화합민주통일방안을 계승하면서 중요한 수정을 더했다. 이는 김영삼 정부의 '민족공동체 통일방안'으로 거의 그대로 이어졌고, 후자는 현재까지 남한 정부의 공식적인 통일방안이다. (한)민족공동체 통일방안은 (1) 화해·협력(신뢰구축), (2) 남북연합, (3) 통일국가의 3단계 통일방안을 제시한다. 화해·협력과 신뢰구축을 1단계로 설정한 점에서 (신)기능주의적 요소가 강하다. 하지만 2단계부터는 정치적 수단을 강조하고 있다. 남북연합 구상은 남북의 정부를 인정한 바탕 위에 남북이 연합하는 기구를 설치하도록 되어 있다. 여기에는 남북정상회의, 남북각료회의, 남북평의회, 공동사무처와 상주연락대표 등이 포함된다. 남과 북의 정치세력이 대등하게 만나는 구상이다. 경제우선주의 접근이지만 정치적 수단이 중요하게 고려되고 있다.

북한의 연방제 통일방안이 정치적 수단을 우선시하는 것은 분명하지만, (신)기능주의적 요소도 적지 않다. 김일성이 1960년에 통일의 과도적 단계로서 연방제를 제안할 때 이미 (신)기능주의적 요소가 상당히 엿보인다. 과도적 연방제안에서 김일성은 남한이 연방제를 수용하지 않겠다면 "실업계 대표들로 구성되는 순전한 경제위원회라도 조직"하고 이를 통해 경제 교류와 문화 교류를 먼저 실시하자고 제안한다(김형기 2010, 49-50; 심지연 2001, 50). 단순히 정치 중심 접근이 아니라 정치와 경제를 병행하는 접근임을 알 수 있다. 북한이 1980년 제안한 고려민주연방공화국 방안도 마찬가지다. 여기서도 경제 교류와 합작은 물론 과학, 문화, 교육 분야에서 남북의 교류와 협력을 실시하고 남북 사이에 끊어진 교통과 체신을 연결할 것을 제안하고 있다. 과도적 연방제건 고려민주연방제건 모두 연방주의적 접근에 입각해 있지만 동시에 경제와 문화를 비롯한 사회 전반에서의 교류와 협력을 강조하고 있는 것이다(심지연 2001, 358-374; 김형기 2010, 101-102). 북한은 특히 6·15정상회담 이후 '실리 추구형' 회담에 집착하는 양상을 보이면서 경제적 문제를 우선 논의하는 회담을 추구했다(정영태 2013, 420-427).

남한이나 북한이 상대방에게 경제교류와 사회문화적 협력을 요구하는 것은 상대방에 대한 자신감의 표현이기도 했다. 북한이 상대적으로 국력이 강했던 1950－1960년대에는 남한에 대해 적극적인 경제교류와 사회문화적 협력을 요구했었다. 1970년대 국력의 역전이 일어나면서 1980년대에 오면 남북의 입장이 바뀌는 현상이 발생한다. 상대에 대한 우월한 위치에서 보던 시각에서 북한은 이제 남한을 '선망의 대상'으로 바라보고, 남한은 북한에 대해서 '동정과 시혜'의 대상으로 바라본다. 국력의 역전이 '시선의 역전'으로 이어진 것이다(정영철 2012, 68-77; 2012a, 479-483). 따라서 경제적, 사회문화적 교류를 강조하는 것은 통일 문제에 대한 접근법 자체보다 상대방에 대한 자신감이 반영된 것으로 볼 수 있다. 김대중 대통령도 햇볕정책이 남한의 "힘과 자신감"에 바탕한 것이었음을 밝힌 바 있다(김대중 2010a, 96). 이는 "화해협력정책이 힘의 우위에 있는 행위자의 선택임"을 보여준다(구갑우 2017, 379).

요컨대, 남과 북이 각각 경제를 우선하는 (신)기능주의 접근과 정치를 우선하는 연방주의 접근에 입각해 있지만, 막상 남의 경제우선주의와 북의 정치우선주의 사이의 격차는 그렇게 크지 않다. 남과 북이 각각 경제와 정치에서 출발하지만 정치와 경제의 병행으로 수렴하여 왔다. 나는 국제정치적 맥락을 한편으로 중시하면서 남과 북의 서로주체적 통합을 위해 '구성주의적 신기능주의' 접근을 사용한다(김학노 1999; 2016a 참고). 이 장에서 서로주체적 통합의 밑그림을 그리는 데 있어서 구성주의적 신기능주의 통합전략을 적용하면서 동시에 남과 북이 수렴해온 것처럼 정치와 경제의 병행기조를 유지하고자 한다.

남과 북의 통합전략이 수렴하는 것과 병행해서, 남북한은 실제로 서로의 통일방안이 수렴하는 지점을 발견하고 합의한 적이 있다. 2000년 6·15 공동선언의 2항에서 김대중과 김정일은 "나라의 통일을 위한 남측의 연합제안과 북측의 낮은 단계의 연방제안이 서로 공통성이 있다고 인정하고 앞으로 이 방향에서 통일을 지향시켜 나가기로 하였다"고 밝혔다. 2항에 대한 남과 북의 해석에 중요한 차이가 있지만(강인덕·송종환 2004a, 336-343 참조), 2항에 합의했다는 사실은 남한의 (신)기능주의 접근과 북한의 연방주의 접근 사이에 만나는 지점이 있다는 사실에 두 지도자가 인식을 같이 했음을 의미한다. 이는 서로주체적 통합의 지향점이기도 하다. 남한의 연합제안이나 북한의 연방제안이나 모두 두 개의 실재하는 국가를 바탕으로 그 위에 새로운 초국가적 층위와 공간을 건설해나가는 데 공통점이 있다. 기존에 있는 두 개 국가의 실체를 인정하고 그 위에 연합이나 연방을 구축하는 점에서 남북이 모두 서로주체적 통합이라는 방향에 합의하고 있는 것이다(김학노 2013, 142). 서로주체적 통합의 밑그림을 그리는 데 있어서 핵심적으로 발전시킬 부분이다.

한편, 남북한의 체제가 너무 이질적이고 경제적 격차도 너무 커서 (신)기능주의 통합이론을 적용하기 어렵다는 지적이 많다. 유럽통합의 실제 경험과 (신)기능주의 통합 이론이 모두 다원주의와 시장경제를 전제로 하고 있다. 남한이 다원주의와 시장경제를 가지고 있는 반면에 북한이 그와 대조적인 체제를 가지고 있기 때문에 (신)기능주의 통합이론을 적용하기 어렵다는 판단이 많다(구영록 2000, 227-229; 김근식 2011, 71-73; 박찬봉 2008, 357; 김학성 2008, 208; 김영윤 1995, 83-84; 노재봉 외 2015, 244-248). 하지만 체제 이질성 문제는 생각만큼 통합에 큰 장애로 작동하지 않을 수 있다. 경제체제와 정치체제로 나누어서 이를 살펴보자.

경제적으로 남한은 자본주의 체제인 반면 북한은 사회주의 체제다. 자본주의와 사회주의가 공존 불가능해 보이지만, 두 체제의 요소들이 혼합된 상태는 얼마든지 가능하다. 서구 자본주의 사회에는 보수당에서부터 공산당까지 다양한 체제를 지향하는 정당들이 공존하고 사회주의 정당이 집권하는 경우도 자주 있다. 한 사회 안에 사적 소유에 바탕을 둔 사기업과 공공소유의 공기업 및 국유산업이 혼재한다. 개혁개방정책 이후 중국의 발전 경로가 북한에게도 적용 가능하며, 이는 남한의 박정희 식 국가주도 경제개발

모델과 상통하는 측면이 많다. 중국과 홍콩의 일국양제 방식도 존재한다. 실제로 북한에서 시장경제가 발전했다는 보고도 많다. 1990년대 중반 '고난의 행군' 시절에 북한 주민들이 오로지 살아남기 위해 '장마당'에 나섰고, 이것이 점차 '이윤'을 추구하기 위한 시장경제 활동으로 발전했다고 한다. 중국의 '위로부터의 시장경제 발전'과 달리 북한의 경우 '밑으로부터의 자생적인 시장경제 발전'이 이루어진 것이다(이종태 2017, 80-105). 스미스에 따르면, 북한에서 일어난 '아래로부터의 시장화'는 가족의 생존을 이어가려는 '여성'이 중심이 된 점에서 주목할 만하며, 가구가 경제생활과 단체생활의 중심으로 부상하면서 사적 생활이 국가 주도의 공적 생활보다 우선시되는 결과를 가져왔다고 한다. 아울러 '자생적 시장화'는 당과 군대는 물론 직업구조를 비롯한 '복지의 시장화'와 '사회구조의 시장화'를 가져왔다고 한다(스미스 2017, 237-260, 284-319). 무엇보다도 남북한은 서로 다른 체제 속에서도 개성공단을 운영한 작지만 소중한 역사적 경험이 있다. 따라서 경제체제의 이질성은 남북한의 통합에 결정적인 장애라고 보기 어렵다. 다만 남북한의 서로주체적 통합을 추구하기 위해서는, 남북한의 상이한 체제를 서로 인정한 바탕 위에서 공동의 초국적(transnational) 및 초국가적(supranational) 공간을 아주 서서히 확대해나갈 필요가 있다. 체제의 이질성이 심한만큼 더 점진적이고 부분적으로 접근해야 할 것이다.

경제체제의 이질성보다 더 중요한 문제는 정치체제의 이질성이다. 남한은 민주화 이후 다원주의적 민주주의로 발전한 반면 북한은 3대째 최고 권력이 세습되고 있다. 이는 신기능주의 통합이론을 적용하는 데 중요한 걸림돌이 될 수 있다. 신기능주의는 다원주의적 정치과정을 전제로 하기 때문이다. 즉 국가가 다원적 사회 행위자들의 이익을 반영한다는 자유주의적 시각에 입각해 있다. 통합과정에서 이익을 보는 집단이 통합의 원동력을 제공한다는 생각이다. 정부가 통합에서 후퇴하려고 하면 사회의 통합지지 세력이 압력을 넣어서 정부 정책을 바꿀 수도 있다. 따라서 신기능주의를 적용할 때 북한의 비민주적인 정치체제가 문제가 된다. 다원주의적 민주주의가 발달하지 못한 사회가 국가를 상대로 자율적인 힘을 발휘할 수 없기 때문이다.

하지만 북한뿐만 아니라 남한도 여전히 국가가 사회에 대해 압도적 우위에 있는 모습을 종종 보여준다. 북한과 비교할 때 남한의 시민사회가 훨씬 발전해 있지만, 남북관계와 관련하여서는 남한 시민사회의 자율성이 여전히 제한되어 있다. 이는 2016년 초 박근혜 정부의 개성공단 폐쇄 조치에서 단적으로 드러난다. 북한의 4차 핵실험과 로켓 발사에 대한 대응조치로 개성공단을 폐쇄하는 과정에서 청와대는 통일부의 잠정폐쇄론을 묵살했을 뿐 아니라,[3] 120여 개의 입주기업으로 구성된 개성공단기업협회의 강한 반발과 항의에도 꿈적하지 않았다(박성현 2016). 박근혜 대통령이 탄핵된 2017년의 세밑에 문재인 정부의 '통일부 정책혁신위원회'가 발표한 바에 따르면, 개성공단 폐쇄는 박근혜 대통령의 독단적인 결정이었다고 한다. 폐쇄 결정은 2016년 2월 8일 박근혜의 구두 지시로 이미 결정되었고, 이틀 뒤 열린 국가안전보장회의(NSC) 상임위 회의에서는 사후적 정당성만 부여했다고 한다.[4] 이는 폐쇄 결정이 NSC에서 이루어졌다는 당시의 발표와 다를 뿐만 아니라 남한 정부 내 부처들의 다원성과 자율성마저도 심각하게 의심하게 만드는 사례다. 다원주의와 정치적 자유의 측면에서 남북 사이에 커다란 간극이 존재하지만, 남한사회도 신기능주의 통합이론이 전제하는 다원주의적 통합논리가 작동하기에는 아직 부족하다. 이 점에서 남북한 사이에 정치체제의 이질성이 존재하지만, 중요한 유사성도 존재한다. 따라서 북한이 다원주의라는 전제조건을 충족하지 못한다는 이유로 통합이론을 폐기하기보다는 남북한 체제의 상대적 차이점과 유사점에 맞춰서 통합이론을 정비할 필요가 있다.

요컨대 통합이론을 한반도에 적용할 때 체제의 이질성 문제는 생각만큼 심각하지 않을 수 있으며, 남북 모두에서 정부가 압도적으로 중요하다는 유

....

3 http://www.hani.co.kr/arti/politics/defense/730199.html, 2016년 5월 10일 검색.
4 『한겨레』 2017년 12월 29일.

사점에 특별히 유념해야 한다. 이 점에서 기존의 신기능주의 입장에서 경제적 수단을 우선하면서 정치적 측면도 중시하는 정도로는 부족하다는 판단이 든다. 그렇다고 연방주의 통합이론처럼 정치적인 차원을 우선시할 수는 없다. 정치적인 문제는 경제 문제보다 합의에 이르기 더 어렵기 때문이다.

이와 관련하여 정해구의 논의에 주목할 필요가 있다. 그는 정경분리와 정경병행 전략에서 더 나아가서 경제통합과 정치통합을 병행하는 방안을 제안한다. 기존 남한의 통합전략은 정치통합 이전에 오랜 기간에 걸쳐서 경제·사회통합을 선행한다는 전제를 가지고 있다. 선경제통합·후정치통합의 논리다. 김대중의 정경병행 전략도 남북한의 경제통합을 우선하면서 정치적 관계를 함께 개선하는 방식이지, 경제통합과 병행하여 정치통합을 추진하지는 못했다. 정해구는 기존의 선경제통합·후정치통합의 단계론적 방식에서 벗어나서 경제통합을 중심적으로 추진하면서도 부분적으로 정치통합을 같이 추진하는 '정치통합·경제통합 병행전략'이 필요하다고 강조한다. 그동안 남북한의 부분적 통합이 경제부분에 치우쳤던 것이 정부에 의한 통합의 역행을 막지 못한 주요 이유라고 생각한다(정해구 2002). 정해구의 제안처럼 정치통합을 병행하면 유사시 남과 북 각각의 정부에 의한 남북 통합의 역진을 보다 실질적으로 제어하는 데 기여할 것이다.[5]

III. 서로주체적 체제통합[6]

우리 학계에서 체제통합과 사회통합을 구분하여 남북관계에 적용한 학자는 전태국이다. 전태국은 통일 문제에 대한 '참여자 전망'과 '관찰자 전망'

....

5   남북 사이의 교류협력이 실제로 정치적 통합으로 연결되지 않았다는 인식에 입각해서, 정현곤도 대북정책의 방향을 '교류협력 → 남북연합'이 아니라 '남북연합 → 교류협력'으로 바꿀 것을 주장한다(정현곤 2017, 106).
6   이 부분은 김학노(2013)의 일부를 수정 보완한 것이다.

을 구분한다. 참여자 전망은 북한 주민을 통일의 주체로 인정하는 반면, 관찰자 전망은 북한 주민을 통일의 객체로 간주한다. 전자가 서로주체적 자세라면 후자는 홀로주체적 자세를 의미한다. 그런데 그는 참여자 전망에서 통일은 '사회통합'을 의미하며, 관찰자 전망에서 통일은 '체계통합'을 의미한다고 본다(전태국 2013, 147). 남과 북의 체제통합이 서로주체적 방식으로 일어날 수 있는 가능성을 처음부터 배제하고 있는 것이다. 이와 달리 나는 체계통합과 사회통합 모두에서 홀로주체적 방식과 서로주체적 방식이 가능하다고 생각한다.

여기서는 남과 북의 서로주체적 체제통합의 밑그림을 수평적 차원과 입체적 차원으로 나눠서 그려본다. 전자는 남과 북 사이의 평면적 관계이고, 후자는 남과 북이라는 개별주체(소아)와 통합한국이라는 공동주체(대아) 사이의 입체적 관계다.[7] 전자가 남과 북 사이에 서로주체적 관계를 정립하는 데 초점을 둔다면, 후자는 남과 북의 통합, 즉 통합한국(대아)의 건설에 초점을 둔다.

1. 수평적 서로주체성

먼저 남과 북 사이의 수평적 차원에서 서로주체적 관계를 수립한다. 이를 위해서 남과 북이 서로 주권을 가진 주체인 동체(同體)이며, 서로 동체로서 평등과 자유를 추구하는 동등(同等)과 동존(同存)의 원칙을 구현해야 한다(문승익 1970, 112-142). 수평적 차원의 서로주체성을 구축하기 위해서는 (1) 남과 북이 서로 상대의 주체성을 인정하고 서로를 통합의 기본 단위이자 자신과 동일한 주체로 받아들이고(동체의 원칙), (2) 홀로주체적 방식을 지양하고 대화를 통해 동등하게 합의를 모색하는 과정을 제도화하고(동

....

7 논의의 단순화를 위해서 남과 북의 개별 정부와 통합한국의 공동 정부 사이의 수직적 관계는 입체적 차원에 포함된 것으로 간주한다.

등의 원칙), (3) 궁극적으로 남과 북의 관계를 적대적 대치에서 평화적 공존으로 바꾸는 제도와 문화의 구축이 필요하다(동존의 원칙). 이는 각각 (1) 남북의 관계 정상화, (2) 정부 간 합의기구의 제도화, (3) 평화체제의 구축으로 정리할 수 있다.

첫째, 남과 북의 관계를 정상화한다. 백영철은 21세기 남북관계의 원칙으로 (1) 평화, (2) 호혜, (3) 실용주의를 제시하면서, "통일을 위해서는 분단을 현실적으로 인정하는 것이 역설적이게도 더 빠른 길이다"라고 주장한다(백영철 2000, 8). 서로주체적 통합을 이루기 위해서도 먼저 남북분단의 엄연한 역사적 사실을 바탕으로 서로 상대의 체제와 존재를 인정하고 상대를 하나의 독자적 주체로 존중할 필요가 있다. 북의 주체성을 인정한다고 해서 북을 '좋은' 국가로 생각하거나 '종북' 노선을 주장하는 것은 아니며, 남한의 체제를 부정하는 것은 더더욱 아니다(법륜·오연호 2012, 177-189; 조갑제 2012, 18 참조).

서로주체적 통합의 기본 단위는 남한과 북한이라는 '국민국가'들이다(김학노 2011, 502). 남과 북은 정치적 권력의 실체이자 분단역사를 살아온 주체로서 통합의 주체가 돼야 한다. 이를 위해서 남과 북이 서로 상대의 주체성을 인정하고 수용함으로써 상대방을 자신과 동일한 주체인 '동체'로서 만나야 한다. 독일통일의 사례에서 가장 큰 문제점은 동독(인)의 주체적 참여가 배제된 점이다(전성우 1994, 273-274; 한운석 2010, 248-249). 동서독의 흡수통일을 동독인들의 자발적 의지에 의한 것으로 보더라도(박명림 2011, 21; 김학성 2006, 122-123), 동독이 통합의 기본 단위가 되지 못한 문제는 여전히 남는다.

5장에서 살펴보았듯이, 1970년 박정희의 8·15선언 이후 남과 북은 서로 상대방의 실체를 인정하고 상대의 주체성을 인정하는 방향으로 발전해왔다. 1991년 「남북기본합의서」 제1조에서 "남과 북은 서로 상대방의 체제를 인정하고 존중한다"라고 선언하고, 유엔 동시 가입을 통해 국제사회에서도 사실상의 정치적 주체로 서로 인정했다(이재석 2012, 41). 다만 남북기본합의서에서 남과 북이 "나라와 나라 사이의 관계가 아닌 통일을 지향하는 과정에서 잠정적으로 형성되는 특수관계"라고 규정함으로써, 공식적인 국가와 국가의 관계에 미치지 못하는 '준국가관계'를 형성해왔다(박명규 2012, 59-65; 김용제 2012, 454-456 참조).

서로주체적 통합은 남과 북이 서로 상대방의 실체를 인정해온 역사적 흐름을 더 강화해서 준국가관계 대신에 국가와 국가의 공식적인 관계로 발전할 것을 요구한다. 두 국가가 실제 존재하고 있음에도 남과 북이 "나라와 나라 사이의 관계가 아닌 통일을 지향하는 …… 특수관계"라고 언명함으로써 통일의 염원을 살려놓았지만, 그것이 오히려 홀로주체적 통합의 여지를 남겨놓고 적대적 긴장의 원인이 될 수 있다. 남북이 정상적인 국가와 국가의 관계에 들어가서 상대방의 국가성을 인정하고 수용하는 것이 서로주체적 통합의 첫걸음이다(한반도포럼 2012, 28).

이를 위해 기존의 남북기본합의서를 가칭 「남북기본조약」으로 대체한다. 남북기본조약은 기본합의서가 담고 있는 상호 체제의 인정과 존중, 내정 불간섭, 비방과 중상 및 파괴·전복 행위 포기 등 남북화해를 위한 조항들을 포함한다. 또 무력을 사용하지 않고 침공하지 않으며, 대량살상무기를 포기하고, 이견과 갈등 및 분쟁을 대화와 협상을 통해 평화적으로 해결한다는 원칙도 포함한다. 아울러 상대방의 헌법과 법률 및 남북의 합의와 각자의 기존 조약을 존중할 것을 밝힌다. 이에 더하여 남과 북 사이의 홀로주체적 관계를 종식하고, 서로가 대등한 주체로서 평화공존과 동등통합을 추구할 것을 천명한다. 남과 북의 관계를 서로주체적 통합을 지향하는 "국가와 국가의 관계"로 분명하게 규정하고, 상대방의 수도에 정부를 대신하는 상주대표부 교환을 비롯한 공식적인 관계 정상화에 합의한다(한반도포럼 2012, 43-46; 조성렬 2012, 276-279 참조).

둘째, 남과 북 사이에 정부 간 대화기구를 제도화한다. 남북기본조약을 바탕으로 이견이나 갈등을 평화적으로 관리하고 서로 합의하에 통합을 추진하기 위해서 남과 북 정부의 만남을 상설적인 '정부 간 협의기구'로 제도화한다. 정부 간 협의기구는 다음과 같이 대화와 만남의 세 가지 기본 원칙을 수립하고 이를 준수한다.

우선, '동등'의 원칙이다. 동등의 원칙은 서로주체적 통합의 과정과 결과 모두에서 구현되어야 한다. 통합의 결과 남과 북이 동등하게 만나는 통합한국을 건설하기 위해서는 통합의 과정에서 동등 원칙을 철저하게 이행해야 한다. 과정이 동등하지 않을 때 동등한 결과를 기대하기 어렵기 때문이다. 동등의 원칙은 남과 북이 규모나 국력과 무관하게 대등하게 만날 것을 요구한다. 그렇다고 해서 남과 북 사이에 실재하는 국력과 인구의 차이를 무시하는 것은 아니다. 남과 북 사이의 국력 차이 때문에 서로주체적 통합을 위한 리더십은 상대적으로 강한 국력을 보유한 남한이 주도적으로 발휘해야 한다(김학노 2013). 하지만 정치, 경제, 군사, 사회, 문화 등 여러 영역에서 남과 북의 '비대칭성'을 충분히 고려하면서도 그것이 우열관계로 이어지지 않도록 해야 할 것이다(박명규 2012, 93).

정부 간 만남에서 동등 원칙을 강조하는 이유는 당위론적 규범 때문만은 아니다. 그보다는 동등의 원칙을 구현하는 서로주체적 통합이야말로 남북통합을 현실적으로 실현 가능하게 해주기 때문이다. 남북통합은 서로 상이한 체제 간의 통합이기 이전에 두 개의 국가권력 실체 사이의 통합 문제다. 남과 북의 통합이 어려운 이유는 "통일국가의 제도를 둘러싼 이견보다도 어느 쪽이 통일국가에서 헤게모니를 장악할 것인가 하는 현실적 문제에 대한 합의가 이루어지지 않고 있기 때문이다"(신정현 2004, 22). 일방적이지 않은 '동등통합'이 필요한 이유다.[8]

다음, '비다수결적 민주주의'다(주봉호 2009, 183). 통합한국에서 남과 북이 또는 다수집단과 소수집단이 서로주체적으로 공존하기 위해서는 통합과정에서 미리 비다수결적 민주주의를 제도화해야 한다. 민주주의는 그 구체

....

8   '동등통합'은 보통 '대등통일'이나 '협상통일'로 불린다(강만길 2003, 164-167). 동등통합은 지향하는 가치(결과)로서의 대등통합과 그 과정에서의 협상통합을 포함하는 개념이다.

적 내용에는 큰 차이가 있지만 남과 북이 모두 표방하고 있는 가치이며, 비다수결은 남과 북의 국력 차이와 상관없이 대등한 만남을 위해서 필요하다.

비다수결적 민주주의의 구체적인 형태로 '합의제 민주주의'를 제도화하는 것이 바람직하다. 합의제 민주주의는 서로 대립 구조에 있는 집단의 엘리트들이 권력을 분점하고 상호 이익을 조정함으로써 평화적으로 공존하고 갈등을 관리한다. 합의제 민주주의는 상이한 집단 사이의 동질화를 추구하지 않고, 서로의 이질성을 받아들인 상태에서 민주적으로 사회통합을 유지한다(홍익표 2004; 선학태 2006, 377-378; 이서행 2012, 75). 이는 통합의 구성단위로서 남과 북의 주체성을 유지하고 서로주체적 통합의 이념에 부합하는 점에서 매력적이다.

끝으로, 점진주의다. 남과 북이 합의할 수 있는 부문에서 점진적으로 통합을 전개한다. 서로 상이한 만큼 남과 북이 합의할 수 있는 부분은 제한될 수밖에 없다. 합의가 쉬운 부분부터 점진적으로 부문별로 통합을 추진한다. 이는 통합한국의 국가형태와 관련하여 중요한 함의가 있다. 즉, 국가연합이든 연방국가든 통합한국의 국가형태 내지는 권력구조에 대해 특정한 청사진을 미리 정하지 않아야 한다.

부문별로 점진적인 통합을 추진하기 위해서 부문별 정부 간 협의기구를 두고, 이와 함께 총체적인 정부 간 협의기구를 구성하여 통합의 전체 과정을 조율하도록 한다. 여기서는 통합의 전체적인 그림을 남북이 함께 마련하고, 부문별로 합의하지 못한 이견을 다시 조정할 수 있다. 정부 간 협의기구는 사무국을 두어서 상설화하고 남북 정부가 정기적으로 만나도록 한다. 이로써 남북의 대화와 만남이 자주 끊기던 단속적(斷續的) 형태를 극복하고 상시 대화채널을 제도화한다(백영철 2000, 15).

셋째, 남과 북의 평화공존체제를 구축한다. 남과 북의 평화공존은 '동존'의 원칙을 구현한다. 남과 북이 서로 동일한 주체로서(동체의 원칙) 대등하게 만나고(동등의 원칙) 함께 자유롭게 생존하는(동존의 원칙) 관계를 구축한다. 한반도 평화체제 수립은 남북의 수평적 차원뿐 아니라 관련 강대국들이 참여하는 국제적 차원의 문제이지만, 남과 북의 수평적 차원에서 우선 다룰 수 있다. 평화공존체제를 구축하기 위해 다음의 조치가 필요하다.

우선, 그동안 자주 반복되어 온 '북한붕괴론'에 기대지 말아야 한다. 북한붕괴론은 북한에 대한 홀로주체적 입장이다. 조만간 붕괴될 상대와 화해협력과 평화통합을 논하는 것은 무의미할 것이다. 진정한 평화공존은 상대방의 붕괴 가능성을 염두에 두거나 상대방의 붕괴를 희구하지 않는다.

남한의 의도와 상관없이 북한체제가 갑자기 붕괴할 경우에도 동존의 원칙을 유지하도록 한다. 김근식은 흡수통일을 주장하면서도, 북한이 붕괴할 경우 관련 강대국들의 동의를 구축하기 위해서라도 국가연합과 같은 서로주체적 통합의 외양을 갖춰야 한다고 역설한다(김근식 2009, 64-69). 동독의 경우처럼 북한에서 내부 폭발이 일어날 경우에도 북이 자체적으로 수습하도록 지원해서 통합의 기본 단위체를 유지하도록 한다. 이를 위해 유사시 북한 주민이 남한으로 대량 이탈하는 것을 제한할 필요가 있다. 남한에 혼란과 부담을 가져올 뿐만 아니라 북한 체제의 붕괴를 촉진할 수 있기 때문이다.

보다 중요하게는, 그런 상황에서 남한의 정당 및 정치세력이 북의 새로운 정치시장에 진입하는 것을 제한해야 한다. 베를린 장벽 붕괴 이후 동독 내부에서 민주적 정치개혁이 이루어질 때 서독의 정당과 정치세력들이 동독의 정치를 재편하는 데 큰 영향을 미쳤다. 이것이 동서독의 통일이 서로주체적 통합에서 멀게 된 한 가지 이유다. 따라서 북한 내부에서 시민들의 궐기가 일어날 경우, 남한 정치세력의 진입을 제한하면서 북한 내부에서 자생적인 정치세력들이 민주적으로 조직하고 성장하도록 도와준다. 가능한 한 급변사태 시에도 남북 정부 간 협의기구의 틀을 유지하고 북에 대한 지원도 협의기구를 통해서 제공한다.

다음으로, 남북평화협정을 체결하여 동존의 원칙을 제도화한다. 그동안 남은 '선신뢰구축, 후군비감축'이라는 비교적 소극적인 군축 노선을 견지했고, 북은 '선군비감축, 후신뢰구축'의 보다 적극적인 군축 노선을 주장해왔다(함택영 2005, 117-118). 평화협정은 지금까지의 소극적인 단계론적 접근을 뛰어넘는 정치적 결단을 필요로 한다(조민 2007, 168-176). 이는 경제적 인센티브를 제공하여 북핵문제를 해결하려고 했던 김대중, 노무현, 이명박 정부의 '경제-안보 교환' 접근에서 벗어나서, 안보 인센티브를 직접 제공하는 '안보-안보 교환' 접근에 해당한다(조성렬 2012, 115-119, 123).

한반도 평화체제 구축은 남과 북 양자만의 문제가 아니며 동북아시아 전체에 해당하는 국제정치적 문제다. 종전, 북핵, 군축, 주한미군 등 다양한 이슈와 행위자들이 얽혀 있으며, 특히 한국전쟁의 당사자로 참여했던 미국과 중국이 주도적 영향력을 행사하려 할 것이다(조성렬 2012, 47-48; 함택영 2005, 119-120). 동북아시아 지역 차원에서의 평화체제는 남과 북의 서로주체적 노력만으로 이룰 수 없겠지만, 남과 북 사이에 국한하여 평화협정을 체결하는 것은 남북 합의로 가능하다. 남북의 서로주체적 통합에 대해 주변 강대국들의 적극적 동의를 구하기 위해서도 남과 북이 앞장서서 평화공존 체제를 구축하는 노력이 필요하다.

북한은 한반도 평화체제 구축이 남북관계보다는 북미관계의 문제라고 생각할 것이다. 북핵문제도 북한이 자신의 생존을 위해 미국과 관계를 정상화하기 위한 수단의 성격이 있다(김연철 2010, 241). 따라서 북으로서는 남북평화협정 체결에 미온적 태도를 보일 수 있다. 남한 정부로서는 북미 관계의 정상화와 한국전쟁 종전협정 체결과 같은 주요 사안들을 남북평화협정과 연계시키는 방안을 강구할 수 있다. 즉 남북평화협정을 체결하는 것이 북미 간 관계정상화로 갈 수 있는 길이 되도록 미국과 협력한다. 한미공조를 통해 북이 남북평화협정에 적극적으로 나서도록 하는 것이다. 대외적 차원을 이용하여 남북 간 수평적 서로주체성을 강화하는 방법이다.

2. 입체적 서로주체성

서로주체적 통합은 평화공존과 통합을 병행 추진한다. 평화 정착 이후 통합을 추진하는 '선평화 후통합'의 단계론을 지양한다. 평화와 통합은 충분히 병행할 수 있으며, 유럽통합의 경우에서 보듯이 통합이 평화를 구축하는 중요한 방편이 될 수도 있다. 남과 북의 입체적 서로주체성(통합)이 수평적 서로주체성(평화공존)을 강화해준다. 아울러 서로주체적 통합은 '선경제통합 후정치통합'의 단계론도 지양한다. 앞서 정해구의 주장을 소개했듯이, 기존의 선경제통합·후정치통합의 단계론적 방식에서 벗어나서 경제통합을 중심적으로 추진하면서도 부분적으로 정치통합을 같이 추진하는 '정치통합·경제통합 병행전략'이 필요하다.

입체적 차원에서 서로주체성은 소아(개별주체)와 대아(공동주체)가 함께 주체적으로 공존할 것을 요구한다. 통합의 결과 형성되는 대아에 의해서 소아들의 주체성이 훼손되지 말아야 한다. 이런 의미에서 남과 북의 서로주체적 통합은 개방형 '복합통합체제'를 추구한다. 복합체제는 다원성과 다층성을 갖는다. 남과 북이 갖고 있는 이질적인 체제의 다원성을 바탕으로 하고 그 위에 새로운 공통성을 찾거나 공동성을 만드는 다층구조 형태다. 단순하게는 남과 북의 다원성(차이), 남북(소아들)과 통합한국(대아)의 다층성을 생각할 수 있다. 남과 북 각각의 국내에도 다층성과 다원성이 있다. 단순히 복합체제 대신 복합'통합'체제로 표현하는 것은 통합한국이 계속 만들어지고 있는 진행형임을 강조하기 위해서다.

아래에서는 복합통합체제의 구상을 '복합국가체제'와 '복합경제체제'의 두 가지 부문으로 살펴본다. 남과 북의 체제통합은 정치와 경제 이외에도 법과 행정, 사회와 문화, 군사와 외교, 교육과 복지, 의료와 보건 등 사회생활의 전반에 걸쳐서 추진되어야 한다. 이들을 여기에서 다 살펴볼 수는 없지만, 서로주체적 체제통합이라는 그 기본 원칙은 동일하다. 여기서는 사회생활의 많은 부분 중에서도 가장 중심이 되는 정치와 경제 체제의 서로주체적 통합 밑그림을 그려본다.

먼저, 서로주체적 체제통합은 '복합국가체제'의 형성을 추구한다. 복합국가는 단일국가와 대조되는 중층구조를 갖는 국가를 의미한다. 여기에는 연방국가와 국가연합 또는 유럽연합과 같은 다양한 형태의 초국가적 정치체가 포함된다(백낙청 2006, 178-179). 복합국가는 중층구조만 아니라 다원성도 함축한다. 즉 남과 북의 상이한 정치체제를 있는 그대로 인정한 상태에서 초국가적 공동 정부를 구축한다. 남과 북의 이질성과 개별성을 유지하면서 새로운 공동 충위를 더한다는 의미에서 복합국가는 입체적 서로주체성을 담기에 적합한 개념이다.

　서로주체적 통합이 추구하는 복합국가는 남과 북을 기본 구성단위로 하면서 이들의 개별적 국가성과 공동의 국가성을 공유하는 정치체다.[9] 단일한 주권과 국가성을 전제하지 않고 복수의 주권과 국가성을 갖는다(임채완 2006, 37 참조). 그것은 둘(남과 북, 대한민국과 조선민주주의인민공화국)이면서 하나(통합한국)이며, 개별성(복수성=남과 북)과 공동성(단일성=통합한국)을 동시에 가지고 있다. 개별주체(남과 북)에 의한 '자치(self-rule)'와 공동주체(통합한국)에 의한 '공치(shared rule)'가 공존한다(조민 2012, 127; 조민 2015, 172-175 참조). 다소 애매한 모습의 이러한 복합국가체제에서야말로 개별주체와 공동주체가 유기적으로 연계되고 서로 보완하는 서로주체적 통합이 진행될 수 있다.

　남과 북은 이미 이러한 의미의 복합국가체제에 합의한 바 있다. 2000년 6·15공동선언의 2항에서 북측의 낮은 단계의 연방제와 남측의 연합제가 만난다는 인정이 바로 그것이다. 공동선언 2항은 통일 대신 평화공존을 우선시한 것으로 해석되기도 했다(임혁백 2010, 25; 법륜·오연호 2012, 236). 나는 2항이 남과 북의 실체성과 주체성을 서로 인정하고, 그 위에서 서로주체적 통합을 추진하기 위한 정치체에 합의한 것으로 본다. 2항은 통합한국의 형태에서 단일국가를 제외했다. 통합한국에서 남과 북의 복수의 개별적

....

9　일부에서는 남과 북을 기본 단위로 하는 대신에 중위 수준의 구성단위들(가령 도 단위)에 기초한 '다(多)연방제' 또는 '중위 연방제' 통일방안을 제안한다(조민 외 2011, 44; 임혁백 2010, 46-47; 선학태 2006, 380-381). 남과 북이 각각 정치권력의 실체로서 대립해온 역사를 고려할 때 중위 연방제 방안은 남과 북의 주체성을 훼손할 우려가 남아 있다.

국가성이 존속하기를 바랐기 때문으로 보인다. 동시에 2항은 통합한국이 남북 개별 국가성을 토대로 하면서도 단일한 공동의 국가성을 갖도록 하는 데 합의했다. 북측의 연방제나 남측의 연합제가 공유하는 부분이 바로 남북 개별 국가성 위에 존재하는 단일한 공동의 국가성이다. 『2001 통일백서』에서 통일부는 6·15공동선언 2항에서 밝힌 두 통일방안(낮은 단계 연방제와 남북연합 방안)의 공통점의 하나로, 두 방안 모두 '2체제 2정부'를 유지하면서 두 정부의 협력체제를 필요로 한다고 해석한다(강광식 2008, 183에서 재인용). 나는 2항에서 언급하고 있는 남과 북의 두 통일방안이 단순히 두 정부의 협력체제가 아니라 남과 북의 두 국가 위의 초국가적 층위에 공동의 정치공간을 상정하고 있다고 본다. 즉 6·15공동선언의 2항은 단순한 평화공존(서로 주체적 분리)에서 더 나아가서 입체적 차원에서 복합국가체제를 구상함으로써 서로주체적 통합의 길에 합의한 것이다.

우리 학계에서도 통일 문제와 관련하여 복합국가체제에 대한 논의가 이미 다양하게 제기됐다. 대표적으로 백낙청을 중심으로 국가연합에 관한 다양한 논의가 있다. 이외에도 유럽연합의 다층거버넌스를 연상시키는 전일욱(2010)의 '통합통일방안'과 박명규(2012)의 '연성복합통일론'이 주목할 만하다. 여기서는 이 논의들을 바탕으로 다음 세 가지를 강조한다.

첫째, 부문별로 점진적 통합을 추진한다. 서로주체적 통합을 위한 복합국가체제는 매우 느슨한 형태로 출발할 필요가 있다. 남과 북의 개별 국가성을 유지하면서 공통의 이익이 되는 영역을 찾아서 작고 쉬운 부분부터 통합을 추진하는 점진적인 방식이 현실적이다. 나라와 나라가 총체적으로 결합하는 방식인 국가연합이나 연방제에 합의하기 위해 노력하기보다는, 쉬운 부문부터 시작해서 점진적으로 실질적인 통합을 넓혀가는 유럽통합의 방식을 원용할 필요가 있다.

비슷한 취지에서 백낙청은 '1단계 통일'론을 제기한다. 그에 따르면, 연합제와 연방제 사이의 어느 지점에서 남북통합이 어느 정도 완성됐다고 쌍방이 확인할 때 1단계 통일이 된다. 2단계, 3단계 통일에 대해서는 그때 가서 정한다(백낙청 2006, 20-21, 79). 느슨한 형태의 국가연합을 서로주체적 통합의 출발점으로 삼자는 제안이다. 이종석의 '낮은 단계의 통일'도 비슷한 개념이다(이종석 2012, 97; 1998, 130).

하지만 남과 북이 국가연합에 합의하는 것은 대단히 어려운 일이다. 남과 북 사이에는 아직 국가연합을 구성할 만한 현실적 기반이 너무 취약하다. 미국 건국 초기 공동의 목표(독립 쟁취)와 이념이 국가연합을 형성하는 데 중요한 역할을 했던 데 비해(신정현 2004a, 88-89), 남과 북은 그러한 공동성을 국가 전체 단위로 구축하기에는 힘들다. 과거 우리가 하나의 민족이었고 아직도 그러한 민족의식을 가지고 있다는 점에서 공동의식이 남아 있지만, 서로 별개의 국민국가로 지내온 시간과 그에 따라 축적된 개별의식이 만만치 않다. 무엇보다 남과 북이 국가와 국가로서, 즉 통치의 전 분야를 아우르는 하나의 실체들로서, 국가연합을 형성하기에는 공동의 미래에 대한 약속과 신뢰가 많이 부족하다. 김대중의 3단계 통일론에서 국가연합을 1단계로 설정하지만, 남과 북이 국가연합에 합의하는 정치적 결단을 내리는 것이 얼마나 어려운지는 햇볕정책의 역사가 잘 보여준다.[10] 게다가 용어에 혼선이 있다. 남측의 민족공동체 통일방안의 2단계에 해당하는 '남북연합'은 단순히 지역적 결합을 지칭하며 정치학에서 일반적으로 사용하는 국가연합 개념과 동일하지 않다. 오히려 북측의 '낮은 단계의 연방제'가 국가연합의 일반적 정의에 더 부합한다(박종철 외 2010, 22-23; 정성장 2004a, 226-231, 245).

따라서 남과 북이 국가연합을 바로 구성하거나 1단계 목표로 국가연합을 추진하는 것은 현실적 방안이 되지 못한다. 국가연합이 연방국가보다 훨씬 낮은 단계의 통합을 의미하지만, 국가연합이나 연방국가나 통치의 거의 전 부문에 걸쳐서 하나의 공동 단위를 형성하는 점에서는 일치한다. 전 부

....

10 이 점에서 민족공동체 통일방안의 첫 번째 과정인 화해·협력기의 중요성을 강조할 수 있다(조한범 2006, 53).

문에 걸친 국가연합의 형성보다는 부문별로 공동의 이익을 찾거나 만들어서 합의가 쉬운 사안부터 점진적으로 통합을 추진하는 방식이 적합하다.

둘째, 다층 거버넌스 체제를 구축한다. 복합국가체제는 남북 정부와 정부 간 협의체 및 공동 정부로 구성된 중층 거버넌스 구조를 갖는다. 남과 북의 국가 수준에 더하여 정부 간 협의 기구와 공동 정부의 두 층위를 구축한다. 먼저 합의제 민주주의의 원칙에 입각하여 '정부 간 협의기구'를 활성화한다. 여기에는 남북정상회담과 장관급회담 및 실무회담 등이 해당한다(정성장 2004, 173). 이에 더하여 남과 북이 합의하는 분야에서 '협의체적 공동정부'를 구성한다(임혁백 2010, 44). 정부 간 협의기구가 남과 북의 초국적(transnational) 네트워크를 강화한다면, 협의체적 공동 정부는 국민국가 수준 위의 초국가적(supranational) 차원에서 통합을 관리하고 조정한다. 부문별로 초국적 접근과 초국가적 접근의 선택은 남북 정부의 합의에 맡긴다. 사안에 따라서는 초국적 기구와 초국가적 기구를 병행할 수도 있다.

남과 북의 정부 사이에 초국적 네트워크뿐 아니라 초국가적 공동 정부를 구성하는 것은 경제통합과 함께 정치통합을 병행하기 위해서 필요하다. 우선은 상당 기간 동안 정부 간 협의기구를 중심으로 통합을 진행할 가능성이 크다. 남과 북의 대립과 이질화의 역사를 고려할 때 서로주체적 통합을 위해서는 그것이 바람직하기도 하다. 남과 북의 국력 차이를 감안하면 초국가적 정치공간을 확대하는 것이 상대적 약자인 북측에게는 흡수통일의 위협으로 다가올 수도 있다. 하지만 제한된 범위에서라도 초국가적 차원에서 협의체적 공동 정부를 구성하는 노력을 시작할 필요가 있다. 남한 정부의 민족공동체 통일방안이나 김대중의 3단계 통일방안에는 남북연합이나 연방국가 이전 단계에서 초국가적 공동 정부에 대한 구상이 없다. 초국가적 기구와 공간에 대한 구상 없이 남북연합이나 연방 또는 단일국가로 통일한다는 발상은 매우 급진적인 (따라서 현실성이 떨어지는) 전환을 전제한다(신정현 2004, 14; 정성장 2004, 176; 정성장 2004a, 230). 점진적 방식의 통합을 지속적으로 유지하고 심화하기 위해서는, 어느 순간 국가형태를 통째로 한 단계 근본적으로 변화시키기보다는, 사안과 분야별로 초국적 정부 간 협의기구에서 정책권한을 공유하고 동시에 초국가적 공동 정부에 정책권한을 조금씩 위임하는 방식이 더 적합하다.

공동 정부의 구성방식은 정부 간 합의로 정한다. 우선은 남북 동수의 대표들로 구성될 가능성이 크다. 이 점에서 정부 간 협의기구와 비슷한 모습이다. 하지만 협의체적 공동 정부는 해당 부문의 정책권한을 위임 받거나 개별 정부와 공유하는 점에서 정부 간 기구와 달리 초국가성을 갖는다. 점차로 협의체적 공동 정부의 영역이 확대됨에 따라 그 권한의 강화가 필요한 지점에 도달할 것이다. 협의체적 공동 정부의 권한 확대, 즉 '기능적 파급효과'에 따라 초국가적 정치공간이 확대되는 '정치적 파급효과'를 기대할 수 있다.[11] 초국가적 차원에서 공동 정부가 단순히 위임 받은 권한을 행사하는 데 그치지 않고 스스로 권한을 만들어내는 입법 기능도 점차 갖게 될 수 있다. 즉 협의체적 공동 정부가 분야별로 제한된 권한이나마 행사를 하고 그 것이 확대됨에 따라 초국가적 정치공간이 형성되고, 초국가적 정치공간에서의 다양한 활동에 따라 협의체적 공동 정부의 권한이 다시 확대되는 통합 심화의 순환고리를 기대한다. 기능적 파급효과가 정치적 파급효과를 낳고 이것이 다시 기능적 파급효과를 낳는 순환의 고리다.

남북 정부와 초국적 및 초국가적 기구 등 다층의 거버넌스로 이루어지는 복합국가체제는 국가연합이나 연방국가와 같은 기존의 정치체 개념에 꼭 들어맞지 않는다. 공동 정부와 개별 정부는 특정 부문에서 권한을 배타적으로 나눠 가질 수도 있지만 공유할 수도 있다. 같은 부문에서도 사안별로 다르게 접근할 수 있다. 영토의 일부 또는 주민의 일부에 국한해서 부분적인 통합을 시도할 수도 있다. 개성공단이나 서해평화지구가 영토의 일부분에 국한한 통합프로그램이라면, 김낙중의 '통일독립고려공동체' 제안은 영토의 일부(휴전선 부근)와 인구의 일부(청년층)에 국한한 부분통합 방안

....

11 기능적 파급효과와 정치적 파급효과에 대해서는 9장 참조.

이다(김낙중 2008, 442-453; 김삼웅 1994, 55-68). 복합통합국가에서 통합의 속도는 부분별, 사안별로 상이할 수 있다.

복합통합국가체제도 국가연합이나 연방국가의 경우와 마찬가지로 중요한 순간마다 정치적 결단을 요구한다. 한 분야에서의 협의체적 공동 정부의 권한 확대가 다른 분야에서의 권한 확대로 이어질 때 그것을 반대하거나 지지하는 세력들 사이의 투쟁이 정치적 결단을 좌우할 것이다. 통합심화의 순환고리는 자동적으로 작동하지 않는다. 늘 분리주의와 통합주의, 홀로주체적 세력과 서로주체적 세력의 헤게모니 투쟁이 전개될 것이다. 다만 국가연합이나 연방국가를 형성하기 위해서는 더 커다란 정치적 결단이 필요하고 현재까지의 남북관계 역사에 비추어 볼 때 이를 기대하기는 힘들다. 그에 비해 분야별로 점진적으로 협의체적 공동 정부를 형성하는 데에 필요한 정치적 결단은 그 규모나 비중이 상대적으로 작다. 서로주체적 통합은 기존의 통일 방안보다 그 실행 가능성 측면에서 보다 현실적인 방안이다.

끝으로, 통합의 최종적인 도착지를 미리 정하지 않는다. 여기에는 두 가지 의미가 있다. 우선, 최종 도착지는 통합의 과정 속에서 남과 북의 정부와 시민들이 참여해서 결정할 과제다. 최종 도착지가 국가연합, 연방국가 혹은 단일(통합)국가일 수 있고, 또 인류가 여태까지 본 적도 상상한 적도 없는 형태일 수도 있다. 어떤 유형이든 서로주체적 통합의 이념에 부합해야 하며 서로주체적 통합 과정 속에서 관련 행위자들 사이에 협의와 합의로 정한다. 미정(未定)의 상태로 남겨두는 이유다.

다음, 단계론적 사고를 지양한다. 남한 정부의 민족공동체 통일방안이나 김대중의 3단계 통일방안, 또는 한반도포럼의 3단계 '남북공동체 통일방안' 등은 모두 단계론적 사고에 입각해 있다. 반면에 이 글의 서로주체적 통합 방안은 통합한국의 국가형태에 대해서 단계론적으로 사고하지 않는다. 통합이 후퇴할 수도 있다. 때로는 분리로의 진전이 바람직할 수도 있다. 중층적 복합통합국가체제가 아주 오랫동안 지속될 수 있으며, 그것이 바람직하다고 생각한다. 민족공동체 통일방안의 '화해협력 → 남북연합 → 완전통일'의 3단계나 한반도포럼의 '평화협력 → 남북연합 → 통일국가'의 3단계론은 자칫 평화와 통합을 분리할 가능성이 있다(한반도포럼 2012, 95-99). 서로주체적 통합은 평화 구축과 통합 추진 과정이 병행해서 지속되어야 한다고 생각한다. 단계론적 사고를 피하는 이유다.[12]

　서로주체적 통합은 정치 부문에서 '복합국가체제'를 구축하는 것과 마찬가지로, 경제 부문에서도 '복합경제체제'를 구상한다. 남과 북의 통합에서 가장 큰 걸림돌로 지목되는 것이 양 체제의 근본적인 이질성이다. 김영호는 6·15공동선언 2항이 "역사적, 이론적으로 전혀 설득력이 없는 내용"이라고 비판하면서 연합제나 연방제나 모두 동질적 체제를 전제한다는 점을 그 이유로 든다(김영호 2010, 33; 2012, 187-188). 김근식도 '북한 변화를 통한 체제동질성 확보'를 남북통합의 주요 과제로 본다(김근식 2011, 73). 남과 북의 서로주체적 관계를 지향하는 학자들 중에서도 상당수가 남쪽의 보편적 가치들을 통합한국이 추구해야 할 이상으로 전제한다. 이들이 보편적 가치로 제시하는 목록들은 다소 차이가 있지만 대체로 시장경제와 자유민주주의를 우선적으로 꼽는다(한반도포럼 2012, 93; 이서행 2012, 255-256). 특히 유럽 통합에 적용된 (신)기능주의 통합이론이 전제했던 시장경제와 다원주의의 요건을 북한이 갖추지 못했다는 이유로 남북한에 통합이론을 적용하는 것이 적절치 않다는 지적이 있다(구영록, 2000, 227-229; 김근식 2011, 71-73). 모두 북한 체제의 변화를 요구하는 목소리들이다.

　자유민주주의와 시장경제(자본주의)를 통합한국의 바람직한 미래상으로 보는 시각은 널리 퍼져 있다. 예를 들면 분단에도 '나쁜 분단'과 '좋은 분단'이 있고 통일에도 '나쁜 통일'과 '좋은 통일'이 있다는 이호재의 발상을 발전시키면서, 엄상윤은 좋은 통일의 미래상으로 자유민주주의와 시장경제를 구현하는 통합한국을 첫 번째로 꼽는다(엄상윤 2013, 8). 자유민주주의가 독재보다 좋고 시장경제가 계획경제보다 좋다는 데 나도 당연히 동의한

....
12　이와 아울러 이미 언급했듯이 '선경제통합 후정치통합'의 단계론적 사고도 지양한다.

다. 그럼에도 서로주체적 통합은 특정한 경제체제를 통합의 지향점으로 미리 전제하지 않는다. 시장경제가 아무리 우수하고 바람직할지라도 상대방의 일방적인 변화를 요구하지 않는다. 통합의 과정에서 서로 상대방으로부터 배움을 통해서 스스로의 체제를 개혁하고 그것이 양측의 체제수렴으로 이어질 수 있다. 그러나 한쪽의 체제를 체제수렴의 도착지로 미리 전제하는 자세는 지양할 필요가 있다.

앞서 논의한 복합국가체제가 남과 북의 정치체제의 변화를 전제하지 않듯이, 경제분야에서도 남과 북의 상이한 체제를 있는 그대로 인정한 바탕 위에서 통합을 추진하는 복합경제체제를 추진한다. 복합국가체제가 남과 북 국가들의 실체와 주체성을 인정하고 그 바탕 위에 공동의 초국가적 정치공간을 구축하는 것처럼, 복합경제체제는 이질적인 남북의 개별 경제체제를 바탕으로 그 위에 합의할 수 있는 부분에서 공동의 경제공간을 건설한다. 복합국가와 마찬가지로 복합경제도 다원성과 다층성의 두 가지 의미에서 복합체제다. 그것은 둘(자본주의와 사회주의)이면서 하나(공동 경제공간)이며, 개별성(복수성=남과 북)과 공동성(단일성=통합한국)을 동시에 갖고 있다.

양문수와 이남주의 '개방적 한반도경제권' 방안을 원용하여 복합경제체제를 구상해본다. 그들의 한반도경제권은 다음과 같은 원칙에 입각해 있다. (1) 남과 북의 자율적 국민경제 관리, (2) 한반도 단위의 사고, (3) 남북의 노동시장과 복지체계의 통합 제한, (4) 남북 경제의 수직적 통합에서 수평적 통합으로 전환, (5) 남북한과 동북아시아 경제의 연계, (6) 시장 주도 경제통합의 부작용 해소를 위한 사회정책적 고려, (7) 적극적인 대외 개방, (8) 정부의 적극적 역할 등이다(양문수·이남주 2007, 160-161).

이를 원용하면, 복합경제체제는 남과 북의 국민경제를 바탕으로 하고 그 위에 남북 간 합의를 통하여 정부 간 협의기구에서 정책권한을 공유하거나 협의체적 공동 정부에 권한을 양도하여 공동사업을 개발하고 운영한다. 정부 간 협의기구나 협의체적 공동 정부는 남과 북의 경제협력과 공동사업에서 발생하는 갈등을 조정하고, 공동의 경제활동을 위한 기준을 마련하고, 각자의 대외 경제정책을 조율하거나 공동 대외정책을 수립하고, 경제통합에서 파급하는 여러 문제들에 대처하기 위해 공동사회정책이나 공동환경정책 등을 수립한다.

남북 경제협력이나 공동 사업은 부문별로 점진적으로 진행한다. 신기능주의자들의 조언을 따르자면, 서로에게 공통으로 이익이 되고 정치적으로 민감하지 않으면서 팽창의 속성이 강한 부문에서 시작하는 것이 현명하다(김학노 1999). 그와 같은 경제 부문을 남과 북이 함께 찾아서 남북의 생산 요소를 유기적으로 결합하는 부문별 통합을 전개한다(김영윤 2004, 319). 남북 경제협력의 점들을 연결하는 네트워크를 형성하는 데서 시작해서 지역별, 산업별로 확산하는 방식도 유익하다(이일영 2009, 72-76). 남과 북의 이질적인 경제체제를 존속시키면서 새로운 공동 경제공간을 점진적으로 확대하는 방안이다.

특히 남과 북 사이의 대등한 경제협력과 통합을 적극 도모할 필요가 있다. 기존의 남북경협은 남북 사이에 비교우위에 입각하여 수직적 분업체제를 형성해 왔다. 이러한 불평등한 구조에서 벗어나서 수평적인 경협 방안을 모색한다. 예를 들어 남한의 사양산업인 단순가공산업의 이전 기지로 개성공단을 활용하기보다는, 점차 고부가가치 첨단산업으로 전환해서 동북아의 특화 산업기지로 발전시킬 수 있다(이남주 2004, 279-280; 우리 사회연구소 2012, 72-74). 남과 북이 개발과 환경 보존 문제에 대해서 구역별로 공동 협력할 수 있는 김재한의 DMZ 개편안도 수평적 공동사업의 좋은 후보다(김재한 2006, 55-60). 남과 북이 상대적으로 앞선 부문을 통합하여 시너지 효과를 노릴 수도 있다. 가령 남측의 전자기술과 북측의 위성기술을 접합하여 첨단산업을 공동으로 개발하는 구상도 실현할 수 있다(손석춘 2014, 250-257).

비록 2016년에 전면 폐쇄되었지만, 개성공단은 남과 북이 실제로 같이 만들고 유지한 공동 경제공간의 경험이다. 개성공단은 남북 상생의 경제협력 모델일 뿐 아니라 남과 북이 서로 상대방에 대해 배우고 적응하는 '서로 배움'의 공간이었다. 남측의 기업인들과 기술자들은 개성공단에서의 만남을 통해 북한 주민들의 관습을 이해하고 적응할 수 있었고, 북측의 노동자들은 '생활총화'와 같은 사회주의적 전통을 준수하면서도 남측 기업의 경영 방식과 발달된 물질문명을 접하고 보다 적극적인 노동 의지를 갖게 되는 등 변화를 보였다(정은미 2015). 비록 북한 당국이 개성공단 내 남한의 기업들을 통한 북한 노동자들의 자본주의화를 통제하는 데 성공해온 것으로 보이지만, 개성공단에서 나온 재화를 통해 "개성공단 밖에서는 개성공단 발(發) 시장화가 일어나는"'개성공단의 역설' 현상도 목도되었다(김병연 2015, 198). 남과 북이 다시 경제교류와 협력을 시작해서 서로주체적 통합을 진전시키게 된다면 개성공단처럼 특정 경제구역을 공동 경제 공간으로 발전시키는 사업을 확대할 가능성이 크다. 이런 사업은 남과 북의 초국적 경제교류를 확대하고 심화시킬 뿐 아니라 남과 북의 급격한 흡수통일을 막는 장치로 작용할 수도 있다. 즉 남북통합이 진전되면서 북한이 공동화(空洞化)되는 현상을 미연에 방지하는 기능을 할 수 있다. 개성공단과 같은 공동 경제구역의 존재가 북한의 산업을 안정시키는 한편 북한주민이 대거 남한으로 이주할 유인을 완화할 수 있기 때문이다(홍양호 2015, 149).

남과 북의 서로주체적 경제통합을 추진할 때 한 가지 유의할 점은 남북 복합경제체제의 지리적·사회적 공간을 한반도에 국한시킬 필요가 없다는 점이다. 연해주와 시베리아 자원 개발, 러시아 및 중국 또는 몽골과의 연계, 동해를 중심으로 한 환동해 경제권역의 개발, 서해평화지구와 중국과 대만 등을 포함한 경제권역 구상 등 폭넓은 상상력을 발휘할 수 있다. 또 한반도에 남과 북의 기업만이 아니라 외국의 기업들이 참여하도록 적극 유도할 필요도 있다. 개성공단과 같은 공동 경제공간에 외국 기업이 공동으로 참여하는 것은 공동 경제공간의 안정성에 크게 기여할 것이다. 이와 관련하여 행위자-네트워크 이론(ANT: Actor-Network Theory)에서 중요한 시사점을 구할 수 있다. ANT 시각에서 볼 때 개성공단은 단순히 남북 사이의 네트워크에 멈추지 않는다. 여기에는 한반도 및 글로벌 차원의 네트워크까지 포함된다. 개성공단에서 활동하는 입주기업들의 생산 및 거래 네트워크에 의해서, 해외 수출망과 남한의 자유무역협정(FTA)망에 의해서, 외국인 투자자와 글로벌 금융시장과의 연계를 통해서, 글로벌 차원의 네트워크에도 연결된다 (김치욱 2015, 356-370). 이 점에서 복합경제체제의 구축은 햇볕정책이 추구했던 북한의 개혁개방에도 기여할 것이다. 복합경제체제 속에서 북한은 경제적 고립 상태에서 벗어나서 글로벌 네트워크를 적극 활용할 수 있다. 남북 교류협력이 중단되면서 2010년대 북한 경제의 중국에 대한 의존도가 급격히 증가했다. 이는 북한 경제의 고립 심화를 의미한다(박종희 2015, 242-244). 복합경제체제를 통해 북한 경제가 고립 상태를 완화할 수 있을 것이다.

또 한 가지 강조할 것은 복합경제체제의 구축이 남과 북의 주민들의 실제 생활 현실을 공동경제권역으로 묶는 점에서 서로주체적 통합의 물적 하부구조를 형성하는 일이라는 점이다. 손석춘은 '남북통일의 하부구조'로 '통일 민족경제' 개념을 제시한다. 그의 '통일 민족경제' 개념은 박현채의 '민족경제론'을 계승·발전시킨 개념이다. 즉 박현채의 핵심 문제의식인 "민중의 생활상의 요구"와 "경제잉여의 배분에서 민중의 참여 확대"를 남한의 경제에 국한하지 않고 통합한국의 경제에까지 확대하고 있다(손석춘 2014, 250-257). 복합경제체제가 '민족'의 범위에 한정될 필요는 없지만, 남과 북의 주민들의 생활경제를 공동화함으로써 서로주체적 통합을 가능케 하는 물적 토대가 될 것이다. 이는 일찍이 1970년대 말부터 정주영이 구상했던 '남북경협 - 북방경제권'의 실현을 통해 남과 북의 공동의 '경제적 단일시장권', 즉 '한민족경제생활권'을 형성하는 일이기도 하다(정태헌 2013, 159-160; 김병로 2015, 30-34 참조).

IV. 서로주체적 사회통합

남과 북 체제의 서로주체적 통합은 남북 주민들 사이의 사회적 통합과 함께 추진돼야 한다. 앞서 경제통합의 역진을 막기 위해서 정치통합을 병행해야 한다고 언급했지만, 남북의 서로주체적 통합이 역행하는 것을 막기 위해서 반드시 필요한 것이 남과 북에 살고 있는 사람들 사이의 사회적 통합이다. 사회통합은 서로에 대한 용서와 화해 및 수용을 필요로 한다. 남과 북 주민들 사이의 사회적 통합은 남과 북 국가 사이에 진정한 평화를 수립하는 길이다. 이것은 머리와 이성보다도 감정과 관습의 문제이며, 결코 쉽지 않은 과제다(Whitehead 1959, 111, 119; 이현휘 2016, 15-20. 국제정치의 감정이론과 관련하여 김학성 2011, Hutchison and Bleiker 2009, 용채영·은용수 2017 참조). 아래에서는 먼저 복합국가체제와 복합경제체제와 마찬가지로 남과 북의 사회통합도 중층적 구조를 갖는 복합체제 유형으로 밑그림을 그린 다음, 남과 북의 진정한 '화해의 정치'를 위해 무엇을 할 것인지 고민한다.

1. 중층적 시민 정체성

체제통합과 달리 사회통합은 사람들 사이의 정서적·문화적 유대감과 연대의식을 강화하는 일로, 단순히 물질적·제도적 차원뿐 아니라 사람들의 마음 특히 집단적 감정과 정체성을 형성하는 일이다. 그럼에도 서로주체적 사회통합은 복합국가체제와 복합경제체제와 같은 유형으로 그 이미지를 그려볼 수 있다. 즉 복합국가체제와 복합경제체제와 같은 방식으로 사회통합을 위해 남과 북의 복합사회문화공동체를 수립하도록 한다. 사회문화 분야에서도 남과 북의 상이한 사회문화공동체를 인정한 바탕 위에서 통합을 추신하는 복합통합체제를 건설하는 것이다. 복합국가나 복합경제처럼 복합사회문화공동체는 이질적인 남북의 개별 사회문화공동체를 바탕으로 그 위에 합의할 수 있는 부분에서 공동의 사회문화 공간을 구축한다. 복합사회문화

공동체도 다원성과 다층성의 두 가지 의미에서 '복합'체제다. 그것은 둘(남과 북의 사회문화체제)이면서 하나(공동 사회문화 공간)이며, 개별성(복수성=남과 북)과 공동성(단일성=통합한국)을 동시에 갖는다.

복합사회문화공동체를 복합'체제'라고 표현했지만 사실 사람들 사이의 마음을 잇는 사회통합은 체제 간의 통합이 아니다. 다만 복합국가나 복합경제처럼 부문별로 점진적이며 다차원적인 사회통합을 중층적으로 구축하는 모습을 보여주기 위해서 복합체제라고 표현할 뿐이다. 이는 복수의 정체성이 중층적으로 분야별로 상이하게 형성되는 모습을 보여준다. 유럽에서 유럽연합의 시민권이 회원국의 시민권과 병행해서 함께 존재하듯이 남과 북의 서로주체적 통합에서도 복수의 시민권이 다차원에 걸쳐서 중첩적으로 존재할 수 있다. 또 유럽인이라는 정체성과 함께 이탈리아인, 남부 이탈리아인, 또는 지중해 사람이라는 복수의 정체성을 중첩해서 갖듯이, 남과 북의 복합사회문화공동체에서도 다중의 정체성이 중첩되어 존재할 수 있다. 남과 북의 서로주체적 통합은 대아(통합한국)의 정체성 속에 소아(남과 북)의 정체성이 흡수, 소멸되지 말아야 한다. 대아의 정체성은 부문별로 상이한 정도와 상이한 속도로 발전할 수 있으며, 그것이 소아의 정체성을 대체하지 않는다. 오히려 대아의 정체성이 확대될수록 소아의 정체성도 그와 함께 강화될 수 있다.

이와 같이 중층적인 서로주체적 사회통합을 추진함에 있어서 한 가지 주의할 점은 그것이 외국인이나 소수자에게 배타적이지 않도록 하는 일이다. 남과 북의 통합이 단일민족의 혈통을 강조하는 민족주의에 빠지지 않고 다양한 소수자들에게 서로주체적으로 열려 있어야 한다는 의미에서 남과 북의 서로주체적 사회통합은 개방형이어야 한다(박명규 2012, 366). 개방적 사회통합은 남과 북 각각의 사회 내부에 다문화주의를 독려하고 수용한다. 남한 사회가 이미 다문화사회가 되고 있는 것과 달리 북한은 여전히 민족의 혈통을 강조하는 사회다. 따라서 서로주체적 사회통합이 다문화사회를 포용하는 개방형이 되기 위해서는 남한보다 북한 사회의 노력이 보다 많이 요구된다 하겠다.

복합사회문화공동체의 건설은 일종의 '남북대화기구'를 중심으로 추진할 수 있다. 복합국가와 복합경제체제 구축에서 정부 간 협의기구와 초국가적 협의체가 중심이 되는 반면, 복합사회문화공동체의 건설은 남북의 정부 대표들보다는 비정부 행위자들을 포함하여 시민사회의 다양한 행위자들을 중심으로 추진한다. 각 분야별로 그동안 활약해온 민간 시민단체들을 중심으로 시민사회를 대표할 수 있는 분야별 전문가와 활동가를 포괄하도록 한다. 참여의 포괄성과 다원성이 남북대화기구를 구성하는 대표 선정에서 핵심적인 원리다.[13] 경우에 따라서 정부의 대표들도 참여할 수 있지만, 가급적 정부는 보조적 역할에 국한하도록 한다. 남과 북이 합의하는 다양한 부문에서 남북대화기구를 구성하고 양측 정부로부터 자율적으로 운영하도록 한다. 단 전체적인 조율은 남북 정부 간 협의기구에서 담당할 수 있다. 남과 북 정부가 합의하는 경우 사회문화 분야에서도 초국가적 협의체적 공동 정부를 형성하고 권한을 위임할 수 있다.

서로주체적 사회통합을 위한 남북대화기구를 시민사회의 다양한 비정부 행위자를 중심으로 추진하자고 했는데, 과연 북한에 시민사회가 존재하는지 의문이 제기될 수 있다. 우리가 일반적으로 인식하듯이 북한은 국가와 시민사회가 하나의 유기체로 통합되어 있어서 시민사회를 따로 분리하기가 쉽지 않다. 하지만 북한이 표방했던 '하층통일전선'은 남한에서 국가와 분리된 시민사회의 영역을 전제로 하며, 이는 역으로 북한에도 그러한 부문의 존재를 요구한다. 1990년대 후반 정부의 햇볕정책과 아울러 남한 시민사회단체도 북한과의 접촉 및 교류가 증가하였다. 이에 따라 남한 시민사회단체와의 만남, 그리고 남한 시민사회단체의 북한 민주화운동 등으로 인해 북한은 '역(逆)하층통일전선' 외교에 직면하게 된다. 이와 같은 배경에서 2000년

....

13 포괄성의 핵심은 '비배제'에 있으며, 이 점에서 특정 계급이나 세력 중심을 벗어날 필요가 있다 (이홍구 1996, 254-255 참조).

이후 북한에서 '시민사회단체'라는 표현을 일상적으로 사용하기 시작했다고 한다(구갑우·최완규 2011, 135-139, 164-170).

남북대화기구의 역할은 (1) 사회문화 분야에서 남과 북의 '같음'과 '다름'에 대한 올바른 이해를 도모하고 (2) 새로운 공동성의 건설을 촉진하는 것이다.

첫째, 분야별로 남과 북이 어떤 점에서 얼마만큼 다르고 같은지 그 현황을 파악한다. 언어, 사상, 관습, 의식주 생활, 직장문화, 결혼과 육아를 비롯한 가족생활, 마을과 공동체 생활, 의료·보건, 통신 및 엔터테인먼트 등 다양한 분야에서 남과 북 주민들의 구체적 삶 속에서 분단 이후 이질화가 얼마나 진행되었는지, 이질화 속에서도 어떤 동질적 요소들이 남아 있는지 공동으로 조사한다. 특히 중점을 둘 분야로 역사, 문화, 예술, 교육, 종교, 언론, 출판, 미디어 등을 강조하고 싶다. 이 분야들은 우리의 정체성을 형성하는 데 보다 직접적인 영향을 미치기 때문이다. 각 분야별로 파악한 결과 여전히 잔존하는 동질적 사회문화 요소들은 새로운 공동성을 건설하는 데 긴요한 자원이 된다(임현진·정영철 2005, 304-310; 이서행 2002, 418-423). 이들 동질성과 이질성 중에서 서로 수용할 수 있는 부분과 도저히 수용할 수 없는 부분을 대화를 통해 확인하고 서로 이해를 도모하는 꾸준한 과정이 필요하다. 남과 북이 서로의 이질적 문화에 대해서 학습하고 인정할 수 있도록 상호교육과 사회문화교류를 활성화하도록 한다.

둘째, 남과 북의 사회문화적 차이를 서로 수용한 위에서 새로운 공동성을 구축한다. 이때 공동성은 사회문화 생활의 준칙이 되는 기준이나 표준을 포함한다. 남북대화기구에서 남과 북의 대표들이 공통의 사회문화 요소를 발굴하고 재해석하거나 아예 새로운 공동성을 창출함으로써 통합한국의 사회문화적 기준을 마련한다. 이때 어느 일방의 기준에 상대방을 동화시키는 것이 아니라, 서로 상대방의 이질성을 인정한 바탕 위에서 서로의 대화와 합의에 의해 새로운 기준을 마련하는 것이 중요하다. 예를 들어 남과 북이 공동의 산업 표준을 마련하는 작업을 수행할 때, 상이한 표준체계의 존재를 인정하고 이를 바탕으로 서로 합의를 통해 상이성을 줄여나가는 자세가 필요하다. 이런 자세에서 정병기는 남과 북이 공통으로 긴요한 부문부터 표준 협력을 추진하고, 민간 차원의 자율적인 표준 제정기구를 중심으로 표준 협력을 진행하며, 국제 표준화 기구를 통한 국제협력을 강화할 것을 제안한다. 이 과정에서 단일 표준이 필요하고 합의가 가능한 경우에는 단일화가 바람직하겠지만, 그것이 불가능한 경우 상당 기간 동안 복수 표준을 사용할 수도 있다. 다만 남과 북의 복수 표준이 서로 상통할 수 있는 공동 표준을 만들고 나아가 이를 기반으로 국제 표준을 선점하는 방안도 강구할 수 있다(정병기 2016, 14-16; 2016a, 186-188). 유럽연합의 경우 각 나라마다 사용하는 전기 콘센트의 방식과 모양이 다양한데, 이를 단일화하지 않고 다양한 콘센트를 연결해주는 보조장치를 마련함으로써 문제를 해결했다. 문화적 표준의 경우에도 마찬가지다. 남북의 언어가 너무 달라져서 두 개의 표준어가 필요할 수 있는데, 이를 굳이 단일화하지 않아도 된다. 스위스 같은 나라는 크게 세 개의 언어를 사용하는 주민들이 함께 살고 있지 않은가?

　서로주체적 통합은 상대방을 일방적으로 변화하게 하기보다는 스스로가 변화할 수 있는 열린 자세를 요구한다. 상대를 일방적으로 가르치기보다는 상대로부터 배우고 상대의 고통에 응답하는 서로 배움과 응답의 자세야말로 서로주체성에 충실한 태도다(김상봉 2007, 294-298). 이러한 상호 배움과 응답의 관계를 남북대화기구에서 시도할 수 있다. 유럽연합의 '열린 조정방식(OMC: open method of coordination)'이 하나의 본보기다. OMC의 핵심은 공동의 목표와 가치에 합의하고 각자의 형편에 맞추어서 실행하되 서로로부터 배우는 과정을 제도화한 것이다(김학노 2009). 남북 사이에도 이와 같은 배움의 과정과 관계를 제도화하는 방안을 강구할 수 있다. 가령 새로운 공동기준을 수립하는 데 있어서 서로 상대방의 장점을 배우고 수용함으로써 각자의 기준을 상향 조정할 수 있다.

　상대로부터 서로 배우려는 자세가 상대방의 단점과 문제점에 대해서 무조건 눈감는 것을 의미하지는 않는다. 상대방에게 중요한 문제가 있을 때 상대의 단점을 지적하고 함께 고민하는 자세도 필요하다. 이때 상대의 단점을 나의 시각에서만 보고 고치라고 일방적인 입장을 견지하기보다는 상대의 문제점과 나의 문제점을 함께 보고 고민하는 자세를 갖도록 한다. 예컨대 북한의 수령우상숭배의 문제를 논할 때 남한의 일부 종교집단에서 보이는 개인숭배 현상도 함께 논의할 수 있다(김용옥 1994, 168-176).

서로의 차이를 인정한 위에서 새로운 공동 기준을 구축하는 서로주체적 통합 방식의 한 가지 예로 서보혁이 제안한 '코리아 인권' 접근을 들 수 있다. 서보혁은 북한 인권 문제만을 대상화하는 기존의 차별적인 접근 대신에 남북 모두의 인권 문제를 함께 논의하는 접근을 택하자고 제안한다. 코리아 인권 접근은 인권을 한반도 차원의 공동 협력 과제로 인식하고 공동의 개선 방안을 탐색한다. 개선의 기준은 남과 북의 합의하에 인권에 관한 국제적 기준을 원용할 수 있다. 남측이 북측에게 홀로주체적으로 교육하는 것이 아니라 서로로부터 배우면서 동시에 서로 합의하면서 공통분모를 새롭게 구축해가는 방식이다(서보혁 2011, 148, 171-175).

2. 화해의 정치

남북한의 서로주체적 사회통합, 즉 사람들 사이의 통합에서 가장 중요한 것은 감정의 문제다. 우리는 여러 층의 감정을 가지고 있다. 감정은 단순히 개인의 생물학적 또는 심리적 현상만이 아니라, 사회·문화적 상호행위에 의해서 형성되는 집단적 문제이기도 하다(Hutchison and Bleiker 2009, 392). 남과 북의 주민들은 개인의 개별감정뿐 아니라 각각 소아(남과 북)로서의 집단감정과 대아(통합한국 또는 하나의 민족)로서의 집단감정을 가지고 있다. 대아로서의 집단감정의 큰 부분이 '동포애'라면 소아로서의 집단감정의 큰 부분은 서로에 대한 '적대감'이다. 남과 북은 서로 전쟁을 치룬 역사가 있고 집단적 트라우마와 적대적 감정의 골이 여전히 깊다. 따라서 남북의 사회통합을 위해서는 서로의 상처를 치유하고 용서하고 포용하는 화해의 정치가 반드시 필요하다.

4장에서 논술했듯이, 화해의 정치를 위해 남과 북은 각자 내부에서 저지른 국가폭력의 진상을 규명하고 정의의 심판과 처벌 및 보상을 실시하는 한편, 서로에 대한 과거의 폭력행위에 대해서는 남북이 함께 공동의 정의 기준을 수립하고 공동으로 진실 규명을 추진해야 한다. 단 집단적 관점및 정의의 기준과 내용이 서로 다르므로, 남북 사이의 문제에 대해서는 정의보다 화해가, 도덕적 원칙보다 관계가 우선해야 한다. 집단적 정의의 실현이 새로운 갈등의 빌미를 제공할 수 있으므로 이를 철저히 예방하도록 애쓰고, 갈등이 재연되지 않는 한도 내에서 정의의 실현을 도모해야 한다. 이러한 의미에서 '최종적이지 않은 화해'를 추구할 필요가 있다. 최종적이지 않은 화해는 언제든 없던 일로 돌이킬 수 있는 것은 아니다. 그것은 새로운 미래로 남과 북이 함께 나아가는 첫 시작일 뿐이다.

남북의 화해는 남과 북이라는 소아와 소아가 홀로주체적 적대관계를 벗어나서 서로주체적 만남을 통해 새로운 대아(통합한국)를 구성하는 과정이다. 통합한국이라는 대아는 이전의 조화로운 상태를 회복한 것이 아니다. 남과 북이 복구할 이전의 조화로운 상태는 존재하지 않는다. 남과 북이 식민지 해방 이후 하나의 국가를 형성한 적이 없는 상태에서 분리되었기 때문이다. 식민지 이전의 특정 역사적 시점을 조화로운 상태로 지정할 수 있는 남과 북 사이에 합의된 견해도 존재하지 않는다. 소아로서의 남과 북은 이미 과거 남북이 분단될 때의 남한과 북한이 아니다. 분단 이후 개별적인 역사와 경험이 누적되어 형성된 남과 북이다. 소아로서의 남과 북은 각각의 역사를 가지고 늘 끊임없이 새로 만들어지고 있으며, 늘 변화와 생성 중에 있다. 한마디로 남과 북의 화해의 정치는 과거를 복원하는 과정이 아니며 새로운 우리를 형성하는 새로운 시작이다. 화해는 새로운 대아, 즉 새로운 서로주체적 공동체를 만들어가는 과정이지, 절대적 목적으로서 공동체가 이미 있고 그에 따라서 우리의 현재의 관계를 규율하는 것이 아니다.

화해는 새로운 정치질서의 근간으로서 '우리'를 새롭게 호명하는 것이다. 샤프에 따르면, 과거의 적들이 새로운 하나의 우리가 되기 위해서는 (1) 우리를 형성하는 집단적 수행과 (2) 화해의 정치 공간 구성이 필요하다(Schaap 2003, 1-2). 이 두 가지가 바로 아렌트가 말하는 제정 또는 제헌(Constitution)행위다. 제정/제헌은 새로운 시작과 약속을 내포한다(아렌트 2004, 239-291, 324-326, 349; 홍원표 2004, 32-40).

먼저, 화해는 새로운 시작이다. 남과 북의 화해는 남과 북이 적대에서 우정의 정치로 그 관계를 전환하는 시작 행위다. 궁극적으로 화해는 우리의 문제다. 정치적 화해는 '우리가 누구인가'라는 질문을 제기하는 재호명의 구성행위다(Schaap 2003, 18-22). 화해는 제정/제헌 과정에 함께 행동함으로써 새로운 우리를 시작하는 계기다. 화해는 과거와 마주하는 점에서 회고적(retrospective)이면서 동시에 사회적 조화를 가져오는 점에서 미래지향적(prospective)이다.

화해는 과거에 대한 회개와 용서를 포함하는 점에서 회고적이다. 그러나 용서 그 자체는 상대방을 수용할 필요가 없다. 용서는 서로주체적 통합에 이르는 통로이긴 하지만 아직 우리와 그들 사이에 더 큰 우리라는 새로운 관계를 정립하는 데까지 나아간 것이 아니다. 볼프가 말하듯이, "용서는 배제와 포용 사이의 경계선이다. 그것은 배제가 만든 상처를 치유하며 적의라는 분리하는 담을 허문다. 그러나 용서를 하더라도 사람들 사이의 거리, 즉 중립성의 공간은 그대로 남아 있다. 이 공간에서 그들은 각자의 길을 갈 수도 있고(때로 사람들은 이것을 '평화'라고 부른다), 서로의 품에 안겨서 깨어진 사귐을 회복할 수도 있다"(볼프 2012, 198). 관계가 너무 악화되어서 다시 같이 살 엄두를 내기보다는 각자 따로 살기를 택할 수도 있다. 하지만 이것은 진정한 화해가 아니다. 다시 볼프의 말을 빌리자면, "그러나 각자의 길을 가는 것은 아직 평화가 아니다. **평화**란 단순히 접촉의 부재에 의해 지탱되는 적내감의 부재를 훨씬 넘어서며, **전에는 원수였던 사람들 사이의 사귐**을 뜻한다. 그리스도의 수난은 용서하는 것을 넘어 그런 사귐을—심지어 화해하기를 끈질기게 거부하는 원수들과의 사귐까지도—회복하는 것을 목표로 삼는다"(볼프 2012, 199; 강조는 원문).

단순히 용서에 그치지 않고 상대방과 새로운 사귐을 시작하는 점에서 화해는 미래지향적이다. 이때 미래의 전거는 상상된 것이지만 아직 오지 않은 것이다. 남과 북이 서로주체적 대아를 형성함에 있어서 그 대아는 아직 완성되지 않은, 아직 제대로 시작되지 않은, 이제 막 형성되기 시작하는 어떤 것이다. 그것은 불확실한 미래다. 화해의 정치가 제대로 작동해서 미래의 어느 시점에서 뒤돌아볼 때 오늘의 화해정치가 새로운 시작점일 수 있다. 하지만 화해의 정치가 제대로 전개되지 못하면 미래의 어느 시점에서 돌아볼 때 오늘의 화해정치는 새로운 시작이 아니고 실패 지점으로 기억될 수 있다. 그럼에도 정치적 화해는 미래의 전거(a future anterior)를 지칭한다. 화해는 적대관계에서 벗어나서 새로운 우애의 정치로 전환하는 가능성의 순간이다. 그 가능성이 실현되지 않고 불발할 수도 있다. 하지만 우애관계의 가능성을 지향하는 한 화해는 적대관계의 과거와 근본적으로 단절하는 새로운 시작이다(Schaap 2003, 7-12).

다음으로, 화해는 '다시 돌아가지 않는다'는 약속이다. 약속은 화해의 정치가 내포하는 시작의 계기를 기억하고 유지하며 지키려는 의도적 행위다. 정치적 화해는 와해될 위험이 있으며, 따라서 늘 이 점을 의식하고 있어야 한다. 새로운 시작인 화해가 나중에 그렇게 기억되지 않을 수도 있다는 위험성을 의식하고 있어야 한다. 다시 돌아가지 않는다는 약속은 이 위험성의 의식을 바탕으로 이루어진다(Schaap 2003, 12-18). 약속은 이전의 적들이 다시 돌아가지 않는다는 약속을 통해 공동의 기대를 수립하는 것이다. 약속에서 미래 공동체의 가능성이 나온다.

여기에서 중요한 것은 미래의 공유다. 우리는 우리의 정체성을 보통 과거의 기억에서 찾는 경향이 있다. 집단 정체성도 과거 기억의 공유에 기반을 두고 있다고 생각한다. 그러나 좀더 면밀히 생각해보면, 우리의 집단 정체성에서 보다 중요한 것은 과거의 공유가 아니라 미래의 공유 또는 그 의지다. 남과 북이 공유하고 있는 하나의 민족의식은 일제강점기 이전의 왕조 역사와 일제에 대한 저항의 역사를 공유하는 데에 근거하고 있다. 하지만 그 같은 과거의 공유와 그 기억의 공유가 남과 북을 반드시 하나의 우리로 묶어주는 것은 아니다. 남과 북이 공동의 과거에 근거한 '본원적 민족 정체성'을 가지고 있지만 동시에 서로 대립적인 '분단 정체성'을 갖고 있기도 하다(김태환 2017, 326). 남과 북이 현재 분리되어 있는 결정적인 증거는 서로 미래를 공유하지 않는다는 것이다. 남과 북을 하나의 우리로 묶어줄 수 있는 것은 과거보다 미래 '정치계획'의 공유다(조홍식 2014).

> 우리가 좋아하든 아니 하든, 인생은 미래에 대한 끊임없는 몰두다. 우리는 현재의 순간을 살면서 장차 일어날 일에 관심을 갖는다. … 우리에게는 미래에도 국가가 계속 존재하는 것이 바람직한 것으로 보인다. 이런 이유로 우리는 국가를 방어하는 데 발 벗고 나선다. 혈연이나 언어, 공통의 과거 때문이 아니다. 국가를 지키는 것은 우리의 내일을 지키는 것이지 어제를 지키는 것이 아니다. … 중남미 사람들과 스페인은 공통된 과거를 갖고 있고, 언어와 인종이 같다. 그러나 스페인은 그들과 한 나라를 이루고 있지 않다. 어째서 그런가? 우리가 필수적이라고 알고 있는 한 가지가, 즉 공통된 미래가, 결여되었기 때문이다(오르테가 이 가세트 2005, 238-242; 복거일 1998, 155 참조하여 번역 수정함).

화해는 이전의 홀로주체적 적대관계에서 서로주체적 관계로 전환하는 행위이자 공동의 미래를 공유하겠다는 의지의 표명이며 약속 행위다. 아렌트가 용서와 함께 약속을 중시하는 까닭이다. 아렌트에 따르면, 약속의 기능은 (1) 인간에 대한 기본적인 불신과 (2) 행위 결과들의 예측 불가능성이라는 '이중적 어둠'을 극복하는 데 있다. 약속은, 인간사의 예측 불가능성과 인간의 신뢰 불가능성을 그대로 두면서, 그 안에 예측 가능성의 섬을 만들고 신뢰성의 이정표를 세운다. 약속은 사람들을 함께 하도록 만드는 힘이다. 사람들이 함께 약속을 함으로써 서로 구속하는 경우 단순한 '지배'가 아닌 '주권'을 수립하고 행사하는 것이다. 약속에 의한 새로운 시작, 여기에 인간 행위의 '기적'이 있다(아렌트 1996, 308-312).

인간사의 영역인 세계를 그것의 정상적이고 '자연적' 황폐화로부터 구원하는 기적은 궁극적으로는 다름 아닌 탄생성이다. 존재론적으로는 이 탄생성에 인간의 행위능력이 뿌리박고 있다. 달리 말하면 기적은 새로운 인간의 탄생과 새로운 시작, 즉 인간이 탄생함으로써 할 수 있는 행위이다(아렌트 1996, 312)

새로운 시작과 약속으로서 화해는 남북한 관계를 적대관계에서 우애관계로 바꾸는 기적을 낳는 정치 행위다. 앞서 강조했듯이 서로주체적 사회통합에서는 대아에 의해서 소아의 정체성이 흡수, 소멸되지 않는다. 하지만 새로운 대아에 통합되면서 소아의 정체성에 아무런 변화도 일어나지 않는 것은 아니다. 새로운 대아 속에서 소아와 소아의 관계적 정체성은 새롭게 변화한다. 화해 속에서 새로워지는 것은 '우리'뿐만 아니다. 그 속에 '나'도 새롭게 태어난다. 단순한 용서와 달리 화해는 상대방을 나의 일부로 받아들이고 내 속에 상대방의 자리를 내어주는 포용을 포함한다. 남과 북의 사회통합은 이처럼 새로운 나와 우리의 정체성을 확립하는 일이며, 그 속에서 나와 우리가 새로워지는 일이다(심혜영 2014, 187-192 참조).

그렇다면 남과 북의 서로주체적 사회통합을 위한 화해의 정치를 구체적으로 어디에서부터 어떻게 실천할 것인가? 이 질문에 뚜렷한 답이 있을 수 없다. 앞서 언급한 다양한 분야의 민간 위주의 남북대화기구에서 남과 북의 시민대표들이 모여서 함께 논의할 일이다. 남과 북의 역사학자와 교사들이 함께 모여서 남북 공동의 역사 교과서를 작성하는 것이 화해의 정치가 될 수 있다. 남과 북의 언론사들이 함께 모여서 공동의 방송 프로그램이나 기획 기사를 만드는 것도 화해정치에 도움이 될 수 있다. 사회의 다양한 분야에서 화해의 정치가 일어나도록 환경을 조성하고 구체적 방식은 분야별로 자율성을 가지고 모색하도록 하면 된다.

화해 정치의 구체적 모습은 남북이 함께 만들어가는 것을 전제로 하고, 여기서는 두 가지 점만 강조한다. 첫째, 남과 북의 상호 만남의 질서를 수립해야 한다. 서로주체적 만남의 자세를 유지하고 고양하는 행위의 코드가 필요하다. 김현경이 이해하듯이 "총체로서의 사회가 **구조**structure와 **상호작용 질서**interaction order로 이원화되어 있"다면(2015, 90; 강조는 원문), 남북한 사이에 상호작용 질서를 구축하는 것이 중요하다. 상호작용 질서에서 중요한 것은 '의례적 평등의 원칙'이다. 현대사회에서 의례적 평등은 법 앞의 평등과 '의례 교환의 대칭성(내가 너에게 인사하면 너도 나에게 인사한다)'으로 확인된다(김현경 2015, 110). 앞서 언급한 동체, 동등, 동존의 원칙은 남과 북의 만남에서 주체적 평등을 수립한다. 여기에 더하여 남과 북 사이에 대칭적인 의례의 교환이 서로주체적 만남의 행위 코드로 자리 잡아야 한다. 남과 북의 서로주체적 만남이 일회성으로 끝나서는 안 된다. 지속적인 의례의 교환을 통해 서로주체적 상호행위의 질서를 구축해야 한다.

서로 인정하고 존중하는 의례를 교환하는 것은 상대방이 훌륭하거나 좋은 사람이라고 생각해서가 아니다. 우리가 상호작용 의례를 통해 경의를 표하는 대상은 상대방의 안에 있는 '사회적인 것'이다. 서로가 하나의 공동체를 구성하는 성원이라는 성원권의 인정 행위다(김현경 2015, 57-80, 115). 남과 북은 아직 하나의 공동체가 아니다. 하지만 남과 북의 서로주체적 만남은 남북을 아우르는 새로운 공동체, 새로운 우리를 만드는 시작 행위다. 그러므로 남과 북의 만남에서 의례의 교환은 아직 오지 않은, 그러나 이미 만들기 시작한, 미래의 공동주체 속의 성원으로서 서로를 인정하고 존중하는 성원권의 인정 행위다. 그러한 의례 교환은 남북이 구축하는 새로운 우리를 더욱 견실하게 만든다.

대칭적 의례 교환을 위한 적절한 행위의 코드는 구체적으로 남과 북이 협의하여 만들고 상호행위 속에서 시행착오를 거쳐 수립해갈 일이다. 상대방에 대한 모욕을 금지하고 상대방이 중시하는 가치를 인정하는 두 가지 큰 줄기를 대강의 방향으로 잡을 수 있다. 먼저, 서로 좋은 감정을 만들고 유지하기 위해서 서로에 대한 부정적 행위를 금지하는 것이 필요하다. 상대방에 대한 모욕, 비방이나 멸시, 무시와 같은 부정적인 언사와 행위를 금지하는 것이다. 2017년 7월 문재인 대통령이 '베를린 구상'을 통해 군사분계선에서의 상호 적대행위 중지를 제안한 것이 좋은 예가 될 수 있다. 구체적 사례로 거론된 것이 대북 확성기 방송 중단이다. 2004년 남과 북의 합의로 대북 방송용 확성기를 모두 철거했지만, 2010년 천안함 사건 이후 재설치되었고 2015년 DMZ 지뢰 폭발 사건 이후 11년 만에 대북 확성기 방송이 재개되었다. 남북 긴장이 고조된 가운데 8·25남북합의로 대북 확성기 방송이 중단됐지만 북한의 4차 핵실험 이후 2016년 1월부터 재개된 상태다. 비슷한 맥락에서 민간단체의 대북전단 살포 중지도 고려할 수 있다. 대북전단에는 북한의 최고 지도자에 대한 원색적인 비난이 담겨 있다. 2017년 7월 문재인 대통령이 민간단체의 대북전단 살포를 법적으로 중단시킬 수 있는 방안을 강구하라고 지시했다고 한다. 대북 확성기 방송 중지나 대북전단 살포 중단 조치는 상대방에 대한 비난 행위를 스스로 자제하는 의례 코드를 정립하는 데 도움이 될 것이다.

다음으로, 좀더 적극적으로 상대방에 대한 긍정적 행위를 교환할 수 있다. 특히 상대의 슬픔에 공감을 표현하는 것이 좋은 방법이다. 2009년 김대중 대통령의 서거에 북한이 '특사 조의 방문단'을 파견했던 데 반해, 2011년 12월 김정일 국방위원장이 사망했을 때 남한 정부가 정부 차원의 조문단을 파견하지 않음으로써 북한의 격한 분노를 샀다(임기홍 2016, 324-327, 394-395). 상대방의 지도자에 대한 공식적인 조문은 서로 인정하고 존중할 뿐 아니라 상대의 슬픔을 위로하는 의례가 될 수 있다. 비슷한 의미에서 국립묘지 같은 성지를 방문하는 행위가 가능하다. 국립묘지는 근대 국민국가의 발명품이다. 국립묘지는 죽은 자를 산 자와 연결시킴으로써 애국주의와 국민 정체성을 만들어내는 상징적 장치다(하상복 2014, 29-72). 남한의 국립 현충원이 주로 한국전쟁의 희생 군인들을 안장한 데서 출발한 것과 달리 북한의 대성산 혁명렬사릉은 만주 빨치산 투쟁의 영웅들을 위한 것이다. 북한에는 한국전쟁 희생자를 위한 국립묘지가 없으며 대신 그들을 기리는 '조선인민군렬사탑'이 있다고 한다(권헌익·정병호 2013, 158-164). 남과 북의 국립묘지나 기념탑은 각각의 국가 이념과 정체성을 재현하는 점에서 남북한의 홀로주체적 분리주의 세력의 헤게모니 장치에 해당한다. 혹은 남과 북 사이에 흡수통일이 일어나면 승자의 국립묘지나 기념탑이 홀로주체적 통합을 위한 헤게모니 장치 역할을 하게 될 것이다. 남과 북이 상대의 성지나 성소 또는 위령탑이나 열사탑과 같은 집단적 기억물에 대한 상호 방문을 교환한다면, 이는 곧 상대방에 대한 서로주체적 인정 행위가 된다. 상호 방문을 통해 이들 홀로주체적 헤게모니 장치의 의미를 바꾸고 남북 화해 분위기를 고양할 수 있다.[14]

둘째, 남북의 화해 정치를 위해서 남과 북의 지도자들이 적극적인 화해의 몸짓과 말을 해야 한다. 화해는 감정의 문제다. 정치적 화해를 위해서는 집단적 '감정의 치유(emotional healing)'가 필요하다. 서로 상대방의 다친 마음을 치유하고 서로주체적으로 만나기 위해서는 마음의 상처(트라우마)를 집단적으로 기억하고 불러내는 방식이 대단히 중요하다(Hutchison and Bleiker 2008, 394-397). 자칫 사소한 몸짓이나 언어가 감정을 상하게 할 수 있다. 트라우마 못지않게 그것을 재현(represent)하는 방식에서 더 큰 상처를 받을 수 있다. 따라서 상대방에 대한 모욕적인 언사나 행위는 앞서 말한 행위의 코드에서 금지할 일이다. 감정을 상하게 할 수 있듯이, 지도자의 사소한 몸짓 하나 말 한마디가 서로의 상처를 치유하고 적대적 감정을 누그러뜨릴 수도 있다. 특히 정치와 종교 지도자들이 남과 북의 화해정치에서 특별히 중요한 역할을 할 수 있다.

....

14 하상복은 남한 내 국립 현충원과 국립 민주묘지(4·19, 5·18 등)를 둘러싸고 벌어지는 이념 대립을 극복하고 화해의 정치를 실현하기 위한 방안으로 좌우 모두가 인정하는 인물들을 안장하는 '새로운 묘지' 건립을 상상한다(하상복 2014, 442-454). 남과 북의 화해를 위해서도 생각해볼 만한 정치적 상상이다.

우선, 남과 북의 정치 지도자들의 화해의 몸짓이 중요하다. 정치 지도자는 그(녀)가 몸담고 있는 당파적 정치세력뿐 아니라 정치공동체 전체를 대표한다. 남과 북을 대표하는 정치 지도자가 함께 모여 악수를 하고 포옹하는 모습을 연출하는 것은 남북의 사회통합과 화해정치에 극적인 효과를 낸다. 우리는 이미 2000년 6월에 그러한 장면을 목격한 경험이 있다. 2000년 정상회담에서 김대중과 김정일은 더 이상 일개 개인이 아니다. 그들은 각각 남한과 북한이라는 국가와 그 국민들을 대표한다. 양 지도자들의 손잡음과 껴안음은 두 개인의 포옹이 아니라 두 나라와 사회의 포옹이다. 2000년 정상회담이 극적인 감정적 효과를 준 연유다.

남북의 서로주체적 통합과 화해의 정치를 좀더 심화하려면 2000년과 2007년의 1, 2차 남북정상회담에서 양 지도자들의 만남 이상의 정치적 몸짓과 발언이 필요하다. 바로 상대방에 대한 잘못을 서로 사과하는 몸짓과 발언이 그것이다. 적대관계가 오래 지속된 가운데 남과 북의 지도자가 만나는 것 자체가 서로 화해하는 제스처이지만, 보다 깊은 마음의 상처와 적대적 감정을 치유하기 위해서는 서로 상대방에 대한 잘못을 인정하고 용서를 구하는 상징적 제스처가 필요하다. 서로 상대의 악행과 죄과를 비난하고 응징만 요구해온 남과 북이 화해의 정치를 시작하고 견고히 하기 위해서는 자기의 죄과와 악행을 먼저 인정하고 사과하는 자세가 필요하다. '공격의 주체'가 '반성의 주체'가 될 때 진정한 화해가 이루어질 수 있다(박명림 2000, 99).

남과 북의 지도자들이 상대방에게 사과하고 용서를 구하는 행위는 과거 폭력에 대한 남북 공동의 진상 규명과 별도로 진행되어야 한다. 공동의 진상 규명은 서로의 화해를 해치지 않는 범위에서 실시해야 한다. 서로의 생각이 다른 만큼 진상 규명이 어렵고 논란이 많을 수 있다. 그만큼 오래 걸린다. 진상 규명과 별도로 남북의 지도자는 지난 날 서로에 대한 폭력적 행위에 대해 새로운 우리의 이름으로 사과할 수 있다. 이것이 최종적이지 않은 화해를 위한 첩경이기도 하다.

사과를 한다고 해서 이미 일어난 잘못을 없던 것으로 돌이킬 수는 없다. 현실은 환원 불가능하다. 그럼에도 남북이 과거의 적대행위에 대해 서로 사과를 하는 것은 두 가지 기본적인 의미가 있다. 첫째, 사과는 누군가에게 (apology to someone) 행해진다. 이는 상대방과의 사회적 관계를 회복하고 자 하는 의미가 있다. 남과 북이 서로의 잘못에 대해서 사과하고 서로의 용서를 구하는 것은 남과 북이 하나의 새로운 우리를 형성하려는 의지의 표명이다. 사과는 새로운 우리의 성원권을 회복하는 의미가 있다. 둘째, 사과는 무엇인가에 대해(apology for something) 행해진다. 이는 당사자들 사이에 공동체의 근간이 되는 원칙과 규범을 공유하고 있음을 전제한다. 따라서 남과 북이 서로 사과하는 것은 서로가 공유하는 공존과 평화의 원칙, 서로 주체로 인정하는 자세, 나아가 우리가 하나의 큰 우리에 속한다는 사실을 인정하고 수용하는 출발점이다(Tavuchis 1991, 7-14).

이와 같은 사과의 정치적 몸짓으로 유명한 일화의 하나로 1970년 브란트(W. Brandt) 서독 수상이 바르샤바 빈민가 봉기기념탑 앞에서 무릎을 꿇은 사건이 있다. 브란트는 나치 통치 기간 동안 해외에 망명을 했기 때문에 개인적으로는 나치 독일이 저지른 죄악에 관련이 없다. 하지만 그가 바르샤바 봉기기념관을 방문하고 기념탑 앞에서 무릎을 꿇은 행위는 독일 국가와 독일 국민을 대표하는 사과의 행위로서 의미가 크다. 수상직에서 물러난 이후 1990년 다시 폴란드를 방문한 자리에서 브란트는 다음과 같이 말했다고 한다.

우리는 과거에 끔찍한 불의가 저질러졌었다는 것을 이야기해야 하며, 이제 유럽은 불의가 불의를 낳고 또 새로운 불의를 낳는 이 악순환의 고리에서 빠져 나와야 합니다(슈라이버 2세 2001, 203).

우리 사회에서도 비슷한 사례가 있다. 2003년 10월 31일 노무현 대통령이 제주 4·3사건에 대해 사건 발생 55년 만에 처음으로 국가 차원의 잘못을 공식 사과한 일이다. 노무현 개인은 제주 4·3사건에 대해 직접적인 관련이 없다. 하지만 "국정을 책임지고 있는 대통령으로서 과거 국가권력의 잘못에 대해 유족과 도민 여러분께 진심으로 사과와 위로의 말씀을 드린다"는 그의 표현처럼, 그의 행위는 국가와 국민을 대표하여 국가폭력의 피해자에게 행한 공적인 사과 행위다.[15]

이와 같은 정치 지도자의 사과는 개인의 행위에 그치지 않고 '집단적 사과(collective apology)' 행위다. 집단적 사과는 집단 전체를 대표하는 '한 사람의 권위 있는 대리인'이 수행할 수 있다. 집단 구성원 모두가 '다수로부터 다수를 향한' 집단적 사과의 주체가 될 수 없기 때문이다. 한 개인이 전체 집단을 대표하기 위해서는 그럴 만한 정당한 권위가 필요하다. 정치 지도자가 가장 적합하다. 정치 지도자가 수행하는 집단적 사과는 "본질적으로 인민 전체의 것이며" 그 대리자 개인의 의견이 아니다. 그가 대표하는 집단이 '하나의 단일한 주체'로서 행동하는 것이 전제되어 있기 때문이다. 요컨대 지도자가 공개적으로 수행하는 집단적 사과는 우리의 공동주체성의 발휘다 (Tavuchis 1991, 98-117). 남과 북의 화해의 정치를 위해서 양측의 정치 지도자들이 수행해야 할 것이 바로 이러한 '집단적 사과'의 맞교환이다. 집단적 사과에 대한 용서 그리고 상대방의 포용이 뒤를 이을 것이다.

다음으로, 종교 지도자들이 남과 북의 화해를 위해 막중한 역할을 수행해야 한다. 사회통합에서 종교는 핵심적인 역할을 수행한다. 종교는 단순히 동일한 종교를 믿는다는 동류의식을 강화하는 데 그치지 않고 집단적 행동 규범과 신실한 마음가짐을 고양해서 화해와 통합의 핵심기제로 작용할 수 있다. 또 종교는 교육과 문화 및 사회복지 등 많은 분야에서 다양한 사회봉사활동을 수행한다. 모든 종교가 사랑과 자비와 같은 인도주의적 가치를 기본정신으로 하고 있으며, 이는 남북한의 사회통합을 위해서 일반 시민들을 교육하고 사회화하는 데 큰 기여를 할 수 있다. 따라서 종교 지도자들의 말

....

15   http://legacy.www.hani.co.kr/section-003000000/2003/10/003000000200310311836300. html, 2017년 1월 3일 검색.

씀과 행동이 화해의 정치에서 특별히 중요하다.

우리 사회에서는 이미 많은 종교단체들이 남과 북의 종교교류를 추진해 왔다. 특히 남북의 종교교류를 단순히 종교적인 활동으로만 국한하지 않고 통일운동이라는 큰 틀에서 의미를 부여해왔다. 불교계의 조국평화통일 불교협회(평불협)와 민족공동체추진본부(민추본), 기독교계의 조국의 평화통일과 선교에 관한 기독자회의 및 평화와 통일을 위한 남북나눔운동, 가톨릭계의 민족화해위원회와 통일사목연구소 등 이름에서부터 종교교류를 통일운동과 연계하고 있다. 이는 통일 이전에 동서독이 교회 교류와 통일운동을 연계하지 않은 것과 대조적이다(정용길 2004, 44-49).[16]

북한에 종교가 발달해 있지 않고 종교인이 적은 반면, 남한에서는 불교, 기독교, 가톨릭교, 원불교 등 다양한 종교활동이 활발하고 동시에 서로주체적으로 공존하고 있다. 일부 근본주의적 자세를 가진 종교집단도 있지만, 대체로 관용의 정신이 발달해 있는 편이다. 남한 사회 내 종교적 관용의 정신과 관습이 다양한 정치적 이념과 체제의 서로주체적 사회통합으로 이어질 수 있다. 즉 남한사회 내뿐만 아니라 남북한 사이에 서로주체적 통합의 중심 원리를 종교가 제공해줄 수 있다.

실제로 남한의 여러 종교집단들은 북한과의 종교교류뿐 아니라 대북지원 사업을 위해 서로 인정하고 공존하면서 힘을 합쳐 협력해왔다. 1996년 1월에 극심한 식량난과 수재에 시달리는 북한 동포를 지원하는 사업을 추진하기 위해서 불교, 원불교, 기독교, 천주교, 유교, 천도교 6개 종단이 '범종단 북한 수재민돕기 추진위원회(범종추)'를 구성하였고, 이를 기반으로 6월에는 6대 종단과 시민단체가 함께 참여하여 '우리민족서로돕기운동본부(민족돕기)'를 발족시켰다. 민족돕기는 초창기 동포애와 같은 민족적 가치를 표

....

16   종교계의 통일운동이 양과 빈도에 있어서는 많지만 그 실제 내용은 부실하다는 비판도 있다. 가령 김성원은 다양한 기독교회들의 통일기도를 검토하면서, 그것이 실제로 통일을 향한 실천으로 이어지지 않는다고 비판한다. 즉 잦은 통일기도에도 불구하고, 그것이 통일 문제에 대한 제대로 된 인식이나 진정한 회개 또는 실천으로 연결되지 않는다고 한다(김성원 2015, 56-59).

방하던 것에서 점차 벗어나서 다양한 보편적 가치를 중심에 내세우고 있다. 특히 인도주의와 평화주의 같은 인류 보편적인 가치를 전면에 내세우면서 대북지원 사업을 전개함으로써 국내외에 보다 많은 공감을 구축하였다. 인도주의 이념의 표방은 한편으로 남남갈등을 극복하고 보수적 인사와 진보적 인사가 민족돕기의 임원으로 계속 활동하는 것을 가능하게 하였다. 평화주의 이념은 원래 소극적 의미의 평화(전쟁의 부재)를 추구하였었는데 점차 적극적 의미의 평화(모든 형태의 공포, 결핍, 차별, 공해 등으로부터의 해방)로 외연을 확대하고 있다. 가령 어린이 급식사업을 통해 북한 어린이들을 결핍에서 벗어나게 하는 일이 곧 적극적인 의미의 평화를 남북한 사이에 구축하는 의미를 갖게 되었다(양해리 2013, 51-66).

　서양의 역사에서 종교가 전쟁의 주요 원인이 된 적이 자주 있다. 종교적 적대의 폐해는 이루 말할 수가 없다. 다행히 남한사회에서는 다양한 종교가 있지만 서로 적대하지 않고 상호 인정하고 공존하는 가운데 대북 교류 및 지원 사업에 협력하고 있다. 하지만 우리 사회 일부에서 홀로주체적 성향을 띠는 종교집단이 세력을 넓히는 경향도 목도되고 있어서 우려하지 않을 수 없다. 남과 북의 서로주체적 사회통합에서 종교가 화해의 정신을 보급하고 지지해주는 역할을 하는 것은 다른 한편으로 남한사회 내에서 싹트고 있는 홀로주체적 세력을 약화하는 데 도움이 될 것이다. 종교 지도자의 역할이 막중한 이유다.

V. 맺는 말

　남과 북이 통일 문제에 접근하는 방식이나 통일한국으로 제시하는 방안이 차이가 있지만, 실제로는 서로 만나는 지점이 적지 않다. 통상적으로 남한의 경제우선주의와 북한의 정치우선주의 접근이 서로 충돌하는 것으로 생각해왔다. 하지만 이들의 격차는 생각만큼 크지 않다. 남북한이 각각 경제와 정치에서 출발하지만 정치와 경제의 병행으로 수렴하고 있기 때문이다. 게다가 남북한은 실제로 서로의 통일방안이 만나는 지점을 발견하고 이에 합의한 적이 있다. 2000년 6·15공동선언의 2항에서 "남측의 연합제안과 북측의 낮은 단계의 연방제안이 서로 공통성이 있다고 인정"한 것이 바로 그것이다. 이러한 공통점을 바탕으로, 나는 그동안의 '정치와 경제의 병행전략'에서 더 나아가서 '정치통합과 경제통합의 병행전략'을 추구하자는 정해구(2002)의 제안을 받아들여서 서로주체적 통합을 위한 남북한 관계 변화의 밑그림을 그려보았다.

남북한 관계의 차원에 국한할 때 서로주체적 통합은 체제통합과 사회통합의 두 차원으로 나눠서 생각할 수 있다. 체제통합이 법과 제도의 통합이라면 사회통합은 사람의 마음의 통합이다. 먼저 남과 북의 서로주체적 체제통합은 남과 북 사이의 수평적 차원과 남과 북 및 통합한국 사이의 입체적 차원으로 구별했다. 수평적 차원에서는 (1) 남과 북의 관계정상화(남북기본합의서를 남북기본조약으로 대체), (2) 남과 북 사이의 정부 간 대화기구의 제도화(부문별 및 총체적 정부 간 협의기구), (3) 남과 북의 평화공존체제 구축(남북평화협정 체결) 등을 제안했다. 입체적 차원에서는 소아(개별주체=남과 북)와 대아(공동주체=통합한국)가 함께 주체적으로 공존하는 '복합통합체제'의 구축을 제안했다. 우리는 통상적으로 남과 북의 관계에서 남한 위주 통일, 북한 위주 통일, 또는 중립(및 혼합) 방식의 통일 등 세가지 유형을 생각한다. 이와 달리 이 글에서 제시한 복합통합체제 방식은 남과 북이 공존하면서 그 위에 새로운 공동의 초국가적 기구와 공간을 마련하는 구상이다. 남과 북이 '둘(남과 북)이면서 하나(통합한국)'이며 '개별성(복수성=남과 북)과 공동성(단일성=통합한국)'을 동시에 갖고 있는 방식이다. 복합통합체제는 사회의 모든 분야에 걸쳐서 적용될 수 있다. 여기서는 체제통합의 가장 중심이 되는 정치와 경제 체제의 서로주체적 통합의 밑그림을 복합국가체제와 복합경제체제로 그려보았다.

다음으로 남과 북의 서로주체적 사회통합을 중층적 시민 정체성의 수립과 화해의 정치로 나눠서 생각해보았다. 중층적 시민 정체성의 수립은 마치 복합통합체제의 수립과 같은 방식으로 그려볼 수 있다. 즉 정치나 경제처럼 사회문화 분야에서도 남과 북의 개별 사회문화공동체를 인정한 바탕 위에서 공동의 사회문화 공간을 구축하는 복합사회문화공동체를 수립하는 것이다. 그것은 둘(남과 북의 사회문화공동체)이면서 하나(공동의 사회문화 공간)이며, 개별성(복수성＝남과 북)과 공동성(단일성＝통합한국)을 동시에 갖는 방식이다. 서로주체적 사회통합의 보다 중요한 측면은 화해의 정치다. 사회통합, 즉 사람들 사이의 통합에서 가장 중요한 것은 이해관계나 이성이 아니라 감정의 문제다. 남과 북의 주민들은 개별감정뿐만 아니라 각각 소아(남과 북)와 대아(통합한국 또는 하나의 민족)로서 집단감정을 가지고 있다. 문제는 우리가 서로에 대해 가지고 있는 집단감정이 동포애와 적대감으로 모순적이라는 점이다. 따라서 서로주체적 사회통합을 위해서 서로 상처를 치유하고 용서하고 포용하는 화해의 정치가 반드시 필요하다. 화해는 새로운 '시작'이자 다시 돌아가지 않는다는 '약속'의 의미를 갖는다. 화해의 정치를 통해 남과 북은 미래를 공유하는 새로운 우리로 거듭날 수 있다. 새로운 시작과 약속으로서 화해는 남북한의 관계를 적대관계에서 우애관계로 바꾸는 정치행위다. 이러한 의미의 화해의 정치는 사회의 모든 곳에서 일어나야 한다. 정치 지도자와 종교 지도자들이 화해의 정치를 위해 특별히 중요한 역할을 수행할 수 있다.

제8장

나아갈 길(2): 국제정치 차원

I. 여는 말

남북의 힘만으로 서로주체적 통합을 이룰 수는 없다. 남북관계는 강대국 국제정치의 영향을 크게 받아왔다(황지환 2012). 남과 북의 분단에서 전쟁으로까지 이어지는 일련의 역사에서 미국과 소련, 중국을 비롯한 강대국 국제정치가 중요하게 작용했다. 한편 1960년대 남과 북이 이른바 '제한전쟁' 상태에 있으면서 '전면전쟁'으로까지 치닫지 않은 데에도 미국과 소련의 적극적인 억제가 주효했다(김연철 2018, 58-95). 우리가 원하지 않아도 분리나 통합이 이루어질 수 있고 우리가 원한다고 해도 우리 힘만으로는 통합이나 분리가 이루어지지 않는 것이 한반도를 둘러싼 국제정치의 현실이다(배병삼 1994, 558). 따라서 남과 북의 주도로 서로주체적 통합을 이루기 위해서는 반드시 관련 강대국들의 이해와 협조를 구해야 한다. 이를 위해 남북한의 서로주체적 통합 방안은 국제적인 차원에서 중층적인 복합통합외교를 포함한다. 아울러 국제적 공동이익을 창출하여 남북통합의 헤게모니를 구축하는 방안을 모색해야 한다.

여기서는 먼저 한반도를 둘러싼 국제정치의 중요성을 강조하면서 2010년대 후반의 현 시점에서 주변 강대국 관계 속에서 한반도 문제를 생각해 본다. 한반도를 둘러싼 강대국 사이의 정치는 남북한 관계에 지대한 영향을 미친다. 흔히 '주변 4강'이라고 불리는 미국, 중국, 러시아, 일본이 한반도 통일 문제와 관련하여 중요하다. 때로는 호주, 유럽연합, 아세안(ASEAN), 몽골, 타이완 등도 한반도 문제와 관련하여 영향을 줄 수 있다. 여기서는 미국과 중국의 관계에 초점을 맞춘다. 일본이나 러시아를 비롯한 다른 국가들의 중요성을 부인하는 것은 아니다. 미중관계가 가장 중요하다고 생각할 뿐이다. 그렇게 생각하는 이유는 미국과 중국이 21세기 초반 국제정치에서 G2,

즉 세계 양대 강국의 지위를 차지하고 있기 때문만이 아니다. 한반도의 분단체제 자체에 미국과 중국이 밀접히 관련되어 있기 때문이다. 남북 분단의 단초는 미국과 소련, 즉 서구 대 동구의 대결구도에서 비롯되었지만, 1953년 한국전쟁의 휴전과 함께 분단이 고착화되면서 미국과 중국이라는 서방 대 동방의 대결 축으로 변하였다. 남북 분단의 초기부터 그 지속과 변화에 미국과 중국이 늘 주요 강대국으로 관계하였다(이병한 2016, 335-336). 이 장의 주요 초점은 미중관계의 변화 추이와 그들의 한반도 문제에 대한 기본 입장이다. 미중 간에는 당분간 지금과 같은 '갈등 속 협력' 관계가 유지될 것으로 보인다. 두 나라 모두 남북한의 통일로 오는 현상변경보다 현재의 분단 상태 유지를 선호하는 경향이 강하다. 따라서 미중 두 나라에게 (또는 이들로 대표되는 소위 해양세력과 대륙세력에게) 모두 받아들여질 수 있도록 서로주체적 통합을 추진할 필요가 있다.

다음으로, 복합통합외교의 모습을 구상해본다. 7장에서 보았듯이, 서로주체적 통합은 남과 북 사이에 복합통합체제를 지향한다. 복합통합체제의 국제정치적 측면이 복합통합외교다. 한반도를 둘러싼 동북아시아 국제정치를 고려하면 미국과 중국의 어느 한쪽에 기우는 남북통일은 바람직하지 않고 실현 가능성도 높지 않다. 미국과 중국의 양 세력이 만족할 수 있는 통일방안을 상상할 필요가 있다. 그러한 방안의 하나로 그동안 논의되었던 것이 중립화 통일방안이다. 이를 간략히 검토하고 그 문제점을 지적한다. 서로주체적 남북통합은 중립화 통일방안의 문제점을 개선하면서 그 취지를 살릴 수 있다. 복합통합외교 방안의 핵심은 대외정책에 있어서도 남과 북이 하나이면서 둘인 복합국가를 형성하고 정책을 실행하는 것이다. 중립화 통일방안이 현실세계에서 실현되기 어려운 점을 남북한이 둘로 나뉘어 있으면서 공동의 외교정책을 넓혀가는 방식으로 극복하고자 한다.

마지막으로, 북미관계 개선의 문제를 검토한다. 서로주체적 통합 그리고 복합통합외교 방안의 전제는 남과 북이 서로주체적으로 만나고 협력하는 것이다. 이는 남북한 사이의 일만이 아니다. 무엇보다도 북미관계의 개선이 필요하다. 따라서 복합통합외교에서 중요한 전제가 바로 북한을 이러한 과정에 끌어들이는 문제다. 이는 남북한의 관계 개선뿐 아니라 북미관계 개선을 필요로 한다. 여기서는 북미관계를 중심으로 이 문제를 살펴본다. 서로 주체적 통합의 시각에서 볼 때 북미관계의 문제를 북한의 문제로 환원해서는 곤란하다. 남북한 관계의 개선을 위해서 북한의 변화를 전제하지 않듯이, 북한의 있는 그대로를 받아들인 상태에서 북미관계의 개선 방안을 위해 남한 정부의 역할을 모색한다.

II. 미중관계와 한반도 문제

1. 미중관계

우리의 출발점은 미중 간 세력관계의 변화다. 오늘날 한반도를 둘러싼 국제정치는 세계적 차원에서 일어나고 있는 미중 간 헤게모니 투쟁 속에서 이해해야 한다. 세계 패권국으로서 미국은 점차 쇠퇴하고 있고, 20세기 후반부터 급속도로 성장하고 있는 중국이 미국 패권에 대한 도전자로 주목받고 있다. 하지만 미국은 패권이 쇠퇴하고 있음에도 여전히 세계 패권국의 위용을 유지하고 있고, 중국은 국력이 급속도로 강화되고 있지만 미국에 비해 여전히 열세에 머물러 있다. 즉 세계 차원에서 미국의 패권에 중국이 도전을 하고 있지만 아직 미국의 우세가 유지되고 있는 형세다.[1]

....

1   이 주제와 관련하여 이병한이 대단히 흥미로운 주장을 제기한다. 그에 따르면 현재 일어나고 있는 전환은 단순히 미국과 중국 사이의 패권 이행이 아니라 패권국이 구축한 세계질서의 변화라고 한다. 즉 패권국의 교체가 아니라 패권국이 구축한 세계질서의 변동이 문제의 핵심이다. 주권국가를 중심으로 하는 서구의 근대 국제질서에서 중국의 전통적인 중화질서로, 혹은 국가(제국) 안에 여러 종류의 국가들이 중첩하여 있는 복합국가 체제로의 반전이 일어나고 있다고 그는 주장한다(이병한 2016, 133-146). 쿱찬도 패권의 전이가 아니라 새로운 질서(미국의 일방주의에 대한 대안적인 질서)의 흥기로 인해 미국 패권이 종말을 고할 것으로 예상한다(쿱찬 2005, 61-

미국은 역사상 최초로 진정한 의미에서 전 지구적 차원의 강국이다. 로마나 중국, 몽골이나 영국과 같은 이전의 제국들에 비해, 오늘날 미국이 발휘하고 있는 헤게모니의 정도와 범위는 단연 압도적이다. 2차 세계대전 이후 미국은 전 세계의 주요 해양과 바다 그리고 수륙 양면에 걸친 해안을 사실상 통제하고 있고, 경제와 군사뿐만 아니라 정치와 문화 등 거의 모든 분야에서 전방위적으로 헤게모니를 수립하고 행사하고 있다(브레진스키 2000, 27-44). 냉전에서 승리한 이후에 미국은 사실상 단극체제에서 일방주의적 행태를 보이고 있다(쿱찬 2005, 64, 302-342; 백창재 2009, 205-239). 하지만 이미 1960년대부터 미국의 헤게모니 쇠퇴 조짐이 등장했다. 월러스틴은 베트남 전쟁, 1968년 혁명, 1989년 베를린장벽 붕괴, 2001년 9·11테러 등을 미국 헤게모니 쇠퇴의 상징적 사례들로 제시하고, "진짜 문제는 미국의 헤게모니가 기울고 있느냐 아니냐가 아니라, 미국이 세계와 자신한테 최소한의 손상만 입히고 우아하게 하강하는 길을 찾느냐 아니냐이다"라고 단정한다(월러스틴 2004, 28-41). 그는 21세기 초 미국 헤게모니의 쇠퇴를 확신하면서 21세기 세계는 (1) 미국, 유럽, 일본의 삼자분열, (2) 선진국과 후진국의 남북갈등, (3) '다보스(세계경제포럼=신자유주의) 정신'과 '뽀르뚜알레그레(세계사회포럼=반신자유주의) 정신'의 충돌이 중심 대립 지점이 될 것으로 내다봤다(월러스틴 2004, 368-393).

월러스틴의 예상과 달리 2010년대가 저물고 있는 현재 미국 헤게모니에 대한 도전자의 지위는 유럽과 일본이 아니라 중국의 차지가 되었다.[2] 미국과 중국이 오늘날 G2를 형성하고 있는 실정이다. 이는 다른 한편으로 미국이 세계 강국의 지위를 상당히 견고하게 유지하고 있음을 의미하기도 한다. 중국의 경제성장이 눈부시지만, 단순히 전체 규모가 아니라 일인당 국민

....

62, 104-112).

2 월러스틴이 중국을 간과한 것은 아니다. 중국은 인도, 브라질, 인도네시아, 한국 등과 함께 주요 신흥국으로 거론되긴 하였다.

소득을 비롯한 생활수준과 삶의 질을 보면 미국이 단연 우위에 있다. 1980
년대 유행한 미국 헤게모니 쇠퇴론에 대한 날카로운 비판에서 스트레인지
가 일갈한 것처럼, 미국은 군사력과 경제력 및 통화와 지식 등의 네 가지
'구조적 권력'의 측면에서 여전히 헤게모니를 유지하고 있다고 볼 수 있다
(Strange 1987).

한편으로 미국은 헤게모니 쇠퇴 속에서도 세계 최강대국의 지위를 유지
하고 있고, 다른 한편으로 중국은 눈부신 경제성장에 힘입어 미국과 어깨를
나란히 할 정도로 세계 최강대국 반열에 오르고 있다. 앨리슨에 따르면, 미
국 달러를 기준으로 평가할 때 1980년 미국의 7%에 불과하던 중국의 GDP
는 2015년에는 61%로 급증했으며, 구매력평가(PPP: purchasing power
parity)로 측정하면 이미 2010년대 초반에 미국을 넘어섰다고 한다(앨리슨
2018, 32-41). 미국 헤게모니의 상대적 쇠퇴와 중국의 급격한 부상이 맞물
리면서 미중관계는 갈등과 협력이 교차하고 있다. 오늘날 미중관계는 한마
디로 '갈등 속의 협력'이라고 할 수 있다. 미국과 중국은 이념과 체제에 있
어서 심각한 차이가 있고 동아시아 지역과 세계 차원에서 패권 경쟁 관계에
있다. 기본적으로 갈등 구조 속에 있는 것이다. 하지만 미국이나 중국 모두
상대방에 대한 압도적 우위를 차지하지 못할 뿐 아니라 경제적으로 서로를
필요로 한다. 갈등 속에 협력이 필요한 이유다. 따라서 세계 및 지역 차원의
헤게모니 투쟁이라는 대립 구도 속에서도 미국과 중국은 "사실상 최대한 충
돌을 피하고자 한다"(박병광 2015, 285-289). 양자의 기본적인 입장을 간략
하게 살펴보자.

미국은 중국과 '견제 속에서 협력'을 도모하는 모습이다. 중국에 대한
미국의 기본적인 입장은 견제다. 미국에서는 중국의 급격한 부상에 대해 경
계하면서 '중국위협론'이 유행하기도 했다. 냉전 종식 이후 미국은 새로운
잠재적 적으로서 중국을 경계하고 견제하는 것이 기본 입장이다. 중국이 급
속도로 성장하면서 중국에 대한 미국의 경계와 견제를 위한 고삐도 강화되
었다. 오바마 정부 시절 제기된 '아시아 회귀론(Pivot to Asia)'이나 2015년

10월 체결된 '환태평양 경제동반자협정(TPP: Trans-Pacific Strategic Economic Partnership)'과 같은 미국의 정책은 모두 중국을 중시하고 견제하는 것을 기본 축으로 한다.[3] 2016년 아베 일본 수상이 제안하고 트럼프 대통령이 적극 지지하고 나선 '인도-태평양' 구상도 기본적으로 중국을 견제하고 포위하는 개념이다. 미국의 미사일방어(MD: Missile Defense) 전략이나 남한에 대한 사드 배치 강행도, 중국 위협용이 아니라는 미국의 부인에도 불구하고 중국을 견제하는 조치로 해석될 소지가 적지 않다.

중국의 부상을 경계하고 견제하는 기본 입장 위에서 미국은 중국과의 협력을 유지하고 있다. 중국을 경계하면서도 미국은 현실적 필요성 때문에 중국과의 교류협력의 끈을 놓지 않고 중국을 세계정치의 대화 파트너로 인정하기 시작했다. 김흥규에 따르면, 미국이 중국과의 협력을 강화하는 중요한 분수령은 2005년 부시 정부의 대중국 정책 논쟁이었다고 한다. 치열한 논쟁 끝에 형성된 미국의 대중정책 핵심은 중국을 중요한 대화 상대로 인정하기 시작한 것이다. 당시 논쟁에서 (1) 중국의 부상은 현실이며 이를 인위적으로 막을 수 없고, (2) 세계 권력의 분산화로 미국은 더 이상 국제경찰 역할을 독점할 수 없으며, (3) 대중국 관계를 잘 관리하고 협력을 확대해야 한다는 인식에 합의했다. 이러한 인식에 입각하여 부시 정부는 중국을 '지역적인 이해상관자(stakeholder)'로 인정하고 중국과 외교안보대화를 시작했다. 2008년 미국발 세계 금융위기 이후 2009년부터 중국은 미국과 정기적으로 전략경제대화와 안보대화를 통합한 '전략·경제 대화'를 하는 유일한 국가가 되었다. 2011년 1월 미중 정상회담을 계기로 미국은 중국을 소위 'G2 체제'의 한쪽 당사자로 인정한 것처럼 보인다. 중국 포위 전략으로 해석되는 오바마 정부의 소위 '아시아 회귀론'과 '재균형(Rebalancing)' 정책

----

3   중국은 아세안 10개국을 포함하여 16개국이 참여하는 '역내 포괄적 경제동반자협정(RCEP: Regional Comprehensive Economic Partnership)'으로 TPP에 대항하였다(박병광 2015, 299-304). 트럼프 대통령 취임 이후 미국이 TPP 탈퇴를 천명함으로써 TPP 대 RCEP의 구도가 어떻게 전개될지 주목된다.

도 기본적으로 2005년 미국의 대중국 인식의 연속선에서 나온 대중 전략이라고 한다(김홍규 2016, 54-64).[4]

미국이 '견제 속에서 협력'을 도모하는 모습이라면, 중국은 거꾸로 '협력 속에서 도전'을 도모하는 모습이다. 개혁개방 이래 중국은 자신의 경제 성장을 위해서 대외적으로 자세를 낮추는 모습을 견지해왔다. 덩샤오핑이 제창한 '도광양회(韜光養晦, 빛을 감춰 밖으로 새지 않도록 하면서 은밀하게 힘을 기른다)'가 한동안 중국 외교정책의 기조로 작용했다. 장쩌민 주석의 '책임대국론(責任大國論)'과 '유소작위(有所作爲, 필요한 역할은 한다)', 후진타오 주석의 '화평굴기(和平崛起)' 등은 중국의 역할을 점차 강조하는 방향으로 나아가면서도 모두 대외적 평화를 강조했다. 이는 21세기 중국의 부상이 기존 국제질서에 위협이 되지 않도록 하고 조화로운 세계를 지향한다는 '평화발전(和平發展)'과 '조화세계(和諧世界)'의 개념과 일치한다. 미국을 비롯한 국제사회에서 주기적으로 대두된 '중국위협론'에 체계적으로 대응하는 한편 중국의 부상이 국제사회의 평화에 기여한다는 점을 강조하기 위해서 중국은 '평화 부상론'을 제기하여 왔다(이희옥 2007, 72-101). 시진핑 주석도 대내적으로 '중국의 꿈(中國夢)'을 표방하면서 '신형대국관계(新型大國關係)'를 내세워서 미국과의 상호이해와 신뢰구축을 강조하였다. 중국은 여전히 성장을 계속하기 위해서 미국과의 협력을 필요로 하며, 미국에 본격적인 도전장을 내밀기보다는 상호 이해와 존중 속에 국력 강화에 힘을 기울이고 있다.

동시에 도광양회에서 '주동작위(主動作爲, 할 일을 주도적으로 한다)'로

....

4 아시아 회귀론은 아시아－태평양 지역에서 미국의 존재감을 높이기 위한 '전진배치 외교'로 그 핵심은 다음과 같다. (1) 일본, 한국, 호주, 필리핀, 태국 등과의 전통적인 양자적 안보동맹 강화, (2) 중국을 포함한 신흥국과의 관계 심화, (3) 아시아-태평양 지역 다자기구에 적극적 관여, (4) 무역과 투자 확대, (5) 광범위한 군사적 공약의 유지 등이다. 2기 오바마 정부는 '회귀'가 암시하는 미국의 중동 방기 가능성, 중국 견제 혹은 포위, 군사적인 뉘앙스 등을 완화하기 위해서 '재균형'으로 수정하였다(손병권 2015, 257-259, 265-266).

중국 대외정책의 기조가 바뀌는 조짐도 있다. 2013년 6월 미중정상회담에서 시진핑이 제시한 신형대국관계론은 미국의 대중국 공포를 선제적으로 완화하기 위한 데탕트 제안으로 볼 수 있다(이동률 2015, 79-82). 신형대국관계론은 (1) 미중 간의 상호 이해와 전략적 신뢰를 증진하고, (2) 각자의 '핵심이익과 중대관심사'를 존중하면서, (3) 국제문제에 대한 상호 협력을 강화하자는 것이 핵심이다. 미중 사이 협력적 관계를 안정화하고 심화하면서도, 동시에 핵심이익에 대해서는 양보하지 않겠다는 의지를 보이고 있는 것이다(박병광 2015, 291-298). 중국은 미국과 '협력적인 세력균형'을 구축하면서 정면 충돌을 피하지만, 핵심이익에 해당하는 통일 추진을 위한 '반접근/지역거부(A2AD: Anti Access/Area Denial)' 역량을 강화하고 있다(김홍규 2016, 63-67). 나아가 중국은 핵심이익의 범위를 넓힘으로써 자국의 국제적 영향력 강화를 꾀하고 있다. 가령 중국은 한반도에 관한 3원칙으로 (1) 한반도 비핵화, (2) 한반도의 평화와 안정, (3) 한반도의 자주적 통일 지지 등을 표방해왔는데, 2016년 1월 북한의 4차 핵실험 이후 (4) 중국의 '정당한 국익 보장'을 새로 추가했다(배기찬 2017, 519-520)

종합하면, 미국과 중국은 '갈등 속 협력' 관계를 유지하고 있다. 한편으로 중국은 공세적 부상을 계속하고 미국은 자신의 주도적 지위를 유지하기 위해 중국에 대한 경계를 늦추지 않는다. 사실상의 헤게모니 투쟁을 전개하고 있는 것이다. '투키디데스의 함정' 프로젝트에서 앨리슨이 발견한 '신흥 세력 증후군'과 '지배 세력 증후군'을 중국과 미국 각각에서 볼 수 있다. 중국은 높아진 위상에 걸맞은 국제적 인정과 존중 및 영향력을 요구하고, 미국은 이를 불안한 마음으로 경계한다(앨리슨 2018, 85-86 참조). 다른 한편으로 미국과 중국은 서로 불필요한 충돌을 피하고 협력을 유지하면서 각자의 역량 강화를 도모하고 있다. 미국과 중국은 서로의 힘의 관계에서 어느 한쪽이 압도할 수 없다는 인식을 공유하고 있는 듯하다. 미국이 중국의 부상을 현실로 인정하듯이 중국도 미국의 헤게모니 유지를 인정한다. 한편으로 중국의 핵심이익에 대한 과도한 주장과 공세적 태도가 보이기도 하지만,

이에 대한 중국 내 자성의 목소리도 높아지는 이유다. 한마디로, "미국과 중국 모두 너무나 덩치가 커서 지배를 받을 수 없고, 너무나 특별해서 변할 수 없으며, 서로에게 너무나 필요해서 고립을 감당할 처지도 아니기 때문에, 양측이 그런 상호 필요성을 인지하는 현실"인 것이다(키신저 2012, 585).

미국과 중국의 이와 같은 갈등 속 협력 관계는 향후 상당 기간 지속될 것인가, 아니면 결정적 충돌이 불가피한가? 앨리슨(2018)이 '투키디데스의 함정'이라고 부른 신흥 세력과 기존 지배 세력의 충돌을 미국과 중국은 과연 피할 수 있을 것인가? 이에 대해서 상반된 견해가 가능하다. 이를 간략히 살펴보자.

우선, 미중 대결이 불가피하다는 전망이다. 미국과 중국은 세계 차원의 헤게모니 투쟁을 벌이고 있으며 패권 투쟁에서 승자와 패자의 구별은 필연적이라는 생각이다. 이춘근은 미국의 패권이 계속될 것이며 중국에게 부분적인 승리도 용납하지 않을 것이라고 주장한다. 그는 '공격적 현실주의' 관점에서 중국이 부상하는 한 미중 간 헤게모니 투쟁이 필연적이며, 중국이 전 지구적 차원에서가 아닌 아시아 지역 차원에서 패권국 지위를 노릴 경우에도 미국이 결코 용납하지 않을 것이라고 전망한다(이춘근 2016, 20-27). 기존의 패권국이 새로운 부상국보다 우위에 있으며, 이 우위를 이용해서 부상국의 도전을 사전에 예방하는 조치를 취할 수 있다는 생각이다. 하지만 이 같은 논리라면, 세계 역사에서 패권국의 변화, 즉 세력전이(power transition)는 일어날 수가 없다. 기존의 패권국이 부상국보다 압도적 우위에 있을 때 예방전쟁을 실시하면 되기 때문이다. 하지만 역사는 국제정치의 현실이 이보다 훨씬 복잡함을 보여준다.

세력전이이론의 관점에서 미중관계에 대한 좀더 세련된 전망은 정재호에서 찾을 수 있다. 그는 역사상 유일하게 평화적 패권전이를 한 영미 사례에 착안하여, 미국과 중국의 서로에 대한 상호인식을 조사한다. 영국과 미국 사이에 평화적인 세력전이가 이루어진 배경에는 그들이 같은 인종과 문화권에 속했고 긍정적이고 우호적인 상호인식을 공유한 점이 중요하게 작용했다는 인식이다. 영미 관계에 비해 미국과 중국은 매우 이질적인 인종과 문화권에 속한다. 따라서 패권전이가 평화적으로 이루어지기 위해서는 미중 사이의 이질적 문화를 만회할 만한 긍정적이고 우호적인 상호인식이 필요하다고 한다. 그런데 미중 사이에 공동의 적이 있을 경우에는 서로 긍정적인 상호인식이 많아졌지만, 전반적으로 중국을 비우호적으로 보는 미국인의 비율이 우호적으로 보는 미국인보다 훨씬 높게 나타난다. 중국을 '비우호적 국가'나 '적'으로 인식하는 미국인의 비중이 1994-2000년(평균 61.6%) 시기보다 2001-2007년(평균 54.1%) 시기에 낮아지고 있지만, 중국의 공세적인 대외정책이 두드러진 2010-2011년 이후 비우호적인 인식이 다시 뚜렷하게 높아졌다고 한다(정재호 2016, 128-133). 이는 미중 간 패권경쟁이 평화적인 세력전이로 이어질 전망을 어둡게 하는 것으로 해석된다.

반면 기존 세력전이론의 정설에 대해 정면으로 반박하고 있는 안두환의 연구는 미중관계에 대해 보다 미묘한 전망을 함축한다. 안두환은 영국이 미국의 부상을 위협으로 인식하지 않았다는 기존 세력전이론의 정설에 도전한다. 그에 따르면, 영국은 독립 이후 미국을 우호적으로 보지 않았다고 한다. 영국이 보기에 미국은 모국을 배신한 국가이자 자신의 최대 식민지로 남은 캐나다에 대한 위협적인 존재였다. 영국은 남북전쟁에서 미국의 부상을 막을 수 있는 절호의 기회를 만났으나, 이에 실패하였다. 이후 독일과 일본의 부상 및 러시아의 팽창(동진) 등으로 제국 유지 비용이 급증하자, 영국은 미국과 일본을 차례로 '제국 유지를 위한 협조자'로 선택하였다. 이는 인종적·문화적 동류 의식에 따른 선택이 아니라 순전히 전략적 선택이었다(안두환 2016, 16-46, 58).[5] 이 연구의 관점에서 볼 때, 향후 미중관계는 미국이 중국을 제국 유지를 위한 협조자로 중국을 선택할 때까지 중국이 미국과

....

5   이 문제는 단순히 미국과 영국의 관계에서만 볼 문제는 아니다. 엘리슨에 따르면 19세기 후반부터 영국이 주시한 경쟁국은 러시아, 프랑스, 미국, 독일 등 네 나라였다고 한다. 미국과 영국의 관계는 이 네 나라 중 유독 독일이 영국의 주적이 된 과정과 연관되어 있다(엘리슨 2018, 102-146, 297-304 참조).

'냉랭한 평화(cold peace)'를 유지하는지에 달려 있다고 한다. 중국이 이에 성공하는지에 따라 패권전쟁이 불가피할 수도 있고 아닐 수도 있다(안두환 2016, 63).[6]

종합하면, 미중 간 패권 대결이 불가피하다는 전망보다 미국과 중국이 서로 다른 생각을 가지고 '갈등 속 협력' 관계를 지속할 가능성이 더 커 보인다. 미국은 중국의 부상을 견제하면서 자신의 우위를 유지하고자 할 것이고, 중국은 미국에 직접 도전하기보다는 전쟁 없이 평화적으로 자신이 우위에 서게 되는 세력전이를 꿈꿀 것이다. 그 과정에서 패권전쟁이 일어날 가능성을 배제할 수는 없지만,[7] 두 나라 모두 이를 피하고자 한다. 따라서 갈등과 협력이 복잡하게 교차하는 현재의 상태가 당분간 지속될 것으로 보인다.

2. 미국과 중국의 대 한반도 입장

미국과 중국의 대 한반도 입장을 검토하기 전에 한반도의 지정학적 위상에 대한 통상적인 관념을 잠깐 검토해보자. 통상적으로 우리는 (1) 한반도가 대륙세력과 해양세력이 교차하는 곳으로 (2) 지정학적으로 대단히 중요한 전략적 요충지라고 생각한다. 가령 중립화 통일론을 주장하는 강광식은 한반도가 "동북아시아의 긴요한 십자로의 중앙"에 위치해 있다는 지정학적 입지조건을 강조한다(강광식 2010, 151-155). 해양세력과 대륙세력이 접하는 전략적 요충지라는 한반도의 이미지는 역사적 경험에 입각해 있다. 몽골의 한반도를 경유한 일본 공격 시도, 명을 치기 위한 길을 내라는 명분으로 시작한 임진왜란, 또는 일제 강점기 일본이 만주와 조선을 하나의 덩어리로 묶어서 '만선(滿鮮)'이라는 가상의 지리적 공간을 만들고 대륙공략

....

6 　세력전이론이 경시하는 관념적 요인을 더하여 신욱희는 '위협전이론'을 제시한다(신욱희 2017, 19-30).

7 　앨리슨은 패권전쟁이 발발할 수 있는 가능한 경로로 다섯 가지를 든다. 북한의 붕괴가 그 중 하나인 점이 흥미롭다(앨리슨 2018, 250-283).

의 거점으로 활용한 사례(강상중·현무암 2012, 41-53) 등이 대륙과 해양 사이의 가교로서 한반도의 전략적 중요성을 보여준다.

지정학적 관점에서 매우 뛰어난 역사적 분석으로 배기찬의 연구가 있다. 그는 대륙세력(X)과 해양세력(Y)을 구분하고, 대륙세력은 다시 만리장성 이남의 농경민족(A)과 이북의 유목민족(B)으로, 해양세력은 일본(C)과 서양(D)으로 구분한다. 이를 바탕으로 한반도에서 X(A, B)와 Y(C, D)가 역사적으로 어떻게 교차되어 왔는지 체계적으로 분석한다. 그에 따르면, 한반도와 베트남, 대만은 대륙세력과 해양세력의 경계에 있으며, 2000여 년의 한반도 역사는 대륙세력과 대륙세력, 대륙세력과 해양세력이 서로 맞부딪치는 역사라고 한다(배기찬 2017, 40-50).

비슷한 시각에서 김종성은 1945년 이후의 동아시아 국제관계를 1842년 난징조약 질서의 연장으로 본다. 김종성에 따르면, 2차 대전 이후 동아시아 질서는 (1) 해양세력(미국, 일본, 남한, 대만, 필리핀)이 대륙세력(중국, 북한, 러시아, 몽골)에 대해 우위를 차지하고, (2) 해양세력 중에서 서양 국가(미국)가 패권을 장악하고 있으며, (3) 한반도에서 해양세력과 대륙세력이 교차하고 있다는 특징이 있다. 이 중 (3)을 제외한 나머지는 아편전쟁 이후 수립된 1842년 질서와 동질적이라는 것이다(김종성 2017, 17-18). 해양세력과 대륙세력의 대립 관계가 지속되고 있다는 관점이다.

하지만 과연 한반도가 해양세력과 대륙세력이 교차하는 지점인가? 대개 해양세력은 미국(및 일본)을, 대륙세력은 중국(및 러시아)을 지칭한다. 하지만 미국이 과연 해양세력이며 중국이 대륙세력인지 따져볼 필요가 있다. 미국은 전 세계의 주요 바닷길을 사실상 통제하는 점에서 해양세력이 분명하지만, 아메리카 대륙은 물론 전 세계 대륙의 곳곳에 군사기지를 갖고 있기도 하다. 미국은 '영토의 제국'은 아니지만 '기지의 제국'이며, "철저하게 군사화 된 제국"이다(존슨 2004, 252-253). 2010년대 중반에 출판된 한 연구에 따르면 미국은 전 세계적으로 70개국 이상에 약 800개의 미군기지를 운용하고 있다고 한다. 전 세계에 걸친 기지를 통해 미국은 전 세계의 주요 바다와 하늘을 지배하고 있다. 미국의 해외기지가 주로 해안에 위치하고 있어서 바다를 통제하는 데 중점을 두고 있어 보이지만, 1979년 이란혁명과 소련의 아프가니스탄 침공 이후 중동 내륙에 기지를 대폭 확대한 데서 알 수 있듯이 미국의 힘과 관심이 바다의 통제에만 국한되어 있는 것은 아니다. 특히 흔히 '릴리패드(lily pad)'라고 부르는 '안보협력 대상 지역(cooperative security location)'이라는 소규모 기지들은 아프리카 대륙을 비롯해 세계 곳곳에 포진해 있다(바인 2017, 23-26, 41-73, 403-431; 존슨 2004, 207-250 참조). 중국은 대륙국가이지만 동시에 바다에 면한 해안선도 대단히 길고 과거 '정화의 원정'에서 보듯이 얼마든지 해양(세력)으로 뻗어 나갈 수 있다. 중국이 의욕적으로 추진하는 '일대일로(一帶一路)' 전략은 거대한 대륙의 길과 함께 해양의 길도 포함한다. 특히 아세안과의 연계 강화(ASEAN＋1 자유무역지대)와 함께 해상 실크로드 건설을 명분으로 '해양 강국 건설'을 추진하고 있다(이창주 2017, 176-187). 1980년대 이후 중국은 해군력을 현대화하면서 동남아 국가들과의 다자협의체를 강화함으로써 해양강국으로의 발전을 도모하고 있다. 1840년 아편전쟁 패배 이후 중국이 소위 '100년의 치욕'을 겪은 것은 "해양을 무시한 … 역사적 … 실수에 대한 대가"라는 인식을 바탕으로, 시진핑은 육군의 전통적인 지배를 축소시키고 해군, 공군 및 미사일 등 해양통제력을 강화하고 있다(앨리슨 2018, 208). 이에 대해 미국은 미일동맹을 강화하는 한편 동남아 국가들과의 군사협력을 제고함으로써 중국의 해양대국화를 견제하고 있다. 이 같은 '중국의 해양대국화 추진에 따른 미국의 적극적 견제'가 동아시아 지역에서 미중관계의 요체라는 서정경의 결론은 해양패권을 둘러싸고 미국과 중국이 긴장관계에 있음을 보여준다(서정경 2010, 109-110. 변창구 2013 참조). 요컨대 중국이나 미국이나 모두 대륙세력이자 (잠재적) 해양세력으로 보아야 한다.

일단 미국과 중국을 각각 해양과 대륙 세력이라고 보는 시각을 받아들이자. 과연 해양세력과 대륙세력은 한반도에서 서로 교차하는가? 한반도는 그런 의미에서 전략적 요충지인가? 해양세력과 대륙세력이 대륙이나 해양으로 진출하기 위해서 한반도를 경유해야 하는 것은 아니다. 당(唐)에서 일본으로 가기 위해서는 한반도를 거치는 길보다 산둥반도에서 출발하여 서해를 가로질러 가는 바닷길이 훨씬 수월한 길이었다. 당과 일본의 직접 교역을 원하지 않았던 신라가 출동한 곳도 한반도가 아니라 바닷길이었다(김종성 2016, 117). 해양세력 일본이 한반도를 경유하여 대륙으로 진출한 역사도 있지만, 중국이나 동남아시아 공략을 위해 반드시 한반도를 경유할 필요가 있는 것은 아니다. 2차대전 기간 중에도 일본은 막강한 소련의 군사력에 막혀서 '남방 옵션'을 선택하고 인도차이나와 필리핀 및 인도네시아 쪽으로 전쟁을 확대했다(장순 2016, 144-145). 대륙세력이 해양으로 진출하기 위해서 한반도를 경유해야 하는 것은 더더욱 아니다. 한반도가 '일본의 심장을 겨냥하고 있는 비수'로 언급되기도 하지만, 일본에 대한 직접적 위협은 중국대륙보다는 19세기 이후 러시아(사할린과 캄차카 반도 및 쿠릴열도)와 2차 세계대전 시기 미국에서 비롯했다(김시덕 2015, 157-195).

우리가 한반도를 중심으로 보면 해양세력과 대륙세력이 한반도에서 만나지만 좀더 넓은 시각에서 보면 이들이 반드시 한반도에서 만나야 할 필요는 없다. 한반도의 전략적 가치는 고정되어 있지 않다. 그것은 상황에 따라 다양하며 평가자의 입장에 따라 상대적이다. 무릇 지리적 공간의 전략적 가치는 절대적으로 고정되어 있지 않으며, 상황과 시대, 행위자들의 상호행위에 따라 달라지는 가변적인 것이다. 이 과정에서 신지정학(비판지정학)이 강조하는 '공간의 재현'이 중요하다(지상현 2017, 175-176; 강광식 2008, 37). 한반도가 해양세력과 대륙세력이 만나는 전략적 요충지라는 생각은 임진왜란 이후의 일이며 그 전에는 그와 같은 생각이 드물었다고 한다. 일본이 명을 치기 위해 길을 빌린다(假道入明)는 명분으로 조선을 침공하면서 해양세력과 대륙세력을 잇는 접점으로서 한반도의 위상이 부각되었다. 특히 1860년 청과 러시아 사이에 체결된 베이징 조약으로 조선이 러시아와 영토를 맞닿게 되면서 해양과 대륙 세력의 접점으로서 한반도의 의미가 강하게 부각되었다(김종성 2016, 184-187; 김시덕 2015, 9, 44-45). 임진왜란 이후 청일

전쟁, 러일전쟁, 그리고 한반도 분단과 한국전쟁 등의 경험이 한반도의 통상 관념을 강화했지만, 전략적 요충지로서 한반도가 차지하는 가치와 위상은 앞으로 맥락에 따라 충분히 달라질 수 있다. 경의선을 복원하여 한편으로 시베리아횡단철도(TSR: Trans-Siberian Railway)와 중국횡단철도(TCR: Trans-China Railway)에 연결하고 한편으로 해저터널로 일본에 연결하는 구상이나, 러시아의 천연가스를 남북한을 통하여 일본에까지 해저터널로 연결하는 구상을 그릴 수 있다. 이때 한반도는 대륙과 해양 세력을 잇는 전략적 가교의 의미를 갖는다. 그런데 러시아에서 바로 일본으로 연결하는 구상 또한 가능하다. 도쿄-홋카이도-사할린-시베리아로 연결되는 철도나 파이프라인을 연결하는 구상이 실현되면 한반도의 가교 역할은 그 빛을 잃는다. 한반도를 우회하는 길이 얼마든지 있는 것이다. 요컨대 한반도의 전략적 가치는 한반도 중심의 사고가 아니라 좀더 넓은 시야에서 보아야 한다.

　　미국과 중국의 대한반도 전략과 입장도 우리 중심의 시각이 아니라 그들의 시각에서 볼 필요가 있다. 미국이나 중국의 시각에서 볼 때 한반도는 그 자체로 독자적인 대외정책의 우선 목적이 아니다. 이현휘가 강조하듯이, "미국의 대한반도 정책은 그 자체가 목적으로 설정되는 것이 아니라 미국의 대중국 정책을 효과적으로 수행하기 위한 수단으로 설정"되며, "중국의 대한반도 정책도 그 자체가 목적이 되는 것이 아니라 중국의 대미국 정책을 효과적으로 수행하기 위한 수단이 된다"(이현휘 2017, 331). 미국이나 중국에게 한반도의 전략적 가치는 우리가 생각하는 것보다 작을 수 있으며, 모두 한반도의 현상유지, 즉 남북한의 분리상태를 기본적으로 선호한다. 한반도는 미국과 중국에게 독자적인 전략적 가치를 갖는 것이 아니라, 미중관계 속에서 전략적 가치가 정해진다. 미국과 중국이 한반도의 현상 유지를 선호하는 근본적인 이유도 남북한의 분리 상태가 미중관계 속에서 차지하는 의미 때문이지 한반도 자체의 독자적인 가치 때문이 아니다. 미국과 중국은 남북한 통일로 인한 한반도의 현상변경을 받아들일 수는 있으나 그것이 자국에 위협이 되지 않는 조건에서 그렇다. 중국과 미국의 입장을 각각 살펴보자.

중국은 기본적으로 자국에 우호적인 북한이 미국(해양세력)과의 사이에 완충지대 역할을 하는 현상유지를 선호한다. 보통 중국의 한반도 정책의 핵심으로 (1) 한반도 평화와 안정 유지, (2) 한반도 비핵화, (3) 한반도의 자주적 통일 지지, (4) 중국의 성장 지속을 위한 우호적 대외환경 확보, (5) 한반도 문제에 대한 중국의 발언권 제고 등을 든다(정재호 2013, 210; 배기찬 2017, 519-520). 이를 중국의 입장에서 보면, 중국은 세계 패권국가로의 부상을 위해 한반도를 포함한 주변의 안정을 우선적으로 선호한다고 하겠다. 한반도 통일보다 분단의 현상유지를 근본적으로 선호하는 것이다.

우선, 중국에게 한반도는 우리가 생각하는 것만큼 중요하지 않을 수 있다. 이동률에 따르면, 중국은 1970년대 초 미국과의 데탕트를 구축하면서 한반도 문제를 사후적 관리 대상에 불과한 것으로 보았다고 한다. 오늘날 세계 패권국을 노리는 중국이 과거에 비해서 한반도를 더 중시해야 할 이유가 많다고 생각하기 어렵다(이동률 2015, 82). 중국이 표방하고 있는 '일대일로' 정책을 보자. 중국은 일대일로에 어느 국가나 참여할 수 있는 개방형으로 설정했지만, 미국의 대중국 견제로 일대일로의 국제 범위를 유라시아와 아프리카로 먼저 설정했다. 즉 동아시아와 유럽을 두 축으로 하고 '유라시아+아프리카'를 일대일로의 범위로 명시했다. 일대일로 정책의 핵심은 서진(西進)이다. 중국은 2001년 출범한 SCO(상하이협력기구)를 통해 서진을 시작했다(이창주 2017, 36, 172-175). 동쪽의 미일동맹 해양세력과 충돌을 피하면서 육상과 해상 두 통로로 서쪽으로 진출하는 정책이다. 전체적으로 동쪽을 관리하면서 서쪽으로 진출하는 '동관(東管), 서진(西進), 남개(南開), 북화(北和) 전략'이다(김흥규 2016, 75-78). 이병한은 중국의 서진과 함께 세계질서의 근본 축이 바뀌고 있다고까지 주장한다. 19세기 대서양 시대에서 20세기 태평양 시대로 세계의 중심 축이 움직였다면, 21세기 그 축이 다시 유라시아로 이동하고 있다는 것이다(이병한 2016, 167-175). 분명한 것은 대륙국가인 중국이 해양(세력)으로 나아갈 때 한반도가 중요한 요충지가 아니라는 점이다. 또 대륙 차원에서의 세 확산을 위해서도 중국에게 는 동북아시아보다 서쪽의 중동과 유럽이 더 중요하다. 중국의 일대일로 계 획에 없는 동북아 라인을 형성하자는 김흥규의 주장은, 우리의 입장에서는 바람직해 보일 수 있으나 중국의 입장에서는 시급하지 않을 수도 있다(김흥 규 2016, 86).[8]

중국에게 한반도의 전략적 가치가 우리가 통상 생각하는 것보다 적을 수 있지만, 그럼에도 중국은 한반도를 잘 관리할 필요가 있다. 서쪽으로 진 출을 하기 위해서도 동쪽의 안정적인 관리가 필요하며 미국과의 패권 경쟁 의 차원에서도 한반도가 중국에 불안과 위협이 될 수 있는 위험을 경계해야 한다. 임진왜란과 청일전쟁 및 한국전쟁의 역사적 경험을 통해 중국은 한반 도가 해양세력이 중국 대륙을 공략하는 주요 경로가 될 수 있음을 잘 알고 있다. 1970년대 초 미국과의 데탕트를 추구할 때도 중국은 미군의 철수가 일본군의 한반도 진출로 이어질 가능성을 우려했다. 데탕트 합의에서 중요 한 부분이 바로 남한에서 미군이 점진적으로 철수하는 대신 일본군이 미군 을 대체하지 않는다는 조건이었다(조동준 2015, 196; 손열 2015, 89; 홍석률 2005b, 325).

한반도 통일 문제와 관련해서는 중국 내에서 '통일이익론'과 '통일위협 론'이 대립해왔다. 현실적으로 한반도의 통일이 남한 위주로 진행될 가능성 이 많고, 그러한 흡수통일은 중국의 전통적인 지정학적 이익에 부정적 영향 을 미친다는 것이 통일위협론이다. 통일위협론자들은 한반도의 통일도 혼 란도 원하지 않고(不統不亂, 不熱不冷), 평화로운 분단(현상유지)을 지지한다. 통일이익론은 경제성장과 민주주의 발전으로 남한의 높아진 국제적 위상과

....

8   문재인 대통령은 2017년 6월 16일 제주에서 열린 아시아인프라투자은행(AIIB) 제2차 연차총회
     에서 "남과 북이 철도로 연결될 때 새로운 육상·해상 실크로드의 완전한 완성이 이뤄질 것"이라
     고 말했다. 이는 중국의 일대일로 정책에 포함되길 원하는 우리의 입장을 잘 보여준다. (http://
     www.yonhapnews.co.kr/bulletin/2017/06/16/0200000000AKR20170616077200001.HTM-
     L?input=1195m, 2017년 6월 19일 검색).

1992년 국교수립 이후 급속도로 성장한 한중 경제교류의 규모를 놓고 볼 때, 한반도의 통일이 중국에게 전체적으로 도움이 된다는 생각이다. 이 시각에서는 북한이 더 이상 완충지대로서 의미가 없고 오히려 중국에게 부담만 된다는 '북한부담론'이 힘을 얻는다(문대근 2009, 320-326, 426-428).

한반도 통일 문제에 대한 중국 내 시각 중 우위에 있는 것은 통일위협론이다. 남한 위주로 한반도가 통일이 되고 미군이 주둔하고 있는 국가와 국경을 마주하는 것을 중국이 받아들이기는 쉽지 않다. 중국에게 북한은 특별한 의미를 갖는다. 북중관계의 특별한 친밀성에 대해 여러 요인을 생각할 수 있지만, 그 중 가장 중요한 것이 순망치한(脣亡齒寒)의 관계라는 전략적 요인이다. 중국과 미국 사이의 갈등이 심해질수록, 중국은 북한이 완충지대로서 갖는 전략적 중요성을 더욱 절감할 것이다(정재호 2013, 200-207). 남한 내 사드 배치에 대해 중국이 보복조치를 취하는 데서 보듯이, 중국의 핵심이익에는 여전히 변화가 없으며 미중 갈등이 심한 국면에서는 완충지대로서 북한의 가치를 다시금 확인하는 것처럼 보인다. 결국 "북한은 살리되, 한반도에서의 전쟁은 회피한다는 두 가지 요소가 중국의 한반도 전략이다"라는 이수혁의 판단은 여전히 유효하다(이수혁 2011, 180). 결정적인 국면에서는 중국 내에서 통일이익론보다 통일위협론이 월등히 우세해지는 것이다.[9]

중국이 한반도의 현상유지를 기본적으로 선호하지만, 경우에 따라서는 한반도의 통일을 받아들일 수도 있다. 남한의 경제적 위상 상승과 남한과의 교류 증대로 중국에서 한반도 통일을 보다 긍정적으로 생각하는 통일이익론이 힘을 얻어 왔다(김흥규 2016, 79-80). 물론 사드 배치 문제처럼 안보

....

9 '하나의 중국', 일본의 '보통국가화', 한반도 '통일'이라는 동북아 삼국의 '정상화' 욕구가 각국의 내부에서는 강한 지지를 받지만, 다른 나라의 그러한 열망에 대해서는 서로 우려와 불신을 표방하는 것이 동북아시아의 현실이라는 신욱희의 진단은 눈여겨볼 대목이다. 그는 이 점에서 동북아시아에서 "단위 차원의 변화가 수반하는 체제 차원의 불안정성을 어떻게 관리할 수 있는가"를 적극 고민해야 한다고 주장한다(신욱희 2017, 141-142).

문제가 직결되는 결정적인 순간에 중국의 입장은 통일이익론보다 통일위협론으로 기울어진다. 또 북한의 급변사태 발생 시에도 중국은 남한 중심의 흡수통일에 적극 반대할 가능성이 크다(정재호 2013, 213). 다만 통일된 한반도가 중국에 위협이 되지 않는다는 것이 보장된다면, 중국의 입장에서 한반도 통일을 지지하고 수용할 수도 있다. 한마디로 "중국의 관점에서 볼 때 통일된 한국은 받아들일 수 있지만, 그것은 어디까지나 통일 한국이 동시에 미국 세력의 연장선(배후의 일본을 발판으로 한)이 아닐 경우에 한해서이다"(브레진스키 2000, 245). 혹은, 조성렬의 주장처럼, 중국은 통일한국이 중국에 우호적이거나 중립적이 되도록 조종하거나, 이것이 불가능할 경우 (1) 한반도 비핵화, 주한미군의 북한 지역 배치 제한, 통일한국군의 감축, (2) 북한과 중국의 기존 조약과 협정 승계, (3) 한미동맹의 재정의 등을 요구하면서 한반도 통일을 조건부 승인할 수 있다(조성렬 2012, 80-82).

중국과 마찬가지로 미국에게도 한반도는 우리가 생각하는 것만큼 중요한 지역이 아닐 수 있다. 우선 '애치슨 선언'에서처럼 한반도는 미국의 방어선 밖에 존재할 수 있다. 이와 관련하여, 미국이 북한의 전쟁 준비 상황과 심지어 개전 일자까지 알고 있었으며(김동춘 2000, 70), 애치슨 선언은 남한을 미국의 방어선 밖에 놓이게 함으로써 북한의 전면 선제공격을 유도한 전략적 계획, 또는 '공격에의 초대'라는 음모론 입장에서의 반론이 가능하다. 커밍스에 따르면, 남한이 침공 받을 경우 미국이 아무것도 안 할 것이라는 것이 애치슨이 의미한 것이 아니었으며, 북한도 남한이 애치슨의 방어선 안에 포함된 것으로 이해했다고 한다(Cumings 2002, 408-438; 장순 2016, 301-310; 신복룡 2006, 618-622 참조). 하지만 관련 문헌과 자료를 검토한 이철순의 종합적 판단에 따르면, 한국전쟁 이전 미국은 남한의 군사전략적 가치가 크다거나 (일본에 대해) 경제적으로 중요하다고 보지 않았다. 다만 공산주의와의 대결에서 차지하는 남한의 의미나 미국 세력권 내 국가들에 대한 미국의 위신 등의 측면에서 남한의 '상징적 가치'는 크게 인식했다고 한다(이철순 2005). 하와이에서 태평양 전체를 관장하는 미국 태평양사령부(PA-

COM) 시각에서 볼 때, 미국 본토 보호를 위해 태평양을 지키는 데 있어서 일본 열도에서 오키나와를 거쳐 필리핀 열도로 이어지는 선이 일차적으로 중요해 보인다. 맥아더 장군이 '미국의 호수'인 태평양을 보호하기 위해서 '필리핀-류큐열도(오키나와)-일본-알류산 열도'로 이어지는 일련의 '역외 섬 방어선(offshore island perimeter)'의 구축을 강조했는데(바인 2017, 57-58), 여기에 한반도는 들어가지 않는다(신복룡 2006, 625-628). 미국에게 한반도가 갖는 전략적 가치의 정도는 한국전쟁 이후 때때로 미국이 주한미군 철수를 논의하거나 시도한 사실에서도 알 수 있다(오버도퍼 2002, 136-174; 해리슨 2003, 212-302). 미중 데탕트를 추진하는 과정에서 닉슨은 미중 간 적대관계를 청산하는 데 몰두하여 "한반도의 정세는 전혀 고려하지 않았던 것으로 보"였으며, 이에 놀란 남북한 정권이 처음으로 스스로 남북문제를 해결하기로 마음을 굳히게 되었다고 한다(오버도퍼 2002, 36). 또한 미중 데탕트를 주도한 키신저는 주한미군의 주둔을 미국의 핵심이익으로 여기지 않았고, 주한미군 철수가 원래 예상보다 상당히 앞당겨질 수 있다고 말하기도 했다(마상윤 2015, 30-33). 카터 대통령 시절 미국이 주한미군 감축 및 철수를 시도한 것도 같은 맥락에서 이해할 수 있다(김일영 2005a 참조).

물론 남한이 빠른 속도로 경제성장과 함께 정치적 민주주의를 이루면서 남한의 정치적, 경제적, 상징적 중요성이 훨씬 높아졌다. 가령 『거대한 체스판』에서 브레진스키는 "남한의 증대된 경제력으로 인해 남한은 어느 때보다도 중요한 '공간'이 되었고, 남한에 대한 통제는 더욱 값진 것이 되었다"고 평가한다(브레진스키 2000, 72). 그는 유라시아라는 '거대한 체스판'에서 주요 플레이어와 함께 지정학적 추축(pivot)을 거론하는데, 여기에 우크라이나, 아제르바이잔, 터키, 이란 등과 함께 남한이 포함된다. 그런데 특기할 것은, 남한이 '극동 지역의 지정학적 추축'인 중요한 이유가 바로 일본과 연결되어 있다는 점이다. 즉 한미동맹과 주한미군은 남한뿐만 아니라 일본을 보호하는 역할도 하며, 일본의 군사 강국화를 저지하는 역할을 하는 점에서 중요한 의미가 있다. 남한 자체의 전략적 가치보다 일본의 보호라는 측면에서의 전략적 가치가 더 중시되고 있음을 알 수 있다(브레진스키 2000, 51-82).

이 점에서 주한미군을 "한반도라는 몸통에 깊숙이 박혀 있는 칼"에 비유한 페퍼의 진단이 의미가 있다. "비록 그 칼이 엄청난 고통을 불러왔지만, 만약에 칼을 함부로 제거하다간 자칫 칼이 박힌 피해자가 죽음에 이를 수도 있는 위험성이 있"다는 분석이다(페퍼 2005, 138). 동아시아에서 일본의 군사대국화를 우려하는 국가들이 많은데, 미국이 이를 제어하는 강대국 역할을 하며 주한미군도 그런 의미를 갖는다는 의미다. 소위 '병마개(bottle cap)론'이다. 1970년대 데탕트 구축과정에서 미국이 표방했듯이, 미국의 동아시아 정치 관여와 주둔이 일본의 공세적 팽창정책을 방지하는 역할을 한다는 논리다(손열 2015, 92, 98). 하지만 탈냉전 시대 전개되고 있는 미일동맹 강화 경향은 미국의 이와 같은 병마개 역할이 지속되고 있는지에 대해 의문을 갖게 한다. 미국의 전역미사일방어시스템(TMD: Theater Missile Defense) 구상에 일본이 참여하면서 중국의 위협의식이 높아지고 적극 대응하면서 중국과 일본 사이의 안보딜레마가 심해지기도 했다(최종건·박창원 2010).

미국의 일본에 대한 병마개 역할에서 미일동맹 강화로의 전환은 한편으로 중국의 부상에 대응하기 위한 방편이기도 하지만, 그 기저에는 미국 헤게모니의 점진적 쇠퇴가 깔려 있다. 즉 동아시아 지역의 안보를 유지하고 미국 중심의 국제질서를 유지하는 데 드는 비용을 감당하는 것이 벅차서 이를 일본(및 한국)과 나누려는 것이다. 여기서 우리가 유념할 대목은 미국에게 일본과의 동맹이 남한과의 동맹보다 더 중요하다는 것이다. 패전 이후 일본은 세계 패권국가인 미국에 바짝 엎드려서 자국의 안위를 보장 받고 미국의 '제국 유지를 위한 협조자'로 선택 받음으로써 국제적 영향력을 행사해왔다(안두환 2016, 34-46). 2009년 8월 민주당의 하토야마 유키오 수상이 '탈미입아(脫美入亞)'를 내세워서 미국 중심 외교에서 잠시 이탈한 적이 있으나 집권 1년도 못 채웠고, 이후 아베 정권에서 전통적인 미일동맹 강화 체제로 돌아선 후 일본은 미국의 제국 유지를 위한 협조자 역할을 철저히 하고 있다. 2015년 11월 한일 정상회담에서 위안부 문제에 대해 "최종적이고 불가역적"인 합의에 도달한 것은, 그 배후에 미국의 입김이 작용했다는 전제 하에 미국이 남한과 일본 중 어느 쪽을 더 중시하는지 보여준다(배기찬 2017, 552). 미국에게 우리의 전략적 가치는 여전히 우리가 생각하는 것보다 크지 않다.

한반도 통일 문제와 관련하여서 미국은 중국과 마찬가지로 기본적으로 남북 분단의 현상유지를 선호한다. 그런데 묘한 것은, 중국이 통일한국에 대해 두려움을 갖듯이 미국도 두려움을 갖고 있다는 점이다. 중국이 한반도 통일을 두려워하는 근본 이유는 통일이 남한 위주로 이루어질 가능성이 많고 이는 곧 주한미군과 미국의 북진을 의미한다고 보기 때문이다. 아이러니하게도 미국은 통일한국이 친중국으로 기울 것을 우려한다. 가령 빅터 차와 데이비드 강은 『북핵 퍼즐』에서 다음과 같이 미국의 일반적인 시각을 정리한다. 통일한국은 (1) 주한미군의 철수를 요구하고, (2) 중국과 대륙적 연대를 모색할 것이며, (3) 역사적 숙적 관계인 일본 대신 중국 편에 설 것이고, 결국 (4) 다른 아시아 국가들로부터 고립된 일본이 이 지역에서 미국의 마지막 전초기지가 될 것이다. 남북한의 통일이 한중관계의 강화와 한일관계의 약화로 이어질 것이라는 전망이다(차·강 2007, 243-244). 한반도 통일이 주한미군의 철수로 이어지고, 주한미군이 없는 통일한국은 점차 중국의 정치적 영향권으로 편입될 가능성이 크다는 게 미국 측의 두려움이다(브레진스키 2000, 245-246).

요컨대 중국이 한반도의 통일을 위협으로 인식하듯 미국도 한반도의 통일을 위협으로 인식하는 경향이 강하다. 중국이 한반도의 통일을 자기에게 유리한 조건에서, 또는 적어도 자기에게 불리하지 않은 조건에서 받아들일 수 있듯이, 미국도 그런 조건에서 한반도의 통일을 받아들일 수 있다. 중국이나 미국이나 모두 우선은 남북한이 분단되어 있는 현상유지를 선호한다.

III. 복합통합외교 구상

1. 강대국 국제정치와 복합통합외교

남북한의 서로주체적 통합은 한반도를 둘러싼 강대국 국제정치의 배경 속에서 추진되어야 하며, 따라서 강대국들의 지지나 최소한 묵인을 받을 필요가 있다. 남북한의 통일을 위해서 한반도를 둘러싼 동북아시아 국제정치의 판세를 정확하게 분석해야 한다는 기존의 논의는 무수히 많다. 몇 가지만 간단히 살피고, 서로주체적 통합 구상이 기존의 논의와 차이나는 점을 강조한다.

먼저, 엄상윤 등은 한반도를 둘러싼 지역적 양극체제가 남북한의 통합지향 세력과 분리지향 세력에게 미치는 영향을 분석하면서, 지역적 양극체제가 경직되면 남북한의 분리지향 세력이 강해지고, 지역적 양극체제가 이완되면 통합지향 세력이 힘을 발휘하기가 용이하다고 주장한다. 이 시각에 따르면, "한반도 통일은 주변강대국들, 특히 패권적 외세들의 협력 내지 묵인이 전제되어야 하며, 양극체제 하에서 이러한 전제조건이 충족되기 위해서는 체제가 충분히 이완되어 외세들의 영향력이 중화되어 있어야 한다"(이호재 외 2005, 43-7, 346). 남북한의 통합지향 세력과 분리지향 세력을 각각 서로주체적 자세와 홀로주체적 자세와 동일시하는 점에서 한계가 보이지만, 이 분석은 한반도를 둘러싼 국제정치가 남북한의 통합과 분리에 미치는 역학관계에 대해 중요한 통찰을 제공한다.

비슷한 시각에서 이수형은 미국과 중국의 상호 관계에 따라서 남북한의 자율적 공간의 폭이 영향을 받는다고 분석한다. 그에 따르면, 미중관계에서 '관여와 통합' 요소와 '균형' 요소 중 어느 것이 우세한지가 남북한의 자율적 행동 공간을 늘리거나 제약할 수 있다고 한다. 미중 간에 관여와 통합의 성격이 강한 경우, 즉 미중관계가 우호적일 때, 남북한은 한미동맹과 북중동맹이라는 강대국 중심의 동맹정치로부터 상대적으로 자율성을 갖고 남북한 관계 개선을 도모할 수 있다. 이때 만일 남북한 관계가 경색되어 있다면 미중이 남북한의 자율성을 제약함으로써 자신들의 우호관계를 유지하는 강대국 협조체제로 전환될 여지도 있다고 한다. 거꾸로 미중 간에 균형의 성격이 강할 경우, 즉 미중관계가 악화되면, 남한과 북한은 각각 강대국 동맹 정치의 구도로 편입되어 남북한의 협력 자율성이 극히 제약될 수 있다. 다만 미중관계가 악화될 때 한미동맹이 미국의 대중국 견제정치 속에 매몰될 가능성이 높은 반면, 북중관계의 특성상 북한은 중국에게 자신의 전략적 가치를 높이고 자율적 안보이익을 위한 전략적 선택지를 넓힐 수 있다고 한다(이수형 2012, 165-167). 미중관계의 변화에 따라 남북한의 자율적 행동 공간이 영향을 받지만, 그 구속력의 정도에 있어서 남북한이 차이를 보일 것이라는 판단이다.

임수호는 미중 간 국제정치 변수와 남북한 간 힘의 분포 변수를 함께 고려하는 흥미로운 분석을 제공한다. 그는 남북한 간 힘이 불균형일 때 상대적으로 우위에 있는 국가가 상대방에 대해 수정주의적 자세를 가질 것이라고 전제하고, 남북한이 힘의 균형을 이룰 때는 서로 현상유지 정책을 펼칠 것이라고 전제한다. 여기에 강대국 간의 관계를 적대적인 경우와 우호적인 경우로 구분하여 2×2 유형을 구분한다. 그에 따르면, 클린턴 정부가 대중국 관여정책을 폈던 우호적 상황에서 김영삼 정부는 대북 강경정책을 폈으며, 부시 정부가 대중국 봉쇄정책을 폈던 적대적 상황에서 노무현 정부는 대북 관여정책을 폈다. 김영삼 정부나 노무현 정부 모두 미국의 대중 정책기조와 다른 기조의 대북정책을 폈으며, 둘 다 한미 갈등이라는 '구조의 보복'을 피할 수 없었다고 한다. 반면 이명박 정부는 미중이 갈등 관계에 있는 상황에서 대북 강경정책을 폈기 때문에 한미관계가 원만할 수 있었다고 한다. 이 분석틀은 향후 동사이아에서 미중 간 갈등이 심해지고 북한이 핵을 보유하여 남북한이 힘의 균형상태로 돌아가는 경우 '봉쇄정책'의 상황이 도래할 수 있음을 예고한다(임수호 2012, 181-185).

이러한 논의들은 모두 미중 간 관계가 우호적일 때 남북한의 서로주체적 통합을 추진해야 한다고 강하게 암시한다. 이수형과 엄상윤 등은 모두 미중관계가 악화되어 있을 때 남북한의 자율적 행동 공간이 축소되고 통합주의 세력이 설 공간도 위축된다고 본다. 반면에 미중관계가 우호적일 때 남북한의 자율적 행동공간과 통합주의 세력의 공간도 확대된다고 본다. 임수호는 여기에 남북한의 힘의 관계를 새로운 축으로 더하지만, 강대국 관계가 우호적인지 적대적인지 여부에 따라서 대북 포용정책과 강경정책이 갈려야 한다는 입장에 있어서는 동일하다. 일반적으로 말해서, 한반도 관련 강대국들 특히 오늘날 세계최강국으로 서로 G2를 형성하고 있는 미국과 중국의 관계가 우호적일수록 남북한의 평화와 통합에 유리할 수 있다. 반면 미중관계가 악화되면 그만큼 동북아시아의 국제정치가 긴장되고, 남북한 차원과 남북의 국내 차원에서 통합세력의 활동범위가 제한을 받을 수 있다.

하지만 미국과 중국의 관계가 우호적이더라도 남북한의 서로주체적 통합에 반드시 유리하지 않을 수도 있다. 우선, 국제정치적 차원의 강대국 역학관계 못지않게 중요한 것이 남과 북 각각의 국내 차원의 역학관계다. 아무리 국제정치적 환경이 유리해져도 남과 북의 국내 정치세력 관계가 이에 부응하지 않으면 남북관계가 개선되지 않을 수 있다. 1970년대 미중 데탕트 경험은 국제 차원의 긴장완화가 한반도의 차원의 긴장완화로 바로 이어지지 않을 수 있다는 점을 보여준다. 이 경험은 미중 간 관계 개선이라는 동아시아 국제정치의 변화보다 이에 대한 남북한의 대응이 남북한 관계를 규정하는 데 더 중요한 역할을 할 수 있음을 의미한다(조동준 2015, 230-231). 대조적으로 노태우 정부 시절 남북한 관계가 서로주체적 (분리) 관계로 발전할 수 있었던 것은 국제 차원의 탈냉전 흐름을 선도적으로 잘 활용한 남한 내부의 정치세력의 헤게모니가 중요하게 작용한 것으로 이해할 수 있다.

다음으로, 국제정치적 긴장완화와 한반도에 대한 강대국들의 선호가 서로 독립적으로 존재할 수 있다. 즉 우호적 미중관계에도 불구하고 미국과 중국이 각각 한반도의 분단이라는 현상유지를 통일이라는 현상변경보다 선호할 수 있다. 미국과 중국이 각각 남북한의 분리를 더 선호한다면 동북아시아 국제정치 구조의 완화가 (즉 강대국의 우호관계 증진이) 반드시 남북한의 통합에 더 유리하게 작용하는 것은 아니다. 대체로 미중관계가 우호적인 경우가 적대적인 경우보다 한반도의 평화와 통합에 유리하겠지만, 앞서 보았듯이 미국과 중국은 기본적으로 남북한의 분리를 통합보다 선호하는 경향이 강하다. 미중관계가 우호적으로 되더라도 그들의 한반도 문제에 대한 선호에 직접적인 영향을 미치지 않을 수 있다. 오히려 미국과 중국이 우호적 관계를 유지하면서 남북한의 현상유지에 만족하고 있을 때, 남북한의 통합을 추진하는 움직임에 대해서 미중이 협력하여 저지할 수도 있다.

그렇다고 남북한의 서로주체적 통합이 동북아시아의 국제정치 구조상 불가능하다고 보아서는 곤란하다. 남북한의 주도에 따라서 국제정치의 구조적 구속력을 어느 정도 극복할 수 있다고 보아야 한다. 이는 남북한의 국제정치적 주도력에 달려 있다. 단순히 남북한이 힘을 합쳐서 동북아 국제정치 차원에서 강대국들의 반대를 극복하자는 얘기가 아니다. 남북한이 그처럼 힘을 합치기도 어렵거니와, 남북한이 힘을 합친다고 해서 중국과 미국 같은 강대국의 반대를 극복할 수 있는 것도 아니다. 문제의 핵심은, 남북한의 통합보다 분리 상태를 더 선호하는 주변 강대국들의 선호에 어긋나지 않으면서 동시에 그들의 지지 내지 암묵적 동의를 이끌어낼 수 있는 통합의 길을 남북한이 함께 만들어 내는 데 있다. 서로주체적 통합이 바로 그런 방안이다. 서로주체적 통합 방식을 통해 강대국들에 정면으로 맞설 필요 없이 그들의 지지를 받으면서 남과 북이 평화와 통합을 동시에 추진할 수 있다.

국제정치 차원에서 남과 북의 서로주체적 통합은 (1) 복합통합외교 실시와 (2) 국제적 헤게모니 구축을 요구한다. 우선, 국제정치 차원에서 서로주체적 통합은 '복합통합외교'의 수립과 추진을 의미한다. 복합통합외교는 복합국가체제의 대외적 모습이다. 남북한 차원의 서로주체적 통합을 구상하면서, 복합국가체제는 남과 북의 국민국가를 인정한 바탕 위에 초국가적 공동정부를 구축해가는 것을 의미한다고 언급했다. 복합국가체제는 복수의 주권과 국가성을 갖는다. 개별성(복수성＝남과 북)과 공동성(단일성＝통합한국)을 동시에 갖고 있는 모습이다. 복합국가체제가 둘(＝남과 북)이면서 하나(＝통합한국)이듯이, 복합통합외교도 둘(＝남과 북의 대표권)이면서 하나(＝통합한국의 대표권)인 체제다. 복합통합외교는 복합통합국가를 구성하는 남과 북의 국민국가가 대외적으로 각자 개별 대표권을 가지면서 동시에 초국가적 공동 정부가 공동 대표권을 행사하는 방식이다. 복합통합외교는 남과 북 각자의 단독 대표권을 인정한 바탕 위에서 중층적인 공동 대표권을 수립하고 발휘한다.

남과 북이 각자 단독 대표권만 주장하는 것은 통합에 장애물이 될 수 있다. 그렇다고 남과 북이 독자적인 대외 관계를 구축해온 역사를 무시하고 통합한국이 새로운 단독 대표권을 주장하는 것도 어렵고 대단히 비현실적이다. 정치제도의 측면에서 느슨하고 중층적인 복합통합국가를 만들어가는 것처럼 복합통합외교의 원칙에 입각해서 복수적이고 중층적인 복합 대표권을 수립할 수 있다. 복합 대표권은 남과 북이 각자 기존의 대표권을 보유하고 동시에 정부 간 기구 및 협의체적 공동 정부가 대표권을 중층적으로 발휘하는 방식이다. 둘(개별주체들의 대표권)이면서 하나(공동주체의 대표권)인 복합체제를 대외관계에 적용한 것이다.

복합 대표권은 중층구조다. 우선 남과 북이 쉬운 사안부터 부문별로 통합한국의 공동 대표권에 합의할 수 있다. 남과 북의 개별 대표권이 지속하는 영역도 있다. 사안에 따라서는 개별 대표권과 공동 대표권의 구분이 모호하게 중첩될 수도 있다. 이는 마치 유럽연합이 회원국들과 별도로 남북한과 외교관계를 맺고 있는 것과 유사한 모습이다. 유럽연합은 회원국들과 별도로 또는 중복하여서 세계무역기구(WTO: World Trade Organization)와 같은 국제기구에 참여하고 국제 무대에서 주요 행위자로 활동한다. 남과 북의 복합통합국가도 남한과 북한이라는 개별 정부들과 통합한국이라는 공동 정부가 때로는 별도로 때로는 중층적으로 중첩적인 복합외교를 수행할 수 있다.

복합통합외교는 김상배의 '복합 네트워크' 또는 '복합 네트워킹' 전략과 차이가 있다. 복합 네트워크란 여러 종류의 네트워크가 섞인 것을 말한다. 단일 종류의 노드 집합이 '단순 네트워크'인 반면, 복합 네트워크는 둘 이상의 다른 종류의 노드의 집합으로 구성된다. 국가라는 단일 노드로 구성되는 국제 네트워크가 단순 네트워크이고, 여기에 기업이나 시민사회 행위자가 다른 노드로 참여하여 중첩적인 네트워크를 더하면 복합 네트워크가 된다. 이처럼 두 가지 이상의 다른 종류의 노드로 구성된 '복합 네트워크 외교 전략'이 가능하다(김상배 2014, 115-119). 이와 달리 이 책에서 말하는 복합통합외교는 단순히 다양한 형식(multi-mode)이 아니라 다차원(multi-level)에도 해당한다. 즉 국가가 노드일 경우에도 노드가 하나의 단자(monad)가 아니라 복층 구조인 것으로 생각한다. 남과 북의 층위에 더하여 통합한국의 층위가 더해져서 복층의 외교권을 행사하는 것으로 그려야 한다.

복합통합외교 구상이 비현실적이라는 반박이 예상된다. 남북한이 서로 주체적 관계를 수립하면서 동시에 점진적 통합을 하는 것도 힘든데, 국제정치 차원에서 대외적으로 개별 대표권과 공동 대표권의 중층구조를 형성하는 것이 지난하다는 반론이 가능하다. 하지만 오히려 대외적 대표권을 완전히 하나로 통합하는 것이야말로 너무나 급진적인 변화를 요구하는 점에서 비현실적이며, 흡수통일처럼 남과 북 중 하나의 소아가 소멸하는 홀로주체적 통합에서나 가능하다. 남한이 주장하는 남북연합이나 북한이 주장하는 낮은 단계의 연방제는 그 속도에 있어서 차이가 있겠지만, 모두 외교권의 점진적인 중앙집중화를 요구한다. 남북연합이나 낮은 단계의 연방제 모두 남북한 각자의 국가 전부를 통째로 대상으로 하는 점에서 전면적이다. 반면에 내가 주장하는 복합통합외교는 남과 북이 합의할 수 있는 사안부터 개별 대표권 위에 공동 대표권을 쌓아가는 방식으로서, 대단히 점진적이고 부분적이다. 남과 북이 자신의 개별 대표권을 상실하는 것도 아니므로 통합을 추진하면서 갖는 자아 상실의 두려움도 적다. 그만큼 더 현실적인 방안이다.

남과 북이 복합통합외교를 추진할 수 있는 사안들은 많이 찾을 수 있다. 황사나 미세먼지 문제에 대해 중국이나 몽골과 동북아시아 지역 차원에서 공동의 대책을 마련하는 자리에 남한과 북한의 대표와 남북한 공동의 통합한국의 대표가 때로는 별도로 때로는 공동으로 참여할 수 있다. 일본의 과거사 문제에 대해서 남과 북이 개별적으로 대응하기도 하고 합의하에 공동으로 대응할 수도 있다. 중국의 동북공정에 대해서도 마찬가지다. 올림픽에도 남과 북의 선수단과 공동 선수단이 혼합해서 참가할 수 있다. 서해평화지구 구축이 어느 정도 진전되면 이를 바탕으로 서해에 출몰하는 중국의 불법 어업 선박에 대한 단속권을 남과 북이 개별적으로 또 공동으로 발휘할수도 있다. 남북한 차원에서 서로주체적 통합을 점진적으로 확대 심화하듯이 국제정치 차원에서 남북한이 서로주체적 통합의 원칙에 입각한 복합통합외교를 점진적으로 확대 심화할 수 있다.

유연한 복합통합외교를 통해 국제관계의 새로운 지평을 열 수 있다. 우리는 국제관계 속에서 우리의 행동반경을 협소하게 생각하는 경향이 있다. 다른 한편 이를 극복하려는 발상도 한다. 가령 배기찬은 우리의 국제정치 위상에 상상력을 동원하여 '중추적 중견국가'로서 자기 위상을 강화할 것을 강조한다. 중추적 중견국가로서 우리는 동북아시아의 '요충'에서 '중추'적인 '균형추' 역할을 하는 위상과 정체성을 분명히 해야 한다고 한다. 이를 위해 해양과 대륙을 모두 고려하는 전략이 필수적이며, 한미동맹을 굳건히 유지하면서도 반중(反中) 연대나 반일(反日) 연대에 가담하지 않도록 해야 한다고 한다(배기찬 2017, 592-602). 남한이 한미동맹을 유지하면서 중국과 실질적인 협력을 강화하는 '중첩외교'가 바람직하다는 목소리도 커지고 있다(윤영관 2012, 146; 하영선 2010, 29). 하지만 이들은 여전히 우리의 행동반경을 상당히 좁게 상상한다. 배기찬은 우리의 지정학적·국제정치적 위치상 남한이 할 수 있는 것은 반대륙·친해양 외교 전략과 균형외교 전략 두 가지뿐이라고 한다. 한반도가 분단되어 있는 상태에서 남한에게 대륙중심 외교 전략은 구조적으로 그 가능성이 배제되어 있다는 생각이다(배기찬 2017, 585-592). 통일이 된 이후에도 우리의 국제정치 행동반경은 협소하게 상상된다. 대개 남북한이 통일할 경우 (1) 미국과의 동맹, (2) 중국과의 동맹, (3)

비동맹, (4) 중립국화 가운데 하나를 선택할 것으로 본다(이수혁 2011, 157). 이는 통합한국이 단일한 대표권을 갖는다는 생각에 기반한다.

하지만 발상을 전환해서 중층적인 복합 대표권을 상상하면 반드시 친미나 친중 또는 제3의 길 중 하나를 선택하지 않아도 된다. 북한은 중국과 더 가깝고 남한은 미국과 더 가까운 현실 위에서 남과 북이 기존의 친중 및 친미 관계를 유지하면서 사안에 따라 공동 정부가 미중 사이에서 중립을 취하거나 어느 한쪽에 가까운 입장을 오가면 된다. 남한이 한미동맹을 유지하면서 중국과 실질적인 협력을 강화하는 중첩외교가 바람직하듯이, 통합한국에서도 남과 북의 개별 정부와 공동 정부가 중층적으로 중첩외교를 수행할 수 있다. 남북한이 분단된 현상태에서 남한 정부의 중첩외교가 바람직하고 실현 가능하다면, 남북한이 서로주체적 통합을 추진하면서 남과 북이 각각 그리고 공동으로 중첩외교를 수행하는 것이 바람직하고 실현 가능하다. 배기찬이 우려하듯이 남한이 미국과의 관계보다 중국과의 관계를 강화하는 것이 구조적으로 불가능한 것이 현실이라면, 이러한 현실 위에서 남한은 기존의 한미관계를 유지하고 북한은 북중관계를 유지하면서 중층적인 복합통합외교를 전개하면 된다.

복합통합외교는 남북한이 각각 기존의 한미관계와 북중관계를 유지하면서 남북통합을 추진하는 장점이 있다. 양성철은 동북아 안보의 핵심이 평화적 미중관계의 수립에 있다고 보고 '중국-북한 안보 탯줄 떼기'의 가능성을 탐색한다(양성철 2010, 171-176). 하지만 이것이 바람직한지 의문이고, 바람직하더라도 지극히 어려운 일이다. 앞서 보았듯이, 결정적인 순간에 중국은 완충지대로서 북한과의 순치(脣齒)관계를 중시한다. 탈냉전 이후 러시아가 한반도에 균형외교를 취하면서 북한에게는 중국과의 동맹관계가 유일하였다. 미국의 폭넓은 동맹관계를 통해서 간접적으로 다른 국가들과도 연결되어 있는 남한과 달리 북한은 안보의 측면에서 마치 고립된 섬과 같은 위치다(박종희 2015, 208-213). 북한에게도 중국과의 안보 협력 관계를 떼어놓는 것은 쉽지 않다.[10] 양성철의 구상과 달리, 복합통합외교는 중국과 북한을 떼어놓을 필요가 없다. 북중 간 긴밀한 관계를 유지하면서 동시에 남북의 점진적 통합을 추진하고 궁극적으로 동북아시아의 평화 구축에 기여할 수 있다.

미중관계의 변화에도 유연하게 대처할 수 있다. 앞서 보았듯이, 일반적으로 미중관계가 악화되면 남북의 통합지향 세력이 약해질 것이 예상된다. 하지만 미중관계가 악화될 경우에도 남북이 각각 미국 및 중국과 우호관계를 유지하면서 공동 정부가 애매한 입장을 취하면서 남북통합의 속도를 조절하고 국내의 서로주체적 통합 세력을 유지할 수 있다. 이 점에서 서로주체적 통합 방안은 서로주체적 분리 방안보다 국제정치의 구조적 구속력을 극복하는 힘을 더 많이 내장하고 있다. 미중 간 적대적 관계가 심화되면 서로주체적 분리가 추구하는 평화관계도 그만큼 위협 받기 쉽다. 반면에 남북한의 서로주체적 통합은 미중관계가 경직될 경우에도 그 구속력을 완화할 수 있다. 친미적 남한, 친중적 북한, 그리고 중립적이거나 애매한 태도를 유지하는 중첩적인 통합한국의 모습을 그릴 수 있다. 지역 강대국들의 관계에 의해서 큰 영향을 받는 서로주체적 분리와 달리, 서로주체적 통합은 강대국들의 관계가 악화될 경우에도 남과 북의 정부 그리고 통합한국의 정부가 중층적인 협조를 통해 보다 안정적인 평화관계를 유지할 수 있다.

다음으로, 남과 북의 서로주체적 통합 방향에 대하여 폭넓은 지지를 얻기 위해서 국제적 헤게모니를 구축해야 한다. 미중을 포함하여 한반도 관련 강대국들은 남과 북의 통합보다 분리 상태를 선호하는 경향이 있다. 하지만 관련 강대국들의 선호는 고정된 것이 아니다. 자기에게 위협이 되지 않고 이익이 되는 방향으로 남북한 통합이 추진되면 그들의 한반도 문제에 대한

....

10 물론 북한이 중국에 대해서도 자주적이고 도발적인 태도를 보일 때가 자주 있고, 북핵문제와 관련하여 트럼프의 요청과 압박에 따라 중국의 대북한 피로감이 높아진 경향이 강하다. 하지만 북중관계가 소원해지는 틈을 보이는 동시에 푸틴의 러시아가 북한을 옹호하는 듯한 모양새를 자주 취하고 있다. 중국-북한 안보 탯줄을 제거한다고 해도 북한에게는 러시아라는 새로운 옵션이 부각되고 있는 상황이다.

선호도 바뀔 수 있다. 강대국들의 선호는 유동적이고 가변적인 것이다(오승렬 2012, 290). 따라서 주변 강대국들의 기본 이익과 선호를 충분히 고려하면서도 그들 사이의 국제정치에 휘둘리지 않고 남과 북이 주도적으로 남북통합을 이끌어가되 최소한 그들의 암묵적 수용을 이끌어내야 한다. 보다 적극적으로는 한반도 통합에 대한 강대국들의 적극적 동의와 지지를 받을 수 있도록 국제적 헤게모니를 수립하는 노력이 필요하다.

19세기 후반 이탈리아와 독일의 통일 사례를 검토한 전재성은 긴밀한 '통일외교'의 중요성을 강조한다. 통일외교는 크게 세 부분으로 이루어진다. 첫째, 통일이 반드시 일어나야 할 중요한 과업으로서 정당한 일이라는 점을 주변국이 인식하도록 해야 한다. 둘째, 통일이 당사자뿐 아니라 주변국에도 이익이 되도록 이루어져야 하고 이를 주변국가들이 알도록 해야 한다. 셋째, 통일을 강력하게 지원할 지원세력을 확보해야 한다(전재성 2013, 107-110). 한마디로 통일외교는 (1) 통일의 정당성 확보, (2) 통일 이익의 보편화, (3) 지지세력 확보로 요약할 수 있다. 그런데 이 중 마지막 것은 처음 두 가지 사항에 달려 있다. 지지세력을 구하기 위한 구체적 외교 노력이 필요하겠지만, 처음 두 가지, 즉 정당성과 보편적 이익의 확보 없이 지지를 구하기는 어렵다. 남북한의 서로주체적 통합을 위한 국제적 헤게모니 구축도 서로주체적 통합의 정당성을 확보하고 남북한의 서로주체적 통합이 널리 주변 강대국에게 공통의 이익이 되도록 하는 두 가지 작업이 필요하다.

첫째, 남북한 서로주체적 통합의 정당성을 구축하고 널리 홍보한다. 이를 위해서 남북한이 서로주체적 통합의 원칙과 방향에 명확하게 합의하고 이를 널리 공개하여 관련국들의 지지와 협조를 구해야 한다. 단순한 통일외교가 아니라 서로주체적 통합에 대한 분명한 청사진을 바탕으로 복합통합외교를 추진한다(김현 2004, 344-345). 여기에서 남북한이 서로 존중하고 협력하는 모습을 보여주는 것이 가장 중요하다. 이것이 우리의 비전과 주도적 의지를 확고하게 인정받을 수 있는 길이다. 한반도 통일의 당위성으로 남북한이 한 민족이며 특히 단일 민족이라는 점을 강조하는 것은 바람직하지 않다. 민족주의 담론은 주변 강대국들에게 위협적으로 비칠 수 있고, 당장 중국으로 하여금 동북부 지역에 거주하는 우리 동포들의 움직임을 예의 주시하게 할 것이다. 남과 북이 적대적 관계에서 벗어나 서로 인정하고 존중하는 우호적 관계로 전환함으로써 한반도에 평화를 수립하고 강화하는 것이 갖는 당위성을 널리 알리는 게 낫다. 아울러 남과 북의 서로주체적 통합이 두 국가로 나뉜 한반도의 분리 상태를 급진적으로 바꾸지 않고 두 국가의 현실을 바탕으로 점진적으로 복합통합체제를 구축해나가는 것임을 두루 알릴 필요가 있다. 급진적 홀로주체적 통합의 문제점과 대비하여 서로주체적 통합의 장점을 강조함으로써 그 당위성을 제고할 수도 있다. 또한 쉬운 사안부터 부분별 통합을 전개함으로써 관련 강대국들이 남북의 서로주체적 통합의 진행을 기정 사실로 받아들이게끔 하는 것도 중요한 방법이다. 한마디로 복합적인 '통일공공외교'가 필요하다(김태환 2017, 331-332; 김진환 2010, 27).

둘째, 남과 북의 서로주체적 통합이 남북한뿐만 아니라 동북아시아 지역과 강대국들에게도 이익이 되도록 함으로써 강대국들의 지지와 적극적 동의를 구축한다. 즉, '통합이익의 국제성'을 수립한다(김석우·홍성국 2010, 224-226; 황장엽 2001, 177-179). 우선 서로주체적 통합 방식이 남한과 북한은 물론 주변 강대국들에게 위협이 되지 않는다는 사실을 부각한다. 서로주체적 통합은 남북 분리의 현실을 유지하면서 새로운 통합의 층위를 조금씩 쌓아가는 방식이므로 급진적 현상변경이 아니며 주변 강대국들의 한반도 문제에 대한 선호에 어긋나지 않음을 강조한다. 특히 국제정치적으로 미중 어느 한쪽에 위협 요인이 될 수 있는 홀로주체적 통합에 비해 서로주체적 통합이 강대국들의 세력관계를 근본적으로 유지하면서 어느 한편에 치우치지 않으며, 남북한이 각각 미국 및 중국과 기존의 긴밀한 우호관계를 유지하기 때문에 위협이 되지 않음을 강조한다(강민길 2000, 37).

좀더 적극적으로 남북한의 통합이익이 동북아시아의 지역 차원에서 공동 이익이 되도록 하는 방법을 구상할 수 있다. 남과 북의 서로주체적 통합을 동북아시아의 지역통합과 연계하여 병행 추진함으로써 남북한 통합이 동북아 지역의 통합과 안정에도 기여하도록 하는 방안이다. 안보와 경제의 두 측면에서 모두 가능하다.

안보 측면에서는 한반도 평화와 동북아 평화 구축을 병행하는 '이중 구상' 또는 '동시 사고'를 추진해서 남북통합이 동북아시아 지역의 평화공동체 수립에 기여하도록 한다(박명림 2010, 402; 이태진·하영선 외 2011, 208-209, 도진순의 말). 남북한과 동북아시아의 이중 구상은 동북아시아의 큰 틀 속에서 남북통합을 추진하고 남북통합이 동북아 지역 전체의 안보불안 해소에 기여하도록 하는 '동북아시대론'과도 통한다(이수훈 2004, 229). 출발점은 복합통합국가의 평화외교와 한반도 비핵화다. 구갑우는 "동북아 차원의 평화와 협력은 한국이 '평화국가'를 지향하는 것에서 시작된다"고 주장한다(구갑우 2007, 94-100). 이 소중한 발상을 남북통합과 병행하여, 단지 남한만 아니라 통합한국의 개별 정부와 공동 정부가 평화외교를 복합외교의 출발점으로 전개한다. 평화외교는 한반도 비핵화를 포함한다. 동북아시아 지역 차원의 평화를 위해서 그리고 남북통합에 대해 강대국들의 지지를 받기 위해서 한반도 비핵화가 절실히 요구된다(김태우 2012, 183). 한반도의 비핵화와 동북아시아 지역의 비확산, 그리고 지역 차원의 안정과 평화를 위한 다자협력체 형성 등을 동시에 추진할 수 있다. 한반도의 비핵화 문제와 평화체제 수립 문제를 미국과 중국의 동북아시아 협력의 핵심 연결고리로 만드는 것이다(백학순 2010, 131-132 참조).[11] 이 과정에서 복합통합외교를 주도한다. 남한은 미국과의 동맹을 긴밀히 유지하면서 중국 등과 실질적 협력관계를 강화하는 중첩외교를 수행하고, 북한도 중국과의 관계를 긴밀히 유지하면서 미국 및 일본과의 관계를 정상화하는 중첩외교를 수행한다. '남북+2(미, 중)'의 4자회담과 여기에 러시아와 일본을 추가한 6자회담, 또

....

11 비무장지대에 다양한 국제기구의 사무국을 설치하여서 한반도와 안정과 동북아 평화공동체 건설을 동시에 도모하는 방안도 이중 구상으로 유력하다(김재한 2006, 60).

는 유럽연합과 아세안, 몽골, 타이완 등을 포함한 다자회담 등 다양한 층위의 '복합평화체제'를 운영한다(하영선 2010, 23).[12] 이때 4자나 6자 또는 다자회담에 남북 개별 정부가 참여하되 통합의 진전에 따라 점차 공동 정부도 대표권을 갖는 복합외교를 실시한다.

경제 측면에서도 남과 북의 서로주체적 통합이 한반도에 국한하지 않고 동북아시아 지역의 경제통합 증진에 연결되는 '동시 사고'를 추진한다. 앞서 언급한 '개방적 한반도경제권' 구상을 다시 활용할 수 있다. 개방적 한반도경제권은 남과 북의 개별 국민경제의 자율성을 유지하면서 부문별, 사안별로 점진적인 한반도 경제통합을 추진한다. 이것이 한반도에 국한되지 않고 주변 국가나 지역 경제공동체에 열려 있는 개방형 복합통합경제체제가 되도록 한다(양문수·이남주 2007, 157-161). 나아가서 남북의 복합통합경제 구축이 동북아시아 지역경제통합과 사실상 연계되도록 할 수 있다. 예를 들어 조민은 남북의 경제통합이 해양경제와 대륙경제에 모두 공동이익이 되도록 함으로써 한반도를 중심으로 '평화경제'를 구축하자고 제안한다. 이 방안에 따르면 남북 경제통합을 동북아시아 지역 공동이익 창출에 연계할 수 있다. 남포항과 청진항에 남북뿐만 아니라 미국과 중국의 기업들이 함께 참여하게 유도하는 식이다(조민 2007, 156-159). 남북의 서로주체적 통합이 동북아시아 지역의 경제협력 및 경제통합과 연계됨으로써 주변 강대국들에게 통합의 헤게모니를 발휘하는 방식이다.

2. 중립화 통일방안과의 비교

앞서 그린 복합통합외교와 '한반도 중립화 통일' 방안을 비교해보자. 중립화 방안은 조선이 서구의 근대 국제질서에 편입되던 시절에 제시되었던 오래된 구상이다. 1884년 당시 조선의 외교고문이던 묄렌도르프(Möllen-

....

12 특히 4자 회담이 중요하다(조성렬 2012, 147-152 참조).

dorf), 1885년 독일 부영사인 부들러(Budler) 등이 중립화 방안을 제안했고, 우리나라 사람으로는 1885년 유길준이 그리고 1886년 김옥균이 제안한 바 있다(윤태룡 2013, 77-79; 강광식 2010, 169-188). 한반도가 분단되기 훨씬 이전부터 한반도를 둘러싼 여러 강대국들의 틈바구니에서 조선이 독립을 유지하기 위한 하나의 방편으로서 중립화 방안이 모색되었던 것이다.

중립화는 힘의 공백 상태에서 일어나는 것이 아니다. 조선 말기 다양한 중립화 방안은 그 구체적인 주도세력에서 차이가 있다. 유길준은 중국 주도, 묄렌도르프는 러시아 주도, 일본의 야마가카는 일본과 중국이 주도하고 영국과 독일이 주선하는 조선 중립화 구상을 하였다고 한다. 19세기 말 조선이 처한 국제 형세를 판단할 때 조선이 독립을 지키기 위해서는 영국 주도의 중립화가 필요했다고 배기찬은 주장한다. 당시 국제정세 속에서 조선의 파트너는 해양세력이어야 하며, 해양세력 중 세계 패권 국가인 영국이 주도하는 중립화만이 조선을 살릴 수 있었다는 판단이다(배기찬 2017, 314-316, 343-346).

과연 영국 주도의 조선 중립화가 가능했을까? 영국 주도의 한반도 중립화가 실현되었다면 오늘날까지 유지될 수 있었을까? 배기찬의 질문을 그에게 다시 돌려서 묻자면, 과연 영국 주도 중립화가 조선의 망국을 막을 수 있었을까? 이 질문에 대해서 나는 다소 회의적이다. 하지만 한반도 중립화 구상은 해양 강국과 대륙 강국들 사이에 위치한 우리의 입장에서 온전한 생존을 위해 일차적으로 떠오르는 방안으로서 매력이 있다. 그래서인지 2차 대전 이후에도 한반도의 중립화 구상은 계속되어서 한반도 분단을 극복할 통일 방안의 하나로 부활하였다. 4·19 이후 2공화국 시기에 통일논의가 활발해진 가운데 중립화 방안도 통일방안의 하나로 제시되었고 국내에서 많은 호응을 얻었다. 또 김대중 정부의 햇볕정책 이후 남북정상회담 등 남북한 관계에 중요한 전환이 일어나면서 국내와 국외(특히 미국)에서 중립화 통일 방안을 다시 조명하는 연구가 증가했다(조배준 2015, 97-98).

중립화 통일방안의 매력은 한반도를 둘러싼 강대국들의 국제관계를 고려할 때 어느 쪽에도 기울지 않는 통일한국을 주변 강대국들이 받아들일 가능성이 높다는 점이다. 황인관에 따르면, 한반도는 그 지정학적 위상과 전략적 가치 때문에 주변 강대국들이 지배하거나 통제하려는 관심에서 자유로울 수가 없다. 주변 강대국들은 한반도를 자기의 지배 및 통제 권역에 포함시키고자 하며, 현재와 같이 분단된 상태에서 통일한국이 다른 강대국의 지배 및 통제 권역에 완전히 포함되는 것을 바라지 않는다. 한반도의 중립화 통일은 한반도를 둘러싼 강대국들의 경쟁을 중립화시킬 수 있는 최선의 방안이다. 독일통일의 경우와 달리 남북한이 통일되더라도 주변에 위협적인 존재가 될 정도의 강대국이 아니므로, 중립화만 보장된다면 강대국들이 동의할 가능성이 높다고 한다(황인관 1988, 64-74). 황인관의 주장 이후 30여 년이 지난 현재 남한의 경제력과 북한의 군사력 등 한반도 전체의 국력이 대단히 신장되었다. 이 점에서 남북한이 통일할 경우 주변 국가들에게 위협적인 존재로 부상할 가능성을 배제할 수 없다. 그런데 국력이 신장된 통일한국이 주변에 위협이 되지 않는 방법도 중립화가 최선일 수 있다. 중립화를 표방하고 유지함으로써 통일한국은 해양세력과 대륙세력 사이의 세력균형을 유지해야 한다는 주장도 있다(강종일 2014, 146-148). 통일한국의 종합 국력이 주변 강대국들에게 위협이 될 정도로 강하면 강한만큼 중립화가 필요하고, 통일한국의 국력이 그만큼 강하지 않으면 않은 만큼 중립화 통일을 주변 강대국이 수용하기 쉽다는 논리다.

비슷한 시각에서 박정원은 독일, 베트남, 예멘의 분단국들의 통일방식들을 비교 검토한 바탕 위에서 한반도 중립화 통일 방안을 주장한다. 그에 따르면 앞의 세 분단국들의 통일방식을 한반도에 적용하기가 대단히 어려울 뿐만 아니라 문제점도 많을 것으로 예상된다. 따라서 한반도의 분단을 극복하고 통일을 이루기 위해서는 다른 분단국들의 통일방식이 아닌 새로운 '정치적 상상력'이 필요하다. 박정원에 따르면, 21세기 한반도를 둘러싼 국제정세는 19세기 말 한반도의 국제정세와 유사한 상황이며, 동서독의 통일을 용인한 냉전종식 무렵의 국제정세와 다르다. 동서독이 통일할 때는 고

르바초프의 개혁개방 정책으로 소련이 상당히 관대한 편이었고 1989년 말 동유럽의 사회주의 체제들이 급속히 붕괴하는 등 통일독일의 서방세계로의 편입이 용인되는 상황이었다. 반면에 오늘날 한반도는 여전히 냉전적 요소가 상당히 유지되고 있을 뿐 아니라 미국, 중국, 일본, 러시아 등 주변 강대국들이 서로 눈독을 들이고 있는 19세기 말의 국제정세와 근본적으로 다르지 않다. 이들 강대국들은 특정 강대국에게 비대칭적으로 큰 이익이 되는 방식으로 남북한이 통일되는 것을 용납하지 않을 가능성이 크다. 즉 한반도 통일국가 수립은 이들 주변 강대국들의 용인을 필요로 하며, 중립화 통일방안이 강대국들 사이에 우리가 하나될 수 있는 거의 유일한 방안이라는 생각이다(박정원 2007, 81-85).

1953년 한국전쟁 종결 무렵 미국의 국무성 내부에서 한반도의 중립화 구상을 검토했던 사실은 중립화 통일방안에 대해서 강대국들이 호의적일 수 있음을 보여준다. 1953년 7월 2일 미국 국가안전보장회의(NSC: National Security Council)에서 독일과 일본의 중립화에 대해서는 부정적인 결론을 내렸으나 한국의 중립화에 대해서는 긍정적으로 검토했다고 한다. 이때 미국은 중국이나 소련도 한반도 중립화에 동의할 것으로 전망했다. 중국이나 소련은 한반도가 미국이나 일본의 군사기지가 되는 것을 우려하는데, 한반도 중립화는 이런 우려를 차단하기 때문에 반대할 이유가 없다고 본 것이다(미국 측 자료, 황인관 1988, 229-243에 전재; 박정원 2007, 87). 다만 미국이 진지하게 고려했던 중립화 통일방안은 "실질적으로 변화되지 않은 대한민국 하에서 통일된 중립한국" 방안이었다(황인관 1988, 240 참조). 즉 친미적인 남한 주도의 중립화를 검토한 것이다(2차대전 이후 한반도에 대한 다양한 중립화 방안에 대해서는 강광식 2010, 189-218 참조).

아이러니하게도 중립화 통일방안의 가장 큰 약점은 그것의 실현 및 유지 가능성 부분이다. 즉 통일한국의 중립화가 실제 가능하겠는가와 통일한국이 과연 중립을 유지할 수 있는가의 문제가 심각한 약점으로 남는다(조순승 1960; 박정원 2007, 91에서 재인용). 한반도의 국제정치를 고려할 때 중립화 통일방안이야말로 주변 강대국들이 모두 받아들일 수 있는 통일방안으로 보이지만, 막상 그 실현 가능성과 유지 가능성은 그리 크지 않아 보인다. 이를 남북한과 국제정치 차원으로 나눠서 살펴보자.

우선, 남북한이 이에 합의하기가 쉽지 않다. 중립화 통일방안은 '선통일 후중립'과 '선중립 후통일'론으로 나눌 수 있다. 이 중 한반도 통일방안으로서 중요한 것은 후자다. 전자, 즉 선통일 후중립 방안은 통일 이후에 중립을 표방하는 것으로, 여기서는 중립화가 통일 실현의 방안으로 선제적 역할을 하지 않는다. 반면에 선중립 후통일 방안은 단순히 통일 이후 통일한국이 주변 강대국 사이에서 영구중립으로 생존하자는 구상에 머물지 않고, 남북한의 통일을 이루기 위해서 중립화가 현실적으로 바람직한 길이라고 제안한다. 선중립 후통일론에 따르면, 남북한이 먼저 평화적 관계와 중립 원칙에 합의하고 이를 국제조약으로 뒷받침하는 조치를 취한 다음에 남북한의 통일정부를 수립한다. 여기에서 중립은 통일 이후가 아니라 통일에 앞서서 수행해야 할 과제다. 남북한이 먼저 영세중립을 통일의 전제조건으로 수용하고, 중립화에 기초한 통일이념을 만들어서 중립연방을 수립하자는 생각이다(황인관 1988, 111-139; 강종일 2014, 277-293).

그러나 남북한이 통일 이전에 중립화에 먼저 합의하는 것 자체가 쉽지 않은 문제다. 남북한이 각각 가지고 있는 이념과 체제 및 문화 그리고 자본주의 및 사회주의 강대국들과의 관계는 서로 다르고 대립적인 부분이 적지 않다. 남북한이 중립화 통일에 합의한다고 할 때 국제정치 차원에서 미중 사이에서 (또는 대륙세력과 해양세력 간) 중립을 지킨다는 것은 구체적으로 무슨 의미인가? 이는 단순히 국제정치에서 어느 한쪽 편을 들지 않는다는 의미인가? 그렇지 않다. 미중 사이에 중립을 지키기 위해서는 미국과 중국의 체제와 이념, 문화 사이에서도 중립적이어야 한다. 이는 단지 국제정치적 중립의 수립에만 국한할 수 있는 문제가 아니다. 남북한의 두 체제와 문화 및 이념의 중도 수렴이 전제되거나 수반되어야 한다. 지극히 어려운 일이다. 남한과 북한이 중도 수렴의 난해한 공식을 풀었다고 치자. 그래도 남과 북 각각의 내부에서 이에 대한 합의를 이끌어내는 것은 더욱 어려운 일이다. 실제 미국의 중립화 통일 방안 검토에 대해 강대국 중 적극적으로 반대하는 국가는 없었으나, 남한 정부의 반대가 문제였다고 한다(윤태룡 2013, 80-82). 나아가 중립화 통일은 남과 북의 중립화 '사회'통합이라는 너무나도 어려운 문제를 갖고 있다. 단순히 중립적인 체제통합에 그치는 것이 아니라 사람의 통합, 즉 중립적 사회통합을 수반해야 한다. 중립화 통일방안이 '체제의 통일'에 중점을 두고 '사람의 통일'을 등한시했다는 조배준의 비판은 이런 맥락에서 심각하게 받아들여야 할 것이다(조배준 2015, 106-109).

중립화 통일론이 실제 현실에서 꽃을 피우기 위해서는 내부의 정치적 통합이 우선적으로 필요하다. 강광식은 실제 중립화의 역사적 사례들의 분석에서 중립화될 국가의 입장과 그 내부사정, 특히 그 국가의 통합성과 자존능력이 중요한 변수로 작용함을 밝혔다. 중립화가 실제로 성사되기 위해서는 그 대상 국가가 적어도 느슨하게라도 정치적 통합을 이루고 있어야 한다. 2차 대전 이후 연합국에 의해 분할 점령되었던 오스트리아가 중립화 통일을 이룬 바탕에는 레너(Karl Renner)를 중심으로 정치세력의 통합이라는 현실적 힘이 있었다. 반면에 남북한은 전체 민족이 정치적으로 통합된 입장을 정립하기가 거의 불가능하다. 이춘근은 노골적으로 우리가 미국과 중국 사이에서 중립을 지키는 것은 불가능하다고 주장할 정도다(이춘근 2016, 14). 중립화 통일론은 무엇보다도 내부의 통합된 의견, 정치적 통합을 필요로 하는데, 바로 이 부분이 한반도에서는 구축하기가 어렵다. 실제 현실에 적합하기 위한 적합성을 결여하고 있는 것이다. 따라서 한반도처럼 분단된 상태의 민족에게 중립화 통일 방안을 적용할 때, "중립화 적용을 위해 통일이 요구되며" 동시에 "통일 성취를 위해 중립화가 요구된다"는 일종의 순환 논리에 빠지게 된다(강광식 2008, 87-89).

다음으로, 국제정치 차원에서도 중립화 통일을 실현하고 유지하기가 쉽지 않다. 중립화 통일이야말로 강대국들이 합의할 수 있는 방안이라고 했지만, 미국이 한반도 중립화 방안을 검토할 때 보였듯이 강대국들은 한반도에 중립화 통일이 이루어질 경우 그것이 자국에 유리하도록 영향력을 행사할 것이다. 동시에 중립화된 통일한국이 특정 강대국에 기우는 경향을 보일 경우 이에 대해 대단히 민감하게 반응할 것이다. 앞 절에서 보았듯이, 중국이나 미국이나 모두 한반도에 대해 핵심적인 전략적 이해관계를 가지지 않을 수 있으나, 두 나라 모두 한반도가 통일될 경우 상대편에 기울 것을 걱정한다. 분단 상태가 중립화 통일에 대한 강대국들의 합의가능성을 크게 줄이는 측면이 있다. 중립화통일 과정과 결과가 다를 수 있기 때문이다. 중립화된 통일한국이 친미가 될지, 친중이 될지 불확실하다. 미중이 합의하기 쉽지 않은 이유다(윤태룡 2013, 96). 그러한 위협 의식이 남북한의 통일에 걸림돌이 되기 때문에 중립화를 통해 이를 극복하겠다는 발상이지만, 미국이나 중국의 입장에서 막상 중립을 표방한 통일한국이 상대방에 기우는 우려를 불식시키기는 쉽지 않다.

한반도에서 중립화 통일을 이루었다고 하더라도 이를 지속적으로 유지하는 것이 가능한지 또 바람직한지도 분명하지 않다. 현재로서는 가까운 미래에 미국과 중국의 힘의 관계에 근본적인 변화나 역전이 일어날 것 같지 않아 보이지만, 한반도를 둘러싼 국제정세가 어떻게 변할지는 알 수 없는 일이다. 우리가 강대국에 편승해야 할 필요가 있을 때 중립 지위를 유지하는 것이 가능하지 않을 수도 있고 또 바람직하지 않을 수 있다. 이춘근이 우려하듯이, 미중관계가 극도로 악화되어서 통일한국에 어느 한쪽을 강요함에도 우리가 중립을 지킬 경우, 두 나라 모두 우리를 선제적으로 공격하여 점령함으로써 전략적 요충지로 삼을 수 있다. 미중관계의 변화에 따라 한반도의 지정학적 중요성이 높아졌을 때 두 강대국이 우리의 중립 의지를 존중해줄지 의문인 것이다(이춘근 2016, 14).

내가 주장하는 남과 북의 서로주체적 통합 방안에서는 중립회 통일론의 통찰을 유지하면서 동시에 이와 같은 문제점들을 피해 갈 수 있다. 중립화 통일론의 가장 중요한 통찰은 남북한의 통일이 한반도에 관심을 가지고 있는 주변 강대국들의 이해가 수렴할 때에 비로소 성취될 수 있다는 점이다. "한반도 통일의 첫째 목표는, 한국의 분쟁에 말려 들어가는 것을 회피하려는 4강대국의 현상유지를 만족시킬 수 있는 통일공식을 발견하는 일이다"(황인관 1988, 95). 즉 한반도 통일은 주변 강대국들 각자의 이익을 만족시키면서 이들 사이에서 어느 한쪽으로 기울어지지 않았다고 느낄 만큼 균형이 잡혀 있어야 한다. 중립화 통일과 달리 서로주체적 통합은 남과 북이 특정 체제나 이념에 합의할 필요가 없고, 주변 강대국들에 통합한국의 체제나 이념이 중립적이라는 점을 드러내 보일 필요도 없다. 남과 북이 각각 중국이나 미국, 일본이나 러시아 등과 각자의 관계를 유지하면서, 공동으로 수행할 수 있는 부분만 서서히 통합해가는 방식이기 때문이다.

이 관점에서 볼 때 중립화 통일 방안과 서로주체적 통합 방안의 가장 큰 차이점은 전자가 하나의 '단일체'로서의 통일한국을 상상하는 반면에, 후자는 '둘이면서 하나인' 복합국가체제를 통합과정 전반에 걸쳐서 상상한다는 점이다. 조배준에 따르면, 대부분의 중립화 통일방안은 3-5단계의 방안을 제시한다고 한다. 가령 김승국은 '남북한 교류 및 평화공존, 지역 중립화 → 국가연합 또는 평화국가연합, 오스트리아의 중립방식 도입 → 연방제, 스위스의 중립방식 도입'의 3단계를 주장한다. 강종일은 '남북의 신뢰 회복 → 남북한 제도정비와 보완(서로 다른 제도의 개선) → 남북한 연합제(민족통일최고회의를 구성하여 통일헌법과 통일선거법을 제정) → 남북한 영세중립 연합제(남북이 별도로 중립화 국가가 되어 현재와 같은 체제를 유지) → 남북한 영세중립 통일(두 중립화 국가가 하나의 중립화 국가로 통일)'의 5단계를 주장한다. 또 한반도중립화통일협의회는 '정전체제의 청산(평화조약의 체결) → 남북한 사이의 한반도 중립화 공동 합의문 채택 → 남북한 및 주변 4강의 한반도 중립화 선언과 중립화 국제조약의 체결 → 남북한 통일헌법 채택과 통일헌법에 따른 총선거 실시 → 중립화를 통한 한반도에서의 통일국가 창립'의 5단계를 주장한다(조배준 2015, 99-100). 3단계든 5단계든 이들은 모두 하나의 단일체로서 통일한국을 상정하고 있다. 이들 단계에서 연합제나 연방제 같은 복합국가체제를 상상하기도 하지만, 하나의 단일한 통일

국가로서 그러한 복합국가체제를 상상한다. 이들과 달리 서로주체적 통합 방안은 통합의 전 과정을 거쳐서 복합국가체제를 상정한다. 남과 북이 각각 친미와 친중의 국제관계를 유지하면서 서서히 수립되어 가는 통합한국이 이들 사이에 유연한 조율을 수행할 수 있다. 이때 남과 북은 물론 통합한국 정부도 중립을 표방하거나 지향할 필요가 없다. 국제정세와 우리의 공동이 익에 따라서 때로는 미국에 때로는 중국에 또 때로는 중간에 기우는 정책을 전개할 수 있다.

IV. 북한 끌어들이기

서로주체적 통합은 남과 북의 서로주체적 만남을 바탕으로 추진할 수 있다. 그런데 남과 북의 서로주체적 만남은 북미관계의 개선을 동반하지 않고서는 불가능하거나 무의미하다(구갑우·최완규 2011, 149-150). 전 지구적 차원에서 냉전이 종식된 이후에도 한반도에 남아 있는 냉전적 구도의 핵심에는 북한과 미국의 적대적 관계가 있다. 북미관계의 개선 없이는 북한이 남한과의 서로주체적 통합에 응하지 않을 것이다. 따라서 남과 북의 서로주체적 통합은 북미관계의 개선과 함께 추진해야 한다. 여기서는 북미관계를 간략하게 살펴보고 북한을 서로주체적 통합에 끌어들이기 위해서 북미관계를 어떻게 개선해 나갈지 그 주요 방향을 모색한다.

1. 북미관계의 '이상한 공식'

북미관계는 보통의 국가들 관계와 다른 특별한 성격과 '이상한 공식'을 갖고 있다. 먼저, 서보혁이 네 가지로 정리한 북미관계의 기본적 특징을 살펴보자. 첫째, 적대 관계다. 북한과 미국은 서로 강한 적대적 이미지를 유지해오고 있다. 북한은 미국과의 관계를 '피해자와 가해자의 불평등 관계'

로 인식하고, 이를 북한의 정체성과 대외 정책 및 정권의 이익 증진을 위해 활용해 왔다. 미국도 북한을 적대시한다. 특히 탈냉전 시기 불거진 북핵문제로 북한은 미국에게 매우 골치 아픈 존재가 되었다. 둘째, 강대국과 약소국 관계다. 하지만 일반적인 강대국-약소국의 관계와 다르다. 북한과 미국의 국력 차이는 엄청나다. 양국의 비대칭적 힘의 관계에도 불구하고 북한은 강대국에 순응적인 태도를 보이기는커녕 오히려 '맞짱'을 뜨는 모습을 보이고 있다. 그 기저에는 미국의 위협에 대한 깊은 두려움, '피포위 의식(sieged mentality)'이 자리 잡고 있다(해리슨 2003, 50-60 참조). 셋째, 이질적 체제 사이의 관계다. 냉전 종식 이후에도 지속되고 있는 사회경제체제의 이질성 문제에 더하여 정치체제와 자유의 측면에서 양국은 대조적이다. 북한은 단순히 독재국가에 그치지 않고, 인권 유린과 탄압으로 인해 유엔을 비롯한 국제무대에서 지속적으로 비난의 대상이 되고 있다. 반면에 미국은 인권을 보편적 가치로 앞세우면서 윌슨적 '자유주의적 제국주의' 또는 '인도주의적 제국주의'의 모습을 보이기도 한다(이현휘 2016; 존슨 2004, 102-104; 쿱찬 2005, 322-342의 '자유국제주의' 참조). 넷째, 정치군사 중심의 관계다. 미국과 북한은 사회적, 경제적, 문화적으로 결코 긴밀한 관계가 아니다. 양국의 주요 관심사는 평화협정 체결, 테러지원국 해제, 주한미군 철수, 대량살상무기 비확산, 미군 유해 송환과 같은 정치적, 군사적 문제에 집중되어 있다(서보혁 2004, 100-107).

이와 같은 북미관계의 기본 특징 중 핵심은 북한과 미국의 서로에 대해 뿌리 깊은 불신과 적대감이다. 미국은 북한을 '악마화'하는 한편 전혀 예측할 수 없는 '미치광이(crazy)' 국가로 보는 경향이 강하며, 정서적 혐오감도 대단히 강하다(페퍼 2005, 12). 미국의 학계나 정계에서 북한 또는 그 지도자가 합리적이며 대화와 협상이 가능한 행위자라고 강조하는 경우를 볼 수 있다. 가령 올브라이트가 방북하여 김정일을 만나고 난 뒤 "북한 지도자가 진지"하며 "자신이 원하는 게 무엇인지를 알고 있는 지적인 인물"이라는 인상을 남겼다(올브라이트 2003, 373-374). 이는 역설적이게도 미국 사회에서 북한을 비합리적인 미치광이 정부라고 보는 견해가 그만큼 널리 퍼져 있음을 반증한다. 세계 헤게모니를 쥐고 있는 미국의 입장에서 볼 때, 동북아시아 끝의 조그만 독재국가가 미국이라는 거인을 상대로 핵실험과 미사일 발사로 위협하는 것을 도저히 합리적이라고 보기가 힘들다. 게다가 북한은 소위 '벼랑 끝 외교'를 구사한다. 이는 와다 하루키가 말하는 '유격대 외교'이기도 하다. 유격대 외교는 "극한적인 대결정책에서 화해정책으로의 유연한 전환 또는 양 극단 정책의 동시 추구"의 특징이 있다(와다 하루키 2002, 169). 랭군 테러 하루 전날 북한이 남북미 삼자회담을 제안한 것처럼 테러와 대화의 양 극단을 거침없이 오간다. 서방의 시각에서 볼 때 북한의 극단적인 벼랑 끝 외교는 정상이라고 보기 힘들다.

미국 사회의 뿌리 깊은 대북 불신은 클린턴 정부 말기 북미관계 정상화를 추진하는 국면에서 적나라하게 드러났다. 당시 클린턴 대통령이 방북을 고려하였고, 그의 방북은 북미관계의 정상화를 향한 수순으로 이해되었다. 클린턴의 방북은 성사되지 못했는데, 이는 그의 임기 말 복잡한 국제정세와 바쁜 일정 때문이기도 하지만 미국 내 반대 여론 때문이기도 했다. 클린턴의 방북을 추진하던 2000년 11월 2일 올브라이트 국무장관이 29명의 한반도 전문가들을 국무성에 초청하여 의견을 물었을 때 27명이 대통령의 방북을 반대하였다고 한다(서보혁 2004, 288). 북한에 대한 미국사회 내 불신의 깊이를 짐작할 수 있는 대목이다. 미국의 대북 불신은 북한 스스로 초래한 측면이 크다. 최근의 사례로 오토 웜비어라는 미국의 대학생이 2017년 6월 북한에 억류됐다가 의식불명 상태로 송환된 뒤 며칠 만에 사망한 사건이 발생했다. 미국의 일반 시민들의 북한에 대한 적개심과 불신이 깊이 자리 잡게 되는 또 한 번의 계기다.

북한도 미국에 대해서 깊은 불신과 적개심을 갖고 있기는 마찬가지다. 북한 정체성의 뿌리는 냉전 시대 체제이념 대립 이전에 제국주의에 대한 민족적 저항의 역사에 깊이 자리 잡고 있다. 오늘날까지 북한은 국제정치를 미국으로 대표되는 제국주의 세력과 이에 대항하는 자주적 세력의 대립으로 본다. 북한의 시각에서 세계 사회주의 운동과 노동자계급운동은 민족해방운동, 비동맹운동 및 세계평화운동 등과 함께 강대국의 제국주의적 침탈에 대한 저항이다. 제국주의 국가의 침탈과 간섭이야말로 북한의 안보에 대한 최고의 위협이다(최종건 2011, 23-24). 일제의 패망 이후 가장 큰 제국주의 국가는 미국이다. 항쟁의 주 대상이 일본에서 미국으로 옮겨졌을 뿐, 북한에게 국제관계의 근본적인 성격은 변하지 않았다. "오늘날의 북한이 근본적으로 탈식민적 정치체"이고 이러한 정체성은 냉전 종식 이후 오히려 더 강해져 왔다는 인식을 분명히 해야 한다(권헌익·정병호 2013, 27). 비슷한 맥락에서 북한은 일본과 미국과 같은 제국주의뿐만 아니라 구 소련이나 중국과 같은 '대국주의'에도 대항하는 특성을 갖고 있다(남종우 2017, 79). 제국이나 대국에 대항하여 자주적인 주체를 지키고 유지한 '혁명적 카리스마의 관례화(routinization)'가 김일성 개인숭배와 세습으로 이어졌고, 이 점에서 '유격대 국가'(와다 하루키 2002)로서의 북한과 '극장국가'(권헌익·정병호 2013)로서의 북한은 서로 밀접하게 연결되어 있다. 유격대국가가 극장국가의 예술정치에 내용을 제공한다면, 극장국가는 유격대국가의 전설과 통치권 패러다임에 형태를 제공하는 셈이다(권헌익·정병호 2013, 86).

북한을 제국주의에 대항하는 유격대 국가로(이후 정규군 국가로), 북한의 세습정치와 우상숭배를 극장국가로 이해할 때, 북한이 보여주는 미국에 대한 과도한 적개심과 불신 및 전투적인 대외정책을 이해할 수 있다. 북한에게 미국은 일제 패망 이후 일본 제국주의를 대신하여 한반도에 진주한 침략자이며, 일본과 마찬가지로 한반도(일부)를 점령한 점령자이고, 여전히 종전되지 않은 한국전쟁의 교전국이다. 북한에게 미국은 한국전쟁 과정에서 엄청난 규모의 공습으로 북한지역을 초토화한 침략자이며(김태우 2013 참조), 전쟁 중 핵무기 사용을 심각하게 고려한 가공할 만한 국가다(정욱식 2012). 소위 '확장억제'라는 개념으로 미국이 남한에 제공하는 핵우산은 북한에게 곧 핵 위협이며, 인권의 미명 아래 미국이 주도하는 갖가지 국제적 대북제재는 북한의 숨통을 조이는 적대행위다. 이 같은 인식 아래 북한은 미국에 대해 뿌리 깊은 적개심과 불신과 함께 극도의 공포와 위협을 느낀다. 북한의 도발적인 핵무력화 정책과 외교 언행의 기저에는 "매우 왜곡되고, 비현실적이며 피해망상적"인 위협의식이 있는 것이다(최종건 2011, 31).

북한의 핵무기 개발과 미사일 발사 실험으로 우리가 위협을 느끼듯이, 북한은 미군의 선제타격 가능성에 위협과 안보불안을 겪고 있다. 미국은 단지 입으로만 선제타격 가능성을 떠들지 않고 실제 선제타격 군사 연습을 하고 있다. 이승환에 따르면, 2012년 이후 한미합동군사훈련인 키리졸브와 을지프리덤가디언 훈련에서 미국의 핵전략자산을 동원하는 선제타격훈련을 포함하고 있다고 한다. 기존의 방어적 군사전략 대신 '선제적 자위권'이라는 명분 아래 공세적 '억지전략'을 적용한 대북 선제타격 훈련을 하고 있는 것이다. 미국은 특수부대의 내륙침투훈련인 티크 나이프 훈련을 공개하고 공공연하게 '참수작전'을 언급하기도 한다(이승환 2016, 485-486). 한미연합군의 선제공격훈련 실시에 대응하여 북한도 선제공격 방식으로 군사전략을 전환했다. 남북 모두에서 선제공격 전략을 연습하고 있는 것이다(배기찬 2017, 565-568). 여기에 더해서 2016년 박근혜 정부 말기에 가속화된 남한 내의 사드 배치는 대북한 선제타격 옵션의 강화를 의미한다. 미사일 방어는 상대방의 2차타격을 무력화시키므로, 보복의 두려움 없이 1차 타격을 할 수 있게 한다. 남한 내 사드 배치는 미국이 한반도에서 선제타격이라는 군사적 옵션을 좀더 적극적으로 사용할 수 있는 형세를 만들어준다.

다음으로, 북미관계의 이상한 공식의 지속이다. 상호 불신과 적대감이 깊은 미국과 북한 사이에 1968년 1월 미국의 푸에블로호 납치 사건에서 출현한 이상한 공식이 오늘날까지 지속되고 있다. 서로 화해와 우호적 분위기가 조성되어야 대화가 성사되는 보통의 관계와 달리, 북한과 미국 사이에서는 북한이 위기를 고조시키면서 미국과 직접 접촉을 시도한다. 즉 "적대적인 위기상황을 창출해야 대화가 시작된다는 북미관계의 '이상한 공식'"이 북미관계에서 지금까지 유지되고 있다(홍석률 2012, 67-79; 홍석률 2005a 참조). 따라서 북미관계는 전쟁 직전까지 가는 파국적 상황과 대화 국면이 동시에 진행되거나 두 국면 사이의 전환이 너무나 급박하게 이루어지는 양상을 보인다. 클린턴 정부 말기 북미관계가 국교 정상화 직전까지 도달했다가 무산된 후 부시 정부 들어서 북미관계가 전쟁 직전과 같은 상황으로 급변한 양상이 북미 간에는 낯설지 않은 것이다. "어떻게 이 두 나라는 이토록 짧은 시간 안에 그간에 쌓아온 화해분위기를 망쳐 놓을 수 있었을까?"라는 페퍼의 질문은 지금도 유효하며 앞으로도 그럴 것으로 보인다(페퍼 2005, 12). 같은 패턴이 북미 사이에 반복되고 있기 때문이다. 1993년 3월 북한이 핵비확산조약(NPT) 탈퇴 선언을 하면서 불거진 1차 북핵위기가 클린턴 정부의 대북 선제공격 시뮬레이션까지 갔다가 1994년 제네바합의로 마무리된 것도 같은 패턴에 속한다. 2005년 9·19공동성명 합의 이후 북한이 미국의 방코델타아시아은행(BDA)의 북한계좌 동결 조치를 빌미로 이를 파기하고 2006년 10월 첫 번째 핵실험을 강행한 것도 동일한 패턴의 반복이다.

북한은 미국과의 직접 접촉과 대화를 위해서 강경한 도발을 감행하고 미국은 도발을 감행하는 북한과의 대화에 응하지 않으려 한다. 오바마 정부의 북한에 대한 '전략적 인내(strategic patience)' 정책도 북한의 핵개발과 미사일 발사실험 등의 도발에 대한 미국의 무시 전략으로 볼 수 있다. 미국이 대응을 하지 않으면 북한은 더 노골적이고 강경한 도발을 감행하여 미국을 자극함으로써 북미 간의 접촉이 진행된다. 통상적인 상식으로 이해가 되지 않는 북한의 핵실험과 미사일 발사 실험은 한편으로 언제 있을지 모르는 미국의 공격으로부터 북한의 안보를 지키기 위한 준비일 수도 있으나, 보다 근본적으로는 휴전협정을 종전협정으로 바꾸고 미국과의 관계를 정상화하려는 북한의 노림수가 작동하는 것이기도 하다. 이와 같은 북미 사이의 이상한 공식에 따라 한반도에 전운이 짙게 드리우기도 한다. 부시나 트럼프와 같은 공화당 정부에서만 그런 것이 아니다. 민주당 정부 시절에도 그럴 수 있다. 1994년 클린턴 정부가 북한에 대한 공격을 검토했을 때 전쟁 개시 90일 이내 미군 5만 2,000명, 한국군 49만 명의 사상자가 발생할 것이 예상되었음이 최근 기밀 해제된 문서에 의해서 밝혀졌다.[13] 북미관계가 전쟁과 대화의 양 극단을 오감에 따라 한반도의 안보가 크게 위협 받는 것이다. 아이러니는 한반도의 안보가 크게 위협을 받을 때 북미 대화가 진행된다는 점이다. 트럼프 정부 들어서서도 미국은 '최대 압박과 개입'이라고 하여 대북 군사행동 의사를 노골적으로 표명하는 동시에 협상의지를 보이곤 했다. 위기 고조를 통해 북미 대화의 재개를 노리는 북한의 노림수가 성공적으로 작용하고 있어 보인다(정현곤 2017, 100-102).

2. 북핵문제

탈냉전 이후 북미관계에서 핵심 안건은 북한의 핵무기 및 미사일 개발 문제다. 북핵문제를 둘러싼 북한과 미국의 이해관계는 좀처럼 타협점을 찾기가 힘들어 보인다. 북핵문제가 불거진 이후 이 문제를 해결하기 위해 6자회담을 포함하여 다양한 방법이 동원되었다. 2005년 9·19공동성명과 이를 실현하기 위한 2007년 2·13합의 및 10·3합의 등 긍정적 결실도 있었으나, 끝내 북핵문제의 해결에 실패했다. 2017년 11월 말 화성 15호 발사 후 북한은 '핵 무력 완성'을 선언한 상태다. 그동안 몇 차례 중요한 합의에도 불구하고, 북핵 협상은 '(1) 북한의 핵도발 → (2) 핵위기 발생과 협상 개시 → (3) 일괄타결식 핵합의 → (4) 합의 붕괴'의 '4단계 악순환' 패턴을 보이고 있다(전봉근 2012, 259-266).

북한이 핵무기 개발을 포기하지 않는 근본적인 이유는 미국을 믿지 못하기 때문이다. 2003년 이라크 전쟁과 2011년 리비아 사태로부터 북한은 미국의 침략을 억지할 수 있는 것은 오직 군사적 실력뿐이라는 교훈을 얻었다(페퍼 2005, 14). 소위 '바그다드 효과'다. 2003년 4월 북한은 외무성 대변인의 성명에서 이라크 전쟁이 "나라의 안전과 민족의 자주권을 수호하기 위해서는 오직 강력한 물리적 억제력이 있어야 한다는 교훈을 주고 있다"고

....

13 http://news.joins.com/article/22191798, 2018년 1월 4일 검색.

밝혔다(서보혁 2004, 343에서 재인용). 북한은 "이라크 전쟁에서 볼 수 있듯이, 사찰을 통해 비무장을 허락하는 것은 전쟁을 피하는 길이 아니라 오히려 전쟁을 촉발하는 길이다"라고 하면서 '대규모 군사적 억제력'만이 자신의 안보를 보장하는 유일한 길이라고 선언했다(존슨 2004, 128에서 재인용). 미국의 이라크 침공에 놀라 2003년 핵무기 포기 선언을 한 리비아의 카다피가 2011년 아랍의 봄 때 나토군의 공습을 피해 도주하다 시민군에게 비참한 최후를 맞이한 것도 북한에게 핵무기 보유의 절대적 필요성을 각인시켰다. 최선희 북한 외무성 북미국장이 2017년 10월 모스크바의 국제 핵비확산 회의에서 재차 확인하였듯이, "(북한의) 국가 주권을 수호하는 유일한 길은 핵 보유뿐"이며 북한은 "이라크, 리비아 등의 전철을 밟지 않을" 각오를 단단히 하고 있다.[14] 미국이 요구하는 리비아 모델의 선(先)핵포기를 북한은 자살 행위로 간주하고 거부하는 것이다(이수훈·박병인 2011, 53).

안보의 관점에서 북한은 핵무기 개발을 포기하려 하지 않는다. 김정은 집권 이후 북한은 2012년 헌법에 '핵 보유국'을 못박고, 2013년 이른바 '경제·핵무력 병진노선'을 채택하고 핵보유 관련 법령을 제정하였다. 또 미국의 선제타격론 위협이 증가함에 따라 2016년 "적들이 우리 국가의 존엄과 권위를 해치려고 조금이라도 움찔거린다면 단호하고도 강력한 핵선제타격이 가해질 것"이라면서, "미제와 그 추종세력들이 '체제붕괴'와 '평양석권'을 노린 '참수작전'에 진입하려는 사소한 징후라도 보인다면 그로 인해 초래될 것은 무자비한 핵세례뿐"임을 천명했다. 북한의 핵전략은 '비대칭 확전형'에 해당한다. 상대방의 재래식 공격 위협에 핵무기로 대응할 수 있다는 위협이다. 상대가 먼저 핵무기를 사용하지 않는 한 북한도 핵무기를 먼저 사용하지 않을 것이라고 장담하고 있지만, 북한이 주장하는 '핵 선제불사용' 원칙은 사실상 한미 양국에는 적용되지 않는다(이승환 2016, 482-

....

14 http://news.chosun.com/site/data/html_dir/2017/10/23/2017102300284.html, 2017년 12월 23일 검색.

483). 한마디로 안보 불안이 증가할수록 북한은 핵무기를 포기하지 않을 것이다.

한편 미국으로서는 북한의 핵무기 보유를 용인하거나 인정할 수 없다. 크게 두 가지 이유가 있다. 우선은 미국의 안보와 위신 문제다. 북한은 2017년 대륙간탄도미사일(ICBM)급 미사일의 개발에 성공한 것으로 보인다. 미국의 입장에서 북한의 핵무기와 ICBM급 미사일은 커다란 위협이다. 북미간 군사력 격차를 고려할 때 북핵이 미국에게 얼마나 실제 위협이 되는지 의문이 들지만, 자국 시민의 안위에 철저한 미국이 주시할 수 밖에 없는 상황이다. 게다가 이는 미국의 안보와 함께 세계 패권국으로서의 위상을 크게 해치고 있다. 북한과 같이 보잘것없는 작은 나라가 세계 패권국인 미국에 정면 도전하여 핵과 미사일로 직접적인 위협을 제기하고 있다. 세계 패권국가의 위상과 이미지를 심대하게 손상시키는 일이 아닐 수 없다.

아울러 중요한 이유는 핵확산 문제다. NPT체제를 통해 핵확산을 막으려는 미국의 입장에서 북한과 같은 작은 나라가 핵무기를 보유하도록 내버려둘 수 없다. NPT체제는 안보리 상임이사국인 미국, 영국, 프랑스, 러시아, 중국의 핵무기 보유만 인정한다. 사실상의 핵보유국으로는 인도와 파키스탄 및 이스라엘이 있다. 여기에 국제사회의 문제아인 북한의 핵무기 보유를 인정하면 NPT 체제의 존속이 심각한 위협을 받는다. 북한 핵보유의 인정은 동북아시아 지역 차원에서 미국이 행사하고 있는 정치적, 군사적 헤게모니에 직접적인 손상을 입힐 것이다. 북한의 핵보유가 기정사실화되면 북핵으로 직접적 위협을 느끼는 일본이 군사력을 강화하고 핵무기 개발을 서두를 것이다. 이는 곧 남한과 타이완 및 중국 등에 연쇄적인 반응을 일으켜서, 동북아 지역의 안보딜레마 현상이 심각해질 것이다. 이러한 사태의 전개는 이 지역에서 미국이 누리고 있는 헤게모니의 쇠퇴를 가져올 것으로 예상된다. 일본이나 남한이 직접 자국의 핵무기를 개발함으로써 미국 핵우산의 가치가 줄어들 것이기 때문이다. 이 점에서 미국의 입장에서 볼 때, 북한의 핵개발은 중국이나 소련의 핵개발보다 훨씬 더 위험하다는 평가가 가능하다(김종성 2017, 230).

　미국은 북핵문제에 대하여 크게 대북 압박과 관여의 두 정책을 추진해왔다. 이외에도 선제타격론이 자주 언급되고 있지만 아직 시행된 적은 없다. 오바마 정부가 시행한 '전략적 인내' 정책도 있지만 이는 궁극적인 해결책이 되기 힘들다. 전략적 인내는 북한의 자발적인 비핵화나 급변사태를 기다리겠다는 것으로, 북핵문제의 의도적 '무시'를 의미한다. 전략적 인내는 겉으로 보기에 전임 부시 정부의 대북정책보다 상대적으로 온건해 보이지만, 사실상 북한의 '선핵폐기'를 전제조건으로 한 대북 봉쇄정책에 해당한다(임기홍 2016, 387-388). 압박과 관여 중 압박에 기우는 점에서 부시 정부의 정책과 유사한 점이 보인다. 한 연구에 따르면, 전략적 인내는 오바마 정부의 재균형 전략과 핵전략이 각각 절충 상태에 머무르는 데서 기인한다고 한다(이정철 2016). 전략적 인내는 실제에 있어서 북한이 계속해서 노골적으로 도발하는 것을 묵인하는 결과를 가져왔다. 결국 압박과 관여 두 가지가 주된 선택지로 남는다.

　대북 압박 정책은 군사적 봉쇄와 경제적 고립을 통해 북한의 정권 교체(regime change)를 목표로 한다. 북한의 도발에 유엔을 통한 대북제재를 주도하면서, 미국의 압박 정책은 결과적으로 북한을 더욱 고립시키는 결과를 가져왔다. 전 세계의 경제 자유화를 역설하면서도 미국은 북한이 세계 경제 체제에 합류하는 것을 막아온 셈이다(페퍼 2005, 159-160). 미국은 대북제재의 효과를 높이기 위해서 중국으로 하여금 대북제재를 더욱 강화할 것을 주문하곤 한다. 일종의 간접적 압박 강화 정책이다.

　하지만 중국이 대북 압박을 극도로 강화하지는 않을 전망이다. 우선 중국은 북한과 전략적, 역사적으로 긴밀한 순치관계에 있다. 중국이 북한에 대한 제재를 늘리면 러시아가 북한에 대한 지원을 강화할 수도 있다. 또한 중국은 2006년 북한의 1차 핵실험에서 중요한 교훈을 얻었다. 당시 미국과 중국은 유엔 안보리에서 대북제재 결의안 1718호를 채택하는 데 협력했다. 이때 중국은 기존의 중재자 입장에서 벗어나서 북한을 더욱 강력하게 제재하는 쪽으로 입장을 선회했다. 그런데 미국은 비밀리에 제네바에서 북한과 양자 대화를 통해 2007년 2·13합의를 이끌어냈다. 이때부터 "중국은 미국이 주도적으로 나서서 북핵문제를 해결할 의지를 보이지 않는 한, 스스로의 책임과 비용을 증가시킬 정책을 먼저 채택하지 않겠다"는 입장을 견지했다고 한다(김흥규 2012, 213).

무엇보다 핵 확산 문제와 관련하여 미국과 중국 사이에 미묘한 입장 차이가 있다. 미국의 관점에서 볼 때 북핵의 심각한 문제점의 하나는 수평적 확산이다. 북한의 핵·미사일 개발은 단순히 북한만의 문제가 아니라 소위 불량국가들에 광범위하게 관련된 문제다. 북한이 주로 무기를 거래하는 국가들이 이란, 리비아, 파키스탄, 시리아, 예멘 등과 같은 문제국가들이기 때문이다. 미국은 북한의 핵과 미사일 기술이 이들 문제국가들로 확산되는 것을 차단하고자 한다. 특히 북한의 미사일 기술이 파키스탄의 핵탄두 기술과 만나는 것을 가장 염려하고 있다고 한다(조은정 2015, 130-145). 오바마 정부 시절 타결된 이란 핵협정, 즉 '포괄적 공동행동계획(JCPOA: Joint Comprehensive Plan of Action)'에 대해 2017년 10월 '불인증(decertification)'을 선언하면서, 트럼프는 이란과 북한과의 거래설을 언급하기도 했다.[15] 반면에 중국의 대북핵 정책은 수직적 확산을 동결하는 가운데 수평적 확산 문제는 방치하는 편이다. 전 세계 차원의 수평적 확산에 대해 중국은 미국만큼 관심이 많지 않다. 이러한 미중의 관심과 관점의 차이는 3차 북핵실험에 대한 유엔 안보리 대북제재결의 2094호(2013.3.7)에 그대로 반영되어 있다고 한다(임수호 2016, 149-155). 중국을 통한 북한 압박이라는 미국의 카드가 잘 먹히지 않는 근본적인 이유의 하나다.

한편 미국이 압박과 함께 사용한 대북 관여정책 또한 효과를 보지 못했다. 각각 매파와 비둘기파의 입장에서 빅터 차와 데이비드 강은 다음과 같

....

15 http://news.chosun.com/site/data/html_dir/2017/10/14/2017101400633.html, 2017년 12월 23일 검색.

은 미국의 대북 관여정책의 큰 그림에 합의한다. (1) 북한의 침공 위협에 대한 방어 및 억지 역량 유지, (2) 한미일 삼각 협력과 조정 관계 구축, (3) 남한 정부의 햇볕정책 유지 권고 (이산가족 상봉, 산업시설 복구, 대북투자 및 남북교역 등에 초점), (4) 한미일의 세계식량계획(WFP) 통한 대북 식량지원 계속, (5) 중국의 참여 및 대북 영향력 행사, (6) 북한의 도발에 대한 결정적이고 신속한 대응 태세의 분명한 전달 등이다(차·강 2007, 230-238). 대북 관여정책에 대한 매파와 비둘기파의 평가는 북한의 변화 여부에 대한 평가에 따라 크게 갈라진다. 매파는 북한 체제가 수립된 1948년 이후 북한의 기본 원칙과 가치에 아무 변화가 없다고 강조한다. 반면 비둘기파는 북한이 탈냉전 시기 개방과 개혁의 큰 걸음을 내디뎠고 이에 따라 많은 변화가 일어났는 바 이들은 되돌릴 수 없는 것이라고 평가한다. 북한이 변화하지 않았음을 근거로 매파가 대북 관여정책이 실패했다고 판단하는 반면, 비둘기파는 북한의 변화를 근거로 대북 관여정책이 성공적이며 아직 관여정책의 여지가 많이 남아 있다고 평가한다(차·강 2007, 128-130, 156-169).

강경한 관여정책이든 부드러운 관여정책이든 상관없이, 그것의 성공 여부를 판단하는 기준이 북한의 변화라면 북핵문제에 관한 한 모든 관여정책이 실패했다고 봐야 할 것이다. 북한이 핵무기와 미사일 개발을 중단하거나 포기하지 않았기 때문이다. 하지만 같은 기준에서 판단하면 관여정책뿐 아니라 대북 압박정책도 실패한 것으로 보아야 한다. 그동안의 압박은 오히려 북한의 핵개발을 더욱 자극하고 촉진했을 뿐이다. 결론적으로, 미국은 고집불통의 북한의 도전을 맞이하여 뾰족한 수가 없는 딜레마 상태에 빠진 것으로 보인다.

3. 북미관계 개선을 향하여

딜레마에 빠진 북핵문제를 해결하고 북미관계를 개선함으로써 북한을 남한과의 서로주체적 통합으로 끌어들이기 위해서는 어떤 방법이 있을까?

여기서는 (1) 기존 합의사항 복원과 대화 채널의 재가동, (2) 한반도 비핵화와 동북아 평화 구상의 연계, (3) 북미관계 개선을 위한 남한의 고리 역할 모색 등 세 가지를 제안한다. 이들 큰 물줄기의 바탕에는 북한을 서로주체적으로 대함으로써 남한과의 서로주체적 통합으로 나오게 하고, 북한 내부의 서로주체적 세력의 입지를 강화시켜서 북미관계와 남북관계를 모두 서로주체적 방향으로 바꾸려는 의도가 있다(최종건 2011, 31-32 참조).

첫째, 기존의 합의정신과 대화 채널을 복원한다. 우선 다차원에 걸쳐서 존재했던 기존의 대화채널을 복원한다. 남과 북, 북한과 미국, 6자회담 등 다양한 채널이 존재한다. 여기에 10·4정상선언에서 합의한 3자 또는 4자 회담까지 포함할 수 있다. 기존의 합의문도 많다. 남북한 사이에는 7·4공동성명, 남북기본합의서, 6·15공동선언, 10·4공동선언 등의 주요 합의가 이미 존재한다. 6자회담 차원에서도 9·19공동성명과 이를 시행하기 위한 2·13합의 및 10·3합의 등이 있다. 이들은 기왕에 당사자들끼리 합의했던 문건이다. 맨바닥에서부터 새로운 합의를 구축하기보다 기존의 합의사항과 정신을 확인하는 것이 더 쉽고 서로 합의할 명분도 더 많다. 기존의 합의정신과 대화채널 복원을 새로운 출발점으로 삼는 것이 현실적이다.

북핵문제와 관련해서는 문재인 대통령이 2017년 6·15공동선언 기념식 축사에서 강조한 것처럼 9·19공동성명의 합의사항을 되살리는 것이 기본 출발점이다.[16] 6자회담의 가장 중요한 성과물인 9·19공동성명은 "북핵문제를 완전히 해결하고 한반도의 영구평화체제를 구축하기 위한 주춧돌"이라는 평가를 받는다(전봉근 2012, 268). 9·19공동성명 1조는 6개국이 "한반도의 검증 가능한 비핵화를 평화적인 방법으로 달성"하는 목표를 공유하고, 이를 위해 북한은 모든 핵무기 및 핵계획을 포기하고 미국은 북한 침공 의사가 없음을 확인하고 남한은 영토 내에 핵무기가 존재하지 않음을 확인

....

16 http://www.yonhapnews.co.kr/bulletin/2017/06/15/0200000000AKR20170615195700014. HTML?input=1195m, 2017년 6월 26일 검색.

하기로 했다. 2조는 북한과 미국이 상호 주권을 존중하고 평화석으로 공존할 것과 관계 정상화를 추구할 것을 약속했다. 4조는 별도 포럼에서 한반도의 항구적인 평화체제에 관한 협상을 가질 것을 천명했다. 9·19공동성명에 있는 합의의 정신과 방향을 부활시키는 것이 북핵문제 해결과 북미 관계 개선의 근본 방향이 되어야 한다.

9·19공동성명 및 6자회담의 부활 방안에 대해 회의적인 시각도 있다. 김종성은 "6자회담의 복원을 염두에 두고 미래를 구상하는 것은 어리석은 일"이라고 비판하고, 미국은 6자회담에 대한 미련을 버리고 북한의 핵 보유를 인정하든지 전쟁을 하든지 양자택일을 해야 한다고 주장한다(김종성 2017, 254-256). 9·19공동성명의 핵심은 북한의 핵포기와 미국의 대북위협 제거를 교환하고 향후 평화체제로 대체한다는 합의다. 이 합의가 실현되지 못했다고 북한을 핵보유국으로 인정하든지 전쟁을 하든지 양자택일을 해야 한다는 것은 대단히 무모하고 위험한 발상이다. 문재인 대통령이 자주 강조하듯이 한반도에서 다시 전쟁이 일어나는 것을 절대로 용납하지 말아야 한다. 그 경우 김종성의 사고방식에서 북한의 핵보유를 인정하는 선택지만이 남는다. 실제로 그는 미국이 북한의 핵보유를 인정하는 길밖에 없으며, 과거 타이완에 대해 그러했듯이 "미국이 한국을 배신하고 북한과 친구가 될 가능성도 없지 않다"고까지 주장한다(김종성 2017, 269). 하지만 앞서 보았듯이, 북한의 핵보유국 인정은 동북아시아 지역에 연쇄 반응을 일으켜 지역 차원의 군비경쟁이 심해지고 안보딜레마가 심화될 가능성이 크다. '전쟁 아니면 북핵 인정'의 이분법적 사고를 넘어서 '전쟁도 아니고 북핵 인정도 아닌' 해법을 찾는 노력을 계속해야 한다.

북미대화와 병행해서 6자회담을 부활해야 한다. 김명섭이 강조하듯이, 6자회담은 북핵문제 해결의 장 이상의 의미를 가지고 있다. 그는 6자회담이 샌프란시스코 평화체제의 결함을 보완하는 의미가 있다고 본다. 6자회담에서 남과 북은 주권국가와 주권국가로서 만난다. 6자회담은 북한을 이미 하나의 주권국가로 받아들이고 있고, 남북한도 일반적인 국가와 국가의 관계로 참여하고 있으며, 이를 남북한을 둘러싼 중국과 미국 및 일본과 러시아 등 강대국들이 인정한 구조다. 국제정치에서 일반적인 다자주의 접근에 해당한다. 이 점에서 6자회담은 동북아시아 차원에서 남북한의 서로주체적 관계를 정립하는 의미가 있다. 특히 북한 정권이 붕괴하더라도 북한이 국가로서 관여했던 국제관계가 지속될 가능성이 큰데, 6자회담은 북한의 붕괴 시 한반도 상황을 통제할 국제 협력의 장의 역할을 할 것으로 기대된다(김명섭 2012, 239-248).

2005년 9·19합의 이후 북한이 수차례 핵실험을 하고 ICBM급 발사에 성공하는 등 상황이 많이 변화한 것도 사실이다. 상황이 변화한 만큼 6자회담의 단순 부활보다는, 중국의 왕이 외교부장이 제안한 것처럼 6자회담과 더불어 4자회담을 병행 추진하는 방안을 고려할 만하다(조성렬 2016, 472-473). 4자회담에는 남북한과 미중이 함께 참여한다. 세계 및 동아시아 지역 차원에서 패권 경쟁을 하는 미국과 중국이 참여하는 점에서, 또 이들이 모두 한국전쟁의 직접적 당사자인 점에서, 6자회담에 비해 4자회담은 한반도 평화문제를 논의하기에 보다 적합할 수 있다. 4자회담의 틀에서 한국전쟁의 종전방식에 합의하고, 그 합의 내용을 6자회담에서 확인하고 더 넓은 주변국의 동의를 얻도록 한다. 요컨대 6자회담과 북미대화를 병행하면서, 때로는 유연하게 4자회담을 거쳐 6자회담에서 다시 한반도 평화체제와 동북아시아 안보협력 문제를 논의하고 합의할 수 있다(정현곤 2017, 102).

이 모든 과정은 남북한의 긴밀한 대화와 협력을 바탕으로 이루어져야 한다. 북미관계 개선이 핵심이지만, 북한이 남한을 건너뛰는 '통미봉남' 방식이어서는 곤란하다. 북한이 1974년 미국과의 평화협정 체결을 위한 북미회담을 제안하면서 남한은 북한의 통미봉남 정책에 말려들 것을 우려해왔다(신욱희 2013, 164-166). 북미 양자회담이나 6자회담이나 모두 북미관계의 정상화를 이루어내는 데 성공하지 못했다. 이는 남북한의 서로주체적 통합의 진전 없이 북핵문제의 해결도 요원함을 보여준다(정현곤 2016, 20-21). 북미관계에 남한이 배제되지 않기 위해서뿐 아니라 한반도에 제대로 된 평화체제를 구축하기 위해서 남북한 대화 채널을 앞서 언급한 다차원의 대화 채널과 함께 항상 가동할 필요가 있다. 아울러 동북아시아 차원에서 9·19공동성명을 복원하는 것과 병행하여 남북한 차원에서 7·4성명, 남북기본합의서, 6·15공동선언, 10·4공동선언 등을 계승하는 작업을 진행해야 한다. 특히 10·4선언에 담겨 있는 4자평화회담 구상을 강조할 필요가 있다. 남북한 대화와 6자회담이 만나는 접점을 10·4선언에서 제공해주고 있는 것이다(정현곤 2017, 105-106).

둘째, 한반도 비핵화와 동북아시아 평화 구상을 연계하여 추진한다. 북핵문제는 '북한 비핵화'가 아니라 '한반도 비핵화'를 목표로 설정해야 해결의 실마리를 찾을 수 있다. 우리가 통상 쓰는 '북핵문제'라는 용어는 사실상 미국의 시각을 반영하는 개념이다. 북한은 줄곧 '한반도 비핵화'라는 용어를 사용해왔다. 한반도 비핵화에 가장 큰 걸림돌이 북핵문제라고 할 수 있지만, 이러한 시각은 북한의 입장에서 볼 때 대단히 표피적인 견해다. 미국의 핵우산과 핵 선제타격 가능성이 북한을 위협하고 있다고 인식하기 때문이다. 북한은 '한반도(조선반도) 핵문제'라는 표현을 사용하는데 이는 미국의 핵위협이 한반도와 동북아시아 지역 차원의 핵전쟁 가능성을 높이는 근본 원인이라는 시각을 담고 있다. 자신의 핵무기 개발은 미국의 핵위협에 대한 억지책이므로, 한반도의 평화를 위해서는 북한의 핵무기뿐만 아니라 미국의 핵위협까지 제거해야 한다고 주장한다. 북핵 위기가 불거진 1990년 초이후 1994년의 북미 제네바 합의, 2005년 9·19공동성명, 2007년의 10·4공동선언 등 모든 합의문은 '한반도(조선반도) 핵문제'라는 표현을 쓰고 있다(임수호 2016, 143-144). 1991년 말 남북한이 합의한 「한반도 비핵화에 관한 남북 공동선언」도 '북한 비핵화'가 아니라 '한반도 비핵화' 개념을 사용하고 있다. 6자회담의 가장 큰 성과라고 할 수 있는 2005년 9·19공동선언의 1항도 6자회담의 목표를 "한반도의 검증가능한 비핵화를 평화적인 방법으로 달성하는 것"임을 분명히 한다. 우리가 북핵문제라는 개념을 쓸 수 있지만 그것은 어디까지나 한반도 핵문제의 일부인 것이다.

따라서 북핵문제의 해법은 북한의 비핵화가 아니라 한반도 비핵화에서 찾아야 한다. 여기에도 '안보와 안보의 교환'이 필요하다. 7장에서 남북한 관계 차원에서 안보-안보 교환의 필요성을 언급했는데, 같은 종류의 교환이 한반도 비핵화를 위해서도 필요하다. 그동안 미국이 국제사회를 통해 취한 대북 강경 압박 정책의 경우 주로 북한에 대한 경제적 제재를 통해 북핵문제를 해결하려고 한 점에서 일종의 경제-안보의 교환 방식에 해당한다. 원유 공급 제한 같은 대북 경제제재를 통해 북한이 핵무기를 포기하도록 유도하는 방식이다. 북핵문제에 대한 대북 경제제재 조치는 이명박 정부의 '비핵·개방·3000'처럼 북한이 핵개발을 포기하면 경제제재를 완화하고 이득을 주는 경제-안보 교환에 입각해 있다. 하지만 조성렬이 남한의 대북정책과 관련하여 강조하듯이, 경제-안보 교환은 북한의 안보에 대한 공포를 완화시켜주지 못한다(조성렬 2012, 115-119, 123). 북미관계에 있어서도 마찬가지다. 대북 제재에 대해 북한이 강경하게 대응하는 것은 북한의 안보 불안을 해소하는 방안 없이 압박만 가하기 때문이기도 하다. 북한은 핵무기를 포기한 이라크나 리비아에 대해 미국이 가차없이 공격을 하였고 북한의 핵포기는 자살행위와 다를 바 없다고 생각한다. 이와 같은 미국에 대한 북한의 불신을 해소하지 않은 상태에서 북한에게 핵무기 포기를 요구하는 것은 일방적인 무장해제를 요구하는 셈이다. 따라서 북핵문제를 해결하기 위한 기본 접근으로 경제-안보의 교환이 아닌 안보-안보의 교환 방식을 택할 필요가 있다. 북한이 느끼는 안보 불안을 해결해주는 과정과 북핵문제 해결 과정이 연동되어야 한다. 이 점에서도 북한 비핵화가 아니라 한반도 비핵화가 올바른 방향이다. 9·19공동성명에서 합의한 것처럼, 북한이 모든 핵무기와 핵계획을 포기하는 것과 미국 및 남한의 북한 공격 의사 및 남한 내 핵무기의 부재를 확인하는 것이 맞교환되어야 한다. 요컨대 북핵문제를 북한의 안보 불안을 해결하는 방식과 연동할 필요가 있다.[17]

....

17   이와 관련하여 최근 김동엽이 매우 흥미로운 방안을 제기했다. 북핵의 '미래핵 제거'와 (북한에

한반도 비핵화는 동북아시아 평화체제 구상과 연계하여 추진하는 방법이 있다. 북핵문제를 해결하기 위한 핵심은 북미관계의 개선이지만, 북한과 미국 사이에 국한하여 안보-안보를 교환하는 방식은 바람직하지도 않고 실현 가능성이 크지 않다. 북미 사이의 직접적인 안보-안보 교환은 북한이 주장하는 '북핵 포기 – 북미관계 정상화' 교환이 핵심일 것이다. 앞서 보았듯이 북한과 미국 사이에 뿌리 깊은 불신 때문에 양자 사이의 안보-안보 교환은 가능성이 크지 않다. 세계 패권국인 미국의 입장에서는 굴욕적인 굴복으로 비칠 것을 우려할 수도 있다. 설령 북미 간 직접적인 안보-안보 교환이 이루어질 수 있어도 그것이 바람직한지 의문이 든다. 남한이 배제된 북미 간 합의는 미국에 대한 남한의 불신으로 이어질 수 있다. 김종성이 언급한 미국의 배신 가능성에 대한 두려움 때문이다. 중국과 일본, 러시아도 북미 간 양자 합의에 의한 한반도 비핵화와 평화 체제 수립에 우호적으로 대할 가능성이 크지 않다. 무엇보다 각자 한반도 문제에 대한 자신의 발언권이 약화되는 것을 우려할 것이기 때문이다. 이런 상태에서 북미 간 양자 합의에 의해 한반도 비핵화가 이루어지더라도 그것이 유지되기에는 문제가 많이 남는다.

이 점에서 한반도 비핵화를 위한 안보-안보 교환은 동북아시아 지역에서 다자관계 차원에서 추진하는 것이 바람직하다. 두 가지 구상과 연계가 가능하다. 하나는 '동북아 비핵무기지대(NEA-NWFZ: Northeast Asia Nuclear Weapon-Free Zone)' 구상과 한반도 비핵화를 연계하는 방법이다. 동북아 비핵무기지대 구상은 현재 비핵무기 보유국인 남북한과 일본 3국이 먼저 비핵무기지대를 구성하고 기존 핵무기 보유국인 미국, 러시아, 중국이 소극적 안전보장을 제공하는 '3+3 방안'이다. 한반도 비핵화는 남한과 북한만 참여하고 미국이 대북한 소극적 안전보장을 제공하는 구상이다. 한반도 비핵화 구상은 북미관계가 중심인 만큼 북미관계의 개선 없이 실행되기가 쉽

....

대한) '과거 위협 해소'를 맞교환하고, '현재핵 제거'와 '현재 위협 해소'를 맞교환한 다음, '과거 핵 제거'와 '미래 위협 해소'를 맞교환하자는 제안이다(자세한 내용은 김동엽 2018, 78-86).

지 않다. 반면에 동북아 비핵무기지대 구상에서는 북미관계가 중요한 만큼 한일관계, 러일관계 및 중일관계 등도 모두 중요하다. 한반도 비핵화가 일본의 핵무장 가능성을 배제하지 못하는 반면 동북아 비핵무기지대 구상은 한반도를 넘어서 일본의 비핵화를 담보하고 기존 세 핵보유국의 안전보장도 기대할 수 있다. 한반도와 동북아의 비핵무기지대화 구상의 연결 방안으로는 한일이 먼저 비핵무기지대를 만들고 나중에 북한을 참여시키는 방법이 있다. 한일의 비핵무기지대 약속을 바탕으로 중장기적으로는 6자회담에서 한반도 비핵화 협정을 마련하고, 이후에 '동북아 비핵무기지대 조약'을 성사시키는 방안을 강구할 수 있다(조성렬 2016, 485-495).

다른 하나는 한반도 비핵화를 동북아시아 안보 및 평화 레짐 구축과 연계시키는 방법이다. 한반도 비핵화를 단순히 북핵문제 해결 방안으로만 보지 않고 동북아시아 지역 차원의 안보질서와 평화체제를 구축하는 과정으로 만드는 것이다. 북핵문제는 미국의 입장에서 볼 때 핵확산의 문제다. 한반도 비핵화를 남북한 사이에 핵무기와 핵 위협 제거에 국한해서 생각할 경우 여전히 미국식 관점에서 벗어나지 못한다. 동북아시아 지역 차원에서의 안보-안보 교환 속에 핵무기 제거가 포함되도록 해야 한다. 이를 위해 단순히 핵 비확산 문제가 아니라 동북아시아 평화 문제로 의제를 설정할 필요가 있다. 노무현 정부 시절 남한은 9·19공동성명에 평화협정 관련 조항을 포함하는 데 중요한 영향력을 발휘했다고 한다. 이는 미국이 6자회담을 북핵문제와 핵 비확산 문제에 국한시킨 데 비해, 북핵문제를 북한의 안보와 동북아시아 평화와 연계해서 보는 새로운 프레임을 제시한 것이다. 하지만 남한의 역량이 중국과 일본, 러시아 및 미국이 모두 공유하는 북핵문제를 바라보는 새로운 '표준' 설정에까지 미치지는 못하였다고 한다(전재성 2015, 94-98). 앞서 보았듯이 북미 양자 사이의 안보-안보 교환은 주변국들의 불신과 의혹을 살 가능성이 많다. 주변 강대국들이 모두 참여하는 6자회담과 같은 다자 관계 속에서 안보-안보의 교환을 이루는 방법이 바로 동북아시아 다자 안보질서 및 평화체제의 구축이다. 한반도 비핵화에 남북한과 미국

뿐만 아니라 중국과 일본, 러시아 등 주변 관련국들이 모두 참여하게 함으로써 동북아시아 지역 차원의 안보·평화 체제 구축으로 이어지도록 노력해야 한다.

셋째, 북미관계의 개선을 추진하고 그 과정에서 남한의 고리 역할을 모색한다. 북핵문제는 궁극적으로 북미관계의 개선을 통해 해결해야 한다. 앞서 동북아시아 차원에서의 안보-안보 교환을 북핵문제 해결과 한반도 비핵화를 위한 방안으로 제시했는데, 안보위협 감소가 핵포기로 이어지지 않을 수도 있음에 유의해야 한다. 한인택은 남아프리카공화국의 핵폐기 사례연구를 바탕으로 "안보위협의 감소가 반드시 북한의 핵폐기를 유도하지 않을 수 있다"고 강조한다. 아울러 남아프리카공화국이 인종차별정책(apartheid)을 버리고 정상국가화하면서 핵을 폐기한 것처럼 북한도 단순히 핵무기 개발 및 보유 정책뿐만 아니라 보다 큰 정체성과 대전략을 바꿀 때 핵폐기 가능성이 크다고 강조한다(한인택 2012, 195). 핵무기 개발 자체에 초점을 둘 것이 아니라 북한의 정체성과 대외 관계 전반에 초점을 둘 필요가 있다. 이 점에서 북미관계 정상화는 북핵을 포기할 수 있는 안보 환경을 제공해주고 나아가 북한의 대외정책과 정체성의 근본적인 변화를 가져옴으로써 핵폐기를 용이하게 해줄 것이다.

이와 관련하여 우선 '북한 비핵화'가 아니라 '한반도 비핵화'를 추구하듯이, '북한의 변화'가 아니라 북미 '관계'의 변화를 주요 방향으로 삼아야 한다. 전봉근은 과거 북핵문제만을 다루는 북한 비핵화 전략이 실패했으므로, 북핵문제와 함께 북한의 변화를 동시에 추구하는 비핵화 전략을 적극 검토해야 한다고 주장한다(전봉근 2012, 279-280). 하지만 '북핵문제'라는 표현이나 '북한 비핵화'는 모두 북한의 변화를 주 목적으로 하는 홀로주체적 자세다. 이는 북한이 비정상적인 문제라는 인식을 내포한다. 북한이 문제가 많은 것이 분명하고 북한의 핵무기 및 미사일 개발이 동북아시아 질서와 북미관계를 악화시키는 주요인이라고 볼 수 있다. 하지만 거꾸로 북미관계의 악화를 북핵문제의 주요인으로 볼 수도 있다. 상대방이 문제를 일으키는 문제라는 자세는 자신에 대한 성찰을 동반하지 않을 때 지극히 홀로주체적인 자세다. 남북한의 서로주체적 통합을 추진하기 위해서는 국제적인 차원에서도 북한에 대해 서로주체적 자세로 대해야 한다. 그 첫걸음이 상대방을 문제국가로 낙인 찍는 대신 상대방과 우리의 관계에서 문제를 찾는 자세다.

북한은 북미관계의 정상화를 원한다. 북한이 미국을 상대로 벌이는 벼랑 끝 외교 전술의 궁극적 목표는 미국의 대북 적대정책을 종식시키고 북미 간 관계 정상화를 이끌어내는 것이다. 북한은 미국을 적대시하고 강경 도발을 일삼지만, 기본적으로 미국으로부터 과도한 안보위협을 느끼고 있고 현실적으로 체제보장을 위해 미국과의 관계 개선을 최우선 과제로 추구한다(이수훈·박병인 2011, 46-53). 지금 한반도를 둘러싼 동북아시아 정치의 냉전적 구조의 잔재는 바로 북미 적대관계의 문제다. 많은 학자와 정치가들이 북한의 개혁·개방을 논하고 북한의 국제사회로의 진입 유도를 주장했지만, 막상 북한이 국제사회에 진입하는 데 가장 큰 장애물은 미국의 정책이다. 1990-1991년 북한이 일본과 수교를 모색할 때 미국이 북핵문제를 이유로 개입한 것이 북일수교 협상이 좌절되는 중요한 이유의 하나였다(와다 하루키 2002, 183-186). 이 경험에서 북한은 미국과의 관계 개선 없이 다른 서방국가와의 관계 개선이 불가능하다는 교훈을 배웠고, 미국과의 관계 정상화를 대외정책의 중심 목표로 삼게 되었다고 한다. 2000년대 초 부시 정부가 북한을 '악의 축'으로 공격할 무렵, 김대중 정부의 햇볕정책과 궤를 같이 하여 유럽연합의 회원국들이 북한과 수교를 함으로써 서방세계와의 관계 개선을 도모했다. 미국이라는 걸림돌을 우회하는 전략으로 해석할 수 있다(김학노 2005, 248-249). 그러나 역시 미국과의 관계 정상화가 이루어지지 않은 속에서 북한의 국제사회 진출의 한계는 분명했다. 따라서 북한의 입장에서 미국과의 관계 개선이야말로 자국의 안보를 확보하는 핵심이다.

관건은 미국이 북한과의 관계 개선 의지가 있느냐이다. 북한이 문제가 많은 독재국가이지만 그것이 미국의 대북 관계 개선을 막는 주된 이유가 되지는 못한다. 여느 국가와 마찬가지로 미국도 상대가 독재국가라는 이유로 관계를 단절하거나 적대시하지 않는다. 상대가 비민주적이고 비자본주의 체제라고 국교를 정상화하지 못할 이유가 없다. 과거 냉전 시대에 소련을 '악의 제국'이라고 비난하면서도 미국은 소련과의 대사급 관계를 정상적으로 유지하고 지속적인 대화를 유지했다. 북한체제의 이질성은 미국이 북한과 관계를 정상화하지 못할 이유가 되지 않는 것이다. 게다가 북한은 미국이 중국을 견제하기 위해서 대단히 유리한 지정학적 조건을 갖추고 있기도 하다. 미국이 북한을 중국으로부터 떼어내고 자기 편으로 끌어들일 경우 북한의 지정학적 위치로 말미암아 중국의 취약점이 직접 노출될 가능성이 있다. 미국이 북한과 관계 정상화를 통해 우호적인 관계를 수립할 수 있다면 대륙으로의 진출을 위한 전초기지를 확보하는 전략적 이점과 함께 중국에 대한 유용한 견제 카드로 활용할 수도 있다(박건영 1999, 85, 95, 135)

하지만 미국으로서는 북한의 개혁개방을 원하지 않을 수 있다. 북한과 같은 작은 나라의 경제개방과 개혁이 미국에게 별로 큰 매력이 되지 않는다. 조금 악의적 시각으로 본다면, 미국이 '폭정의 전초기지'로서 북한을 필요로 하고 있다는 해석도 가능하다. 이 시각에 따르면, 북한의 핵·미사일 개발 때문에 미국이 북한과 관계를 정상화할 마음이 없어 보이지만, 보다 중요한 이유는 그러한 북한이 국제정치적으로 쓸모가 있기 때문이다. 배기찬은 "'위협적인 북한'의 존재는 패권도전국 중국을 제어하는 미국의 동아시아전략을 작동시킨다. 즉 일본을 군사대국으로 변환시키며, 중국에 밀착하는 남한을 미·일(미·일·한)동맹체제에 묶을 수 있는 동력을 제공한다. 특히 북한의 핵·미사일 위협은 미국의 아시아·태평양 미사일방어체제 구축에 결정적인 기회를 제공한다"라고 주장한다(배기찬 2017, 574).

남한은 북미관계 개선을 위해 중요한 고리 역할을 할 수 있다. 남북미 삼자 관계에서 북미관계가 주도적 역할을 할 가능성에 대해 남한 정부는 명확한 입장을 정립하지 못하고, 북한의 '통미봉남' 정책을 의심의 눈으로 본다(신욱희 2013, 191-192). 하지만 북미관계의 주도적 역할에 대해 우려하는 입장에서 벗어나고 오히려 남한이 적극 나서서 북미관계의 개선을 위한 연결 고리 역할을 모색해야 한다. 이것이 통미봉남 노선에 대한 적극적인 대응책이기도 하다. 우선 북미관계 개선을 위한 중재 역할에서 남한이 중국이나 일본, 러시아 혹은 유럽연합 등 다른 국가들과 경쟁하지 말아야 한다. 다른 국가들이 북미관계를 중재하는 역할을 잘 할 수 있다면 이를 적극 지원하고 장려하도록 해야 한다.

남한이 직접 북미관계 개선을 위한 제안을 마련하고 추진할 수도 있다. 9·19공동성명에서 합의된 바처럼 북한의 핵무기 제거와 북미수교 체결 및 평화체제 구축을 교환한다면, 이 맞교환을 위한 초기 이행조치로서 북핵 '동결'과 미국의 '대북 안전보장'이 필요하다. 이때 북한이 한미합동군사훈련의 폐지를 요구하고 미국이 북핵의 동결과 한미합동군사훈련 중단이 부등가교환이라는 반론을 제기할 경우, 이 시점에 남한이 협상 용의를 밝힘으로써 북한과 미국을 연결시켜줄 수 있다(정현곤 2017, 101-102). 미국의 북핵문제에 대한 요구가 기본적으로 '선비핵화 후관계정상화'라면, 비핵화와 관계 정상화의 선후 관계에 대한 논쟁 구조를 바꾸어서, 비핵화 과정과 관계 정상화를 각각 여러 단계로 나누고 단계별로 연결시키는 고리 역할을 남한이 수행할 수도 있다. 북미관계 정상화를 남북한의 서로주체적 통합 과정에서 추진하는 것도 가능하다. 부분적으로 통합을 이룬 통합한국과 미국이 정상적인 국가와 국가의 관계를 먼저 수립하고, 이후에 그 틀 속에서 북미 간 관계 정상화를 추진하는 방법이다. 이러한 역할을 자임함으로써 남한은 북미관계를 북한과 미국의 양자관계에서 남북미 3자관계 또는 남과 북 및 미중의 4자관계로 바꾸어 나갈 수도 있다. 이 같은 유연한 방식을 북한과 공유함으로써 남북한이 서로주체적 통합을 함께 진행하면서 북미관계 개선을 도모할 수 있다.

북미관계 개선에서 남한이 중요한 고리 역할을 한 가장 뛰어난 사례는 '페리 프로세스'다(김학노 2010a, 546-548). 1998년 금창리 지하 핵시설 의혹이 불거지고 대포동 1호 미사일 발사에 의해 한반도의 위기가 고조되었을 때, 대북정책조정관으로 임명된 페리가 1999년 9월 미국 의회에 제출한 보고서가 '페리보고서'다. 페리는 1993-1994년 제1차 북핵위기 시 북한에 대한 특별사찰 대신 북한의 핵 프로그램 자체를 제거해야 한다고 주장하고 한반도에서의 무력사용을 적극적으로 검토한 장본인이다(페리·카터 2000, 186-198; 오버도퍼 2002, 464-465; 해리슨 2003, 210 참조). 1998년 위기가 불거졌을 때에도 그는 김대중 정부의 햇볕정책에 대해 비판적인 견해를 가지고 있었고, 남한 정부에 의해 미국의 대북정책이 좌우되어서는 안 된다고 생각했다(오버도퍼 2002, 607). 이때 남한 정부가 미국의 대북정책 형성에 영향력을 행사하여 북미관계가 악화되는 것을 막을 수 있었다. 남한 정부는 북한의 핵과 미사일 개발을 결코 용납하지 않되 군사적 조치가 아닌 평화적 방식으로 해결하여야 하며, '한반도 냉전구조 해체'라는 차원에서 근원적으로 해결되어야 한다고 페리를 설득했다(임동원 2008, 400-406). 훗날 김대중 대통령이 '페리 프로세스'를 '임동원 프로세스'라고 부를 만큼 페리보고서는 "우리 외교 사상 처음 있는" "자주 외교의 성공적인 사례였다"(김대중 2010a, 148).

남한이 북미관계 개선을 위해 중요한 고리 역할을 하는 것은 "한반도 문제의 운전석에 앉아" 한반도 문제를 주도적으로 풀어나가겠다는 문재인 정부의 입장과도 일치한다. 남한의 주도권은 한반도 관련 강대국들을 우리 마음대로 끌고 나가는 데 있지 않다. 그것은 애초에 불가능하다. 남한의 주도권은 때로는 북한과의 서로주체적 관계를 선도적으로 제안하고 이끌어 나가고, 때로는 북미가 서로주체적 관계를 형성하는 데 보조적 역할을 하고, 또 때로는 한반도를 둘러싼 동북아시아 지역의 국제정치에서 중국과 일본 및 러시아의 주도적 역할을 지원하고 장려함으로써, 남북한의 서로주체적 통합에 유리한 형세를 구축하는 데에서 발휘된다.

V. 맺는 말

남과 북의 서로주체적 통합은 진공 속에서 일어나지 않는다. 한반도는 텅 빈 공간이 아니라 임진왜란 이후 특히 근대에 들어서서 대륙과 해양 세력이 만나는 곳이다. 남북한의 서로주체적 통합을 위해서는 한반도를 둘러싼 국제정치의 지형과 그 주요 추세를 잘 읽고 유리한 형세를 구축하는 노력을 기울여야 한다. 이 장에서는 (1) 미중관계를 중심으로 강대국의 한반도 문제에 대한 기본 입장을 살펴고, (2) 강대국 국제정치 속에서 복합통합 외교를 구상하고, (3) 북한을 끌어들이기 위한 방편으로 북미관계의 개선을 생각해보았다.

한반도를 둘러싼 국제정치의 중요성은 아무리 강조해도 모자라지만 강대국 국제정치의 구속력을 너무 과대평가하는 잘못도 피해야 한다. 강대국 국제정치의 구속력을 분석하고 인지하면서도 남과 북이 함께 또 따로 한반도 국제지형을 형성해갈 수 있는 부분을 찾고 확대하도록 애써야 한다. 이를 위해 우선 한반도가 '대륙세력과 해양세력이 교차하는 전략적 요충지'라는 기존의 선입견에서 벗어날 필요가 있다. 한반도가 그와 같은 전략적 요충지가 될 수도 있지만 그렇지 않을 수도 있다. 오늘날 G2시대에 미국과 중국의 충돌은 한반도가 아니라 남중국해에서 주로 일어나고 있다. 이는 어쩌면 한반도가 분단된 상태로 있기 때문일지도 모른다. 중국이나 미국 모두 남북한이 분단된 현재상태가 유지되기를 원한다. 한반도 통일이라는 현상변경의 불확실성보다 현상유지의 확실성을 선호한다. 미국과 중국 모두 통일한국이 상대방 세력권에 들어갈 것을 두려워한다. 중국이 한반도 통일을 북한이라는 완충지대가 상실되는 것으로 두려워하듯이, 미국도 통일된 한국이 중국대륙 쪽으로 기울 것에 대해 막연한 두려움을 갖고 있다. 두 국가 모두 자기에게 불리하지 않은 조건에서 한반도의 통일을 받아들일 수 있다. 남북한의 서로주체적 통합은 이와 같은 미중의 선호와 두려움을 모두 고려하면서 추진되어야 한다. 미국과 중국이 세계 최강대국으로서 갈등과 협력을 반복하고 있는 동북아시아 국제정치를 고려할 때, 미국과 중국의 어느 한쪽에 기우는 남북통일은 바람직하지 않고 실현 가능성도 높지 않다.

남과 북의 서로주체적 통합은 미국과 중국의 양 세력을 동시에 만족시킬 수 있는 통일방안이다. 남한과 북한의 국가성을 유지하면서 그 위에 초국가적인 통합한국을 점진적으로 만들어가는 것이 서로주체적 통합이다. 국제정치 차원에서 서로주체적 통합은 남과 북 사이에 복합통합외교를 구축하고 국제적 헤게모니를 수립하는 것을 지향한다. 복합통합외교는 복합국가체제의 대외적, 국제적 모습이다. 복합통합외교는 남과 북 각자의 단독 대표권을 인정한 바탕 위에서 중층적인 공동 대표권을 수립하고 발휘한다. 복합국가체제가 둘(=남과 북)이면서 하나(=통합한국)이듯이, 복합통합외교도 둘(=남과 북의 대표권)이면서 하나(=통합한국의 대표권)인 체제다. 복합통합외교는 남북한이 각각 기존의 한미관계와 북중관계를 유지하면서 통합정부가 공동외교를 수행하는 장점이 있다. 이에 더하여 서로주체적 통합의 정당성과 국제적 공동이익을 강조하고 창출함으로써 서로주체적 통합을 위한 국제적 헤게모니를 구축해야 한다. 이와 같은 서로주체적 통합 방안은 하나의 단일체로서 통일한국을 상상하는 다른 구상들보다 더 현실적이다. 이를 보여주기 위해서 한반도 중립화 통일 방안과 비교를 해보았다. 중립화 통일방안은 그 장점에도 불구하고 실현 및 유지 가능성이 적다는 문제점이 있다. 중립화 통일 방안을 비롯한 다른 통일 방안들과 서로주체적 통합 방안의 중요한 차이점은 전자가 하나의 '단일체'로서의 통일한국을 상상하는 반면에, 후자는 '둘이면서 하나인' 복합국가체제를 통합과정 전반에 걸쳐서 상상한다는 점이다. 이것이 서로주체적 통합 방안의 실현 가능성을 높이는 중요한 이유다.

서로주체적 통합은 남과 북의 서로주체적 만남을 전제로 한다. 따라서 서로주체적 통합이라는 공동의 프로젝트에 북한을 끌어들일 필요가 있다. 이를 위해 국제정치 차원에서 고려해야 하는 문제가 북미관계의 개선이다. 복합통합외교를 추진하기 위해서도 북한이 이에 참여해야 하는데, 북미관계의 개선 없이 북한이 참여하려 하지 않을 것이다. 서로주체적 통합의 시각에서 볼 때 북미관계의 문제를 북한의 문제로 환원해서는 곤란하다. 남북한 관계의 개선을 위해서 북한의 변화를 전제하지 않듯이, 있는 그대로 북한을 받아들인 상태에서 북미관계의 개선 방안을 모색해야 한다. 북미관계의 개선에 초점을 맞추는 것은 북한의 변화에 초점을 맞추는 것과 다르다. 후자가 상대방에서 문제점을 찾는 홀로주체적 자세인 반면, 전자는 상대방과 나와의 관계 속에서 문제점을 찾는 서로주체적 자세다. 북핵문제도 '북한 비핵화'가 아니라 '한반도 비핵화'의 문제설정 속에서 그 해결책을 찾아야 한다. 우선 한반도 비핵화와 관련하여 기존에 작동했던 대화채널을 복원하고 이미 합의에 이르렀던 여러 합의사항을 되살려야 한다. 아울러 한반도 비핵화는 남북한만의 문제가 아니라 동북아시아 차원의 공동문제와 연계하여서 추진할 필요가 있다. 동북아시아 비핵무기 지대화와 동북아시아 차원의 안보 및 평화 체제 구상과 한반도 비핵화를 연계시키는 방안이 있다. 이러한 과정을 통해 북미관계의 개선에서 중요한 고리 역할을 하는 것이야말로 남한이 한반도 문제의 운전석에 앉아서 남북관계를 주도하는 핵심이다.

제9장

나아갈 길(3): 국내정치 차원

I. 여는 말

남과 북의 서로주체적 통합을 위해서는 각각의 내부에서 서로주체적 통합을 지지하는 세력이 헤게모니를 수립하고 발휘해야 한다. 이를 위해 남북통합의 과정에서 대내적 서로주체성의 원칙에 충실하고 서로주체적 문화를 함양해야 한다. 이 장에서는 남북한의 서로주체적 통합을 구현하기 위해서 남한 내부에서 어떤 일들을 수행해야 하는지 살펴본다. 남북한의 서로주체적 통합을 위하여 남한의 정치사회와 시민사회 차원이 중요함을 논하면서, 서로주체적 통합을 추진하기 위한 헤게모니 구축 작업을 정치사회와 시민사회 차원으로 나누어서 살펴본다.

여기서 초점은 '통합'보다 '서로주체'에 있다. 남과 북의 서로주체적 통합을 추진하기 위해서는 서로주체적 통합의 원칙과 지향점에 대해서 남한 사회 내 광범위한 동의와 지지를 구축해야 한다. 오늘날 통일담론을 둘러싼 남남갈등의 주요 전선은 분리-통합이 아니라 홀로주체-서로주체다. 따라서 통합주의에 방점을 찍을 것이 아니라 서로주체적 관계 정립을 우선적으로 강조하는 헤게모니 구축 전략이 필요하다. 서로주체적 통합의 주체는 어디까지나 남북한이다. 남과 북 가운데 특히 남한이 주도적 리더십을 발휘할 필요가 있다. 서로주체적 자세를 취했을 때 상대방으로부터 배반을 당할 수 있는 착한 바보의 위험을 감수할 수 있는 능력이 더 많기 때문이다. 따라서 남과 북의 서로주체적 통합을 위해서 핵심적으로 중요한 것이 바로 남한의 국내정치다.

남한의 정치사회뿐 아니라 시민사회에서의 헤게모니 수립이 반드시 필요하다. 북한에 비해 남한은 시민사회가 더 많이 발달해 있다. 남과 북의 정부가 서로주체적 통합을 추진하기로 합의한다고 가정할 때, 북한에서는 국가가 사회를 주도하여 이끌고 가기가 수월하지만 남한에서는 그렇지 않기 때문이다. 남한은 북한에 비해 훨씬 더 발달한 시민사회가 국가의 정책에 영향력을 행사할 수 있다. 박근혜 정부의 개성공단 폐쇄 조치처럼 남한 정부가 시민사회의 저항을 무시할 수도 있지만, 김대중 정부 시절 남남갈등이 심했던 것처럼 정부의 대북정책에 대해 시민사회의 반발이 클 수도 있다. 남남갈등의 해소뿐만 아니라 남북한의 서로주체적 통합을 추진하기 위해서도 남한의 시민사회 내에서 서로주체적 통합의 헤게모니를 확고하게 구축하는 작업이 필요하다.

II. 정치사회 차원의 서로주체성

1. 남한 국내 정치의 중요성

남북한의 서로주체적 통합은 남북한이 주도적으로 수행해야 한다. 남북한 관계가 한반도를 둘러싸고 있는 강대국들의 국제정치적 환경에 영향을 많이 받지만, 국제정치적 환경이 남북관계를 절대적으로 규정하는 것은 아니다. 남북한 관계에 대한 국제정치의 규정력은 일정 부분 남북한에 달려 있다. 즉 남한과 북한이 어떤 관계를 형성하고 어떻게 대응하느냐에 따라서 한반도를 둘러싼 강대국들의 영향력에 휘둘릴 수도 있고, 거꾸로 강대국 국제정치의 틈 속에서 우리의 자율성을 더욱 확대할 수도 있다.

남북한 관계는 진공 속에서 형성되지 않는다. 우리는 어디까지나 한반도를 둘러싸고 있는 관련 강대국들의 정책과 그들의 관계를 예의주시할 필요가 있다. 엄상윤 등이 한반도를 둘러싼 지역적 양극체제가 남북한의 통합지향 세력과 분리지향 세력에게 미치는 영향을 분석하면서 강조하듯이, 지역적 양극체제가 경직되면 남북한의 분리지향 세력이 강해지고, 지역적 양극체제가 이완되면 통합지향 세력이 힘을 발휘하기가 용이할 수 있다. 이 시각에 따르면, "한반도 통일은 주변강대국들, 특히 패권적 외세들의 협력 내지 묵인이 전제되어야 하며, 양극체제하에서 이러한 전제조건이 충족되기 위해서는 체제가 충분히 이완되어 외세들의 영향력이 중화되어 있어야 한다"(이호재 외 2005, 43-70; 엄상윤 2013, 14-18). 이는 한반도를 둘러싼 국제정치가 남북한의 통합과 분리에 미치는 역학관계에 대한 탁월한 분석이다.

그런데 남북한의 관계를 분리와 통합의 연속선뿐만 아니라 홀로주체와 서로주체의 연속선까지 고려하면 국제적 환경이 남한과 북한 내부의 세력들에 어떤 영향을 미치는지는 좀더 복잡한 논의가 필요하다. 즉 미중관계를 중심으로 하는 동북아시아의 양극체제가 경직될 때 단순히 남북한의 분리지향 세력이 강화되는 것이 아니라 홀로주체적 분리주의 세력이 더 강화될 것이다. 반면에 지역적 양극체제가 이완될 경우 단순히 남북한의 통합지향 세력이 강화되기보다는 서로주체적 통합주의 세력이 더 강화될 것이다. 미중관계의 경화와 완화가 남북한 내부의 분리주의와 통합주의 세력의 관계에 더 많은 영향을 주는지, 아니면 남북한 내부의 홀로주체적 세력과 서로주체적 세력의 관계에 더 많은 영향을 주는지 단언할 수 없다.

한반도의 관련 강대국들 특히 미국과 중국의 관계가 우호적일수록 남북한의 서로주체적 관계 수립과 통합 추구에 유리할 수 있다. 반면 미중관계가 악화되면 그만큼 남북한 통합세력과 서로주체적 세력의 활동범위가 제한을 받을 수 있다. 하지만 남북한의 주도에 따라서 국제정치의 구조적 구속력을 어느 정도 극복할 수 있다. 강대국들의 양극체제가 충분히 이완되지 않고 적대적 대치가 강한 상태에서 서로주체적 분리가 추구하는 평화관계는 위협 받기 쉽다. 하지만 남북한이 서로주체적 통합을 추구한다면, 지역적 양극체제가 경직되었을 때에도 그 구속력을 완화할 수 있다. 친미 남한, 친중 북한, 그리고 중립적이거나 애매한 태도를 유지하는 중첩적인 통합한국의 모습을 그릴 수 있다. 지역 강대국들의 관계에 의해서 큰 영향을 받는 서로주체적 분리와 달리, 서로주체적 통합은 강대국들의 관계가 악화될 경우에도 남과 북의 정부 그리고 통합한국의 정부가 중층적인 협조를 통해 보다 안정적인 평화관계를 유지할 수 있다.

서로주체적 통합전략의 중심은 어디까지나 남북한이다. 한반도를 둘러싼 국제환경에 의해 영향을 받을지라도 남북한이 헤쳐나가야 한다. 지역 강대국들의 영향을 덜 받기 위해서도 서로주체적 통합이 필요하지만, 그러기 위해서는 남한과 북한의 협력적 이니셔티브가 중요하다. 남북한 가운데에서도 남한이 주도적으로 서로주체적 통합을 추진해야 한다. 앞서 논한 바 있는 서로주체적 자세의 딜레마, 즉 서로주체적 자세를 취했을 때 상대방으로부터 배반 당할 수 있는 위험이 있는데, 그러한 위험을 감수할 수 있는 주체는 상대적으로 국력이 더 강한 남한이어야 한다. '착한 바보'의 위험을 감수할 수 있는 능력이 그만큼 더 크기 때문이다.

따라서 남북한의 서로주체적 통합을 추진하는 데 있어서 남한의 국내 정치 차원이 가장 기본이고 중요하다. 남한의 국내정치가 남북한의 서로주체적 통합을 추진하는 데 밑받침을 하지 않으면, 남북한이 서로주체적 통합의 전략을 함께 추구하기도 어렵고 국제정치적 구속력을 극복하기는 더더욱 기대하기 힘들다. 한마디로 서로주체적 통합의 한쪽 기둥은 남한의 국내 정치에 두고 있어야 한다. 서로주체적 통합을 주도하는 추진세력이 대북관계와 대미, 대중 관계에 못지않게 내부의 남남관계에 주의를 기울여야 하는 이유다.

우리는 2000년 정상회담 이후 남남갈등이 심화된 경험을 갖고 있다. 남남갈등은 남북관계의 진전에 커다란 걸림돌로 작동할 수 있다. 남한이 주도하여 북한에 대해 서로주체적 통합의 헤게모니를 구축하고 추진하는 동시에, 남한의 국내 정치 및 사회에서 남북한의 서로주체적 통합의 헤게모니를 강화할 필요가 있다. 남북한 사이에는 남한이, 남한 내에서는 특정 정치세력과 시민사회 세력이 중심이 되어서 추진해야 한다. 6장에서 보았듯이, 남한 내 통일담론의 중심 전선은 더 이상 '분리주의 대 통합주의'가 아니라 대북한 '홀로주체적 세력 대 서로주체적 세력'의 대립에 있다. 남한의 국내에서 대북한 홀로주체적 세력과 서로주체적 세력의 헤게모니 투쟁이 불가피하다. 다만 서로주체적 방법으로 헤게모니 투쟁을 수행해야 서로주체적 헤게모니가 지속할 수 있다.

2. 정치사회의 서로주체적 관계 확립

남과 북의 서로주체적 통합은 국내 차원에서도 서로주체성의 원칙에 충실하게 추진해야 한다. 먼저 정치사회에서 다양한 정치세력들 사이에 수평적 차원에서 대북정책과 통일 문제에 관하여 서로주체적 관계를 수립하는 것이 필요하다. 여기에는 정부-국회 관계와 국회를 중심으로 한 정치사회 내 다양한 정당들 사이의 관계 등 두 가지가 중요하다. 그 중에서도 남한의 정치세력들을 대표하고 있는 주요 정당들 사이에 대북정책과 관련하여 서로주체적 관계를 수립하는 것이 특히 중요하다.

우선, 정부는 국회와 밀접한 협조를 구축한 상태에서 대북 서로주체적 통합을 추진해야 한다. 정부는 남북통합 과정에서 국회의 자문과 동의를 구하고 야당 및 반대파 정치세력과 협의하고 합의를 구해야 한다. 정부(대통령)는 특히 주요 야당 지도자들과 함께 협의하고 합의하는 자세로 대북정책에 임해야 한다. 욕심을 더 내자면, 정부의 대북정책 입안부터 국회 내 다양한 정당들의 입장을 조율하고 이를 정부 정책에 반영하는 방식도 생각해볼 수 있다. 현재 남한의 정치사회에서 국회와 정부를 연결하는 고리는 소위 '당정(청)'회의다. 이는 여당과 정부와의 연결고리일 뿐이며 국회 전체를 대변하는 세력이 참여하는 모임은 존재하지 않는다. 국회와 정부의 협의의 핵심은 당정청 회의를 통한 여당과 정부(청와대 포함)의 연결이 아니라 야당과 정부의 연결이어야 한다.

김대중 정부 시절 햇볕정책과 관련해서 남남갈등이 심했던 이유의 하나는 김대중 정부가 야당과의 수평적 서로주체성을 구축하는 노력이 부족했기 때문이다. 남북 긴장의 완화와 화해협력이라는 '영광'을 야당과 나누기보다 정부의 공적으로만 내세운 측면이 있다. 김대중 대통령이 2000년 6월 남북정상회담을 마치고 귀국하는 길로 바로 국회의장뿐만 아니라 당시 한나라당 당수였던 이회창 총재와 남북정상회담의 영광을 함께 나눴다면, 여야의 거국적 지지를 받을 수 있었을 것이다. 또 정상회담 이전부터 김대중 정부가 정치적 반대세력과 남북정상회담의 추진을 협의하고 그 성과에 대해서도 함께 하는 모습을 보였다면 남북관계의 정상화에 대한 지지를 더 광범위하게 구축할 수 있었을 것이며, 정상회담 이후의 남남갈등의 정도도 상당히 완화될 수 있었다(임혁백 2004, 318-319; 법륜·오연호 2012, 222-223).

대북정책과 관련하여 정부와 국회, 특히 야당과의 협의가 원활하게 이루어진다면 대북정책의 실행에 있어서도 정부가 독점하는 것보다 국회와 야당 대표를 동반하는 방안을 고려할 만하다. 가령 남북정상회담을 하는 데 남한의 대통령뿐 아니라 국회의장과 야당 지도자들이 함께 참여하는 방안을 추진할 수 있다. 다시 김대중 정부의 예를 들면 남북정상회담의 영광을 귀국 이후에 당시 야당의 이회창 총재와 함께 나눌 수 있었을 뿐 아니라, 더 적극적으로 남북정상회담 자체에 야당 대표들이 함께 참여하도록 할 수도 있었다. 남북정상회담에 행정부 수반뿐 아니라 입법부 수반과 야당의 실질적 지도자들이 함께 참여함으로써 남과 북의 서로주체적 통합에 대해 남한 내 다양한 정치세력들과 그들을 지지하는 다양한 세력의 지지를 광범위하게 확보할 수 있을 것이다. 물론 그럴 경우 국회의장과 야당 지도자들은 남한의 정부를 대표하기보다는 남한사회를 대표하는 지도적 인물로서 지위를 갖고 그에 걸맞은 행동을 해야 한다.

다음으로, 국회를 중심으로 한 정치사회에서 활동중인 다양한 정당들이 함께 대북정책을 논의하고 뜻을 모으는 것이 필요하다. 정치사회의 핵심 행위자는 결국 정당이다. 대통령이나 국회 모두 정당을 기반으로 할 수밖에 없다. 남북한의 서로주체적 통합을 계획하고 추진하기 위한 헤게모니 구축의 중심 주체도 정당이 되어야 한다. 따라서 다양한 정당들 사이에 서로주체적 관계를 수립하여 대북정책에 있어서 서로주체적 통합 전략으로 뜻을 모으는 작업이 필요하다. 이를 위해 국회 안이나 밖에 남북통합과 관련한

다양한 의제를 논의하는 '정치적 대화기구'를 마련할 수 있다. 이 기구는 정부, 여당, 야당, 재야단체 등 다양한 정치세력이 참가하여 남북통합의 과정에 관해 협의하고 합의를 구하는 마당을 제공한다. 이 공간에서 특히 중요한 것은 다양한 정당들 사이에서, 특히 여당과 야당들 사이에서 의견을 나누고 합의점을 구축하는 것이다.

이 대화기구에는 북한에 대해 서로주체적 자세를 가진 정치세력뿐 아니라 홀로주체적 자세를 갖고 있는 정치세력도 참여하도록 한다. 서로 상이한 부분, 날카롭게 대립하는 부분들이 있더라도 이를 회피하지 말고 의견을 나누는 것이 필요하다. 상이한 의견과 견해를 교환하되, 이러한 교환이 싸움이 되기보다는 상이한 견해를 가진 사람들 사이의 소통과 화해를 모색하는 공간으로 발전하도록 애써야 할 것이다. 그래서 서로 합의할 수 있는 부분들을 우선 찾고 이를 온 국민이 볼 수 있도록 함께 발표하는 의식(ceremony)을 거행할 필요가 있다. 정치인들은 국민의 여러 세력들을 대표하며, 남한사회라는 하나의 공동체를 대표하는 상징적 의미가 있기 때문이다.

물론 정당들 사이에 대북정책에 대한 입장이 너무 차이가 심해서 정치적 대화기구에서 합의를 이루기보다 분열과 갈등만 더 심화시킬 수 있다는 걱정도 할 수 있다. 하지만 우리 사회의 주요 정당들의 대북정책 및 통일정책을 살펴보면 대북 서로주체적 자세의 정도에 있어서 정당 간 차이가 그렇게 크지 않다는 사실을 알 수 있다. 이를 통시적·역사적 변천을 한편으로, 그리고 2016년 20대 총선을 전후한 시점에서 평면적인 분석을 다른 한편으로 살펴보자.[1] 통시적으로는, 우리 사회 주요 정당들 특히 보수계 정당과 민주당계 정당들은 박정희 대통령의 1970년 평화통일구상 선언 이후 서로주체적 통합의 방향으로 상당히 수렴하는 경향을 보여왔다. 평면적으로는, 2016년 상반기 20대 총선을 전후한 시점을 기준으로 볼 때 주요 정당들의

....

[1] 이하 대북정책 및 통일정책에 관한 주요 정당들의 입장에 대한 분석은 김학노(2016)에서 가져왔다. 보다 자세한 논의는 김학노(2016) 참조.

통일정책이 서로주체적 통합 방안에 수렴하면서도 분기하는 지점을 볼 수 있다.

우선, 통시적 차원에서, 5장에서 살펴보았듯이 역대 정부의 대북정책은 1970년 박정희 대통령의 평화통일구상 선언을 기점으로 서로주체적 방향으로 수렴되는 경향이 강하다. 〈표 9.1〉은 5장에서 살펴본 남북한 관계의 변천을 서로주체적 관계에 초점을 맞추어서 정리한 것이다. 〈표 9.1〉은 남북한 서로주체적 관계의 태동과 발전 및 퇴보를 주로 남한의 정부가 주도한 것으로 본다. 남북한의 서로주체적 관계는 박정희 정부에서 태동하여 전두환 정부를 거쳐, 노태우 정부와 김대중·노무현 정부에서 발전하였다가, 이명박·박근혜 정부에서 후퇴하고 있다.

우리의 정당 변천사는 매우 복잡하고 변화무쌍해서 일목요연하게 정리하기 어렵지만, 매우 보수적인 지배적 정당과 좀 덜 보수적인 민주당계, 그리고 군소 진보정당의 세 세력으로 단순화할 수 있다.[2] 보수적 지배정당과

표 9.1 남북한 서로주체적 관계의 변천

시기	정부	집권당	통일·대북정책	주요 사건
홀로주체적 관계 시기 (1948년~1960년대)	이승만 정부 장면 정부 박정희 정부	자유당* 민주당** 민주공화당*	북진통일 선건설 후통일 선건설 후통일	전쟁, 휴전
서로주체적 관계 태동기 (1970년~1980년대 중반)	박정희 정부 전두환 정부	민주공화당* 민주정의당*	선평화 후통일 선평화 후통일	1970년 평화통일구상 선언
서로주체적 관계 발전기 (1980년대 후반~ 2000년대 중반)	노태우 정부 (김영삼 정부) 김대중 정부 노무현 정부	민주정의당* (민주자유당*) 새정치국민회의** 열린우리당**	북방정책 대북포용정책 평화번영정책	1988년 7·7선언 2000년 6·15선언 2007년 10·4선언
서로주체적 관계 후퇴기 (2000년대 후반~2016년)	이명박 정부 박근혜 정부	한나라당* 새누리당*	상생공영정책 한반도 신뢰프로세스	2010년 5·24조치 2016년 2월 개성공단 폐쇄

*보수계 정당; **민주당계 정당.

민주당계 정당이 우리 정치사회의 양대 세력이다. 〈표 9.1〉에서 집권당들은 모두 보수적 지배정당과 민주당계 정당들이다. 2018년 초 현재 보수계 정당은 자유한국당과 바른정당으로, 민주당계는 더불어민주당과 국민의당으로 나뉘어 있다. 국민의당과 바른정당의 통합 움직임에 대항하여 국민의당 내구 민주당 계 세력이 반발하는 모습을 보이고 있다. 진보 진영은 여러 군소정당들로 분열되어 있는데 2014년 통합진보당의 위헌 심판 후 정의당이 진보 진영을 대표하는 위치에 있다.

정부의 통일정책으로부터 집권정당의 통일정책을 유추할 수 있다고 가정하면, 〈표 9.1〉에서 우리 사회의 양대 정치세력인 보수계 정당과 민주당계 정당들 사이에 통일정책과 관련하여 수렴 현상이 상당히 뚜렷하게 나타난다. 1960년대 말까지 보수계 정당과 민주당계 정당 모두 북한에 대해 홀로주체적 자세를 견지하였다. 1970년대 이후 공화당과 민정당 같은 보수계 정당들이 남북한의 서로주체적 관계를 모색하고 발전시켰으며, 김대중 정부 이후 민주당계 정당들이 이를 서로주체적 부분통합으로 더욱 심화시켰다. 민주당계인 김대중·노무현 정부의 서로주체적 부분통합 정책은 가깝게는 노태우의 민정당-민자당 정부, 멀게는 박정희의 공화당 정부의 서로주체적 관계 정립 정책과 연속성을 갖는다. 이명박 정부 이후 홀로주체적 자세로 부분적 후퇴가 일어났는데, 이는 1970년 이래 형성된 보수계 정당과 민주당계 정당의 서로주체적 대북자세로의 수렴 현상에 역행하는 것으로 볼 수 있다. 2016년 들어 박근혜 정부의 대북정책이 더욱 강경해졌지만 1970년 이전의 홀로주체적 자세로까지 후퇴한 것으로 보기는 힘들다.

다음, 평면적 차원에서, 2016년 상반기 20대 총선을 전후한 시점을 기

....

2 보수적 지배정당은 1공화국 시절 자유당에서 시작하여 민주공화당-민주정의당-민주자유당-신한국당-한나라당-새누리당-자유한국당으로 이어진다. 한국민주당까지 거슬러 올라갈 수 있는 민주당계 정당들은 2공화국과 김대중·노무현 정부의 비교적 짧은 기간을 제외하면 대부분 야당으로 활동했다. 3당합당에 의해 민주자유당으로 통합한 김영삼의 민주당계는 더 이상 민주당계 세력이 아니라 보수적 지배 세력에 편입한 것으로 본다.

준으로 주요 정당들의 정강정책을 살펴보자(새누리당 2012; 더불어민주당 n.d.; 국민의당 n.d.; 정의당 n.d.). 각 정당의 당헌에서 밝히고 있는 당의 총괄적인 목적에서 통일정책과 관련하여 정당들 사이에 특별한 차이를 발견하기 어렵다. 새누리당과 더불어민주당 및 국민의당 등 3개 주요 정당이 모두 남북한의 '평화통일'을 당의 목적으로 설정하고 있다. 진보적 군소정당인 정의당만이 당헌에서 통일에 대한 언급 없이 평화만 표방하고 있다. 2000년대 초에 최용섭이 당시 주요 정당들인 한나라당, 자유민주연합, 새천년민주당이 모두 남북한의 평화통일과 평화체제 구축이라는 동일한 목표를 설정하고 있음을 발견했는데(최용섭 2001, 71-73), 통일정책에서 보수계 정당과 민주당계 정당들의 총괄적인 목적의 유사성은 오늘날에도 지속되고 있다.

평화통일 또는 평화체제 구축을 우선 목적으로 하는 점에서 모든 정당은 기본적으로 남북한의 서로주체적 관계를 지향하고 있다. 평화통일이 서로주체적 방식뿐 아니라 홀로주체적 방식에 의해서도 가능하지만, 우리 정당들은 기본적으로 북한과의 평화공존을 바탕으로 평화통일을 추구하는 서로주체적 방식을 지향한다. 이 점은 정당 강령에서도 나타난다. 당 강령(혹은 정강정책의 전문)에 기술되어 있는 통일정책 관련 부문을 보면, 모든 정당이 공히 한반도의 평화를 강조하고 있음을 알 수 있다. 특히 보수계 정당과 민주당계 정당들이 서로 수렴하는 모습을 보이는 점이 흥미롭다. 북한에 대해 보다 포용적인 더불어민주당과 국민의당은 평화통일과 함께 '튼튼한 안보'를 강조하며, 북한에 대해 상대적으로 더 강경한 입장인 새누리당은 남북한 사이에 '호혜적 상호공존 원칙'을 강조하고 있다. 요컨대 이들 모두 기본적으로 남북한의 서로주체적 관계를 지향하고 있다.

중요한 차이점도 보인다. 더불어민주당과 국민의당이 '과정으로서의 통일'과 남북한의 교류협력이나 공동체 기반 조성을 강조하는 반면에, 새누리당은 비핵화와 함께 대북정책에 있어서 원칙과 유연성을 강조하고 있다. 당 강령의 전문에서 포괄적으로 나타난 정당별 차이는 정강정책에 포함된 기본정책에서 보다 구체적으로 나타난다.

새누리당은 2012년 2월 전면 개정한 당 강령 및 기본정책인 「국민과의 약속」에서 10대 기본정책 중 8번째 항목에서 외교, 안보, 통일 분야 정책을 한꺼번에 다룬다. 다른 정당들에 비해 이들 분야의 비중이 상대적으로 적고 그 내용도 상당히 빈약하다. 새누리당은 북한과의 대화와 교류협력을 추구하는 서로주체적 자세를 견지하면서도, 북한과의 공조를 멀리하고 북한만의 변화를 추구하는 홀로주체적 입장도 상당히 강하게 가지고 있다. 우선, 민족공조보다 한미공조를 중시한다. 평화지향적인 균형외교를 강조하면서, 새누리당은 "공고한 한미동맹을 바탕으로 한반도의 평화를 확고히 유지한다"고 함으로써 한반도 평화와 한미동맹을 연동시키고 있다. 7·4남북공동성명, 남북기본합의서, 6·15공동선언과 10·4정상선언 등 기존의 남북한 사이에 이루어진 합의에 대해 언급하지 않고, "원칙에 입각한 유연한 대북정책"을 천명함으로써 과거 김대중·노무현 민주당 정부의 대북포용정책과의 단절을 꾀하고 있다. 다음으로, 북한의 변화를 분명하게 요구한다. 새누리당은 평화통일을 추구하고 다양한 대화와 교류협력을 추진하되, 남한의 기본 질서인 "자유민주주의와 시장경제질서를 기초로 한 평화통일" 추구를 분명히 한다. 통일을 위해 북한의 변화를 상정하는 것이다. 북핵문제에 대한 단호한 대처와 북한의 인권 개선을 강조하면서, "북한이 국제 사회의 책임 있는 일원으로 참여할 수 있도록 적극 지원함으로써 한반도 평화와 북한의 개방을 촉진"한다고 명시하여 북한의 변화를 강조한다.

　　더불어민주당은 13개항의 기본정책 중 외교·안보와 통일 분야를 구분하여 정강정책을 제시한다. 외교·안보(6항) 분야에서 '평화외교'라는 개념을 적극 활용하여 우리 외교의 지평을 한반도와 주변국에서 전 세계로 넓히고 있다. 특히 한미공조뿐 아니라 주변국과의 협력외교를 강조하는 점이 두드러진다. 새누리당이 한미동맹과 한반도 평화를 연계시키는 반면, 더불어민주당은 "굳건한 한미동맹을 기반으로" 하는 동시에 "주변국과의 적극적 협력외교"를 "한반도의 평화와 통일 및 동아시아 평화와 안정"에 연계시키고 있다. 통일외교 역량을 강화하는 대목에서도 전통적 동맹 관계를 공고히 하는 한편 유관국들과의 전략적 협력 관계를 심화하고 발전시킬 계획을 밝힌다. 새누리당이 균형외교를 언급하면서도 한미동맹을 중시하는 반면에, 더불어민주당은 한미동맹뿐 아니라 주변국들과의 협력외교를 강조하는 점에서 무게중심의 차이가 뚜렷하다.

통일(7항) 분야에서 더불어민주당은 "분단체제를 극복하고 통일시대를 맞이하기 위해 한반도 평화체제 구축을 최우선 과제로 삼는다"고 밝힘으로써, 통일에 앞서 평화 구축을 우선시한다. 한반도의 평화를 위협하는 구조적 요인들—핵무기와 군비증강 등—을 제거하고 적극적 평화를 달성하기 위해서 서해평화협력특별지대 설치, 한반도 군비통제, 동북아 다자안보협력 등을 제시한다. 한반도 비핵화와 평화체제 구축이라는 목표에 있어서는 새누리당과 차이가 없지만, '남북관계 개선 → 북핵문제 해결 → 평화체제 수립'이라는 선순환을 구상하고 남북한 관계 개선과 협력 강화를 출발점으로 삼는 점에서 차이가 있다. 새누리당이 한미동맹을 강조하는 국제공조를 중시하는 반면, 더불어민주당은 한미동맹과 주변국 협력외교를 중시하면서 민족공조도 중시하는 것이다. 민족공조는 북한을 대화와 협상의 파트너로 대하는 점에서 서로주체적 성격이 강하다. 그만큼 새누리당에 비해 더불어민주당이 북한에 대해 상대적으로 좀더 서로주체적 자세를 보이고 있다.

통일기반 조성에 있어서도 새누리당에 비해 더불어민주당은 남북한 관계의 개선과 교류협력에 더 큰 비중을 둔다. 우선 7·4남북공동성명, 남북기본합의서, 6·15공동선언과 10·4정상선언 등 남북한의 기존 합의를 존중하고 계승하면서, 남북 교류협력의 활성화를 주문한다. '하나 되고 평화로운 한반도'를 이룩하기 위해서 통일외교 역량 강화와 평화외교도 필요하지만 무엇보다도 남북한 사이의 민족화해와 교류협력이 필요하다고 본다. 남북 간의 대화, 협력, 협의체 등을 강조하면서 '과정으로서의 통일'을 추구한다. 나아가 남북한의 경협 확대, 개성공단을 비롯한 남북 경제특구와 공동체 확대 등 '북방경제' 활성화가 곧 남한 경제의 신성장 동력이라는 논리를 발전시키고 있다. 남북한 협력에 대한 강조는 북한 인권 개선 문제에서도 일관되게 나타난다. 새누리당이 북한 인권 개선과 개방을 강조함으로써 북한만의 변화를 강조하는 홀로주체적인 모습을 보이는 반면, 더불어민주당은 북한주민의 실효적인 인권 개선을 위해서도 일방적인 북한의 변화보다 남북한 사이의 협력이 필요하다는 입장이다. 새누리당에 비해 더불어민주당이 남북한의 서로주체적 민족공조를 강조하는 모습이 완연하다.

국민의당은 외교·안보·통일 분야의 정책 기조뿐만 아니라 구체적 내용에 있어서 더불어민주당과 상당히 비슷하다. 기존의 남북한 합의를 계승하고, 한미동맹을 강조하면서도 남북한의 민족공조를 우선시하며, 남북관계 개선에서부터 평화체제 구축까지 선순환 외교를 추구하고, 남북한 사이의 다양한 교류와 협력을 통해 '과정으로서의 통일'을 이루겠다는 점에서 새누리당과 대조되고 더불어민주당과 대단히 가깝다. 국민의당은 "한미동맹에 기반하여 중국과의 관계를 돈독히 한다"고 명시하는데, 이는 더불어민주당이 주변국 또는 유관국으로 모호하게 표현한 것과 대조적이지만 두 정당 모두 한미동맹과 한중관계를 동시에 저울질하는 점에서 비슷하다.

다만 국민의당은 더불어민주당과 두 가지 작지만 유의미한 차이가 있다. 우선, 안보 문제 특히 북핵문제 관련 정책에 있어서 국민의당이 훨씬 강경하다. "총체적인 국가안보 태세를 구축"하기 위해서 국민의 당은 "북핵은 우리에게 직접적인 안보위협이고 통일을 진전시키는 데도 명백한 장애물이다"라고 천명하고 "어떠한 경우라도 … [북핵에] 강력히 반대한다"는 입장을 분명히 한다. 또 철저한 "군사적 대응체계" 구축과 "한미연합전력을 기반으로 한 능동적 억제전략"으로 다양한 안보위협에 대응하고 전쟁을 막겠다고 한다. 더불어민주당이 북한 비핵화, 북핵문제 해결, 한반도 군비통제, 동북아 다자안보협력 등을 포괄적으로 언급하는 것과 비교할 때, 국민의당의 북핵 관련 안보정책이 훨씬 단호하고 분명하다.

다음으로, 남북관계의 개선을 남북한이 서로주체적으로 주도한다는 의식이 훨씬 선명하다. '남북관계의 주도적 개선'이라는 작은 제목 아래 국민의당은 남북한이 "한반도 문제 해결의 당사자로서 주도적으로 상호관계를 개선하고 통일을 이룩해"야 한다고 강조한다. 한반도 문제에 대해 국제공조가 필요하지만 우리가 당사자라는 '주인의식'을 갖고 국제공조를 "적극 주도"해야 한다는 것이다. 또 "남북관계는 '상대방이 있는 관계'임을 인식하는 바탕 위에서 상호 문제해결과 신뢰증진의 양식으로서 대화-협상-합의-실천의 '협력적 과정'을 중시한다"고 강조한다. 민족공조와 서로주체적 자세가 만나는 대목이다.

즉, 북핵문제에 대한 대처와 남북관계의 서로주체적 주도라는 두 가지 점에서 국민의당이 더불어민주당에 비해 보다 분명하게 자신의 입장을 밝히고 있다. 그 결과 국민의당의 북한에 대한 입장은 다소 모순적으로 보일 수 있다. 북한은 한편으로 남북관계의 한쪽 당사자로서 서로주체적으로 만나야 할 상대이며, 다른 한편으로 우리에게 "직접적인 안보위협"이 되고 통일에 "명백한 장애물"인 북핵문제를 일으키는 장본인이기도 하다. 전자가 민족문제 해결의 '동반자'라면, 후자는 국가안보의 '적'이다. 이는 햇볕정책을 추진할 때부터 민주당 정부가 직면했던 문제의 핵심이다. 더불어민주당이 북한의 이 이중적 정체성의 모순을 다소 모호하게 우회하고 있다면, 국민의당은 이를 극명하게 드러냄으로써 직시하고 있다.

이와 같은 두 당의 차이점은 근본적인 대북자세에서의 차이라고 보기는 어렵지만, 구체적인 정책에 있어서 유의미한 입장 차이를 보일 수 있다. 가령 20대 총선에서 경제정의실천시민연합이 북핵문제 해결과 남북경협을 연계시키는 데 대해서 각 당의 입장을 물어보았는데,[3] 이에 대한 국민의당과 더불어민주당의 답변이 극명하게 갈린다. 더불어민주당이 북핵문제와 남북경협을 분리하는 반면 국민의당은 이들을 연계하고 있다. 국민의당은 북한의 핵보유가 남북협력의 가장 큰 장애물이라는 원칙에 입각해서 북핵문제 해결 없이 남북경협을 추진해서는 안 된다는 입장을 표명했다. 이는 같은 질

....

3   http://vote.ccej.or.kr/helper_selected/?step=3&result_key=7fac20d5705efecf4a1906e-234c7461fb6e63ecf, 2016년 4월 4일 검색.

문에 대한 새누리당의 입장보다도 더 강경한 태도다. 북핵 불용의 원칙을 확실하게 고수하고 북한의 도발에 대해서 강력한 응징을 주장하는 새누리당마저도, 한반도신뢰프로세스에 따라 북한의 변화를 이끌어 내기 위해 대화의 문을 열어놓고 있다고 밝히고 있다. 반면에 적과 동반자라는 북한 정체성의 이중성 문제를 민주당은 김대중 정부 이후 전통적으로 정경분리와 정치·경제 병행전략으로 대처해왔다(김학노 2010a). 민주당에서 분리해나간 국민의당은 사안에 따라 북한의 이중적 정체성 구분을 극명하게 하는 가운데 결과적으로 새누리당보다 심한 정경연계라는 자가당착에 빠진 모습이다.

정의당의 통일정책은 더불어민주당이나 국민의당과 대체로 비슷하지만, 두 가지 특징이 있다. 첫째, 자주적 입장을 가장 강력하게 표방하고 있다. 정의당은 "동아시아의 평화는 한반도 평화의 전제이며, 한반도 평화는 동아시아 평화 공존과 번영의 지렛대가 되어야 한다"고 하면서, "미·중 패권 경쟁과 일본의 재무장이라는 도전에 맞서, 우리는 어떠한 패권도 반대하고 일방에 서는 것을 거부"한다고 천명한다. 다른 정당들이 한미동맹을 바탕으로 하면서 중국과의 협력을 도모하는 반면에, 정의당은 한미동맹에 대한 언급도 없고 미국이든 중국이든 어떠한 패권에도 반대하며 어느 편도 들지 않겠다는 자주 노선을 확고하게 밝힌다. 통일된 한반도의 모습으로도 우리 민족의 자주와 평화가 확고히 보장되어야 한다고 함으로써, 한반도의 자주적 입장을 강조한다.

둘째, 남북한 사이의 서로주체적 관계 확립을 가장 뚜렷하게 추구한다. 앞서 보았듯이 새누리당에 비해 더불어민주당과 국민의당이 북한에 대해 좀더 서로주체적인 자세를 표방하고 있다. 정의당은 민주당계 정당들과 마찬가지로 남북한 사이에 '상호 존중의 원칙'에 입각하여 서로 교류하고 협력하여 평화를 정착시키면서 부문별로 점진적인 통합을 진전시키는 것이 현실적인 통일 방안이라고 주장한다. 이는 전형적인 대북포용정책이라고 볼 수 있다. 여기서 한 걸음 더 나아가서 정의당은 "전쟁이나 체제의 붕괴를 전제로 한 급격한 통일은 가능하지도, 바람직하지도 않다"고 강조하고, 남과 북의 '상생'과 '공동 번영'이 구현되는 평화로운 한반도 건설을 추구한다. 서로주체적 통합의 이념형에 가장 가까운 정강정책이다.

이상에서 살펴본 각 정당들의 통일 관련 정강정책은 20대 총선 공약에서도 대체로 비슷하게 나타났다. 2장의 〈그림 2.1〉의 분석틀을 기준으로 정강정책에 나타난 정당들의 통일정책을 종합적으로 판단하면, 수평축(분리-통합)이 아닌 수직축(홀로주체-서로주체)에서 정당들이 각축을 벌이는 모습이다. 분리-통합 축은 현재 우리 사회의 정당들 사이에 중요한 대립지점으로 작용하지 않는다. 분리주의 정당과 통합주의 정당이 대립하는 정치지형이 전혀 아닌 것이다. 새누리당부터 정의당까지 모든 주요 정당들이 통일보다 한반도 평화를 우선시하고 있다. 통일지상주의를 표방하거나 통일을 평화보다 우선시하는 정당은 없다. 모든 정당이 한반도 평화와 동(북)아시아 평화를 연계해서 생각하고 있으며, 평화통일에 앞서 평화공존과 평화체제 구축을 우선시한다. 북핵문제에 대한 단호한 대처 및 해결 방안 모색과 굳건한 안보체제 확립도 한반도의 평화체제 구축과 관련해서 이루어진다. 어떤 정당도 평화적 방식이 아닌 폭력적인 통일을 주장하지 않는다. 어느 정당도 북핵문제의 폭력적 해결을 강구하지 않는다. 기본적으로 평화적 방식과 과정에 의해서 북핵문제를 해결하고 통일을 구축해가는 데 모든 정당이 뜻을 같이 하고 있다.

정당들이 통일을 포기하거나 부인하는 것은 아니다. 통일보다 평화를 우선시할 뿐이다. 구체적인 방안과 정도에서 차이가 있지만, 모든 정당이 통일보다 평화를 우선시하고 평화를 유지하면서 점진적 통합을 추구한다. 당헌에서 정당의 목적으로 통일을 언급하지 않은 유일한 정당인 정의당마저도 남과 북이 상생하는 통일된 한반도를 그리고 있다. 한마디로, 모두 서로주체적 분리를 바탕으로 점진적으로 서로주체적 통합으로 나아가는 방안을 모색하고 있다. 이 점에서 오늘날 우리의 주요 정당들은 모두 1970년 박정희 대통령이 방향을 잡은 '선평화 후통일' 노선을 기본적으로 추종하고 있다고 할 수 있다.

통일정책과 관련하여 정당들 사이에 유의미한 차이는 수직축(홀로주체-서로주체)에서 발견할 수 있다. 모든 정당이 대화와 협력에 바탕을 둔 평화통일 노선을 표방하는 점에서 공통되지만, 정당별로 북한에 대한 서로주체적 자세의 정도에 있어서 중요한 차이가 있다. 새누리당은 북한의 개방을 추진하고 자유민주주의와 시장경제 질서를 바탕으로 한 통일을 구상함으로써 통일과정과 결과에서 북한의 일방적인 변화를 추구하는 홀로주체적 성격이 상당히 강하게 엿보인다. 남북한의 교류협력도 '북한의 변화를 지향'하는 점을 분명히 한다. 이와 대조적으로 정의당은 체제붕괴에 의한 급격한 통일에 반대하고 남북이 '상생'하는 통일을 명확히 함으로써 남과 북의 공존에 입각한 점진적인 서로주체적 통합을 분명히 한다. 더불어민주당과 국민의당은 양자 사이에 위치한다(그림 9.1).[4]

그림 9.1 20대 총선 시 정강정책으로 본 정당들의 대북자세

이렇게 정당들의 위치를 자리매김할 때 모든 정당들이 어느 정도 서로주체적 대북자세를 공유하고 있다는 사실을 강조할 필요가 있다. 박근혜 정부 들어서 북한에 대해 보다 강경한 홀로주체적 자세를 보이고 있지만, 새누리당이 북한에 대해 홀로주체적 자세로 완전히 돌아선 것으로 보기는 어렵다. 2014년 1년 동안의 통일 관련 활동에 관하여 새누리당이 자체적으로 분석 평가한 것을 보면, 새누리당은 한반도 신뢰프로세스를 통한 남북관계의 정상화를 위해 남북 간 대화를 통해 현안들을 해결한 사례들을 언급하고

....

4   〈그림 9.1〉에서 각 정당들의 위치는 대략적인 것이며, 시기와 이슈에 따라 다를 수 있다. 가령 2012년 총선에 비해 2016년 총선 공약에서 새누리당의 통일정책은 좀더 홀로주체적인 방향으로 이동했다.

있다. '북한의 변화를 지향'하지만 어쨌든 호혜적 교류협력 확대와 경제공동체 인프라 구축 및 사회문화 교류 확대와 같은 남북교류와 협력 사업을 계획하기도 한다(중앙선거관리위원회 2015, 252-255 참조). 새누리당의 대북정책을 단순히 홀로주체적이라고만 볼 수 없는 이유다.

종합하면, 평면적인 차원에서 2016년 총선을 전후한 시점에서 볼 때, 남한사회의 주요 정당들은 모두 기본적으로 북한에 대한 서로주체적 대북자세를 견지하고 있다. 새누리당 – 국민의당 – 더불어민주당 – 정의당의 순서로 남한 위주의 홀로주체적 성격도 남아 있지만, 모든 정당이 기본적으로 선평화 후통일 노선을 추종하고 있다. 주요 정당들이 모두 서로주체적 분리를 바탕으로 점진적으로 서로주체적 통합으로 나아가는 방안을 모색하고 있는 점에서 수렴한다. 통일정책에 있어서 주요 정당들 사이의 대립은 분리와 통합 사이의 대립이 아니고, 근본적으로 서로주체적 대북자세를 어느 정도 공유하고 있으면서 좀더 홀로주체적 입장과 좀더 서로주체적 입장 사이의 대립이다.

지금까지 다소 장황하게 정당들의 통일정책을 비교 분석한 함의는 분명하다. 통시적으로 우리 사회 양대 정당인 보수계 정당과 민주당계 정당들은 1970년 이후 사실상 대북 서로주체적 자세로 수렴해왔다. 이명박·박근혜 정부에서 대북 홀로주체적 자세로의 부분적 후퇴가 일어났지만, 전체적인 큰 그림은 서로주체적 자세로의 수렴이 분명하다. 그러한 수렴 현상은 2016년 총선 시점에서 평면적으로도 확인할 수 있다. 정당들 사이에 주요한 차이점들이 있지만, 서로주체적 대북자세라는 근본적인 수렴지점을 고려할 때 정당들 사이의 차이점들은 오히려 주변적인 의미만 갖는다. 이는 2018년 초 현재의 시점에서도 다르지 않아 보인다. 따라서 주요 정당들 사이에 통일정책과 관련하여 협의하고 합의점을 찾는 것이 비현실적인 얘기가 아니다. 오히려 이런 수렴 현상을 감안할 때, 정당들 사이의 대화를 일상화하는 대북정책 관련 정치적 대화기구의 수립과 운용은 충분히 현실적인 방안이라고 하겠다.

III. 시민사회 차원의 서로주체성

1. 시민사회 세력관계의 중요성

정치사회에서 서로주체적 관계를 수립하는 것 못지않게 중요한 것이 남한의 시민사회 차원에서 서로주체적 대북자세에 대한 합의와 공감을 이루는 작업이다. 시민사회에서 남북한의 서로주체적 통합에 대한 폭넓은 공감대를 구축하는 것이야말로 남과 북의 서로주체적 통합을 구현하는 데 가장 중요한 대목이다(최장집 2017, 61-72 참조). 이 점을 먼저 살펴본 다음에 시민사회에서 어떻게 서로주체적 통합에 대한 공감을 확충할 수 있을지 생각해본다.

남한의 시민사회 내에서 서로주체적 통합 전략의 헤게모니 구축이 가장 중요한 이유는 남과 북의 서로주체적 통합의 추진력과 파급력의 근원이 바로 이곳에 있기 때문이다.[5] 남한의 정부가 서로주체적 남북통합을 추진하기 위해서는 그러한 정책을 지지하는 시민사회의 세력이 강력해야 한다. 민주사회에서 정권이 시민사회의 뜻에 어긋나는 정책을 추진하기 어렵다. 특히 대북정책처럼 민감한 문제와 관련하여, 북한을 같은 민족이지만 동시에 적으로 인식하고 적대감이 여전히 많이 남아 있는 상태에서, 대북 서로주체적 통합을 추구하는 정책을 추진하려는 정부는 시민사회에서 그러한 정책에 대한 강력한 지지를 확보해야 한다. 시민사회 내의 군건한 헤게모니에 근거할 때 비로소 정부는 대북 서로주체적 통합정책을 추진할 수 있는 힘을 갖추게 되는 것이다.

동시에, 일단 서로주체적 남북통합을 추진하면 그것을 지속적으로 강화할 수 있는 파급력의 확보가 필수적이다. 서로주체적 통합에 대해 분리주의 세력이나 홀로주체적 세력의 반격이 충분히 예상된다. 이들을 서로주체

----

5 시민사회 내 헤게모니 구축의 중요성에 대한 보다 자세한 논의는 김학노(2016a) 참조.

적 통합의 지지세력으로 확보하거나 아니면 이들보다 강력한 지지세력을 더 많이 구축하기 위해서는 시민사회 내 서로주체적 통합에 대한 지지세력의 확보가 필수적이다. 이 맥락에서 신기능주의가 강조하는 '파급효과(spill-over)'를 적극 고려할 필요가 있다.

7장에서 언급했듯이 서로주체적 통합방안은 '구성주의적 신기능주의' 통합전략을 기본으로 하면서 정경분리 및 정경병행 전략을 추구한다. 기능주의와 마찬가지로 신기능주의는 한 부문에서의 통합이 다른 부문으로 파급될 수 있다고 본다. 다만 기능주의와 달리, 신기능주의는 '기능적 맥락의 자율성' 때문에 파급효과가 자동적으로 일어나는 것은 아니라고 강조한다. 이슈영역에 따라서 행위자 간 힘의 관계가 다르므로, 한 영역에서 상대적으로 강한 통합지지세력이 다른 영역에서는 상대적으로 열세에 처할 수 있기 때문이다(Lindberg and Scheingold 1970, 108-109). 신기능주의자들은 파급효과 개념을 다양하게 구분하고 사용했지만, 여기서는 파급효과가 일어나는 영역 또는 차원을 기준으로 '기능적 파급(functional spillover)'과 '정치적 파급(political spillover)'을 구분한다.[6] 기능적 파급이란 특정 영역의 통합이 다른 영역의 통합으로 그 범위가 확대되는 것이다. 이는 구체적으로

....

6 　신기능주의자들이 파급효과를 구분한 또 하나 중요한 기준은 초국가적 기구의 직무확대가 일어나는 방식 또는 기제(mechanism)다. 즉 (정치 영역이 아닌 기능 영역에서 일어나는) '기능적 파급' 또는 '권한확대'가 문제영역들에 내재해 있는 '기술적 연계'에 의해서 일어나는지 아니면 기술적 필연성보다는 정치적 및 이데올로기적 작업으로서 이슈영역 간의 연계를 의도적으로 만들어내는지에 따라서 구분하기도 한다. 신기능주의자들은 전자를 '기능적 파급', 후자를 '창출된 파급(cultivated spillover)'으로 불렀다(Nye 1971, 201). '기능적 파급'은 파급효과가 일어나는 차원이나 영역을 가리키기도 하고, 그것이 일어나는 방식을 가리키기도 한다. 용어가 혼동스러운 까닭이다. 나는 파급효과의 방식으로서의 기능적 파급도 기술적 연계의 사회적 구성과 발견에 의해서 이루어진다고 생각한다. 이 점에서 기능적 방식에 의한 파급효과도 자동적으로 일어나는 것이 아니라 창출된다고 본다. 이런 인식을 바탕으로, 그리고 용어의 혼란을 피하기 위해서, 여기서는 파급효과가 일어나는 영역을 기준으로 기능적 파급과 정치적 파급의 두 가지를 구분한다. 파급효과가 일어나는 방식에 따른 구분은 괄호에 넣는다. 정도의 차이가 있겠지만, 모든 파급효과는 창출된 파급효과다.

초국가적 기구의 기능의 확대, 즉 그들의 권한이나 직무의 확대(task expansion)를 의미한다(Haas 1958, 289-313). 현재 유럽통합에서 사용하는 용어로 통합의 '심화(deepening)'를 지칭한다고 하겠다. 정치적 파급은 널리 쓰이지 않는 개념인데, 통합의 심화(권한확대)가 정치적으로 영향을 미치는 것을 의미한다. 기능적 파급에 따라 초국가적 기구의 권한이 확대되면 정당이나 이익집단과 같은 정치 행위자들이 국내 차원에서부터 초국가 차원으로 자신의 정치적 행동반경을 확대하거나 재설정하는 것이 정치적 파급효과다(Haas 1958, 306, 330). 유럽통합의 사례에서 단순화하여 구분하면, 초국가적 정치체의 권한확대가 기능적 파급이고, 그로 인한 초국가적 상호행위공간 및 정치행위의 확대가 정치적 파급이다(김학노 1999, 460-464).

과연 남북한의 부분적 통합에서 기능적, 정치적 파급효과를 기대할 수 있는가? 북한은 물론 남한에서도 시민사회에 대해 국가가 종종 압도적 우위에 있는 현실에서 다원주의를 전제로 하는 파급효과가 가능할지 의문이 들수 있다. 7·7선언 이후 남한이 기능주의적 접근을 지속했지만 남북한 사이에 파급효과가 없었다는 주장도 있다(박찬봉 2008, 344-350). 하지만 김대중·노무현 정부 시절 남북한의 부분적 통합 경험은 남북한 관계에서도 파급효과가 발생할 수 있음을 보여준다. 예를 들면 남북 철도 및 도로 연결은 2000년 정상회담의 합의사항이자 그 자체가 다른 파급효과를 낳기도 하는 핵심 연결고리다. 철도·도로 연결을 위한 비무장지대 지뢰제거 작업은 경제협력에서 군사협력으로 파급효과가 일어난 사례다. 개성공단 사업은 정상회담 직후 김정일과 정주영의 합의에 의해서 시작된 점에서 정상회담의 파급효과로 볼 수 있다. 동시에 개성공단사업과 같은 부분적 경제통합에서 투자보장, 이중과세 방지, 상사분쟁 해결, 청산결제 등의 남북 4대 경협합의서 체결로 파급효과가 일어났다(김학노 2010a). 이외에도 개성공단사업으로 북한에 사실상 소유권이 등장하고 각종 법적 제도가 바뀌거나 생겼으며 이경험이 나선특구 개발에도 영향을 미쳤다고 한다(이종태 2017, 144-208). 이들은 모두 통합의 영역이 부분적으로 확대된 '기능적' 파급효과의 사례다.

보다 중요한 것은 '정치적' 파급효과다. 신기능주의 접근은 다원주의 사회에서 통합의 진전이나 후퇴에 따라 사회 행위자들의 이해관계가 영향을 받고 이들이 통합을 지지하거나 반대하는 정치적 파급효과도 예상한다. 남북한 관계에서 정치적 파급효과의 가장 대표적인 예는 남남갈등이다. 햇볕정책과 남북정상회담으로 남북한의 관계에 변화가 생기자 남한사회 내 대북자세를 둘러싼 갈등이 심화된 것이다. 유럽연합과 같은 초국가 차원으로 정치행위가 확대된 것은 아니지만, 국내정치가 남북한 관계의 변화에 따라 영향을 받은 점에서 일종의 정치적 파급효과로 볼 수 있다. 정치적 파급효과의 다른 사례로는 2015년 7월 전국경제인연합(전경련)이 발표한 '남북경제협력 신5대 원칙'을 들 수 있다. 〈표 9.2〉에서 보듯이, 20년 전 전경련이 수립했던 5대 원칙이 '지원과 압박'이라는 패러다임에 입각한 반면, 신5대 원칙은 북한의 자기주도적 경제개발을 포함하는 등 좀더 서로주체적 자세로 변모하였다(전국경제인연합회 2015). 남북한의 경제적 교류협력이 기업들에게 미친 정치적 파급효과다.

표 9.2 전경련의 남북경제협력 신 5대 원칙(2015. 7. 15)

전경련 남북경제협력 5대 원칙(1995년 6월)	전경련 남북경제교류 新5대 원칙(2015년 7월)
① 정부의 투자지침, 남북대화 진전과의 조화	① 정부 지침, 남북대화 진전과의 조화
② 非전략물자 중심의 경협	② 남북(주민) 모두에 도움이 되는 경제교류
③ 과당경쟁 유발 자제	③ 북한의 자기주도적 경제개발
④ 장기적 방향의 단계적 추진	④ 남북한 산업 장점의 보완 발전
⑤ 남북한 산업 장점의 보완 발전	⑤ 동북아 경제권 형성 북한 SOC 개발

출처: 전국경제인연합회 2015.

2016년 초 박근혜 정부의 개성공단 폐쇄조치에 대항하여 개성공단 입주기업들이 반발한 것도 정치적 파급효과다. 정부의 폐쇄조치가 자신들의 이해관계에 부정적 영향을 미친다는 판단에서 개성공단 입주기업들이 공단의 지속적인 운영을 강력하게 요구하였다. 박근혜 정부의 대북 강경정책에 의해서 이들의 요구가 반영되지 못한 점에서 이러한 파급효과가 제한적인 것은 분명하다. 하지만 이 사례가 다원주의 사회에서 통합의 진행과 후퇴에 따라 사회 행위자들의 이해관계가 영향을 받고 이에 따라 통합을 지지하거나 반대하는 정치적 파급효과가 일어난다는 신기능주의의 가설을 부인하는 것은 아니다. 정치적 파급효과가 분명히 일어났지만, 해당 이슈영역에서 통합에 제동을 거는 세력이 통합을 유지하려는 세력보다 더 강했을 뿐이다. 서로주체적 통합 전략의 성공과 실패는 단순히 정부의 정책에 달려 있는 것이 아니라, 정부와 시민사회 내 그러한 전략을 지지하는 세력과 반대하는 세력 사이의 헤게모니 관계에 의해서 결정된다. 따라서 서로주체적 통합 전략의 중심적 헤게모니는 시민사회에 강력하게 뿌리내려야 한다.

남북한 사이에 서로주체적 통합이 시작되고 확산되기 위해서는 북한보다 남한의 시민사회 영역에서 서로주체적 통합 세력의 헤게모니 수립이 절실히 요구된다. 남북한 사이에 서로주체적 통합을 시작한 후 그를 지지하는 정치적 파급효과가 남한에 비해 북한에서 상대적으로 더 수월하게 일어날 수 있으며, 오히려 남한에서 지지세력의 확대가 난관에 직면할 수 있기 때문이다. 〈표 9.3〉의 도움을 받아서 이 점을 살펴보자.

표 9.3 남북한 국가-사회관계와 상대에 대한 자세

상대에 대한 자세 국가/사회	서로주체적	홀로주체적
국가	A	B
사회	C	D

북한은 시민사회가 매우 약하므로 국가를 장악한 세력이 남한에 대해 어떤 자세를 갖는지가 대남정책을 좌우한다. 남북한이 합의하여 서로주체적 통합을 추진하는 상황을 가정하자. 북한에서 국가가 서로주체적 대남자세를 견지한다면(A) 남북 통합의 진행에 따라 북한 사회에서도 서로주체적 대남자세(C)를 강화하기 쉽다. 북한에서도 정부의 정책을 반대하는 사회세력이 있을 수 있고, 북한 정부 내에서 대남 서로주체적 자세에 반대하는 홀

로주체적 세력의 불만이 커질 수도 있다. 하지만 북한은 국가를 주도하는 지배세력에 대해서 그와 같은 반대세력의 반발이 쉽지 않은 체제다. 따라서 국가를 이끄는 지도세력이 서로주체적 대남자세를 견지할 경우 사회나 정부 내의 반발로 인한 장애는 적고 오히려 국가의 지도에 따라 사회의 여러 세력들이 대남 서로주체적 자세를 지지할 가능성이 크다.

반면에 남한은 북한에 비해 시민사회가 훨씬 많이 발달해 있으며 자율성의 정도도 훨씬 강하다. 그런데 이것이 오히려 서로주체적 남북통합에 장애로 작용할 수 있다. 남한에서 국가를 장악한 세력이 북한에 서로주체적 통합을 추진하려고 하더라도(A) 북한을 적대시하는 사회세력(D)이 크게 저항할 수 있기 때문이다. 즉 국가의 입장이 B에서 A로 바뀌어도 시민사회 내에 D의 저항이 클 경우 남북통합에 걸림돌이 될 수 있다. 따라서 서로주체적 남북통합이 진전된다면 그 정치적 파급효과의 결과 북한사회에서 대남 서로주체적 자세가 강화되는 반면 남한사회에서는 오히려 남남갈등이 커질 가능성이 있다. 이 점에서 남북한 정부당국의 주도적 합의로 서로주체적 통합을 추진할 경우, 특히 남한과 북한 중에서 남한이 서로주체적 통합을 주도적으로 추진해야 한다고 보는 나의 시각에서, 서로주체적 통합이 심화되기 위한 관건은 북한보다는 남한의 시민사회 내 세력관계에 있어 보인다. 남남갈등의 극복뿐만 아니라 남북한의 서로주체적 통합의 원동력으로서 남한의 시민사회가 대단히 중요한 것이다.

2. 시민사회의 서로주체적 관계 확립

그렇다면 남북한의 서로주체적 통합을 추진하기 위해서 남한의 시민사회에서 어떤 노력들을 할 수 있을까? 다음과 같이 수직적 차원과 수평적 차원을 나누어서 서로주체적 통합의 헤게모니 구축 방법을 생각해볼 수 있다.

먼저, 수직적 차원이다. 북한과 만남의 문제에 있어서 정부와 시민 또는 국가와 시민사회의 수직적 차원에서 서로주체적 관계를 수립하고 강화해야 한다. 서로주체적 남북통합은 남한과 북한의 국가 차원뿐만 아니라 남한과 북한의 내부에서도 국가와 시민(사회) 사이에 서로주체적 관계에 입각해야 한다. 이는 남북통합과 관련된 정책의 수립과 집행 및 평가 과정에 정치권 이외에도 일반 시민과 시민단체가 적극 참여하는 '시민참여형' 통합을 추진 함으로써 이루어질 수 있다(백낙청 2012, 95-100; 정현곤 2016, 17-20). 남과 북의 통합은 부문별로 시민들의 구체적 이해관계에 직접 영향을 미치기 때 문에 시민들이 참여하는 것은 당연하다. 앞의 파급효과에 대한 논의에서 보 았듯이 시민들은 남북통합의 진전 및 후퇴에 의해서 영향을 받을 수 있고, 통합과정에서의 시민참여는 서로주체적 통합의 추진에 중요한 동력이 될 수 있다. 정부가 적극적이지 않을 때 시민들이 정부에 압력을 행사할 수도 있다. 개성공단 폐쇄 조치에 대한 입주기업들의 항의와 저항이 박근혜 정부 의 대북정책을 돌려놓지 못했지만, 정부가 그와 같이 홀로주체적 자세를 취 할 때 이를 견제할 수 있는 통로가 정치권에서는 물론이고 시민사회 내에서 도 마련될 필요가 있다.

정부와 시민이 남북통합 과정에 함께 하는 시민참여형 통합이 필요한 이유는 예멘의 사례가 잘 보여준다. 각기 다른 식민지 통치의 역사로 남북 으로 갈라지고 서로 전쟁까지 했던 역사를 가지고 있는 예멘은 1990년 남 북예멘의 지도자 사이의 합의로 서로 대등한 통일을 이루었다. 남북예멘의 '합의통일'은 이 책의 분석틀로는 서로주체적 통합의 유형에 해당한다(조성 렬 2012, 263-269 참조). 보다 정확하게는, 상대적 약자인 남예멘을 배려했 지만 북예멘의 체제로 통합된 점에서 남북예멘의 통일은 서로주체적 통합 을 기본으로 하면서 홀로주체적 통합의 성격도 부분적으로 포함하고 있다 (정지웅 2006 참조). 하지만 예멘의 합의통일은 지속되지 못하고 1994년 내 전이 발생하여 무력에 의한 통일이라는 홀로주체적 통합으로 귀결되었고, 이에 대한 반발로 내전이 계속되었다. 남예멘과 북예멘의 서로주체적 통합 이 실패한 데에는 남북 예멘이 주변국의 지지를 확보하지 못하였고, 군대통 합에 실패하여 각각 자기의 군대와 기존의 명령계통을 유지한 점, 실질적인 힘의 관계를 반영하지 않고 형식적인 대등통일을 추구한 점, 교류와 협력의 점진적인 통합과정을 거치지 않은 점 등 여러 요인들이 지적된다(김연철 2016, 103-137; 김근식 2011, 275-285). 하지만 가장 중요한 요인은 전쟁을 겪을 정도로 적대감이 강한 상태에서 합의통일에 대한 남과 북 각각의 국내 지지를 충분히 구축하지 않은 상태에서 급격한 통일을 서두른 데서 찾을 수 있다. 남과 북 예멘의 '50 대 50'이라는 기계적인 권력분배에 대한 정치권의 합의가 선거라는 민주적인 과정에 의해서 부정되었다. 서로주체적 통합의 전제가 선거라는 민주적 절차에 의해서 부정된 셈이다(김연철 2016, 125-128). 국가지도자들 사이의 합의에 의한 통일은 불완전한 서로주체적 통합임이 드러났다. 일반 시민들의 광범위한 참여를 동반하지 않은 당국자들 사이의 합의통일은 사실상 '담합통일'의 성격이 강했고, 이들 사이의 담합이 깨지면서 서로주체적 관계가 쉽게 무너졌다(백낙청 2006, 93). 예멘의 사례는 정부들이 합의하여 상당히 서로주체적인 통합을 추진하더라도, 그것이 시민들의 적극적 동의에 의해 뒷받침되지 않는 경우 견고하게 지속되기 어렵다는 사실을 보여준다. 서로주체적 통합이 현실적으로 정부 당국 사이의 협의와 합의를 중심으로 진행되지만, 남과 북 내부의 시민들이 적극 참여하고 동의를 구축하는 시민참여 과정을 반드시 수반해야 하는 이유다(백낙청 2006, 93; 김성민 2009, 18-19; 조성렬 2012, 270-273; 조민 외 2011, 23). 남과 북의 수평적 서로주체적 통합은 남과 북 각각의 내부에서 국가와 시민사회 사이의 수직적 서로주체적 관계에 의해서 지탱되어야 한다.

남과 북의 서로주체적 통합에 시민의 참여를 제도화하기 위한 한 가지 방법으로 남과 북 각각의 내부에, 그리고 남과 북 사이에 '사회적 대화기구'를 설치하고 운영할 수 있다. 이 기구는 서로주체적 남북통합의 과정에 시민과 시민단체가 참여하는 주요 통로가 된다. 이 기구의 보다 중요한 기능은 다양한 사회세력이 모여서 서로 대화하고 의견을 나누는 만남의 광장을 제공하는 것이다. 여기에는 인종, 국적, 종교, 지역, 성별 등을 기준으로 사회 거주민의 다양한 집단 대표들과, 노조 및 재계와 시민단체 등 부문별 대표들이 참여하도록 한다. 사회적 대화기구는 홀로주체적 대북 입장을 가지고 있는 세력과 서로주체적 입장을 가지고 있는 세력이 두루 참여해서 의견을 교환하는 만남의 장을 제공한다. 북한에 대해 홀로주체적 자세를 가진 사람들과 서로주체적 자세를 가진 사람들 사이의 대화는 너무나 중요하다. 관용은 비관용을 관용할 수 없다고 생각할 수 있지만, 우리가 북한에 대해 갖는 입장은 실제에 있어서는 홀로주체적 자세와 서로주체적 자세가 복잡하게 얽혀 있는 양가적 입장이다. 따라서 서로 원칙과 철학적 자세가 다를지라도 지속적인 대화를 할 필요가 있다. 특히 북한에 대해서 서로주체적 통합을 추진하려는 주도세력은 홀로주체적 자세에 대해 열린 자세로, 즉 서로주체적 자세로 접근해야 한다. 나는 4장에서 북한이 홀로주체적인 경우에도 우리가 서로주체적 자세를 가져야 한다고 주장했다. 북한에 대해서도 그럴진대 같은 남한 사회 안에서 함께 살고 있는 주민들 중 대북 홀로주체적 자세를 가진 사람들에게 서로주체적 자세로 만나는 것은 더욱 당연하다. 아울러 남과 북의 사회적 대화기구들이 정기적으로 만나서 남북 사회 사이에 초국적 네트워크를 형성할 수 있다. 남과 북의 사회적 대화기구들과 그들의 네트워크를 통하여 남북 정부의 합의사항에 대해 남북 주민들이 소통하고 연대하도록 기대한다(조성렬 2012, 270-279; 박명규·이근관·전재성 외 2012, 48).

남한에서는 이미 이러한 사회적 대화기구를 운영해온 경험이 있다. 강동완·정은미는 4가지 주요 대북지원·교류 비정부기구(NGO)의 경험을 검토하면서 정부와의 관계를 중심으로 유형을 구분한다. 첫째, 민주평화통일자문회의(민주평통)는 헌법기관이지만 관변단체의 특성을 갖고 있는 정부주도형 NGO로 볼 수 있다. 민주평통은 정부에 종속적인 성향이 강해서 시민참여형 통합에 적합하지 않고 북한도 교류협력의 파트너로 인정하지 않는 경향이 강하다.[7] 둘째, 민족화해협력범국민협의회(민화협)는 정부와 서로

....

7   이 점을 개선하기 위해서 2005년 민주평통은 대북지원법인체인 '남북나눔공동체'를 설립하고, 북민협의 회원으로 가입하여 북한과의 파트너십을 모색하고 있다.

보완관계를 유지하는 상호협력형 NGO에 해당한다. 북한과의 파트너십 승인과 재정지원을 정부에 의존하고 있으며 대체로 친정부적 인사들이 조직의 주요 임원을 맡고 있지만,[8] 상당히 자율적인 정책 어젠다 권한을 행사하고 있다. 북한과 남북 교류협력 파트너십을 형성하고 있지만, 종종 어젠다(정책)와 의례(형식)에서 주도권을 가지려는 북한과 마찰하기도 한다. 셋째, 대북지원민간단체협의회(북민협)는 2004년 북한 용천역 폭발사고 지원과정에서 대북지원 NGO들이 하나의 연대로 결속한 대북지원 NGO 간 협의체다. 북민협은 정부로부터 상당히 자율적이며 북한과도 전반적으로 상호협력관계를 형성하고 있다. 앞의 민주평통도 북민협에 가입해 있다. 넷째, 6·15공동선언실천 남측위원회(6·15위원회)는 6·15공동선언의 실천을 위해 종교단체·사회운동단체·시민단체 등이 모여 만든 자발적인 협의체로서 정부로부터 대단히 자율적인 사회주체다. 통일연대의 주도 아래 민화협 및 종단 등 세 행위자가 중심이다. 재정의 측면에서 정부에 의존하면서도 자율성과 책임성을 갖고 있으며, 북한과의 파트너십이 상당히 공고해서 때로 남한의 정부와 경쟁 관계에 놓이곤 한다(강동완·정은미 2010, 9-22).

이 중에서 민관이 함께 하는 사회적 대화기구로 특히 민화협의 경험에 주목할 필요가 있다. 민주평통은 관변단체의 성격이 강하고 북민협이나 6·15위원회는 정부로부터 자율적인 반면, 민화협은 정부와 보완적인 관계에 있기 때문이다. 민화협은 1998년 8·15통일대축전을 계기로 통일운동 사상 처음으로 정당과 종교 및 사회단체 등 190여 개 단체들이 참여하여 출범한 통일운동협의체다. 민화협의 출범은 1990년대 중반부터 통일운동주체의 다원화, 운동영역의 다양화, 운동방식의 합법화 등 이전과 달라진 통일운동의 지형을 반영한다. 1980년대 민간통일운동은 학생운동과 재야운동이 중

....

8   민화협의 임원은 두 축으로 구성된다. 하나는 정치권 출신 인사들로서, 여야가 함께 참여하며 대체로 친여 인사가 대표 상임의장에 선출된다. 다른 하나는 통일운동 출신 인사들로서, 민화협 창설을 주도한 자주평화통일민족회의(민족회의) 소속 인사들이다.

심이 되어서, 주한미군 철수, 국가보안법 폐지, 평화협정 체결, 연방제 유형의 통일 등 정치·군사적 이슈를 중심으로 하였으며, 투쟁 중심의 통일운동 방식이었다. 반면에 1990년대 중반에 오면, 북한동포돕기 운동을 계기로 통일운동이 학생과 재야단체의 전유물에서 벗어나 종교 및 시민단체 등으로 폭넓게 확산되었고, 정치·군사 문제에서 사회문화, 경제협력 등의 영역으로 다양화되었으며, 운동방식도 합법화되어 일상생활 속의 통일운동을 정착시키기 위한 공개적이고 합법적인 방식이 주를 이루게 되었다(민족화해협력범국민협의회 2013, 57).

민화협은 자신의 활동을 (1) 국민 합의 확대 (2) 남북 민간교류 (3) 국민들의 생활 속 (국민참여형) 통일운동 등 크게 세 범주로 나누고 있다(민족화해협력범국민협의회 2013, 340-369).[9] 이는 이전과 달라진 통일운동의 모습을 잘 보여준다. 이 중에서 특히 눈여겨볼 대목은 국민 합의 확대를 위한 활동이다. 김대중 정부 초기 민화협을 결성한 가장 중요한 목적이 바로 남남갈등을 줄이고 남북대화를 위한 남남대화의 공론장을 마련하는 데 있었다. 이는 김대중 정부 나름의 대북정책과 관련한 국내 헤게모니적 포섭 정책에 해당한다(홍성태 2007, 83). 즉 민화협은 남한 시민사회 내에서 서로주체적 대북정책에 대한 폭넓은 지지세력을 구축하려는 최초의 실험이었다. 이는 민화협의 회원 자격을 남북기본합의서의 정신에 동의하는 정당과 사회단체로 규정한 데서 잘 나타난다. 회원 자격은 이후 2003년에 "남북기본합의서와 6·15남북공동선언의 정신에 동의하는 정당과 사회단체"로 개정되었다(민족화해협력범국민협의회 2013, 62-63). 기본적으로 남북의 서로주체적 통

....

9 국민합의 확대에는 남남대화, 연례 '정당·종교·시민단체 공동회의', 쟁점별 합의 마련을 위한 '화해공영포럼', 지역공동체의 합의 기반 확대, 해외동포 사회의 합의 기반 확대 등이 포함된다. 남북 민간교류에는 8·15와 6·15 기념 공동행사, 인도적 대북지원 활동(긴급구호 지원, 영유아 및 취약계층 지원사업), 북한 산림녹화사업, 남북교류사업에 대한 정책토론회 및 대국민 홍보사업 등이 해당한다. 국민참여형 통일운동으로는 '겨레손잡기 대회', 평화대행진, 통일문화한마당, 평화음악회, 평화통일캠프 등을 전개했다.

합 정신을 원칙적으로 공유하는 만남의 공간으로 의도된 것이다. 실제로 민화협에는 진보와 보수, 친정부와 반정부, 홀로주체적 통합 지지와 서로주체적 통합 지지 등 다양한 스펙트럼의 단체들이 참여하고 있다.

이런 점에서 민화협은 시민사회 내 다양한 세력이 만나고 민관이 함께 협력하는 사회적 대화기구의 구성을 위해 중요한 경험이다. 그만큼 서로주체적 통합을 구상함에 있어서 민화협의 경험에서 드러난 문제점들을 검토하고 학습해야 할 것이다. 크게 두 가지 문제점을 강조한다.

하나는 남남대화 역할에서의 한계다. 민화협은 남남대화라는 취지에 충실하기 위해 좌우를 망라하는 매우 포괄적인 조직이다. 시민단체의 경우 대한민국상이군경회와 자유총연맹 같은 보수단체, 새마을운동중앙협의회와 바르게살기운동중앙협의회 같은 관변단체, 경실련과 환경연합 같은 진보적 단체가 참가하고 있다. 교육분야에서 한국교원단체총연합회(교총)과 전국교직원노동조합(전교조)처럼 상반된 정치적 성향의 단체들이 동시에 가입해 있기도 하다(강동완·정은미 2010, 12-15). 그런데 바로 이런 이유 때문에 참가를 거부한 주요 단체들이 있다. 예를 들면 민주노총은 "화해를 빙자해 한국자유총연맹 등 통일논의에 부적절한 단체들까지 얼기설기 엮어놓았다"며 민화협에 불참했다. 범민련이나 한총련은 물론이고, 전국연합과 참여연대도 참여를 유보하였다(홍성태 2007, 85). 아울러 중요한 것은, 과연 민화협이 남남갈등의 완화와 진정한 남남대화에 얼마나 기여하고 성과를 내었는가 하는 문제다. 좌와 우, 진보와 보수, 서로주체적 세력과 홀로주체적 세력이 민화협과 같은 사회적 대화기구에서 남북한 관계의 진로와 우리 사회의 방향에 대해 큰 그림을 함께 논의하고 합의하는 구체적 행동이 필요하다.

다른 하나는 민관협력 역할에서의 한계다. 앞서 민화협은 정부와 상호보완적인 상호협력형 유형으로 분류되었지만, 막상 실제로 정부와의 협력이 제대로 되었는지에 대해서는 의문을 제기할 수 있다. 여기서는 민화협 자체보다 정부의 자세가 더 중요한 문제다. 민화협이 출범할 때부터 '관변화' 위험에 대한 우려의 목소리가 나왔고, 이는 일부 진보단체들이 참여를 유보하는 이유가 되었다. 하지만 민화협은 정부의 재정지원보다 회원단체의 회비에 많이 의존하면서 정부에 대해 재정적 자율성을 확보할 수 있었다. 관변화의 우려를 어느 정도 벗어나는 데 성공한 것이다. 그러나 다른 한편 민화협이 민관합작기구로서 정부와 협력관계를 갖고 있지만 그것이 실질적인 공조체제의 구축으로까지 발전하지는 못하였다. 즉 민화협은 정부의 대북·통일정책에서 실질적으로 중요한 역할을 수행하지는 못하고, 캠페인, 서명운동, 유인물 배포, 성명서 발표, 기자회견 등 주로 비제도적인 형태의 참여에 머물고 있다(홍성태 2007, 91-94). 이 문제는 기본적으로 정부의 대북·통일정책이 폐쇄적으로 이루어지는 데서 비롯하는 것이며, 비단 민화협에만 해당하는 문제가 아니다. 사회적 대화기구에 대한 정부의 자세를 근본적으로 바꿔야 하는 과제가 기다리고 있다.

다음으로, 수평적 차원이다. 남과 북의 서로주체적 통합이 남과 북의 내부에서 서로주체적 세력의 함양으로 이어지도록 해야 한다. 통합과정에 시민의 참여를 진작하는 것은 남과 북 내부에서 서로주체적 세력을 고양하는 길이기도 하다. 서로주체적 통합은 서로주체적 자세를 갖는 주민들을 필요로 한다. 시민사회 내 서로주체적 자세를 가진 시민들이 많아야 남과 북의 서로주체적 통합이 힘을 받을 수 있다. 그 역도 성립한다. 남과 북의 서로주체적 통합 과정이 남과 북의 국내에서 서로주체적 자세를 견지하는 사람들의 상대적 힘을 강화할 수 있다. 이러한 선순환을 위해서 국내에서 서로주체적 자세의 함양을 직접적으로 겨냥한 정책들이 필요하다. 홀로주체적 분리의 역사 속에서 우리의 몸과 마음에 깃든 '적대의 아비투스'를 '우애의 아비투스'로 전환시키고 서로 공감대를 확장하는 사회문화적 정책들을 추진할 필요가 있다(박영균 2011, 156-157; 김성민 2009, 18-19). 이는 대단히 어려운 문제다. 홀로주체적 문화에 젖은 사람들에게 서로주체적 문화를 일방적으로 강요할 수는 없다. 꾸준한 대화와 본보기를 통해 스스로 깨우치고 공감을 유도하도록 해야 한다.

이 문제가 간단하지 않은 것은 남북 사이에 커다란 비대칭성이 존재하기 때문이다. 남한의 경우 시민사회가 발달하고 국가와 사회 사이에 어느 정도 서로주체적 관계가 수립되어 있으며 주민들 사이에 서로주체적 문화를 함양하는 노력이 가능하다. 하지만 북한의 경우 대내적으로 국가와 사회 사이에 서로주체적 관계가 수립되어 있다고 보기 어렵다. 스스로 '주체의 나라'로 자부하는 북한은 막상 주민들에게 주체사상을 강조하지 않는다고 한다. 주민들이 어버이 수령에 대한 우상화를 주체적으로 거부할 수 있기 때문이다(마이어스 2011, 45). 하나의 국가로서 북한의 주체성을 인정한다고 해서 내부의 서로주체성의 부족에 대해서 방관할 수는 없다. 서로주체적 통합을 위해서 남한뿐만 아니라 북한에서도 서로주체적 문화를 함양해야 한다. 다만 이때에도 서로주체성의 진작을 북한만의 과제로 보고 우월-열등 또는 정상-비정상의 관점에서 일방적으로 가르치려는 자세는 적합하지 않다. '코리아 인권' 접근처럼 남과 북 전체의 차원에서 서로주체성을 고양하는 문제의식을 공유하고 공동의 방안을 모색하는 것이 바람직하다.

북한의 내부 문제에 간섭을 하지 않으면서 북한 내부에서도 서로주체적 세력이 강화하도록 하는 가장 좋은 방법은 남한 내부의 변화를 통해서 북한 주민들에게 본보기를 보이는 것이다. 이를 염두에 두고 남한 내부에서 서로주체적 자세의 헤게모니를 구축하는 방법을 생각해보자.

우선 유념할 사실은 서로주체적 헤게모니를 구축하는 것은 대단히 근본적이고 급진적인 변혁을 요구한다는 점이다. 북한에 대한 서로주체적 자세는 '서로주체적 자세의 일반화'와 맞물려서 함양돼야 한다. 서로주체적 관계는 남북관계뿐 아니라 사회의 모든 분야와 모든 구석에 다 적용될 수 있으며, 대북 서로주체적 자세는 일반적인 서로주체적 자세가 북한과의 관계 속에서 표현된 것일 뿐이다. 서로주체적 관계는 정치 지도자와 일반 유권자 사이에서뿐만 아니라, 부부 사이에, 부모와 자녀 사이에, 선생과 선생 그리고 선생과 학생 사이에, 직장 상사와 부하 직원 사이에, 고용주와 노동자 사이에, 남성과 여성 사이에, 성소수자와 주류 사이에, 나이든 세대와 젊은 세대 사이에, 시민과 시민 그리고 시민과 외국인 및 이주노동자 사이에 모두 적용될 수 있다. 사회의 어느 분야든 어떤 공간이든 아와 비아가 서로 상대를 주체로 인정하고 수용하면서 대등하게 만나는 것이 서로주체적 관계다. 아가 비아를 주체가 아니라 나의 이익 실현을 위한 대상이나 도구로 취급하는 것이 홀로주체적 관계다. 한마디로 서로주체적 관계는 국가와 사회, 직장과 공동체 및 집안 등 모든 곳에서 발전할 수 있다.

나는 근대 부르주아 민주주의를 '서로주체적 헤게모니'의 개념으로 설명한 바 있다. 근대 민주주의는 권력의 소재지를 "비어 있는 장소"(Lefort 1988, 17)로 만듦으로써 치자와 피치자의 원초적 구분을 없애는 서로주체적 헤게모니를 수립했으며, 바로 여기에 부르주아 민주주의의 강점이 있다(김학노 2011a). 랑시에르(2008)가 『무지한 스승』에서 강조하듯이, 서로주체적 관계는 선생과 학생이 서로 배우는 관계다. 일방적인 강의는 홀로주체적 교육 방식이다. 서로주체적 관계, 즉 아와 비아가 서로 배우는 관계는 사회 전반에 확대될 수 있다. 서로주체성의 이념을 고안하고 주창한 김상봉이 『기업은 누구의 것인가』에서 "주식회사의 이사는 종업원 총회에서 선임한다"는 단 하나의 법률조항이 필요하다고 주장하는 것은, 현재 남한 기업들의 고용주 위주의 홀로주체적 헤게모니 체제를 고용주와 사원들이 서로 주체로서 만나는 서로주체적 헤게모니 관계로 바꾸려는 제안이다(김상봉 2012, 308). 이렇게 볼 때 서로주체적 자세를 함양하고 서로주체적 관계를 확대하는 것은 급진민주주의에서 강조하는 민주주의의 급진적 확대 및 심화와 다르지 않다(조희연 2011; 조희연·장훈교 2009). 서로주체적 헤게모니의 구축은 이처럼 우리 자신의 근본적이고 급진적인 변혁을 먼저 요구한다.

대북 서로주체적 세력의 헤게모니는 이와 같은 사회 전반의 급진적 민주화 즉 서로주체적 관계로의 변혁의 일환으로 추구해야 한다. 이를 염두에 두고, 남북한 관계와 관련해서 남한사회에서 보다 우선적으로 신경을 써야 할 주제로 여기서는 탈북자(새터민)와의 서로주체적 관계 정립 문제와 서로주체적 통일교육 문제를 간단히 언급한다.

먼저 새터민과의 서로주체적 관계를 정립해야 한다. 현재 남한 시민들의 새터민에 대한 태도는 한편으로 차별하면서 다른 한편으로 친근감을 느끼는 양가적 성격이 강하다. 그동안 새터민에 대한 정부의 정책이나 새터민들이 추구한 적응 유형은 '동화' 정책에 가깝다. 1997년 제정된 현행 「북한이탈주민 보호 및 정착지원에 관한 법률」(북한이탈주민법)은 탈북자의 남한사회 '적응'을 분명한 목적으로 명시하고 있다(서유경 2013, 308-311). 새터민도 남한 문화를 빨리 배워서 남한식으로 살고 싶은 마음이 북한의 문화를 일부나마 유지하려는 마음보다 훨씬 강하다. 하지만 새터민들에 대해서 남한사회의 주류와 새터민 다수가 남한 중심의 홀로주체적 통합을 요구하고 추구하지만 실제 결과는 대부분 홀로주체적 분리 상태에 머물고 만다(김창근 2013, 187-188). 여기에는 새터민들이 쉽게 적응하기 힘든 요인들이 작용한다. 언어(억양) 및 의사소통방식의 차이에서 오는 갈등, 노동강도와 직장문화의 차이로 인한 어려움, 그 외에 박탈감과 소외감 및 죄책감 등 다양한 심리적 장애가 작용한다. 동시에 남한사회의 편견과 남한 시민들의 홀로주체적 자세도 중요하게 작용하고 있다. 새터민을 남한사회의 동등한 구성원으로 인식하고 받아들이기보다 경계하고 가까이 하지 않으려는 태도가 우세하다. 그들을 우리보다 열등한 존재, 믿을 수 없는 존재, 적대적인 존재로 보고 차별한다(박지희 2015, 406-416). 많은 북한이탈주민들이 남한에 입국하여 남한의 시민이 되었음에도 불구하고, 남한 주민들은 여전히 일상생활에서 북한 출신 사람들을 만날 수 있다는 것을 인지하지 못하고 살아간다. 그만큼 탈북자에 대한 (의식적, 무의식적) 차별이 심한 것이다. 북한 출신임이 드러나는 것이 두려워 탈북자들도 조선족 행세를 하곤 한다(Lee 2010, 52-54). 서울대학교 통일평화연구원의 2016년 조사에 따르면, 새터민에 대한 정부 지원을 부정적으로 보는 비율이 2007년 이후 10년 동안 증가했다고 한다. 2000년대 후반까지 새터민을 수용하는 태도가 주류였던 반면, 최근 10년간 탈북인 수가 급증하고 남한의 경제적 상황이 악화되면서 새터민을 사회적 비용으로 보는 시각이 증가한 것으로 보인다(정근식 외 2017, 263).

동시에 남한 사람들은 북한이탈주민에 대해서 다른 외국인 이주노동자와 달리 보다 포용적인 태도를 가지고 있다. 탈북자에 대한 남한 국민의 태도에 대한 한 조사에 따르면, 탈북자에 대해 친근감을 느끼는 사람들(36.1%)이 친근하지 않다고 느끼는 사람들(63.9%)의 절반밖에 안 되지만, 탈북자를 국내에 받아들이는 문제에 대해서는 무조건 수용해야 한다는 태도가 절반 이상(52%)을 차지하고 있다. 부문별 요인들을 나눠서 분석한 결과, 경제적 요인과 달리 문화적 요인과 정치적 요인이 탈북자에 대한 친근감을 높이는 것으로 드러났다. 즉 같은 민족이라는 정체성(문화적 요인)과 정부의 대북정책에 대한 만족도(정치적 요인)가 높을수록 탈북자에 대해 친근감을 느끼는 것으로 나타났다(권수현 2011, 140-142). 이 연구는 이런 결과가 민족에 대한 강한 동질감과 문화적 다양성에 대한 배타성을 갖고 있다는 이민자 연구 결과를 간접적으로 지지해준다고 해석한다.

한편으로 탈북자에 대해서 차별을 하면서 다른 한편으로 외국인 이주노동자에 비해서 탈북자들에 대해 더 강한 동질감을 보이는 것은 남한사회가 다문화사회로 급격하게 바뀌고 있는 가운데에도 여전히 다문화주의적 자세가 약하다는 것을 보여준다. 탈북자들도 자신들에 대한 다문화주의적 접근을 선호하지 않는다. 남북한이 같은 민족이라는 이유에서 탈북자들이 외국인 이주노동자보다 우월한 대우를 받아야 한다고 생각하는 것이다. 이 문제는 보통 '다문화주의 대 민족주의' 사이의 긴장으로 다뤄진다. 대표적 예로 박명규는 남북한의 남북관계와 다문화주의가 불러일으킬 수 있는 긴장에 주목한다. 북한은 여전히 민족의 '혈통'을 강조하면서 남한의 다문화사회 경향을 비판적으로 보고 있다. 남한에서도 남북한이 단일민족이기 때문에 통일을 해야 한다는 민족주의 담론이 통일담론의 중요한 한 축이다. 하지만 다문화사회로의 변화가 상당히 진행되고 있는 남한사회에서 민족주의 담론을 지탱하기는 점점 더 어려워지고 있다. 남한사회에서도 다문화주의와 민족주의가 충돌하고 있는 것이다. 다문화주의 시각에서 탈북자를 다양한 소수자 집단의 하나로 보는 입장과 민족주의 시각에서 탈북자를 소수자로 범주화하는 것을 거부하는 입장이 갈등을 빚고 있는 것이다(박명규 2009, 15-19).

이 문제는 엄밀하게 말하면, '민족주의 대 다문화주의'의 문제가 아니라 '홀로주체적 자세 대 서로주체적 자세'의 문제다.[10] 남한사회가 다문화사회로 변화하고 있지만, 시민들은 여전히 민족적 정체성을 우선시하고 이주민보다 탈북자에 더 강한 동질감을 느낀다. 그러면서도 동시에 '우리' 안에 있는 또 다른 '작은 우리'인 탈북자에 대해 편견과 차별을 갖는다. 민족동질감이 다문화주의와 긴장을 일으키는 것이 아니라, 소아와 소아 그리고 소아와 대아 사이의 홀로주체적 자세와 서로주체적 자세가 긴장을 일으키는 것이다. 남한사회에서 탈북자의 문제는 서로주체적 통합의 문제다. 새터민이 남한사회에 잘 적응하는 것은 남한사회에 완전히 동화하는 것이 아니라, 자신의 문화적 정체성을 가지면서 동시에 남한의 사회문화와의 관계에 적극적으로 참여하는 것이다(박지희 2015, 414-416). 박명규가 간파하듯이, 남한사회의 다문화 정책과 다문화 교육은 아직 다중적 정체성을 적극적으로 보장할 정도로 '다문화적'이지 않으며, 정책적으로도 소수자 집단의 언어와 문화, 관습을 반영하는 정도도 미약한 실정이다(박명규 2009, 19-23). 새터민에 대한 이중인 태도, 즉 한편으로 같은 민족이면서 다른 한편으로 차별하는 이중적 태도는 민족적 정체성을 극복하고 다문화주의를 수용한다고해서 달라지지 않는다. 보편적이고 전반적인 서로주체적 자세의 함양을 통해서 서로주체적 관계를 구축해가야 한다(이수정 2012 참조).

통일교육은 남과 북의 서로주체적 통합을 널리 알리고 시민들이 이 문제에 대해 직접 생각해볼 기회를 제공하는 점에서 대단히 중요한 주제다.

....

10 우리 사회에서 다문화주의가 강조되면서 배타적 민족주의에 대한 비판의 목소리가 커진 한편, 이에 대하여 민족주의 입장에 입각한 반론도 커지고 있다. 그런데 임형백이 '다문화주의의 호도와 민족주의의 오도'라고 명명한 이들의 충돌은 그 근본에 있어서 홀로주체적 자세와 서로주체적 자세의 충돌이다. 김영명이 '열린 민족주의'를 '사이 민족주의'라고 부르는 것도 그 서로주체성을 강조하는 것으로 보인다(김영명 2017, 130-135; 임형백 2017, 144-153).

그동안 통일교육은 남과 북의 화해와 협력에 의한 서로주체적 통합보다 반공과 안보 교육에 치중해온 경향이 강하다. 특히 이명박·박근혜 정부에서 통일교육은 안보교육과 결합되어 '나라사랑'이나 투철한 정신무장과 안보의식 고취를 강조했다(김정수 2016a, 219-232). 냉전 종식 이후 통일교육의 방식과 주체가 다양해지면서 그 내용에 있어서도 변화가 있어왔지만, 여전히 남한의 체제우월성에 입각한 흡수통일을 강조하는 홀로주체적 통합의 내용이 주를 이룬다. 따라서 기존의 흡수통일 위주의 교육 대신 서로주체적 통합을 진작하는 통일교육으로 재정립할 필요가 있다. 아울러 서로주체적 통합의 통일교육은 서로주체적 방식으로 진행해야 한다.

통일부 통일교육원의 『2016 통일교육지침서』에 따르면, "통일교육은 자유 민주주의에 대한 신념과 민족공동체 의식 및 건전한 안보관을 바탕으로 통일을 이룩하는 데 필요한 가치관과 태도를 기르도록 하기 위한 교육을 말한다(통일교육 지원법 제2조)." 또 헌법 전문과 제4조의 정신에 입각해서 남한이 "자유민주적 기본질서에 입각한 평화적 통일정책"을 지향함을 분명히 하고, 이에 따라 통일교육의 목표로 "미래지향적 통일관, 건전한 안보관, 균형 있는 북한관의 정립을 통해 통일에 대한 긍정적 인식과 바람직한 태도"를 함양하는 것을 들고 있다. 여기서 "올바른 북한관"은 북한 실상을 올바로 이해하는 것으로, "북한을 장차 민족공동체로 통합하기 위한 상대이면서 동시에 우리 안보를 위협하는 경계의 대상으로서 인식하는 관점"이라고 한다(통일부 통일교육원 2016, 6-7).

여기에는 홀로주체적 통합과 서로주체적 통합의 자세가 함께 혼재해 있지만 홀로주체적 자세에 더 무게가 실려 있다. 북한을 평화적 통합의 상대로 인정하는 점에서는 서로주체적이지만, 궁극적으로 자유민주주의를 기반으로 하는 통일, 즉 남한 체제로의 통일을 지향하는 점에서 근본적으로 홀로주체적인 성격이 더 강하다. 평화통일을 추구하지만 남한 위주의 흡수통일을 전제하는 홀로주체적 입장은 통일교육에서 주를 이루고 있다.

가령 김태우는 통일교육의 핵심 사안들을 언급하면서, "합의통일은 좋고 흡수통일은 나쁘다"는 식의 주장이 오해를 불러일으킬 수 있다고 강조한다. 그에 따르면, 흡수통일은 물론이고 합의통일도 그 결과는 "남한체제로의 흡수를 의미"한다고 한다. 북한체제로의 통일은 물론이고 남북한 체제의 혼합형이나 중립형도 생각할 수 없다는 것이다. 따라서 "원만한 남북관계를 위해 '흡수'라는 표현을 가급적 사용하지 않아야 함은 당연하지만, 그렇다고 해서 국민이 속뜻까지 오해하도록 해서는 안 될 일이다. 통일교육은 이러한 진실을 자연스럽게 설명하는 것이 되어야" 한다고 주장한다(김태우 2015, 16-17). 통일교육을 국민통합의 주요 기제로 생각하는 오일환도 통일교육에서 강조할 통일한국의 국가정체성이 자유민주주의와 시장경제에 기반하고 있는 남한의 체제 정체성에 기반하는 것이 당연하다고 주장한다. 체제의 우월성과 역사의 보편성을 갖춘 체제가 통일의 주체가 되어야 하는 것이 당연한 일이라는 생각이다(오일환 2015, 59).

하지만 냉전의 종식과 더불어 남북한의 서로주체적 관계가 발전하는 과정에서 통일 문제와 통일교육에 대해 좀더 열린 서로주체적 자세가 싹트고 고양되어 온 것도 사실이다. 다시 통일교육원의 『통일교육지침서』를 보면, 통일교육의 주안점으로 (1) 통일 문제에 대한 관심 제고 및 통일의지 확립, (2) 한반도 통일시대를 위한 통일준비 역량 강화, (3) 자유민주주의 가치에 대한 확신 및 민주시민의식 함양, (4) 민족공동체를 형성하기 위한 노력, (5) 국가안보의 중요성 인식, (6) 북한 실상에 대한 올바른 이해 등을 들고 있다(통일부 통일교육원 2016, 9-11). 그런데 여기에서 네 번째 항목, 즉 민족공동체 형성 노력에 대한 다음과 같은 설명이 눈에 띈다.

통일은 단순히 분단 이전 상황으로 되돌아가는 것이 아니라, 더 나은 미래의 삶을 창조하기 위하여 자유민주주의와 시장경제, 인간의 존엄과 가치 존중 등을 기반으로 하는 새로운 민족공동체를 형성하는 과정이다.
민족공동체를 형성하기 위한 통일교육은 북한 주민을 더불어 살아갈 대상이자 민족공동체의 동등한 구성원으로 인식하는 것에서 출발해야 한다.

이와 함께 민족 지상주의와 같은 편협한 민족주의에 빠지지 않도록 주의해야 한다. 우리가 지향하는 민족공동체는 단순히 혈연에 기초한 폐쇄적인 민족주의가 아니라, 다른 민족과 그들의 문화도 존중하는 열린 민족주의에 바탕을 두고 있는 것이다(통일부 통일교육원 2016, 9-10).

다른 대목들과 달리 여기서는 통일을 단순히 과거의 민족공동체 복원이 아니라 남과 북의 주민이 함께 동등한 구성원으로 참여하는 새로운 민족공동체를 건설하는 것으로 인식하고 있다. 물론 그 새로운 민족공동체가 자유민주주의와 시장경제를 기반으로 한다고 함으로써 남한 체제 위주로 보는 관점을 유지하고 있지만, 폐쇄적 민족주의를 경계하고 다문화를 존중하는 열린 민족주의를 비전으로 제시하는 점에서 상당히 전향적이다.

우리 사회 일각에서는 다문화주의와 연결한 통일교육, 보다 서로주체적인 통일교육을 구상하고 실시하고 있기도 하다. 대표적인 예로 숭실대학교의 「한반도 평화와 통일」 과목을 들 수 있다. 2014년부터 교양필수로 시작한 「한반도 평화와 통일」 수업은 몇 가지 면에서 획기적인 시도를 담고 있다. 우선, 기존의 정치와 안보 중심의 통일교육에서 벗어나서, 사람과 일상을 중심으로 한 사회통합 중심의 통일교육으로 바뀌었다. 교육의 방식도 획기적으로 전환되었다. 기존의 통일교육은 주로 강의로 이루어진 주입식 교육이었다. 교수가 중심이 되어서 지식을 전달하는 방식이었다. 이와 달리 숭실대학교의 「한반도 평화와 통일」은 50%의 이론수업(14주 온라인 수업)과 50%의 3박4일 연수과정으로 구성된다. 특히 중요한 것은 연수과정이다. 연수과정의 초점은 학생들이 스스로 통일에 대해 능동적으로 생각하고 준비하는 데 있다. 즉 통일의 필요성, 비전과 방안 등에 대해 학생들이 스스로 모둠(조)을 구성하고 조별로 토론하고 준비해서 발표하는 학생 중심의 프로그램을 운영한다. DMZ 등 분단현장을 방문하는 체험도 포함된다. 교육내용을 일방적으로 전달하는 홀로주체적 강의식 교육에서 벗어나서, 학생들이 스스로 통일 문제에 대해서 생각하고 의견을 나눔으로써 서로 배우는 서로주체적 학습방식을 사용하는 점이 두드러진다. 향후 통일교육이 지향해야 할 방향이다(조은희 2016).

IV. 맺는 말

남과 북의 서로주체적 통합을 추진하기 위해서는 서로주체적 통합의 원칙과 지향점이 남한의 국내정치 차원에서 지적·도덕적 헤게모니를 수립해야 한다. 초점은 통합보다 서로주체에 있다. 즉 남북한의 통합을 강조할 것이 아니라 남과 북의 서로주체적 만남의 자세를 강화해야 한다. 6장에서 보았듯이 현재 남한사회 내 통일담론의 주요 전선은 '분리 대 통합'이 아니라 '홀로주체 대 서로주체'의 대결이기 때문이다. 서로주체적 통합의 주체는 어디까지나 남북한이다. 이는 한반도를 둘러싼 국제정치의 중요성을 간과하거나 무시하는 발언이 아니다. 국제정치의 영향을 받는 가운데에서도 서로주체적 통합을 실현하기 위해서는 남북한의 협력적 이니셔티브가 중요함을 강조할 뿐이다. 남북한 가운데에서도 특히 남한이 주도적 리더십을 발휘할 필요가 있다. 서로주체적 자세를 취했을 때 상대방으로부터 배반을 당할 수 있는 착한 바보의 위험을 감수할 수 있는 능력이 남한이 더 크기 때문이다. 따라서 남과 북의 서로주체적 통합을 위해서 핵심적으로 중요한 것이 바로 남한의 국내정치다.

아울러 남한의 국내정치에 있어서 정치사회뿐 아니라 시민사회에서의 헤게모니 수립이 반드시 필요하다. 북한에 비해 남한의 국가는 시민사회의 지지 여부에 더 의존해 있다. 남과 북의 정부가 서로주체적 통합을 추진하기로 합의한다고 가정할 때, 북한에서는 국가가 사회를 주도하여 이끌고 가기가 수월하지만 남한에서는 그렇지 않다. 즉 남한은 북한에 비해 시민사회가 훨씬 더 발달해 있고, 국가의 정책 방향에 대한 영향력도 훨씬 크다. 물론 박근혜 정부의 개성공단 폐쇄 조치처럼 이해관계가 걸린 사회세력들의 저항을 정부가 무시할 수도 있지만, 김대중 정부 시절 남남갈등이 심해졌던 것처럼 정부의 대북정책에 대해 시민사회의 반발이 중요한 걸림돌로 작용할 수도 있다. 요컨대 남남갈등의 해소를 위해서뿐 아니라 남북한의 서로주체적 통합을 추진하기 위해서도 남한의 시민사회 내에서 서로주체적 통합의 헤게모니를 확고하게 구축하는 작업이 필요하다.

이런 취지에서 이 장에서는 남한의 정치사회와 시민사회에서 서로주체적 통합 방안이 헤게모니를 구축하기 위한 밑그림을 그려보았다. 먼저 정치사회에서는 정부와 국회(특히 야당) 사이에 서로주체적 관계를 확립하고, 정당들 사이에 서로주체적 통합 방안에 대한 합의를 구축하여야 한다. 우선 정부는 국회와 밀접한 협조 속에서 대북 서로주체적 통합을 추진하여야 한다. 과거 김대중 정부 시절 햇볕정책과 관련하여 남남갈등이 심했던 이유 중의 하나는 바로 야당과 수평적 서로주체적 관계를 수립하는 노력이 부족했기 때문이다. 이를 감안하여 대북 서로주체적 통합을 추진하는 정부는 국회 특히 야당과의 협력을 우선적으로 구축할 필요가 있다. 다음으로 정당들 사이에 대북 서로주체적 통합 방안에 대한 합의를 구축해야 한다. 통상적으로 우리는 우리 사회의 정당들 사이에 대북정책과 통일정책에 있어서 대립이 대단히 심해서 공통분모를 찾기 어렵다고 생각한다. 그러나 통시적으로나 공시적으로나 우리 사회의 주요 정당들 사이에 통일정책은 대체로 대북 서로주체적 통합에 상당히 수렴해왔다. 우선 통시적 차원에서, 1970년 이후 보수적 지배 정당과 민주당계 정당들이 모두 남북한의 서로주체적 관계를 모색하고 발전시켜 왔다. 이명박·박근혜 정부 시절 홀로주체적 자세로의 부분적 후퇴가 일어났지만, 1970년 이전의 홀로주체적 자세로까지 후퇴한 것으로 보기는 어렵다. 평면적 차원에서는 2016년 20대 총선을 전후한 시점에서 주요 정당들의 정강정책을 살펴본 결과, 우리 사회의 주요 정당들이 모두 기본적으로 북한에 대해 서로주체적 자세를 견지하고 있음을 알 수 있다. 새누리당-국민의당-더불어민주당-정의당의 순서로 남한 위주의 홀로주체적 성격이 남아 있지만, 모든 정당이 기본적으로 박정희 대통령이 수립한 선평화 후통일 노선을 추종하고 있다. 즉 주요 정당들이 모두 남북한의 서로주체적 분리를 바탕으로 점진적으로 서로주체적 통합으로 나아가는 방안을 모색하고 있는 것이다.

다음으로 서로주체적 통합을 추진하기 위해서 시민사회에서 수행할 수 있는 노력들을 수직적 차원과 수평적 차원으로 나누어서 살펴보았다. 수직적 차원에서는 정부와 시민이 남북통합 과정에 함께 참여하는 시민참여형 통합을 구축해야 한다. 이를 제도화하기 위한 한 가지 방법으로 남과 북 각각의 내부에, 그리고 남과 북 사이에 사회적 대화기구를 설치하는 방법이 있다. 그 대표적 사례로 민화협의 경험이 상당히 중요하다. 민화협의 사례에서 남남대화 역할에서의 한계와 민관협력 차원에서의 한계를 찾아볼 수 있는데, 이러한 한계에서 배움으로써 향후 효과적인 사회적 대화기구를 수립하고 운영하는 지혜를 찾을 수 있을 것이다. 수평적 차원에서는 사회의 다양한 부문에서 다양한 사회세력들 사이에 서로주체적 관계를 수립하는 노력이 필요하다. 서로주체적 헤게모니를 구축하는 일은 대단히 근본적이고 급진적인 변혁을 수반한다. 북한에 대한 서로주체적 자세를 수립하는 일은 사회의 모든 구석에서 서로주체적 자세를 수립하는 '서로주체적 자세의 일반화'와 맞물려 있다. 대북 서로주체적 자세를 사회 일반의 관계와 별개로 따로 떼어내서 생각할 수 없다. 이런 의미에서 대북 서로주체적 자세의 헤게모니를 수립하는 일은 사회 전반에서의 민주주의의 급진화, 즉 사회 일반의 서로주체적 관계로의 변혁과 병행해서 추진해야 한다. 이를 전제로 하고 여기서는 우선적으로 중요한 문제로 탈북자와의 서로주체적 관계 정립 문제와 서로주체적 통일교육의 문제를 간단히 살펴보았다.

제10장

종합

I. 요약

이 책은 나의 '아(我)와 비아(非我)의 헤게모니 투쟁'이라는 정치관에서 출발한 분석틀로 남북한 관계를 검토하고 조망했다. '아와 비아' 또는 '우리와 그들'의 경계와 내면은 고정되어 있지 않다. 신채호가 일갈했듯이, 아 속에도 아와 비아가 있고 비아 속에도 아와 비아가 있다(신채호 2006, 24). 아, 즉 우리는 단층의 구조가 아니다. 다차원의 우리가 존재한다. 동일한 차원에도 여럿의 우리가 존재하고 서로 겹칠 수 있다. 학교에서 나는 선생이자 교수(직업)이고 교수회 회원이며 작은 공부 모임의 회원이기도 하다. 우리는 모두 여러 층에 걸쳐서 겹쳐 있는 복잡한 모양새를 하고 있다. 다양한 층위에 걸쳐 있는 다양한 우리들을 상대적 크기와 위치에 따라서 '작은 우리(小我)'와 '큰 우리(大我)'로 볼 수 있다. 소아와 대아는 상대적 개념이다. 어떤 국면에서 대아에 해당하는 우리가 다른 국면에서 소아가 될 수 있다. 분리와 통합은 각각 소아와 대아를 형성하는 상대적이고 연속적인 과정으로 볼 수 있다. 이때 분리는 상대적으로 작은 통합이 된다. 비스마르크가 주도한 1870-71년 독일의 통일은 소독일주의자 입장에서는 통합이지만 대독일주의자 입장에서는 분리로 볼 수 있다. 대독일주의 입장에서 볼 때 오스트리아를 포함한 '더 큰 우리'로부터 프로이센을 중심으로 한 '큰 우리'로 분리한 것이기 때문이다.

큰 우리를 형성하거나(통합) 작은 우리를 형성하는(분리) 것은 주도세력이 자신의 헤게모니를 구축하는 과정이다. 통합을 주도하는 세력(소아1)은 다른 '작은 우리들'(소아2, 3, 4…)에게 다양한 헤게모니를 행사하고 구축함으로써 자신을 중심으로 한 '큰 우리'의 틀 안에 작은 우리들을 끌어안는다. 분리도 유사한 과정이다. 분리는 큰 우리의 입장에서 보면 분명히 소아적이고 분열적인 과정이지만, 작은 우리의 입장에서 보면 그렇지 않다. 큰 우리에서 '작은 우리'로 분리를 도모하는 세력은 그보다 '더 작은 우리들'을 따로 모아서 하나의 우리(소아)를 형성함으로써 큰 우리로부터 분리한다. 이 소아는 더 작은 소아들을 주도세력의 헤게모니 아래 통합함으로써 만들어진 것이다. 이 과정을 대아의 입장에서 보면 분리의 과정이지만, 아주 작은 소아의 입장에서 보면 또 다른 대아(원래의 대아보다는 작지만)로의 통합 과정이다.

분리와 통합은 서로 얽혀 있다. 분리주의 움직임은 통합주의 세력에 대항해서 일어나고, 통합주의 움직임은 분리주의 세력에 대항해서 자신의 헤게모니를 구축해야 한다. 남북한의 분단은 해방 공간에서 남과 북 각각의 분리주의 세력이 한반도에 통일된 정부와 국가 건설을 도모했던 통합주의 세력에 대해 우위를 차지함으로써 고착화되었다. 분단은 남과 북 각각의 분리주의 세력 사이의 헤게모니 투쟁 이전에, 이들 각각의 분리주의 세력과 통합주의 세력 사이의 헤게모니 투쟁의 결과였다. 분리주의와 통합주의 사이의 헤게모니 투쟁은 일회적이지 않다. 남북한이 나뉜 상태에서도 이 헤게모니 투쟁은 계속되고 있다. 남북한의 분단이 오랜 기간 동안 지속되고 고착화되었어도 분리주의와 통합주의 세력의 헤게모니 투쟁은 지속되고 있다. 남한과 북한이라는 작은 우리에 대항한 싸움에서 큰 우리는 쉽게 사라지지 않고 있다.

분리와 통합은 가치중립적인 개념이다. 우리 사회에서는 뭉치면 좋고 흩어지면 나쁘다는 관념이 뿌리 깊다. 하지만 같이 사는 것보다 따로 사는 게 더 나으면 반드시 뭉쳐야 할 필요가 없다. 분리냐 통합이냐 못지않게 중요한 문제는 분리와 통합 과정과 결과의 성격이다. 즉 작은 우리들이 만나서 큰 우리를 구축하는 만남의 방식, 혹은 더 작은 우리들이 만나서 작은 우리를 구축하고 이 작은 우리가 큰 우리로부터 떨어져 나오는 헤어짐의 방식이 분리-통합과 마찬가지로 중요하다. 만남(과 헤어짐)의 방식은 '홀로주체-서로주체'의 연속선 어딘가에 위치한다. 만남(과 헤어짐)의 깊이(분리-

통합)가 연속적인 과정으로 이해되듯이, 만남(과 헤어짐)의 방식(홀로주체-서로주체)도 연속적인 과정으로 이해해야 한다.

이 책은 만남(과 헤어짐)의 방식과 깊이를 기준으로 홀로주체적 분리와 통합, 서로주체적 분리와 통합의 네 유형을 구분하고, 이를 바탕으로 우리가 갈 길을 세 단계로 생각해보았다. 첫째, 어디로 가야 하는가? 우리가 나아갈 방향이다. 이 문제와 관련하여 3장에서 네 유형의 장단점을 검토하는 방식으로 서로주체적 통합의 필요성을 입론했다. 먼저 홀로주체적 분리와 홀로주체적 통합의 문제점을 지적함으로써 남과 북이 서로주체적 관계를 수립할 필요가 있다고 주장했다. 홀로주체적 분리나 통합은 불안정성, 고비용, 국제적 갈등 연루 가능성과 낮은 실현가능성 등 많은 문제가 있다. 특히 홀로주체적 분리는 심각한 '분단고통'을 낳고 홀로주체적 통합은 더 심각한 '통일고통'을 야기할 수 있다. 분단고통이나 통일고통의 문제의 핵심은 단순히 비용이 아니라 근본적인 관계에 있다. 우리가 오늘날 겪고 있는 분단고통은 남과 북의 분리 자체보다는 남북 분리의 홀로주체적 성격에서 비롯한다. 홀로주체적 통합은 분단고통 대신 통일고통을 가져올 것으로 예상된다. 남과 북이 분리에서 통합으로 이동해도 홀로주체적 관계를 유지하는 한 고통은 지속될 것이다.

남과 북이 서로주체적 관계를 수립할 필요성을 논한 다음, 나는 서로주체적 분리보다 서로주체적 통합을 지향해야 할 이유로 두 가지를 제시했다. 하나는 보다 굳건하고 안정적인 평화를 구축하기 위해서다. 서로주체적 분리 상태에서 남과 북 사이에 평화를 구축할 수 있겠지만 이는 남북관계라는 평면적 층위에서만 일어난다. 반면에 서로주체적 통합은 남북관계라는 평면적 층위 위에 통합한국이라는 공동주체의 층위를 더하여 중층적으로 평화를 구축한다. 서로주체적 통합에 의해 구축되는 공동주체 속에서 남과 북의 개별주체들 사이에 서로주체적 관계가 유지되고 강화되기 때문에 보다 안정적인 중층적 평화관계를 구축할 수 있다. 평면적 차원과 입체적 차원에 중첩된 평화가 단순히 남북관계 차원의 평화보다 더 안정적일 것이다.

다른 하나는 우리의 온전한 주체성을 회복하기 위해서다. 주체 상실과 주체 분립으로 점철된 우리의 역사 속에서 남과 북의 통합은 잃어버린 주체를 회복하고 분열된 주체를 정상화하고 나아가 새로운 공동주체를 형성하는 작업이다. 남과 북에서 단독정부가 수립된 지 이미 70년이 넘었고 '민족 동질성 회복'을 외칠 정도로 서로 달라졌는데, 이왕 분리된 주체를 굳이 통합할 필요가 있을까? 그렇다. 서로주체적 통합은 반쪽짜리 주체를 정상화하는 일이다. 그렇게 해야 할 근본적인 이유는 남과 북이 '하나됨'을 지우고 잊어버릴 수가 없으며, 우리가 겪고 있는 분단고통이 우리의 행복을 가로막고 있기 때문이다. 우리가 하나됨을 지울 수가 없을진대 서로주체적 관계 속에서 우리의 하나됨을 새롭게 수립할 필요가 있다. 아울러 새롭게 하나됨을 통해서 우리를 괴롭히는 분단고통을 극복하고 행복하게 살 수 있다.

　　남과 북의 서로주체적 관계 수립과 통합 중 하나만 선택한다면 서로주체적 관계 수립이 더 중요하다. '북한과 통합을 추구해야 하는가'보다 '북한에 대해 서로주체적 자세를 견지해야 하는가'가 더 논쟁적이고 핵심적인 질문이다. 4장에서는 이 질문에 대한 규범적 답을 찾기 위해 노력했다. 먼저 북한에 대한 홀로주체적 담론의 당위론적 근거를 비판하고 서로주체적 자세의 당위성을 입론했다. 트럼프 정부 출범 이후 미국에서 북핵문제의 해법으로 북한에 대한 선제타격론이 거론되는 양상이 심상치 않다. 현실적 심각성을 고려할 때, 대북 선제타격론이 정당한 당위적 근거를 갖고 있는지에 대한 비판적 검토 작업이 시급하다. 나는 국제사회에서 제기된 북한에 대한 홀로주체적 자세의 대표적 담론으로 인도주의적 개입론과 선제타격론을 검토했다. 이들은 모두 궁극적으로 '정당한 전쟁론'에서 당위적 근거를 찾을 수 있다. 이에 대해 두 차원에서 비판을 제기했다. 일반론적 차원에서, 왈쩌나 롤스 등의 정전론은 강대국과 자유주의의 편향성이 대단히 강하다. 북한이라는 특수 사례에 대해 적용하는 차원에서도, 선제타격론과 인도주의적 개입론 모두 정전론에 의해서 뒷받침되지 못한다. 이 같은 논의를 통해 나는 북한에 대한 홀로주체적 자세와 담론들의 근본적인 당위론적 근거가 대단히 취약함을 보여주려고 했다.

그렇다면 북한에 대해 서로주체적 자세를 견지해야 할 당위론적 근거를 어디에서 찾을 수 있을까? 상대가 홀로주체적 자세를 유지하고 있는 상태에서 내가 일방적으로 서로주체적 자세를 취할 경우, 모두의 파국을 피할수는 있지만 상대가 훨씬 유리한 보상구조를 갖게 되는 '서로주체적 자세의 딜레마'에 빠지게 된다. 나는 '십자가의 스캔들'이 십자가를 포기할 이유가되지 못한다는 볼프의 생각에서 '서로주체적 자세의 딜레마'를 풀어나갈 실마리를 찾았다. '자기 내어줌'에 대해서 상대가 착취와 기만으로 대응하는십자가의 스캔들은, 우리가 십자가를 포기할 이유가 아니라 오히려 그 속에서 희망과 약속을 발견할 이유다. 마찬가지로 서로주체적 자세의 딜레마도우리가 서로주체적 자세를 포기해야 할 이유가 아니라 그 속에서 희망과 약속을 발견할 이유다.

이를 바탕으로 입론한 대북 서로주체적 자세의 당위론의 핵심은 '정의보다 화해가 우선'하며 '도덕보다 관계가 우선'한다는 생각이다. 자신의 도덕적 잣대에서 정의를 구현하는 것은 홀로주체적 관계의 악순환에서 벗어날 수 없다. 도덕적 잣대의 '편파성'과 행위의 '환원 불가능성' 때문이다. 화해와 용서가 이러한 편파성과 환원 불가능성의 곤경에서 벗어날 수 있는 길이다. 그렇다고 정의와 도덕을 무시하고 비도덕적인 불의의 화해와 용서를해야 한다는 것은 아니다. 서로주체적 관계를 유지하는 큰 틀 속에서 도덕적 정의를 실현해가자는 말이다. 이를 위해 나는 남과 북 어느 한쪽의 입장에서 볼 때는 완전하지 않은, 즉 '최종적이지 않은 화해'의 실현을 현실적인목표로 추구해야 한다고 주장했다. 정의보다 화해를, 도덕보다 관계를 우선하는 것은 신념윤리보다 책임윤리를 우선하는 것이다. 남과 북 각자가 옳다고 생각하는 신념보다 정치적 행위의 결과가 더 중요하다. 도덕적 올바름보다 정치적 선이 우리에게 더 소중한 것이다. 지극히 현실주의적인 이 입장이 대북 서로주체적 자세의 당위론의 궁극적인 근거다.

둘째, 어디쯤 와 있는가? 우리가 지나온 궤적이다. 우리가 가야 할 길을 구체적으로 모색하기 전에 우리가 어떤 길을 지나왔는지 그 행로를 살펴보았다. 5장에서는 정부 정책 차원에서 우리의 지나온 길을 남과 북의 서로주체적 관계의 발전 정도를 기준으로 (문재인 정부 출범 이전까지) 네 시기로 구분하여 살펴보았다. (1) 해방 이후 분단과 전쟁을 겪으면서 홀로주체적 관계가 강화되었지만, (2) 박정희 대통령의 1970년 평화통일구상 선언을 분기점으로 서서히 서로 대화와 협상의 상대로 인정하는 서로주체적 관계가 태동하였다. 이후 (3) 노태우 정부부터 김대중 – 노무현 정부에 이르기까지 서로주체적 관계가 발전하고 심화되었다. (4) 이명박 – 박근혜 정부 시절 남북한의 서로주체적 관계에 퇴보가 있었지만, 과거 1970년 이전의 홀로주체적 상태로까지 후퇴하지는 않았다. 문재인 정부 이후 다시 서로주체적 관계가 회복될 것을 기대한다.

여기서 네 시기의 구체적 변천 내용을 다시 언급하지는 않는다. 다만 분단 이후 남북한의 관계가 대체로 1970년을 분기점으로 해서 홀로주체적 관계에서 서로주체적 관계로 변화해왔다는 점을 다시 한번 강조한다. 해방 이후 분단과 전쟁을 겪으면서 남과 북은 서로를 섬멸해야 할 적으로 대하는 홀로주체적 관계에 빠져 있었다. 박정희 대통령이 1970년 8·15경축사에서 밝힌 평화통일구상 선언은 남과 북이 홀로주체적 관계에서 벗어나서 서로주체적 관계로 들어서는 전환점이 된 점에서 소중한 의미가 있다. 박정희 정부 시절의 7·4공동성명이 남과 북의 서로주체적 관계의 출발점이라면, 노태우 정부 시절의 남북기본합의서와 유엔 동시 가입은 서로주체적 관계가 본격화되고 공식화된 중요한 전환점이다. 이 점에서 박정희와 노태우의 보수적 정부가 남북한의 서로주체적 관계를 싹트게 하고 발전시키는 데 중요한 기여를 했다. 김대중-노무현 정부 시절 남북관계는 서로주체적 분리에서 나아가서 남북한의 서로주체적 부분통합을 지향하였다. 김대중과 노무현 정부에서 이뤄진 두 차례 남북정상회담과 개성공단으로 대표되는 서로주체적 부분통합의 진전은 박정희-전두환-노태우 보수 정부가 이루어놓은 서로주체적 관계를 바탕으로 한 것이었다.

남과 북의 서로주체적 관계가 단선적으로 발전한 것은 물론 아니다. 남북 사이의 상호 신뢰 부족, 남과 북 내부의 홀로주체적 세력의 반격, 국제정세의 변화 등으로 인해서 서로주체적 관계의 발전에 제동이 걸리곤 하였다. 김영삼 정부처럼 정부의 입장이 오락가락한 경우도 있고, 이명박-박근혜 정부에서는 홀로주체적 관계로의 부분적인 역행이 일어나기도 하였다. 남과 북의 서로주체적 관계가 심화되거나 약화되는 과정에서 무엇보다 중요한 것은 남과 북 내부의 홀로주체적 세력과 서로주체적 세력 사이의 헤게모니 관계다. 훈령조작사건처럼 정부 내에서 홀로주체적 세력이 남과 북의 서로주체적 관계를 흔들기도 하고, 또 전두환 정부처럼 여러 악재에도 불구하고 남과 북의 대화의 끈을 놓지 않고 서로주체적 관계를 유지하는 노력을 기울이기도 하였다. 남북관계가 대체로 홀로주체적 관계에서 서로주체적 관계로 발전해왔다는 나의 전체적인 판단은 남과 북 내부에서 서로주체적 자세를 견지하는 세력이 점차 확대, 강화되어 왔음을 의미한다.

　　6장에서는 민간 영역의 통일담론을 중심으로 남한사회에서 북한에 대한 자세가 어떻게 변해왔는지 검토했다. 여기서 통일담론은 남북한의 통일 문제와 관련된 제반 논의를 일컫는 개념으로 분단을 선호하는 논의까지도 포함한다. 이 책의 분석틀인 〈그림 2.1〉의 네 유형을 기준으로 통일담론을 나눌 때, 남한사회의 통일담론은 햇볕정책을 전후로 하여 분리-통합에서 홀로주체-서로주체로 그 중심 대립 축이 이전해왔다고 보여진다. 햇볕정책 이전에는 분단의 고착화를 막기 위한 통합주의 담론과 운동이 활발하게 일어났다. 햇볕정책 이후 통일에 대한 논의가 자유롭게 분출되고 또 분단 상태가 안정화되면서 통합을 강조하는 담론보다 서로주체적 입장의 담론이 많이 등장했다.

　　햇볕정책 이전까지 남한사회에서 민간 통일운동과 담론은 정부의 사실상의 분리주의 입장에 대항하여 통합주의 노선을 강조했다. 이 시기 남한 정부는 남북의 통합보다 분리를 추구하였고, 민간 영역에서의 통일담론을 억압했다. 이 시기 간헐적으로 일어난 다양한 통일담론과 통일운동은 기본적으로 정부의 분리주의에 대한 대항 담론과 대항 운동으로서 의미가 크다. 이 점에서 홀로주체-서로주체의 대립 축보다 분리-통합의 대립 축이 근본 전선을 이룬다. 김구와 김규식의 방북으로 대표되는 1948년 4월 남북 협상은 남과 북의 분리주의에 대항하여 통합주의의 기치를 세운 점에서 의미가 크다. 단독 정부 수립 이후 남한 내 통합주의 담론은 2공화국 시절과 1980년대 중반 이후의 두 차례에 걸쳐서 크게 분출했다. 이 시기에 정부와 민간의 입장에 미묘한 차이가 감지됐다. 2공화국 시절 홀로주체적 분리주의 정부 정책에 대항해서 서로주체적 통합주의 운동과 담론이 전개됐던 반면, 1980년대 후반에는 정부의 입장이 서로주체적 분리로 전환한 가운데 일부 민간 영역은 북한 위주의 역전된 홀로주체적 통합을 지향하는 모습을 보였다. 홀로주체와 서로주체의 대립 축도 작동하고 있지만, 전체적으로는 '분리주의 대 통합주의'의 대립이 중심을 이뤘다.

햇볕정책 이후 특히 2000년 남북정상회담 이후 통일담론을 둘러싼 갈등의 중심 축에 변화가 일어났다. 더 이상 분리주의와 통합주의의 대결이 중심이 아니라 북한에 대한 홀로주체적 자세와 서로주체적 자세의 대립이 중심 전선이 된 것이다. 홀로주체적 통일담론은 북한에 문제가 있다고 보는 반면, 서로주체적 통일담론은 남북한 '관계'에 문제가 있다고 보는 점에서 대조적이다. 홀로주체적 담론은 북한이 비정상이므로 북한을 정상화시켜야 한다는 '바른 통일론'을 고수하고, 서로주체적 통일담론은 남북한 관계를 정상화하기 위해서 남한과 북한이 서로 동등한 파트너로서 협상을 통한 '합의 통일론'을 주창한다. 오늘날 분리-통합의 균열도 존재하지만, 이들 사이의 거리는 홀로주체-서로주체의 거리만큼 멀지 않다. 홀로주체적 담론과 서로주체적 담론 각각의 내부에서 분리와 통합이 분화되고 있는 것이 오늘날 통일담론의 지형이다. 현재 우리 사회에서 일어나고 있는 남남갈등의 핵심 대립 지점은 북한과 통합을 추구하느냐 분리를 추구하느냐가 아니다. 북한이 적이냐 동포냐, 친북이냐 반북이냐, 햇볕정책 지지냐 반대냐, 민족공조냐 한미공조냐 등도 아니다. 오늘날 남한사회 내 통일담론을 둘러싼 남남갈등에

서 헤게모니 투쟁의 중심 축은 분리주의 대 통합주의의 대립이 아니라 홀로
수체적 자세 대 서로주체석 자세의 대립이다. 햇볕정책을 선후하여 남한사
회 내 남북관계 및 통일 문제를 둘러싼 대립 축에 미묘하면서도 중요한 변
화가 생긴 것이다.

셋째, 어떻게 갈 것인가? 나아갈 길에 대한 구체적인 모색이다. 7-9장에
서는 남과 북의 서로주체적 통합을 위해 우리가 걸어야 할 길을 남북관계,
국제정치, 국내정치의 세 차원에서 구상해보았다. 남북관계의 차원(7장)에
서는 '정치와 경제의 병행전략'에서 더 나아가 '정치통합과 경제통합의 병
행전략'을 취할 것을 제안한 다음, 서로주체적 통합의 모습을 체제통합과
사회통합의 두 차원으로 나누어서 그렸다. 체제통합은 다시 남북 사이의 수
평적 차원과 남과 북 및 통합한국 사이의 입체적 차원으로 구별했다.

남과 북의 수평적 차원에서 서로주체적 통합은 동체(同體), 동등(同等),
동존(同存)의 원칙을 구현해야 한다. 즉 (1) 남과 북이 서로 상대의 주체성을
인정하고 서로를 통합의 기본 단위이자 자신과 동일한 주체로 받아들이고
(동체의 원칙), (2) 홀로주체적 방식을 지양하고 대화를 통해 동등하게 합의
를 모색하는 과정을 제도화하고(동등의 원칙), (3) 궁극적으로 남과 북의 관
계를 적대적 대치에서 평화적 공존으로 바꾸는 제도와 문화를 만들어나가
도록 한다(동존의 원칙). 이 원칙들을 구현하기 위해 (1) 남과 북의 관계정상
화(남북기본합의서를 남북기본조약으로 대체), (2) 남과 북 사이의 정부 간 대
화기구의 제도화(부문별 및 총체적 정부 간 협의기구), (3) 남과 북의 평화공
존체제 구축(남북평화협정 체결) 등을 제안했다.

입체적 차원에서는 소아(개별주체=남과 북)와 대아(공동주체=통합한
국)가 함께 주체적으로 공존하는 '복합통합체제'의 구축을 제안했다. 통일
방안에 관한 기존의 논의들은 남한 위주 통일, 북한 위주 통일, 또는 남북한
의 혼합 및 중립화 통일의 세 가지 사고방식에 입각해 있다. 이와 달리 복합
통합체제 방식은 남과 북이 공존하면서 그 위에 새로운 공동의 초국가적 기
구와 공간을 마련하는 구상이다. 남과 북이 '둘(남과 북)이면서 하나(통합한

국)'이며 '개별성(복수성＝남과 북)과 공동성(단일성＝통합한국)'을 동시에 갖고 있는 방식이다. 남과 북 어느 한쪽에 치우치지 않으면서 동시에 중립화나 혼합체제도 아니다. 혼합체제가 남과 북이 중간 어디쯤에서 만나는 것이라면, 복합통합체제는 남과 북이 각자 자기 자리에 있고 공동의 공간을 만들어가는 것이다. 한마디로, 남과 북이 개별성을 유지하면서 공동주체를 복층으로 구축해나가는 복합체제다. 복합통합체제는 사회의 모든 분야에 걸쳐서 적용될 수 있다. 이 책에서는 체제통합의 가장 중심이 되는 정치와 경제체제의 서로주체적 통합의 밑그림을 복합국가체제와 복합경제체제로 그려보았다.

체제통합과 아울러 사람들 사이의 통합, 즉 사회통합이 못지않게 중요하다. 남과 북의 사회통합은 중층적 시민 정체성의 수립과 화해의 정치로 나눠서 생각해보았다. 중층적 시민 정체성의 수립을 위해서 복합국가체제나 복합경제체제처럼 복합사회문화공동체를 수립해야 한다. 그것은 둘(남과 북의 사회문화공동체)이면서 하나(공동의 사회문화 공간)이며, 개별성(복수성＝남과 북)과 공동성(단일성＝통합한국)을 동시에 갖는다. 서로주체적 사회통합의 보다 중요한 측면은 '화해의 정치'다. 사회통합, 즉 사람들 사이의 통합을 위해서는 남과 북의 주민들이 가지고 있는 서로에 대한 적대감과 증오 및 경멸의 마음을 해소하고 서로의 상처를 치유하고 용서하고 포용하는 화해의 정치가 필요하다. 화해는 이전의 홀로주체적 적대관계에서 서로주체적 우애관계로 전환하는 행위이자 공동의 미래를 공유하겠다는 의지의 표명이며 약속 행위다. 즉 화해는 새로운 '시작'이자 다시 돌아가지 않는다는 '약속'의 의미를 갖는다. 화해의 정치를 통해 남과 북은 미래를 공유하는 새로운 우리로 거듭날 수 있다. 이러한 의미의 화해의 정치는 사회의 모든 곳에서 일어나야 한다. 정치 지도자와 종교 지도자들이 화해의 정치를 위해 특별히 중요한 역할을 수행할 수 있을 것으로 생각한다.

국제정치 차원(8장)에서는 미국과 중국을 중심으로 한반도를 둘러싼 국제정치를 개관하고, 복합통합외교의 모습을 그려본 다음, 북미관계 개선 문제를 검토했다. 먼저, 한반도를 둘러싼 강대국 국제정치의 중요성을 인지하고 분석하면서도 남북한의 자율적 공간을 확대하도록 애써야 한다. 이를 위해 한반도가 '대륙세력과 해양세력이 교차하는 전략적 요충지'라는 기존의 선입견에서 벗어날 필요가 있음을 강조했다. 우리의 시각이 아니라 미국과 중국의 시각에서 볼 때, 한반도가 전략적 요충지일 수도 있지만 그렇지 않을 수도 있다. 중국이나 미국 모두 남북한이 분단된 현재상태가 유지되기를 원하고, 두 국가 모두 통일한국이 상대방 세력권에 들어갈 것을 두려워한다. 중국이 한반도 통일을 북한이라는 완충지대가 상실되는 것으로 두려워하듯이, 미국도 통일된 한국이 중국대륙 쪽으로 기울 것에 대해 막연한 두려움을 갖고 있다. 이 점에서 두 국가 모두 한반도 통일이라는 현상변경의 불확실성보다 현상유지의 확실성을 선호한다. 미국과 중국 모두 한반도 통일을 받아들일 수도 있다. 다만 자기에게 불리하지 않은 조건에서라는 단서가 붙는다. 남북한의 서로주체적 통합은 이와 같은 미중의 선호와 두려움을 모두 고려하면서 추진되어야 한다. 미국과 중국이 세계 최강대국으로서 갈등과 협력을 반복하고 있는 동아시아 국제정치를 고려할 때, 미국이나 중국 어느 한쪽에 기우는 남북통일은 바람직하지 않고 실현 가능성도 높지 않다.

나는 남과 북의 서로주체적 통합이야말로 미국과 중국을 모두 만족시킬 수 있는 방안이라고 생각한다. 남한과 북한의 국가성을 유지하면서 그 위에 초국가적인 통합한국을 점진적으로 만들어가는 것이 서로주체적 통합이다. 국제정치 차원에서 서로주체적 통합은 남과 북 사이에 복합통합외교를 구축하고 국제적 헤게모니를 수립하는 것을 지향한다. 복합통합외교는 남과 북 각자의 단독 대표권을 인정한 바탕 위에서 중층적인 공동 대표권을 수립하고 발휘한다. 다른 복합통합체제처럼 복합통합외교도 둘(남과 북의 대표권)이면서 하나(통합한국의 대표권)인 체제다. 복합통합외교 속에서 남과 북은 각각 기존의 한미관계와 북중관계를 유지하고, 통합정부는 공동외교를 수행하면서 친미와 친중 또는 제3의 길을 오갈 수 있다. 복합통합외교와 아울러 남과 북 및 통합한국은 서로주체적 남북 통합의 정당성과 국제적 공동이익을 강조하고 창출함으로써 국제적 지지를 구축해야 한다. 이 같은 서로주체적 통합 방안은 하나의 단일체로서 통일한국을 상상하는 다른 구상들보다 더 현실적이다. 이를 보여주기 위해서 한반도 중립화 통일 방안과 비교를 해보았다. 중립화 통일 방안은 그 장점에도 불구하고 실현 및 유지 가능성이 적다. 중립화 통일 방안이 하나의 '단일체'로서의 통일한국을 상상하는 반면에, 서로주체적 통합은 국제정치 맥락에서도 '둘이면서 하나'인 복합통합체제를 상정한다. 이것이 서로주체적 통합 방안의 실현 및 유지 가능성을 높이는 중요한 이유다.

남과 북의 서로주체적 통합을 위해 국제정치 차원에서 절실히 필요한 것이 바로 북미관계 개선이다. 복합통합외교에도 북한이 한 축으로 참여해야 하는데, 이를 위해서도 북미관계의 개선이 필요하다. 우선 유의할 점은 북미관계의 문제를 북한의 문제로 환원하지 않는 것이다. 서로주체적 시각에서 남북한의 관계 개선을 위해서 북한의 변화를 미리 전제하지 않듯이, 북미관계의 개선을 위해서도 있는 그대로의 북한을 받아들인 상태에서 출발해야 한다. 북미관계의 개선에 초점을 맞추는 것은 북한의 변화에 초점을 맞추는 것과 다르다. 후자가 상대방에서 문제점을 찾는 홀로주체적 자세인 반면, 전자는 상대방과 나와의 관계 속에서 문제점을 찾는 서로주체적 자세다. 북핵문제도 '북한 비핵화'가 아니라 '한반도 비핵화'의 문제설정 속에서 그 해결책을 찾아야 한다. 우선 한반도 비핵화와 관련하여 기존의 대화채널과 합의사항을 복원하고, 아울러 한반도 비핵화를 남북한만의 문제가 아니라 동북아시아 차원의 공동문제와 연계하여서 추진할 필요가 있다. 동북아시아 비핵무기 지대화와 동북아시아 차원의 안보 및 평화 체제 구상과 한반도 비핵화를 연계시키는 방안이 있다. 이러한 과정을 통해 북미관계의 개선에서 중요한 고리 역할을 하는 것이야말로 남한이 한반도 문제의 운전석에 앉아서 남북관계를 주도하는 핵심이다

끝으로, 국내정치 차원(9장)에서는 남한 내부에서 서로주체적 통합 방안과 원칙이 지적·도덕적 헤게모니를 구축하기 위한 밑그림을 그려보았다.

두 가지 이유에서 북한에 비해 남한에서 서로주체적 통합의 헤게모니를 구축하는 게 더 필요하다. 우선, 상대방에 대해 서로주체적 자세를 취했을 때 배반을 당하는 '착한 바보'의 위험을 감수할 수 있는 능력이 남한이 더 크므로 남한이 주도적 리더십을 발휘해야 한다. 서로주체적 자세의 딜레마를 극복하기 위해서 아무래도 상대적으로 강한 쪽에서 선도해야 하는 것이다. 또한, 북한에 비해 남한에서 시민사회가 훨씬 더 발달해 있기 때문에 그만큼 서로주체적 통합 원칙의 헤게모니를 굳건히 할 필요가 있다. 남과 북의 정부가 서로주체적 통합을 추진하기로 합의한다면, 북한에서는 국가가 사회를 주도하여 이끌고 가기가 상대적으로 수월하지만 남한에서는 시민사회의 영향력이 훨씬 크기 때문에 그렇지 않다. 따라서 남남갈등의 해소를 위해서뿐만 아니라 남북한의 서로주체적 통합을 추진하기 위해서도 남한의 시민사회 내에서 서로주체적 통합의 헤게모니를 확고하게 구축하는 작업이 필요하다.

정치사회에서는 정부와 국회 사이에 서로주체적 관계를 확립하고, 정당들 사이에도 서로주체적 남북 통합 원칙에 대해 합의를 구축하는 일이 중요하다. 우선 정부는 국회와 밀접한 협조 속에서 대북 서로주체적 통합 정책을 기획하고 함께 추진하도록 한다. 대북정책의 입안부터 실행에 이르기까지 정부와 여당이 국회와 야당들과 함께 하고 협력을 구할 필요가 있다. 공은 나누고 과는 홀로 책임지는 자세가 필요하다. 정부가 국회나 야당과 영광을 같이 나눌 때 그들도 정부와 함께 책임을 지려 할 것이다. 다음으로 정당들 사이에 대북 서로주체적 통합 방안에 대해 광범위한 합의를 구축해야 한다. 우리가 막연히 가지고 있는 통념과 달리 우리 사회의 주요 정당들의 통일정책은 대북 서로주체적 통합 원칙에 상당히 수렴해 있다. 2016년 20대 총선을 전후한 시점에서 주요 정당들의 통일 문제 관련 정강정책을 살펴본 결과, 새누리당–국민의당–더불어민주당–정의당의 순서로 남한 위주의 홀로주체적 성격이 남아 있지만, 모든 정당이 기본적으로 선평화 후통일 노선을 추종하고 있음을 알 수 있었다. 우리 사회의 주요 정당들이 모두 남북한의 서로주체적 분리를 바탕으로 점진적으로 서로주체적 통합으로 나아가는 방안을 모색하고 있는 것이다. 이와 같은 기본적인 공감대를 바탕으로 서로주체적 통합 원칙에 대해 정치사회 내 광범위한 합의를 구축할 수 있다.

시민사회 차원에서는 수직적 차원과 수평적 차원으로 나누어서 서로주체적 통합 원칙의 헤게모니를 수립하는 방안을 살펴보았다. 수직적 차원에서는 정부와 시민이 남북통합 과정에 함께 참여하는 시민참여형 통합을 구축해야 한다. 이를 제도화하기 위한 방법으로 남과 북 각각의 내부에, 그리고 남과 북 사이에 사회적 대화기구를 설치하는 방법이 있다. 과거의 경험 중 특히 민화협의 사례를 검토함으로써 그와 같은 사회적 대화기구를 수립하고 운영하는 데 도움을 받을 수 있다. 수평적 차원에서는 사회의 다양한 부문에서 다양한 사회세력들 사이에 서로주체적 관계를 수립하는 '서로주체적 자세의 일반화' 노력이 필요하다. 대북 서로주체적 자세를 사회 일반의 관계와 별개로 따로 떼어내서 생각할 수 없다. 대북 서로주체적 자세의 헤게모니를 수립하는 일은 사회 전반에서의 민주주의의 급진화, 즉 사회 일반의 서로주체적 관계로의 변혁과 병행해서 추진해야 한다. 이를 전제로 하고 우선적으로 중요한 문제로 탈북자와의 서로주체적 관계 정립 문제와 서로주체적 통일교육의 문제를 간단히 살펴보았다.

II. 우리가 '하지 않은' 일들과 '해야 할' 일들

사람들은 대개 어떤 일이 일어나면, 그 일은 이전에 일어난 다른 일의 결과라고 생각하는 것 같다. 하지만 그렇게 치면 무슨 일이든 다 똑같다. 이를테면 이미 일어난 어떤 일이 그다음에 일어난 다른 일의 원인이 되었다면, 앞서 이미 일어난 일은 그전에 이미 일어난 일의 결과일 테니까. 모든 게 그렇게 연결되어 있는 걸까? 나는 그렇게 생각되지 않는다고 지은에게 말했다. 그럼 일들은 아무 이유 없이 일어나는가? 아니다. 여기에 내 말의 요지가 있다.

즉, 어떤 일들은, 그전에 일어난 일의 결과가 아니라, 일어나지 않은 일의 결과라는 것이다. 다시 말하자면 어떤 일은, 어떤 하지 않은 일 때문에 일어난다는 것이다. 무언가 일어나기 위해선, 무언가가 일어나지 않아야 된다.

....

그날 나는 지은에게 만일 우리가 헤어진다면 서로에게 한 일 때문이 아니라 하지 않은 일 때문일 거라고 말했다. 그리고 우리는 헤어졌다. 희수하고도 헤어졌다. 내가 그러한 일들을 후회하는가? 그렇지 않았다면, 아아, 그러지 않을 수 있었다면, 지금의 나는 전혀 다른 인생을 살고 있을까? 정말로 나는 상상한다. 요즘 들어 매일 밤 그랬던 것 같다. 지금 내 옆에 그녀(누구?)가 누워 있다면…… 나는 거의 그럴 수 있었을 거라고도 생각한다. 내가 단지 다르게 했다면, 다른 선택을 했다면. 그러나 한편으로 내가 그럴 수 없었을 거라는 것도 안다. 단지 그 일이 이미 일어났기 때문에? 아니다. 그 모든 게 결과인 것이다. 그 결과로서의 나이기 때문이다. 결과로서의 희수고, 결과로서의 지은이다. 하지만 그날 내가 말한 대로 실제로 어떤 일들이, 어떤 하지 않은 일 때문에 일어난다면. 지금의 내가, 내가 한 일들의 결과가 아니라 하지 않은 일의 결과라면. 우리는 뭘 후회해야 할까?

우리는 우리가 하지 않은 일을 후회할 수 있다. 하지만 결코 우리는 우리가 하지 않은 일이 뭔지 모른다. 정확히 말하면 우리가 하지 않은 일이 너무 많은 것이다. 그것을 생각할 때, 그 무한한 일들을 떠올려볼 때, 나는 오히려 이상한 안도감을 느낀다. 마치 밤하늘의 무수한 별을 올려다볼 때처럼. 아무도 저 별들 사이에서 길을 잃을 수는 없다. 아예 길이란 게 없으니까 말이다 (김종욱 2015, 77-78, 83-84).

다소 장황하게 인용한 김종욱의 소설 『과천, 우리가 하지 않은 일』은 중요한 생각거리를 준다. 어떤 일은 우리가 한 일 때문이 아니라 우리가 하지 않은 일 때문에 일어난다. 우리는 보통 있었던 일(행동)에서 원인이나 이유를 찾는다. 우리의 눈을 확대해서 없었던 일(행동)까지 고려하면, 우리가 해야 할 일(행동)이 달라질 수 있다.

김낙중이 한국전쟁의 한복판에서 '탐루(探淚, 눈물을 찾다)'라고 적은 등불을 들고 홀로 평화시위를 하고, 간첩으로 몰리면서도 남북을 오가며 평화통일운동을 할 때 이와 같은 생각을 했다고 나는 생각한다(김선주 2005 참조). 남과 북의 분단은 미군 장교가 무심코 지도에 선을 그었기 때문이 아니라 그 선으로 인해 남과 북이 나뉘는 것을 막는 노력을 우리가 충분히 하지 않았기 때문에, 한국전쟁은 남과 북의 생각과 체제가 달랐기 때문이 아니라 그 이념과 체제의 차이가 전쟁으로 치닫는 것을 막는 행동을 우리가 충분히 하지 않았기 때문에, 전쟁 이후 분단이 고착화되고 남북의 적대관계가 상당히 지속된 것은 단순히 증오하기 때문이 아니라 동포끼리 서로 죽이고 증오하는 데 대해 눈물 흘리지 않았기 때문에 일어난 것이다. 오늘날 남과 북이 여전히 갈라져 있는 것은 우리가 이를 극복하려는 노력을 충분히 하지 않았기 때문이며, 남과 북이 서로 적대적 관계에 빠지는 것은 서로 충분히 존중하고 사랑하지 않기 때문이다.

물론 이런 식의 생각에 문제가 있다. 끝이 없기 때문이다. 우리가 하지 않은 일이란 너무나 많아서 정확히 무엇을 후회하고 반성해야 할지 알기 어렵다. 우리가 하지 않은 행동, 즉 없었던 일이 어떤 일, 즉 실제 일어난 일의 중요한 이유가 됐을 수 있지만, 없었던 일(행동)을 모두 가름하는 것은 불가능하다. 그렇다고 그 무수히 많은 일들의 가능성을 생각하면서 우리가 "이상한 안도감"을 가질 수 있을까? 밤하늘에 별이 너무나 많아서 아예 길이라는 게 없으므로 "길을 잃을 수 없는" 것일까? 그렇지 않다. 우리가 갈 수 있는 길이 열려 있고 우리가 하지 않는 길과 일들이 널려 있어도 우리가 가야 할 길이 있고 해야 할 일이 있다. 아렌트가 『예루살렘의 아이히만』에서 '악의 평범성'을 지적하며 일갈했듯이, 아이히만의 잘못은 '무사유', 즉 생각하지 않는 데 있다(아렌트 2006, 106, 349, 391-392). 마땅히 생각해야 할 때 생각하지 않는 것, 마땅히 해야 할 것을 하지 않는 것은 잘못이다. 우리가 하지 않은 일이라는 게, 그 가능성이, 아무리 많아도 우리의 책임을 덜어주지는 않는다.

나는 1948년 4월 남북협상 길에 오른 백범 김구의 행농을 이런 사고의 맥락에서 이해한다. 남과 북의 단독정부 수립이 현실로 다가오고 있는 형세에서, 그리고 북한의 정치세력 또한 분리주의 노선을 걷고 있는 상황에서, 남북연석회의에 참가하는 것이 북한의 노림수에 말려드는 바보 같은 행동일 수 있다. 공산주의자들을 싫어하고 좌우합작운동에 지지를 표명했지만 적극적이지 않았던 김구의 행적을 비추어볼 때 그의 남북협상 시도가 바보 같은 순진함에서 비롯한 것이 아니라 현실주의적 계산에 입각한 정치적 행동이었다고 볼 수도 있다. 하지만 중요한 고비에 통합주의의 험난한 길을 걸었다는 사실이 중요하다. 그와 같은 행동이 없었다면, 우리는 그야말로 밤하늘에 무수히 많은 별들 사이에 길이 없는 상태를 벗어나지 못하고 있을 것이다. 전쟁 중에 '탐루' 등불을 들고 반전과 평화를 외치는 바보 같은 행동이 없었다면, 우리는 다시 비슷한 전쟁 상황이 다가와도 눈물 흘리지 않고 서로 죽이는 일을 할 것이다.

이 책에서 나는 우리가 마땅히 가야 할 길이 있고 해야 할 일이 있다고 주장했다. 남과 북의 서로주체적 통합이 우리가 가야 할 길이고, 그것을 실현하기 위해 남과 북 차원, 국제 차원, 남한 내 차원에서 해야 할 일들이 있다. 우리가 가야 할 길에 대해서 우리의 생각이 서로 다를 수 있다. 우리의 생각이 서로 다를 때 우리가 해야 할 일은 다름아니라 서로주체적 자세로 서로 만나는 것이다. 서로 자신의 생각과 마음을 드러내고 상대방의 이야기를 듣고 상대방이 드러내는 그의 모습을 보아야 한다. 서로 다른 그러나 동등한 인간들이 '말'과 '행위'로 서로에게 '자신을 드러내고' 인간세계에 '참여'하는 행위야말로 서로주체적 만남, 서로주체적 정치의 정수다(아렌트 1996, 55-57, 235-237, 279; 2007, 132-134; 김학노 2016b, 18). 북한에 대한 서로주체적 자세와 홀로주체적 자세의 대립이 현재 남남갈등의 근본 전선이다. 이 전선에서 남남갈등을 완화하고 해소하는 길은 두 자세의 서로주체적 만남이다. 서로 다른 생각을 가진 사람들의 서로주체적 만남, 이것이야말로 우리가 남남갈등을 해결하기 위해 해야 할 일이다. 북한과의 관계에서도 마찬가지다. 남과 북의 생각과 모습, 자세가 다르지만 말과 행위로 서로에게 스스로를 드러내고 만남의 광장에 참여해야 한다. 남남갈등의 해결을 위해 서로주체적 만남을 지향해야 하듯이, 남북갈등의 완화와 해결을 위해 서로주체적 만남을 지향해야 한다.

때로는 우리가 할 수 있는 일이 아무것도 없을 수 있다. 우리가 할 수 있는 일이 너무나 제한되어서 아무것도 안 하는 것이 차라리 나을 수도 있다. 하지만 우리가 아무 일을 하지 않더라도 그것이 무사유가 아니라 양심에 입각한 적극적 사유의 결과여야 한다. 조세희가 일갈하듯이, 글을 쓰는 일을 안 한 것이 아니라 쓰지 않는 일을 한 것이어야 한다.

글 쓰는 작가로 불리면서도 글을 쓰는 것이 힘겨웠다. 거리에서 돌이 날아다니던 시대의 슬픔도 나는 다 쓰지 못했다.

나는 다만 하나는 이겼다. 쓰지 않는 것. 언어가 시대를 바꿔 뜻을 배반할 때 언어의 변신과 대결하며 침묵하는 것. 쓰지 않는 것은 나 스스로에게 건 싸움이었다. 나는 쓰는 일을 안 한 것이 아니라 쓰지 않는 일을 한 것이다(조세희).[1]

백범이 1948년 단독정부 수립을 위한 단선에 참여하지 않은 것도 같은 맥락에서 이해할 수 있다. 백범은 단순히 선거에 참여하지 않은 게 아니라, 단독선거와 단독정부 수립에 참여하지 않는 일을 한 것이다. 주체적 사유와 행동을 하지 않은 것이 아니라, 주체적 사유에 입각해서 비판적으로 거부하는 적극적 행동을 한 것이다. 백범의 이 같은 판단과 선택이 옳은 것이 아니었을 수 있다. 최선을 실현할 수 없으면 차선을 선택해야 하고 최악을 피하기 위해서 불가피하면 차악을 선택해야 하는데, 백범은 자신의 진리를 붙

....

1 인용문은 이문영(2017)의 『웅크린 말들』 책 겉표지에 있는 조세희의 추천사에서 가져왔다.

들고 현실 정치세계의 형세를 제대로 파악하지 못한 것일 수 있다(김대중 2010, 66-69 참조). 하지만 백범이나 조세희의 침묵은 어쩌면 절대로 타협할 수 없는 마지막 원칙을 지키기 위해서 외치는 피맺힌 절규일지 모른다. 나는 남과 북의 서로주체적 관계를 수립하고 그것이 완전히 붕괴되지 않는 것, 이것이 우리가 지켜야 할 원칙이라고 믿는다. 문재인 대통령의 단호한 언명처럼, "한반도에 두 번 다시 전쟁은 안 된다."

에필로그

2018년 4월 27일 남과 북의 정상이 만남을 갖고 판문점 선언에 합의했다. 북미 정상회담과 남북미 또는 남북미중 정상회담 등이 이어질 것으로 예상된다. 2017년 김정은과 트럼프가 서로 핵무기 발사 단추가 자기 손 안에 있다고 위협하면서 극단적인 '말 전쟁'을 벌이던 상황에 비추면 2018년 4월 말 현재 한반도에 온 봄은 극적인 변화라고 하지 않을 수 없다. 정치권과 언론은 판문점 선언 중에서도 "완전한 비핵화"와 "핵 없는 한반도"라는 한반도 비핵화 관련 문구에 집중하지만, 나는 "남북 관계의 전면적이며 획기적인 개선과 발전을 이룩함으로써 끊어진 민족의 혈맥을 잇고 공동번영과 자주통일의 미래를 앞당겨 나갈 것"이라는 첫 번째 항목에 자꾸 눈길이 간다. 지극히 당연해 보이는 이 구절이야말로 남과 북의 서로주체적 통합의 원칙을 다시 확인하고 굳건히 하는 것이다. 한반도 비핵화도 남과 북의 서로주체적 관계를 바탕으로 추진해야 진정한 의미가 있다.

2018년 2월 평창 겨울올림픽 이후 남북관계가 정신을 못 차릴 정도로 빠르게 변화하고, 남북관계의 변화에 따라 남한 주민의 대북인식도 급격하게 변화하고 있다. 4월 27일 오전 정상회담 직후 실시한 한 여론조사에 따르면, 정상회담 반나절 만에 남한 주민의 90%가 남북평화협정 체결을 지지하고 2/3 정도가 비핵화와 평화정착에 대한 북한의 의지를 신뢰하는 것으로 나타났다. 조사에 응답한 사람 중에서 기존에 북한을 '불신'했던 78.3%와 '신뢰'했던 14.7%의 비율이 정상회담 반나절 만에 '신뢰' 64.7%와 '불신' 28.3%의 구도로 뒤집혔다고 한다. 기존의 불신층(78.3%) 중에서 2/3가 '불신'에서 '신뢰'로 대북인식이 바뀌었다고도 한다.[1] 실로 엄청난 변화다. 이 책의 3장 도입부에서 나는 남한 주민들의 대북 인식에 관한 여론조사를 언급한 바 있다. 3장은 원래 2013년도에 발표한 논문을 2017년 후반기에 수정, 보완한 것이다. 논문 발표 이후에 수행된 새로운 여론조사에서 그동안 남한 주민의 대북한 인식이 상당히 악화된 조사 결과들을 보면서 적지 않게 당황했었다. 이명박·박근혜 정부 기간 동안 남과 북의 서로주체적 통합에 관한 남한 주민의 지지가 상당히 줄어들었기 때문이다. 2018년 4월 말의 여론은 남과 북의 서로주체적 통합에 대한 지지가 다시 높아질 수 있음을 보여준다.

평창 올림픽 이후 남과 북의 급격한 관계 개선은 한반도를 둘러싼 국제 정세의 변화를 추동하고 있다. 남과 북이 정상회담에 합의하면서 북중 정상회담이 신속하게 열렸고, 북미 정상회담이 추진되고 있으며, 러시아와 일본도 한반도를 둘러싼 국제정세의 변화에 뒤처지지 않으려고 애쓰고 있다. 무엇보다도 남북 정상회담을 성사시키면서 이를 북미 정상회담으로 연결시킨 문재인 정부의 한반도 문제에서의 '운전자' 역할이 대단히 뛰어나다. 나는 8장에서 남한이 북미관계 개선을 위한 고리 역할을 하는 것이 한반도 문제의 운전석에 앉아서 남북관계를 주도하는 핵심이라고 주장했다. 내가 상상한 것 이상으로 문재인 정부가 북미관계의 연결 고리 역할을 훌륭히 해내고 있어 보인다. 이 책에서 주장한 남과 북의 서로주체적 통합은 남과 북이 중심이 되어 추진하는 것이다. 불과 몇 달 전만 해도 이 같은 남북주도론이 강대국 중심의 국제정치 현실에서 크게 벗어난 것으로 보였을 것이다. 책의 출판을 앞둔 오늘의 시점에서는 오히려 남북주도론을 더 적극적으로 개진하지 못한 것이 아쉽기까지 하다.

공부하는 사람의 상상력이 현실정치의 변화무쌍함을 따라가지 못하는 것 같다. 이 책의 얼개는 2011년 '서로주체적 통합의 개념'이라는 논문을 쓰면서부터 구상하기 시작했다. 2013년 서로주체적 통합의 '필요성'과 '밑그림'에 대한 논문을 쓰고, 2015년부터 한국연구재단의 인문저술사업의 지원

....

1   『한겨레』 2018년 5월 1일.

을 받아서 3년 동안 단행본으로 준비했다. 남과 북의 서로주체적 통합에 대한 이전의 글에 대해 적지 않은 학자들이 관심을 보이면서도 너무 낙관적이고 이상적이라는 평을 숨기지 않았다. 한마디로 비현실적이라는 비판이었다. 나로서는 남과 북의 현실 권력을 인정하는 바탕에서 출발하는 서로주체적 통합이야말로 가장 현실적이라고 생각했지만, 그 현실을 부정하는 사람들이 많은 것 또한 엄연한 현실이었다. 지난 3년 동안 책을 준비하면서 서로주체적 남북통합이라는 아이디어가 과연 얼마나 현실적합성을 가질 수 있을지 걱정이 되기도 했다. 남한 정부가 북미관계 개선의 고리 역할을 해야 한다고 주장하면서도, 과연 이것이 현실에서 받아들여질 수 있을지 조심스러웠다. 2016년 개성공단을 폐쇄하는 조치를 볼 때는 이 책을 쓰는 것이 무슨 의미가 있을지 회의가 들기도 했다.

그런데 원고를 마무리 지을 무렵인 평창 겨울올림픽 이후 너무나 많은 변화가 일어나서, 이제는 이 책의 상상력이 현실에 못 미치고 있음이 확실해 보인다. 현실의 빠른 변화를 보면서 내가 뼈아프게 자책했던 부분은 무엇보다도 북한에 대한 나의 상상력 부족이다. 남과 북의 서로주체적 통합을 구상하면서 나를 괴롭혔던 두 가지 큰 질문 중 하나가 바로 북한을 어떻게 끌어들일 것인가였다.[2] 서로주체적 통합은 남과 북이 중심이 되어서 추진해야 하는데, 어떻게 북한이 이에 응하도록 할 것인지가 큰 고민거리였다. 그런데 평창 올림픽 이후의 변화를 가만히 보면 남한보다 북한이 더 주동적 역할을 하고 있다는 느낌을 갖게 된다. 2017년 말 핵무력 완성 선언 이후 북한은 2018년 신년사, 평창 올림픽 참가, 남북 정상회담과 북미 정상회담 합의 및 추진 등 스스로 중심이 되어서 변화를 이끌고 있는 것처럼 보인다. 물

....

2   또 하나 큰 질문은 남과 북의 서로주체적 통합을 추진할 남한의 중심세력을 어떻게 구축할 것인가였다. 이 책을 준비하기 시작한 박근혜 정부 시절 이 질문은 서로주체적 대북자세를 갖는 정권을 어떻게 창출할 것인지의 문제이기도 했다. 이 질문은 촛불혁명 이후 새로 등장한 남한 정부가 상당히 서로주체적인 대북자세를 보이면서 자연스럽게 해소된 셈이다. 물론 9장에서 논한 것처럼 남한 사회 내 서로주체적 세력의 헤게모니 유지와 강화라는 일반적 문제는 계속 남아 있다.

론 그렇게 할 수 있게 된 배경에는 남한 정부의 일관성 있는 대북자세가 있었고 그것이 북한이 주동할 수 있는 중요한 원동력이 되었을 것이다. 그러나 남과 북의 서로주체적 통합을 위해 북한을 어떻게 끌어들일 것인가 하는 나의 고민은 사실상 북한의 중심적 역할 가능성을 경시한 빗나간 고민이었던 셈이다.

평창 올림픽 이후 급격히 달라진 현실로 인해 나의 논의가 이미 낡은 것이 된 부분들이 있을 것이다. 대단히 기쁜 일이다. 이 책에서 입론하고자 한 서로주체적 통합의 원칙과 방향, 그리고 우리의 지나온 길에 대한 나름의 해석과 나아갈 길에 대한 제안은 그것이 낡은 것이 되면 될수록 오히려 더 유의미하다고 생각한다. 남과 북의 서로주체적 통합은 이제부터 시작이다. 평창 올림픽 이후 남북관계와 이를 둘러싼 국제정세가 빠른 속도로 변화하고 있지만 아직 나아갈 길이 한참 많이 남아 있다. 현재 한반도에 찾아온 봄바람이 역전될 수도 있다. 우리는 남과 북의 관계가 언제든지 역행할 수 있음을 보았다. 남과 북이 서로주체적 관계를 수립하고 유지하면서 동시에 서로주체적 통합을 진척시켜 나가기 위해 서로주체적 자세를 더욱 함양하고 강화해야 한다. 이 책의 논의가 남과 북의 서로주체적 통합에 기여하기를 바란다.

참고문헌

강광식. 2008. 『통일 한국의 체제 구상: 국제적 위상과 복합국가체제』. 서울: 백산서당.

_____. 2010. 『중립화와 한반도 통일』. 서울: 백산서당.

강남순. 2017. 『용서에 대하여』. 파주: 동녘.

강동완·박정란. 2012. "한국의 통일 담론: 역대 정권별 특징과 한계를 중심으로." 『북한학 연구』 8권 2호, 215-246.

강동완·정은미. 2010. "남북한 교류협력 거버넌스의 구조와 동학: 김대중·노무현 정부 시기 사회·문화분야 교류협력 협의체의 네트워크 변화를 중심으로." 『사회과학연구』 34집 2호, 1-36.

강만길. 2000. 『강만길 선생과 함께 생각하는 통일』. 서울: 지영사.

_____. 2003. 『우리 통일, 어떻게 할까요』. 서울: 당대.

_____. 2013. 『분단고통과 통일전망의 역사: 통일로 향하는 분단시대의 근현대사 이야기』. 서울: 선인.

강상중·현무암. 2012. 『기시 노부스케와 박정희: 다카키 마사오, 박정희에게 만주국이란 무엇이었는가』 이목 옮김. 서울: 책과 함께.

강성윤. 1978. "한국 정당의 통일정책에 관한 고찰." 『안보연구』 7권, 63-83.

강영안. 2005. 『타인의 얼굴: 레비나스의 철학』. 서울: 문학과지성사.

강원택. 2004. "남남 갈등의 이념적 특성에 대한 경험적 분석." 경남대학교 극동문제연구소 편. 『남남 갈등: 진단 및 해소방안』, 55-100. 서울: 경남대학교 출판부.

_____. 2011. 『통일 이후의 한국 민주주의』. 파주: 나남.

_____. 2015. "통일한국 정치제도 디자인의 조건과 원칙." 윤영관·강원택 엮음. 『통일한국의 정치제도』, 9-41. 서울: 늘품플러스.

강인덕·송종환. 2004. "「7·4 남북공동성명」과 남북조절위원회 회의." 강인덕·송종환 외. 『남북회담: 7·4에서 6·15까지』, 147-204. 서울: 극동문제연구소.

_____. 2004a. "1990년대 이후 남북대화." 강인덕·송종환 외. 『남북회담: 7·4에서 6·15까지』, 303-343. 서울: 극동문제연구소.

강종일. 2014. 『한반도 생존전략: 중립화』. 서울: 해맞이미디어.

고병철. 2005. "남북한 관계의 역사적 맥락: 한국전쟁 이후 현재까지." 경남대학교 북한대학원 엮음. 『남북한 관계론』, 39-80. 파주: 한울.

고상두. 2001. "통일정책과 정당갈등: 독일 동방정책과 한국 포용정책의 비교." 『통일정책 연구』 10권 2호, 51-71.

구갑우. 2007. 『비판적 평화연구와 한반도』. 서울: 후마니타스.

_____. 2007a. "한반도 분단체제와 평화국가 만들기." 『시민과 세계』 10호, 17-48.

_____. 2008. "한반도적 맥락의 비판적 평화·안보담론: '평화국가담론' 재론." 『한국과 국제정치』 24권 3호, 95-124.

_____. 2010. "남북관계." 구갑우 외. 『좌우파사전』, 133-162. 고양: 위즈덤하우스.

_____. 2016. "탈식민·탈패권·탈분단의 한반도 평화체제." 이병천·윤홍식·구갑우 엮음. 『안보개발국가를 넘어 평화복지국가로: 독일의 경험과 한국의 과제』, 144-210. 서울: 사회평론아카데미.

_____. 2017. "'핵무기의 문학'으로 회고록 읽기."『창작과 비평』45권 1호, 369-390.

구갑우·최완규. 2011. "북한의 동북아 지역정책: 안보와 경제 그리고 시민사회." 이수훈 엮음.『북한의 국제관과 동북아 질서』, 126-180. 파주: 한울.

구교형. 2014.『뜻으로 본 통일 한국』. 서울: 한국기독학생회출판부.

구림지편찬위원회. 2006.『호남명촌 구림』. 서울: 리북.

구영록. 2000.『한국과 햇볕정책: 기능주의와 남북한 관계』. 법문사.

국민의당. n.d. "국민의당 강령 및 기본 정책."(http://people21.kr/wp-content/uploads/2016/03/ Basic-Policies.pdf, 2016년 3월 28일 검색).

권수현. 2011. "북한이탈주민에 대한 남한국민의 태도."『한국정치연구』20집 2호, 129-153.

권숙도. 2012. "구성주의적 관점에서 본 남남갈등의 이해."『사회과학연구』28집 1호, 51-69.

권태욱. 2012.『모든 통일은 좋은가?』. 김해: 바른책들.

권헌익·정병호. 2013.『극장국가 북한: 카리스마 권력은 어떻게 세습되는가』. 파주: 창비.

권혁범. 1999. "내 몸 속의 반공주의 회로와 권력." 또 하나의 문화 통일 소모임.『통일을 준비하는 사람들』, 101-113. 서울: 또 하나의 문화.

_____. 2000. "통일에서 탈분단으로: '민족동질성 회복'론 및 '민족 번영'론에 대한 비판적 성찰."『당대비평』12호, 154-180.

김갑식. 2011. "탈냉전기 동북아 질서와 북한의 남북관계에 대한 인식." 이수훈 엮음.『북한의 국제관과 동북아 질서』, 220-260. 파주: 한울.

김경원. 1993. "통일문제와 남북한 관계."『남북관계의 새로운 인식』(아주대학교 사회과학연구소 발표논문집).

김광운. 2005. "1948년 4월 남북협상과 통일론. 좌우공존 가능성 역사적 실례, '민족 대 반민족' 두려운 세력 남북협상 평가절하."『민족 21』2월호, 통권 47호, 92-103.

김귀옥. 2010. "한반도 평화체제와 평화문화, 시민사회." 비판사회학회 민족·통일분과 엮음.『민족과 통일』, 285-317. 서울: 선인.

김근식. 2002. "김대중 정부의 햇볕정책: 회고와 전망."『한국과 국제정치』18권 2호, 95-119.

_____. 2009. "북한 급변사태와 남북연합: 통일과정적 접근."『북한연구학회보』13권 2호, 57-75.

_____. 2010. "합리적인 대북관, 통일관, 대북정책: 성찰적 접근." 한반도선진화재단·한국미래학회·좋은정책포럼 공편.『보수와 진보의 대화와 상생』, 179-205. 파주: 나남.

_____. 2011.『대북포용정책의 진화를 위하여』파주: 한울.

김낙중. 2008.『민족의 형성, 분열, 통일』. 서울: 평화연대 평화연구소.

김누리. 2006. "동·서독 사회문화 갈등의 원인." 김누리 편.『머릿속의 장벽: 통일 이후 동·서독 사회문화 갈등』, 28-61. 파주: 한울.

김대중. 2004.『21세기와 한민족: 김대중 전대통령 주요 연설·대담 1998~2004』. 파주: 돌베개.

_____. 2010.『김대중 자서전1』. 서울: 삼인.

_____. 2010a.『김대중 자서전2』. 서울: 삼인.

김동엽. 2018. "북핵의 과거, 현재 그리고 미래."『창작과 비평』46권 1호, 72-86.

김동춘. 2000.『전쟁과 사회: 우리에게 한국전쟁은 무엇이었나?』. 서울: 돌베개.

김명섭. 2012. "북핵문제와 동북아 6자회담의 지정학: 역사적 성찰과 전망." 이수훈 편.『핵의 국제정치』, 229-256. 서울: 경남대학교 극동문제연구소.

_____. 2015. "한국의 국제적 탄생과 성장." 남성욱 외.『한국의 외교 안보와 통일 70년』, 59-103. 성

남: 한국한중앙연구원출판부.

_____. 2017. "조선과 한국: 두 지정학적 관념의 연속과 분화." 서울대학교 – 연세대학교 통일대비국가 전략연구팀 편, 『통일의 신지정학』, 3-29. 서울: 박영사.

김병로. 2014. "통일환경과 통일담론의 지형 변화: 정부통일방안을 중심으로." 『통일문제연구』 26권 1호, 1-33.

_____. 2015. "개성공단 스케치." 김병로 외. 『개성공단: 공간평화의 기획과 한반도형 통일프로젝트』, 19-59. 과천: 진인진.

_____. 2016. "한반도 비평화와 분단폭력." 김병로·서보혁 편, 『분단폭력: 한반도 군사화에 관한 평화학적 성찰』, 29-63. 파주: 아카넷.

김병로·최경희. 2012. "남북한 주민의 통일의식 비교 분석." 『통일과 평화』 4집 1호, 101-138.

김병연. 2015. "개성공단의 경제적 효과." 김병로 외. 『개성공단: 공간평화의 기획과 한반도형 통일프로젝트』, 181-204. 과천: 진인진.

김보영. 2000. "4월민중항쟁 시기의 남북협상론." 한국역사연구회 4월민중항쟁연구반 지음. 『4·19와 남북관계』, 139-168. 서울: 민연.

김부찬. 2015. "북한 인권문제와 보호책임(R2P)." 『국제법학회논총』 60권 4호, 11-42.

김삼웅 편저. 1994. 『통일론 수난사』. 서울: 한겨레신문사.

김상배. 2013. "네트워크 이론으로 보는 한반도 통일론: 북한 문제를 보는 새로운 접근법의 모색." 윤영관 편저. 『한반도 통일』, 369-403. 서울: 늘품플러스.

_____. 2014. 『아라크네의 국제정치학: 네트워크 세계정치이론의 도전』. 파주: 한울.

김상봉. 2007. 『서로주체성의 이념: 철학의 혁신을 위한 서론』. 서울: 길.

_____. 2012. 『기업은 누구의 것인가』. 서울: 꾸리에.

김상준. 2017. "촛불혁명 제3단계의 목표: 한반도 양국체제의 정립." 『현안과 정책』 190호, 좋은 나라 이슈페이퍼. (http://www.kcgg.org/publication/issue.php?sno=24&group=basic&code=B10&category=&&abmode =view&no=1639&bsort=desc&bfsort=ino, 2018년 3월 12일 검색).

김석근. 1994. "식민지시대사의 의미: '분단'과 '통일'의 맥락에서." 김용옥 엮음. 『삼국통일과 한국통일』 하권, 563-661. 서울: 통나무.

김석우·홍성국. 2010. 『통일은 빠를수록 좋다』. 서울: 기파랑.

_____. 2011. "통일비용 최소화 방안." 배정호 편저. 『전환기의 북한과 통일담론』, 121-165. 서울: 늘품플러스.

김선주. 2005. 『탐루: 평화통일 운동가 김낙중의 삶, 사랑, 가족』. 파주: 한울.

김성민. 2009. "통일을 위한 인문학의 역할." 건국대학교 통일인문학연구단. 『소통, 치유, 통합의 통일인문학』, 13-27. 서울: 선인.

_____. 2011. "분단과 통일, 그리고 한국의 인문학." 건국대학교 통일인문학연구단. 『통일에 대한 인문학적 패러다임』, 15-36. 서울: 선인.

김성민·박영균. 2011. "분단의 트라우마에 관한 시론적 성찰." 건국대학교 통일인문학연구단. 『통일에 대한 인문학적 패러다임』, 159-186. 서울: 선인.

김성배. 2015. "미중시대 북한식 국제정치 독해: 자주외교 불패 신화의 유산." 하영선 편. 『1972 한반도와 주변4강 2014』, 391-417. 서울: 동아시아연구원.

김성보. 2008. "평화공존의 관점에서 본 남북 국가의 초기 성격과 상호 경쟁." 『역사비평』 여름호, 통권

83호, 34-57.

김성욱. 2010.『북한을 선점하라!』. 서울: 세이지.

김성원. 2015. "최근 기독교 통일운동의 흐름과 제언."『기독교사상』 7월호, 통권 679호, 50-59.

김세균. 2000. "남북정상회담 이후의 남북한관계 및 남북한사회."『진보평론』 5호, 161-188.

김시덕. 2015.『동아시아, 해양과 대륙이 맞서다: 임진왜란부터 태평양전쟁까지 동아시아 오백년사』. 서울: 메디치미디어.

김연철. 2010. "김대중·노무현 정부 10년의 남북관계."『기억과 전망』 여름호, 통권 22호, 109-140.

_____. 2016.『협상의 전략: 세계를 바꾼 협상의 힘』. 서울: 휴머니스트.

_____. 2018.『70년의 대화: 새로 읽는 남북관계사』. 파주: 창비.

김영명. 2017. "탈민족주의론 비판과 열린 민족주의 모색." 정영훈·최우길·김영명·임형백·윤민재·신운용·김봉섭·김인덕·김헌진·이희진.『한민족공동체 연구』, 105-136. 성남: 한국학중앙연구원 출판부.

김영윤. 1995. "고전적 통합 이론의 남북한 적용 가능성."『통일경제』 9월호, 74-87.

_____. 2004. "남북연합과 경제공동체 형성 방안." 신정현·김영윤·김현·정성장.『국가연합 사례와 남북한 통일과정』, 258-320. 파주: 한울.

_____. 2009. "남북경협 측면에서 본 새로운 대북정책 추진의 필요성." 윤영관·이장로 엮음.『남북경제협력 정책과 실천과제』, 61-112. 파주: 한울.

김영재. 2014. "박근혜 정부의 대북정책."『정치정보연구』 17권 2호, 31-55.

김영호. 2008. "국익 우선의 외교·안보: 실용주의, 국제공조, 연계포용 원칙의 전략화." 안세영·조성환·신지호·김종석·윤창현·조전혁·김영호·이성규·이재교.『2008 뉴라이트 한국 보고서』, 238-277. 파주: 말과 창조사.

_____. 2010. "21세기 한반도 안보환경과 새로운 대북정책의 모색." 김영호 외.『대북정책의 이해: 상호주의 실현을 위한 성찰과 과제』, 17-47. 서울: 명인문화사.

_____. 2012.『대한민국과 국제정치』. 서울: 성신여자대학교 출판부.

김영환. 2012.『김영환, 시대정신을 말한다』. 서울: 시대정신.

김영환·오경섭·유재길. 2015.『북한 급변사태와 통일전략』. 파주: 백년동안.

김용옥. 1994. "통일론대강." 김용옥 엮음.『삼국통일과 한국통일』 상권, 23-182. 서울: 통나무.

김용제. 2012.『한반도 통일론: 통일정책의 전개와 전망』 개정판. 서울: 박영사.

김용현. 2000. "노태우 정권 시기의 통일론."『통일시론』 통권 5호, 131-143.

_____. 2006. "한반도 평화체제 구축과 남북관계."『동향과 전망』 66호, 191-210.

김용환. 2006. "관용의 윤리: 철학적 기초와 적용영역들."『철학』 87호, 65-90.

김일영. 2005. "이승만 정부의 북진·반일정책과 한미동맹의 형성." 하영선·김영호·김명섭 편.『한국 외교사와 국제정치학』, 193-228. 서울: 성신여자대학교 출판부.

_____. 2005a. "미국의 안보정책 및 주한미군 정책 변화와 한국의 대응: 주한미군에 관한 '냉전적 합의'의 형성과 이탈 그리고 '새로운 합의'의 모색." 하영선·김영호·김명섭 편.『한국외교사와 국제정치학』, 383-429. 서울: 성신여자대학교 출판부.

김정수. 2016. "일상화된 군사문화에 대한 인문학적 성찰." 김병로·서보혁 편.『분단폭력: 한반도 군사화에 관한 평화학적 성찰』, 187-218. 파주: 아카넷.

_____. 2016.a. "분단폭력과 통일교육의 관계성에 대한 일고: 학교 통일·안보교육을 중심으로." 김병로·서보혁 편.『분단폭력: 한반도 군사화에 관한 평화학적 성찰』, 219-249. 파주: 아카넷.

김재한. 2006.『DMZ 평화답사: 남북평화와 남남화해를 위해』. 서울: 오름.

김종성. 2016.『패권쟁탈의 한국사』. 서울: 을유문화사.

_____. 2017.『왜 미국은 북한을 이기지 못하나』. 장수군: 내일을여는책.

김종욱. 2015.『과천, 우리가 하지 않은 일』. 파주: 문학동네.

김지은. 2017. "스토리텔링을 통한 통일 한국의 사회치유 방향성 모색: 북아일랜드, 캄보디아, 독일, 한국 사례를 중심으로."『문화와 정치』4권 4호, 145-185.

김지형. 2000. "4월민중항쟁 직후 민족자주통일협의회의 노선과 활동." 한국역사연구회 4월민중항쟁연구반 지음.『4·19와 남북관계』, 107-136. 서울: 민연.

_____. 2008.『데탕트와 남북관계』. 서울: 선인.

김진환. 2010. "강정구의 학문세계." 비판사회학회 민족·통일분과 엮음.『민족과 통일』, 21-51. 서울: 선인.

_____. 2012. "이명박 정부 대북 군사정책 평가와 대안." 조돈문·배성인 엮음.『217, 한국사회를 바꿀 진보적 정책 대안』, 490-506. 서울: 메이데이.

김창근. 2013.『다문화주의와 만난 한반도 통일론』. 파주: 교육과학사.

김창수·김용현. 1997. "김영삼정부 통일정책과 민간 통일운동 평가."『동향과 전망』6호, 81-95.

김치욱. 2015. "남북 경제협력의 네트워크 구조와 개성공단." 윤영관·전재성·김상배 엮음.『네트워크로 보는 세계 속의 북한』, 339-377. 서울: 늘품플러스.

김태우. 2013.『폭격: 미공군의 공중폭격 기록으로 읽는 한국전쟁』. 파주: 창비.

김태우. 2012.『북핵을 넘어 통일로』. 서울: 명인문화사.

_____. 2015. "통일교육의 필요성과 핵심적 사안들."『미디어와 교육』5권 2호, 13-19.

김태환. 2017. "21세기 신지정학의 새로운 요소들과 한국의 통일외교." 서울대학교 - 연세대학교 통일대비국가전략연구팀 편.『통일의 신지정학』, 315-339. 서울: 박영사.

김학노. 1999. "신기능주의 통합이론의 구성주의적 재구성."『한국정치연구』8-9 합병호, 443-467.

_____. 2005. "평화통합전략으로서의 햇볕정책."『한국정치학회보』39집 5호, 237-261.

_____. 2009. "유럽연합의 지역정책 거버넌스."『한국과 국제정치』25권 2호, 89-117.

_____. 2010. "정치, 아(我)와 비아(非我)의 헤게모니 투쟁."『한국정치학회보』44집 1호, 31-57.

_____. 2010a. "김대중 정부의 햇볕정책과 6·15남북정상회담." 함택영·남궁곤 편.『한국 외교정책: 역사와 쟁점』, 536-603. 서울: 사회평론.

_____. 2011. "'서로주체적 통합'의 개념."『한국과 국제정치』27권 3호, 29-61.

_____. 2011a. "서로주체적 헤게모니."『한국정치학회보』45집 5호, 53-79.

_____. 2012. "유럽통합의 정치적 실험."『유럽연구』30권, 31-55.

_____. 2013. "남과 북 서로주체적 통합의 밑그림."『한국정치학회보』47집 4호, 135-156.

_____. 2013a. "남과 북 서로주체적 통합이 필요하다."『동향과 전망』88호, 214-248.

_____. 2014. "우리 형성의 헤게모니 정치: 최영진에 답함(1)."『한국정치학회보』48집 5호, 5-24.

_____. 2014a. "'분단-통일'에서 '분리-통합'으로: 문제의 제기." 분리통합연구회 편.『분단-통일에서 분리-통합으로』, 13-28. 서울: 사회평론.

_____. 2014b. "'분단-통일'에서 '분리-통합'으로: 남북한 관계에 대한 함의." 분리통합연구회 편.『분단-통일에서 분리-통합으로』, 334-366. 서울: 사회평론.

_____. 2016. "정당 통일정책 비교."『의정연구』22권 2호, 5-52.

_____. 2016a. "남북한 관계에 대한 국제통합이론의 적실성 문제."『한국정치연구』25집 3호, 31-56.

_____. 2016b. "정치는 어디에 있는가? 최영진에 답함(2)." 『한국정치학회보』 50집 2호, 5-30.

_____. 2018. "분리-통합 및 홀로주체-서로주체의 개념과 척도." 『한국정치연구』 27집 1호, 403-435.

김학노·김두현. 2013. "햇볕정책 이후 통일담론의 지형." 『한국과 국제정치』 29권 3호, 49-85.

김학성. 2006. "독일의 사례." 임채완·김학성·정지웅·안완기·전형권·선학태. 『분단과 통합』, 41-134. 파주: 한울.

_____. 2008. "통일연구 방법론 소고: 동향, 쟁점 그리고 과제." 『통일정책연구』 17권 2호, 203-231.

_____. 2011. "증오와 화해의 국제정치: 한·일간 화해의 이론적 탐색." 『국제정치논총』 51집 1호, 7-31.

_____. 2015. "통일 대비와 분단 관리를 넘어서." 박순성 편저. 『통일논쟁: 12가지 쟁점, 새로운 모색』, 43-58. 파주: 한울.

김학준. 1980. 『반외세의 통일논리』. 서울: 형성사.

_____. 1988. "통일정책: 지속성과 변화 추세." 이상우 외. 『북한 40년』, 521-581. 서울: 을유문화사.

_____. 2001. "남북정상회담 이후 남한사회에서의 통일논쟁." 『사회과학논총』 17집, 345-355.

_____. 2010. 『한국전쟁: 원인·과정·휴전·영향』. 제4수정·증보판. 서울: 박영사.

_____. 2012. "통일 담론에 대한 반성과 인문학적 접근 방안." 건국대학교 통일인문학연구단. 『석학 통일인문학을 말하다』. 서울: 선인.

김해순 외. 2017. 『한국의 통일 연구 30년』. 성남: 한국한중앙연구원 출판부.

김해원. 2011. 『북한의 남북정치협상 연구』. 서울: 선인.

김현. 2004. "남북연합 형성을 위한 대(對)관련국 외교정책." 신정현·김영윤·김현·정성장. 『국가연합 사례와 남북한 통일과정』, 321-365. 파주: 한울.

김현경. 2015. 『사람, 장소, 환대』. 서울: 문학과지성사.

김형기. 2010. 『남북관계 변천사』. 서울: 연세대학교 출판부.

김형빈·김두남. 2016. "박근혜정부 통일정책의 쟁점과 과제." 『통일전략』 16권 3호, 125-155.

김형준·김도종. 2000. "남북관계와 국내정치의 갈등구조: 통일담론을 중심으로." 『국제정치논총』 40집 4호, 311-330.

김형찬. 2012. "통일의 가치와 통일철학의 성찰." 이수훈·조대엽 편. 『한반도 통일론의 재구상』, 61-86. 서울: 선인.

김흥규. 2012. "21세기 변화 중의 미중관계와 북핵문제." 이수훈 편. 『핵의 국제정치』, 199-228. 서울: 경남대학교 극동문제연구소.

_____. 2016. "미중관계 변화와 한국의 외교." 경남대학교 극동문제연구소 편. 『분단 70년의 국제관계』, 53-90. 서울: 선인.

김흥수. 2015. "남북한 정부의 통일정책과 한국교회 통일운동의 관계." 『선교와 신학』 35집, 83-115.

김희강·최유진. 2015. "롤즈의 '인권'과 인도적 개입 정책." 『담론 201』 18집 1호, 69-100.

나종석. 2005. "하버마스인가 아니면 슈미트인가?" 『사회와 철학』 9호, 63-99.

남궁곤. 2003. "햇볕정책의 일관성과 여론 분열에 관한 실증적 연구." 『한국과 국제정치』 19권 4호, 123-154.

남궁영. 2001. "대북정책의 국내 정치적 갈등: 쟁점과 과제." 『국가전략』 7권 4호, 79-101.

남성욱. 2015. "선진 통일한국의 과제와 비전." 남성욱 외. 『한국의 외교 안보와 통일 70년』, 303-351. 성남: 한국한중앙연구원출판부.

남종우. 2017. "북한의 지정학적 담론과 그 변화." 서울대학교－연세대학교 통일대비국가전략연구팀 편. 『통일의 신지정학』, 64-89. 서울: 박영사.

남주홍. 2006. 『통일은 없다』. 서울: 랜덤하우스중앙.

노재봉·김영호·서명호·조성환. 2015. 『정치학적 대화』. 서울: 성신여자대학교 출판부.

노중선. 2005. "남한 역대 정권의 통일문제 인식과 통일정책." 『내일을 여는 역사』 21호, 70-81.

_____. 2005a. "7·4공동성명과 남북관계. 남북정상회담 이룬 2000년대 통일운동의 출발점." 『민족 21』 7월호, 통권 52호, 112-119.

노태돈. 2009. 『삼국통일전쟁사』. 서울: 서울대학교출판부.

노태우. 2011. 『노태우 회고록 (하): 전환기의 대전략』. 서울: 조선뉴스프레스.

니더하프너, 스테판. 2013. "독일의 통일전략과 한국의 통일전망." 윤영관 편저. 『한반도 통일』, 113-156. 서울: 늘품플러스.

더불어민주당. n.d. "강령/정강 정책." (http://theminjoo.kr/printPopup.do?nt_id=1&bd_seq=, 2016년 3월 28일 검색).

데리다, 자크. 2004. 『환대에 대하여』. 남수인 옮김. 서울: 동문선.

_____. 2016. 『신앙과 지식/세기와 용서』. 신정아·최용호 옮김. 파주: 아카넷.

도닐리, 잭. 2002. 『인권과 국제정치: 국제인권의 현실과 가능성 및 한계』. 박정원 옮김. 서울: 오름.

도진순. 2000. "1990년대 북한관·통일론의 허실과 남은 쟁점." 『통일시론』 통권 6호, 148-158.

동용승. 2010. "대북 경제정책." 김영호 외. 『대북정책의 이해: 상호주의 실현을 위한 성찰과 과제』, 111-137. 서울: 명인문화사.

또 하나의 문화 통일 소모임. 1999. 『통일을 준비하는 사람들』. 서울: 또 하나의 문화.

란코프, 안드레이. 2011. "남북통일 추진 방법." 최진욱 편저. 『한반도 통일과 주변 4국』, 49-84. 서울: 늘품플러스.

랑시에르, 자크. 2008. 『무지한 스승』. 양창렬 옮김. 서울: 궁리.

레비나스, 엠마뉘엘. 1996. 『시간과 타자』. 강영안 옮김. 서울: 문예출판사.

롤스, 존. 2009. 『만민법』. 장동진·김만권·김기호 옮김. 서울: 아카넷.

롤즈, 존. 2003. 『정의론』. 황경식 옮김. 서울: 이학사.

류근일. 2015. 『대한민국이냐, 북한수용소둔도냐?』. 파주: 백년동안.

류지성. 2005. "한국 역대 정권의 대북 정책에 관한 비교 연구." 『한국동북아논총』 35집, 325-344.

마상윤. 2011. "데탕트의 위험과 기회: 1970년대 초 박정희와 김대중의 안보인식과 논리." 서울대학교 국제문제연구소 편. 『데탕트와 박정희』, 101-134. 서울: 논형.

_____. 2015. "적에서 암묵적 동맹으로: 데탕트 초기 미국의 중국 접근." 하영선 편. 『1972 한반도와 주변4강 2014』, 13-44. 서울: 동아시아연구원.

마이어스, B. R. 2011. 『왜 북한은 극우의 나라인가?』. 고명희·권오열 옮김. 서울: 시그마북스.

마인섭·차문석·윤철기. 2012. 『북한 문제와 남남 갈등』. 서울: 성균관대학교 출판부.

매일경제·세종연구소 국민보고대회팀. 2017. 『한반도 생존의 길: 대한민국 안보보고서』. 서울: 매일경제신문사.

모턴, 애덤. 2015. 『잔혹함에 대하여: 악에 대한 성찰』. 변진경 옮김. 파주: 돌베개.

문대근. 2009. 『한반도 통일과 중국』. 서울: 늘품플러스.

문성훈. 2014. 『인정의 시대: 현대사회 변동과 5대 인정』. 고양: 사월의책.

문승익. 1970. 『주체이론: 서문』. 아인각.

밀러, 우베. 2006. 『대재앙, 통일: 독일 통일로부터의 교훈』. 이봉기 옮김. 서울: 문학세계사.

민경우. 2005. "1980~1990년대 통일운동. 통일운동의 백가쟁명 시기, 6 · 15공동선언으로 자주통일노선 정당성 입증."『민족 21』10월호, 통권 55호, 114-121.

민병천. 1985. "한국 역대 정당의 통일정책."『북한』4월호, 64-71.

민족화해협력범국민협의회. 2013.『민족화해협력범국민협의회 15년사』. 서울: 민족화해협력범국민협의회.

바인, 데이비드. 2017.『기지국가: 미국의 해외 군사기지는 어떻게 미국과 세계에 해를 끼치는가』. 유강은 옮김. 서울: 갈마바람.

박건영. 1999.『한반도의 국제정치: 평화와 통일을 위한 새로운 접근』. 서울: 오름.

_____. 2016. "한국의 안보와 사드(THAAD)."『한국과 국제정치』32권 3호, 27-55.

박건영 · 박선원 · 박순성 · 서동만 · 이종석. 2002.『한반도 평화보고서』. 서울: 한울.

박건영 · 정욱식. 2009. "김대중 - 부시 정부 시기 한미관계: 대북정책을 중심으로."『역사비평』86호, 140-168.

박관용. 2006.『통일은 산사태처럼 온다』. 서울: 경덕출판사.

박관용 외. 2007.『북한의 급변사태와 우리의 대응』. 파주: 한울.

박광기 · 박정란. 2008. "한국 통일 · 대북 정책 60년: 회고와 전망."『정치 · 정보연구』11권 1호, 161-190.

박명규. 2009. "다문화주의와 남북관계: 이론적 쟁점과 현실."『국제이해교육연구』4권 2호, 5-32.

_____. 2012.『남북경계선의 사회학』. 파주: 창비.

박명규 · 이근관 · 전재성 외. 2012.『연성복합통일론: 21세기 통일방안구상』개정판. 서울: 서울대학교 통일평화연구원.

박명규 · 전재성 · 김병연 · 장용석 · 송영훈. 2013.『북한국제화 2017』. 서울: 서울대학교 통일평화연구원.

박명림. 1996.『한국전쟁의 발발과 기원 1: 결정과 발발』. 서울: 나남.

_____. 1997. "분단질서의 구조와 변화: 적대와 의존의 대쌍관계동학, 1945-1996."『국가전략』3권 1호, 41-79.

_____. 2000. "전쟁과 인민: 통합과 분화와 학살."『아시아문화』16호, 97-167.

_____. 2005.『한국 1950: 전쟁과 평화』. 파주: 나남.

_____. 2010. "동북아 공동체와 한반도 평화: 쌍방향 선순환 구조의 모색." 임혁백 · 이은정 편.『한반도는 통일 독일이 될 수 있을까?: 베를린 장벽 붕괴 20년이 한반도 통일에 주는 교훈』, 401-428. 서울: 송정문화사.

_____. 2011. "두 한국의 변혁 · 통일 · 통합: 삼중 복합 가정의 모색." 김학준 외.『통일 이후 통일을 생각한다』, 13-51. 서울: 푸른역사.

박명림 · 김상봉. 2011.『다음 국가를 말하다』. 서울: 웅진지식하우스.

박병광. 2015. "국제질서 변환과 각축하는 미중관계: 중국의 전략적 입장과 정책 방향." 하영선 편.『1972 한반도와 주변4강 2014』, 283-316. 서울: 동아시아연구원.

박상섭. 2013. "마키아벨리와 헤겔: 통일의 정치사상과 한반도 통일." 윤영관 편저.『한반도 통일』, 33-74. 서울: 늘품플러스.

박성조. 2010.『통일 이렇게 하자: 독일 콜수상의 흡수통일전략』. 서울: 매봉.

박성현. 2016. "한계 부딪힌 개성공단 입주기업, 근로자들의 아우성."『월간중앙』5월호. (http://jmagazine.joins.com/monthly/view/311095, 2016년 5월 10일 검색).

박세일. 2011.『위대한 선진, 행복한 통일』. 서울: 한반도선진화재단.

박순성. 2014. "북한 인권 문제와 한반도 분단체제:『2014 유엔 인권이사회 북한인권조사위원회 보고
서』에 대한 비판적 독해를 중심으로."『북한연구학회보』 18권 2호, 281-309.

박순성 편저. 2015.『통일논쟁: 12가지 쟁점, 새로운 모색』. 파주: 한울.

박연희. 2014. "1970년대 통일 담론과 민족문학론."『한국문학연구』 47집, 399-432.

박영균. 2011. "분단의 아비투스에 관한 철학적 성찰." 건국대학교 통일인문학연구단.『통일에 대한 인
문학적 패러다임』, 123-158. 서울: 선인.

박재규. 2011. "북한 미래연구의 방향과 과제." 박재규 편.『북한의 딜레마와 미래』, 1-18. 파주: 법문사.

박정란. 2008. "역대 정부의 통일·대북정책: 쟁점과 과제."『사회과학연구』(전북대학교 사회과학연구
소) 32집 2호, 83-104.

박정순. 2005. "마이클 왈쩌의 정의전쟁론."『철학연구』 68집, 77-131.

박정원. 2007. "한반도 통일모델의 탐색: 중립화통일론의 적용가능성."『통일정책연구』 16권 2호, 75-
96.

박종철·김병로·이규창·전재성·조성렬·홍우택·홍익표·황선혜. 2010.『민족공동체 통일방안의 새
로운 접근과 추진방안: 3대 공동체 통일구상 중심』. 서울: 통일연구원.

박종희. 2015. "동맹, 무역, 그리고 원조 네트워크 속의 북한." 윤영관·전재성·김상배 엮음.『네트워크
로 보는 세계 속의 북한』, 203-246. 서울: 늘품플러스.

박지희. 2015. "새터민의 사회통합을 위한 인문학 및 공감의 필요성."『한민족문화연구』 52권, 401-
428.

박찬봉. 2008. "7·7선언체제의 평가와 대안체제의 모색: 기능주의에서 제도주의로."『한국정치학회
보』 42집 4호, 339-365.

박찬석. 2001.『남남 갈등, 대립으로 끝날 것인가』. 고양: 인간사랑.

박찬수. 2017.『NL현대사: 강철서신에서 뉴라이트까지』. 서울: 인물과사상사.

박철언. 2005.『바른 역사를 위한 증언 1』. 서울: 랜덤하우스중앙.

_____. 2005a.『바른 역사를 위한 증언 2』. 서울: 랜덤하우스중앙.

박태균. 2005.『한국전쟁』. 서울: 책과함께.

_____. 2005a. "1950년대 무력통일론과 평화통일론. 전후 평화통일 여망, 반공에 쓰러지다."『민족
21』 4월호, 110-119.

박형중·김규륜·고재홍·류길재·이승열·이우영·전봉근·전재성·한기범. 2012.『통일대비를 위한 대
북통일정책 모색』. 서울: 통일연구원.

박후건. 2012. "이명박 정부의 '비핵 개방 3000'에 대한 평가와 대안." 조돈문·배성인 엮음.『217, 한국
사회를 바꿀 진보적 정책 대안』, 507-518. 서울: 메이데이.

박홍기. 2009. "남북 주요부문 이질화의 근본원인과 그 현황." 이서행·박홍기·강석승·전미영·정지
웅.『분단 재조명: 대립과 갈등을 넘어 통합·번영방안』, 33-107. 서울: 백산서당.

방인혁. 2009.『한국의 변혁운동과 사상논쟁: 마르크시즘·주체사상·NL·PD 그리고 뉴라이트까지』.
서울: 소나무.

_____. 2014. "김일성 시대 북한의 대남인식 변화 연구." 정영철·손호철·신종대·전재호·서보혁·방
인혁 저,『한반도 정치론: 이론, 역사, 전망』, 275-304. 서울: 선인.

배기찬. 2017.『코리아 생존전략』 2판. 고양: 위즈덤하우스.

배병삼. 1994. "세계사적 차원에서 본 분단과 통일." 김용옥 엮음.『삼국통일과 한국통일』 하권, 509-

562. 서울: 통나무.

배한동. 1999. "1990년대 민간 통일 운동의 성격과 과제."『한국정치외교사논총』21집 1호, 269-306.

백낙청. 1994.『분단체제 변혁의 공부길』. 서울: 창비.

_____. 1998.『흔들리는 분단체제』. 서울: 창비.

_____. 2006.『한반도식 통일, 현재진행형』. 파주: 창비.

_____. 2012.『2013년 체제 만들기』. 파주: 창비.

백승주. 2007. "북한 급변사태 시 군사 차원 대비 방향." 박관용 외.『북한의 급변사태와 우리의 대응』, 57-81. 파주: 한울.

백영철. 2000. "21세기의 남북관계: 평화·협력·통일." 한국정치학회 편.『21세기 남북관계론』, 1-19. 서울: 법문사.

백창재. 2009.『미국 패권 연구』. 고양: 인간사랑.

백학순. 2010. "천안함 사건과 동아시아 신(新)질서 형성," 임동원·백낙청 외.『다시 한반도의 길을 묻다』, 128-135. 서울: 삼인.

_____. 2012.『노태우 정부와 김영삼정부의 대북정책 비교』. 성남: 세종연구소.

_____. 2013.『이명박정부의 대북정책: 2008~2012』. 성남. 세종연구소.

_____. 2015. "7·4남북공동성명 '통일 3원칙'과 오늘의 의의." 경실련통일협회 편.『통일 논의의 쟁점과 통일운동의 과제』, 83-117. 서울: 선인.

번스타인, 리차드 J. 2016.『악의 남용: 9/11 이후의 정치와 종교의 부패』. 류지한·조현아 옮김. 서울: 울력.

법륜·오연호. 2012.『새로운 100년』. 서울: 오마이북.

베버, 막스. 2013.『막스 베버, 소명으로서의 정치』2판. 최장집 엮음·박상훈 옮김. 서울: 후마니타스.

변창구. 2011. "한국의 대북정책에 있어서 남남갈등의 요인."『통일전략』11권 3호, 173-208.

_____. 2013. "중국의 공세적 남중국해 정책과 미·중관계."『한국동북아논총』69호, 5-22.

복거일. 1998.『비명을 찾아서(하)』3판. 서울: 문학과지성사.

_____. 2011.『보수는 무엇을 보수하는가』. 서울: 기파랑.

볼프, 미로슬라브. 2012.『배제와 포용』. 박세혁 옮김. 서울: 한국기독학생회출판부.

_____. 2016.『기억의 종말』. 홍종락 옮김. 서울: 한국기독학생회출판부.

부버, 마르틴. 1995.『나와 너』2판. 표재명 옮김. 서울: 문예출판사.

브레진스키, 즈비그뉴. 2000.『거대한 체스판: 21세기 미국의 세계 전략과 유라시아』. 김명섭 옮김. 서울: 삼인.

새누리당. 2012. "국민과의 약속." (http://www.saenuriparty.kr/web/intro/web/listPreambleView.do#a, 2016년 3월 28일 검색). (1997년 11월 21일 제정, 2012년 2월 13일 전면 개정).

서동만. 2006. "6·15시대의 남북관계와 한반도 발전구상."『창작과 비평』34권 1호, 217-230.

서보혁. 2004.『탈냉전기 북미관계사』. 서울: 선인.

_____. 2011.『코리아 인권: 북한 인권과 한반도 평화』. 서울: 책세상.

_____. 2013. "한반도 비평화 구조와 그 동학." 서울대학교 평화인문학연구단 편.『평화인문학이란 무엇인가』, 295-325. 서울: 아카넷.

_____. 2015. "보편주의 통일론과 인권·민주주의 친화형 남북관계의 탐색." 경실련통일협회 편.『통일 논의의 쟁점과 통일운동의 과제』, 49-79. 서울: 선인.

서울대학교 행정대학원 통일정책연구팀. 2005.『남과 북 뭉치면 죽는다』. 서울: 랜덤하우스중앙.

서유경. 2013. "현행 북한이탈주민 지원정책의 두 가지 근본문제와 다문화주의적 사회통합 해법."『대한정치학회보』21집 2호, 301-327.

서정경. 2010. "동아시아 지역을 둘러싼 미중관계: 중국의 해양대국화를 중심으로."『국제정치논총』50집 2호, 87-114.

서정민. 2017. "'민족'과 '국가': 통일의 정당성을 무엇으로부터 찾을까?" 서울대학교 – 연세대학교 통일대비국가전략연구팀 편.『통일의 신지정학』, 141-170. 서울: 박영사.

서중석. 1999. "1950년대와 4월혁명기의 통일론."『통일시론』통권 2호, 160-178.

_____. 2000.『남·북협상 – 김규식의 길, 김구의 길』. 서울: 한울.

_____. 2007.『이승만과 제1공화국: 해방에서 4월혁명까지』. 서울: 역사비평사.

_____. 2010.『지배자의 국가, 민중의 나라』. 파주: 돌베개.

선우현. 2006. "남북관계를 바라보는 우리 사회의 진보와 보수의 현 주소와 미래."『철학연구』100집, 89-131.

선학태. 2006. "정치경제론적 관점에서 본 남북한 분단과 통합." 임채완·김학성·정지웅·안완기· 전형권·선학태.『분단과 통합』, 309-387. 파주: 한울.

손달익. 2015. "한국기독교 통일운동의 전개과정."『기독교사상』통권 679호, 38-49.

손병권. 2015. "미국 오바마 행정부의 대중정책: 아시아 공존의 상호인정과 지속되는 긴장." 하영선 편.『1972 한반도와 주변4강 2014』, 243-281. 서울: 동아시아연구원.

손석춘. 2014. "남북 통일사상의 '하부구조'에 관한 시론: 흡수통일론과 통일 민족경제론을 중심으로."『통일인문학』59집, 237-261.

손열. 2015. "미중 데탕트와 일본: 1972년 중일 국교정상화 교섭의 국제정치." 하영선 편.『1972 한반도와 주변4강 2014』, 87-105. 서울: 동아시아연구원.

손호철. 2003.『현대 한국정치: 이론과 역사 1946-2003』. 서울: 사회평론.

_____. 2006.『해방 60년의 한국정치, 1945-2005』. 서울: 이매진.

손호철·방인혁. 2014. "'적대적 상호 의존관계론' 비판: 1972년 남한 유신헌법과 북한 사회주의헌법 제정을 중심으로." 정영철·손호철·신종대·전재호·서보혁·방인혁 저.『한반도 정치론: 이론, 역사, 전망』, 93-119. 서울: 선인.

송건호. 1972. "한국정당의 통일정책."『공산권연구총서』19집, 141-162.

송영훈. 2016. "적대의식과 상징정치." 김병로·서보혁 편.『분단폭력: 한반도 군사화에 관한 평화학적 성찰』, 139-162. 파주: 아카넷.

송인호·김강석·조훈희. 2016. "북한 급변사태 발생과 남한의 책임: 보호책임(R2P) 논의를 중심으로."『신앙과 학문』21권 1호, 223-246.

송태수. 2016. "독일의 경제통합과 한반도에 주는 함의." 이병천·윤홍식·구갑우 엮음.『안보개발국가를 넘어 평화복지국가로: 독일의 경험과 한국의 과제』, 249-292. 서울: 사회평론아카데미.

슈라이버 2세, 도널드 W. 2001.『적을 위한 윤리: 사죄와 용서의 정치 윤리』. 서울: 이화여자대학교출판부.

스미스, 헤이즐. 2017.『장마당과 선군정치: '미지의 나라 북한'이라는 신화에 도전한다』. 김재오 옮김. 파주: 창비.

신기욱. 2010.『하나의 동맹, 두 개의 렌즈』. 송승하 옮김. 서울: 한국과미국.

신범식. 2015. "동북아 세력구도 변화와 러시아의 신(新) 동방정책." 하영선 편.『1972 한반도와 주변4강 2014』, 351-389. 서울: 동아시아연구원.

신복룡. 2006.『한국분단사연구 1943~1953』개정판. 파주: 한울.

신욱희. 2013. "북미관계와 한반도 통일: 북미협상 사례연구." 윤영관 편저.『한반도 통일』, 159-194. 서울: 늘품플러스.

_____. 2017.『삼각관계의 국제정치: 중국, 일본과 한반도』. 서울: 서울대학교출판문화원.

신정아 · 최용호. 2016. "번역가의 독서카드." 자크 데리다,『신앙과 지식/세기와 용서』, 9-68. 파주: 아카넷.

신정현. 2004. "서장." 신정현 · 김영윤 · 김현 · 정성장.『국가연합 사례와 남북한 통일과정』, 13-24. 파주: 한울.

_____. 2004a. "미국의 국가연합 사례." 신정현 · 김영윤 · 김현 · 정성장.『국가연합 사례와 남북한 통일과정』, 27-91. 파주: 한울.

신종대. 2014. "유신체제 수립을 보는 북한과 미국의 시각과 대응." 정영철 · 손호철 · 신종대 · 전재호 · 서보혁 · 방인혁.『한반도 정치론: 이론, 역사, 전망』, 123-156. 서울: 선인.

_____. 2014a. "서울올림픽과 남북관계." 정영철 · 손호철 · 신종대 · 전재호 · 서보혁 · 방인혁.『한반도 정치론: 이론, 역사, 전망』, 157-206. 서울: 선인.

신창민. 2007. "통일비용과 통일편익." 국회예산결산특별위원회 보고서.

신채호. 2006.『조선상고사』. 박기봉 옮김. 서울: 비봉출판사.

심지연. 1999. "박정희 · 전두환 정권의 통일정책."『통일시론』통권 3호, 167-179.

_____. 2001.『남북한 통일방안의 전개와 수렴』. 서울: 돌베개.

심혜영. 2014. "'하나 됨'에 대한 기독 신앙적 성찰: 새로운 '나'와 '우리' 정체성의 확립을 위하여." 고재길 외.『통일에 대한 기독교적 성찰』, 187-213. 서울: 새물결플러스.

아렌트, 한나. 1996.『인간의 조건』. 이진우 · 태정호 옮김. 파주: 한길사.

_____. 2004.『혁명론』. 홍원표 옮김. 파주: 한길사.

_____. 2006.『예루살렘의 아이히만: 악의 평범성에 대한 보고서』. 김선욱 옮김. 파주: 한길사.

아태평화재단. 2000.『김대중의 3단계 통일론: 남북연합을 중심으로』. 서울: 한울.

안두환. 2016. "19세기 영국의 대미국 인식: 적대적 공존에서 유화적 승인으로." 정재호 편.『평화적 세력전이의 국제정치』, 1-63. 서울: 서울대학교출판문화원.

안득기. 2009. "대북 이미지의 이중구조와 통일의식 분석."『한국시민윤리학회보』22집 2호, 205-224.

안문석. 2012. "국제사회이론 관점에서 본 남북관계의 역사와 발전 전망."『국제정치논총』52집 3호, 7-31.

_____. 2015. "박근혜 정부 대북정책에 대한 비판적 평가."『동향과 전망』95호, 190-222.

안철현. 1985. "남북협상운동의 민족사적 의의." 최장집 편.『한국현대사 I』. 부산: 열음사.

앨리슨, 그레이엄. 2018.『예정된 전쟁』. 정혜윤 옮김. 서울: 세종서적.

양무진. 2011. "갈등과 협력의 남북관계." 박재규 편.『북한의 딜레마와 미래』, 175-206. 파주: 법문사.

양문수 · 이남주. 2007. "한반도경제 구상: 개방적 한반도경제권의 형성." 한반도사회경제연구회.『한반도 경제론: 새로운 발전모델을 찾아서』, 150-168. 파주: 창비.

양성철. 1989. "학문외적 통일논의 총점검 및 새 정책방향 모색." 양성철 엮음.『남북통일이론의 새로운 전개』, 133-163. 서울: 경남대학교 극동문제연구소.

_____. 2010. "중국-북한 안보 탯줄 떼기는 가능한가?" 임동원 · 백낙청 외.『다시 한반도의 길을 묻다』, 171-176. 서울: 삼인.

양영식. 1997.『통일정책론』. 서울: 박영사.

양해리. 2013. "한국 시민사회의 통일운동조직에 관한 연구: '우리민족서로돕기운동'을 중심으로." 고려대학교 석사학위논문.

엄상윤. 2008. "1960년 7·29총선기 한국 정치사회의 통일논쟁."『국제관계연구』13권 2호, 101-134.

_____. 2013.『한반도 통일의 국제적 여건과 국제협력 추진방향』. 성남: 세종연구소.

염규현. 2012. [현장] 북민협·민화협 인도적 대북지원 캠페인 전개."『민족 21』9월호, 76-77.

오경섭. 2010. "대북 사회문화교류정책." 김영호 외.『대북정책의 이해: 상호주의 실현을 위한 성찰과 과제』139-174. 서울: 명인문화사.

오르테가 이 가세트, 호세. 2005.『대중의 반역』. 황보영조 옮김. 서울: 역사비평사.

오버도퍼, 돈. 2002.『두 개의 한국』. 이종길 옮김. 고양: 길산.

오승렬. 2012. "중국의 부상과 남북한 관계." 이재석 외.『다시 만나는 남과 북: 동아시아 평화외교 전략』, 257-293. 용인: 노스보스.

오일환. 2015. "통일교육의 지향점으로서의 국가보훈."『통일전략』15권 4호, 41-77.

올브라이트, 매들린.『마담 세크리터리 매들린 올브라이트 2』. 서울: 황금가지.

와다 하루키. 2002.『북조선: 유격대국가에서 정규군국가로』. 서동만·남기정 옮김. 서울: 돌베개.

왈저, 마이클. 2009.『전쟁과 정의』. 유홍림 외 옮김. 고양: 인간사랑.

용채용·은용수. 2017. "국제정치학(IR)의 감정연구: 비판적 검토와 이론적 제언."『국제정치논총』57집 3호, 51-86.

우리사회연구소. 2012.『통일이 출구다』. 서울: 도서출판 615.

우승지. 2012. "세력전이와 남북 관계의 변화에 대한 고찰." 서울대학교 국제문제연구소 편.『남북한 관계와 국제정치 이론』, 113-140. 서울: 논형.

월러스틴, 이매뉴얼. 2004.『미국 패권의 몰락: 혼돈의 세계와 미국』. 한기욱·정범진 옮김. 파주: 창비.

월저, 마이클. 2007.『마르스의 두 얼굴: 정당한 전쟁, 부당한 전쟁』. 권영근 외 옮김. 서울: 연경문화사.

유재건. 2006. "역사적 실험으로서의 6·15시대."『창작과 비평』34권 1호, 274-290.

유재천. 1990. "남북한의 통일언론정책."『통일한국』8권 12호, 104-112.

유호열. 2007. "정치·외교 분야에서의 북한 급변사태: 유형과 대응 방안." 박관용 외.『북한의 급변사태와 우리의 대응』, 13-48. 파주: 한울.

_____. 2015. "남북대화의 역사적 교훈과 통일 정세." 박순성 편저.『통일논쟁: 12가지 쟁점, 새로운 모색』, 95-120. 파주: 한울.

윤노빈. 2003.『신생철학』. 서울: 학민사.

윤민재. 2017. "민족통일운동의 전개와 한민족공동체론." 정영훈·최우길·김영명·임형백·윤민재·신운용·김봉섭·김인덕·김헌진·이희진.『한민족공동체 연구』, 184-215. 성남: 한국학중앙연구원출판부.

윤영관. 2009. "한반도 대내외 정치 환경 변화와 대북정책." 윤영관·이장로 엮음.『남북경제협력 정책과 실천과제』, 5-17. 파주: 한울.

_____. 2012. "한반도의 평화와 통일을 위한 대외 전략과 국내 사회적 기반."『지식의 지평』13호, 138-153.

윤영관·강원택. 2015.『통일한국의 정치제도』. 서울: 늘품플러스.

윤태룡. 2013. "국내외 한반도 중립화논쟁의 비교분석: 찬반논쟁을 넘어서."『평화학연구』14권 3호, 73-101.

윤평중. 2009.『급진자유주의 정치철학』. 서울: 아카넷.

윤홍석. 2004. "8·15 평화통일구상 선언." 강인덕·송종환 외. 『남북회담: 7·4에서 6·15까지』, 43-89. 서울: 극동문제연구소.

윤홍식. 2016. "한국 복지국가에서 한반도 평화체제 바라보기: 반공개발국가에서 평화복지국가로." 이병천·윤홍식·구갑우 엮음. 『안보개발국가를 넘어 평화복지국가로: 독일의 경험과 한국의 과제』, 91-143. 서울: 사회평론아카데미.

이계환. 2001. "노동운동이 통일운동에 나서야 한다." 『노동과 사회』 통권 55호, 32-37.

이근. 2012. "노태우 정부의 북방외교: 엘리트 민족주의에 입각한 대전략." 강원택 편. 『노태우 시대의 재인식: 전환기의 한국사회』, 169-199. 파주: 나남.

이나미. 2015. "통일이념으로서 자유민주주의와 민주주의." 경실련통일협회 편. 『통일 논의의 쟁점과 통일운동의 과제』, 141-153. 서울: 선인.

이남주. 2004. "동북아시대 남북경협의 성격과 발전방향." 백낙청 외. 『21세기의 한반도 구상』, 263-284. 파주: 창비.

_____. 2013. "분단체제 하에서의 평화담론: 평화국가의 가능성과 경로를 중심으로." 『동향과 전망』 87호, 76-104.

_____. 2018. "분단 해소인가, 분단체제 극복인가." 『창작과 비평』 46권 1호, 17-36.

이내영. 2016. "한국인의 북한과 통일에 대한 인식의 변화, 2005-2015." 이내영·윤인진 공편. 『한국인의 국가정체성과 한국정치』, 207-233. 서울: 동아시아연구원.

이동률. 2015. "중국의 1972년 대미 데탕트: 배경, 전략, 역사적 함의." 하영선 편. 『1972 한반도와 주변 4강 2014』, 45-85. 서울: 동아시아연구원.

이문영. 2017. 『웅크린 말들: 말해지지 않는 말들의 한(恨)국어사전』. 서울: 후마니타스.

이범웅. 2012. "민족주의 관점에서 본 바람직한 남북관계와 통일정책에 대한 고찰." 『윤리연구』 84호, 309-335.

이병수. 2009. "휴머니즘의 측면에서 바라본 통일." 건국대학교 통일인문학연구단. 『소통, 치유, 통합의 통일인문학』, 29-41. 서울: 선인.

_____. 2010. "통일의 당위성 담론에 대한 반성적 고찰." 『시대와 철학』 21권 2호, 355-388. 건국대학교 통일인문학연구단. 『통일에 대한 인문학적 패러다임』 (서울: 선인, 2011), 37-63에 재수록.

_____. 2011. "분단 트라우마의 성격과 윤리성." 건국대학교 통일인문학연구단. 『통일에 대한 인문학적 패러다임』, 187-211. 서울: 선인.

이병천·윤홍식. 2016. "평화와 복지의 공진국가, 독일의 경험과 한국의 과제." 이병천·윤홍식·구갑우 엮음. 『안보개발국가를 넘어 평화복지국가로: 독일의 경험과 한국의 과제』, 16-28. 서울: 사회평론아카데미.

이병한. 2016. 『반전의 시대: 세계사의 전환과 중화세계의 귀환』. 파주: 서해문집.

이상근. 2017. "한국사회의 통일론과 지정학적 인식." 서울대학교 – 연세대학교 통일대비국가전략연구팀 편. 『통일의 신지정학』, 30-63. 서울: 박영사.

이상신·박종철·윤광일·윤지성. 2017. 『통일 이후 통합방안: 민족주의와 편익을 넘어선 통일담론의 모색』. KINU 연구총서 17-04. 서울: 통일연구원.

이상우. 2007. 『우리가 바라는 통일』. 서울: 기파랑.

_____. 2015. "한국의 외교 안보와 통일 70년, 회고와 미래 비전." 남성욱 외. 『한국의 외교 안보와 통일 70년』, 15-55. 성남: 한국학중앙연구원출판부.

이서행. 2002. 『새로운 북한학』. 서울: 백산서당.

_____. 2009. "남북교류협력의 현황분석과 통합번영의 전망." 이서행·박홍기·강석승·전미영·정지웅.『분단 재조명: 대립과 갈등을 넘어 통합·번영방안』, 109-196. 서울: 백산서당.

_____. 2012.『한반도 통일론과 통일윤리』. 성남: 한국학중앙연구원.

이석희·강정인. 2017. "왜 통일인가: 세 가지 통일담론에 대한 비판적 고찰."『한국정치연구』26집 2호, 1-27.

이수인. 2008. "1980년대 학생운동의 민족주의 담론."『기억과 전망』18호, 98-130.

이수정. 2012. "다문화주의와 통일담론." 이수훈·조대엽 편.『한반도 통일론의 재구상』, 87-110. 서울: 선인.

이수혁. 2011.『북한은 현실이다』. 파주: 21세기북스.

이수형. 2012. "남북한 한반도 정치와 강대국 동맹정치 간의 연계성 분석." 서울대학교 국제문제연구소 편.『남북한 관계와 국제정치 이론』, 141-169. 서울: 논형.

이수훈. 2004. "동북아시대 신구상." 백낙청 외.『21세기의 한반도 구상』, 214-245. 파주: 창비.

_____. 2012. "'제2판' 급변사태론에 대한 비판적 검토." 이수훈·조대엽 편.『한반도 통일론의 재구상』, 29-57. 서울: 선인.

이수훈·박병인. 2011. "동북아 안보질서에 대한 북한의 인식." 이수훈 엮음.『북한의 국제관과 동북아 질서』, 36-65. 파주: 한울.

이승주. 2015."21세기 일본 외교전략의 변화: 보통국가의 변환과 다차원 외교의 대두." 하영선 편.『1972 한반도와 주변4강 2014』, 317-349. 서울: 동아시아연구원.

이승환. 1999. "군사정권시기의 민간통일론."『통일시론』통권 4호, 130-142.

_____. 2016. "한반도 군사위기의 구조와 출로."『창작과 비평』44권 4호, 477-492.

이신화. 2012. "국가실패와 보호책임(R2P)의 북한 적용가능성."『한국정치학회보』46집 1호, 257-281.

이용필. 1992.『남북한 통합론』. 서울: 인간사랑.

이우영. 2003. "체제수호적 통일과 반체제적 통일, 그 동일 구조를 넘어서."『당대비평』통권 21호, 204-216.

_____. 2004. "북한관과 남남갈등: 여론조사와 신문기사를 중심으로." 경남대학교 극동문제연구소 편.『남남갈등: 진단 및 해소방안』, 101-131. 서울: 경남대학교 출판부.

이원섭. 2003.『햇볕정책을 위한 변론』. 서울: 필맥.

이유나. 2010. "'88선언' 전후시기 한국기독교교회협의회(KNCC)의 통일운동과 제 세력의 통일운동 전개."『한국기독교와 역사』32호, 263-296.

이응준. 2014.『미리 쓰는 통일 대한민국에 대한 어두운 회고』. 서울: 반비.

이일영. 2009.『새로운 진보의 대안, 한반도경제』. 파주: 창비.

이장희. 1998. "김대중정부 하의 민간통일운동: 민화협의 출범을 중심으로."『통일시론』1호, 113-135.

이재석. 2012. "북한 핵 문제: 해결책은 없는가?" 이재석 외.『다시 만나는 남과 북: 동아시아 평화외교 전략』, 17-63. 용인: 노스보스.

이재호. 2013.『사회통합형 대북정책』. 파주: 나남.

이정복. 2003. "결어: 북한 핵 문제의 진전 상황과 해결 전망." 한국정치학회·이정복 편.『북핵 문제의 해법과 전망: 남북한 관계와 미·일·중·러』, 421-455. 서울: 중앙 M&B.

이정철. 2012. "외교-통일 분화기 한국 보수의 대북정책: 정책연합의 불협화음과 전환기 리더십의 한계." 강원택 편.『노태우 시대의 재인식: 전환기의 한국사회』, 237-267. 파주: 나남.

_____. 2016. "오바마 독트린과 미국의 대북 정책 프레임: 지정학, 핵전략, 불량국가."『한국과 국제정
　　치』25집 1호, 221-245.

이종석. 1998.『분단시대의 통일학』. 서울: 한울.

_____. 2000.『북한-중국관계 1945~2000』. 서울: 중심.

_____. 2012.『통일을 보는 눈: 왜 통일을 해야 하느냐고 묻는 이들을 위한 통일론』. 서울: 개마고원.

_____. 2012a.『한반도 평화통일론』. 파주: 한울.

이종태. 2017.『햇볕 장마당 법치: 북한을 바꾸는 법』. 고양: 개마고원.

이진빈. 2002. "남북정상회담에 따른 언론의 군사문제 관련 보도성향의 변화에 관한 연구: 조선일보,
　　한겨레를 중심으로." 서강대학교 언론대학원 석사논문.

이진우. 2012.『중간에 서야 좌우가 보인다』. 서울: 책세상.

이창주. 2017.『일대일로의 모든 것』. 파주: 서해문집.

이철순. 2005. "한국전쟁 이전 미국의 한국의 가치에 대한 평가." 하영선·김영호·김명섭 편.『한국외
　　교사와 국제정치학』, 163-191. 서울: 성신여자대학교 출판부.

이춘근. 2016.『미중 패권 경쟁과 한국의 전략』. 서울: 김앤김북스.

이태진·하영선 외. 2011.『12시간의 통일 이야기』. 서울: 민음사.

이태호. 2016. "전환을 위한 새로운 연대, 새로운 주체: 모두의 안녕을 위한 따듯한 연대." 정현곤 엮음.
　　『변혁적 중도론』, 275-301. 파주: 창비.

이현주. 2008.『해방전후 통일운동의 전개와 시련』. 서울: 지식산업사.

이현휘. 2016. 북한 레짐 체인지? 칸트의 영구평화론, 윌슨주의, 그리고 국제정치적 파국."『정치와 평
　　론』18집, 1-35.

_____. 2017. "미국 대외정책의 관습과 21세기 미중관계의 전망." 이동수·이현휘 편.『동아시아 갈등
　　의 역사와 미래 전망』, 327-381. 고양: 인간사랑.

_____. 2017a. "주권과 국가이성: 유럽 종교전쟁 100여 년의 나락에서 국제정치적 평화를 창출한 지적
　　혁신." 이동수 편,『지구촌과 세계시민: 세계시민 되기』, 141-226. 고양: 인간사랑.

이혜정. 2016. "미국패권과 한반도 분단." 경남대학교 극동문제연구소 편.『분단 70년의 국제관계』,
　　15-50. 서울: 선인.

이호재·정광하·송대성·엄상윤·남광규·이현경. 2005.『한국적 국제정치이론의 모색』. 서울: 화평사.

이홍구. 1996.『이홍구 문집 III: 민족공동체와 통일』. 서울: 나남출판.

이희옥. 2007.『중국의 국가 대전략 연구』. 서울: 폴리테이아.

임기홍. 2016.『위기의 남북관계: 6.15 공동선언에서 개성공단 폐쇄까지』. 파주: 역사인.

임동원. 2008.『피스메이커』. 서울: 중앙북스.

임수호. 2009. "한반도 평화체제 논의의 역사적 경험과 쟁점."『한국정치연구』18집 2호, 53-92.

_____. 2012. "국내정치와 남북한 관계." 서울대학교 국제문제연구소 편.『남북한 관계와 국제정치 이
　　론』, 171-201. 서울: 논형.

_____. 2016. "북핵게임, 핵무장, 그리고 한반도 안보구조의 변화." 경남대학교 극동문제연구소 편.
　　『분단 70년의 국제관계』, 137-176. 서울: 선인.

임수환. 2007. "한국사회의 통일담론과 평화통일전략."『평화학연구』8권 1호, 163-186.

임채완. 2006. "분단과 통합." 임채완·김학성·정지웅·안완기·전형권·선학태.『분단과 통합: 외국의
　　경험적 사례와 남북한』, 11-39. 파주: 한울.

임혁백. 2004. "평화통일정책과 남남갈등의 극복." 경남대학교 극동문제연구소 편.『남남갈등: 진단 및

해소방안』, 285-334. 서울: 경남대학교 출판부.

_____. 2010. "한반도는 또 다른 통일 독일이 될 수 있을까?" 임혁백·이은정 편.『한반도는 통일 독일이 될 수 있을까?: 베를린 장벽 붕괴 20년이 한반도 통일에 주는 교훈』, 13-48. 서울: 송정문화사.

임현진·정영철. 2005.『21세기 통일한국을 향한 모색: 분단과 통일의 변증법』. 서울: 서울대학교출판부.

임혁백. 2017. "한국에서의 다문화주의 호도와 민족주의 오도." 정영훈·최우길·김영명·임형백·윤민재·신운용·김봉섭·김인덕·김현진·이희진『한민족공동체 연구』, 137-183. 성남: 한국학중앙연구원 출판부.

자유평론사. 1988.『분단현실과 통일논리』. 서울: 자유평론사.

장동진. 2001. "롤즈의 국제사회 정의관:『만민법』을 중심으로."『국제정치논총』 41집 4호, 315-336.

장순. 2016.『미국의 한반도 개입에 대한 성찰』. 전승희 옮김. 서울: 후마니타스.

장은주. 2009. "인권의 보편성과 인도적 개입의 정당성: '북한 인권 문제'의 올바른 해법을 위한 철학적 토대의 모색과 관련하여."『사회와 철학』 17호, 285-324.

장준하. "민족주의자의 길."『씨알의 소리』 9월호, 통권 14호, 55-63.

전국경제인연합회. 2015. "전경련, 20년 만에 남북경제교류 新 5대 원칙 제시." 7월 15일 보도자료. (http://www.fki.or.kr/fkiact/promotion/report/View.aspx?content_id=2e6144ce-4e7c-40d7-8f9c-bb4149219c5a&cPage=2&search_type=0&search_keyword=, 2015년 8월 7일 검색).

전미영. 2003. "통일담론에 나타난 남북한 민족주의 비교연구: 통일이념의 모색."『국제정치논총』 43집 1호, 185-207.

전봉근. 2012. "북핵협상 20년의 평가와 교훈." 이수훈 편,『핵의 국제정치』, 257-282. 서울: 경남대학교 극동문제연구소.

전성우. 1994. "사회통합의 관점에서 본 독일 통일."『역사비평』 27권, 262-284.

전성훈. 2010. "과거정부 10년간 대북정책 총괄평가." 김영호 외.『대북정책의 이해: 상호주의 실현을 위한 성찰과 과제』, 1-15. 서울: 명인문화사.

전일욱. 2010. "역대 한국정부의 통일방안과 21세기 한국의 새로운 통일방안 구상."『평화연구』 11권 3호, 105-126.

전재성. 2012. "국제정치의 복합조직원리론으로 분석하는 남북 관계." 서울대학교 국제문제연구소 편.『남북한 관계와 국제정치 이론』, 13-45. 서울: 논형.

_____. 2012a. "북방정책의 평가: 한국 외교대전략의 시원." 강원택 편.『노태우 시대의 재인식: 전환기의 한국사회』, 201-236. 파주: 나남.

_____. 2013. "19세기 이태리 통일(1861)과 독일 통일(1871)이 한반도 통일에 주는 교훈." 윤영관 편저,『한반도 통일』, 75-112. 서울: 늘품플러스.

_____. 2015. "네트워크 이론의 관점에서 본 북핵 문제와 6자회담." 윤영관·전재성·김상배 엮음.『네트워크로 보는 세계 속의 북한』, 65-106. 서울: 늘품플러스.

전재호. 2014. "민주화 이후 보수정부의 대북정책 연구: 노태우, 김영삼, 이명박 정부." 정영철·손호철·신종대·전재호·서보혁·방인혁.『한반도 정치론: 이론, 역사, 전망』, 207-240. 서울: 선인.

전태국. 2013.『사회통합과 한국 통일의 길: 내적 장벽을 넘어서』. 파주: 한울.

전현준. 2015. "남한은 북한을 변화의 길로 이끌 수 있는가?" 박순성 편저.『통일논쟁: 12가지 쟁점, 새로운 모색』, 121-138. 파주: 한울.

정경수. 2004. "북한에 대한 인도적 개입의 정당성." 『민주법학』 5호, 126-143.

정근식 · 김병로 · 장용석 · 정동준 · 최규빈 · 김병조 · 송영훈 · 황정미 · 황창현. 2017. 『2016 통일의식조사』. 서울: 서울대학교 통일평화연구원.

정병기. 2016. "남북의 표준 및 표준화의 차이와 표준 협력 과정 및 표준 통합의 방향과 전망." 『한국정치연구』 25집 1호, 1-22.

_____. 2016a. 『표준의 통합 효과와 표준화 거버넌스』. 경산: 영남대학교출판부.

정병준. 2015. "김구, 해방 후 건국노선과 평화통일 활동." 김성민 외. 『통일담론의 지성사』, 19-60. 서울: 패러다임북.

정성장. 2004. "유럽연합의 사례." 신정현 · 김영윤 · 김현 · 정성장. 『국가연합 사례와 남북한 통일과정』, 147-178. 파주: 한울.

_____. 2004a. "남북연합의 제도적 장치 및 운영 방안." 신정현 · 김영윤 · 김현 · 정성장 『국가연합 사례와 남북한 통일과정』, 219-257. 파주: 한울.

정세현. 2010. "통일은 왜 해야 하며, 어떻게 해야 하는가?" 임동원 · 백낙청 외. 『다시 한반도의 길을 묻다』, 30-45. 서울: 삼인.

정영철. 2012. "남북 관계와 바라봄의 정치: '시선의 정치'와 정당성 경쟁." 서울대학교 국제문제연구소 편. 『남북한 관계와 국제정치 이론』, 47-80. 서울: 논형.

_____. 2012a. "MB정부 대북정책 평가와 향후 전망." 조돈문 · 배성인 엮음. 『217, 한국사회를 바꿀 진보적 정책 대안』, 477-489. 서울: 메이데이.

_____. 2012b. "한반도의 '평화'와 '통일'." 이수훈 · 조대엽 편. 『한반도 통일론의 재구상』, 111-144. 서울: 선인.

_____. 2014. "한반도에서 평화와 통일의 변증법적 통합." 정영철 · 손호철 · 신종대 · 전재호 · 서보혁 · 방인혁. 『한반도 정치론: 이론, 역사, 전망』, 61-91. 서울: 선인.

_____. 2014a. "김정일 시대 북한의 대남인식 변화 연구." 정영철 · 손호철 · 신종대 · 전재호 · 서보혁 · 방인혁. 『한반도 정치론: 이론, 역사, 전망』, 305-335. 서울: 선인.

정영태. 2013. "한국 평화통일 전략의 허실과 새로운 지평." 『전략연구』 통권 57호, 396-445.

정영화. 2010. "분단 이후 정부의 평화통일정책의 비교 및 헌법적 평가." 『공법연구』 39집 2호, 255-287.

정용길. 2004. "한반도 통일에서의 종교의 역할." 『한 · 독사회과학논총』 14권 2호, 21-52.

정용석. 1989. 『전환기의 통일논쟁』. 서울: 나남.

정용하 · 강성훈. 2015. "박근혜 정부의 대북통일정책과 대학생의 남북관계 인식변화." 『한국민족문화』 55호, 137-168.

정욱식. 2012. "미국은 왜 핵 공격을 안했는가?" 『프레시안』 2012년 2월 20일. (http://www.pressian.com/news/article.html?no=63337, 2017년 12월 23일 검색).

_____. 2015. "통일운동의 성찰과 과제: 평화정착의 관점." 경실련통일협회 편. 『통일 논의의 쟁점과 통일운동의 과제』, 239-248. 서울: 선인.

정은미. 2015. "남북 근로자의 상생, 갈등, 그리고 변화." 김병로 외. 『개성공단: 공간평화의 기획과 한반도형 통일프로젝트』, 235-26. 과천: 진인진.

정의당. n.d. "정의당 강령." (http://www.justice21.org/newhome/about/info02.html, 2016년 3월 28일 검색).

정재호. 2013. "중국의 부상과 한반도 통일." 윤영관 편저. 『한반도 통일』, 195-225. 서울: 늘품플러스.

_____. 2016. "패권국 – 부상국 간의 상호인식: 21세기 미 – 중 관계의 사례." 정재호 편.『평화적 세력 전이의 국제정치』, 113-146. 서울: 서울대학교출판문화원.

정지웅. 2006. "예멘의 사례." 임채완 외.『분단과 통합』, 135-175. 파주: 한울.

정진아. 2015. "조봉암, 평화통일론 재검토." 김성민 외.『통일담론의 지성사』, 63-85. 서울: 패러다임 북.

정태욱. 2009.『한반도 평화와 북한 인권: 법철학적 기록』. 파주: 한울.

정태인·이수연. 2013.『정태인의 협동의 경제학』. 서울: 레디앙.

정태헌. 2013. "1980년대 정주영의 탈이념적 남북경협과 북방경제권 구상."『민족문화연구』59호, 123-165.

정해구. 2002. "남북한 정치통합 연구: 남북한 통일정책 및 통일방안의 정치통합 구상을 중심으로."『아세아연구』45권 1호, 124-153.

정현곤. 2016. "변혁적 중도의 실현을 위하여." 정현곤 엮음.『변혁적 중도론』, 7-30. 파주: 창비.

_____. 2017. "한반도 평화, 남북관계에서 길을 찾아야."『창작과 비평』45권 2호, 97-107.

제성호. 2010.『남북한 관계론』. 파주: 집문당.

제성호·유동열. 2007.『한반도 통일과 재야단체 통일론의 실체』. 서울: 자유기업원.

조갑제. 2011.『우리는 왜 核폭탄을 가져야 하는가?』. 서울: 조갑제닷컴.

조갑제 편. 2012.『종북 백과사전』. 서울: 조갑제닷컴.

조대엽. 2010. "한반도 평화통일운동과 시민적 정체성."『사회과학연구』49집 1호, 159-184.

조동준. 2014. "평화협정 논의의 역사적 전개와 분열된 한국사회." 고재길 외.『통일에 대한 기독교적 성찰』, 95-128. 서울: 새물결플러스.

_____. 2015. "데탕트 국면에서 박정희 행정부의 선택." 하영선 편.『1972 한반도와 주변4강 2014』, 169-239. 서울: 동아시아연구원.

조 민. 2007.『한반도 평화체제와 통일전망』. 서울: 해남.

_____. 2012. "한반도 통일 비전과 접근 전략." 지구촌평화연구소.『통일한반도를 향한 꿈 코리안 드림』, 100-146. 서울: 태봉.

_____. 2015. "통일방안의 재검토와 '연방제 프로젝트': 새로운 통일방안 마련을 위한 시론." 경실련통일협회 편.『통일 논의의 쟁점과 통일운동의 과제』, 157-186. 서울: 선인.

조민·허문영·김도태·김정수·김학린·남광규·윤황·정낙근. 2011.『통일비전 개발』. 서울: 늘품플러스.

조배준. 2015. "한반도 중립화 통일방안에 대한 반성적 고찰."『통일인문학』61집, 89-118.

_____. 2015a. "장준하, 통일론에 대한 비판적 고찰." 김성민 외.『통일담론의 지성사』, 89-119. 서울: 패러다임북.

조성렬. 2012.『뉴한반도 비전: 비핵·평화와 통일의 길』. 서울: 백산서당.

_____. 2012a. "한반도 신뢰 구축의 과제와 추진 전략." 이재석 외.『다시 만나는 남과 북: 동아시아 평화외교 전략』, 65-108. 용인: 노스보스.

_____. 2016.『전략공간의 국제정치: 핵, 우주, 사이버 군비경쟁과 국가안보』. 서울: 서강대학교출판부.

조성환. 2004. "통일론의 비판적 지식사회론: 민족 패러다임의 비판적 인식."『동양정치사상사』3권 1호, 249-269.

_____. 2008. "흔들리는 대한민국." 안세영·조성환·신지호·김종석·윤창현·조전혁·김영호·이성규·이재교.『2008 뉴라이트 한국 보고서』, 12-35. 파주: 말과 창조사.

조순승. 1960. "한국중립화는 가능한가." 『사상계』 8권 12호.

조영남. 2012. 『용과 춤을 추자』. 서울: 민음사.

조은정. 2015. "네트워크로 본 북한의 핵·미사일." 윤영관·전재성·김상배 엮음. 『네트워크로 보는 세계 속의 북한』, 107-153. 서울: 늘품플러스.

조은희. 2016. "대학 통일교육 현황과 사례: 숭실대학교 사례를 중심으로." 『교양교육연구』 10권 1호, 107-141.

조한범. 2006. 『남남갈등 해소방안 연구』. 서울: 통일연구원.

조형근·이건범. 2010. "좌파와 우파." 구갑우 외. 『좌우파사전』, 24-74. 고양: 위즈덤하우스.

조혜정. 1996. "남북통일의 문화적 차원: '북조선'과 '남한'의 문화적 동질성, 이질성 논의와 민족주의, 진보주의 담론." 송자·이영선 편. 『통일사회로 가는 길』, 29-71. 서울: 오름.

조홍식. 2014. "'정치계획'으로서의 민족: 우크라이나, 홍콩, 스코틀랜드, 그리고 한반도." 『현안과 정책』 54호, 좋은나라 이슈페이퍼. (http://www.kcgg.org/publication/issue.php?sno=156&group=basic&code=B10&category=&&abmode=view&no=847&bsort=desc&bfsort=ino, 2018년 3월 14일 검색).

조희연. 2011. "한국적 '급진민주주의론'의 개념적·이론적 재구축을 위한 일 연구." 급진민주주의연구모임 데모스 엮음. 『민주주의의 급진화』, 21-112. 서울: 데모스.

조희연·장훈교. 2009. "'민주주의의 외부'와 급진민주주의 전략." 『경제와 사회』 8권 3호, 66-94.

존슨, 찰머스. 2004. 『제국의 슬픔』. 안병진 옮김. 서울: 삼우반.

주봉호. 2009. 『남북관계와 한반도통일』. 부산: 세종출판사.

_____. 2012. "남한사회 남남갈등의 양상과 해소방안 모색." 『한국동북아논총』 64호, 145-168.

주펑. 2011. "중국의 관점에서 본 한반도 통일 문제." 최진욱 편저. 『한반도 통일과 주변 4국』, 85-104. 서울: 늘품플러스.

중앙선거관리위원회. 2015. 『2014년도 정당의 활동개황 및 회계보고』. 중앙선거관리위원회.

지만원. 1996. 『통일의 지름길은 영구분단이다』. 서울: 자작나무.

지상현. 2017. "신지정학 논쟁과 통일." 서울대학교 – 연세대학교 통일대비국가전략연구팀 편. 『통일의 신지정학』, 171-189. 서울: 박영사.

차, 빅터. 2004. 『적대적 제휴: 한국, 미국, 일본의 삼각 안보체제』. 서울: 문학과지성사.

_____. 2011. "The Vision for Korea Unification and the U.S.-ROK Strategic Cooperation." 배정호 편저. 『전환기의 북한과 통일담론』, 169-184. 서울: 늘품플러스.

_____. 2011a. "미국의 관점에서 본 한반도 통일 문제." 최진욱 편저. 『한반도 통일과 주변 4국』, 105-120. 서울: 늘품플러스.

차, 빅터·데이비드 강. 2007. 『북핵 퍼즐: 빅터 차 vs. 데이비드 강 관여전략 논쟁』. 김일영 옮김. 서울: 따뜻한 손.

채규철. 2009. "'비핵·개방·3000 구상'과 국민적 합의 도출." 남성욱·서재진 외. 『한반도 상생 프로젝트: 비핵·개방·3000 구상』, 169-183. 파주: 나남.

최경희. 2016. "북한의 '2체제' 통일전략에 관한 연구: 북한의 '수령권력' 체제와 영구분단전략을 중심으로." 『국제정치논총』 56집 4호, 119-148.

최완규. 2003. "대북 화해·협력 정책의 성찰적 분석." 한국정치학회·이정복 편. 『북핵 문제의 해법과 전망: 남북한 관계와 미·일·중·러』, 69-108. 서울: 중앙 M&B.

_____. 2015. "통일담론의 두 가지 패러다임: 국가담론인가 민족담론인가?" 박순성 편저. 『통일논쟁:

12가지 쟁점, 새로운 모색』, 21-42. 파주: 한울.

최용섭. 2001. "한국의 정당과 사회 제집단의 북한·통일관: 남남갈등을 중심으로."『한국동북아논총』 20집, 65-85.

_____. 2011. "천안함 사건 이후 나타난 남남갈등에 대한 연구." *OUGHTOPIA: The Journal of Social Paradigm Studies*, Vol. 26, No. 1, 113-139.

최장집. 2006.『민주주의의 민주화: 한국 민주주의의 변형과 헤게모니』. 박상훈 엮음. 서울: 후마니타스.

_____. 2017.『정치의 공간: 평화와 공존, 갈등과 협력을 위한 다원주의의 길』. 서울: 후마니타스.

최정규. 2009.『이타적 인간의 출현』. 개정증보판. 서울: 뿌리와 이파리.

최종건. 2011. "북한의 세계관에 나타난 국제정치이미지 분석: 이미지 이론을 중심으로." 이수훈 엮음. 『북한의 국제관과 동북아 질서』, 9-35. 파주: 한울.

최종건·박창원. 2010. "창과 방패의 안보딜레마: 일본의 TMD 구축과 중국의 대응 역학관계를 중심으로."『한국과 국제정치』26권 3호, 35-66.

최종한. 2014. "대북정책과 통일뉴스: 남북통일과 화해를 위한 공영방송의 역할." 대구대학교 석사학위논문.

최진욱. 2008. "남북관계 60년과 통일담론."『북한경제리뷰』8월호, 3-19.

최혜성. 1972. "분단 논리와 통일 논리."『씨알의 소리』9월호, 통권 14호, 68-75.

커밍스, 브루스. 2017.『브루스 커밍스의 한국전쟁』. 조행복 옮김. 서울: 현실문화.

쿱찬, 찰스 A. 2005.『미국시대의 종말』. 황지현 옮김. 파주: 김영사.

키신저, 헨리. 2012.『헨리 키신저의 중국 이야기』. 권기대 옮김. 서울: 민음사.

통일부 통일교육원. 2016.『2016 통일교육 지침서』. 서울: 통일교육원.

페리, 윌리엄·애시튼 카터. 2000.『예방적 방위전략: 페리구상과 러시아, 중국 그리고 북한』. 박건영·이성봉·권영진 옮김. 서울: 프레스21.

페퍼, 존. 2005.『남한 북한: 미국의 위기 관리 전략』. 정세채 옮김. 서울: 모색.

하상복. 2014.『죽은 자의 정치학: 프랑스·미국·한국 국립묘지의 탄생과 진화』. 전주: 모티브북.

하영선. 2010. "2031 북한선진화의 길: 복합그물망국가 건설." 하영선·조동호 편.『북한 2032: 선진화로 가는 공진전략』, 13-33. 서울: 동아시아연구원.

_____. 2015. "북한 1972 진실 찾기: 7·4공동성명의 추진과 폐기." 하영선 편.『1972 한반도와 주변4강 2014』, 141-168. 서울: 동아시아연구원.

하영선·조동호 편. 2010.『북한 2032: 선진화로 가는 공진전략』. 서울: 동아시아연구원.

한국기독교교회협회. 1988. "민족의 통일과 평화에 대한 한국기독교회 선언." 국토통일원.『각계통일논의 자료집 III』, 7-12.

한국노총(한국노동조합총연맹). 2016.『2015 사업보고』. 서울: 한국노동조합총연맹.

한관수·장윤수. 2012. "한국의 보수와 진보의 대북관에 대한 연구."『한국정치학회보』46집 1호, 63-88.

한모니까. 2000. "4월민중항쟁 시기 북한의 남한정세 분석과 통일정책의 변화." 한국역사연구회 4월민중항쟁연구반.『4·19와 남북관계』, 207-247. 서울: 민연.

한반도선진화재단 편. 2013.『한반도 블루오션, 선진통일』. 파주: 한국학술정보.

한반도포럼. 2012.『남북관계 3.0: 한반도 평화협력프로세스』. 서울: 늘품플러스.

한운석. 2010. "통일 독일의 사회;문화적 통합에 대한 한국인의 인식." 임혁백·이은정 편.『한반도는 통일 독일이 될 수 있을까?: 베를린 장벽 붕괴 20년이 한반도 통일에 주는 교훈』, 241-274. 서울:

송정문화사.

한인택. 2012. "핵폐기 사례연구: 남아프리카공화국 사례의 함의와 한계." 이수훈 편. 『핵의 국제정치』, 177-198. 서울: 경남대학교 극동문제연구소.

함택영. 2005. "남북한 군비 경쟁의 이해." 김승렬·신주백 외. 『분단의 두 얼굴』, 102-121. 서울: 역사비평사.

해리슨, 셀리그. 2003. 『코리안 엔드게임』. 이홍동 외 옮김. 서울: 삼인.

홍면기. 2017. "통일논의에서 신지정학적 담론의 유용성과 확장의 문제." 서울대학교 – 연세대학교 통일대비국가전략연구팀 편. 『통일의 신지정학』, 90-118. 서울: 박영사.

홍석률. 2005. "4·19시기 통일논의, 평화통일론에서 남북학생회담 제안까지." 『민족 21』 통권 51호, 100-107.

_____. 2005a. "1968년 푸에블로 사건과 남한·북한·미국의 삼각관계." 하영선·김영호·김명섭 편. 『한국외교사와 국제정치학』, 287-317. 서울: 성신여자대학교 출판부.

_____. 2005b. "1970년대 전반 북미관계: 남북대화, 미중관계 개선과의 관련 하에서." 하영선·김영호·김명섭 편. 『한국외교사와 국제정치학』, 319-353. 서울: 성신여자대학교 출판부.

_____. 2012. 『분단의 히스테리』. 파주: 창비.

홍성태. 2007. "한국 시민사회의 정치사회적 거버넌스와 정부-NGO 관계: '민족화해협력범국민협의회'의 사례를 중심으로." 『사회연구』 통권 13호, 73-100.

홍양호. 2015. "개성공단사업의 현황, 정책적 함의와 개선과제." 『통일문제연구』 27권 1호, 131-167.

홍원표. 2004. "'새로운 시작'과 자유를 기리는 혁명송." 한나 아렌트 『혁명론』 홍원표 옮김, 13-69. 파주: 한길사.

홍익표 2004. "남북한 사회통합의 새로운 지향: 합의제 민주주의를 중심으로." 『통일문제연구』 16권 2호, 173-207.

홍현익. 2012. 『21세기 대한민국의 한반도 대전략: 북한문제 해결과 평화 구축 및 통일전략』. 파주: 한울.

황인관. 1988. 『중립화통일론』. 홍정표 역. 서울: 신구문화사.

황장엽. 2001. 『황장엽 비록 공개: 어둠의 편이 된 햇볕은 어둠을 밝힐 수 없다』. 서울: 월간조선사.

황지환. 2012. "남북한 관계의 국제정치학." 서울대학교 국제문제연구소 편. 『남북한 관계와 국제정치이론』, 81-111. 서울: 논형.

Cumings, Bruce. 2002. *The Origins of the Koren War Volume II: The Roaring of the Cataract 1947-1950*. Seoul: Yuksabipyungsa.

Department of Defense, USA. 2010. *Nuclear Posture Review Report*.

Haas, Ernst B. 1958. *The Uniting of Europe: Political, Social and Economical Forces 1950-1957*. London: Stevens & Sons Limited.

Human Rights Council. 2014. *Report of the Detailed Findings of the Commission of Inquiry on Human Rights in the Democratic People's Republic of Korea*. A/HRC/25/CRP.1.

Hutchison, Emma and Roland Bleiker. 2008. "Emotional Reconciliation: Reconstructing Identity and Community after Trauma." *European Journal of Social Thoery*, 11 (3), 385-403.

KBS 보도본부 북한부. 2017. 『2017년 국민통일의식 조사』. 서울: KBS 남북교류협력단.

Lay, David, and Gary W. Hamby. 2002. "East Meets West: An Ancient Game Sheds New Light on

US-Asian Strategic Relations." *The Korean Journal of Defense Analysis*, 14 (1), 247-275.

Lee, Hyeon Ju. 2010. "Remembering and Forgetting the Korean War in the Republic of Korea." *Suomen Antropologi: Journal of the Finnish Anthropological Society*, 35 (2), 48-55.

Lefort, Claude. 1988. *Democracy and Political Theory*. translated by David Macey. Cambridge: Polity Press.

Lindberg, Leon N., and Stuart A. Scheingold. 1970. *Europe's Would-Be Polity: Patterns of Change in the European Community*. Englewood Cliffs: Prentice-Hall.

Lluch, Jaime. 2011. "Autonomism and Federalism." Publius: *The Journal of Federalism*, 42 (1), 134-161.

Lockwood, David. 1976. "Social Change and System Change." George K. Zollschan and Walter Hirsch eds., *Social Change: Explorations, Diagnoses, and Conjectures*, 370-383. New York: John Wiley & Sons.

Mannheim, Karl. 1936. *Ideology and Utopia*, translated by Louis Wirth and Edward Shils, London: Routledge & Kegan Paul Ltd.

Nye, Joseph. S. 1968. "Comparative Regional Integration: Concept and Measurement." *International Organization*, 22 (4), 855-880.

_____. 1971. "Comparing Common Markets: A Revised Neo-functionalist Model." Leon N. Lindberg and Stuart, A. Scheingold eds., *Regional integration: Theory and research*, 192-231. Cambridge: Harvard University Press.

Renner, Judith. 2014. "The Local Roots of the Global Politics of Reconciliation: The Articulation of 'Reconciliation' as an Empty Universal in the South African Transition to Democracy." *Millennium: Journal of International Studies*, 42 (2), 263-285.

Schaap, Andrew. 2003. "The Time of Reconciliation and the Space of Politics." Paper for the Second Conference on Law, Time and Reconciliation, University of Tilburg, May 22-23.

Schmitter, Philippe C. 1991. "The European community as an Emergent and Novel Form of Political Domination." Estudio/Working Paper 1991/26.

Strange, Susan. 1987. "The Persistent Myth of Lost Hegemony." *International Organization*, 41 (4), 551-574.

Tavuchis, Nicholas. 1991. *Mea Culpa: A Sociology of Apology and Reconciliation*. Stanford: Stanford University Press.

Taylor, Charles, 1994. "The Politics of Recognition." Amy Gutmann ed., *Multiculturalism: Examining the Politics of Recognition*, 25-73. Princeton: Princeton University Press.

Vollaard, Hans. 2014. "Explaining European Disintegration." *Journal of common Market Studies* 52 (5), 1142-1159.

Walzer, Michael. 1971. "World War II: Why Was This War Different?" *Philosophy & Public Affairs*, 1 (1), 3-21.

Whitehead, Alfred N. 1959. "An Appeal to Sanity." A. H. Johnson, ed., *Whitehead's American Essays in Social Philosophy*, 111-135. New York: Harper & Brothers Publishers.

Zielonka, Jan. 2012. "Disintegration Theory: International Implications of Europe's Crisis." *Georgetown Journal of International Affairs*, 13(1), 51-60.

찾아보기